JAHRBUCH
DER DEUTSCHEN SCHILLERGESELLSCHAFT

Marie-Louise von Motesiczky, Gespräch in der Bibliothek
(Elias Canetti und Franz Baermann Steiner), 1950
© Marie-Louise von Motesiczky Charitable Trust 2017

JAHRBUCH
DER DEUTSCHEN
SCHILLERGESELLSCHAFT

INTERNATIONALES ORGAN
FÜR NEUERE DEUTSCHE LITERATUR

IM AUFTRAG DES VORSTANDS
HERAUSGEGEBEN VON
ALEXANDER HONOLD · CHRISTINE LUBKOLL
ERNST OSTERKAMP · ULRICH RAULFF

61. JAHRGANG 2017

DE GRUYTER

ISBN 978-3-11-052854-1
e-ISBN (PDF) 978-3-11-053269-2
e-ISBN (EPUB) 978-3-11-053210-4
ISSN 0070-4318

Bibliografische Information der Deutschen Nationalbibliothek
Die Deutsche Nationalbibliothek verzeichnet diese Publikation in der
Deutschen Nationalbibliografie; detaillierte bibliografische Daten sind im Internet über
http://dnb.dnb.de abrufbar

© 2017 Walter de Gruyter GmbH, Berlin/Boston
Satz: Dörlemann Satz GmbH & Co. KG, Lemförde
Druck und Bindung: Pustet, Regensburg
∞ Gedruckt auf säurefreiem Papier
Printed in Germany

www.degruyter.com

INHALT

BERICHTE

MARBACHER VORTRÄGE

DEUTSCHE SCHILLERGESELLSCHAFT

TEXTE UND DOKUMENTE

KLAUS-DIETER KRABIEL

DIE SPHÄRE DER POLITISCHEN
AUSEINANDERSETZUNG MEIDEN

Peter Suhrkamps Auswahl *Bertolt Brechts Gedichte und Lieder* (1956)

Die von Peter Suhrkamp herausgegebene Auswahl aus Brechts Lyrik, Ende Mai 1956, im Todesjahr Brechts, erschienen, »bildet das bundesdeutsche Pendant zu den *Hundert Gedichten*«,[1] die Wieland Herzfelde 1951 im Aufbau-Verlag in Ost-Berlin herausgebracht hatte. Obwohl es sich um vergleichsweise kleine Auswahl-ausgaben handelte, hatten beide damals durchaus ihre Bedeutung. Umfäng-lichere Lyrik-Sammlungen Brechts lagen noch nicht vor, es existierte lediglich ein Nachdruck der *Hauspostille* aus dem Jahr 1927[2]; die Gedicht-Editionen der Exilzeit, *Lieder Gedichte Chöre*[3] von 1934 und die 1939 erschienenen *Svendbor-ger Gedichte*[4], waren im Nachkriegs-Deutschland praktisch nicht zugänglich. Für die meisten Leser boten die beiden Auswahlbände erstmals die Möglichkeit, sich einen Eindruck vom lyrischen Werk des Dichters zu verschaffen.

Peter Suhrkamp hatte Brecht um 1920 kennengelernt und begegnete ihm seitdem mehrfach, etwa in den Jahren 1921–1925, als er Dramaturg und Regis-seur am Landestheater Darmstadt war. Nach seiner Übersiedelung nach Berlin 1929 arbeitete Suhrkamp als Zeitschriften-Redakteur beim Ullstein-Verlag und redigierte das Monatsmagazin *Uhu*, in dem Brecht gelegentlich publizierte. Eine Zusammenarbeit mit Brecht ist für 1930 belegt: Suhrkamp wird als Mitautor der *Erläuterungen* zum *Flug der Lindberghs* (*Versuche*, Heft 1 vom Juni 1930) und der *Anmerkungen zur Oper ›Aufstieg und Fall der Stadt Mahagonny*‹ (*Versuche*, Heft 2, Dezember 1930) genannt. Anfang Januar 1933 wurde Suhrkamp Leiter der Redak-

---

1   Bertolt Brecht, Werke. Große kommentierte Berliner und Frankfurter Ausgabe (im Folgen-den zitiert: GBA), hg. von Werner Hecht, Jan Knopf, Werner Mittenzwei und Klaus-Detlef Müller, Berlin, Weimar und Frankfurt a. M. 1988–2000, Bd. 12, S. 457.

2   *Bertolt Brechts Hauspostille* (Propyläen-Verlag, Berlin 1927) war 1951 als Bd. 4 der *Edition Suhrkamp* erschienen.

3   Bertolt Brecht und Hanns Eisler, *Lieder Gedichte Chöre*, Paris 1934.

4   Bertolt Brecht, *Svendborger Gedichte*, Malik-Verlag London 1939 (erschienen in Kopen-hagen).

tion der *Neuen Rundschau* bei S. Fischer, im Herbst des Jahres Vorstandsmit-
glied des Verlags. »1936 müssen die Erben von S. Fischer Deutschland verlassen,
Suhrkamp erwirbt aus ihren Händen den S. Fischer Verlag und leitet ihn bis zu
seiner Verhaftung im April 1944.«[5] Er wurde im Gestapo-Gefängnis Ravensbrück
verhört, wegen Landesverrat und Hochverrat angeklagt und im Januar 1945 ins
KZ Sachsenhausen überführt. Dort erkrankte er an einer schweren Lungen- und
Rippenfellentzündung, von deren Folgen er sich nie völlig erholte. Dieser Erkran-
kung wegen wurde er im Februar 1945 überraschend aus dem KZ entlassen. Im
Oktober des Jahres erhielt er »als erster deutscher Verleger in Berlin von der britischen Militärregierung eine Lizenz für einen Buchverlag.«[6]

Suhrkamp war einer der letzten, die Brecht 1933 vor seiner Flucht aus Nazi-
Deutschland sah: »ging ich doch von Ihrer Wohnung an die Bahn am Tag nach
dem Reichstagsbrand«, schrieb Brecht dem Verleger im Oktober 1945 aus Santa
Monica; »ich habe Ihnen Ihre Hilfe bei meiner Flucht nicht vergessen.«[7] Es war
deshalb für Brecht selbstverständlich, dass er sich nach Suhrkamps Trennung
von den Erben S. Fischers für Suhrkamp entschied, als dieser 1950 einen neuen
Verlag gründete. Seit 1949 erschienen die ersten *Versuche*-Hefte bei Suhrkamp:
Mutter Courage und ihre Kinder (Heft 9, 1949), *Herr Puntila und sein Knecht Matti*
und *Die Ausnahme und die Regel* (Heft 10, 1950), in beiden Heften auch einige
theoretische Arbeiten. 1951 lag der Nachdruck der *Hauspostille* vor.

Wie Suhrkamp in der *Vorbemerkung* zu seiner Ausgabe mitteilt, bestand
der »Plan einer Auswahl aus den Gedichten [...] schon vor der Neuausgabe der
›Hauspostille‹«,[8] also spätestens seit 1951, dem Jahr, in dem die *Hundert Gedichte*
erschienen. Konkrete Vorbereitungen scheint es in den folgenden Jahren allerdings nicht gegeben zu haben. Erst in einem Schreiben an Brecht vom 30. Juni
1953 erinnerte Suhrkamp (aus gegebenem Anlass) an sein Vorhaben: »Sie wissen,
daß ich eine Ausgabe beabsichtige, und ich warte darauf, daß Sie mir dafür das
Material zu einer Zusammenstellung hergeben.«[9] Auch über die Erscheinungs-

---

5   Peter Suhrkamp. Zur Biographie eines Verlegers, vorgelegt von Siegfried Unseld unter Mit-
     wirkung von Helene Ritzerfeld, Frankfurt a. M. 1975, S. 16 f.
6   Ebd., S. 20. Zu Suhrkamps programmatischer Arbeit in den Jahren 1945–1950 vgl. Jan Bürger,
     Tradition versus Amnesia: Peter Suhrkamp in the Immediate Postwar Period, 1945–1950,
     in: The Germanic Review 89 (2014), S. 308–314; und Frank Druffner, Education is Reeduca-
     tion: Peter Suhrkamp's Programmatic Work in Cooperation with the Military Government
     in Germany, ebd., S. 325–333. Ferner: Peter Suhrkamp, Gegenwartsaufgaben des Verlegers,
     in: Merkur 1 (1947), S. 791–795.
7   GBA 29, S. 365.
8   Peter Suhrkamp, Vorbemerkung, in: Bertold Brechts Gedichte und Lieder. Auswahl Peter
     Suhrkamp, Berlin und Frankfurt a. M. 1956, S. 5–6, hier S. 5.
9   Peter Suhrkamp an Bertolt Brecht, 30. Juni 1953, Typoskriptdurchschlag, DLA (Deutsches
     Literaturarchiv) Marbach, SUA (Siegfried Unseld Archiv).

weise hatte man sich offenbar bereits verständigt: »Unsere Ausgabe sollte im Format und Druck zu der Reihe der ›Frühen Dramen‹ gestellt werden.«[10]

Insofern ist es durchaus nachvollziehbar, dass ihn eine Mitteilung Brechts vom Juni 1953 einigermaßen irritierte: Rowohlt habe sich bereit erklärt, hatte Brecht den Verleger wissen lassen,

> die »100 Gedichte« zu drucken, ohne jede Änderung. Was soll ich ihm ant-worten? Wie stellen Sie sich die Herausgabe vor? Im Format und in der Reihe der frühen Dramen? Könnte »Die Erziehung der Hirse« dabei sein oder scheint Ihnen das ganz unmöglich?[11]

Suhrkamp reagierte spürbar enttäuscht und gereizt:

> Haben Sie daran gedacht, Rowohlt auf seinen Vorschlag überhaupt zu ant-worten? – Das wäre mir unverständlich. Bisher waren Sie immer selbst der Ansicht, man könnte die »100 Gedichte« in dieser Zusammenstellung im Westen nicht herausgeben.[12]

Dann erinnerte der Verleger an die bereits getroffenen Absprachen und fuhr fort:

> Ob die »Erziehung der Hirse« dabei sein könnte? – Warum nicht, – aber ich würde nicht dazu raten. Rowohlt in seiner unbedachten Art hat es leicht: ihm kommt es nicht darauf an, ob das, was langsam aufgebaut wurde, von seinem Schwanzwedel wieder zerschlagen wird. Auf das Geld, das er inves-tiert, kommt es ihm nicht an, vielmehr, ob er eine Blume in seinem Knopfloch trägt; sonst hat er ja nichts zu investieren.[13]

Suhrkamp war seit Jahren bemüht, Brecht im Westen durchzusetzen und nach Möglichkeit aus den ideologischen Kontroversen und den von interessierter Seite in der Bundesrepublik, aber auch in der Schweiz und in Österreich geführ-ten Polemiken herauszuhalten. Es waren die Jahre des eskalierenden Kalten Krieges in Europa, Folge der Spannungen zwischen den Siegermächten. Brecht, der ursprünglich nicht vorhatte, sich in einer der besetzten Zonen niederzulas-

---

10   Ebd. – Die *Frühen Dramen* erschienen unter dem Obertitel *Erste Stücke* 1953 in zwei Bänden bei Suhrkamp; damit begann die Edition der umfänglichen Werkausgabe.
11   Ein nicht näher datierbarer Brief vom Juni 1953, GBA 30, S. 180.
12   Peter Suhrkamp an Bertolt Brecht, 30. Juni 1953, Kopie (DLA, SUA).
13   Ebd.

sen, »weil er fürchtete, von dem Ost-West-Konflikt zerrieben zu werden«,[14] war nun, wie die Dinge sich entwickelt hatten, selbstverständlich daran interessiert, in beiden Teilen des Landes publizistisch und an den Theatern präsent zu sein. Aber auch der Verleger war unbedingt darauf angewiesen, im Westen Deutschlands Vertrauen in seine politische Integrität und in die seines Autors zu schaffen und zu bewahren.

Dass auch Brecht seine Position im Osten zu behaupten hatte, war dem Verleger durchaus bewusst.[15] Brechts politische und schriftstellerische Existenz in der DDR, über die wir heute gut unterrichtet sind,[16] war ein schwieriger, vielfach nur mit List zu bestehender Balanceakt zwischen den staatlichen Anforderungen und der eigenen, letztlich nicht verhandelbaren Position. Ein permanentes Ärgernis für die SED-Bürokratie war neben der Tatsache, dass Brecht im April 1950 die österreichische Staatsbürgerschaft erlangt hatte, vor allem seine Haltung in ästhetischen Fragen, die Weigerung, sich der Doktrin des ›sozialistischen Realismus‹ zu unterwerfen und sich die Regiemethoden Stanislawskis anzueignen. Die Folge waren ständige Konflikte um Inszenierungen und Druckgenehmigungen, administrative Repressalien, Zensurmaßnahmen und Verbote, auch Versuche, Publikationen und Wirkungen des Berliner Ensembles in der DDR zu verhindern und Einfluss auf den Spielplan zu nehmen. Der unbequeme Brecht sollte auf die Parteilinie eingeschworen werden. Auch Brechts Bindung an den Verlag im Westen war von Anfang an ein Ärgernis für die DDR-Machthaber. Das wurde spätestens erkennbar, als man nach dem Tod Helene Weigels versuchte, diese Bindung in Frage zu stellen und das Werk Brechts gewissermaßen zu verstaatlichen.[17]

Suhrkamp war sich im Klaren darüber, dass seine Auswahl von Gedichten Brechts erkennbar andere Akzente setzen musste als die Sammlung des Aufbau-Verlags. Diese, so urteilte er, »ist durchaus nicht einseitig, aber doch politisch akzentuiert«.[18] Es gab in den *Hundert Gedichten* eine Anzahl von Texten, die für

---

14   Werner Hecht, Die Mühen der Ebenen. Brecht und die DDR, Berlin 2013, S. 33. – Vgl. auch Walter Hinderer, Brecht's American Exile and His Return to Europe: Experiences of an Incurable Dialectician, in: The Germanic Review 89 (2014), S. 315–324.

15   Nach einem nächtlichen Telefongespräch schrieb er Brecht am 17. Juli 1953: »Soweit ich verstanden habe, ist die Ausgabe im Aufbau Verlag [gemeint war der Nachdruck der *Versuche*-Hefte 1–8] jetzt für Ihre dortige Position wichtig. Dafür habe ich Verständnis.« AdK (Akademie der Künste), BBA (Bertolt-Brecht-Archiv) 655/35.

16   Vgl. Werner Hecht, Die Mühen der Ebenen. Brecht und die DDR.

17   Vgl. hierzu Erdmut Wizisla, Private or Public? The Bertolt Brecht Archive as an Object of Desire in: Brecht and the GDR. Politics, Culture, Posterity, Rochester 2011 (Edinburgh German Yearbook 5), S. 103–124.

18   Peter Suhrkamp, Vorbemerkung, S. 5.

Suhrkamp in einer repräsentativen Ausgabe für den Westen nicht akzeptabel waren, etwa Gedichte wie *Der anachronistische Zug oder Freiheit und Democracy*, *Verschollener Ruhm der Riesenstadt New York* oder *Inbesitznahme der großen Metro durch die Moskauer Arbeiterschaft am 27. April 1935*, auch Texte wie *Die Teppichweber von Kujan-Bulak ehren Lenin*, *Das Lied vom Klassenfeind*, die *Kantate zu Lenins Todestag* und *Der große Oktober* oder die auf eine sowjetische Quelle zurückgehende Kinder-Kantate *Die Erziehung der Hirse*, die Geschichte eines kasachischen Kolchosbauern, dem es gelingt, die Erträge der Hirse zu optimieren. »Es war für mich selbstverständlich«, betonte der Verleger in seiner *Vorbemerkung*, »daß ich die Sphäre der politischen Auseinandersetzung vermied. [...] Lieder für den Gebrauch im politischen Leben, wie sie dem Dichter abgefordert werden, sind immer lapidar und plebejisch, das liegt in dieser Gattung.«[19] Das bedeutet freilich nicht, dass Suhrkamp auf politische Gedichte generell verzichtete. Immerhin enthält seine Auswahl neben zahlreichen eindeutig politischen Texten wie der *Legende vom toten Soldaten*, *Von der Billigung der Welt*, *An die Nachgeborenen* und *Kinderkreuzzug* rund 20 *Zeitgedichte aus dem Exil*, die selbstverständlich überwiegend einen politischen Hintergrund haben. Was er vermeiden wollte, waren Gedichte, die in den ideologischen Debatten zwischen Ost und West damals einseitig Position bezogen, propagandistisch verwertet und Gegenstand politischer Polemiken werden konnten.

Für Brechts Akzeptanz in der bundesdeutschen Öffentlichkeit spielte im Sommer 1953 als aktuelle Irritation sein Brief an Walter Ulbricht zu den Ereignissen des 17. Juni eine wichtige Rolle. Der Tenor dieses Briefs lag in der Erwartung, dass die nun anstehende »große Aussprache mit den Massen über das Tempo des sozialistischen Aufbaus [...] zu einer Sichtung und zu einer Sicherung der sozialistischen Errungenschaften führen«[20] müsse. In dieser Erwartung (die enttäuscht wurde, wie Brecht immer wieder beklagte) brachte er seine Verbundenheit mit der SED zum Ausdruck. Bekanntlich hatte das *Neue Deutschland* nur den letzten Satz des Textes publiziert,[21] so dass im Westen der Eindruck entstehen musste, Brecht habe sich vorbehaltlos mit den repressiven Maßnahmen der Partei solidarisch erklärt.

Auf Konsequenzen, die sich daraus ergaben, machte Suhrkamp den Dichter in seinem Schreiben vom 30. Juni 1953 aufmerksam:

19 Ebd., S. 5 f.
20 GBA 30, S. 178.
21 Vgl. ebd., S. 549.

Wuppertal wollte in der nächsten Spielzeit »Eduard den Zweiten« aufführen und hatte Vertrag gemacht. Heute steht in der »Neuen Zeitung« eine Notiz, dass nach Ihrem Treuebekenntnis zu Ulbrich [sic] und der SED das Stück nun nicht gespielt wird. [...] Aus Hannover kommen auch schon Gerüchte. So sieht es hier also aus.[22]

Selbstverständlich musste sich der Verleger über Brechts Haltung Gewissheit verschaffen: »Es ist für mich dringend, genau zu wissen, was daran ist und möglichst mit dem Text [des Briefs an Ulbricht] als Unterlage. Das ist im Moment das Allerdringendste.«[23] Sein Schreiben endet mit der Bitte, Brecht möge die angesprochenen Probleme nicht weiter hinausschieben:

Ich möchte doch selbst Ihre Dinge auch geregelt haben, und vor allem möchte ich Ihre Dinge hier mit Stetigkeit in eine Form bringen. Eigentlich waren wir schon sehr weit. Im Moment ist zumindest alles wieder gefährdet.[24]

Brecht verfasste daraufhin für Suhrkamp die bekannte »Stellungnahme zu den Vorkommnissen des 16. und 17. Juni«, die er dem Verleger mit Datum vom 1. Juli 1953 zusandte.[25] Die demonstrierenden Arbeiter, betonte Brecht in dem Schreiben, »waren zu Recht erbittert. Die unglücklichen und unklugen Maßnahmen der Regierung« – sie werden im Einzelnen aufgeführt – hatten weite Teile der Bevölkerung gegen sie aufgebracht. »Die Straße freilich mischte« die Demonstrationszüge der Arbeiter »auf groteske Art mit allerlei deklassierten Jugendlichen«, die aus West-Berlin »eingeschleust wurden, aber auch mit den scharfen, brutalen Gestalten der Nazizeit«.[26] Man möge sich nichts vormachen: »Nicht nur im Westen, auch hier im Osten Deutschlands sind ›die Kräfte‹ wieder am Werk.«[27] »Mehrere Stunden lang [...] stand Berlin am Rand eines dritten Weltkriegs.«[28] Trotz der schwerwiegenden Fehler der SED, heißt es am Schluss: »Im Kampf gegen Krieg und Faschismus stand und stehe ich an ihrer Seite.«[29]

22   Peter Suhrkamp an Bertolt Brecht, 30. Juni 1953, Kopie (DLA, SUA).
23   Ebd.
24   Ebd.
25   GBA 30, S. 182–185; das Zitat S. 182.
26   Ebd., S. 183.
27   Ebd., S. 184.
28   Ebd.
29   Ebd., S. 185. Es steht hier nicht zur Diskussion, ob Brecht die Situation zu diesem Zeitpunkt historisch vollkommen zutreffend dargestellt hat. In seiner »Stellungnahme« ist die besondere politische Sensibilität des Dichters mit zu bedenken, den die Aggressivität des Nazi-Regimes in die Emigration getrieben und durch mehrere Exilstationen geführt hatte.

Brecht wollte seinen Text als offenen Brief verstanden wissen.[30] Suhrkamp riet jedoch von einer Veröffentlichung ab.

Zunächst die Veröffentlichung Ihres Briefes an mich in einer westdeutschen Zeitung. Dagegen meldeten sich bei mir persönlich immer wieder Bedenken. Nicht meinetwegen, sondern vielmehr Ihrer Situation wegen und vor allem wegen der Konsequenzen, die hier möglich wären. Ich fürchtete, mit der Publikation eine Diskussion neu zu beleben, die inzwischen zur Ruhe gekommen war, womit ich gerechnet hatte. Im Anschluss an den Brief wären bei einer solchen Diskussion öffentlich Fragen an uns gestellt worden, die dann eindeutig beantwortet werden mussten. Einige von diesen Fragen kann ich mir denken. Darüber hinaus hätte es Überraschungen gegeben. Darauf wollte ich in jedem Fall vorbereitet sein. Und ganz gewiß wären von böswilliger Seite, mit der man doch in erster Linie zu rechnen hat, Fragen gekommen, die befriedigend gar nicht zu beantworten sind. Am besten charakterisiere ich das alles wohl damit, dass ich feststelle: ich fürchtete eine Fortsetzung des Gesprächs auf ausgesprochen politischer Ebene. Ein solches kann nicht zu einem befriedigenden Ergebnis führen; die allgemeine Situation wäre dadurch dann nur verschlechtert worden. Das alles gilt für die generelle Publikation in einer Zeitung.[31]

Suhrkamp wollte jedoch die Angelegenheit nicht völlig auf sich beruhen lassen, zumal Brechts Stücke seit der Affäre um den 17. Juni an mehreren westdeutschen Theatern tatsächlich eine Zeitlang boykottiert wurden. Er habe sich, teilte der Verleger weiter mit, inzwischen

zu einer anderen Form entschlossen, die ich jetzt durchführen möchte. Eine Reihe von Theatern soll von mir einen Bericht über die Entwicklung und die Situation Brecht bekommen. In diesem Bericht würde ich mitteilen:

1. Ihren Brief an Ulbricht vom 17. Juni, aus dem nur der letzte Satz in die Presse kam.
2. Ihren Brief an Ulbricht vom 21. Juni,[32] der hier überhaupt nicht publiziert wurde.

---

30 Bertolt Brecht an Peter Suhrkamp, 29. August 1953: »Wie ist es mit dem offenen Brief? Ich finde es sehr schade, daß er nicht veröffentlicht wurde.« (GBA 30, S. 197).

31 Peter Suhrkamp an Bertolt Brecht, 2. September 1953, Kopie (DLA, SUA).

32 Gemeint ist wahrscheinlich Brechts Text »[Dringlichkeit einer großen Aussprache]«, GBA 23, S. 250, der am 21. Juni 1953 entstand, an dem Tag, an dem aus Brechts Brief an Ulbricht vom 17. Juni nur der letzte Satz im *Neuen Deutschland* zitiert worden war (vgl. ebd., S. 547 f.). Der Text erschien am 23. Juni im *Neuen Deutschland*. Brecht bringt darin seine Hoffnung

3. Ihren Brief an mich.
4. Aus Ihrem Aufsatz »Kulturpolitik und Akademie der Künste«[33] in der Zeitung »Neues Deutschland« vom 12. August.

Diese Informationen werde ich ausdrücklich als vertraulich bezeichnen und zum Ausdruck bringen, dass Veröffentlichungen daraus in keiner Form statthaft sind. Ihre Ungeduld wegen der Veröffentlichung Ihres Briefes an mich verstehe ich. Aber ich glaube, die Publikation hätte in keiner Weise das Ergebnis gebracht, das Sie davon erhofften, weil Sie die hiesige Situation nur nach Berichten beurteilen können, die Ihnen gelegentlich persönlich überbracht werden, aber kaum wirklich die Lage kennzeichnen, denn die allgemeine Lage in der Öffentlichkeit, darüber sollten wir uns klar sein, wird nicht durch diese Leute bestimmt (sie sind meistens nur zu leichtfertig), sondern ausgesprochen durch die politischen Gegner.[34]

Peter Suhrkamp hatte hier sicherlich sein Geschäftsinteresse als Verleger im Blick, aber zweifellos auch das wohlverstandene Interesse Brechts, was dessen Präsenz und Wirkung in der Bundesrepublik anbelangte. – Seinen Plan, die Theater anzuschreiben, hat Suhrkamp vermutlich nicht ausgeführt, jedenfalls ist über ein entsprechendes Rundschreiben bisher nichts bekannt geworden.

Dass der Verleger diese Vorgänge und Entwicklungen in seine Überlegungen einbeziehen musste, wie eine für die Bundesrepublik geeignete Auswahl aus Brechts Gedichten aussehen könnte, liegt auf der Hand. Sein Projekt ging jedoch nicht so zügig voran, wie er es sich wünschte. Erst am 30. Dezember 1954, fast anderthalb Jahre nach dem Briefwechsel vom Sommer 1953, konnte ihm Elisabeth Hauptmann mitteilen: »An die Durchsicht der Gedichte haben wir uns gemacht, aber es wird sicher ein bis zwei Wochen dauern, bis wir Ihnen etwas schicken

---

zum Ausdruck, »daß die Arbeiter, die in berechtigter Unzufriedenheit demonstriert haben, nicht mit den Provokateuren auf eine Stufe gestellt werden, damit die so dringliche große Aussprache über die allseitig gemachten Fehler nicht von vornherein unmöglich gemacht wird.«
33 GBA 23, S. 256–260; dazu S. 551 f. Der Aufsatz formuliert eine scharfe Kritik an der Praxis der Staatlichen Kommission für Kunstangelegenheiten: »ihre Diktate, arm an Argumenten, ihre unmusischen administrativen Maßnahmen, ihre vulgärmarxistische Sprache, die die Künstler abstießen (auch die marxistischen)« (S. 257 f.). »Schönfärberei und Beschönigung«, schrieb Brecht, »sind nicht nur die ärgsten Feinde der Schönheit, sondern auch der politischen Vernunft« (S. 258). Es sei die »Aufgabe der Kunstkritik, politische Primitivität zurückzuweisen« (S. 259). »Befreit von administrativen Fesseln, wird die große Idee des sozialistischen Realismus einer irdisch gesonnenen, alle menschlichen Kräfte befreienden, zutiefst humanen Kunst« von den besten Künstlern begrüßt werden (S. 260).
34 Peter Suhrkamp an Bertolt Brecht, 2. September 1953, Kopie (DLA, SUA).

können: es ist ein so grosser unsortierter Haufen.«[35] Am 5. Januar 1955 folgte dann die Bestätigung Brechts, er und Elisabeth Hauptmann seien gerade dabei, das Material für die mit Suhrkamp verabredete Ausgabe zusammenzustellen.[36]

Im selben Brief machte Brecht einen Vorschlag, der belegt, dass der Dichter die Möglichkeiten im Westen Deutschlands sehr viel unbekümmerter einschätzte als sein Verleger. Dabei ist allerdings zu bedenken, dass sich die Einstellung zu Brecht in der bundesdeutschen Öffentlichkeit inzwischen verändert hatte – ein Ergebnis nicht zuletzt der triumphalen, international wahrgenommenen Erfolge, die das Berliner Ensemble in Paris im Sommer 1954 mit der *Mutter Courage* erzielt hatte und im folgenden Jahr mit dem *Kaukasischen Kreidekreis* wiederholen konnte. Sie verfehlten ihre Wirkung auch in der DDR nicht und führten zu einer Korrektur der Haltung gegenüber Brecht. Groteskerweise wurden nun die Erfolge des Berliner Ensembles als Erfolge der Kulturpolitik der DDR gefeiert.[37]

Bei der Zusammenstellung des Materials »kam uns der Gedanke«, heißt es in Brechts Schreiben an Suhrkamp,

vielleicht vorweg ein kleines Bändchen »Politische Gedichte« zu schicken, die nächste Zeit vielleicht den Wert einer Verwarnung haben können. Ich schicke Ihnen die ungefähre Zusammenstellung, die wir gemacht haben. Sie könnten das vielleicht in der kleinen Suhrkamp-Bibliothek veröffentlichen, wo auch die kleine »Hauspostille« erschienen ist.[38]

Einem Brief von Elisabeth Hauptmann an den Verleger vom 6. Januar 1955 sind einige Hinweise zu entnehmen, wie Brecht sich das vorgeschlagene Bändchen vorstellte.

Lieber Suhrkamp,
als Ergänzung zu Brechts gestrigem Brief [...] noch dies zu der Auswahl von Gedichten, die heute an Sie abgehen: Diese Auswahl ist herausgezogen aus den »Svendborger Gedichten«[39] und aus den »Hundert Gedichten«. Dazu

---

35 Elisabeth Hauptmann an Peter Suhrkamp, 30. Dezember 1954 (DLA, SUA). – Zu Elisabeth Hauptmann vgl. Paula Hanssen, Brecht's Dependable Disciple in the GDR: Elisabeth Hauptmann, in: Edinburgh German Yearbook 5 (2011), S. 145–159.

36 GBA 30, S. 296. Ein P.S. zu Brechts Schreiben lautet: »Die Manuskript-Sendung geht separat.« Um welche Manuskripte es sich handelte, lässt sich zum Teil den Quellenangaben in Suhrkamps Titelliste entnehmen, die weiter unten mitgeteilt wird.

37 Vgl. Werner Hecht, Die Mühen der Ebenen. Brecht und die DDR, S. 13.

38 GBA 30, S. 296.

39 Die Sammlung *Svendborger Gedichte*, ursprünglich geplant für den 4. Band der Malik-Ausgabe, erschien im Juni 1939 in Kopenhagen (mit Verlagsort London).

kommt der kurze Spruch aus einem Offenen Brief (über das Carthago-Schick-sal[40]) und das Gedicht »O Deutschland, wie bist du zerrissen«, das noch in keiner Sammlung steht.[41] Brecht meinte, man solle auch einige seiner »Visionen«[42] hineinnehmen. Dies sind ganz merkwürdige apokalyptische Schilderungen des Krieges; ich kenne sie, konnte sie aber beim besten Willen noch nicht finden.

In der Sendung sind nicht nur die ausgewählten Gedichte enthalten, sondern auch die restlichen Gedichte der »Svendborger Gedichte«. Das Buch »Hundert Gedichte« habe ich Ihnen komplett geschickt. Sie haben diese beiden Gedichtssammlungen [sic] schon dort für die grössere Auswahl, die Sie selber machen wollten.[43]

Den Vorschlag Brechts, der Auswahl Suhrkamps »ein kleines Bändchen ›Politi-sche Gedichte‹« vorauszuschicken, wies Suhrkamp in seinem Antwortschreiben vom 8. Januar zurück: »Diesen Plan halte ich im Moment nicht für opportun. Mir liegt aber sehr daran, möglichst bald das komplette Gedichtmaterial zu erhal-ten, damit ich, wie besprochen, an meine Auswahl gehen kann.«[44] Eine nähere Begründung für seine ablehnende Haltung lieferte er am 18. Januar 1955 nach:

Inzwischen traf das Material für ein Bändchen »Politische Gedichte« hier ein. Für sie ist hier im Augenblick ganz gewiss nicht der richtige Moment. Die Publikation würde alle Möglichkeiten der nächsten Zeit über den Haufen werfen. Und es hätte für uns praktisch gar keinen Wert, eventuell nach Ereig-nissen festzustellen, man hätte vorher »verwarnt«. Ich glaube, es ist richtiger, wir verfolgen mein Projekt energisch weiter: Eine Auswahl aus Ihren Gedich-ten von mir zusammengestellt und eingeleitet.[45]

---

40 Gemeint sind die drei vielzitierten abschließenden Sätze aus Brechts Text »Offener Brief an die deutschen Künstler und Schriftsteller« vom September 1951 (GBA 23, S. 156): »Das große Carthago führte drei Kriege. Es war noch mächtig nach dem ersten, noch bewohnbar nach dem zweiten. Es war nicht mehr auffindbar nach dem dritten.«

41 Das Gedicht mit dem Titel *Deutschland 1952* (GBA 15, S. 260) war im Programmheft zur Auf-führung von *Der Prozeß der Jeanne d'Arc zu Rouen 1431* durch das Berliner Ensemble (Pre-miere am 23. November 1952) zuerst erschienen (vgl. GBA 15, S. 467).

42 *Aus den Visionen* sind sechs 1938/Anfang 1939 verfasste Prosagedichte Brechts überschrie-ben, die zu der seit 1940 entstehenden *Steffinschen Sammlung* gehören (GBA 12, S. 104–108 und 111 f.).

43 Elisabeth Hauptmann an Peter Suhrkamp, 6. Januar 1955, Typoskriptdurchschlag (AdK, BBA 789/04).

44 Peter Suhrkamp an Bertolt Brecht, 8. Januar 1955, Typoskriptdurchschlag (DLA, SUA).

45 Peter Suhrkamp an Bertolt Brecht, 18. Januar 1955, Typoskriptdurchschlag (DLA, SUA).

Suhrkamp hatte bestimmte Vorstellungen, was er nicht wollte: eine Gedichtsammlung in seinem Verlag, die in Westdeutschland eine unerwünschte politische Brisanz haben musste, eventuell auch provozieren konnte.

Am 4. Februar 1956, mehr als ein Jahr darauf, fand ein Gespräch Brechts mit
Suhrkamp statt: »über dessen Auswahl für einen Brecht-Gedichtband«, die er
dem Dichter am 30. Januar zugeschickt hatte.[46] Die Titelliste, in der Suhrkamp
auch seine Quellen für jedes einzelne Gedicht mitteilt, ist überliefert.[47] Sie sei
hier im Wortlaut mitgeteilt:

Bertolt Brechts Gedichte
Eine Auswahl von Peter Suhrkamp

Abteilungen:[48]
Unterweisungen
Episteln
Chroniken und Balladen
Songs
Berichte
Lieder

Quellen: Hp. = Hauspostille, 100 G. = 100 Gedichte, V = Versuche,
    Ms. = Manuskripte

----

1. Vom armen B.B. (Hp S. 148)
    – – – – – – – – – –

2. Choral vom Manne Baal[49] (100 G. S. 39)
3. Bericht vom Zeck (Hp S. 37)
4. Von der Freundlichkeit der Welt (Hp S. 57)
5. Vom ertrunkenen Mädchen (Hp S. 128)
6. Vom Klettern in Bäumen (100 G S. 9)
7. Vom Schwimmen in Seen und Flüssen (Hp S. 63)
8. Gegen Verführung (Hp S. 141)
9. Vom Sprengen des Gartens (100 G S. 300)
10. Lob des Lernens (100 G. S. 126 [richtig: 246])

---

46 Werner Hecht, Brecht-Chronik 1898–1956, Frankfurt a. M. 1997, S. 1207.
47 Bertolt Brechts Gedichte. Eine Auswahl von Peter Suhrkamp (AdK, BBA 791/84–86).
48 Bei der Formulierung der »Abteilungen« konnte Suhrkamp weitgehend auf Kapitelüber-
    schriften oder Gedichttitel Brechts, auch auf Kapitel aus den *Hundert Gedichten* zurück-
    greifen. Hier noch nicht erwähnt, erst später eingeführt wurde das Kapitel »Legenden und
    Gleichnisse« (Texte 34 bis 41).
49 »Als im weißen Mutterschoße ...« aus der *Hauspostille* (GBA 11, S. 107).

11. Lob des Zweifels (Ms 5)
12. Der Zettel des Brauchens (Ms 24)
13. Das Lied vom Wasserrad (100 G S. 7)

‒ ‒ ‒ ‒ ‒ ‒ ‒ ‒ ‒

14. Das Lied vom Rauch (V 12 S. 22)
15. Ballade von der Billigung der Welt (100 G S. 207)
16. In den Zeiten der äussersten Verfolgung (Ms 1)
17. Wenn der Krieg beginnt[50] (Ms 10)
18. Der Gottseibeiuns[51] (Ms 14)
19. Von der Willfährigkeit der Natur (100 G S. 10)
20. Von allen Werken die liebsten (Ms 7)

‒ ‒ ‒ ‒ ‒ ‒ ‒ ‒ ‒

21. Ballade von des Cortez Leuten (Hp S. 84)
22. Abbau des Schiffes Oskawa (100 G S. 138)
23. Ballade vom Mazzeppa [sic] (100 G S. 68)
24. Die Nachtlager[52] (Ms 4)
25. Kohlen für Mike (100 G S. 125)
26. Ballade von den Abenteurern (Hp S. 75)
27. Ballade von den Seeräubern (Hp S. 87)
28. Und was bekam des Soldaten Weib (100 G S. 91)
29. Ballade von der »Judenhure« Marie Sanders (100 G. S. 89)

‒ ‒ ‒ ‒ ‒ ‒ ‒ ‒ ‒

30. Moritat von Mackie Messer (Dreigr. Oper)
31. Die Seeräuberjenny (100 G S. 28)
32. Mahagonny-Gesang Nr. 3 (Hp. S. 115)
33. Lied der Jenny (Mahagonny, Stücke 3, S. 232)

‒ ‒ ‒ ‒ ‒ ‒ ‒ ‒ ‒

34. Legende vom toten Soldaten (100 G S. 73)
35. Kinderkreuzzug (100 G S. 82)
36. Der Schuh des Empedokles (100 G S. 114)
37. Gleichnis des Buddha (100 G. S. 122)
38. Legende von der Entstehung des Buches Taoteking (100 G S. 109)
39. Besuch bei den verbannten Dichtern[53] (Ms 15)

---

50 Aus dem Kapitel »Deutsche Kriegsfibel« der *Svendborger Gedichte* (GBA 12, S. 14).
51 Eines der »Kinderlieder« aus dem 2. Teil der *Svendborger Gedichte* (ebd., S. 22).
52 Vgl. Klaus-Dieter Krabiel, »leg das buch nicht nieder, der du das liesest, mensch«. Brechts Gedicht ›Die Nachtlager‹, in: The Brecht Yearbook/Das Brecht-Jahrbuch 40 (2016), S. 84–98.
53 Aus den »Chroniken« (Kap. III) der *Svendborger Gedichte* (GBA 12, S. 35f.).

40. Lied des Stückeschreibers[54] (Ms 22)
41. Um zeigen zu können was ich sehe[55] (Ms. 23)

    – – – – – – – – – –

42. Deutschland[56] (100 G S. 251)
43. Gezeichnete Geschlechter (Ms 2)
44. Motto der Swendborger [sic] Gedichte[57] (100 G S. 287)
45. Schlechte Zeit für Lyrik (Ms 6)
46. Der Anstreicher spricht[58] (Ms 8)
47. General dein Tank (Ms 9)
48. Frühling 1938 (100 G. 293)
49. Gedanken über die Dauer des Exils (100 G S. 290)
50. Auf der Flucht vor meinen Landsleuten[59] (Ms 19)
51. 1940[60] (100 G S. 295)
52. Vor der weissgetünchten Wand[61] (Ms 18)
53. 1941[62] (100 G S. 296)
54. Zufluchtstätte [sic] (Ms 16)
55. An die deutschen Soldaten im Osten (100 G S. 255–266)
56. An die dänische Zufluchtstätte [sic] (Ms 20)
57. Gedenktafel für die Gefallenen, I u. II (Ms 21)
58. Lied einer deutschen Mutter (100 G S. 93)
59. Dies ist nun alles (Ms 17)
60. Rückkehr (100 G S. 302)

---

54 »Lied des Stückeschreibers I« (GBA 14, S. 298 f.). Vgl. Elisabeth Hauptmann an Peter Suhrkamp, 10. Mai 1956 (AdK, BBA 791/09): »Das Lied des Stückeschreibers ist ein Fragment! Das muss unbedingt dabei stehen. Man sieht es, es bricht plötzlich ab.«
55 »Lied des Stückeschreibers II« (GBA 14, S. 299 f.).
56 »O Deutschland, bleiche Mutter!« aus dem Anhang der Sammlung *Lieder Gedichte Chöre* (GBA 11, S. 253 f.).
57 »Geflüchtet unter das dänische Strohdach« (GBA 12, S. 7).
58 Dieser und der folgende Text aus dem Kapitel »Deutsche Kriegsfibel« der *Svendborger Gedichte* (GBA 12, S. 10 und 13); Suhrkamp fügte später als Teil 1 den Text »Auf der Mauer stand mit Kreide« (ebd., S. 12) hinzu.
59 Identisch mit Nr. 53. Aus der *Steffinschen Sammlung*: »1940«, Nr. 8. In der kleinen Sammlung *Gedichte im Exil* aus dem Jahr 1944 erscheint der Text dann unter dem Titel »1941. Die Tür« (GBA 12, S. 122).
60 »Mein junger Sohn fragt mich« (ebd., S. 97 f.) aus der *Steffinschen Sammlung*: »1940«, Nr. 6.
61 Aus der *Steffinschen Sammlung*: »1940«, Nr. 7 (ebd., S. 98). In Suhrkamps Auswahl unter dem Titel »Auf der Flucht«, der in Brechts Nachlass nicht überliefert ist und vermutlich von Suhrkamp herrührt.
62 Vgl. Anm. 59.

61. Deutsches Lied[63] (Ms 11)
62. An meine Landsleute (100 G S. 267)
‒ ‒ ‒ ‒ ‒ ‒ ‒ ‒ ‒
63. Der Pflaumenbaum (100 G S. 44)
64. Vom Kind, das sich nicht waschen wollte (Ms 13)
65. Lied der Starenschwärme (Ms 12)
66. Erinnerung an die Marie A. (Hp 98)
67. Die Liebenden (100 G S. 38)
68. Der Kirschdieb (100 G S. 294)
69. Uns hat ein Ros ergetzet[64] (V 9, S. 72)
70. Der Blumengarten (V 13, S. 111)
71. Rudern Gespräche (V 13, S. 112)
72. Der Rauch (V 13, S. 112)
73. Auf einen chinesischen Teewurzellöwen (100 G 299)
‒ ‒ ‒ ‒ ‒ ‒ ‒ ‒ ‒
74. An die Nachgeborenen (100 G S. 303)

Dieses Titelverzeichnis entspricht zwar noch nicht der endgültigen Textfolge des Bandes,[65] es verdeutlicht aber bereits die wesentlichen Strukturen der Auswahl. Suhrkamp legte Wert auf die Feststellung, dass seine Auswahl »einen jahrzehntelangen persönlichen Umgang mit dem Dichter« zur Grundlage habe. »Ich nahm in die Auswahl auf, was mir zu verschiedenen Zeiten typisch erschienen ist und sich im Laufe der Zeit für mich als beständig bewährt hat. [...] Meine Auswahl ist also persönlich orientiert«, heißt es in der *Vorbemerkung*,

> aber deshalb nicht von meinem Geschmack bestimmt. Ihr Prinzip ist den Gedichten und Liedern Brechts immanent. Sie sind Ausdruck eines Zeiterlebens. Daß Brecht als Dichter, im Gedicht und im Drama, die Historie unseres Volkes seit 1918 schreibt, wird noch viel zuwenig gesehen [...]. Seine Gedichte und Lieder bewahren nicht nur die Zeitatmosphäre, sie sind in Sprache und Vorgang vom Gestus bestimmter Figuren und Ereignisse der Zeit geprägt. [...] In Brechts Gedichten und Liedern sind Haltungen vieler Menschen mannig-

---

63 »Sie sprechen wieder von großen Zeiten« aus dem zweiten Kapitel der *Svendborger Gedichte* (GBA 12, S. 16).
64 Das »Lied von der Bleibe« (GBA 14, S. 447), ein von Paul Dessau vertontes Lied aus der *Mutter Courage*.
65 Da das Inhaltsverzeichnis der Auswahl Suhrkamps in GBA 12, S. 343–345, abgedruckt ist, wird hier auf die Wiedergabe verzichtet.

facher Art verwendet, sie machen sie in jedem Moment und immer wieder aktuell.[66]

Am Anfang der Sammlung steht das frühe, in mehreren Fassungen existierende Gedicht *Vom armen B. B.*, den Abschluss bildet *An die Nachgeborenen* aus dem 6. Kapitel der *Svendborger Gedichte*. Zwischen den beiden autobiographisch akzentuierten Gedichten, die gewissermaßen die Pole der poetisch-moralischen Entwicklung Brechts umreißen, erfolgt die eher lockere Zuordnung der Texte zu den *Abteilungen*. Innerhalb der Kapitel deutet sich nur an wenigen Stellen und keineswegs konsequent eine chronologische Abfolge an, etwa in den Kapiteln *Episteln, Chroniken und Balladen* und *Zeitgedichte aus dem Exil*.

Es wurde noch sorgfältig an der Auswahl gearbeitet, bevor sie in Satz ging. Zwei der Gedichte, die sich auf der Titelliste finden, wurden am Ende nicht aufgenommen: Nr. 18 *Der Gottseibeiuns* und Nr. 69 *Uns hat ein Ros ergetzet*. Zu den 69 verbleibenden Texten[67] kamen im Zuge der Arbeit an dem Band neun weitere hinzu. Zwei der Texte – *Das wurde mir gesagt* und *Vier Aufforderungen an einen Mann* – stammen aus dem *Lesebuch für Städtebewohner*, das Gedicht *Das Schiff* aus der *Hauspostille*; den Text *Rat an die Schauspielerin C. N.* stellte Brecht dem Herausgeber kurz vor Abschluss der Arbeit als Manuskript zur Verfügung.[68] Vier Lieder waren Stücken entnommen, die inzwischen in den *Versuchen* erschienen waren: *Das Lied vom Sankt Nimmerleinstag* (aus *Der gute Mensch von Sezuan*, Heft 12, 1953), das (als Ersatz für die gestrichene *Ballade von den Seeräubern* von Brecht sehr spät empfohlene[69]) *Verkaufslied der Mutter Courage* (aus *Mutter Courage und ihre Kinder*, Heft 9, 1949), die Gedichte *Lehre und Meinung des Galilei* und *Galilei der Bibelzertrümmerer* (aus *Leben des Galilei*, Heft 14, 1955). *Die Maske des Bösen* war im *Sonderheft Bertolt Brecht* der Zeitschrift *Sinn und Form* (1949) zuerst erschienen. Peter Suhrkamp konnte also auf eine Reihe von Texten zurückgreifen, die für die Sammlung des Aufbau-Verlags noch nicht zur Verfügung standen,[70] beispielsweise auch auf drei der sechs *Buckower Elegien*[71] aus

---

66 Peter Suhrkamp, Vorbemerkung, S. 5 f.

67 Einer der Titel war versehentlich doppelt genannt (Nr. 50 und Nr. 53); die beiden Teile des Gedichts »Lied des Stückeschreibers« waren mit zwei Ziffern versehen (Nr. 40 und Nr. 41).

68 Vgl. hierzu den Beitrag des Verfassers: Brechts ›Rat an die Schauspielerin C. N.‹ Zur Entstehungs- und Textgeschichte eines Gedichts, in: Dreigroschenheft. Informationen zu Bertolt Brecht 4/2016, S. 3–10.

69 Vgl. die weiter unten wiedergegebenen Zitate aus Elisabeth Hauptmanns Brief an Peter Suhrkamp vom 10. Mai 1956 (AdK, BBA 791/9 und 10).

70 Von den insgesamt 78 Gedichten sind 40 identisch mit Texten der Sammlung *Hundert Gedichte*.

71 »Der Blumengarten«, »Rudern, Gespräche« und »Der Rauch«.

Heft 13 der *Versuche* (1954). Suhrkamps Titelliste verzeichnet nicht weniger als elf Erstdrucke,[72] ein zwölfter kam dann am Schluss hinzu: *Rat an die Schauspielerin C. N.*[73]

In dem erwähnten Gespräch vom 4. Februar 1956 scheint der Verleger dem Dichter mitgeteilt zu haben, dass er seine Auswahl in die *Bibliothek Suhrkamp* aufnehmen wolle. Mit diesem Vorhaben war Brecht zunächst nicht einverstanden. Am 9. Februar, wenige Tage nach dem Gespräch, äußerte er in einem an Suhrkamp gerichteten Schreiben aus Mailand, wohin er zur Premiere der *Dreigroschenoper* am 10. Februar unter der Regie von Giorgio Strehler am Piccolo Teatro gereist war:

> ich bin nicht dafür, daß Ihre Auswahl der Gedichte in der »Bibliothek« herauskommt. Das war richtig für die »Hauspostille«, da das ein Nachdruck war.[74] Aber die erste Ausgabe meiner Gedichte in Westdeutschland sollte nicht wie die eines Ausländers aussehen.[75] Wenn es nicht möglich ist, die Gedichte repräsentativ – als einen einzelnen Band, im Format der »Ersten Stücke«[76] – herauszubringen, sollten wir das ruhig als eine historische Gegebenheit ansehen und sie eben nicht herausbringen.[77]

Da der Brief wahrscheinlich nicht abgeschickt wurde, hatte er keine Konsequenzen für die weitere Arbeit Suhrkamps an seiner Auswahl.

Einem Schreiben Elisabeth Hauptmanns an den Verleger vom 10. Mai 1956,[78] unmittelbar vor Drucklegung des Bandes verfasst, sind aufschlussreiche Details über die abschließenden Arbeiten zu entnehmen. Es ergibt sich daraus vor allem, dass Brecht zwar Suhrkamps *Vorbemerkung* durchgesehen und mit einigen Korrekturen versehen hatte, dass er auch darauf bestand, das Inhaltsverzeichnis des Bandes zu sehen, dass ihm die Texte selbst jedoch nicht vorgelegt wurden. Darum kümmerte sich – zweifellos mit Bedacht – ausschließlich

---

72 Die Nummern 11, 12, 16, 20, 24, 40/41, 43, 45, 52, 56 und 59.
73 Die beiden Gedichte »Rat an die Schauspielerin C. N.« und »Der Zettel des Brauchens« (Nr. 12 der Titelliste) erschienen als Vorabdrucke in: Dichten und Trachten. Jahresschau des Suhrkamp Verlages. Berlin und Frankfurt a. M., Heft VII (Frühjahr 1956), S. 88.
74 Vgl. Anm. 2.
75 Unter den ersten 32 Bänden der *Edition Suhrkamp* fanden sich 20 fremdsprachige Autoren, deren Werke in der NS-Zeit in Deutschland nicht veröffentlicht werden konnten. Diese Autoren einem deutschen Lesepublikum zugänglich zu machen, gehörte zum Konzept der Reihe.
76 Vgl. Anm. 10.
77 GBA 30, S. 427; dazu S. 643.
78 Elisabeth Hauptmann an Peter Suhrkamp, 10. Mai 1956 (AdK, BBA 791/09 und 10).

Elisabeth Hauptmann. Ihr lag ein Korrekturexemplar vor.[79] Brecht hatte sich bei Durchsicht des Inhaltsverzeichnisses, mit dem er ansonsten einverstanden war, vor allem gegen die Aufnahme der *Ballade von den Seeräubern* (Suhrkamps Titelliste Nr. 27) ausgesprochen. »Die will er so garnicht drin haben«, teilte Elisabeth Hauptmann dem Verleger mit, »dass ich raten würde, wenn noch zu ändern geht, sie herauszunehmen. Er schlägt stattdessen das Verkaufslied der Courage vor«. Eine entsprechende Korrektur wurde von Suhrkamp vorgenommen. »An ›Freiheit und Democracy‹ wäre ihm sehr viel gelegen gewesen«, heißt es weiter. »Während er sagt, dass die Seeräuber-Ballade schädigend für ihn ist, hält er ›Freiheit und Democracy‹ für seine Arbeit für sehr wichtig.« Auf diesen Wunsch hat sich Suhrkamp verständlicherweise nicht eingelassen.

Ein weiterer Gegenstand des Schreibens war (neben der Interpunktion[80] und einigen Titelkorrekturen) die Frage, ob man den Gedichten Angaben zur Entstehung beifügen sollte. »Brecht schlägt vor, *nur* die angekreuzten Gedichte mit einer Jahreszahl zu versehen«, schrieb Elisabeth Hauptmann. »Ich hatte schon so gut das ging, überall oder fast überall die Zahlen hingesetzt. Er meint aber, man mache nur umso mehr darauf aufmerksam, dass sehr hin und hergesprungen ist«, mit anderen Worten: dass Suhrkamps Auswahl insgesamt auf eine chronologische Abfolge der Gedichte keinen Wert legte. So blieb es bei der Datierung relativ weniger ausgewählter Gedichte.[81] – Obwohl Brecht mit den Texten des Bandes selbst nicht befasst war, hatte er doch Möglichkeiten genutzt, Wünsche und Vorschläge durchzusetzen. Deshalb entspricht Suhrkamps Hinweis »Brecht ist an meiner Auswahl nicht beteiligt«[82] nicht ganz den Tatsachen.

Denkbar ist, dass dieser Hinweis auf einen Wunsch Brechts zurückging. Er wollte wohl mit der Auswahl nicht identifiziert werden. Dafür sprechen abschließende Bemerkungen Elisabeth Hauptmanns in ihrem Schreiben an Suhrkamp.

Brecht meinte dann noch, als er die Vorbemerkung durchsah, dass wir ganz schnell mit den kompletten Gedichtbänden (wie die kompletten Stücke) anfangen sollten. Das wäre auch meiner Meinung nach sehr gut, denn erst dann hätte man einen wirklichen Überblick über die fast vier Jahrzehnte. Und nicht nur diese Kostproben. Aber die haben wohl auch ihre Nützlichkeit.[83]

---

79 Das von Elisabeth Hauptmann durchkorrigierte Exemplar war bislang im Nachlass Suhrkamps nicht auffindbar.

80 »Wir haben das Komma am Ende der Zeile schon lang abgeschafft; Wieland Herzfelde bestand darauf. Es bleibt bei unserer Interpunktion.« (AdK, BBA 791/09 und 10).

81 Vgl. das in der GBA 12, S. 343–345, wiedergegebene Inhaltsverzeichnis.

82 Peter Suhrkamp, Vorbemerkung, S. 5.

83 Elisabeth Hauptmann an Peter Suhrkamp, 10. Mai 1956 (AdK, BBA 791/09 und 10).

Unmittelbar nach Rücksendung des durchgesehenen Korrekturexemplars ging der Band in die Herstellung. Er erschien am 22. Mai 1956 als Band 33 der *Bibliothek Suhrkamp*, wie vom Verleger vorgesehen,[84] knapp drei Monate vor Brechts Tod.

Wenige Wochen nach Erscheinen des Bandes, am 30. Juni, teilte Elisabeth Hauptmann dem Verleger mit, Brecht wolle »sich u. a. gern mit dem Zusammenstellen der grossen Gedichtbände (Format wie ›Stücke‹) befassen und hat jetzt glaube ich aus alle[n] Ecken, Schubfächern usw. alles, was wie ein Gedicht aussieht, draussen in Buckow. Diese Arbeit kann er langsam durch den Sommer weitertreiben. Mit der Herausgabe dieser Bände möchte er gern im nächsten Jahr beginnen. Dazu hofft er auf Ihre Zustimmung.«[85] Brechts Wunsch wurde postum seit 1960 mit der mehrbändigen Ausgabe der *Gedichte* realisiert.

84   Auslieferung am 1. Juni 1956 (Werner Hecht, Brecht-Chronik 1898–1956, S. 1232).
85   Elisabeth Hauptmann an Peter Suhrkamp, 30. Juni 1956 (AdK, BBA 741/44).

TEXT UND BILD

SABINE FISCHER

TÖCHTERLICHE BILDSTRATEGIE UND KANONISIERUNG

Die Porträts der Freundin, Braut und Dichtergattin Charlotte Schiller

Heinfried Wischermann zum 25. Mai 2018

Das öffentliche Bild

Charlotte Schiller starb im Sommer 1826 an den Folgen einer Augenoperation. Zu diesem Zeitpunkt war Schillers »andere Hälfte«, wie Gaby Pailer sie in ihrer grundlegenden Monographie treffend bezeichnet hat,[1] nahezu sechzig Jahre alt. Dennoch steht vor den Augen der Nachwelt eine junge Frau. Dass das so ist, hat einen einfachen Grund: Keines der Porträts, die sich aus ihrer Lebenszeit erhalten haben, zeigt eine Charlotte, die älter als siebenundzwanzig Jahre alt ist. Während ihre Schwester Caroline noch im frühen neunzehnten Jahrhundert mehrfach porträtiert wurde, hat Charlotte nach 1794 keine diesbezügliche Aufmerksamkeit erfahren.

Das Bild, das man sich heute von Charlotte Schiller macht, basiert im Wesentlichen auf vier Porträts, die alle bereits im neunzehnten Jahrhundert veröffentlicht worden sind: auf den beiden Ölgemälden der Ludwigsburger Malerin Ludovike Simanowiz, auf der Silhouette eines unbekannten Scherenschneiders sowie auf der Profilzeichnung ihrer Freundin Charlotte von Stein (Abb. 1–4). Als erstes dieser vier Charlotten-Porträts wurde das anspruchsvollste, das größere der beiden simanowizschen Gemälde nachgestochen, um zusammen mit dem zugehörigen Porträt des Dichters 1835/1836 in *Schiller's sämmtlichen Werken* veröffentlicht zu werden (Abb. 12/13).[2] Während dieses Charlotten-Porträt jahrzehntelang keine nennenswerte Resonanz gefunden hat, war die Publikation der

---

1   Gaby Pailer, Charlotte Schiller. Leben und Schreiben im klassischen Weimar, Darmstadt 2009, S. 7.
2   Schiller's sämmtliche Werke (12 Bde.), Cotta'sche Verlagsbuchhandlung Stuttgart und Tübingen 1835/1836, Bd. 1 bzw. Bd. 12.

Abb. 1:
Charlotte Schiller, 1794
Ölgemälde von Ludovike Simanowiz

Abb. 2:
Charlotte Schiller, 1794
Ölgemälde von Ludovike Simanowiz

drei kleineren Charlotten-Porträts, die kurz nacheinander zwischen 1856 und 1860 der Öffentlichkeit zugänglich gemacht wurden, durchaus folgenreich. Sie nämlich sind es gewesen, die das Bild Charlotte Schillers im neunzehnten Jahrhundert nahezu ausschließlich und noch im vergangenen Jahrhundert maßgeblich geprägt haben. Im Scherenschnitt fand man den mädchenhaften Reiz der Jugend, in der Zeichnung den anmutigen Ernst der jungen Frau und im Brustbild schließlich die vertraute Gefährtin des berühmten Mannes. Das nahezu ganzfigurige Gemälde, das eine selbstbewusste Charlotte Schiller bei der Lektüre zeigt, wurde dagegen selbst noch im zwanzigsten Jahrhundert nur zögerlich beachtet. Erst heute zählen die Pendantporträts von Charlotte und Friedrich Schiller zu

Abb. 3:
Charlotte Schiller, 1784
Scherenschnitt von Unbekannt

den entscheidenden Quellen nicht nur für die äußere Erscheinung des Dichters und seiner Frau, sondern auch für ihr Selbstverständnis als intellektuelle Lebensgemeinschaft.

Es sind allerdings mehr als nur die vier genannten Porträts für Schillers Gattin überliefert. Alles in allem ist von fünfzehn Bilddokumenten auszugehen,[3] von denen, mit Ausnahme der simanowizschen Gemälde, bisher kein einziges

---

3   Mögliche Selbstporträts enthalten die Briefe Charlotte von Lengefelds an Fritz von Stein vom 18. 12. 1785 bzw. 7. 11. 1786 (Goethe- und Schiller-Archiv Weimar [im Folgenden: GSA]; s. Abb. in: »Damit doch jemand im Hause die Feder führt«. Charlotte von Schiller. Eine Biographie in Büchern, ein Leben in Lektüren, bearb. von Ariane Ludwig und Silke Henke, Wiesbaden 2015, S. 92 bzw. in: »Ich bin im Gebiete der Poesie sehr freiheitsliebend«. Bausteine für eine intellektuelle Biographie Charlotte von Schillers, hg. von Helmut Hühn, Ariane Ludwig und Sven Schlotter, Jena 2015, S. 20). Da die beiden Skizzen keinerlei physiognomischen Aufschluss bieten, bleiben sie unberücksichtigt. Miniaturen der Eheleute Schiller sind belegt, jedoch nicht nachweisbar (vgl. Kaspar und Elisabetha Schiller an Charlotte und Friedrich Schiller, Brief vom 26. 5. 1792, in: Schillers Werke. Nationalausgabe, begr. von Julius Petersen, hg. von Norbert Oellers u. a., Weimar 1943 ff. [im Folgenden zitiert: NA], Bd. 34/I, S. 159).

Abb. 4:
Charlotte Schiller, 1790
Silberstiftzeichnung von Charlotte von Stein

genauer betrachtet wurde.[4] Es soll deshalb im Folgenden um zweierlei gehen: um die Frage, ob auf all diesen Bildnissen tatsächlich Charlotte Schiller[5] wiedergegeben ist und um den Nachweis, dass der Veröffentlichung der kanonisch

4   Zu den simanowizschen Porträts und ihrer Rezeption vgl. Sabine Fischer, Auf Augenhöhe? Friedrich und Charlotte Schiller im Porträt, in: Jahrbuch der Deutschen Schillergesellschaft 57 (2013), S. 140–173; vgl. dazu die Überholtes bzw. Bekanntes referierenden Beiträge von Jens Schlotter, Einführung, bzw. Viola Dengler u. Polina Sosnitskaja, Charlotte und Friedrich Schiller – die Pendantbildnisse von Ludovike Simanowiz«, in: Helmut Hühn u. a. (Hg.), Charlotte von Schiller, S. 17 f. bzw. S. 21–27.

5   Auf das »von« des 1802 an Friedrich Schiller verliehenen Adelstitels wird durchweg für beide Eheleute verzichtet, da alle Charlotten-Porträts vor 1802 entstanden sind.

gewordenen Charlotten-Porträts – einschließlich der in einem Fall so auffallenden Nichtveröffentlichung – eine gezielte Strategie zugrunde lag.[6] Da in diesem Zusammenhang die jüngste Schillertochter Emilie eine entscheidende Rolle spielt, versteht sich der vorliegende Text auch als ein Beitrag zur Erforschung der Nachlasspolitik von Schillers Erben.

Die tradierten Charlotten-Porträts: Zu- und Abschreibungen

Da das achtzehnte Jahrhundert die Photographie noch nicht kannte, ist man für die Unterscheidung zwischen authentischen Charlotten-Porträts und fälschlicherweise als solche tradierten auf die Angaben angewiesen, die quellenmäßig belegte, also gesichert zu Lebzeiten und in Anwesenheit oder doch zumindest in Kenntnis der Dargestellten entstandene Porträts sowie schriftliche Zeitzeugnisse zu Charlottes äußerer Erscheinung liefern.[7] Textquellen allerdings, die eine genauere Vorstellung von ihrer äußeren Erscheinung vermitteln, sind rar. Auch Schiller hält sich in dieser Hinsicht zurück, wenn er z. B. nach dem schicksalhaften Besuch im spätherbstlichen Rudolstadt 1787 die Schwestern Charlotte und Caroline als »ohne schön zu seyn, anziehend«[8] beschrieben hat. Ähnlich lapidar bemerkt Schiller, als er Charlotte von Lengefeld gut zwei Jahre später seiner Schwester Christophine als künftige Gattin ankündigt, nur:

> Ich halte nicht viel auf Beschreibung meiner Freunde oder meiner Geliebten in Briefen. Wie kann ich Dir das was ich liebe mit Worten mahlen, und was kann ich mehr zu ihrer Schilderung sagen, als daß ich ihr die künftige Glückseligkeit meines Lebens anvertraut habe?[9]

Auch der ersten größeren, 1830 unter dem Titel *Schillers Leben* erschienenen Biographie des Dichters ist, obgleich sie von Charlottes Schwester Caroline verfasst bzw. herausgegeben wurde, kaum mehr zu entnehmen. In der einzigen, etwas

---

6 Vgl. dazu den bisher wichtigsten Aufsatz von Walter Baum, Emilie von Gleichen-Rußwurm und die Pflege der Schiller-Tradition, in: Euphorion 50 (1956), S. 217–227. Noch Silke Henke sieht Emilies Rolle ausschließlich mit Blick auf Friedrich Schiller (vgl. dies., Poetische Zusammenarbeit mit Friedrich Schiller und Memorabilien, in: Silke Henke und Ariane Ludwig, Charlotte von Schiller, S. 67).
7 Alle späteren Bildnisse, die auf authentischen Porträts basierenden ebenso wie die fiktiven, werden nicht berücksichtigt.
8 Brief an Gottfried Christian Körner vom 8. 12. 1787, in: NA, Bd. 24, S. 181.
9 Brief vom 19. 1. 1790, in: NA, Bd. 25, S. 398.

ausführlicher auf Charlottes Äußeres, ihr Wesen und ihren Charakter eingehenden Passage heißt es lediglich:

> Sie hatte eine sehr anmutige Gestalt und Gesichtsbildung. Der Ausdruck reinster Herzensgüte belebte ihre Züge, und ihr Auge blitzte nur Wahrheit und Unschuld. Sinnig und empfänglich für alles Gute und Schöne im Leben und in der Kunst, hatte ihr ganzes Wesen eine schöne Harmonie. Mäßig, aber treu und anhaltend in ihren Neigungen, schien sie geschaffen, das reinste Glück zu genießen.[10]

Jahrzehntelang diente Carolines subtil degradierende Charakterisierung jeder Annäherung an die Person von Schillers Gattin als Ausgangs- und Orientierungspunkt.[11] Verwundern kann das kaum. Denn dieser ebenso verklärende wie hinsichtlich fassbarer phänotypischer Merkmale letztlich nichtssagende Text versammelt nahezu alle Leitbegriffe, die das neunzehnte Jahrhundert zu verwenden pflegte, um ideale Weiblichkeit und damit weibliche Schönheit zu definieren: Anmut, Harmonie und Herzensgüte, Ausdauer, Mäßigung, Unschuld und Treue, das Gute, das Schöne und das Wahre.[12] Was auch immer davon auf Charlotte Schiller zugetroffen haben mag: mehrfach belegt ist, dass sie höher gewachsen war als ihre Schwester Caroline, schlank und alles in allem eine angenehme Erscheinung.[13] Sie hatte braunes Haar, dessen zeitweilig »lange[] dicke[] Kräu-

---

10 Caroline von Wolzogen, Schillers Leben, verfaßt aus Erinnerungen der Familie, seinen eigenen Briefen und den Nachrichten seines Freundes Körner, Stuttgart und Tübingen 1830, Erster Theil, S. 242 (zit. nach dem Nachdruck, hg. von Peter Boerner, Hildesheim, Zürich und New York 1990).

11 Vgl. Heinrich Döring, Schiller's Familienkreis. Supplementband zu: Fr. v. Schillers sämmtliche Werke, Grimma und Leipzig 1852, S. 38; Karl Fulda, Leben Charlottens von Schiller, geb. von Lengefeld, Berlin 1878, S. 19 und S. 28; Hermann Mosapp, Charlotte von Schiller. Ein Lebens- und Charakterbild, Heilbronn 1896, S. 37 f.; um nur ein Beispiel für das spätere zwanzigste Jahrhundert zu zitieren vgl. Joachim Kiene, Schillers Lotte, Frankfurt a. M. 1996 (1. Aufl. Düsseldorf 1984), S. 14 f.

12 Siehe dazu etwa unter dem Stichwort »Frau/Weib« in: Handbuch Europäische Aufklärung. Begriffe, Konzepte, Wirkung, hg. von Heinz Thoma, Stuttgart und Weimar 2015, S. 214–217. Erst die neuere Literatur setzt andere Akzente bzw. geht nur am Rande oder gar nicht auf ihre äußere Erscheinung ein, vgl. Ursula Naumann, Schiller, Lotte und Line. Eine klassische Dreiecksgeschichte, Frankfurt a. M. und Leipzig 2004 oder Gaby Pailer, Charlotte Schiller, S.7 f.

13 Vgl. Christophine Reinwald an Schiller, Brief vom 25. 1. 1790, in: NA, Bd. 33/I, S. 465; Caroline von Dacheröden an Charlotte von Lengefeld, Brief vom 9. 12. 1789, in: Charlotte von Schiller und ihre Freunde, hg. von Ludwig Urlichs, Stuttgart 1860–1865, Bd. 2, S. 154; Charlotte Schiller an Herzogin Karoline Luise von Mecklenburg-Schwerin, Brief vom 28. 5. 1811, ebd., Bd. 1, S. 581. Letzteren Hinweis verdanke ich Gaby Pailer.

selöckchen« ihren erfolglosen Verehrer, den Weimarer Hofrat Carl Ludwig von
Knebel, entzückten.[14] Doch welche Kopfform, welche physiognomischen Details,
welche Augenfarbe kennzeichnen Charlotte? In schriftlichen Zeugnissen ließ
sich dazu bisher nur ein Anhaltspunkt finden und zwar bei Caroline Schlegel,
die einmal bemerkte: »Schillers Kopf ist der Schillern frappant ähnlich geworden, zum Beweise des Satzes, daß Eheleute immer große Aehnlichkeit mit einander haben oder wenigstens kriegen.«[15] Diese Beobachtung verweist süffisant auf
einige Merkmale, die auch an den gesicherten Charlotten-Porträts zu erkennen
und von einiger Bedeutung sind: dass nämlich der Kopf lang und schmal und die
Nase groß gewesen sein muss.

Einen solchen Kopf lässt bereits die früheste, zumindest einigermaßen ge-
sicherte Charlotten-Darstellung, eine schlichte Zeichnung im Profil nach rechts
aus dem Besitz der Fürsten von Schwarzburg-Rudolstadt erahnen, die allerdings
nur durch eine Photographie in den Sammlungen des Rudolstädter Schlosses
dokumentiert ist (Abb. 5). Die Datierung der Zeichnung auf 1788 sowie die tra-
dierte Identifikation der Dargestellten als Charlotte von Lengefeld basieren auf
einem Eintrag im Tagebuch Prinz Ludwig Friedrichs von Schwarzburg-Rudolstadt. Dort nämlich hatte der Prinz, der zum geselligen Kreis um Charlotte und
Caroline gehörte,[16] unter dem 2. Mai 1788 vermerkt, dass er das »Fräulein Lottchen von Lengefeld«[17] abgezeichnet habe. Die Porträtstudie des Prinzen, die
sicherlich kleinformatig vorzustellen ist, lässt ein flächiges Gesicht mit hoher
Stirn, schmal geschnittenen Augen, langer, leicht abwärts gebogener Nase, etwas
vorstehender Oberlippe und rundem Kinn erkennen. Die junge Frau scheint ein
wenig zu matronenhaft geraten; es spricht jedoch nichts dagegen, in ihr die
eine Hälfte des Schwesternpaars zu sehen, in das sich Schiller kurz darauf ver-
liebte.

Zu den quellenmäßig belegten Charlotten-Porträts gehört in chronologischer Folge auch die eingangs erwähnte Silberstiftzeichnung (Abb. 4), die sich,
bevor sie in das Deutsche Literaturarchiv nach Marbach gelangte, im Besitz der
Familie von Gleichen-Rußwurm, das heißt der Nachfahren von Schillers jüngster

14 Brief an Charlotte von Lengefeld vom 24. 12. 1788, in: Ludwig Urlichs, Charlotte Schiller,
    Bd. 3, S. 308.
15 Brief vom 21. 2. 1798 an Luise Gotter, in: Schillers Persönlichkeit. Urteile der Zeitgenos-
    sen und Documente, hg. von Max Hecker (Bd. 1) und Julius Petersen (Bde. 2–3), Weimar
    1904–1908, Bd. 3, S. 74.
16 Lutz Unbehaun, Schillers heimliche Liebe. Der Dichter in Rudolstadt, Köln, Weimar und
    Wien 2009, S. 37 ff. und S. 164 ff.
17 Die photographische Dokumentation des verschollenen Originals befindet sich im Thürin-
    ger Landesmuseum, das Tagebuch mit dem Eintrag zum 2. 5. 1788 im Thüringischen Staats-
    archiv Rudolstadt, beide Schloss Heidecksburg, Rudolstadt.

Abb. 5:
Charlotte Schiller, 1788
Zeichnung von Prinz Ludwig Friedrich von Schwarzburg-Rudolstadt (photographische
Dokumentation des verschollenen Originals Thüringer Landesmuseum Rudolstadt)

Tochter Emilie, befand.[18] Schon Emilie hat auf einer Notiz, die sich in ihrem
Nachlass erhalten hat, als Quelle für Identifikation und Zuschreibung dieser
Zeichnung Charlottes Schwester Caroline zitiert beziehungsweise das, was diese
am 4. Februar 1790 von Weimar aus an Schiller geschrieben hat: »Lottchen muß
sich eben zeichnen lassen von Lips und der Stein, sie umarmt dich.«[19] Allerdings

---

18 Silberstift auf Karton, 10,8 × 8,4 cm, Deutsches Literaturarchiv Marbach [im Folgenden: DLA].
19 Brief vom 4. 2. 1790, in: NA, Bd. 33/I, S. 475. Davon, dass auch Lips Charlotte von Lengefeld
    porträtiert hätte, ist nichts bekannt (vgl. Joachim Kruse, Johann Heinrich Lips 1758–1817.
    Ein Zürcher Kupferstecher zwischen Lavater und Goethe, Coburg 1989).

betont Emilie in einer eindeutig nachträglichen Ergänzung ihrer Notiz und im Gegensatz zur Datierung des zitierten Carolinen-Briefs, dass »die Zeichnung erst [später] gemacht«[20] worden sei. Das überrascht insofern, als sich kein einziges überzeugendes Argument finden lässt, das einen späteren Entstehungszeitpunkt rechtfertigt.[21] Wie Prinz Ludwig Friedrich dilettierte auch Charlotte von Stein im Zeichnen und hatte Mühe, anatomische Details, etwa die Schulterpartie ihres Modells, korrekt wiederzugeben.[22] Nichtsdestoweniger zeigt ihre Studie vom schmalen Kopf bis zum offensichtlich langen Hals alle physiognomischen Merkmale, die jenseits der zeittypisch-modischen Lockenpracht die Charlotte der prinzlichen Zeichnung wie auch der Gemälde von Ludovike Simanowiz charakterisieren.

Simanowiz' Charlotten-Porträts, von denen sich das nahezu ganzfigurige (Abb. 1) ursprünglich im Besitz des ältesten Sohns Karl, das Brustbild (Abb. 2) wiederum im Besitz der jüngsten Tochter Emilie befunden hat, sind beide in Ludwigsburg entstanden, im Frühjahr 1794 während des mehrmonatigen Aufenthalts des Ehepaars Schiller in der schwäbischen Heimat des Dichters.[23] Obgleich keines der beiden heute in der Porträtsammlung des Deutschen Literaturarchivs befindlichen Bildnisse eine Signatur oder eine Datierung aufweist, sind Urheberin und Entstehungsumstände hinreichend dokumentiert, unter anderem durch einen Brief Friedrich Schillers an Simanowiz mit der Bitte, ihm seine »Frau zu mahlen«.[24] Anders als die Profilzeichnungen Prinz Ludwig Friedrichs und Charlotte von Steins zeigen die Gemälde dieser professionellen Künstlerin Charlotte Schiller in Farbe und nahezu en face. Sie können das bisher Beobachtete um blaue bis blaugraue, recht weit auseinanderliegende Augen und um eine nicht

---

20   GSA 83/1435: Bildnis Charlotte Schiller: Aufzeichnungen über eine nicht beiliegende Silberstiftzeichnung von Lips bzw. Charlotte von Stein.

21   Vermutlich hat sich Emilie von Gleichen-Rußwurm für ihre spätere Datierung auf den Brief Charlotte Schillers an ihren Mann vom 12. 1. 1791 gestützt, in dem sie erwähnt, dass Frau von Stein sie »jetzt zeichnen« wolle (NA, Bd. 34/I, S. 54; vgl. dazu Ludwig Urlichs, Charlotte von Schiller, Bd. 1, S. 229, Anm. 3). Aus diesem Vorhaben wurde jedoch unter anderem deshalb nichts, weil Charlotte kurz darauf vom schwer erkrankten Dichter zurückgerufen wurde (vgl. dessen Brief vom 15. 1. 1791, in: NA, Bd. 26, S. 72).

22   Charlotte von Stein hat nachweislich Familienmitglieder, sich selbst und Freunde porträtiert, vgl. Jochen Klauß, Charlotte von Stein. Die Frau in Goethes Nähe, Zürich 1997 (2. Aufl.), S. 246–248. Es scheint allerdings die Marbacher Silberstiftzeichnung das einzig erhaltene Porträt von ihrer Hand zu sein.

23   Öl auf Leinwand, 87 × 69 cm bzw. 36 × 30 cm (jeweils Keilrahmen), DLA. Zur Entstehungsgeschichte und zur Quellenlage vgl. Sabine Fischer, Auf Augenhöhe, S. 145 f.

24   Brief vom 6. 4. 1794, in: NA, Bd. 26, S. 352. Vgl. außerdem Sabine Fischer, Auf Augenhöhe, S. 145 f.

nur lange, sondern auch kräftige Nase ergänzen. Da Simanowiz – auch als Vertreterin der klassizistischen Malerei um 1800 – die Auffassung vertrat, dass man sich »an die Natur halten« müsse, um etwas »Tüchtiges zu leisten«[25] und bei aller harmonisierenden Idealisierung Wert auf eine naturgetreue Wiedergabe legte, gehören ihre Bildnisse zu den wichtigsten Zeugnissen für Charlotte Schillers äußere Erscheinung. Simanowiz' Gemälde bestätigen das schriftlich Überlieferte, ergänzen die Zeichnungen der beiden dilettierenden Aristokraten und bieten so zusammen mit diesen ausreichende Vergleichsmöglichkeiten, um die verbleibenden elf, allesamt ohne verlässliche Textquellen als Charlotten-Porträts überlieferten Frauenbildnisse akzeptieren beziehungsweise ablehnen zu können.

Von den elf ohne sichere Quellenbasis überlieferten Charlotten-Porträts wurden fünf von Schillers direkten Nachkommen als solche tradiert, während sechs von der Nachwelt zu Charlotten-Porträts erklärt und als solche angekauft oder gestiftet worden sind. Bedauerlicherweise kann für jede Gruppe nur ein einziges Porträt als authentisch für Charlotte Schiller gerettet werden. Alle übrigen Darstellungen sind aufgrund von zeittypischer Kleidung, Haartracht oder einzelnen Gesichtszügen zwar ansatzweise zu vergleichen. Einem detailgenauen, physiognomischen Abgleich mit den gesicherten Charlotten-Porträts hält jedoch keines dieser Frauenbildnisse stand. Deshalb soll im Folgenden nur auf diejenigen der ungesicherten Charlotten-Porträts näher eingegangen werden, die authentisch oder in besonderem Maße aufschlussreich für die Rezeptionsgeschichte sind.

Als einzige der durch die Nachwelt tradierten Charlotten-Darstellungen bleibt eine leicht aquarellierte Silberstiftzeichnung (Abb. 6), die 1986 vom Frankfurter Goethe-Museum aus dem Nachlass Friedrich von Beulwitz', Charlottes zeitweiligem Schwager, erworben wurde.[26] Als Urheber gilt, durchaus überzeugend, Franz Kotta, ein Maler-Bildhauer, der seit Mitte der 1780er Jahre den Rudolstädter

25 Ludovike Simanowiz im Brief an Regine Vossler vom 20. 2. 1809, in: Friederike Klaiber, Ludovike. Ein Lebensbild für christliche Mütter und ihre Töchter, Stuttgart 1850 (2. Aufl.), S. 399.
26 Silberstift mit Aquarell und Deckweiß auf Papier, 10 × 7,5 cm, Frankfurter Goethe-Museum/ Freies Deutsches Hochstift. Von den durch die Nachwelt als Charlotte Schiller tradierten Bildnissen werden nicht weiter berücksichtigt: im DLA eine lithographierte Silhouette (Inv. nr. 1276), ein Gemälde (Inv.nr. B 1973.0306) sowie ein Reliefmedaillon von Landelin Ohnmacht (Inv.nr. 0013) – in den Kunstsammlungen der Klassik Stiftung Weimar die identische Darstellung in Alabaster (Inv.nr. KPI 02248) und eine Pastellzeichnung (Inv.nr. Khz 1994/00870) – sowie im GSA eine in drei Versionen vorhandene Silhouette im Stammbuch Gustav Behagel von Adlerskron. Für ihre Hilfen in den Kunstsammlungen bzw. im GSA danke ich Viola Geyersbach und Susanne Fenske.

Abb. 6:
Charlotte Schiller, um 1788
Aquarellierte Silberstiftzeichnung von Franz Kotta
(Frankfurter Goethe-Museum / Freies Deutsches Hochstift)

Hof porträtierte und später Prinz Ludwig Friedrich Zeichenunterricht erteilte.[27]
Entsprechend wird er auch Charlotte von Lengefeld, die auf der Heidecksburg
ein- und ausgegangen und mit dem Prinzen befreundet gewesen ist, gut gekannt
haben. Kottas Miniatur zeigt das Brustbild einer jungen, noch mädchenhaft-
weich gezeichneten Frau im Dreiviertelprofil nach links, deren von einem schmalen Band zusammengehaltenes Haar den »langen dicken Kräusellöckchen«[28]

27   Vgl. dazu die Katalognummern 38–48, insbesondere 38, 44 und 45 in: Antlitz des Schönen.
     Klassizistische Bildhauerkunst in Umkreis Goethes, hg. vom Thüringer Landesmuseum
     Heidecksburg, Rudolstadt 2003, S. 245–249.
28   In: Ludwig Urlichs, Charlotte von Schiller, Bd. 3, S. 308.

entspricht, die der bereits zitierte Knebel im Winter 1788 an Charlotte von Lengefeld bewunderte. Vergleicht man das kleine Bildchen mit Simanowiz' Brustbild von 1794 (Abb. 2), findet sich hier wie dort die in der Zwischenzeit wohlbe-
kannte Physiognomie mitsamt den blauen Augen. Nur sind die einzelnen Züge
bei Simanowiz prägnanter und damit individueller ausgeprägt als bei Kotta, der
Charlotte wohl im Alter von zweiundzwanzig Jahren wiedergibt. Ausgehend von
einer überzeugenden Provenienz und bestätigt durch den Vergleich ist deshalb
dieses Porträt unter den sechs nachweltlich tradierten Charlotten-Darstellungen
als authentisch zu betrachten.

Bei den fünf ohne schriftliche Quellen durch Schillers Nachkommen beziehungsweise ausschließlich durch die Familie von Schillers jüngster Tochter
Emilie überlieferten Charlotten-Porträts sieht die Bilanz trotz bester Provenienz
nicht besser aus. Nach dem Tod ihrer drei Geschwister ist es Emilie von Gleichen-
Rußwurm gewesen, die auf ihrem fränkischen Schloss Greifenstein nicht nur
bewahrte, was sie geerbt, sondern gezielt Schillers bildlichen und gegenständ-
lichen Nachlass zusammengetragen hat. Diese Sammlung wurde Ende des neunzehnten Jahrhunderts der Öffentlichkeit zugänglich gemacht[29] und schließlich
1932 von Schillers Urenkel Alexander von Gleichen-Rußwurm an das Schiller-
Nationalmuseum, das heutige Deutsche Literaturarchiv, verkauft.[30] Als Schiller-
Bestand ist diese Sammlung allerdings in vielem fragwürdig. Sie enthält nämlich
nicht nur bildliche und gegenständliche Nachlassteile von Friedrich und Charlotte Schiller sowie etliche Stücke aus dem Besitz von Schillers Eltern, Charlottes
Mutter Louise und der Schwester beziehungsweise Schwägerin Caroline, sondern
auch einiges, was über Emilies Heirat und später wiederum durch die angeheira-
ten Schwiegertöchter in die Familie gekommen ist. Über die Zeitspanne eines Jahrhunderts hinweg ist dabei Manches durcheinander oder in Vergessenheit geraten
und Diverses Charlotte oder Friedrich Schiller irrtümlich zugeschrieben worden.

Als authentisch unter den ohne zeitgenössischen Beleg durch Schillers
Nachkommen tradierten Porträts kann einzig der eingangs bereits als eines der
vier bekanntesten Charlotten-Porträts erwähnte Scherenschnitt auf grünem Trägerpapier (Abb. 3) betrachtet werden.[31] Dass es sich dabei zugleich um das früheste Bildnis von Charlotte Schiller überhaupt handeln soll, geht auf Emilie von

29   Alexander von Gleichen-Rußwurm, »Das Schillermuseum zu Schloß Greifenstein«, in: Ver-
     öffentlichungen des Schwäbischen Schillervereins. Marbacher Schillerbuch I, 1905, S. 5.
30   Ein restlicher, zunächst noch im Besitz des Urenkels verbliebener Teil des Schiller-Nachlas-
     ses kam erst nach Alexander von Gleichen-Rußwurms Tod 1952 in das DLA.
31   Scherenschnitt, schwarz, auf grünem Trägerpapier, 5,5 × 3,7 cm (Silhouette), 7,6 × 5,8 cm
     (Blatt), DLA. Von den durch Schillers Nachkommen überlieferten Charlotten-Porträts wer-
     den nicht weiter berücksichtigt: ein Gemälde (DLA, Inv.nr. B 1952.0063) sowie eine Zeich-
     nung (DLA, Inv.nr. B 1952.0062).

Gleichen-Rußwurm zurück. Denn für die erstmalige Publikation in der Brief- und Textsammlung *Charlotte von Schiller und ihre Freunde*[32] hatte Emilie dem Herausgeber der Quellensammlung schlichtweg vorgegeben: »Unter die Silhouette, die allerliebst ist, wollen wir also Charlotte von Lengefeld im Jahr 1784. setzen.«[33] Obgleich der Hals eher kurz geraten ist, lässt sich der Scherenschnitt der damals Siebzehnjährigen unmittelbar mit den gesicherten Profilzeichnungen des Prinzen und Frau von Steins (Abb. 4/5) vergleichen. Es spricht nichts gegen die von Emilie von Gleichen-Rußwurm veröffentlichte Datierung; nur fragt sich, weshalb Emilie ihre ursprüngliche, auf dem Trägerpapier der Silhouette festgehaltene Anmerkung, dass es sich um »Lotte von Lengefeld in früher Jugend« handle, so nachdrücklich auf das Jahr 1784 präzisierte.

Nicht zu trennen von diesem Porträt ist die zweite Silhouette aus Schloss Greifenstein, die als Hinterglasmalerei den Deckel einer Tabaksdose ziert und bisher als eigenständiges Charlotten-Porträt eingestuft wurde (Abb. 7). Tatsächlich stellt dieses Porträt eine spiegelverkehrte, verkleinerte Reproduktion der eben betrachteten jugendlichen Silhouette auf grünem Grund dar. Beim Kopieren allerdings wurde das Profil der Vorlage nivelliert und das Haar mit dem hübschen Schleifenmotiv zu einer unmotiviert spitz zulaufenden, mit zwei Auswüchsen versehenen Frisur vereinfacht.[34] Dazu kommt, dass Reproduktion und Tabaksdose erst im späteren neunzehnten Jahrhundert entstanden sind. Nicht nur die anekdotisch-dekorativen Bereicherungen, die die Vorlage am Büstenabschluss und vor allem mit Spitze, Rose und Schleifchen am Ausschnitt erfahren hat, verweisen auf die zweite Hälfte des neunzehnten Jahrhunderts, sondern auch die aufwendige Herstellung der Dose, für die ebenso unterschiedliche Techniken wie Materialien verwendet wurden – darunter vor allem Kunststoff.[35] Hinfällig ist damit die bislang fraglos akzeptierte, durch zwei handschriftliche Echtheitsbestätigungen gefestigte Überlieferung, der zufolge Schiller diese Tabaksdose mitsamt dem Konterfei seiner rosengeschmückten Gattin »viele Jahre persönlich« gebrauchte und die Dose bis zum »9ten May 1805 auf seinem Tische«[36] gestanden habe. Vermutlich war die Dose ursprünglich als Geschenk mit sinniger Anspielung auf Werk, Alltag und Liebe der berühmten Vorfahren gedacht. Dann jedoch wurde aus diesem Objekt zur Erinnerung ein Zeugnis des Erinnerten – legitimiert und zusätzlich aufgewertet durch eine sich auf den Tod des Weimarer Klassikers

32 Ludwig Urlichs, Charlotte von Schiller, vgl. Anm. 13.
33 Emilie von Gleichen-Rußwurm an Ludwig Urlichs, Brief vom 15. 10. 1859, GSA.
34 Dose, rund, geschlossener Zustand: 2,8 × 8 cm (Höhe der Silhouette 2,5 cm), zugehörig zwei Echtheitsbestätigungen, DLA.
35 Für Materialanalyse und Datierungshilfe danke ich Moritz Paysan am Landesmuseum Württemberg.
36 Siehe Anm. 34.

Abb. 7:
Charlotte Schiller, 2. Hälfte 19. Jahrhundert
Tuschsilhouette von Unbekannt nach dem Scherenschnitt von 1784

beziehende Überlieferungsgeschichte. Die oben zitierten Testate waren zusammen mit der Dose nach Marbach gekommen und wesentlich daran beteiligt, dass sie im musealen Umfeld als scheinbar authentischer Bestandteil von Schillers gegenständlichem Nachlass ihre memoriale Wirkung entfalten konnte. Da aber beide Bestätigungen die Handschrift von Charlotte tragen, können sie sich nicht auf diese, sondern müssen sich auf eine andere Tabaksdose beziehen, die tatsächlich vor 1805, das heißt vor Schillers Tod, entstanden ist.[37] Irrtümliche Verwechslung oder Absicht?

Diese Frage stellt sich auch bei dem letzten hier zu betrachtenden Porträt in der Reihe von Darstellungen, die für Charlotte von Lengefeld respektive Schiller überliefert sind (Abb. 8). Denn hier ist weder »Charlotte Schiller als Braut« zu sehen, noch ist das Medaillon »von Schiller als Berlocke an der Uhr getragen« worden, wie es die gleichen-rußwurmsche Überlieferung bisher glauben machte.[38] Für

37 Aus gleichen-rußwurmschem Besitz gelangten noch drei weitere Tabaksdosen ins DLA.
38 Gouache auf Elfenbein, 3,2 × 2,7 cm (oval), 8 × 4 cm (Fassung), DLA. Die Überlieferung als bräutliche Darstellung sowie Berlocke wurde unter der zugehörigen Inventarnummer vermerkt.

Abb. 8:
Caroline von Beulwitz (später von Wolzogen), um 1790
Gouache von Unbekannt, Fassung 19. Jahrhundert

eine Berlocke, worunter einem zeitgenössisches Lexikon zufolge »eine [...] Curiosität oder Rarität« zu verstehen ist bzw. »allerhand Spielwerk, an die Uhren zu hängen«,[39] wäre die in der Höhe gut drei Zentimeter messende Elfenbeinmalerei zu groß und außerdem als ›curioses Spielwerk‹ wenig tauglich gewesen. Viel wichtiger aber ist, dass die Züge der Dargestellten mit den physiognomischen Grundkonstanten der Charlotten-Porträts nichts gemein haben, auch wenn die junge Frau ihrem Alter und ihrer Kleidung nach in die Zeit um 1790 gehört.

Zwar erinnern die weit auseinander liegenden Augen und flächigen Wangenpartien an die Charlotte auf der kleinen Zeichnung von Franz Kotta; der Kopf ist jedoch rund, der Hals kürzer, wie auch die Nase, die zudem schmäler und fast ein wenig himmelwärts gebogen scheint. Der Mund schließlich ist klein und ohne Andeutung einer ausgeprägten Oberlippe. Unvermutet finden sich alle diese Charakteristika statt bei den Charlotten-, bei den Porträts ihrer Schwester Caroline und zwar von einer ebenfalls um 1790 entstandenen Miniatur über ein

---

39　Oeconomische Encyklopädie oder allgemeines System der Staat-, Stadt-, Haus- und Landwirtschaft, begr. von Johann Georg Krünitz, Berlin 1773–1858, Bd. 4, S. 240.

Pastell von 1804 bis hin zu ihrem 1808 entstandenen Gemälde – übrigens durchweg Carolinen-Bildnisse, die ebenfalls von Schloss Greifenstein nach Marbach gekommen sind.[40] Weshalb dies nicht schon früher wahrgenommen wurde? Es muss die Autorität der schillerschen Familienüberlieferung so groß gewesen, die Ähnlichkeit so überzeugend erschienen sein, dass erst niemand an ihr zweifeln wollte und später kein Anlass mehr bestand, sie ernsthaft zu hinterfragen. Was jedoch hat Emilie, und wenn nicht sie, die Mutter und Tante schließlich kannte, so die familiäre Tradition dazu bewogen, aus Caroline Schillers Braut zu machen?

Töchterliche Bildstrategie:
Arbeit am Nachruhm in Wort und Bild

Schon jetzt, das heißt noch ohne eine tiefergehende Bearbeitung der gleichenrußwurmschen Nachlassbestände,[41] deutet einiges auf eine gezielte Bildstrategie. Offenkundig neigten Emilie von Gleichen-Rußwurm und später ihr Enkel Alexander dazu, möglichst viele der von ihnen gesammelten Objekte mit ihren Vorfahren und – auch damals schon publikumswirksam – mit deren Herzensangelegenheiten in Verbindung zu bringen. So wurde das Bildnis eines unbekannten Mannes im blauen Rock, um nur das kleinste der zahlreichen, angeblichen Schiller-Bildnisse aus gleichen-rußwurmschem Besitz zu zitieren, zum Schiller des Rudolstädter Freundeskreises geadelt: Es zeige ihn »in den Zeiten seiner jungen Liebe, als er anfing im lengefeldschen Haus zu verkehren«.[42] In einer kleinen Wedgwood-Keramik wollte man das Siegel erkennen, »dessen Abdruck die zärtlichen Briefe des Bräutigams verschloß«, ungeachtet der Tatsache, dass die Kamee erst nach der Hochzeit erworben worden war.[43] Und in der Tabaksdosenadaption der jugendlichen Charlotten-Silhouette sah man, wie gezeigt, kurzerhand »Frau Hofrätin [...] mit einer vollerblühten Rose an der Brust«. Vermutlich wurde so auch aus Caroline die Braut Charlotte, deren Miniatur Schiller, wenn schon nicht am Herzen, so doch möglichst nah an seinem Körper und deshalb »als Berlocke an der Uhr getragen« haben sollte. Dabei wird nicht zuletzt eine Rolle gespielt haben, dass das einzige Porträt, das als bräutliche Charlotte

---

40 Vgl. DLA, Inv.nr. B 1952.0069, 5903 und 6280.
41 Abgesehen von den Beständen im GSA bzw. DLA wären etwa auch die Archivalien der Cotta'schen Verlagsbuchhandlung (DLA) durchzusehen.
42 Dieses und die zwei folgenden Zitate Alexander von Gleichen-Rußwurm, Das Schillermuseum 1905, S. 8 (zugehörige Abb. S. 7) und S. 14.
43 Michael Davidis und Sabine Fischer, Aus dem Hausrat eines Hofrats, Marbacher Magazin 77, Marbach a. N. 1997, S. 34.

zur Verfügung gestanden hätte, die Silberstiftzeichnung, von Emilie von Gleichen-Rußwurm für 1791 reklamiert wurde und damit als bildliches Zeugnis aus
der Verlobungszeit verloren war.[44]

Es fällt auf, dass keines der im Familienbesitz tradierten Porträts als explizite Freundschafts- oder Liebesgabe von Charlotte an Schiller erinnert wird.[45]
Obgleich gerade Miniatur und Silhouette zu den beliebtesten Tauschobjekten des
Freundschaftskults um 1800 gehören, ist dazu weder in den Briefen der begin-
nenden Freundschaft und wachsenden Liebe zwischen Friedrich und Charlotte
noch im Briefwechsel der Brautleute etwas zu finden.[46] Schiller wiederum spricht
in seinen Briefen an die geliebten Schwestern zwar von ihrem Bild in seinem
Herzen;[47] doch nur zwischen ihm und Caroline ist von einem realen Porträt die
Rede.[48] Die von den Gleichen-Rußwurms zum Anhänger umfunktionierte Miniatur der angeblichen Braut Charlotte wurde, nachdem sie mit dem gegenständ-
lichen und bildlichen Schiller-Bestand nach Marbach verkauft worden war, 1935
erstmals publiziert.[49] Nennenswerte Spuren hat sie jedoch nicht hinterlassen,
da Charlottes Erscheinungsbild zu diesem Zeitpunkt durch ihre im neunzehnten
Jahrhundert veröffentlichten Porträts längst Allgemeingut war. Den wohl wichtigsten Anteil daran hatte Emilie von Gleichen-Rußwurm und das nicht nur, weil
sich Scherenschnitt, steinische Silberstiftzeichnung und simanowizsches Brustbild in ihrem Besitz befanden. Was die Pflege des elterlichen Nachlasses betraf,
ist Emilie die treibende Kraft gewesen – auch schon zu Lebzeiten von Bruder
Karl, der als letzter ihrer drei Geschwister 1857 starb; ab diesem Zeitpunkt besaß

44   Die Charlotten-Porträts von Prinz Ludwig Friedrich bzw. Franz Kotta sind zu diesem Zeit-
     punkt nicht bekannt gewesen. In Ludwig Urlichs *Charlotte von Schiller* (Bd. 1, S. 159–217)
     wird im Kapitel »Charlottens Brautstand« kein Porträt erwähnt.

45   Hätte es dafür einen Anhaltspunkt gegeben, wäre dies von Ludwig Urlichs (Charlotte von
     Schiller, Bde. 1–3) vermerkt worden, da Urlichs in zahlreichen Anmerkungen Bild- und
     Sachzeugnisse kommentiert und dafür Emilie von Gleichen-Rußwurm als Informations-
     quelle zitiert.

46   Zur Zeichnung einer Landschaft, die Charlotte dem Freund indes schon früh geschenkt hat,
     vgl. Schillers Brief an Charlotte vom 7.–9. 11. 1788, in: NA, Bd. 25, S. 216. Vgl. dazu ebd. die
     zugehörige Anm. S. 565 und vgl. Alexander Rosenbaum, Die Zeichnerin, in: Silke Henke und
     Ariane Ludwig, Charlotte von Schiller, S. 70 f.

47   So etwa im Brief vom 23. 10. 1789 an die Schwestern, in: NA, Bd. 25, S 305, vgl. auch Schillers
     Brief an Charlotte vom 7.–9. 11. 1788, in: NA, Bd. 25, S. 126.

48   Vgl. Caroline von Beulwitz an Schiller, Brief vom 4. 2. 1789, in: NA, Bd. 33/I, S. 294 sowie
     Schillers Antwort vom 5. 2. 1798, in: NA, Bd. 25, S. 197.

49   Das Schiller-Nationalmuseum in Marbach, hg. von Otto Günter, Stuttgart und Berlin 1935,
     Abb. 19. Das Charlotten-Porträt Prinz Ludwig Friedrichs geriet verstärkt ins öffentliche Be-
     wusstsein mit seiner Publikation in: Schillers Wohnhaus in Weimar, hg. von Christina Tezky
     und Viola Geyersbach, Weimar 1999, Abb. S. 65, dasjenige von Franz Kotta mit der Publika-
     tion in: Lutz Unbehaun, Schillers heimliche Liebe, Abb. S. 157.

Emilie als zentrale Sachwalterin des schillerschen Familienerbes die alleinige Deutungshoheit.[50] Allerdings sah Schillers Tochter sich nicht nur verpflichtet, »das Andenken ihres Vaters dem deutschen Volke rein und groß zu bewahren«, wie ihr Enkel Alexander rückblickend bilanzierte.[51] Auch das mütterliche Erbe galt es zu bewahren, auch hier war für ein ehrendes Andenken zu sorgen und der Nachwelt eine angemessene Vorstellung zu vermitteln – und zwar in Wort und Bild gleichermaßen.

Schillers Leben, die bereits erwähnte Biographie von Emilies Tante Caroline, war noch ohne jegliche Abbildung erschienen. Dabei hätte man, zumindest für die Hauptfigur, doch eigentlich ein Frontispizporträt erwarten können. Dass von Charlotte kein Porträt enthalten war, erscheint dagegen folgerichtig, da in den ersten Jahrzehnten nach Schillers Tod »den Frauen seines Kreises im allgemeinen wenig Interesse entgegen[gebracht]« wurde, wie wiederum Alexander von Gleichen-Rußwurm resümierte.[52] So war ja auch der Nachstich vom großen Charlotten-Porträt in Cottas Werkausgabe ohne Resonanz geblieben. Erst mit den Veröffentlichungen rund um die Fest- und Feierlichkeiten zum hundertsten Geburtstag des Dichters im Jahr 1859 begann sich Charlottes Bild dem öffentlichen Bewusstsein einzuprägen – als unmittelbares Ergebnis des ebenso zielstrebigen wie hartnäckigen Publikationseifers ihrer jüngsten Tochter. Bereits 1856 hatte Emilie die Briefe ihrer Eltern aus den Freundschafts- und Verlobungsjahren 1788 und 1789 in der Stuttgarter Cotta'schen Verlagsbuchhandlung herausgegeben, um, wie sie im Vorwort schrieb, mit diesem Briefband »ein ganzes treues Bild der schönen Zeit der Liebe Schillers und Lottens« zu geben.[53] Um diese »schöne Zeit der Liebe Schillers und Lottens« zu illustrieren, griff Emilie jedoch nicht auf die von Cotta bereits 1835 reproduzierten Pendantgemälde von Ludovike Simanowiz zurück (Abb. 12/13). Sie ließ vielmehr einen neuen »Stahlstich zu ›Lotte und Schiller‹ [...] in München nehmen« (Abb. 9), wie sie einem Verehrer ihres Vaters schrieb.[54] Dass die zugrundeliegenden Vorlagen, das halbfigurige

50 Vgl. Walter Baum, Emilie von Gleichen-Rußwurm, S. 218 ff. Die Schwestern von Charlotte und Friedrich Schiller, Caroline von Wolzogen und Christophine Reinwald, starben 1847.

51 Alexander von Gleichen-Rußwurm, Emilie Freifrau von Gleichen-Rußwurm, geb. von Schiller 1804–1872, Sonderdruck aus dem Sammelwerk Lebensläufe aus Franken, München und Leipzig 1919, S. 119.

52 Alexander von Gleichen-Rußwurm, Charlotte von Schiller. Ein Gedenkblatt zu ihrem 150. Geburtstag, in: ders., Schiller und der Weimarer Kreis. Reden und Aufsätze, Baden-Baden 1947, S. 126. Charlotte wurde allerdings durchaus von ihrer Mitwelt und schon zu Schillers Lebzeiten als hingebungsvolle Dichtergattin gewürdigt (so u. a. vielfach zitiert in: Max Hecker und Julius Petersen, Schillers Persönlichkeit).

53 Schiller und Lotte. 1788/1789, hg. von Emilie von Gleichen-Rußwurm, Stuttgart 1856, o. S.

54 Brief an Dr. Mohr vom 12. 12. 1859, in: Dr. Mohr, Zur Geschichte der Schiller-Bilder, Koblenz (um 1860), S. 7. Aus einem Schreiben der Münchner Kunstanstalt Piloty & Loehle an Emi-

Abb. 9:
Friedrich und Charlotte Schiller, 1856
Stahlstich nach Anton Graff bzw. Ludovike Simanowiz,
Frontispiz in *Schiller und Lotte. 1788/89*, Stuttgart 1856

Schiller-Porträt von Anton Graff und das kleine Charlotten-Bild von Simanowiz (Abb. 2), unabhängig von einander, folglich ohne kompositorischen Wechselbezug und überdies entstanden waren, noch bevor sich die Dargestellten überhaupt kannten beziehungsweise nachdem sie bereits verheiratet waren,[55] dass es sich hier also, im Unterschied zu den simanowizschen Pendantgemälden, um gar kein wirkliches Bilderpaar handelt, spielte offensichtlich keine Rolle. Dafür wirkte das Frontispiz mit den zwei sich auf die Wiedergabe des Gesichts konzentrierenden Porträts deutlich intimer. Wie alle relevanten Schiller-Bildnisse ist das graffsche Schiller-Porträt zu diesem Zeitpunkt längst bekannt gewesen.[56] Charlottes Brustbild dagegen war noch 1856 gänzlich unbekannt. Nachdem die elterlichen Liebesbriefe mitsamt den Porträtreproduktionen von Graff und Simanowiz erschienen waren, setzte Emilie von Gleichen-Rußwurm gegen die äußerst skeptische Einschätzung des Verlegers umgehend die Herausgabe der Schriften und

---

lie von Gleichen-Rußwurm vom 6. 11. 1855 (GSA) geht hervor, dass die Vorlagen für beide Porträts von ihr geliefert wurden; vgl. dazu das mit Anmerkungen für den Druck versehene Exemplar aus dem Besitz von Emilie von Gleichen-Rußwurm (DLA, Inv.nr. 6484b); die Frontispizmaße des Stahlstichs: 19,5 × 24,5 cm.

55 Das simanowizsche Brustbild ist 1794, das graffsche 1786–1791 entstanden.

56 Erstmals veröffentlicht wurde es 1794 in der Radierung von Johann Gotthard Müller.

Charlotte von Lengefeld
im Jahr 1784.

Abb. 10:
Charlotte Schiller, 1860
Lithographie von Unbekannt nach dem Scherenschnitt von 1784,
Frontispiz in *Charlotte Schiller und ihre Freunde*, Bd. 1, Stuttgart 1860

Briefwechsel ihrer Mutter in der Cotta'schen Verlagsbuchhandlung durch.[57] Der erste, für 1859 geplante Band dieser umfangreichen Quellensammlung lag mit nur leichter Verspätung unter dem bereits erwähnten Titel *Charlotte von Schiller und ihre Freunde*[58] zu Beginn des Jahres 1860 vor. Er wurde eingeleitet von der emphatischen Versicherung des Herausgebers, dass es »eine so frische jugendliche Natur, eine so zärtliche Gattin, eine so treue Wittwe und Mutter [...], wohl werth zu sein [scheine], daß sie der Nation die ihren großen Gatten in ihr Herz geschlossen hat, vollständig bekannt werde.«[59] Als anschaulichen Beweis für die »frische jugendliche Natur« zierte diesen Band Charlottes Silhouette (Abb. 10).[60] Doch damit nicht genug. Ebenfalls für eine Veröffentlichung im Jubiläumsjahr 1859 und wiederum in München hatte Emilie von Gleichen-Rußwurm auch die steinsche Silberstiftzeichnung lithographieren lassen (Abb. 11), um sie terminge-

57 Walter Baum, Emilie von Gleichen-Rußwurm, S. 222 und S. 225.
58 Ludwig Urlichs, Charlotte von Schiller; gleich im ersten Satz der Vorrede (o. S.) wird Emilie von Gleichen-Rußwurm als Mitherausgeberin gewürdigt.
59 Ludwig Urlichs, Charlotte von Schiller, Bd. 1, S. IIIf.
60 Frontispiz: Lithographie, 5 × 3,5 cm.

Abb. 11:
Schmuckblatt mit den Porträts Charlotte und Friedrich Schiller, 1859
Lithographie der Münchner Kunstanstalt Piloty & Loehle nach Charlotte von Stein
bzw. Johann Christian Reinhart

recht als Schmuckblatt in den Handel zu bringen.[61] Diese Zeichnung, das heißt ihre lithographische Wiedergabe, muss Emilie als unmittelbare Verkörperung ihrer Mutter erschienen sein, die sie etwa dem Schiller-Biographen Erwin Palleske kurz zuvor beschrieben hatte als »nicht hochstrebend«, sondern »höher suchend, tief empfindend u. nicht befriedigt von dem Alltäglichen, lieber in sich zurückkehrend, ihren Idealen lebend«.[62]

Überblickt man die bis heute meist veröffentlichten Charlotten-Porträts mitsamt den jeweils zugehörigen Varianten, zeigt sich, dass Emilies Strategie – das heißt ihr Bemühen, unter Ausnutzung der enormen Begeisterung rund um Schillers 100. Geburtstag ihre Mutter neben dem gefeierten Dichter ins helle Licht der Öffentlichkeit zu stellen –, erstaunlich gut aufgegangen ist. Dafür den Boden

---

61   Lithographie (Münchner Kunstanstalt Piloty & Loehle), 12 × 9,5 cm (Darstellung), 31 × 22,8 cm (Blatt auf Karton), o. Inv.nr., DLA.

62   Diese und die vorausgehende Zitatstelle: Emilie von Gleichen-Rußwurm an Emil Palleske, Brief vom 21. 9. 1858, in: Julius Petersen, Schillers Persönlichkeit, Bd. 2, S. 153.

bereitet hatte freilich Carolines Schiller-Biographie, wobei diese ihre Neuauflage 1845 ebenfalls Emilie von Gleichen-Rußwurm verdankte.[63] Charlotte war dort als Inbegriff liebevoller Hingabe und empfindsamer Herzensgüte vorgestellt worden. Nun nahm das Lesepublikum ihr anlässlich des Dichterjubiläums präsentiertes Erscheinungsbild offensichtlich als passgenaue Ergänzung wahr. Anders wäre wohl kaum zu erklären, weshalb die von Emilie veröffentlichten Bildquellen ebenso fraglos und mit beträchtlicher Langzeitwirkung rezipiert worden sind wie Carolines schwesterliche Einschätzung. Selbst wenn Emilie von Gleichen-Rußwurm nicht in jedem Detail Einfluss auf Art und Weise der jeweiligen Publikation genommen hat – ohne ihr Zutun und Einverständnis wäre um 1859 keines der drei Porträts und auch keines in dieser Form in die Öffentlichkeit gelangt.[64] Vor dem Hintergrund von Emilies zum Teil recht eigenwilligem Umgang mit den Porträts ihrer Mutter ist es aufschlussreich, diese drei, also die anmutige, die ernste und die liebende Charlotte, abschließend noch einmal genauer zu betrachten – ebenso aber auch die kluge Gefährtin, die Schiller als seine ›andere Hälfte‹ für die Nachwelt hatte malen lassen.

Kanonisierung:
Vier Charlotten-Porträts zwischen Intention und Rezeption

Charlottes Jugendsilhouette wurde von Emilie von Gleichen-Rußwurm dem ersten Quellenband der nachgelassenen mütterlichen Schriften als Frontispiz vorangestellt (Abb. 3/10). Das überrascht. Denn gerade hier wäre das simanowizsche Porträt mit Buch weitaus sinniger gewesen, da dieser Band mit den literarischen Werken Charlottes beginnt, wohingegen die folgenden zwei Bände ausschließlich Briefwechsel enthalten. Auch Emilies für den Druck auf 1784 präzisierte Datierung des Scherenschnitts überrascht. Zugleich nämlich sieht sie in ihm die »kleine schwarze Gefährtin«[65], die Charlotte drei Jahre später einer unglücklichen Liebe zum Abschied geschenkt hat. Tatsächlich sollte die Silhouette, dieses klassische Unterpfand von Freundschaft und Liebe, durch ihre Verbindung mit 1784 nichts anderes markieren als das Jahr, in dem der Dichter Friedrich Schiller erstmals – wenn auch nur für den flüchtigen Moment eines Grußwechsels in Mannheim – in Charlotte von Lengefelds Leben zu vermelden

---

63 Walter Baum, Emilie von Gleichen-Rußwurm, S. 220 sowie ebd. Anm. 16.
64 Aufschlussreich in dieser Hinsicht ist vor allem ihr Briefwechsel mit Ludwig Urlichs (GSA).
65 Brief Henry Herons an Charlotte von Lengefeld, geschrieben nach Ostern 1787, zit. nach Ludwig Urlichs, Charlotte von Schiller, Bd. 2, S. 142. Der Bezug zur gleichen-rußwurmschen Silhouette wird in der zugehörigen Anmerkung hergestellt.

ist.[66] Die Silhouette wird nach ihrer Veröffentlichung mit der Liebesgeschichte zwischen Schiller und Charlotte zusammengesehen worden sein. Ebenso wird der Scherenschnitt das Lesepublikum an das »blühend Kind, von Grazien und Scherzen | umhüpft« erinnert haben, als welches Charlotte vom frisch verliebten Dichter in Stammbuchversen festgehalten worden ist – Verse, die Emilie mit den Liebesbriefen ihrer Eltern 1856 erstmals veröffentlicht hatte.[67]

Auch die Datierung der steinschen Silberstiftzeichnung (Abb. 4) wirft Fragen auf. Der brieflichen Quelle zufolge, ist diese Zeichnung am 4. Februar 1790 entstanden. Emilie dagegen behauptete ein Entstehungsdatum nach der am 22. Februar vollzogenen Hochzeit ihrer Eltern. Entsprechend ließ sie die lithographische Wiedergabe des Porträts unter der Datierung auf 1791 veröffentlichen.[68] Auch erschien Charlottes Porträt bei der Münchner Kunstanstalt Piloty & Loehle nicht nur als Einzelpublikation. Indem man es seitenverkehrt wiedergab, konnte neuerlich ein scheinbares Bilderpaar suggeriert werden – diesmal in Kombination mit einer Reproduktion des 1787 entstandenen Schiller-Porträts von Johann Christian Reinhart (Abb. 11).[69] Gerade in dieser willkürlichen Zusammenstellung, das heißt im Vergleich zum jugendlichen Dichter, der mit Zopf, Rüschenhemd und Mantel als zeittypischer Vertreter des späten achtzehnten Jahrhunderts zu identifizieren ist, fällt die antikische Gewandung der Braut besonders auf. Vermutlich soll es sich dabei um einen Chiton handeln, um ein an den Schultern jeweils durch eine Schließe und mittig durch einen Gürtel zusammengehaltenes Gewand. In dieser Hinsicht wurde die Zeichnung für die Veröffentlichung sogar ergänzt, da auf der Lithographie beide Schultern ordentlich bedeckt sind, während das Original noch eine bloße Schulter zeigt. Doch wie ist diese Verkleidung zu erklären? Am ehesten wäre eine derartige Gewandung wohl auf der Bühne zu erwarten, so wie sie kennzeichnend ist für die klassizistische Figurenbeziehungsweise Gewandauffassung bei der Darstellung mythologischer Gestal-

---

66 Zur Begegnung am 6. 6. 1784 vgl. Karin Wais, Die Schiller Chronik, Frankfurt a. M. und Leipzig 2005, S. 58.

67 Eintrag in Charlotte von Lengefelds Stammbuch unter dem 3. 4. 1788, zit. nach NA, Bd. 1, S. 189. Von Schiller wurde das Gedicht anonymisiert bereits im *Musen-Almanach auf das Jahr 1796* veröffentlicht; in der Originalfassung ist es erstmals von Emilie von Gleichen-Rußwurm herausgegeben worden, vgl. dazu NA Bd. 2/I, S. 60 sowie NA, Bd. 2/II A, S. 161.

68 Die mitgedruckte Erläuterung besagt: »Das nach d. Leben 1791 von Charlotte von Stein (Goethe's Freundin) gez. Original-Portrait | ist im Besitze der Freifrau Emilie v. Gleichen-Rußwurm geb. v. Schiller.«

69 Das Blatt mit beiden Porträts trägt die Bezeichnung »Zur Erinnerung an Schiller's Secular-Feyer im November 1859« (30 × 44 cm, Inv.nr. B 2016.0039). Ihrem Brief an Piloty & Loehle vom 2. 6. 1860 (DLA) zufolge scheint Emilie von dieser Zusammenstellung vorab nichts gewusst zu haben.

ten.[70] Es überrascht deshalb nicht, dass Urenkel Alexander Charlotte »im griechischen Faltengewand« beschrieben und in »ihrem Bilde etwas von einer antiken Priesterin, vom Geist Iphigenies gegeben« gesehen hat.[71] Dazu finden sich passenderweise beim Weimarer Kupferstecher Lips, der die Entstehung des Charlotten-Porträts zumindest begleitet hat, verschiedentlich mythologisch-allegorische Frauengestalten, die als Anregung gedient haben könnten. Direkt vergleichbar ist etwa dessen *Iphigenie vor der Bildsäule der Diana*, die 1787 als Frontispiz der Erstausgabe von Goethes Schauspiel *Iphigenie auf Tauris* veröffentlicht wurde.[72] Es scheint allerdings wenig wahrscheinlich, dass die antikisch-ernste Charlotten-Darstellung in Bezug zu Goethes *Iphigenie* entstanden oder mit der ebenso vielfältigen wie vielschichtigen Präsenz des Iphigenien-Mythos in jenen Weimarer Jahren in Verbindung zu bringen ist.[73] Und doch soll eine Bezüglichkeit zumindest angedeutet werden, da sie zu verlockend ist. Die Tatsache nämlich, dass Schiller am 26. Mai 1788 an Caroline – zugleich im Plural Charlotte einbeziehend – Folgendes geschrieben hat:

> Rudolstadt und diese Gegend überhaupt soll, wie ich hoffe, der Hayn der Diana für mich werden, denn seit geraumer Zeit geht mirs wie dem Orest in Göthens Iphigenia, den die Erennyen herumtreiben. [...] Sie werden die Stelle der wohlthätigen Göttinnen bey mir vertreten und mich von den bösen Unterirrdischen beschützen.[74]

Wenn schon nicht die Ursache der Gewandung, so lässt sich immerhin das unmittelbare Umfeld definieren, in das die steinsche Porträtzeichnung gehört. Gemeint ist die *Herzoglich freye Zeichenschule* in Weimar, an der auch Johann Heinrich Lips als Lehrer angestellt gewesen ist und Frau von Stein den Unterricht besuchte.[75] Ein Blick in das *ABC des Zeichners*, ein schmales Heft, das vom Direktor

---

70 In der damaligen Damenmode lässt sich nur annäherungsweise Vergleichbares finden (vgl. etwa in: Louise Fürstin von Anhalt-Dessau, bearb. von Wolfgang Savelsberg, Wörlitz 2008, Abb. S. 90).

71 Alexander von Gleichen-Rußwurm, Schiller-Andenken. Ein Blick in das Museum zu Schloss Greifenstein, Velhagen & Klasings Monatshefte 19 (1904/05), S. 341.

72 Joachim Kruse, Lips, S. 154 f. (Abb. S. 155).

73 Abgesehen von Goethes Drama und seiner Beziehung zu Charlotte von Stein sei nur hingewiesen auf Schillers Übersetzung von Euripides' *Iphigenie in Aulis*, die laut Caroline auf ihren und den Wunsch der Schwester erfolgte und 1789 veröffentlicht wurde (vgl. Schiller-Handbuch, hg. von Helmut Koopmann, Stuttgart 1998, S. 732 ff.).

74 Brief vom 26. 5. 1788, in: NA, Bd. 25, S. 60 f.

75 Vgl. Joachim Kruse, Lips, S. 40 ff. sowie Birgit Knorr, Georg Melchior Kraus (1737–1806). Maler, Pädagoge, Unternehmer. Biographie und Werkverzeichnis, Jena 2003, S. 105 f.

der Schule als illustrierte Zeichenlehre veröffentlicht worden war,[76] zeigt, dass Charlottes in ein Quadrat einzuschreibender Kopf, dass die Maßverhältnisse von Nase, Lippen, Kinn und Hals, ihre Augenbildung, dass all dies den dort vorgegebenen, idealisierenden Regularien entspricht. Umso prägnanter setzen sich gegen diese normierte Formenharmonie gebogene Nase und vorstehende Oberlippe ab, wodurch Charlottes Gesicht lebendig und unverwechselbar erscheint. Verstärkt wird dieser Eindruck durch ihre natürlich fallenden Locken, auch wenn sie, wiederum antikisierend, von einem schmalen Band zusammengehalten werden. Es ist somit kein antiker Mythos, sondern diese trotz individueller Einzelzüge schematisch formalisierte Gesichtsbildung aus dem Zeichenunterricht, die dem steinschen Charlotten-Porträt seine Würde verleiht. Ob schon Emilie von Gleichen-Rußwurm etwas von der jungfräulichen Iphigenie zu erkennen meinte, ist unbekannt.[77] So oder so gab sie ein Entstehungsdatum der Silberstiftzeichnung nach der Hochzeit ihrer Eltern an und ließ die Zeichnung explizit als »Charlotte | Friedrich Schiller's Frau« veröffentlichen.

Mit dieser priesterlichen Erscheinung konnte nun die sich im neunzehnten Jahrhundert rasch verfestigende Vorstellung von der Gattin, die aufopferungsvoll im Dienst für Mann und Werk ihre Erfüllung gefunden hat, nahtlos verbunden werden. Eigenartigerweise scheint außer Alexander von Gleichen-Rußwurm niemandem das »griechische Faltengewand« aufgefallen oder einer weiteren Beachtung wert gewesen zu sein, was sich am ehesten durch die erwartungsgerechte Darstellung der Dichtergattin erklären lässt. Dass diese in der Reproduktion noch augenfälliger wurde, spricht Emilie von Gleichen-Rußwurm gegenüber den Verlegern des Erinnerungsblattes dankbar aus:[78]

Eine wahre Verklärung des lieblichen Kopfes ist diese Darstellung, wundervoll gezeichnet u. lithographiert. Man kann die Augen gar nicht von dem lieblichen Bildchen verwenden, welches hier so idealisch wiedergegeben ist, u. weit weit das schwach gezeichnete Original-Bildchen überflügelt.

Und weiter:

Ein unvergleichlich schönes überraschendes Blatt in dem Erinnerungskranz des geliebten Vaters! Seine Lotte so verherrlicht zu sehen ist ein schönes Liebeszeichen was Sie ihm widmen!

76 Georg Melchior Kraus, ABC des Zeichners, Leipzig 1786, vgl. dort vor allem die 2., 4. und 7. Lektion.
77 Unbekannt ist auch, wann und wie die Zeichnung in den Besitz der Familie Gleichen-Rußwurm gelangte.
78 Brief vom 2. 6. 1860 an die Münchner Kunstanstalt Piloty & Loehle (DLA).

Schiller selbst hat »seine Lotte« allerdings nicht als ›Blatt in seinem Erinnerungskranz‹ gesehen.[79] Wenige Monate nach der Geburt des ersten Sohnes und
kurz bevor die kleine Familie die einstige Heimat des Dichters wieder gen Jena
verließ, war die Siebenundzwanzigjährige im Frühjahr 1794 porträtiert worden:
als Brustbild sowie, und das vor allem, als nahezu ganzfiguriges Gegenstück zu
Schillers eigenem Porträt, das Ludovike Simanowiz gerade erst vollendet hatte
(Abb. 12/13).

Es liegt eine merkwürdige Ironie des Schicksals in der bereits angerissenen
Rezeptionsgeschichte dieser beiden Charlotten-Porträts: Dasjenige, das von
Schiller in Verbindung mit dem seinigen als ebenso ehrgeizige wie programmatische Aussage für die Nachwelt konzipiert und in Auftrag gegeben worden
ist, ausgerechnet dieses anspruchsvolle Repräsentationsporträt geriet nahezu
in Vergessenheit. Dabei war das kleinere, von Emilie publizierte Gemälde, das
»liebliche Bild Charlottens von Lengefeld«[80] (Abb. 2), wie es noch Enkel Alexander charakterisierte, gerade nicht für die Öffentlichkeit gedacht gewesen. Auf
Kopf und Oberkörper konzentriert, sollte diese Porträtversion vielmehr greifbare
Gegenwart suggerieren und die Möglichkeit lebendiger Zwiesprache bieten. Entsprechend trägt Charlotte hier als junge Mutter über der weißen Chemise nur ein
Wickelkleid für den häuslichen Gebrauch in zartem Blau und warmem Gold. Es
handelt sich dabei um ein sogenanntes Negligé, welches einer zeitgenössischen
Enzyklopädie zufolge »bisweilen sehr kostbar, oder doch niedlich und zum Gefallen so sicher berechnet seyn [kann], daß es seine Wirkung unfehlbarer thut, als
der gesuchteste Putz«.[81] Auch eine vereinzelte Haarsträhne, die aus der Stirn zu
streichen wäre, gehört zur unbefangenen Selbstverständlichkeit, mit der Charlotte ihrem Betrachter in einem Augenblick vertrauter Nähe gegenübersteht, in
dem nicht auf das korrekte Erscheinungsbild in größerer Öffentlichkeit zu achten
ist. Eben deshalb muss es Emilie als geeignetes Frontispizporträt für den Band
der Liebesbriefe erschienen sein und wurde beziehungsweise wird dieses »liebliche Bild« der Dichtergattin meist mit Charlotte (oder gar Lotte) von Lengefeld
untertitelt.[82] Das zur gleichen Zeit entstandene Kniestück firmiert dagegen ausschließlich unter Charlotte [von] Schiller.

Allzu »lieblich« kann Charlotte – zumindest den simanowizschen, aber
auch ihren übrigen Porträts zufolge – nicht gewesen sein. Simanowiz' Kniestück

---

79 Das Folgende basiert auf Sabine Fischer, Auf Augenhöhe, S. 145 f., 150–158, 167, 171.

80 Alexander von Gleichen-Rußwurm, Das Schiller-Museum zu Schloß Greifenstein, in: Na-
tional-Zeitung Nr. 450 vom 23. 7. 1899.

81 Alle Zitate aus dem entsprechenden Lexikonartikel in: Johann Georg Krünitz, Oeconomische Encyclopädie, Bd. 102, S. 154.

82 So auch noch in: Lutz Unbehaun, Friedrich Schiller. Seine Zeit in Rudolstadt, Weimar 2004,
S. 6.

(Abb. 1) zeigt Schillers Gattin vor allem als eigenständige Intellektuelle, deren ruhiger, direkter Blick beträchtliche Willensstärke und einen wachen Verstand verrät. Ihre auffallend schmucklose, bis auf das Lachsrosa von Miederschnürung und Schärpe in schlichtes Schwarz und Weiß gekleidete Erscheinung kommt einer fast demonstrativen Absage an überflüssigen äußeren Aufwand gleich und ist ungewöhnlich, wie der Blick auf entsprechende Frauenporträts um 1800 zeigt. Zudem sitzt Charlotte Schiller mit aufgestützten Armen an einem einfachen Holztisch und hält ihr Buch so in der Rechten, dass es im nächsten Augenblick wieder vor ihr liegen könnte »wie dies [auf Darstellungen] für Arbeitslektüre und bei an Arbeitslektüre gewöhnten Personen schon früher üblich«[83] gewesen ist. Der Daumen verhindert ein Zuklappen des Buches, gleich wird Charlotte weiterlesen. Auch diese Lesehaltung ist ungewöhnlich für die meist in weichen Sofaecken, auf Parkbänken oder neben, das heißt eben nicht an Tischen lesenden Frauen jener Zeit. Ganz offensichtlich ist für die hier gezeigte Frau Lesen kein unterhaltsam-angenehmer Zeitvertreib, sondern Voraussetzung für Bildung und Wissen, für differenzierte Reflexion und sachkundigen Dialog.

Das Porträt seiner Frau hat Friedrich Schiller ausdrücklich »von eben der Größe«[84] wie das seinige in Auftrag gegeben, doch sind die beiden Gemälde nicht nur hinsichtlich Format und dreivierteliguriger Wiedergabe aufeinander bezogen. Die Eheleute teilen einen gemeinsamen Bildraum, sind einander zugewandt, durch Lichtführung und Farbgebung miteinander verbunden und nicht zuletzt durch ihre strenge, schwarzweiße Kleidung als Intellektuelle charakterisiert. Dieses Paar begegnet sich auf Augenhöhe, was auch daran zu erkennen ist, dass Schiller sich zur Rechten seiner Frau darstellen ließ, während im Allgemeinen der patriarchalische Haus- und Familienherr links neben der als hierarchisch nachgeordnet definierten Gattin repräsentiert. Vor allem aber sitzt Charlotte ihrem Mann, dem Dichter, der in der Tradition des Inspirationsbildes beziehungsweise des Gelehrtenporträts mit Antikenzitat (Homer) erscheint, als kritische Leserin gegenüber – als die »geistige Partnerin und Assistentin«, als die Gaby Pailer sie in ihrer Biographie wiederentdeckt hat.[85] Im Unterschied zum in sich gekehrten Autor, dessen Domäne das Geistig-Schöpferische, das Denken und Schreiben ist, verkörpert Charlotte Schiller den nachvollziehenden Prozess des Lesens. Gleichwohl nicht als passive Rezipientin: Die optische Verbindungs-diagonale zwischen geöffnetem Buch und leicht geneigtem Dichterhaupt legt

---

83 Erich Schön, Der Verlust der Sinnlichkeit oder Die Verwandlung des Lesens. Mentalitätswandel um 1800, Stuttgart 1987, S. 67.
84 Brief vom 6. 4. 1794 an Ludovike Simanowiz, in: NA, Bd. 26, S. 352.
85 Gaby Pailer, Charlotte Schiller, S. 98. Vgl. Silke Henke, Poetische Zusammenarbeit, in: dies. und Ariane Ludwig, Charlotte von Schiller, S. 57.

Abb. 12/13:
Charlotte und Friedrich Schiller, 1835
Stahlstiche von Charles Louis Schuler nach Ludovike Simanowiz für die in der J. G. Cotta'schen
Buchhandlung in den Jahren 1835/1836 erschienene Ausgabe *Schiller's sämmtliche Werke*

nahe, dass Charlotte in einem von Schillers Werken liest. Indem sie kurz von ihrer
Lektüre auf- und zum Betrachter blickt, verbindet sie den Autor mit seiner (poten-
tiellen) Leserschaft, sodass dieses Bilderpaar schließlich auch als »idealtypische
Darstellung von Autor und Leser(in)«[86] gesehen werden kann.

Als Dokument einer sich gegenseitig ergänzenden Lebens- und Arbeitsgemeinschaft[87] sind diese Pendantporträts außergewöhnlich und bisher ohne
Vergleich. Dahingestellt sei, wie die gemeinsame Existenz tatsächlich ausgese-
hen hat, inwieweit sie tatsächlich gleichberechtigt war. Sicher ist, dass sie Schillers Werk zugute kam, während schon den eigenen Kindern und erst recht dem

---

86   Michael Davidis, Die Schillers – eine Familiengalerie, in: Schillers Familie, hg. vom Wei-
     marer Schillerverein und der Deutschen Schillergesellschaft, Marbach a. N. 2009, S. 10.
87   Vgl. dazu Sabine Fischer, Auf Augenhöhe, S. 161 ff.

neunzehnten Jahrhundert das hier postulierte Eheideal offensichtlich fremd
gewesen ist. Denn dass die jüngste Tochter Emilie sich vehement dafür einsetzte,
den schriftlichen Nachlass ihrer Mutter zu publizieren und deren Bild neben dem
väterlichen im öffentlichen Bewusstsein zu verankern, bedeutete gerade nicht,
Charlotte als eigenständige, auf Augenhöhe reflektierende Partnerin des Dichters
zu präsentieren. Mit der gezielten Veröffentlichung der in ihrem Besitz befindlichen Porträts verfestigte Emilie von Gleichen-Rußwurm vielmehr die Vorstellung vom sanften, dem Wahren, Guten und Schönen lebenden Wesen, auf das
schon Caroline die Schwester in *Schillers Leben* reduziert hatte. Seit dem Erscheinen dieser Biographie war Charlotte – und das vor allem im Vergleich zu Caroline – auf die Rolle der liebenden, intellektuell wie emotional gleichwohl wenig
anspruchsvollen Mustergattin festgeschrieben.[88] Auch Emilies Bruder Karl, der
als Erstgeborener die elterlichen Pendantporträts übernommen hatte, fand offensichtlich nichts dabei, seinem Vater die »andere Hälfte« zu nehmen, indem er
Charlottes Porträt ringsum kräftig beschneiden, diese sozusagen auf die Funktion der Ehefrau und Mutter schrumpfen ließ (Abb. 1/12).[89] Kein Wunder, dass
Charlotte von Lengefeld gut hundert Jahre nach dem Tod des Dichters, wie einer
ihrer Biographien lapidar bemerkte, »in der Erinnerung der Nachwelt nur als die
Gattin Schillers« lebte.[90] Und folgerichtig, dass man, wie eben dieser Biograph,
Charlottes Verdienste darin sah, durch den »Zauber einer glücklichen Ehe« die
Voraussetzungen für Schillers großes Werk geschaffen und außerdem »eine hohe
Ansicht von dem geistigen und sittlichen Berufe der Frau in sich verkörpert« zu
haben. Die von Schiller mit geradezu konträrer Aussageintention in Auftrag gegebenen Pendantbildnisse waren zu diesem Zeitpunkt erst wenige Jahre, das heißt
seitdem sie 1890 ins schillersche Geburtshaus nach Marbach gestiftet worden
waren, in der Öffentlichkeit präsent. Heute, nach einem weiteren Jahrhundert,
steht nun endlich statt der lieblichen die vielseitig gebildete und selbst literarisch
tätige Charlotte Schiller im Zentrum der Aufmerksamkeit.

88 Caroline von Wolzogen, Schillers Leben, Erster Theil S. 234, 242 f., 265 ff. sowie Zweiter Theil
S. 309; vgl. Georg Kurscheidt, »...das Leben mehr im Idealen halten«. Anmerkungen zu Caroline von Wolzogens Schillerbiographie, in: Caroline von Wolzogen. 1763–1847, hg. von
Jochen Golz, Marbach a. N. 1998, S. 75.
89 Für die Reproduktion der Pendantporträts in: Schiller's sämmtliche Werke von 1835/1836
hatte der Stecher noch die originale Fassung vor Augen.
90 Dieses und die folgenden Zitate aus: Jakob Wychgram, Charlotte von Schiller, Bd. 6 der
Reihe Frauenleben. Eine Sammlung von Lebensbeschreibungen hervorragender Frauen,
Bielefeld und Leipzig 1904, Vorbemerkung o. S. sowie S. 68 und S. 156.

Die zwei Gesichter von Schillers Freundin, Braut und Gattin

Charlotte von Lengefeld ist – entgegen den Vorstellungen ihrer Mutter, die fraglos davon ausgegangen war, auch ihr zweites Kind in einer standesgemäßen Vernunftehe unterzubringen –, die Gattin eines Dichters geworden. Ebenso unkonventionell wie mutig entschied sie sich für die im späten achtzehnten Jahrhundert vielfach diskutierte Liebesheirat,[91] obgleich besagter Dichter zwar schon berühmt, aber ziemlich mittellos und noch dazu bürgerlich war. Anfangs scheint Charlotte sogar einen die eigene Schwester einbeziehenden Dreiecksbund akzeptiert zu haben.[92]

Dass man Charlotte Schiller später nur mehr im Schatten ihres Mannes sehen wollte, ist jedoch nicht allein Carolines Schiller-Biographie und der töchterlichen Bildstrategie zuzuschreiben. Die »kräftig an der öffentlichen Meinungsbildung mitwirkende, briefbeflissene und später publizierende Gattin Schillers«,[93] wie Jochen Klauß sie neben Frau von Stein charakterisiert, arbeitete nach 1805 in vielerlei Hinsicht auch selbst »am Schiller-Bild für die Nachwelt« in der festen Überzeugung, dass niemand »diese einzige hohe Natur [...] so rein und klar [ge]fühlt« habe wie sie.[94] Folglich erzog Schillers Witwe nicht nur ihre vier Kinder in Ehrfurcht vor der geistigen Größe des Vaters und kümmerte sich tatkräftig um dessen literarischen Nachlass. Sie begann zudem, den einstigen Gefährten in höhere, nachgerade sakrale Sphären zu entrücken. Dass ein »die leuchtende Fackel des Genius schwingend[er], Glanz oder Schrecken verbreitend[er]«[95] Dichter, wie sich Charlotte rückblickend an ihren Mann erinnert, als Mensch kaum mehr zu erreichen ist, ist nachvollziehbar. Nachvollziehbar ist damit aber auch, dass sie das Weimarer Wohnhaus als »Schillers heiliges Andenken« gehütet und, wie einem ihrer Briefe aus den Wirren der Befreiungskriege zu entnehmen ist, »unter Schillers Bild wie an einem Altar«[96] Zuflucht gesucht hat.

Weshalb insbesondere Emilie ihre Mutter als Inbegriff der Dichtergattin verinnerlicht hat, verrät eine Äußerung des Urenkels Alexander: Im Angesicht des

---

91 Vgl. Sabine Fischer, Auf Augenhöhe, S. 161.

92 Vgl. Gaby Pailer, Charlotte Schiller, S. 73.

93 Jochen Klauß, Charlotte von Stein, S. 13.

94 Das erste Zitat: Gaby Pailer, Charlotte Schiller, S. 137; vgl. ebd., S. 129–147. Das zweite Zitat: Charlotte Schiller in einem Fragment über Schiller vom 16. 12. 1806, zit. nach Ludwig Urlichs, Charlotte von Schiller, Bd. 1, S. 115.

95 Charlotte Schiller, Ueber Schiller (Schillers Leben bis 1787), zit. nach Gaby Pailer, Charlotte Schiller, S. 139.

96 Charlotte Schiller an Karoline Luise von Mecklenburg-Schwerin, Brief vom 18. 11. 1813, zit. nach Paul Kahl, Charlotte von Schiller und das Weimarer Schillerhaus, in: Helmut Hühn u. a. (Hg.), Charlotte von Schiller, S. 70.

Todes habe Charlotte »ihr Herz noch rückhaltloser der Tochter [erschlossen] und sie zur Vertrauten des gesammten psychologischen Romans [gemacht], der ihre Liebesgeschichte mit Schiller umwoben«.[97] Für Emilie wiederum hat diese Liebesgeschichte ihren Niederschlag nicht in den elterlichen Pendantgemälden, sondern im »unvergleichlich schöne[n]« Gedenkblatt von Piloty & Loehle gefunden – offensichtlich deshalb, weil aus der fast schüchternen Braut des kleinen Silberstiftporträts in der lithographierten Umsetzung die ihrer Aufgabe so bewusste wie würdige Gattin als Priesterin des schillerschen Genius' hervorgegangen ist. Charlotte Schillers Existenz, ihr briefliches und literarisches Werk hätten bis heute wohl weitaus weniger Beachtung gefunden, wenn sie nicht die Freundin, Braut und Gattin des Dichters Friedrich Schiller gewesen wäre. Das ändert jedoch nichts daran, dass nicht nur der schriftliche Nachlass, sondern auch die Porträts dieser Frau eine andere Geschichte erzählen als das Bild, das die Nachwelt von ihr gezeichnet hat.

97   Alexander von Gleichen-Rußwurm, Emilie von Gleichen-Rußwurm, S. 121.

CHRISTIAN A. BACHMANN

GUSTAV KÖNNECKES *SCHILLER.*

EINE BIOGRAPHIE IN BILDERN (1905)

Zur Deutungsmacht illustrierter Literaturgeschichten

In seiner berühmten Antrittsvorlesung hat Hans Robert Jauß 1967 insinuiert, Literaturgeschichten seien »allenfalls noch in Bücherschränken des Bildungsbürgertums zu finden«.[1] Ihren Einzug in diese Schränke (oder Vitrinen) halten sie bereits über 100 Jahre vorher, beginnend mit der Wende vom achtzehnten zum neunzehnten Jahrhundert und der einsetzenden Schwemme von deutschen Literaturgeschichten.[2] Den ästhetischen und wissenstheoretischen Prämissen des achtzehnten Jahrhunderts entsprechend, verzichten diese historiographischen Darstellungen überwiegend auf bildliches Anschauungsmaterial.[3] Doch spätestens seit der Märzrevolution erfreuen sich illustrierte Publikationen im Deutschen Bund großer Beliebtheit.

Infolge dieser wachsenden Nachfrage, jedoch erst seit 1870,[4] erscheinen im deutschen Kaiserreich auch mehrere illustrierte Literaturgeschichten. Michael S. Batts hebt in seiner Geschichte deutschsprachiger Literaturgeschichten vor allem zwei hervor:[5] Robert Königs (1828–1900) *Deutsche Literaturgeschichte* (1879)[6] und Otto Leixner von Grünbergs (1847–1907) *Illustrirte Geschichte des*

---

1   Hans Robert Jauß, Literaturgeschichte als Provokation der Literaturwissenschaft, in: ders., Literaturgeschichte als Provokation, 4. Aufl., Frankfurt a. M. 1974, S. 144–207, hier S. 144.

2   Zur Literaturgeschichtsschreibung im neunzehnten Jahrhundert vgl. insgesamt Michael S. Batts, A History of Histories of German Literature. 1835–1814, Montreal u. a. 1993.

3   Vgl. Barbara Maria Stafford, Artful Science. Enlightenment Entertainment and the Eclipse of Visual Education, Cambridge/MA und London 1994.

4   Vgl. Günter Hess, Bildersaal des Mittelalters. Zur Typologie illustrierter Literaturgeschichte im 19. Jahrhundert, in: Panorama und Denkmal. Studien zum Bildgedächtnis des 19. Jahrhunderts, Würzburg 2011, S. 105–152, hier S. 138ff.

5   Vgl. Michael S. Batts, Histories of German Literature, S. 47.

6   Robert Koenig, Deutsche Literaturgeschichte. Mit 160 Bildnissen und erläuternden Abbildungen im Text und 35 zum Theil farbigen Beilagen außerhalb des Textes. Fünfte, mit der dritten und vierten gleichlautende Aufl., Bielefeld und Leipzig 1879.

deutschen Schriftthums in volksthümlicher Darstellung (1880/1881).[7] Mit dem
Bilderatlas zur Geschichte der Deutschen Nationallitteratur gibt Gustav Könnecke (1845–1920) bei Elwert in Marburg 1887 ein Buch heraus, das umgekehrt –
angelehnt an den *Bilder-Atlas zum Conversations-Lexikon von Brockhaus* (Leipzig
1849–1851)[8] – den Bildteil in den Vordergrund stellt. Günther Hess erscheint
dieses »›imaginäre[] Museum[]‹ deutscher Literatur und Literaturgeschichte« als
»Dokument totaler Dokumentation«, dessen »Monumentalität [...] den Denkmal-
charakter des Buches« unterstreiche.[9] Der *Bilderatlas zur Geschichte der Deutschen Nationalliteratur* entsteht vor dem Hintergrund der Arbeit des Archivars
Könnecke.[10] Sein *Atlas*, schreibt er im Vorwort, »will keine neue Litteraturgeschichte sein«.[11] Vielmehr handele es sich um eine »nach den Quellen gearbeitete
Sammlung von gleichzeitigen Abbildungen, welche eine *Ergänzung zu jeder Litteraturgeschichte* bilden soll.«[12] Dass Könnecke dieser Anschluss an die germanistische Literaturgeschichtsschreibung von Bedeutung ist, zeigt darüber hinaus,
dass er die erste Abteilung des Buches den deutschsprachigen Literaturhistori-
kern und Sprachwissenschaftlern widmet und zu den Schriftstellern erst in der
zweiten, allerdings deutlich längeren Abteilung kommt.[13] Könnecke entscheidet
sich für eine weitgehend chronologische Anordnung, die mit von Tacitus bezeugten »Schlachtgesängen der alten Germanen« beginnt und mit dem Philosophen
und Nietzsche-Gegner Eduard von Hartmann (1842–1906) schließt. Dabei folgt
er vorgeblich »keinem der von den zahlreich vorhandenen Litteraturgeschichten
angewendeten Systeme«.[14] Die Erstausgabe des *Bilderatlasses* verzeichnet immerhin 1675 Abbildungen,[15] die zweite, erweiterte Auflage von 1895 beinhaltet 2200

7　Otto von Leixner, Illustrirte Literaturgeschichte der vornehmsten Kulturvölker, 4 Bde., Leip-
　　zig und Berlin 1880–1883.
8　Vgl. hierzu sowie zum historischen Kontext Günter Hess, Bildersaal des Mittelalters,
　　S. 110f.
9　Günter Hess, Bildersaal des Mittelalters, S. 150.
10　Zum Leben und Wirken Könneckes vgl. insgesamt Gerhard Menk, Gustav Könnecke
　　(1845–1920). Ein Leben für das Archivwesen und die Kulturgeschichte, hg. vom Hessischen
　　Staatsarchiv Marburg in Verbindung mit dem Verein für hessische Geschichte und Landes-
　　kunde e. V. Zweigverein Marburg, Marburg 2004.
11　Gustav Könnecke, Bilderatlas zur Geschichte der deutschen Nationallitteratur. Eine Er-
　　gänzung zu jeder deutschen Litteraturgeschichte. Enthaltend 1675 Abbildungen. Nach den
　　Quellen bearbeitet, Marburg 1887, S. III.
12　Ebd.
13　Könnecke führte eine größere Zahl einschlägiger Philologen auf, darunter auch Georg Gott-
　　fried Gervinus und Wilhelm Scherer.
14　Ebd.
15　Ebd., S. XVI.

und die letzte Elwert'sche Ausgabe von 1912 sogar 2233.[16] Der einschlägige Mediävist Gustav Roethe würdigt 1900 Könneckes *Bilderatlas* anlässlich der zweiten Auflage als Pionierwerk, das »die sinnliche anschauung befördert« habe, »die jeder geschichtlichen disciplin dringend not tut«.[17] Obschon Könnecke den *Bilderatlas* als Ergänzung versteht, soll doch eine gewisse Eigenständigkeit bewahrt bleiben, um »die Benutzer des Bilderatlas nicht zu zwingen, ihre Litteraturgeschichte immer zum Nachschlagen bei der Hand zu haben«.[18] Die »nothwendigsten Angaben«[19] zur Bild-Historiographie der betreffenden Personen gibt Könnecke den Bildern daher bei. Quantitativ variiert dieses ›Notwendigste‹ von wenigen Zeilen bis zu ausführlichen Einlassungen zu den auch dadurch herausragenden Lebensgeschichten von u. a. Lessing,[20] Goethe[21] und Schiller.[22]

Jochen Vogt erinnert in seiner *Einladung zur Literaturwissenschaft* an Albrecht Schönes Diktum, Literatur sei »das Menschheitsgedächtnis der Wörter«.[23] Literaturgeschichten ihrerseits, so Vogt, halten – mit allen Einschränkungen und Vorbehalten, die sich damit zwangsläufig verbinden – »eine gewisse Zahl von Werken im *Gedächtnis* der kulturellen Gemeinschaft [...]. Und sie tun dies, indem sie jene Werke nennen, charakterisieren, in Beziehung zueinander setzen und mehr oder weniger positiv bewerten.«[24] In diesem Sinne kann man Könneckes *Bilderatlas* als den Versuch sehen, ein kulturelles Bildgedächtnis *zur* Literatur und als Bildergedächtnis *der* Literatur – im weiten Sinne – zu verankern.

---

16 Vgl. Gustav Könnecke, Bilderatlas zur Geschichte der deutschen Nationallitteratur. Eine Ergänzung zu jeder deutschen Litteraturgeschichte. Nach den Quellen bearbeitet. Zweite verbesserte und vermehrte Aufl. enthaltend 2200 Abbildungen und 14 blattgroße Beilagen, wovon 2 in Heliogravüre und 5 in Farbendruck. Siebentes bis elftes Tausend, Marburg 1895; Gustav Könnecke, Bilderatlas zur Geschichte der deutschen Nationallitteratur. Eine Ergänzung zu jeder deutschen Litteraturgeschichte. Nach den Quellen bearbeitet. Zweite verbesserte und vermehrte Aufl., enthaltend 2233 Abbildungen und 14 blattgroße Beilagen, wovon 2 in Heliogravüren und 5 in Farbendruck. Elftes Tausend in neuer, bis zur Gegenwart ergänzter Ausgabe, Marburg 1912.

17 Gustav Roethe, Bilderatlas zur geschichte der deutschen nationallitteratur. Eine ergänzung zu jeder deutschen litteraturgeschichte, in: Anzeiger für deutsches Altertum und deutsche Literatur (1900), H. 1, S. 1–29, hier S. 1.

18 Gustav Könnecke, Bilderatlas (1887), S. III.

19 Ebd.

20 Ebd., S. 164–171.

21 Ebd., S. 194–215.

22 Ebd., S. 216–236.

23 Jochen Vogt, Einladung zur Literaturwissenschaft. Mit einem Hypertext-Vertiefungsprogramm im Internet, 3., durchges. und aktual. Aufl., München 2002, S. 218.

24 Ebd., S. 220, Hervorhebung im Original. Zur Kritik der Literaturgeschichtsschreibung vgl. ebd., S. 220f.

Wie Gervinus' Literaturgeschichte, die den zu vereinigenden deutschsprachigen Fürstentümern eine gemeinsame literarisch-kulturelle Basis geben will, ein Projekt, das bei Erscheinen des *Bilderatlasses* bereits abgeschlossen ist,[25] hat auch Könneckes Vorhaben eine politische Dimension, auf die Gerhard Menk hingewiesen hat: »Könnecke sprach mit beiden Bänden« – dem *Bilderatlas* und dem 1909 als dessen preisgünstige ›Volksausgabe‹ erschienenen *Deutschen Literaturatlas* – »bewußt den Nerv eines Volkes an, das sich vor allem seit dem militärischen und politischen Sieg über Frankreich in einer Hochstimmung befand und ganz überwiegend alles Nationale geradezu verschlang«.[26] Seit Königs *Deutscher Literaturgeschichte* kann von einer zumindest bis zum Ersten Weltkrieg weiterentwickelten »Ikonographie des Dichterischen in Literaturgeschichten« gesprochen werden, wie Peter Goßens konstatiert.[27] Die Literaturgeschichtsschreibung entwickelt sich in der zweiten Hälfte des neunzehnten Jahrhunderts zu einem »portativen Archiv«, so Goßens, das »sein Material in einem volksbildenden Sinne [popularisiert], wobei das Hauptanliegen nicht mehr unbedingt die wissenschaftliche Darstellung bestimmter historiographischer Narrative ist«.[28] Hier ist Könneckes *Bilderatlas* zu verorten, der sich von der Literaturgeschichtsschreibung zu Gunsten einer Ikonographie entfernt und diese dezidiert »nicht für den Fachgelehrten und Germanisten allein bestimmt«,[29] sondern »allen, welche Freude an der Geschichte unserer Litteratur haben«.[30] Menk zufolge stößt die »plastische Darstellungsart«, die »Art der Präsentation von Literaturgeschichte in Form der Verbindung von Text und Bildern«, beim zeitgenössischen Publikum in der Tat auf positive Resonanz. Der Erfolg des *Bilderatlas* reicht laut Menk »bis tief in das deutsche Bildungsbürgertum«, also in der Tat dahin, wo Jauß die Literaturgeschichte beheimatet sieht.[31] Christoph Grube hat darauf hingewiesen, dass die illustrierten Literaturgeschichten von Könnecke und anderen die zeitgenössische »Kanonauswahl auf bildlicher Ebene«[32] wiederholen und verfestigen,

25 Vgl. Horst Albert Glaser, Methoden der Literaturgeschichtsschreibung, in: Grundzüge der Literatur- und Sprachwissenschaft, hg. v. Heinz Ludwig Arnold und Volker Sinemus, Bd. 1: Literaturwissenschaft, München 1973, S. 413–431, hier S. 414–416.

26 Gerhard Menk, Gustav Könnecke, S. 17.

27 Peter Goßens, Artefakt und Repräsentation. Zur Funktion von Abbildungen in Weltliteraturgeschichten des 19. und frühen 20. Jahrhunderts, in: Literaturgeschichte und Bildmedien, hg. v. Achim Hölter und Monika Schmitz-Emans, Heidelberg 2015, S. 125–139, hier S. 127.

28 Ebd., S. 128.

29 Gustav Könnecke, Bilderatlas (1887), S. III.

30 Ebd., S. IV.

31 Gerhard Menk, Gustav Könnecke, S. 12.

32 Christoph Grube, Warum werden Autoren vergessen? Mechanismen literarischer Kanonisierung am Beispiel von Paul Heyse und Wilhelm Raabe, Bielefeld 2014, S. 156.

wobei sie selbst als Bücher mit prachtvoller Ausstattung zu Gegenständen bürgerlicher Verehrung werden.[33] Schon Jürgen Fohrmann, der Könnecke nur einmal am Rande erwähnt, hat hervorgehoben, dass es im deutschen Kaiserreich vielfach nicht mehr um die Konstruktion einer deutschen Literaturgeschichte geht, sondern primär darum, eine »*Konversationskultur* zu befriedigen, deren Interesse am ›Allgemein-Menschlichen‹ die poetische Kultur nur noch in frivoler Weise auf das Pikante absucht [...]. Der Leser nähert sich dem Autor als *Voyeur*«.[34]

Könnecke bedient sich seines Werkes gleich mehrfach bei neuen Buchprojekten als ›Gedächtnis‹, um diesen Voyeurismus zu bedienen. »Zum 28. August 1886« druckt Elwert für eine kleine Zahl namentlich genannter Forscher einen »vermehrte[n] Separatdruck der Goethe betreffenden Seiten«. Der Sonderdruck enthält zusätzlich zu dem Auszug aus dem *Bilderatlas* u. a. einige Verse Johann Caspar Lavaters über Goethes Eltern.[35] 1894 gibt Könnecke zum 400. Geburtstag des Dichters Hans Sachs vorab einen Sonderabdruck der ihn betreffenden Teile aus der zweiten Auflage des *Bilderatlas* heraus. 1899 bzw. 1900 erscheint in zwei Auflagen anlässlich dessen 150. Geburtstags *Goethe. Eine Biographie in Bildnissen* als »Sonderdruck aus der zweiten Auflage von Könneckes Bilderatlas zur Geschichte der deutschen Nationallitteratur«[36] mit 165 Abbildungen und einer Heliogravüre. 1901 setzt Könnecke die Sonderdrucke mit einem Buch zum Nibelungenlied fort. Es folgt 1905, wiederum in zwei Auflagen, *Schiller. Eine Biographie in Bildern* als »Festschrift zur Erinnerung an die 100. Wiederkehr seines Todestages am 9. Mai 1905« und »[v]ermehrter Sonderabdruck aus dem Bilderatlas zur Geschichte der deutschen Nationalliteratur« mit »208 Abbildungen und einem Titelbilde«.[37]

Diese Schiller-Biographie soll hier hinsichtlich ihrer Konzeption als »Biographie in Bildern« beleuchtet werden. Dabei soll es nicht darum gehen, Könneckes

33 Vgl. Christoph Grube, Warum werden Autoren vergessen?, S. 157. Vgl. hierzu auch Lynne Tatlock, Introduction: The Book Trade and »Reading Nation« in the Long Nineteenth Century, in: Publishing Culture and the »Reading Nation«. German Book History in the Long Nineteenth Century, hg. v. Lynne Tatlock, Rochester 2010, S. 1–21, hier S. 10.

34 Jürgen Fohrmann, Das Projekt der deutschen Literaturgeschichte. Entstehung und Scheitern einer nationalen Poesiegeschichtsschreibung zwischen Humanismus und Deutschem Kaiserreich, Stuttgart 1989, S. 203.

35 Vgl. Bibliographie, in: Goethe-Jahrbuch VIII (1887), hg. v. Ludwig Geiger, S. 270–326, hier S. 276.

36 Gustav Könnecke, Goethe. Eine Biographie in Bildnissen. Sonderdruck aus der zweiten Auflage von Könneckes Bilderatlas zur Geschichte der deutschen Nationalliteratur, zweite Aufl., Marburg 1900, Titelseite.

37 Gustav Könnecke, Schiller. Eine Biographie in Bildern. Festschrift zur Erinnerung an die 100. Wiederkehr seines Todestages am 9. Mai 1905, Marburg 1905, Titelseite.

Buch als Teil eines allgemeinen Trends zu verstehen, sondern seiner individuellen ästhetischen Einrichtung Aufmerksamkeit zu widmen.

Schiller. Eine Biographie in Bildern

Für *Schiller. Eine Biographie in Bildern* übernimmt Könnecke den größten Teil des betreffenden Kapitels aus dem *Bilderatlas*, erweitert die Auswahl von Bildern und Faksimiles aber um mehr als das Doppelte. Dazu schöpft er u. a. aus dem übrigen *Bilderatlas*, um Portraits von Schillers Zeitgenossen einzustreuen.[38] Die Schiller-Biographie setzt Könnecke aus verschiedenen Typen von Bildern zusammen, die sich aus dem Vorrat des zeitgenössisch Üblichen speisen, worin sie den Bildprogrammen von Königs und Leixners illustrierten Literaturgeschichten entspricht. Den Hauptteil der 208 Abbildungen machen Portraits aus, insgesamt 96, davon 20 von Schiller, die als Stiche, Silhouetten, Gemälde oder Zeichnungen ausgeführt bzw. nach solchen Vorlagen reproduziert sind. Dazu kommt ein aquarelliertes Historienbild von Karl Alexander Heideloff (1789–1865) nach einer Skizze von dessen Vater Viktor Wilhelm Peter Heideloff (1757–1817), das Schiller »vertrau-

---

38 Vgl. z. B. die Seite zur »Romantischen Schule«, die Könnecke weitgehend aus dem *Bilderatlas* übernimmt (Gustav Könnecke, Bilderatlas, S. 261; Gustav Könnecke, Schiller, S. 33). Die Zahl der ausgetauschten Bilder ist dagegen gering. So ersetzt Könnecke das Portrait Christian Gottfried Körners, einen Stich nach dem Ölbild von Anton Graff (1736–1813); vgl. Gustav Könnecke, Bilderatlas (1887), S. 224; ders., Schiller, S. 17), durch eine Kreidezeichnung von Friedrich Erhart Wagener (1759–1813) aus dem Jahr 1790. Die »Ansicht von Schillers Gartenhaus bei Jena« vertauscht er mit Goethes Zeichnung desselben, die Könnecke auf 1819 datiert (vgl. Gustav Könnecke, Bilderatlas (1887), S. 226; ders., Schiller, S. 34). In veränderter Form bringt er die Ansicht der »Fürstengruft auf dem neuen Friedhofe zu Weimar, wohin Schillers Gebeine den 16. Dezember 1827 überführt wurden«: War im *Bilderatlas* zusätzlich zur Fassade auch der Grundriss wiedergegeben, verzichtet Könnecke in der Schiller-Biographie darauf (vgl. Gustav Könnecke, Bilderatlas (1887), S. 236; ders., Schiller, S. 46). Das Portrait Schillers vor der Büste von Homer, das Ludovike Simanowiz 1794 gemalt hat, ist im *Bilderatlas* als Ausschnitt wiedergegeben; für die Bilder-Biographie löst Könnecke es aus der Lebensgeschichte heraus und stellt es ihr vollständig als Photogravüre voran (vgl. Gustav Könnecke, Bilderatlas (1887), S. 229). »Schillers Familienbild aus dem Jahre 1797« wird dagegen ersatzlos gestrichen (ebd., S. 234), ebenso wie der »Ausschnitt aus Schillers eigenhändiger Niederschrift des ›Tell‹« (ebd.). Über die Gründe für diese Änderungen lässt sich in den meisten Fällen allenfalls spekulieren, sie können technischer, praktischer oder auch ästhetischer Natur gewesen sein. Für den *Deutschen Literaturatlas* von 1909 wurden Bildauswahl und -layout erneut verändert, worauf hier nicht weiter eingegangen werden braucht (Gustav Könnecke, Literaturatlas. Mit einer Einführung von Christian Muff, 826 Abbildungen und 2 Beilagen. Marburg, Wien und New York 1909).

ten Kameraden im Bopserwalde aus den ›Räubern‹ vor[lesend]« zeigt.[39] Unter
31 der Portraits präsentiert Könnecke Signaturen der dargestellten Personen.
Einen geringeren Anteil haben 24 Architektur- und Landschaftsdarstellungen
von Orten, die in einem Bezug zu Schillers Leben und Wirken stehen. Von einem
Teil der Schiller'schen Werke sind darüber hinaus Reproduktionen der Titelseiten
und in kleiner Zahl auch von ›Titelkupfern‹ enthalten. Während die Auswahl in
der Schiller-Biographie unkommentiert bleibt, hat Könnecke sie im *Bilderatlas*
begründet: »Neben den Bildnissen der Schriftsteller sind auch namentlich die
Titel der ersten Ausgaben ihrer Hauptwerke gebracht [...]. Es ist hierdurch nicht
nur die Entwicklung des Buchdruckes und des Geschmacks, welcher bei Ausführung der Druckwerke herrschend war, zur Anschauung gebracht, es sollte auch
auf die *Hauptwerke unserer Litteratur überhaupt* dadurch aufmerksam gemacht
werden.«[40] Dazu stellt Könnecke zwölf Faksimiles von Manuskripten, auch von
solchen, die Schiller mittels Durchstreichung ausgesondert hat, sowie zwei
Zeichnungen aus der Bildergeschichte *Aventuren des neuen Telemachs*. Inhalt-
liches aus Schillers Werken findet sich in 18 Szenenbildern von Daniel Chodowiecki (1726–1801) u. a. zu den *Räubern*.[41]

Zwischen Robert Königs und Otto Leixners illustrierten Literaturgeschichten
und Könneckes Büchern gibt es diverse Überschneidungen und Unterschiede
hinsichtlich der Auswahl der repräsentierten Personen und der dazu auserse-
henen Bilder. Bezogen auf Schiller sind die Berührungspunkte von Leixner und
Könnecke insgesamt zahlreicher als die von König und Könnecke. So bringen
beide Reproduktionen von Doris Stocks (1759–1832) Zeichnung des Dichters aus
dem Jahre 1787. König verzichtet auf einen Bildnachweis, Könnecke dagegen
gibt Johann Friedrich Moritz Schreyer (1768–1795) als Urheber an. Das Blatt,
das Schreyer unter der Anleitung von Christian Gottfried Schul(t)ze (1749–1819)
gestochen hat, hatte der Verleger Johann Gottfried Dyck 1791 in Leipzig auflegen
lassen; es handelt sich um jenes Porträt, das Jean Paul zu einer psycho-physio-
gnomischen Interpretation von Schillers Charakter angeregt hatte,[42] was litera-
turhistorisch durchaus von Interesse sein könnte, jedoch weder von Könnecke
noch von König angesprochen wird.

39 Gustav Könnecke, Schiller, S. 5.
40 Gustav Könnecke, Bilderatlas (1887), S. III–IV, Hervorhebung im Original mittels Sperrung.
41 Für den *Bilderatlas* wählt Könnecke vereinzelt auch noch andere Bildtypen aus, etwa die
    Darstellung eines Puppenhauses (ebd., S. 195), von Theaterbühnen (S. 196) oder Partituren
    (S. 124).
42 Vgl. Werner Gerabek, Jean Paul und die Physiognomik, in: Sudhoffs Archiv (1989), H. 1,
    S. 1–11, hier S. 8f. Vgl. Robert Koenig, Deutsche Literaturgeschichte, S. 457; Gustav Könne-
    cke, Schiller, S. 19.

Alle drei Literaturgeschichten, Königs, Leixners und Könneckes, drucken das gleiche kleine Portrait der Charlotte von Lengefeld in blauer Tunika von Ludovike Simanowiz (1759–1827), allerdings in verschiedenen Reproduktionen, von denen Könneckes fraglos dem Original am nächsten kommt, was darauf zurück zu führen ist, dass er, anders als seine Vorgänger, Bilder nicht nachstechen, sondern photographisch reproduzieren lässt.[43] Es mögen solche Abweichungen sein, die Könnecke im Vorwort zum *Bilderatlas* kritisiert hatte: »der erste beste manirierte späte Stich, welcher weitab von seinem Vorbilde liegt, wird von den Meisten immer noch für ein echtes gutes Bild der dargestellten Persönlichkeit gehalten«.[44] Andere Überschneidungen der Bildauswahl, die hier nur erwähnt seien, sind Reproduktionen der Titelseite des *Historischen Calenders für Damen für das Jahr 1791*, die sich bei König und Könnecke finden. Aus Chodowickis *Kabale-und-Liebe*-Zyklus wählt König eine Szene aus (»Mir vertraue dich ...«), während Könnecke alle zwölf Stiche drucken lässt. Überhaupt spielt Chodowieckis Œuvre bei der illustrativen Ausstaffierung von Literaturgeschichten aus naheliegenden Gründen eine wichtige Rolle, ihm räumt Könnecke besonders im *Bilderatlas* viel Platz ein.[45] Könneckes Schiller-Biographie schreibt sich mit ihrem Erscheinungsjahr 1905 nicht vordringlich in den philologischen Diskurs ein, sondern primär in den der Schiller-Idealisierung. An diesem haben viele weitere illustrierte Buch-Publikationen davor und danach Anteil, zum Beispiel anlässlich des Schiller-fests 1859, zu dem u. a. eine Prachtausgabe von Johannes Scherrs illustriertem Opus *Schiller und seine Umwelt* erscheint, in dem, wie Klaus Fahrner schreibt, die Abbildungen als »essentieller Teil der Darstellungen und nicht bloß als illus-

---

43 Vgl. Gustav Könnecke, Bilderatlas (1887), S. IV.

44 Ebd., S. III. – Allerdings ist auch Könnecke nicht frei von Fehlern. So zeigt er wie Leixner Charlotte von Kalb (1761–1843) im Nachstich des 1785 entstandenen Ölbildes von Johann Heinrich Schmidt (1757–1821), wobei ihr Portrait bei Leixner auf einen Ausschnitt beschränkt ist, während Könnecke das ganze Bild reproduzieren lässt (Otto von Leixner, Illustrirte Literaturgeschichte, S. 301; Gustav Könnecke, Bilderatlas (1887), S. 223). Bei Könnecke fallen hier dennoch durchaus signifikante Deviationen gegenüber dem Original auf; so fehlt im Hintergrund eine musikalische Partitur. Zudem schreibt Könnecke das Bild fälschlich Johann Friedrich August Tischbein (1750–1812) zu, der zwar auch ein Portrait der Charlotte von Kalb gemalt hat, aber nicht dieses. Die fehlerhafte Zuweisung des Bildes ist auch in der Schiller-Biographie nicht korrigiert worden (vgl. Gustav Könnecke, Schiller, S. 15) und auch im *Deutschen Literaturatlas* findet sie sich noch (Könnecke, Deutscher Literaturatlas, S. 103). – Tischbeins Portrait entstand um 1785 und befindet sich heute im Besitz des Deutschen Literaturarchivs. – Eine erhebliche Zahl von Mängeln des *Bilderatlas* diskutiert Roethe in seiner umfangreichen und detaillierten Rezension (vgl. insgesamt Gustav Roethe, Bilderatlas zur geschichte der deutschen nationallitteratur).

45 Roethe kritisiert dieses Vorherrschen von Illustrationen aus Chodowieckis Feder, des »alleinherrschers [sic]« (ebd., S. 11; vgl. auch ebd., S. 10).

tratives Dekorum« einzuschätzen sind.[46] Zu diesem zeigt Könneckes Schiller-Biographie jedoch nur eine einzige direkte Überschneidung (»Die Karlsschule in Stuttgart. Holzschnitt etwa aus dem Jahre 1840«[47]), während Leixner und König sichtbar auf Scherr zurückgreifen. Indirekte Berührungspunkte hinsichtlich der dargestellten Personen und Orte sind aber erwartungsgemäß auch zwischen Scherr und Könnecke zahlreich. Das bürgerliche Schiller-Bildprogramm ist zum Zeitpunkt der Zusammenstellung des *Bilderatlas* und noch viel mehr zum Jubiläum des 100. Todestages 1905 etabliert, denn verstärkt seit der zweiten Hälfte des neunzehnten Jahrhunderts wird Schiller (gemeinsam mit Goethe) vom deutschen Bürgertum zur mythischen Figur stilisiert, wobei eine biographische Aufarbeitung seines Lebens in bis dahin unbekannter Quantität und Qualität behilflich war.[48]

Könnecke folgt bei der Auswahl seines Materials dem zeitgenössischen Biographieverständnis, demzufolge der Biograph auch heranzuziehen habe, »was ein Mensch selbst leistete u. dauernd in seinen Schöpfungen, Schriften od. auch in Briefen, Tagebüchern, schriftlichen Aufsätzen, Kunstwerken etc. hinterließ«, wie es Pierer's *Universal-Lexikon* darstellt.[49] Besonders die ›Lebendigkeit‹ der Schilderung wird dort hervorgehoben – gemäß des »in der Geschichte der Biographie immer virulente[n] Dualismus von Lebendigkeit und Monumentalität«:[50]

> Die B[iographie] beschränkt sich nicht allein auf die Erzählung äußerer Umstände u. Begebnisse des Menschen (das ist ein *Curriculum vitae, Lebenslauf*), sondern stellt seine geistige Entwickelung durch jene äußeren Umstände u. Begebnisse dar [...]. Der *Biograph* muß es also verstehen, in lebendiger Darstellung auch das Innere eines Menschen zur Schau zu legen [...].[51]

Dem korrespondiert Könneckes Versprechen (im Vorwort des *Bilderatlasses*), dass in den ausgewählten Bildern die »Züge der einzelnen Dichter und Schrift-

---

46   Johannes Scherr, Schiller und seine Zeit. Festschrift zur Säcularfeier seiner Geburt, Leipzig 1859; Klaus Fahrner, Der Bilddiskurs zu Friedrich Schiller, Stuttgart 2000, S. 293.

47   Gustav Könnecke, Schiller, S. 5; vgl. Johannes Scherr, Schiller, S. 99.

48   Vgl. Klaus Fahrner, Bilddiskurs, S. 290.

49   Art. Biographie, in: Pierer's Universal-Lexikon der Vergangenheit und Gegenwart oder Neuestes enzyklopädisches Wörterbuch der Wissenschaften, Künste und Gewerbe. Vierte, umgearbeitete und stark vermehrte Auflage, 8 Bde., Altenburg 1857, Bd. 2, S. 802–803, hier S. 802.

50   Bernhard Fetz, Der Stoff aus dem das (Nach)Leben ist. Zum Status biographischer Quellen, in: Die Biographie. Zur Grundlegung ihrer Theorie, hg. v. Bernhard Fetz und Hannes Schweiger, Berlin 2009, S. 103–154, hier S. 145.

51   Art. Biographie, in: Pierer's Universal-Lexikon, S. 802.

steller [...] lebendig vor die Augen der Betrachtenden [treten]«.[52] Könnecke betont noch ein weiteres Mal im Vorwort die »große[] Bedeutung« der »lebendige[n] Anschauung«,[53] die Fohrmann als Primat der Literaturgeschichtsschreibung im ästhetischen Historismus benannt hat.[54] Könnecke geht davon aus, dass dadurch »ihre Werke [...] erst verständlich [werden], daß man auch ein treues Bild ihrer [d. i. der Schriftsteller] äußeren Erscheinung bekommt«.[55] Eine Begründung bleibt Könnecke zwar schuldig, er kann sich aber auf den zeitgenössischen Diskurs verlassen. So schreibt Heinrich Kurz' *Geschichte der deutschen Literatur* schon 1856 ganz ähnlich wie später Könnecke:

> das geistige Bild, welches wir uns aus den Werken eines Schriftstellers zusammentragen müssen, erscheint uns in den Zügen seines Gesichts in lebensvoller Wahrheit, und es wird uns aus ihnen manche seiner Eigenthümlichkeiten erst recht verständlich. Soll aber die Absicht solcher Illustrationen nicht ganz verfehlt werden, so ist es vor Allem nöthig, nur gute und ächte Porträte zum Grunde zu legen.[56]

Einen Hinweis zu Könneckes eigener, der Kurz'schen eng verwandten Einschätzung gibt unabhängig davon der *Bilderatlas*-Eintrag zu Georg Christoph Lichtenberg: »Sein körperliches Leiden – er war seit seinem achten Jahre buckelig – nährte seinen Hang zur Satyre, die er vielfach in den Dienst der Aufklärung stellte.«[57] Könnecke scheint sich hier im Speziellen an Kants Urteil zu orientieren, der Lichtenbergs satirisches Talent auf dessen Buckel zurückgeführt hat, und im Allgemeinen auf Kants physiognomische Anthropologie zu bauen.[58] In diesem Sinne kann in ›lebendiger Darstellung‹ auf den Charakter der dargestellten Schriftsteller geschlossen werden, denn, so heißt es bei Kant, die Physiognomik »ist die Kunst, aus der sichtbaren Gestalt eines Menschen, folglich aus dem Aeußeren, das Innere desselben zu beurtheilen; es sey seiner Sinnesart oder Denkungsart

---

52 Gustav Könnecke, Bilderatlas (1887), S. IV.

53 Ebd.

54 Vgl. Jürgen Fohrmann, Das Projekt der deutschen Literaturgeschichte, S. 208.

55 Gustav Könnecke, Bilderatlas (1887), S. IV.

56 Heinrich Kurz, Vorwort, in: Heinrich Kurz, Geschichte der deutschen Literatur mit ausgewählten Stücken aus den Werken der vorzüglichsten Schriftsteller. Mit vielen nach den besten Originalen und Zeichnungen ausgeführten Illustrationen in Holzschnitt. Vierte Auflage, Leipzig 1864, Bd. 1, S. V–VIII, hier S. VI.

57 Gustav Könnecke, Bilderatlas (1887), S. 252.

58 Vgl. Immanuel Kant, Menschenkunde oder philosophische Anthropologie, nach handschriftlichen Vorlesungen hg. von Fr. Ch. Starke [d. i. Johann Adam Bergk], Leipzig 1831, S. 236.

nach«.[59] So erklärt sich auch, dass es Könnecke durchaus darauf ankommt, die ›richtigen‹ Bilder auszuwählen, nicht den »erste[n] beste[n] manirierte[n] späte[n] Stich«.[60] Dafür, dass sich Könnecke zumindest auch für Lavaters Physiognomik interessiert hat, lassen sich zumindest Indizien finden. Im *Bilderatlas* weist der Archivar darauf hin, dass die von Lavater zu den *Physiognomischen Fragmenten* entstandenen Sammlungen »eine wichtige Quelle gleichzeitiger Bildnisse seiner berühmten Zeitgenossen« seien.[61] Zudem gibt er der erwähnten Goethe-Sonderausgabe einige Lavater'sche Verse bei und auch die große Zahl von Silhouetten lässt sich als Hinweis verstehen. Allerdings erfreuen sie sich in der Goethezeit schon aufgrund von Lavaters Einfluss großer Beliebtheit; dass Könnecke viele Beispiele aufnimmt, kann also auch dem ihm zugänglichen Material geschuldet sein.[62]

Könneckes Schiller-Biographie impliziert nicht nur eine physiognomische Lesart der Schiller-Bildnisse, sie leistet zugleich – und das ist bemerkenswert bei einer literaturhistorischen Darstellung – trotz der weitgehend chronologischen Anordnung einer enthistorisierenden und dekontextualisierenden Anschauung Vorschub, wie sich am ersten zur Publikation bestimmten Portrait Schillers von Friedrich Kirschner (1748–1789) zeigen lässt, das Könnecke in der Schiller-Biographie prominent wiedergibt.[63]

Zum einen schreibt Schiller darüber 1785 in einem Brief an Körner, in dem er zwar der Möglichkeit einer physiognomischen Lesart durchaus folgt, dieses spezielle Portrait aber disqualifiziert:[64]

Ums Himmelswillen aber, beurtheilen Sie mich nicht nach einem Kupferstich, den man kürzlich von mir in die Welt gesetzt hat – sonst können sie zwar die Räuber, aber den Schiller nicht mehr begreifen; denn jener Kupferstich ist finster wie die Ewigkeit, und der Kupferstecher hat mir fünfzehn Jahre mehr auf die Rechnung gesetzt, als ich mich erinnere gelebt zu haben.[65]

59 Immanuel Kant, Anthropologie in pragmatischer Hinsicht abgefaßt, zweite verbesserte Aufl., Königsberg 1800, S. 270. – Die Probleme der Physiognomik müssen hier nicht diskutiert werden, es sei aber nicht verschwiegen, dass das von Könnecke ausgewählte Lichtenberg-Portrait einen Buckel kaum auch nur erahnen lässt.

60 Gustav Könnecke, Bilderatlas (1887), S. III.

61 Ebd., S. 183.

62 Roethe klagt darüber in seiner Rezension (vgl. Gustav Roethe, Bilderatlas zur geschichte der deutschen nationallitteratur, S. 20).

63 Gustav Könnecke, Schiller, S. 9.

64 Zu diesem Bild vgl. Klaus Fahrner, Bilddiskurs, S. 47–50.

65 Friedrich Schiller, Brief an Körner vom 10./22. Februar 1785, in: Schillers Werke. Nationalausgabe. Begr. von Julius Petersen. Fortgef. von Lieselotte Blumenthal, Benno von Wiese

Wenn Könnecke es unkommentiert seinen Leserinnen und Lesern zur Beurteilung überlässt, geschieht dies also trotz Schillers expliziter Ablehnung des
Bildes. Indem Könnecke eine Unterschrift Schillers unter das Bild setzt, impliziert er vielmehr dessen Autorisierung. Damit soll nicht behauptet werden, dass
Schiller Deutungshoheit über sich selbst gehabt habe oder hätte – seine Ablehnung des Bildes sagt aber womöglich mehr über ihn und sein Selbstbild aus als
eine physiognomische Betrachtung zu Tage fördern könnte. Nivelliert wird durch
die unkommentierte Präsentation der Bilder auch, dass es bereits zeitgenössisch
sehr unterschiedliche Portraits von Schiller gab, die »grosse Verschiedenheit in
den Zügen [auf]weisen«, wie Constant Wurzbach von Tannenberg bereits 1859 in
seinem (reich illustrierten) *Schiller-Buch* angemerkt hat.[66] Es ist also offenkundig
nicht davon auszugehen, dass man in irgendeinem Schiller-Portrait des ›wahren‹
Schillers ansichtig würde. Zum anderen überlässt Könnecke die Betrachterinnen
und Betrachter – die ja nicht nur Fachleute, sondern bildungsbürgerliche Laien
sein sollen – angesichts der Bilder sich selbst bzw. der angenommenen Evidenz.
Dabei ist das hier herangezogene Beispiel auch wegen des unter dem eigentlichen
Portrait eingesetzten Bilds durchaus erklärungsbedürftig. Es zeigt Karl Moor im
Dialog mit dem Pater (II. Akt, 3. Szene). Klaus Fahrner erläutert:

> Die Kombination aus dem trotzig und kühn wirkenden Profilbildnis mit
> dieser Schlüsselszene des Stücks forciert das dichterische Image zum radi-
> kalen Skandalon. Schiller wird nicht allein zum Urheber der rasch für ihre
> theatralischen Effekte berühmt gewordenen ›Räuber‹ gestempelt, sondern
> die sozialkritisch-polemischen Spitzen des Erstlingsstücks charakterisieren
> mithin den rebellischen Autor persönlich.[67]

Kirschners Kupferstich ist insofern ein schlagendes Beispiel dafür, wie Portraits
die dargestellten Personen als Fremdbilder ›interpretieren‹, ihnen Rollen und
Kontexte zuschreiben oder diese zuspitzen, mit ihnen also bestimmte historische
und hochgradig kontextabhängige Intentionen verbunden sind.

Ein ähnlich problematischer Fall ist Könneckes Doppelseite zu den besagten
Räubern in der Schiller-Biographie.[68] In der oberen Hälfte der beiden Seiten sind
in dieser Reihenfolge die Titelseite der Erstausgabe, das »Personenverzeichnis

---

und Siegfried Seidel. Hg. von Norbert Oellers, Stuttgart und Weimar 1943ff., Bd. 23, 174–179,
hier S. 176 (Schiller-Nationalausgabe, im Folgenden zitiert: NA).

66   Constant Wurzbach von Tannenberg, Das Schiller-Buch. Festgabe zur ersten Säcular-Feier
      von Schiller's Geburt 1859, Wien 1859, S. XXIII. Vgl. auch Klaus Fahrner, Bilddiskurs, S. 45.

67   Klaus Fahrner, Bilddiskurs, S. 48.

68   Gustav Könnecke, Schiller, S. 6f.

aus der Mannheimer Bühnenausgabe« und beide Versionen der Titelseiten der
»zwote[n] verbesserte[n] Auflage« von 1782 abgedruckt. Diese Titelkupfer – ein
nach links gewandter Löwe bzw. ein nach rechts gewandter Löwe – stehen in
einer spiegelbildlichen Beziehung zueinander, die von der mise en page hervorgehoben wird. Die Faksimiles der Titelseiten sind so nicht nur jeweils für sich
genommen als Bild zu betrachten, sondern bilden bei Könnecke ein Diptychon.
Bemerkenswert ist daran wiederum, dass Könnecke (oder der zuständige metteur-
en-page bei Elwert[69]) den Titelillustrationen Geltung verschafft, obwohl Schiller
damit unzufrieden war. Als Vorlage diente dem anonymen Graphiker zumindest
des »nach links springenden Löwen« Johann Elias Ridingers (1698–1767) Stich
eines »Löwen in vollem Zorn«, der zwar das Katzengesicht anatomisch nicht
ganz korrekt wiedergibt, immerhin aber technisch kompetent ausgeführt ist und
durchaus eine zornige Erregtheit des Tieres spüren lässt.[70] Die Titelillustration der
Räuber zeigt dagegen eine Raubkatze mit zu klein geratener Tatze und zu breitem
Gesicht, die dadurch stumpfsinnig und kraftlos wirkt. Der zweite Löffler'sche
Löwe, vermutlich ein erneut gespiegelter Nachstich des ersten, verbessert und
verschlimmert den Eindruck gleichermaßen. Zwar hat der Löwe nun einen ›zor-
nigeren‹ Gesichtsausdruck, die Vordertatze ist aber noch kleiner gezeichnet und
das Tier wirkt insgesamt schmächtiger – der Despot, als dessen Metapher der
Löwe verstanden werden muss, mag zornig lauern, erscheint aber zugleich aus-
gezehrt und machtlos. Schiller spricht angesichts des Löwen zu Recht von einer
»Stümperarbeit«, die das (wohl auch von Löffler hinzugesetzte) berühmte Motto
»in Tirannos« geradezu ad absurdum führt.[71] Könnecke lässt auch das unkommentiert und präsentiert stattdessen die Titelseiten in einer Weise, die dazu
geeignet ist, eine ästhetische Wirkung zu begünstigen. Die Spiegelbildlichkeit
ergibt sich allerdings nicht als Ergebnis einer künstlerischen Intention, sondern
als Konsequenz aus der technischen Herstellungsweise und der buchgestalteri-
schen Präsentation durch Könnecke, womit der eigentliche Gegenstand der folgenden Diskussion angesprochen ist.

---

69 Es darf wohl ausgeschlossen werden, dass der streitbare Archivar Könnecke nicht zumindest autorisierend an der Einrichtung des Buches beteiligt war.
70 Vgl. Johann Elias Ridinger, Entwurff Einiger Thiere, Wie solche nach ihren unterschiedlichen Arten, Actionen und Leidenschafften, nach dem Leben gezeichnet, samt beygefüg-
   ten Anmerckungen. Zweyter Theil, Augsburg 1738, Nr. 30.
71 Friedrich Schiller, Zur Ausgabe Tobias Löfflers, in: NA 22, S. 131. Vgl. auch Walter Müller-Seidel, Friedrich Schiller und die Politik. »Nicht das Große, nur das Menschliche geschehe«,
   München 2009, Anm. 54, S. 350–351.

Könneckes Schiller-Biographie als Bild-Erzählung

Schiller. Eine Biographie in Bildern erhebt im Untertitel den Anspruch, Schillers Lebensgeschichte »in Bildern« zu schreiben, mithin mehr zu leisten als ein bloßes Addendum zu einer andernorts schriftlich dargelegten Biographie zu sein. Es stellt sich daher die Frage, wie es dies leistet oder zu leisten sich anschickt.

Bildergeschichten basieren prinzipiell auf der Sequentialisierung von für sich abgeschlossenen und gleichzeitig aufeinander verweisenden Bildern. In der Tendenz zeigen die Einzelbilder Akteure, Objekte und Handlungen. Um Bilder als Bildfolge zu ›lesen‹, müssen sie zunächst insgesamt als Sequenz erkannt werden, wofür u. a. Kriterien wie formale, ästhetische und stilistische Ähnlichkeit, physische Nähe und Narrativität[72] ausschlaggebend sind. Die von Könnecke ausgewählten Bilder gehen zum Großteil miteinander allenfalls die lose Verbindung eines Zyklus ein, sie bilden keine sinnfälligen narrativen Sequenzen: Schillers Geburtshaus ist nicht das Davor des Portraits von Schillers Vater, dieses nicht das Davor des Portraits von Schillers Mutter – zumindest nicht in einem narratologischen Sinne. Eine Ausnahme, die dies deutlich hervorhebt, ist die szenische Bildfolge aus den *Räubern*, die Daniel Chodowiecki (1726–1801) für den von Heinrich August Ottokar Reichard (1751–1828) herausgegebenen, 1782 gedruckten *Theater-Kalender auf das Jahr 1783* angefertigt hat.[73] Als Interpretationen bestimmter Momente der *Räuber* formen diese Bilder eine Bildergeschichte mit ›weiter Bildfolge‹.[74] Ohne Kenntnis der Handlung des Schiller'schen Stücks ist Chodowieckis Zyklus zwar kaum verständlich, die Präsentation in Könneckes Bilder-Biographie hebt aber die gestalterische Geschlossenheit der Bildsequenz hervor. Eine ebensolche Ausnahme sind die ebenfalls von Chodowiecki stammenden Szenenbilder zu *Kabale und Liebe*. Hatte Könnecke die zwölf Stiche in der Erstausgabe des *Bilderatlasses* noch auf zwei Seiten verteilt,[75] obendrein so, dass man zwischen den ersten acht und den letzten vier umblättern muss, zeigt

---

72   Zur Narrativität vgl. Werner Wolf, Das Problem der Narrativität in Literatur, bildender Kunst und Musik. Ein Beitrag zu einer intermedialen Erzähltheorie, in: Erzähltheorie transgenerisch, intermedial, interdisziplinär, hg. v. Vera Nünning und Ansgar Nünning, Trier 2002, S. 23–104, hier S. 96.

73   Zum *Theater-Kalender* vgl. Wolfgang F. Bender, Siegfried Bushuven und Michael Huesmann, Theaterperiodika des 18. Jahrhunderts. Bibliographische und inhaltliche Erschließung deutschsprachiger Theaterzeitschriften, Theaterkalender und Theatertaschenbücher. Teil 1: 1750–1780, 2 Bde., München, New Providence und London 1994, Bd. 1, S. 22–25, bes. S. 23.

74   Vgl. Dietrich Grünewald, Das Prinzip Bildgeschichte. Konstitutiva und Variablen einer Kunstform, in: Struktur und Geschichte der Comics. Beiträge zur Comicforschung, hg. v. Dietrich Grünewald, Essen 2010, S. 11–31.

75   Gustav Könnecke, Bilderatlas (1887), S. 222–223.

er sie in der zweiten Auflage zusammen auf einer Seite und hebt so ihren narrativen Charakter hervor.[76] Für die Schiller-Biographie löst Könnecke dieses Arrangement wieder auf, nun stehen die Bilder auf einer Doppelseite, ergänzt um das Titelblatt des Schwan'schen Drucks des Stücks (Mannheim 1784), das sie teilweise rahmen.[77] In der der Lesbarkeit der Bildsequenz entgegenstehenden mise en page deutet sich bereits an, dass für Könnecke die Seitengestaltung das Primat über die Bilder hat, zumindest aber über ihre narrative Verkettung.

Schillers Leben wird denn auch nicht von den Bildern erzählt, wie in Horus' Comic *Schiller! Eine Comic-Novelle* (2005), sondern in kurzen eingeschalteten Texten, in Bildunterschriften und den Kapitelüberschriften wiedergegeben. Letztere stehen als lebender Kolumnentitel im Kopfsteg jeder Seite und fassen Schillers Lebenslauf *en miniature* zusammen. Auf »Geburtshaus, Eltern« und »Schillers Schwestern«, die einen familiären Rahmen eröffnen und als Folie für die folgende Erzählung von Schillers Leben fungieren, folgen die Kapitel »1759–1773 Marbach, Lorch, Ludwigsburg«, »1773–1775 in der Solitüde«, »›Die Räuber‹ 1781. 1782.« usw. Die Chronologie schließt mit »Tod. Ruhestätten«, bevor mit »Schillers Kinder[n]« der familiäre Rahmen wieder geschlossen wird. Die so überschriebenen Seiten und Doppelseiten bilden eine chronologische narrative Sequenz, die sich mit anderen Schiller-Biographien hinsichtlich der Einteilung der Abschnitte überschneidet,[78] aber auch eigene Akzente setzt, insbesondere, wenn es darum geht, einzelne Schiller-Bildnisse hervorzuheben. Jedes dieser Seiten- und Doppelseiten-Tableaus präsentiert mittels der Kombination eher geschichtenindizierender Bilder und eher geschichtendarstellender Texte einen Aspekt oder kurzen Abschnitt aus Schillers Leben. Aus dem hohen Anteil geschichtsindizierender Bilder ergibt sich, dass die Leserinnen und Leser einen vergleichsweise hohen Aufwand treiben müssen, um Schillers Leben zu rekonstruieren und die Bilder in diese Lebensgeschichte zu integrieren.

Die mise en page der Schiller-Biographie zeigt deutlich das Bestreben, die Tableaus ästhetisch ›gefällig‹ zu machen, geht also über die beliebige Übermittlung von Quellen hinaus. Sie folgt nicht einer einzigen Vorlage, einem einzigen Raster, dem sich alle Texte und Bilder unterzuordnen hätten, zeigt aber zumindest einige Muster, die mehrfach zur Anwendung kommen. So weist schon die erste Inhaltsseite, die Schillers »Geburtshaus, Eltern« gewidmet ist,[79] ein Layout auf, das als Dreieckskomposition bezeichnet werden kann (Abb. 1). In der oberen Bildhälfte ist auf der Seitenmittelachse die Reproduktion einer Photographie von

---

76 Gustav Könnecke, Bilderatlas (1895), S. 307.
77 Gustav Könnecke, Schiller, S. 12–13.
78 Vgl. z. B. die Einteilung in Johannes Scherr, Schiller und seine Zeit, S. XI–XVI.
79 Gustav Könnecke, Schiller, S. 1.

Johann Kaspar Schiller, der Vater des Dichters, ist geb. 27. Oktober 1723 zu Bittenfeld bei Waiblingen, Sohn des Schultheißen Joh. Schiller und der Eva Maria Schaß. Er erlernte die Wundarzneikunst und bildete sich in Sprachen und Wissenschaften eifrigt aus. Seit 1745 nahm er Kriegsdienste und erlebte teils als Soldat, teils als Feldscherer manche Abenteuer, namentlich in Holland. 1749 (11. Juli) bestand er das Examen in der Wundarzneikunst, wurde nach seiner Verheiratung Bürger in Marbach (29. September 1749) und blieb hier Wundarzt, bis er 1753 württembergische Kriegsdienste nahm. 1757 (16. September) wurde er bei seinem Regimente (Prinz Louis) Fähnrich und Adjutant, zog in den Krieg gegen Preußen, wurde 1758 (21. März) Leutnant, kam am 1. Mai zum Regimente Romann, wurde 1761 (17. August) Hauptmann. Sein Regiment kam 1762 nach Ludwigsburg, dann nach Stuttgart und wieder zurück nach Ludwigsburg. 1763 (Dezember) wurde er auf Werbung nach Schwäbisch-Gmünd

gesetzt, stationierte aber in Lorch und kam im Dezember 1766 nach Ludwigsburg in Garnison (im Regimente Stein). 1770 (10. September) erhielt er eine eigene Kompagnie und kam 1775 (5. Dezember) als Vorgesetzter der Gärtnerei nach der Solitüde. Hier hat er besonders um die Baumzucht, welche er schon mit besonderem Eifer in Ludwigsburg pflegte, große Verdienste. Am 26. März 1794 wurde er Oberstwachtmeister und starb auf der Solitüde den 7. September 1796. Er hat folgende Werke geschrieben: „Betrachtungen über landwirtschaftliche Dinge" (1767—1769), „Gedanken über die Baumzucht im Großen" (1793), „Die Baumzucht im Großen nach zwanzigjähriger Erfahrung im Kleinen" (1795).

Seine Frau, Elisabetha Dorothea Kodweis, geboren 13. Dezember 1732 in Marbach, Tochter des dortigen Bäckers, Löwenwirts und herrschaftlichen Holzmessers Georg Friedrich Kodweis, heiratete er den 22. Juli 1749. Sie starb den 29. April 1802 zu Clever-Sulzbach.

Geburtshaus Schillers in Marbach am Neckar.

Hier wurde Schiller am 10. November 1759 geboren. Damals gehörte das Haus dem Seckler Ulrich Schäfkopf; 1858 wurde es vom Marbacher Schillerverein für 4000 fl. angekauft und da es im Innern sehr verwahrlost und im Äußern sehr entstellt war, für weitere 2000 fl. in der Gestalt wieder hergestellt, in welcher es war, als Schillers es bewohnten. Es gehört jetzt der Stadt. Im Jahre 1812 war durch das Marbacher Oberamt auf die Zeugenaussage aller Marbacher Leute, meist Zeitgenossen Schillers, unzweifelhaft festgestellt, daß dies sein Geburtshaus sei.

Schillers Vater.
Gemalt 1793 von Ludovika Simanowiz, geb. Reichenbach.

Schillers Mutter.
Gleichfalls nach einem 1793 gemalten Simanowizschen Bilde.

Abb. 1

Schillers Geburtshaus in Marbach platziert, dessen Dach das imaginäre Dreieck gleichsam vorzeichnet. Flankiert wird das Bild von Kurzbiographien der Schillereltern. In der unteren Seitenhälfte sind nebeneinander oval gerahmte Reproduktionen von Bruststücken der Eltern Schillers platziert. Links befindet sich, im Halbprofil nach rechts gewandt, der Vater Johann Caspar Schiller (1723–1796), rechts daneben im Halbprofil nach links gewandt die Mutter Elisabeth Dorothea Schiller, geb. Kodweiß (1732–1802). Beide Bilder sind von gleicher Größe und mit identischen Linien gerahmt, beide Figuren sind einander zugewandt und auf die Betrachterinnen und Betrachter ausgerichtet, mit denen sie Blickkontakt aufnehmen. Unter den Bildern befinden sich jeweils Reproduktionen der Handschriften der Dargestellten. Die folgende Verso-Seite – »Schillers Schwestern« – ist ebenso arrangiert und zeigt Reproduktionen von Porträts der Schiller-Schwestern, die in der gleichen Größe wiedergegeben und in der gleichen Weise gerahmt sind wie die elterlichen Porträts, so dass ihre familiäre Zusammengehörigkeit auch formalästhetisch und paratextuell markiert wird. Zuoberst steht hier Christophine, darunter Schillers jüngere Schwestern Luise Dorothea und Karoline Christiane (Nannette); die früh gestorbenen jüngsten Schwestern Maria Charlotte und Beata Friederike werden nur in den biographischen Texten erwähnt, bildlich sind sie nicht dargestellt (was allerdings auf einen Mangel an Bildern zurückgehen dürfte). Während Christophine aus dem nach links gewandten Halbprofil die Betrachterinnen und Betrachter ansieht, schauen Luise (im Profil) und Nannette (im Halbprofil mit abgewandtem Blick) zum Außensteg der Seite, also gewissermaßen zu den Eltern auf der vorangegangenen Recto-Seite. Ähnlich konstruierte Seiten finden sich noch mehrfach in Könneckes Bilder-Biographie.[80] Eine Variante dieser mise en page ist das ›umgekehrte Dreieck‹, bei der in der oberen Seitenhälfte zwei Bilder über einem einzelnen in der unteren angeordnet sind.[81]

Damit verwandt, aber komplexer ist der Aufbau des Seitentableaus zum Lebensabschnitt »1783–1785 in Mannheim; Schauspieler« (Abb. 2).[82] Die Seite ist wiederum in sechs Felder aufgeteilt, drei in der oberen und drei in der unteren Seitenhälfte, die jeweils ein Portrait enthalten. Die Dargestellten sind Sophie Albrecht (1757–1840), August Wilhelm Iffland (1759–1814), Johann Michael Boeck (1743–1793) und Johann David Beil (1754–1794). Dabei bilden Albrecht, Boeck und Beil ein Dreieck und die drei Darstellungen von Iffland ein zweites. Etwa im

---

80 Z.B. die Seiten »1782 (bis September) in Stuttgart« (ebd., S. 9), »1783–1785 in Mannheim« (ebd., S. 14), mit Anwandlungen z. B. Seite »1773–1775 in der Solitüde« (ebd., S. 4).

81 Z.B. die Seite »1782, 1783 in Bauerbach« (ebd., S. 11), wo Henriette von Wolzogen und ihre Tochter Charlotte über der Titelseite der *Verschwörung des Fiesko zu Genua* (Mannheim 1783) zu sehen sind.

82 Gustav Könnecke, Schiller, S. 16.

72 CHRISTIAN A. BACHMANN

Sophie Albrecht.
Kupferstich von D. Berger nach J. Darbès 1788.

Sophie Albrecht, geb. in Erfurt am 17. Nov. 1757, verheiratete sich 1772 mit dem Schriftsteller Albrecht. Schiller lernte sie in Frankfurt kennen (Sept. 1782). Schon hier hatte sie tiefen Eindruck auf ihn gemacht. Als sie 1784 an das Mannheimer Theater kam, entbrannte Schillers von ihr nicht erwiderte Neigung zu schwärmerischer, idealer Liebe. Er traf sie wieder in Dresden (1785 bis 1787) und blieb hier mit der talentvollen Tragödin noch in lebhaftem Verkehre. Sie starb in Hamburg am 16. Nov. 1840.

August Wilhelm Iffland.
Gezeichnet von M. Klotz, gestochen von A. Karcher.

August Wilhelm Iffland, geb. 29. April 1759 zu Hannover, ging 1777 zu Eckhoff, dessen bedeutendster Schüler er wurde, kam 1779 an das Mannheimer Hof- und Nationaltheater, wurde am 14. Nov. 1796 Direktor des Berliner Nationaltheaters, starb als Generaldirektor der Königl. Schauspiele in Berlin am 22. Sept. 1814. Er ist nicht nur der größte Schauspieler seiner Zeit, sondern auch der vornehmste Vertreter seines Standes. Bei der ersten Aufführung der „Räuber" am 13. Jan. 1782 spielte er den Franz Moor; er war der klassische Vertreter dieser Rolle.

Johann Michael Böck
als rasender Orest.
Kupferstich von Geyser nach Zeichnung von Kraus.

Johann Michael Böck — der Karl von Moor in der ersten Aufführung der „Räuber" — zu den besseren Darstellern von Heldenrollen in der Zeit unseres klassischen Theaters gehörig, war die letzte Zeit seines Lebens, 1779 bis zu seinem am 18. Juli 1793 erfolgten Tode, Mitglied der Mannheimer Bühne. Er war 1743 in Wien geboren und hatte 1778 die Gothaer Bühne geleitet. Vorher war er bei der Ackermannschen Gesellschaft gewesen und hatte auch in Weimar gespielt.

Johann David Beil.
Gestochen von L. Henne.

Johann David Beil, geb. 1754 in Chemnitz, kam, nachdem er verschiedenen Wandertruppen angehört und 1777 am Gothaer Hoftheater festen Fuß gefaßt hatte, 1780 nach Mannheim, wo er als bedeutender Charakterdarsteller bis zu seinem Tode agierte. Er starb am 13. August 1794. — In der ersten Aufführung der „Räuber" spielte er den Schweizer.

Iffland als Franz Moor in Schillers „Räubern".
Akt I, Szene I: „Warum mußte sie (die Natur) mir diese Bürde von Häßlichkeit auflegen?"
Gezeichnet von F. Catel, gestochen von Meno Haas 1806.

Iffland als Franz Moor in Schillers „Räubern".
Akt V, Szene I: „Ächzst denn jemand droben über den Sternen? — Nein".
Gezeichnet von F. Catel, gestochen von Meno Haas 1806.

Abb. 2

Mittelpunkt der Seite steht Ifflands Autograph, darüber – größer als die anderen Bilder auf der Seite – Matthias Klotz' (1748–1821) Iffland-Portrait von 1801. In der unteren Bildhälfte komplettieren das ›Iffland-Dreieck‹ zwei Radierungen von »Iffland als Franz Moor in Schillers ›Räubern‹«, die Franz Ludwig Catel (1778–1856) für Ifflands *Almanach für Theaterfreunde auf das Jahr 1807* angefertigt hat. Alle drei Iffland-Bilder sind fett umrahmt, wodurch sie gleichzeitig hervorgehoben und miteinander verknüpft werden. August Wilhelm Iffland war, so Könnecke, »nicht nur der größte Schauspieler seiner Zeit, sondern auch der vornehmste Vertreter seines Standes«.[83] Diese besondere Stellung begründet die Seitengestaltung: Sie bringt Ifflands Bedeutung zum Ausdruck, indem sie ihn gegenüber Albrecht, Boeck und Beil durch Quantität und Qualität hervorhebt. Die Einrichtung der Seite ist nicht bloß harmonisch, sondern kommuniziert die Relevanz der dargestellten Personen. So gesehen, erscheint die Anordnung der Bilder als fernes Echo der mittelalterlichen Bedeutungsperspektive, das Oval, das Klotz' Iffland-Portrait begrenzt, als Wiederhall einer Mandorla und die Gesamtanlage der Seite als leiser Nachklang des Majestas Domini-Schemas. Im mittelalterlichen Bild wird vielfach das Bildpersonal in *einem*, von der Relevanz der Dargestellten strukturierten Raum platziert: Wichtige Personen werden groß und zentral, weniger wichtige kleiner und marginal repräsentiert. Auf der Iffland-Seite sind dagegen die Personen jeweils in für sich abgeschlossenen Bildern mit eigenem Bildraum repräsentiert, es ist der Seitenraum, in dem sie vereint sind und innerhalb dessen sie Plätze gemäß der Bedeutung der Dargestellten einnehmen.

Besonders aufschlussreich hinsichtlich Könneckes ästhetischer Prämissen ist Seite 3 der Schiller-Biographie, die hier als letztes Beispiel angeführt sei. Sie zeigt mittig ein Faksimile des den Eltern gewidmeten Neujahrsgedichts von Schiller aus dem Jahr 1769.[84] Die mit Feder geschriebene Handschrift weist vergleichsweise große Stichstärkenunterschiede auf, die sich auf die noch ungeübte Hand des Schreibers – Schiller war am Neujahrstag 1769 gerade neun Jahre alt – zurückführen lässt. Durch die Reproduktionstechnik wird der Eindruck noch verstärkt. Schillers Handschrift ist hier, anders als im *Bilderatlas* (sowohl 1887 als auch 1895), einspaltig gesetzt und dominiert die Seite. So sehr die daher noch deutlicher zutage tretenden unterschiedlichen Linienstärken der Handschrift einen unruhigen Duktus geben, harmonieren sie doch mit der von Könnecke gewählten Silhouette des jungen Schiller, die als geschlossene schwarze Fläche ein Gegengewicht zu den dunklen Partien des Manuskripts bildet (Abb. 3). Gleichwohl stellt dieser auf das Gedicht blickende Schattenriss Schiller als Vierzehnjährigen dar und überbrückt so immerhin einen Abstand von vier Jahren. Bemerkenswert ist

---

83   Ebd.
84   Gustav Könnecke, Bilderatlas (1887), S. 216–217.

Schiller etwa vierzehnjährig.
(Gemalte Silhouette aus dem Nachlasse seiner Schwester Christophine. Ältestes erhaltenes Bildnis Schillers.)

Wichtigste Daten aus Schillers Leben 1759—1773.
(Zu Seite 1—3.)

Johann Christoph Friedrich Schiller ist geboren den 10. November 1759 in Marbach. 1762 ging die ganze Familie zu dem nach Ludwigsburg versetzten Vater, 1764 nach Lorch; hier erzog den Knaben der Pfarrer Moser (Vorbild des ehrwürdigen Pfarrers Moser in den „Räubern"). 1766 Rückkehr nach Ludwigsburg, wo er bis Ende 1772 (beim Magister Jahn) verblieb und die dortige Vorschule, sodann die dreiklassige Lateinschule (seit 1768) durchmachte; unter den Mitschülern: F. W. von Hoven. Seine Absicht war, Theologe zu werden; in diese Zeit fällt der Entwurf des Trauerspieles „Die Christen".

Karl Conz (1783).
(Gemalte Silhouette.)

Karl Philipp Conz, der Dichter, geb. am 28. Oktober 1762 in Lorch, erneuerte im Sept. 1781 in Stuttgart mit Schiller die „vorübergehende (Lorcher) Jugend- oder Knabenbekanntschaft" und bewahrte ihm treue Freundschaft. Er starb als Professor der klassischen Literatur in Tübingen am 20. Juni 1827. — Er hat pietätvolle Mitteilungen über Schiller verfaßt.

Friedrich von Hoven (um 1780).
(Gemalte Silhouette.)

Friedrich Wilhelm von Hoven, geboren in Stuttgart am 11. März 1759, seit 1768 Schillers Schulkamerad in Ludwigsburg, 1768 Zögling der Solitüde, verließ die Militärakademie 1780 als Arzt, einer der Vertrautesten Schillers (siehe S. 5). Im Winter 1793—1794 wohnten Schillers bei ihm in Ludwigsburg. Er starb am 6. Februar 1838. — Seine „Biographie" (Nürnberg 1840) ist eine wichtige Quelle für Schillers Jugendgeschichte.

[Handgeschriebenes Gratulationsgedicht:]

Hertzliebste Ältern.

I

Eltern die ich zärtlich liebn.
Mein Hertz ist heut voll dankbarkeit
Ihr treue Lob hat dich vermehrt
was ihr erquickt zu jeder Zeit.

II

Der Herr die Quelle aller Freunde
Verbleib stets ihr Trost und Theil
Von Nun an Ihres Hertzen's wärd
und seid der erwünschtes Heyl.

× III ×

Ich dank vor alle liebes Wohns:
Vor alle Vorgfalt und Gedult,
Mein Hartz soll alle Rein Lohnn,
Und trachten sich stets Ihrer Huld.

× IV ×

Rehorsam fleiß und zarte Liebe
Verspreche ich auf dieses Jahr
Der Herr erhalt mir uns gute Freunde
Und mach all mein wünschen wahr. amen

Johañ Christoph Friderich Schiller.
Den 1 Januarii Ano 1769.

Gratulationsgedicht Schillers an seine Eltern auf Neujahr 1769.
Eigenhändige Niederschrift des Knaben. Im Originale steht nach auf demselben Bogen die lateinische Übersetzung des Gedichtes in Prosa. (Dieses Gedicht ist wahrscheinlich ein von Schiller nur niedergeschriebenes, nicht auch von ihm verfaßtes, damals übliches Gratulationsgedicht.)

Abb. 3

darüber hinaus, dass Könnecke Schiller zwei weitere Silhouetten gegenüber-
stellt, die eine von Karl Philipp Conz (1762–1827) aus dem Jahr 1783 (oben) und
die zweite von Friedrich Wilhelm von Hoven (1759–1838) von um 1780 (unten).
Beide sind als Jugendfreunde Schillers durchaus in den richtigen Kontext eingeordnet, die wiedergegebenen Schattenrisse stammen jedoch aus ihrem jeweiligen
21. Lebensjahr, namentlich aus der Zeit, in der Schiller sie in seiner Zeit in Stuttgart wiedertrifft. Sie fügen sich also offenkundig nicht nahtlos in den gesetzten
Zeitrahmen der Seite (1759–1773) ein. Umso besser passen sie jedoch zur Ästhetik
der Seite und ergänzen deren graphische Wirkung, weshalb es zumindest wahrscheinlich scheint, dass für Könnecke die Ästhetik der Bilder für ihre Aufnahme
ausschlaggebend war. In den *Bilderatlas* hatte er weder Conz noch von Hoven
aufgenommen, sodass ihre Relevanz für den Privatmann Schiller alleine nicht
das wichtigste Kriterium gewesen sein kann.

Resümee

Könneckes Schiller-Biographie ist nicht als Bildergeschichte im engeren Sinne
zu verstehen, denn weder die Bilder für sich noch ihre Zusammenstellung ist in
nennenswerter Weise narrativ. An den wenigen hier skizzierten Beispielen wird
jedoch deutlich, dass Könneckes *Schiller. Eine Biographie in Bildern* nicht nur
durch die Auswahl der Bilder (jede Auswahl ist immer auch eine Interpretation)
und die beigefügten Texte wirkt, sondern auch durch deren buchmediale Präsentation. Das großformatige Buch erfüllt nicht nur die Repräsentationsfunktion als Teil der bildungsbürgerlichen Selbstdarstellung. Die Schiller-Biographie
zeigt darüber hinaus einen Willen zur ästhetischen Überformung, der eine auch
nur im Ansatz ›neutrale‹,[85] gleichsam archivarische Ausstellung der Bilder bei
Weitem überschreitet. Vielmehr folgt Könnecke einem Standpunkt, den er in dem
illustriertem Buch *Aus Alt-Marburg* in einem fiktiven Dialog mit dem Marburger
Künstler Otto Ubbelohde entwickelt.[86] Die beiden intradiegetischen Alter Egos
sind sich nicht nur darüber einig, dass die Zeichnungen von Marburg, die in dem
Buch als Illustrationen enthalten sind, als bildliches »Gedächtnis« fungieren,[87]
sondern stimmen auch darin überein, dass eine ästhetische Überhöhung der
künstlerischen Repräsentation Marburgs wünschenswert ist. Folgerichtig zeigen
Ubbelohdes Bilder ein idealisiertes Marburg, so wie es aus der Sicht der beiden

---

85 Dass es keine medienneutrale Präsentation geben kann, muss hier nicht diskutiert werden.
86 Otto Ubbelohde, Aus Alt-Marburg. 33 Federzeichnungen, 8. Aufl., Marburg 1979.
87 Ebd., S. 10.

Figuren sein sollte, indem sie »ästhetische[] Verbrechen«[88] wie das Aufstellen von »Galgen mit [...] Telephondrähten«[89] ungeschehen machen.

Die ästhetischen Möglichkeiten der Buchgestaltung überlagern in der Schiller-Biographie in einzelnen Fällen deutlich die Eigenheiten der Bilder, etwa wenn Könnecke Chodowieckis Szenenbilder so arrangiert, dass ihr narrativer Charakter geschwächt wird. Aber auch alle anderen Seitentableaus stellen eine Inszenierung des Personals der Literatur – der Produzentinnen und Produzenten, Rezipientinnen und Rezipienten aber auch der Figuren – dar, die nicht nur auf der Textebene, sondern eben auch auf der Bildebene eine Interpretation vornimmt und den Leserinnen und Lesern Deutungsräume vorgibt, indem sie u. a. die angenommene literarhistorische Bedeutung der jeweiligen Person durch buchgestalterische Mittel hervorhebt, wie dies beispielhaft bei der Iffland-Seite geschieht – von der ohnehin deutlichen Behauptung der Relevanz Schillers durch die Bilder-Biographie als Ganzes einmal abgesehen. So steuert Könnecke mittels der mise en page die Interpretation der Bilder und damit der Personen, die sie darstellen und über deren Charakter sie – im Lavater'schen Sinne – Auskunft zu geben vorgeben. Die Seitengestaltung fungiert in Könneckes Schiller-Biographie, mit Christof Windgätter gesprochen, als ›epistemischer Agent‹:[90] Buch und Buchgestaltung sind nicht ›außerhalb‹ des Textes verortet, sondern so eng damit verwoben, dass sie das (Bild-)Wissen über Schillers Leben bedingen.

Könnecke fügt nicht bloß einen Bild-Appendix an die Literaturgeschichten des neunzehnten Jahrhunderts an, er liefert damit auch ein Deutungsangebot, das gängige nationale Vorlieben seiner Zeit bedient. Und er schreibt sich nicht nur in den literaturhistorischen Bilddiskurs um 1900 ein, sondern gestaltet diesen wirkmächtig mit, denn Könneckes *Bilderatlas* – über den man Analoges sagen kann, da er nach den gleichen ästhetischen und funktionalen Prämissen eingerichtet ist, wenn sie auch gestalterisch nicht in der Qualität ausgeführt sind wie in der Schiller-Biographie – wird bis heute als Fundgrube von Dichterbildern herangezogen. Entsprechend wurden in das Online-Nachschlagewerk *Wikipedia* zahlreiche der von Könnecke ausgewählten Abbildungen aufgenommen und werden nach dem *Bilderatlas* nachgewiesen. In dieser Weise erlebt die illustrierte Literaturgeschichte ein Nachleben auch jenseits von Jauß' »Bücherschränken des Bildungsbürgertums«. Dort leben womöglich auch bis heute Bücher wie Bernhard Zellers *Friedrich Schiller. Eine Bildbiographie* (1958), Ursula Wertheims *Fried-*

---

88 Ebd., S. 44.
89 Ebd.
90 Vgl. Christof Windgätter, Vom »Blattwerk der Signifikanz« oder: Auf dem Weg zu einer Epistemologie der Buchgestaltung, in: Wissen im Druck: zur Epistemologie der modernen Buchgestaltung, hg. v. Christoph Windgätter, Wiesbaden 2010, S. 6–50, insbes. S. 23.

rich Schiller. Dichter der Nation (1959) oder Rose Unterbergers *Friedrich Schiller. Orte und Bildnisse. Ein biographisches Bilderbuch* (2008), die die von Könnecke begründeten Buchtypen weiterführen.[91] Diese »Bildbiographien« jüngeren Datums rechtfertigen typologische, genetische sowie historische Vergleiche, die einstweilen Desiderat bleiben.

---

91 Bernhard Zeller, Friedrich Schiller. Eine Bildbiographie, München 1958; Friedrich Schiller. Dichter der Nation. 1759–1805. Sein Leben. Sein Werk. Seine Zeit. In Bildern und Dokumenten, hg. v. Ursula Wertheim, Berlin (Ost) 1959; Rose Unterberger, Friedrich Schiller. Orte und Bildnisse. Ein biographisches Bilderbuch, Stuttgart 2008. Selbst mit Bezug zur Literaturwissenschaft ist mit Fritz Behrends *Geschichte der deutschen Philologie in Bildern* von 1927 eine direkt als »Ergänzung zu dem Deutschen Literatur-Atlas« ausgewiesene Weiterführung von Könneckes Projekt erschienen (Geschichte der deutschen Philologie in Bildern. Eine Ergänzung zu dem Deutschen Literatur-Atlas von Könnecke-Behrend. Aus Anlaß des 50jährigen Bestehens der Gesellschaft für Deutsche Philologie, hg. v. Fritz Behrend, Marburg 1927).

CLAUDIA KELLER

FAUSTVERWANDLUNGEN

Goethes *Faust* in der bildenden Kunst nach 1945

Timm Ulrichs' Gemälde *Denn was man schwarz auf weiss besitzt* (1984) steht
exemplarisch für die Auseinandersetzung der zeitgenössischen Kunst mit
Goethes *Faust*: weg von den Faust-Illustrationen, hin zu subkutanen Reaktualisierungen (Abb. 1). Auf schwarzem Grund erscheint viermal untereinander in
den Farben Rot, Gelb, Grün und Blau das titelgebende Zitat aus dem ersten Teil
der Tragödie: »Denn was man schwarz auf weiss besitzt, kann man getrost nach
Hause tragen.«[1] Ulrichs verwendet eines der zahlreichen Verspaare Goethes,
die zu einem ›geflügelten Wort‹ geworden sind, das vom Künstler jedoch auf die
ursprüngliche bildhafte Problematik zurückgeführt wird. Was in der Schüler-
szene bereits sentenziös daherkommt, verarmt vollends zu einer unreflektierten
Redewendung in einem Bürgertum, das sich noch immer mit Goethes Namen
schmückt, sich mit seinem Werk jedoch nicht mehr auseinandersetzt. Wenn
Ulrichs das weiße Papier in einen schwarzen Hintergrund verkehrt und die
schwarze Tinte durch einen vierfachen Schriftzug mit je verschiedener Kolorierung ersetzt, dann macht er die Bewegung vom geflügelten Wort, das seinem
Kontext entrissen für sich zu stehen beginnt, über die Maxime zur Binsenwahr-
heit sichtbar. Mit der Vervielfältigung und der Kolorierung kehrt er diese Bewegung um und verleiht dem Faust-Vers neue Lebendigkeit. Ulrichs Sprachgemälde
führt vor Augen, dass es in der Komplexität der Welt keine einfältigen und einfar-
bigen Wahrheiten gibt, die man – einmal gelernt – »getrost nach Hause tragen«
könnte; vielmehr schafft es eine Differenz zwischen Gesehenem und Gelesenem
und macht damit auf die Kluft zwischen Wahrnehmung und Sinnstiftung aufmerksam.

---

1 Faust I, V. 1966 f., in: FA I, 7/1, S. 84 (= Johann Wolfgang Goethe: Sämtliche Werke. Briefe,
   Tagebücher und Gespräche, hg. von Friedmar Apel, Hendrik Birus, Anne Bohnenkamp-
   Renken u. a., 40 Bde., Frankfurt a. M. 1985–2013 (Frankfurter Ausgabe)). Hier und im Fol-
   genden wird diese Ausgabe mit der Sigle FA gefolgt von der Band- und Seitenangabe zitiert.
   Ich danke Maximilian Bach für die ebenso genaue wie kritische Lektüre des Manuskripts.

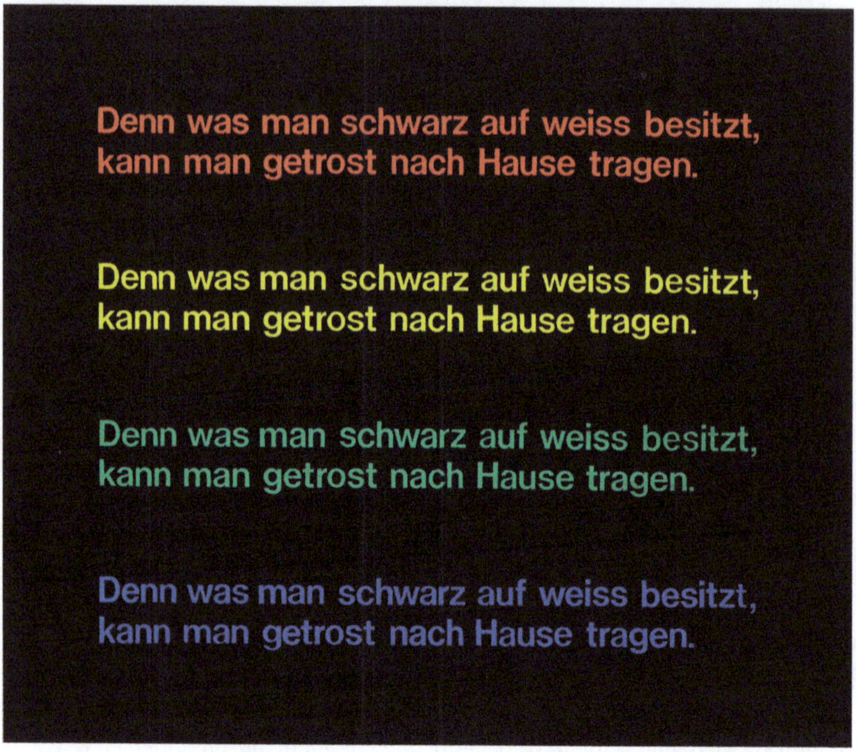

Denn was man schwarz auf weiss besitzt,
kann man getrost nach Hause tragen.

Denn was man schwarz auf weiss besitzt,
kann man getrost nach Hause tragen.

Denn was man schwarz auf weiss besitzt,
kann man getrost nach Hause tragen.

Denn was man schwarz auf weiss besitzt,
kann man getrost nach Hause tragen.

Abb. 1: Timm Ulrichs, »Denn was man schwarz auf weiss besitzt ...«
(Goethe, *Faust I*), 1984, Dispersionsfarbe auf Leinwand, 135 x 160 cm
© VG Bild-Kunst, Bonn 2017, Kunstmuseum Celle mit Sammlung Robert Simon,
Foto: Roland Schmidt, Hannover

Dabei geht es Ulrichs nicht um eine Goethe-Kritik, vielmehr stellt er die grundsätzliche Frage nach dem Umgang mit Klassikern, die im Verlauf der Rezeption
auf solche Binsenwahrheiten und Stichwortgeber reduziert wurden. Er kritisiert
im Verbund mit Goethes Polemik gegen die Schulmeisterei und naive Schriftgläu-
bigkeit eine Haltung gegenüber Klassikern, die lediglich auf ihrer autoritären
Ausstrahlung basiert. Und damit setzt er Goethes Drama wieder in sein Recht –
dieses farbig schillernde Drama, das sich in seiner Sprachgewalt und seiner über
Jahrzehnte wachsenden und wuchernden Form immer wieder Interpretationen
entzieht, die seine Komplexität auf *eine* Wahrheit reduzieren.[2] Bereits Adorno hat
in seinem 1954 erschienenen Essay *Zur Schlußszene des Faust* die Frage gestellt,

---

2   Diese Komplexität wurde freilich immer wieder als Inkonsistenz gedeutet, so schon von
     Fr. Th. Vischer mit Blick auf den zweiten Teil der Tragödie, vgl. Friedrich Theodor Vischer,

warum Goethes »Dichtung mit Grund schön genannt wird, trotz der prohibiti-
ven Schwierigkeiten, welche der Riesenschatten der geschichtlichen Autorität
seines Werkes einer Antwort bereitet«.[3] Sich nach der Zäsur, die Auschwitz in der
Historie markiert, dieser Herausforderung zu stellen, sieht nicht nur Adorno als
Aufgabe jeder neu ansetzenden Lektüre. Sie begleitet auch die Auseinandersetzung der bildenden Kunst mit Goethes *Faust* nach 1945.

Wie für Ulrichs ist für Adorno das Aufbrechen der autoritären Ausstrahlung
von Klassikern die Bedingung dafür, dass ein Hauch von ewiger Schönheit über
die historischen Zäsuren hinaus sich zeigen kann: »Nur durchs Vergessen hindurch, nicht unverwandelt überlebt irgend etwas.«[4] Und weiter: »Hoffnung ist
nicht die festgehaltene Erinnerung sondern die Wiederkunft des Vergessenen.«[5]
Es sind, so Adorno, unentwegt Faustverwandlungen nötig. Seine Lektüre skizziert
eine Faust-Figur, die in permanenter Transformation befindlich, die nie dieselbe
ist und die – obwohl sie zum Schluss der Erkenntnis ferner ist als je zuvor – gerettet wird, indem jegliche Motivierung der Handlung und damit die Prinzipien der
Logik ausgesetzt werden. Diese Aufhebung betrifft auch die dramatischen Strukturen dieses »Stücks in Stücken«, die sich in der Faust-Figur ebenso wie in der
Form des Textes zeigt – man denke an die Aneinanderreihung der Szenen oder
die Verwandlungen der Versmaße.[6] Die Rettung geschieht wider die Vernunft und
vor allem wider das Faust'sche Streben. Sie steht nicht für Kontinuität, sondern
für ein plötzliches Fortführen des Verlorenen, jenseits aller erwarteten Spielre-
geln des Dramas. Damit versteht Adorno Faust, als Figur und Text, als Drama der
Transformation, die bei Goethe immer und besonders in diesem Text im Zentrum
steht – gegründet auf seine Studien zur Morphologie und die Farbenlehre und
umgetrieben von den metamorphischen und chemischen, bisweilen auch alche-
mistisch-magischen Verwandlungen der Formen der Natur, von der Transformation der Natur in künstlerische Schöpfung und letztlich von der Frage nach der
geheimnisvollen Beweglichkeit des Lebendigen.

Mit solchem Fokus nimmt dieser Beitrag die Bedeutung des Faust-Stoffs und
im Besonderen von Goethes Drama in der bildenden Kunst seit 1945 in den Blick.
Wie kann das ›Weiterleben‹ Goethes in der Gegenwart gefasst werden, jenseits

Die Litteratur über Goethes Faust, in: ders., Kritische Gänge, Bd. 2, Tübingen 1844, S. 49–
215, hier S. 60 f.

3   Theodor W. Adorno, Zur Schlußszene des Faust, in: ders., Noten zur Literatur, hg. von Rolf
Tiedemann, Frankfurt a. M. 2015, S. 129–138, hier S. 133.

4   Ebd., S. 137.

5   Ebd., S. 138.

6   Ebd., S. 137. Vgl. hierzu auch Claudia Keller, Fausts Vergessen. Farbe und Beweglichkeit als
Ästhetik des Lebendigen in der Moderne, in: Zeitschrift für Ästhetik und Allgemeine Kunstwissenschaft 62 (2017), H. 1, S. 123–154.

einer Rezeptionsgeschichte, die sich auf die schablonenhafte Tradierung von Stoffen und Motiven konzentriert, die durch die autoritäre Ausstrahlung des Klassikers verbürgt sind? Gibt es Verlebendigungen, Fortschreibungen und Neuschöpfungen der Goethe'schen Texte, die der Moderne eine Reflexion auf die eigene Ästhetik ermöglichen?[7] Da *Faust* seit Goethes Bearbeitung des Stoffes wiederholt als Spiegel der modernen Zivilisations- und Geistesgeschichte gelesen wurde,[8] geht damit stets die grundsätzliche Frage nach dem Umgang mit Tradition in der Gegenwart einher. Er galt lange und insbesondere seit den 1870er Jahren als ›deutscher Mythos‹ schlechthin, und noch heute hält sich diese Perspektive hartnäckig, etwa wenn *Faust* von Max Wagner, Direktor des Münchner Kulturzentrums Gasteig, in Hinblick auf das im Frühjahr 2018 in München geplante *Faust*-Festival und die damit verbundene Ausstellung »Du bist Faust. Goethes Drama in der Kunst« als das »deutscheste aller Themen« bezeichnet wird.[9]

Vergessen ist in solchen Aussagen die politische Vereinnahmung durch den Nationalsozialismus und die politische Stilisierung Fausts zur sozialistischen Vorbildfigur in der DDR.[10] Dabei waren es gerade diese politischen Zäsuren, die die Auseinandersetzung mit *Faust* in der bildenden Kunst nach 1945 vor Schwierigkeiten stellten und einer Aktualisierung, die sich stets auf die – wie auch immer interpretierte – »Modernität« der Faust-Figur bezog, zu Recht im Wege standen. Nicht »Du bist Faust« musste es heißen, sondern »Faust ist tot«.[11] Die ideologiekritische Aufarbeitung ging mit einem Bedeutungsverlust des Stoffes in der bildenden Kunst einher und verunmöglichte es, bruchlos an die quantitativ

---

7   Für ein vergleichbares Anliegen anhand der Frage von Nietzsches Wirkung in der bildenden Kunst sowie die Diskussion darüber vgl. Dietrich Schubert, Nietzsche-Konkretionsformen in der bildenden Kunst 1890–1933. Ein Überblick, in: Nietzsche-Studien 10/11 (1981/82), S. 278–317.

8   Vgl. den Überblick bei Rüdiger Scholz, Die Geschichte der Faust-Forschung. Weltanschauung, Wissenschaft und Goethes Drama, 2 Bde., Würzburg 2011; die *Faust*-Abschnitte in Karl Robert Mandelkow, Goethe in Deutschland. Rezeptionsgeschichte eines Klassikers, 2 Bde., München 1980–1989; außerdem: Michael Jaeger, Fausts Kolonie. Goethes kritische Phänomenologie der Moderne, Würzburg 2004.

9   München plant Faust-Festival, Pressemitteilung Januar 2017, http://www.schwaebische.de/region/bayern_artikel,-Muenchen-plant-Faust-Festival-_arid,10598954.html (22. 01. 2017).

10 Vgl. die Rede von Walter Ulbricht auf dem V. Parteitag der SED 1958: »Die Vision Goethes im Faust von dem freien Volk, das auf freiem Grund lebt, entsprach den Ideen des jungen deutschen Bürgertums. Diese große nationale und humanistische Idee Goethes wurde in Westdeutschland durch die imperialistische Politik und die amerikanische Lebensweise verschüttet« (zit. nach Lothar Ehrlich, ›Faust‹ im DDR-Sozialismus, in: Faust. Annäherung an einen Mythos, Göttingen 1995, S. 332–342, hier S. 332; vgl. zu diesem Thema insgesamt den Aufsatz von Ehrlich).

11 Günther Anders, Die Antiquiertheit des Menschen, Bd. 1. Über die Seele im Zeitalter der zweiten industriellen Revolution, München 1956, S. 239.

umfangreiche wie auch qualitativ anspruchsvolle Rezeption in der bildenden Kunst vom neunzehnten Jahrhundert bis in die 1920er Jahre anzuknüpfen.[12]

Die Beschäftigung mit dem Faust-Stoff scheint allgemein in Folge des schwindenden Interesses an narrativen Darstellungen sowie des weitgehenden Verlusts eines ›klassischen‹ Bildungskanons nach dem Zweiten Weltkrieg rückläufig zu sein. Er gerät an den Rand des kulturellen Feldes, präsent in Theaterinszenierungen und Schullektüren, aber ohne Virulenz im gesellschaftlichen Diskurs.[13] Der Faust-Stoff scheint an Bedeutung zu verlieren für eine abstrakt gewordene Kunst, die nur noch beliebig Aspekte aus der Fülle der Tradition herausgreift. Vor diesem Hintergrund stellt sich die Frage: War in dieser Konsequenz historisch nur die Flucht in den postmodernen Ästhetizismus möglich? Gab es lediglich die Wahl zwischen konservativem Festhalten an der bisherigen Tradition der Faust-Illustration und einem spielerischen, aber banalisierten Rekurrieren auf eine verblasste bildungsbürgerliche Folie, die nunmehr lediglich als ein Zitat unter anderen auftaucht – ganz so wie Goethes Verse längst in unsere Alltagssprache eingegangen sind? Bereits Ulrichs' Werk zeigt, dass das Spiel der Postmoderne durchaus zu einer ebenso lustvollen wie ernstzunehmenden Verlebendigung führen kann. Gleichwohl ist der offensichtliche Bedeutungsverlust klassischer Stoffe im Allgemeinen, der im Falle Fausts mit seiner früheren nationalistischen Vereinnahmung einhergeht, einer der Hauptgründe, weshalb die Auseinandersetzung der bildenden Kunst mit dem Faust-Stoff nach 1945 bislang ihrer Aufarbeitung harrt. Weder existieren umfassende Darstellungen der wichtigsten Einzelpositionen noch eine systematische Übersicht.[14]

12   Bes. hervorzuheben sind die von 1924–1927 entstandenen Illustrationen von Max Slevogt. Das Mappenwerk umfasst 510 Lithographien und 11 Radierungen, vgl. Max Slevogt, Illustrationen zu Goethe, Mainz 1982.

13   Vgl. Herfried Münkler, Die Deutschen und ihre Mythen, Berlin 2009, S. 137: »Die Selbstapostrophierung der Deutschen als faustisch ist, jedenfalls im affirmativen Sinne nach 1945, verschwunden, während der Faust-Mythos als ein wichtiger Bezug für Selbstreflexion und Selbstperspektivierung geblieben ist.« Vgl. demgegenüber zur immensen Popularität des Faust-Stoffes im neunzehnten Jahrhundert Carsten Rohde, Faust populär. Zur Transformation ›klassischer‹ Stoffe in der modernen Massen- und Populärkultur, in: Oxford German Studies 45 (2016), S. 380–392.

14   Vgl. bislang: Françoise Forster-Hahn, A Hero for all Seasons? Illustrations for Goethes ›Faust‹ and the Course of modern German History, in: Zeitschrift für Kunstgeschichte 53 (1990), S. 511–536; Thomas Fusenig, ›Faust‹-Rezeption in der bildenden Kunst, in: Goethe-Handbuch in vier Bänden, Bd. 2, hg. von Theo Buck, Stuttgart, Weimar 1997, S. 514–521; Jochen Schmidt, Goethes Faust, Erster und zweiter Teil. Grundlagen – Werk – Wirkung. München 2001, hier bes. S. 334; Ausstellungskataloge: Goethe in der Kunst des 20. Jahrhunderts, Weltliteratur und Bilderwelt, hg. von Detlev Lüders, Frankfurt a. M. 1982; Faust. Annäherung an einen Mythos, hg. von Frank Möbus, Friederike Schmidt-Möbus und Gerd

Gleichzeitig ist die Erforschung der Nachwirkung von Faust – wie von Goethe und dem ›Erbe der Klassiker‹ überhaupt – in der Gegenwart durch den Modus bisheriger ›Rezeptionsgeschichten‹ verstellt. Zwar liegen inzwischen Studien vor, die sich mit der Wirkung von Faust in der bildenden Kunst beschäftigen. Doch wird hier in verstärktem Ausmaß deutlich, was allgemein für die Faust-Philologie gilt, die sich eng an die expliziten Neubearbeitungen hält:[15] In den wenigen Ausstellungen zum Thema »Faust in der bildenden Kunst« dominiert eine einseitige Berücksichtigung von Illustrationen, die – zumeist in Form von Buchillustrationen – bestimmte Szenen aus dem Drama visuell darstellen.[16] Auch wenn jede Illustration eine eigene Interpretation darstellt und über die Visualisierungsfunktion hinausreicht, indem sie etwa einen Bezug zur eigenen Gegenwart herstellt,[17] so haben sie doch nach sich gezogen, wovon Goethe selbst bereits umgetrieben war: Abneigung gegenüber den frühen Versuchen, sein Werk zu illustrieren, die nicht zuletzt darin gründete, dass dessen Vielgestaltigkeit eine visuelle Reduktion erfährt.[18] Und in der Tat haben die oftmals demselben Schema folgenden Illustrationen zur floskelhaften Ausdünnung beigetragen, etwa indem sie Faust auf einen bestimmten Typus – den »titanischen« deutschen Gelehrten mit Bart – reduzierten.[19]

Auf differenziertere Weise zeigt sich die Bedeutung des *Faust* für die Gegenwart erst, wenn sich die Blickrichtung der literatur- und kunstwissenschaftlichen Forschung verändert und auch der mehr unterschwelligen Wirkung nachgespürt

---

Unverfehrt, Göttingen 1995, hier bes. der Aufsatz von Ulrike Becker, Der »Hexenmeister soll sich allein durchhelfen«? ›Faust‹ in der Bildenden Kunst seit Goethe, in: ebd., S. 208–235.

15   So etwa: Charles Dédéyan, Le thème de Faust dans la littérature européenne, 6 Bde., Paris 1954–1967.

16   Die beiden genannten Ausstellungen *Goethe in der bildenden Kunst des 20. Jahrhunderts* und *Faust. Annäherung an einen Mythos* (vgl. Anm. 12) beschränken sich weitgehend auf Illustrationen. Zu den Faust-Illustrationen allgemein: Franz Neubert, Vom Doctor Faustus zu Goethes Faust, Leipzig 1932; zu den Illustrationen zu Goethes *Faust*: Markus Bertsch, Wirkung und Rezeption Goethes in der zeitgenössischen Kunst, in: Goethe Handbuch. Supplemente, Bd. 3. Kunst, hg. von Andreas Beyer und Ernst Osterkamp, Stuttgart, Weimar 2011, S. 219–264, hier S. 233–248.

17   Vgl. insbesondere die Darstellungen von Max Beckmann aus seinem Exil in den 1940er Jahren: Max Beckmann, Zeichnungen zu Goethes Faust, Bonn 2007.

18   Vgl. Johann Wolfgang Goethe an Johann Friedrich Cotta, 25. 11. 1805, in: FA II, 6, S. 33: »Den Faust, dächt' ich, gäben wir ohne Holzschnitte und Bildwerk. Es ist so schwer, daß etwas geleistet werde, was dem Sinne und dem Tone nach zu einem Gedicht paßt. Kupfer und Poesie parodieren sich gewöhnlich wechselweise. Ich denke der Hexenmeister soll sich allein durchhelfen.«

19   Vgl. hierzu Ulrike Becker, ›Faust‹ in der Bildenden Kunst, S. 216 f.

wird.[20] Diese Form der Wirkung erschöpft sich nicht darin, in ein mimetisch-illus-tratives Verhältnis zum Stoff zu treten, sondern findet oftmals – und mit steigen-der Tendenz in Richtung Gegenwart – implizit statt. Bereits Thomas Fusenig hat darauf hingewiesen, dass eine »Erweiterung der Perspektive über die Grenzen der motivisch orientierten Analyse hinaus«[21] notwendig wäre. Etwa mit Bezug auf die ›faustische‹ Beethoven-Skulptur von Max Klinger formuliert er die These, dass die Rezeption »nicht auf bloße Motivübernahme und Illustration beschränkt war«.[22]

Steht die ›Aktualität‹ von *Faust* für die bildende Kunst im zwanzigsten Jahr-hundert in Frage, so gilt es also, den Fokus zu erweitern: von der Konzentration auf die Faust-Illustrationen hin zu den ästhetischen Reaktivierungen von Goethes Drama und des Faust-Stoffes, die sich dessen Widersprüchlichkeit und formale Gebrochenheit für die eigene Bildsprache zunutze machen. In einer solchen Per-spektive verkommt der Faust-Stoff nicht zum tausendfach illustrierten Leitmotiv einer Nation, sondern avanciert zur ästhetischen Denkfigur, von der ausgehend Kunstwerke und Künstler, in ihren je eigenen Werkzusammenhängen, über Tra-dition und Gegenwart, aber auch über die immer wieder neuen Ausdrucksmög-lichkeiten von Kunst nachdenken. Das Resultat ist nicht eine Entfernung von Goethes Drama, sondern im Gegenteil eine Hinwendung zu seinen ästhetisch-epistemologischen Problemstellungen. Nicht »unverwandelt«, sondern in den Formverwandlungen überlebt Faust und ermöglicht es der Kunst, sich nach den Katastrophen der beiden Weltkriege mit Bezug auf die Tradition in ihrem Selbst-verständnis zu reflektieren.

Auf diesem Hintergrund kommt das Exemplarische von Ulrichs' Werk in den Blick: Mit der zunehmenden Loslösung der bildenden Kunst von den Paradig-men der Mimesis kann sie nicht mehr ungebrochen in ein illustratives Verhältnis zu literarischen Texten und Traditionen treten – werden in der bildenden Kunst die Darstellungen abstrakt, so werden es auch die Bezugnahmen auf Faust. Zwar nimmt Ulrichs ein konkretes Zitat als Ausgangspunkt, doch verbindet er damit eine allgemeine Fragestellung: diejenige nach der Wahrheit des Wissens und der Sinnstiftung in der Welt. Die mit Faust stets verbundene Sinnfrage wird dabei mit Bezug auf das Verhältnis von Schrift und Bild transformiert. Ulrichs stellt die gleiche Frage wie Faust, aber er stellt sie unter den Bedingungen des poststruk-turalistischen Diskurses. Ebenso kennzeichnend für die Auseinandersetzung mit

---

20 Dieses Desiderat gilt auch für das 19. Jahrhundert sowie die Zeit bis 1945. Für einen Versuch, der mit Bezug auf die Architektur und Literatur in diese Richtung zielt, vgl. Claudia Keller, Fausts Vergessen.

21 Thomas Fusenig, ›Faust‹-Rezeption, S. 521.

22 Ebd.

Faust in der zweiten Hälfte des zwanzigsten Jahrhunderts ist die Tatsache, dass
Ulrichs' Gemälde mehr im Kontext seines eigenen Œuvres als in einer bestimmten diskursiven Tradition der Beschäftigung mit dem Stoff steht. Es geht weniger
darum, Goethes Drama eine neue Interpretation hinzuzufügen, als dass dieses
durch den Transfer in völlig andere Werkzusammenhänge eine andere Form von
Relevanz erhält. Die Reaktivierungen des Faust im zwanzigsten Jahrhundert und
insbesondere in der Gegenwart sind höchst individuelle ›Re-Lektüren‹ dieses
Stoffes, die sich gezwungenermaßen von den topischen Szenen des Dramas
entfernen.[23] Ulrichs – und andere Künstler mit ihm – lösen damit gewissermaßen Adornos Interpretation der unentwegten Verwandlungen der Faust-Figur
ein: So wie es keine ›Wahrheit‹ gibt, die »getrost nach Hause« getragen werden
kann, gibt es kein einfarbig-homogenes Faust-Bild mehr. Im Folgenden wird der
Versuch unternommen, schlaglichtartig einige künstlerische Reaktivierungen
des Faust in einem Überblick darzustellen und die sowohl in ästhetischer wie
auch gesellschaftskritischer Hinsicht heterogenen Positionen zu skizzieren.

Illustration und Theater:
Loslösung von der Visualisierungsfunktion

Die vielfältige Tradition qualitativ hochwertiger und immer wieder innovativer
Faust-Illustrationen wird in der zweiten Hälfte des zwanzigsten Jahrhunderts in
zahlreichen Versuchen fortgeführt.[24] Sie steht mitunter ein für die Notwendig-
keit einer Entideologisierung des Faust-Stoffes nach der nationalsozialistischen
Vereinnahmung. Beispielhaft lässt sich dies bei Giorgio de Chirico und Salvador
Dalí sehen. De Chirico versetzt 1956 in gänzlich konventioneller, sich von seinem

---

23   Dies konstatiert mit Bezug auf die Illustrationen ansatzweise bereits Ulrike Becker, ›Faust‹
     in der Bildenden Kunst, S. 222.
24   Neben der bedeutenden Sammlung des Freien Deutschen Hochstifts besitzt auch die Klas-
     sik Stiftung eine umfangreiche Faustsammlung mit Werken bis in die 1980er Jahre. Zu nen-
     nen sind daraus etwa Fritz Cremer (div.), Walther Klemm (div.), Bert Heller (1951), Fern-
     and Vanhamme (1957), Benno Huth (1970), Hermann Naumann (div.), Armin Münch (div.),
     Gabriele Mucchi (1971), Gottfried Teuber (1972), Gerhard Kurt Müller (ca. 1977), Utautas
     Kalinaus (1977), Max Schwimmer (1979), Rudolf Koch (1980), Heinz Zander (1980), Dieter
     Goltzsche (1981), Franz Havemann (1981), Anni Jung (1982), Birgit Duschek (div.), Eber-
     hard Schlotter (1984) sowie Horst Sagert (1984). Ulrich Holbein weist zudem eine ganze
     Reihe von Illustrationen zum Homunculus-Thema nach (vgl. Ulrich Holbein, Der illustrierte
     Homunculus. Goethes Kunstgeschöpf auf seinem Lebensweg durch hundertfünfzig Jahre
     Kunstgeschichte, München 1989). Vgl. zudem zwei weitere aktuelle Bsp. für Illustrationen:
     Karl Hubbuch, Faust-Illustrationen, Weimar 2013; Baldwin Zettl, Mein Goethes Faust: I. und
     II. Teil. Ein Bilderbuch in siebzig Kupferstichen, Leipzig 2009.

übrigen Werk radikal unterscheidender Manier die Figuren Faust und Margarethe in zwei Theaterszenen mit historischen Kostümen ins sechzehnte und achtzehnte Jahrhundert zurück. Und Dalís Illustrationen aus dem Jahr 1969 führen die Traditionen der Illustration fort, indem etwa sein *Lesender Faust* eine Überhöhung von Rembrandts vermeintlichem Faust als Alchemist im Studierzimmer darstellt, der wie kein anderer das visuelle Gedächtnis zu diesem Stoff geprägt hat. Auch der Dresdner Künstler Josef Hegenbarth erschafft 1961, im Jahr vor seinem Tod, nach einem weitgehenden Publikationsverbot in der Zeit des Nationalsozialismus und einer DDR-Karriere in Dresden eine Folge von Faust-Darstellungen: Er knüpft darin an seine Illustrationen der 1920er Jahre an und arbeitet über die historischen Brüche hinaus die Grundthemen des Stoffes heraus.[25] Losgelöst von historischen Kostümen und Interieurs sowie in die Gegenwart übertragen handelt es sich hier um ein Abstraktionsverfahren, das – im Sinne Adornos – einen Faust zeigt, der durch das Vergessen hindurchgegangen ist.

Auf der anderen Seite hat die apolitische Illustration mitunter ein Festhalten an einem überkommenen Verständnis von Textvisualisierung zur Folge, so etwa wenn Eduard Prüssen seine Darstellungen ganz im Dienst einer textnahen Visualisierung sieht und explizit »keine Übertragung in unsere Zeit, keine vage Umschreibung ins Deutbare, geschweige denn eine Abschweifung in vergangene oder bestehende politische oder gesellschaftliche Verhältnisse« anstrebt.[26] Oder sie führt zu einer radikal individualisierenden Lektüre wie sie 1999 F. W. Bernstein (eigentlich Fritz Weigle) anhand von Goethes sogenanntem *Urfaust* vorgenommen hat. Die Illustration als persönliche, bisweilen satirische Lektüre ermöglicht den Lesern jenseits des ›Riesenschattens der Autorität‹ Goethes wieder einen – ebenfalls individuellen – Zugang.[27] Ein solcher kann die Autoritäten durchaus humoristisch in Frage stellen, wie es das Blatt von Robert Gernhardts Folge *Deutsche Leser* von 1986 zeigt, das den Titel *Der Teufel liest Faust II* trägt: Zu sehen ist ein etwas dicklicher Mephisto, dem angesichts des vor ihm liegenden Buches nichts anderes übrig bleibt, als zu gähnen.[28]

---

25 Petra Maisak, Die Faust-Illustrationen, in: Der Illustrator Josef Hegenbarth 1884–1962. Zeichnungen, farbige Blätter, Grafiken und illustrierte Bücher, hg. von Ulrich Zesch, Stuttgart 1987, S. 33–40.

26 Prüssen, Eduard, Faszination Faust 1. Zur Gestaltung meiner Illustrationsfolge, Köln 2014, S. 7.

27 Vgl. Anm. 3.

28 Zu Gernhardt vgl. Tobias Eilers, Robert Gernhardt. Theorie und Lyrik. Erfolgreiche komische Literatur in ihrem gesellschaftlichen und medialen Kontext, Münster 2011, S. 219; außerdem: Holger-Falk Trübenbach, Robert Gernhardts ›Faust‹. Zur Rezeption eines Klassikers, in: Faust-Jahrbuch 3 (2007/08), S. 209–225.

Trotz dieser fortgeführten Tradition hielt der Leipziger Künstler Bernhard Heisig bereits 1989 fest: »Ich glaube, daß die große Illustration tot ist.«[29] Das mediale Zeitalter mit seiner Omnipräsenz von Bildern erfordert einen freieren Umgang mit dem Text, hat doch die Dynamik des Bildes die starren Text-Bild-Bezüge gelockert. Dennoch können solche individuellen Lektüren mit der notwendigen Entideologisierung des Faust-Stoffes nach dem Zweiten Weltkrieg wiederum politische Sprengkraft entwickeln. Heisig, der der Waffen-SS angehörte, in sowjetischer Kriegsgefangenschaft war und eine staatstragende Rolle in der DDR spielte, die jedoch durchaus mit Kritik an der Parteipolitik der SED durchzogen war, hat seit den 1980er Jahren verschiedene Zeichnungen, Lithographien und Ölbilder zu *Faust* verfertigt. Diese Darstellungen stehen der Ulbricht'schen Stilisierung von Faust als Vorbild des sozialistischen Menschen diametral gegenüber. Sie kehren das Gewaltvolle der Faust-Figur heraus und zeigen jenseits aller Heroisierungen des Protagonisten die brutalen Konsequenzen des rücksichtslosen Strebens. Der ›faustischen‹ Vision wird ein pessimistisches Weltbild entgegengehalten.

In seinem Gemälde *Ich bin's, bin Faust, bin deinesgleichen* (2003) rekurriert er auf Fausts Vision des Erdgeists und damit auf die Hybris seines Strebens nach Allmacht. Er stellt ihm, mit ihm verschmelzend, einen Totenkopf an die Seite, der sowohl auf den Pakt mit Mephisto verweist wie auf die dunklen Seiten der Faust-Figur, die immer schon als Teil von ihr selbst erscheinen. Die verdichtete Atmosphäre einer lockeren, von starken Kontrasten und grellen Farben bestimmten Malweise oszilliert zwischen Abstraktion und Figuration. Sie löst die Grenzen zwischen den Figuren untereinander und dem Hintergrund, ebenso wie diejenigen zwischen Vision und Realität, auf (Abb. 2). Heisigs Darstellungen sind gleichermaßen Psychogramme männlicher Sexualität, kritische Reflexion des vom Konsum getriebenen Menschen und Identifikation des zerrissenen, mit der Welt hadernden Künstlers mit der Faust-Figur. Nicht von ungefähr erinnern sie an die Themen und Bildsprache von Otto Dix und damit an das Werk eines Künstlers, für den, neben Nietzsches *Zarathustra*, ebenfalls bereits Goethes *Faust* eine entscheidende Lektüre war, um die Abgründigkeit der Welt ins Bild zu fassen.[30] An Heisigs Auseinandersetzungen mit der Faust-Figur über zwei totalitäre

29 Zit. nach Worte werden Bilder. DDR-Künstler zur Literatur der Welt. Ausgewählte Arbeiten 1969–1989, hg. von Peter-Alexander Fiedler, Weimar 1989, S. 6.
30 Vgl. Otto Dix an Hans Bretschneider, wohl Ende 1911: »Drei Bücher sind für mich die Fundgrube meines Wissens (d. h. der Wissenschaft): die Bibel, Göthe und Nietzsche« (zit. nach: Ulrike Lorenz, Otto Dix an Hans Bretschneider. Unbekannte Dokumente einer Jugendfreundschaft, in: Dix avant Dix. Das Jugend- und Frühwerk 1903–1914, hg. von ders., Jena 2003, S. 265–270, hier S. 271, vgl. dort auch die Vermutung, dass es sich dabei um den *Faust* handelt).

Abb. 2: Bernhard Heisig, Ich bin's, bin Faust, bin deinesgleichen, 2003,
Öl auf Leinwand, 60 x 50 cm
© VG Bild-Kunst, Bonn 2017, Foto: Saša Fuis, VAN HAM Kunstauktionen

Regime hinweg kann die Emanzipierung von der Aufgabe der Visualisierung der Goethe'schen Textvorlage exemplarisch nachvollzogen werden.

Eine vergleichbare Autonomisierung ist für das Bühnenbild zu konstatieren – neben der Buchillustration der zweite traditionelle Bereich, in dem bildende Künstler sich mit dem Stoff beschäftigen.[31] In den Bühnenbildern des Wiener Künstlers Alfred Hrdlicka für die Bonner *Faust*-Inszenierungen von Peter Eschberg (1982) geraten die Darstellungen zu einer Reflexion über die Eigenwertigkeit der Kunst gegenüber der Textvorlage und der Inszenierung: Es findet eine wütende Selbstidentifikation zwischen dem prometheischen, mitunter ebenfalls als »Titan« bezeichneten Künstler und der Faust-Figur statt, indem für den ersten Teil der Tragödie Hrdlickas Atelier auf der Bühne inszeniert wird. Skandalträchtig waren jedoch die über 10 mal 15 Meter messenden Schlachten- und Antikenprospekte für den zweiten Teil. Diese assoziativ-interpretatorisch mit der Textvorlage in Beziehung stehenden Prospekte traten in Konkurrenz zur Inszenierung und führten zum Zerwürfnis zwischen Regisseur und Künstler (Abb. 3).

Indem Hrdlicka das Bühnenbild von seiner untergeordneten Funktion loslöst und als eigenständige Kunst begreift, wiederholt er als schöpferischer Künstler einerseits die ›faustische‹ Hybris, in der das Hadern mit der Welt in eine blinde Durchsetzung der eigenen Weltsicht umschlägt. Vor seinen Prospekten verkommen die Schauspieler zu Rezitatoren eines Textes, der nun seinerseits zur ›Illustration‹ der bildenden Kunst degradiert wird.[32] Wie bereits Bernhard Heisig zeigt aber auch Hrdlicka einen Faust, dessen Streben symbolisch für die grausame Gewalt der Welt und insbesondere der politischen Katastrophen des zwanzigsten Jahrhunderts steht. Gegen jegliche Form von Ästhetizismus behauptet Hrdlickas ›reale‹ Kunst, die schonungslos mit der Geschichte ins Gericht geht, die Vorrangstellung. Die teilweise Selbstidentifikation des Künstlers Hrdlicka mit der Faust-Figur enthebt ihn nicht der Kritik. Vielmehr problematisiert er einen Umgang mit dem ›klassischen‹ Text und dessen vermeintlich humanistischem Erbe, der die brutalen Elemente und Konsequenzen dieser menschlich-gesellschaftlichen Tragödie einfach überliest.

31 Gerade für das zwanzigste Jahrhundert und insbesondere die Gegenwart ist es durchaus berechtigt, ja sogar notwendig, die von Künstlern gestalteten Bühnenbilder als Auseinandersetzungen mit dem Faust-Stoff in der bildenden Kunst zu betrachten. Siehe als Beispiel die Skulpturen von Bernhard Heiliger, vgl. Werner Schnell, Mit Goethe im Dialog. Bernhard Heiligers Bühnenskulpturen zu Faust II, in: Goethe in der Kunst des 20. Jahrhunderts, S. 124–144.

32 Paul Kruntorad, Bühnenbild als Kunst. Kunst als Bühnenbild. Zu Alfred Hrdlickas FAUST-Zeichnungen und Entwürfen, in: Hrdlicka. Faust. Bühnenbilder, hg. von Ernst Hilger, Wien 1983 [unpag.] sowie Horst Thiemer, Stephan Schmidt-Wulffen, Die Fesseln des Prometheus. Ein Theaterstreit um die Bonner ›Faust‹-Inszenierung, in: ebd.

Abb. 3: Alfred Hrdlicka, Bühnenbilder zu Goethes *Faust I* und *II* (Bonn), 1982
© Foto: Bettina Secker

Die Notwendigkeit, sich den Stoff, insbesondere die übermächtige Bearbeitung von Goethe, zu eigen zu machen und sie mit der Realität der Gegenwart zu konfrontieren, bezeugt auch William Kentridges Puppentheater *Faustus in Africa*, das 1995 im Rahmen des Kunstfestes Weimar – und damit genau am richtigen Ort – uraufgeführt wurde: Im postkolonialen Diskurs zur Hegemonie Europas gegenüber Afrika sucht Kentridge in der Konfrontation von Goethes Versen mit Bildern aus den Archiven in Johannesburg und afrikanischem Rap sein eigenes Verständnis: »This world of images became the bedrock on which to test the idealism of Goethe's *Faust* against the rather more earthy materialism of colonial Africa.«[33] Auch bei Kentridge verbinden sich Identifikation mit und Kritik an Goethes Drama. Das Stück erschöpft sich nicht in postkolonialer Kritik, sondern

---

33 William Kentridge, Director's Note, in: William Kentridge, hg. von Carolyn Christov-Bakargiev, Brüssel 1998, S. 105. Vgl. auch »All this, with the aim of locating a place where the play ceases to be a daunting other – the weight of Euorpe leaning on the southern tip of Africa – and becomes our own work« (ebd., S. 104). Vgl. zu diesem Stück insgesamt Katharina Keim, ›Faustus in Africa!‹ – Die postkolonialistische Lesart von William Kentridge und der Johannesburger ›Handspring Puppet Theatre Company‹, in: Im Auftrieb. Grenzüberschreitungen mit Goethes ›Faust‹ in Inszenierungen der neunziger Jahre, hg. von Hans-Peter Bayerdörfer, Tübingen 2002, S. 143–177.

stellt wie Ulrichs die Frage nach der Sinnstiftung in der Welt. Dazu gehören auch Animationsfilme und Zeichnungen, die – mit Kohle hergestellt – stets zu Kentridges Arbeit gehören (Abb. 4).

Im Medium der Kohlezeichnung, die so schnell entsteht wie sie verwischt und sich verwandelt, findet Kentridge einen Weg, die Bedeutung der subjektiven Bilder zu betonen und einen Ausdruck für die Fragilität der Sinnstiftung zu finden. Zugleich entwickelt Kentridge mit diesen fantastischen, die Realität übersteigenden, beweglichen Bildern, die bisweilen Einblicke in die Vorstellungs- und Erinnerungswelt Fausts geben, ein kongeniales Verfahren, das den Bilderreichtum gerade von Goethes zweitem Teil der Tragödie nicht illustrativ umsetzt, sondern dazu in ein Verhältnis tritt. So beschreibt Kentridge, wie die Bilder bestimmte Textstellen erhellen (»illuminate«) und die Charaktere kontextualisieren. Zugleich stellen die Anforderungen der Szenen ›seltsame Dinge‹ mit den Zeichnungen an (»the demands of the scene also do strange things to the drawings«):[34] Sie gehen – bei aller politischen Kritik – eine Allianz mit Faust ein, indem sie schnell und ohne Zögern (»with speed and without hesitation«), nicht im Modus der Kontemplation entstehen.[35]

Zuschreibungen und implizite Bezugnahmen

Was die von Illustration und Theater losgelöste bildende Kunst angeht, so gibt es verschiedene Modi der Bezugnahme – von der externen Zuschreibung durch Dritte über eine eher lose Verbindung durch die nachweisbare Beschäftigung eines Künstlers mit dem Stoff bis hin zur expliziten Verbindung. Dass das Faust-Narrativ noch immer für die Charakterisierung von Künstlern herangezogen werden kann, zeigt etwa das Beispiel von Lucian Freud, dem Enkel des seinerseits wiederholt als »faustisch« bezeichneten Sigmund Freud.[36] Der britische Künstler wird von der Schriftstellerin, Literaturwissenschaftlerin und Kunstkritikerin Marina Warner 1988 im *New York Times Magazine* als Faust-Künstler eingeführt: »Lucian Freud has become a figure of popular myth, an artist poised between the underworld and the aristocracy, a kind of slumming Faust who prowls lowlife

---

34 So William Kentridge, Untitled Statement William Kentridge, in: William Kentridge, hg. von Carolyn Christov-Bakargiev, Brüssel 1998, S. 107.
35 Ebd.
36 Zur Affinität von Sigmund Freud zu *Faust* vgl. Paul Bishop, Analytical Psychology and German Classical Aesthetics. Goethe, Schiller and Jung, Volume 2: The Constellation of the Self, London 2008, S. 9–32.

Abb. 4: William Kentridge, Faustus in Africa, 1995
© Mit freundlicher Genehmigung der Handspring Puppet Company und William Kentridge,
Foto: Ruphin Coudyzer

pubs and eats woodcock for breakfast«.[37] Wie bei Hrdlicka gerät der Künstler zu einem Faust, der sich den Exzessen des kapitalistischen Lebens hingibt und sie gleichzeitig schonungslos offenlegt. Im Faust-Stoff, besonders im Verhältnis zwischen Faust und Mephisto, verdichtet sich bildlich der innere Zwiespalt des modernen Individuums, bei dem Exzess und die Kritik daran nahe beieinander liegen.

Dem Faust'schen Streben eine neue Seite abzugewinnen, vermag auch die auf seine Favorisierung der »Tat« rekurrierende Aktions- und Performance-Kunst. Im ersten umfassenden Werkkatalog zu Marina Abramović von 1993 eröffnet die Kuratorin Bojana Pejić ihre Einleitung mit Fausts Überlegungen zum Anfang des Johannes-Evangeliums (»Im Anfang war die Tat«). Mit Blick auf die Arbeiten

---

37 Warner, Marina, Lucian Freud: The Unblinking Eye, in: New York Times Magazine 4. 12. 1988, http://www.nytimes.com/1988/12/04/magazine/lucian-freud-the-unblinking-eye.html?pagewanted=all (15. 4. 2017).

Abramovićs stellt sie – die Faust'sche Abwendung vom Wort radikalisierend – den
Körper an den Anfang.[38] Dieser auffallenden Betonung der Körperlichkeit, wie sie
sich bei Dix, Heisig, Hrdlicka und in der Zuschreibung bei Freud und Abramović
findet, wäre im Zusammenhang mit Faust eingehender nachzuspüren.

Im Hintergrund dieses Deutungsstrangs steht Joseph Beuys. Der 1986 verstorbene deutsche Künstler hat zwar kein explizites Faust-Werk geschaffen, doch ist
sein Denken und Arbeiten von einer intensiven Auseinandersetzung mit Goethes
Morphologie und der – von Rudolf Steiner geprägten – Farbenlehre inspiriert.[39]
Insbesondere die Alchemie als symbolischer Denkraum für die Transformationsprozesse der Natur wie des Menschen spielt dabei eine herausragende Rolle: Sie
wurde vielen Künstlern der Moderne über Goethe und seinen *Faust* – indirekt
wiederum über Steiner – vermittelt.[40] Gerade Faust wird von Beuys als Stichwort herangezogen, um diese Transformationsprozesse zwischen Natur und
Kunst zu beschreiben. In dem 1942 in Weimar verfassten Gedicht *O Frühling* ist
das ›Faustische‹ das Bindeglied zwischen den nietzscheanischen Zuständen des
Dionysischen und Apollinischen: »Der Mensch kann wandeln durch sein Genie
und seinen faustischen Willen das dionysische ins apollinische.«[41] Der ›faustische Wille‹, sein Streben, steht hier für die Umwandlung des dionysischen Chaos
im Formprozess der bildenden Kunst. In einem Gespräch zwischen Beuys, dem
Autor Jeannot Simmen und dem Sammler Heiner Bastian aus dem Jahr 1979
kommt letzterer zweimal auf Goethes *Faust* zu sprechen. Er sieht im Faust nicht
einen »Hirte[n] des Seins«, sondern die Verkörperung der »Bewegung des Seins«,
wonach man, um das Ganze darzustellen, auch die Vergänglichkeit einbeziehen
müsse. Und diese Vergänglichkeit sieht Beuys, in seiner Antwort, als »Element
eines Entwicklungsvorgangs«. Fausts »Gehen im Endlichen nach allen Seiten,

38 Bojana Pejić, Im-Körper-Sein. Über das Geistige in Marina Abramović' Kunst, in: Marina
    Abramović, hg. von Friedrich Meschede, Stuttgart 1993, S. 9–24, hier S. 9.
39 Vgl. hierzu Christa Lichtenstern, Die Wirkungsgeschichte der Metamorphosenlehre Goe-
    thes. Von Otto Runge bis Joseph Beuys, Weinheim 1990; Volker Harlan, Das Bild der Pflanze
    in Wissenschaft und Kunst bei Aristoteles und Goethe, der botanischen Morphologie des
    19. und 20. Jahrhunderts und bei den Künstlern Paul Klee und Joseph Beuys, Stuttgart u. a.
    2002; Sven Lindholm, Inszenierte Metamorphosen. Beuys' Aktionen vor dem Hintergrund
    von Goethes Gestalttheorie, Freiburg i. Br. u. a. 2008.
40 Zum Zusammenhang der Alchemie mit Goethe sowie seinem *Faust* vgl. Christa Habrich, Von
    der Alchemie zur Förderung der chemischen Wissenschaft und Technik. Goethe zwischen
    hermetischem Denken und Pragmatismus, in: Von der Pansophie zur Weltweisheit. Goethes
    analogisch-philosophische Konzepte, hg. von Hans-Jürgen Schrader u. a., Tübingen 2004,
    S. 9–29 sowie aktuell: Volkhard Wels, Spirituelle Magie in der Erdgeist-Szene des ›Faust‹, in:
    Totum unum et ex uno omnia. Denkformen des Hermetismus in der Frühen Neuzeit, hg. von
    Anne Eusterschulte, Göttingen 2017 (im Erscheinen).
41 Zit. nach Reinhard Ermen, Joseph Beuys, Reinbek bei Hamburg 2007, S. 17.

als ein Prinzip des Erkennens«[42] und sein »›Verweile doch‹ als Glück im höchs-
ten Augenblick« – wie Bastian es formuliert – begreift Beuys als »dialektisches
System«, wobei er Fausts Traum des Verweilens mit der »Freiheit des Menschen«
in Verbindung bringt, die philosophisch gesehen die »elementare Frage der
Kunst« sei.[43] Faust ist also beides: Seine utopische Vision ist die letzte (und erste)
Frage der Kunst und seine Bewegung, sein alchemistisch grundierter Taten- und
Aktionsdrang, sein Streben stehen für die Transformation zwischen Formwer-
dung und Formauflösung, deren Spannung seit Goethes Metamorphosenlehre
zum Inbegriff von prozessualer Lebendigkeit geworden ist.

Als Beispiel eines Werks von Beuys, das von der Forschung bereits im Zusammenhang mit *Faust* gesehen wurde,[44] sei lediglich sein *Stuhl mit Fett* (1963)
genannt: Das Fett ist für Beuys das »ideale Material, mit dem man die Zustände
von chaotischer Kondition, von Bewegungsmäßigem und Formprinzip zeigen
konnte«, denn es wird durch die »Aktion [...] vom unbestimmten Zustand in
den bestimmten« transportiert.[45] Vom Chaotisch-Dionysischen wird das Material durch die ›faustische‹ Aktion und die alchemistische Transformation in den
Zustand der apollinischen Form gebracht, wobei das Amorphe und die Formauflösung (vgl. die Doppeldeutigkeit von »Stuhl«) präsent bleiben.

Explizite Bezugnahmen

Die schwelende Präsenz von Goethes *Faust* im Beuys'schen Œuvre tritt bei
einigen von ihm geprägten Künstlern an die Oberfläche der expliziten Bezugnahme: Anselm Kiefers Werke der frühen 1980er Jahre zu den Themen *Margarethe* und *Shulamith* stellen einen intertextuellen Bezug her, indem sie auf Paul
Celans *Todesfuge* rekurrieren, in deren Hintergrund wiederum Goethes Figur
Margarethe steht (Abb. 5). Margarethe – Inbegriff deutscher Kultur, die im Nationalsozialismus zur Rassenideologie gerinnt – wird Shulamith als Figur aus dem

---

42 Auch bei dieser Formulierung handelt es sich um ein indirektes Goethe-Zitat: »Willst Du ins
    Unendliche schreiten, | Geh nur im Endlichen nach allen Seiten.« (FA I, 2, S. 380).

43 Wenn sich keiner meldet, zeichne ich nicht. Gespräch zwischen Joseph Beuys, Heiner Bas-
    tian, Jeannot Simmen – Düsseldorf, 8. August 1979, in: Joseph Beuys. Zeichnungen, Teke-
    ningen, Drawings, München 1979, S. 20–40, hier S. 34–37.

44 Auf den Zusammenhang von Beuys und *Faust* gerade im Kontext dieses Werks verweist Vic-
    toria Walters, Joseph Beuys and the Celtic Wor(l)d. A Language of Healing, Wien, Zürich,
    Berlin u. a. 2012, S. 28.

45 Zit. nach: Eugen Blume, Beuys digital, in: Sichtweisen. Zur veränderten Wahrnehmung
    von Objekten in Museen, hg. von Bernhard Graf und Astrid B. Müller, Wiesbaden 2005,
    S. 35–48, hier S. 40.

Abb. 5: Anselm Kiefer, Margarethe, 1981,
Öl-, Acryl-, Dispersionsfarbe und Stroh auf Leinwand, 280 x 380 cm
© Anselm Kiefer, mit freundlicher Genehmigung von White Cube
The Doris and Donald Fisher Collection at the San Francisco Museum of Modern Art

Hohelied gegenübergestellt. Beuys' archaische Materialien und die alchemistisch grundierten Transformationsprozesse kehren bei Kiefer im brennenden Stroh des »goldene[n] Haar[s]« von Margarethe (*Dein goldenes Haar, Margarethe*, 1981) auf der einen und im zu Asche gewordenen Haar Shulamiths auf der anderen Seite wieder. Gretchen wird dabei als ›deutsche‹ Frau gleichermaßen zur (Mit-)Täterin, wie sie in der Darstellung mit Shulamith verschmilzt und damit – wie bereits in Goethes *Faust* – ebenfalls Opfer, namentlich ein Opfer symbolischer Projektionen wird.

Trotz dieses ideologiekritischen Ansatzes dient der Faust-Stoff Kiefer in jüngsten Arbeiten wiederum zur Selbstidentifikation. Kiefer sieht sich als Künstler, der »außerhalb« der Geschichte steht, wie »Faust, wenn er zu den Müttern absteigt und dabei zugleich zu ihnen aufsteigt«.[46] Er vergleicht dieses Absteigen in die Vergangenheit und Aufsteigen in die Zukunft auch mit dem Bild der Jakobsleiter, das er in Installationen wie *Steigend, steigend, sinke nieder* (2011) umsetzt. So wie Faust am Ende sterbend die Wette verliert und gleichzeitig gerettet wird und sich so der Zeitlichkeit entzieht, so wendet Kiefer die Suche nach dem Standpunkt

---

46　Peter Stephan Jungk, Mit Anselm Kiefer in Croissy-Beaubourg, in: Die Welt 16. 4. 2011, https://www.welt.de/print/die_welt/vermischtes/article13189090/Mit-Anselm-Kiefer-in-Croissy-Beaubourg.html (15. 4. 2017).

seiner Kunst außerhalb der Geschichte in eine mythologische Form der Überzeitlichkeit, in der die Gegensätze aufgehoben sind.

Im Bereich der Videokunst setzen sich Dara Birnbaum mit ihrer Trilogie
Damnation of Faust (1983–1987), deren Titel auf Berlioz' Oper *La damnation de
Faust* (Uraufführung 1846) anspielt, und Nam June Paik, der mit Beuys in engem
Austausch stand und zu den Mitbegründern der Videokunst gehört, in ein Verhältnis zum Fauststoff. Paiks *My-Faust (13 Channels)*, das als Serie zusammen-
hängender Skulpturen in den Jahren 1989–1991 entstand, besteht jeweils aus
einem neugotischen Rahmen auf schwarzem Sockel, dessen Innenleben durch
Fernsehbildschirme ersetzt worden ist. Die einzelnen Teile der Installation
behandeln Themen wie Ökonomie, Nationalismus oder Religion. Mit den flim-
mernden Fernsehern lässt das Werk den Betrachter in einer Bilderflut zurück,
die nur über den Titel direkt mit dem Faust-Stoff assoziiert werden kann; und
doch greift es zu kurz, diese personalisierte und deutungsoffene Konstellation
auf eine ›Banalisierung‹ des Mythos oder einen beliebigen Umgang mit der Tradition zu reduzieren.[47] Denn auch Paik thematisiert verschiedene anthropologische
und gesellschaftliche Fragen, die über diesen Titel eine grundsätzlichere Bedeu-
tungsdimension erhalten – so etwa das Verhältnis von Religion und Gesellschaft
oder die an die Figur des Homunculus erinnernde Verwebung von Mensch und
Technik. Seine Alchemie des Fernsehens zielt auf den Faust'schen Wunsch eines
umfassenden Wissens, während sie gleichzeitig die damit verbundene Überfor-
derung, die Enthemmung des Tatendrangs, gesellschaftskritische Perspektiven
aufzeigt.[48]

Existentielle Dimensionen erhält der Faust-Stoff auch in Marc Quinns 1988
entstandener Skulptur *Faust*, die er als eine seiner ersten Skulpturen an den
Ursprung seiner künstlerischen Genealogie setzt (Abb. 6): In Fortführung von
Beuys' Werk beschäftigt sich auch Quinn mit der alchemistischen Transformation des künstlerischen Materials und seinen symbolischen Bedeutungen.[49] Er

---

47   Zur Banalisierung vgl. Antje von Graevenitz, ›My-Faust‹ von Nam June Paik – ein banalisier-
      ter Mythos?, in: Künstlerischer Austausch. Artistic Exchange. Akten des XXVIII. Internatio-
      nalen Kongresses für Kunstgeschichte, Berlin, 15.– 20. Juli 1992, Bd. III, hg. von Thomas W.
      Gaehtgens, Berlin 1993, S. 223–233; zur Beliebigkeit vgl. Helmut Schanze, Faust-Konstella-
      tionen. Mythos und Medien, München 1999, S. 26 f.

48   Auch Paik wird immer wieder mit der Alchemie im Verbindung gebracht, so etwa von der
      Kuratorin Barbara London: »He called me Paris, because my name is London. I called him
      Wizard, because his montage of life was alchemical.« (http://www.art-it.asia/u/admin_ed_
      columns_e/a9HvoWK17D6EOiTIBC4u/ (27. 01. 2017)).

49   David Thorp, A Universe of Opposites, in: Marc Quinn. Incarnate, hg. von Diana Allan.
      Ausstellungskatalog Gagosian Gallery New York. London 1998 [unpag.]. Auf der Website
      des Künstlers wird der Bezug zu Beuys explizit hergestellt, vgl. http://marcquinn.com/
      artworks/faust (27. 01. 2017).

Abb. 6: Marc Quinn, Faust, 1988, Blei, Gips
© Studio Marc Quinn (London)

hat einen Kopf in Ton modelliert und diesen mittels Wachsausschmelzverfahren in Blei gegossen. Die für das Gießverfahren benötigten Hilfskonstruktionen hat er dabei mit Gips in die Skulptur integriert. Ton, Wachs, Blei und Gips sind allesamt Materialien, die zwischen flüssigen und festen Aggregatszuständen wechseln und damit für den Zusammenhang von sinnlichem Augenblick und Ewigkeit ebenso stehen wie für Fausts Transformationen bei seiner Suche nach den Geheimnissen der Welt. Die Zwiespältigkeit der modernen Faust-Interpretationen zeigt sich hier deutlich – eine Gussnaht zieht sich direkt über die Mitte seines Gesichts und verweist auf die »zwei Seelen«,[50] die in Fausts Brust wohnen: Durch die Integration der beim Gießverfahren benötigten Hilfskonstruktionen in die Gestaltung wird der Kopf in eine atomare Struktur und damit in einen lebendig-kosmischen Zusammenhang von Makro- und Mikrokosmos eingebunden.

50   Faust I, V. 1112, in: FA I, 7/1, S. 57.

Von einem heroischen Faust ist hier nichts übrig, denn gleichzeitig wird er zu einer Marionette, zu einer versehrten Figur, deren Gehirn durch invasive Stäbe der totalen Kontrolle und Steuerung freigegeben ist. Doch wenn man bedenkt, dass Quinn diese Skulptur mit dem genealogischen Narrativ seines künstlerischen Anfangs verbindet,[51] so kann man das Zusammenspiel von Form und Formauflösung auch dahingehend verstehen, dass sich aus dem Chaos der Materie ein plastisch gestalteter, konturierter Kopf herauslöst und als Form abhebt. Fausts Wissensdurst wird zur Suche eines Künstlers nach einer bildnerischen Ausdrucksform. Die zeitlich unmittelbar darauf folgenden Skulpturen aus Brot sowie die Selbstporträts aus Quinns eigenem, gefrorenem Blut führen diesen Weg fort: Sie behandeln die existentiellen Grundfragen über Leben und Tod, Augenblick und Überzeitlichkeit im Zusammenhang von künstlerischen Schaffensprozessen, die eng an die Materialität gebunden sind. Mit den Anspielungen auf die Alchemie und die Sinnhaftigkeit von Materialität geht es in dieser Faust-Skulptur keineswegs um eine Illustration von Fausts Streben nach dem Geheimwissen der Welt, vielmehr handelt es sich bei dieser Rezeption um eine Form von subkutanem Faust-Wissen in der Kunst jenseits der üblichen Rezeptionslinien und gängigen Interpretationen der Faust-Figur, indem sie mit künstlerischer Selbstreflexion über die eigene Bildfindung verbunden ist.

Ein abstrakter Faust für die abstrakte Kunst

Als zentrale Linie für diese Reaktualisierungen des *Faust* in der bildenden Kunst kristallisiert sich der diskursive Zusammenhang der Alchemie heraus, die in ihrer modernen Interpretation inhaltlich mit dem suchenden Faust und seinen Transformationen verbunden, aber auch formal in den beweglichen Bildern und Umbildungen der Gestaltungen im Drama angelegt ist. Sie spielt in der Suche nach einer neuen Bildsprache für die Künstler des zwanzigsten Jahrhunderts eine zentrale Rolle: Ausgehend von Wassily Kandinsky, der wiederum durch Rudolf Steiner geprägt war, zieht sich eine »Alchemie der Farbe«, die bis zu Sigmar Polke reicht.[52] In Kandinskys *Ariel-Szene aus Faust II* (1908) bezieht sich der Regenbo-

---

51 Auf seiner Website taucht sie als erste Skulptur in einem bis in die Gegenwart reichenden Zeitstrahl auf, vgl. http://marcquinn.com/artworks (27. 01. 2017).

52 Vgl. etwa die Aussage Polkes: »[W]ir müssen immer auf die Alchemie der Farbe zurückfallen, zum Beispiel die Wirkung von einem Radiumstrahl auf ein Ektachrom oder die Glut meiner violetten Bilder, die man nicht so einfach nach Hause bringen kann, aber die doch auf deine Netzhaut wirken und ein Verlangen nach dem unbekannten Mysterium erwecken« (zit. nach Martin Hentschel, Die Ordnung des Heterogenen. Sigmar Polkes Werk bis 1986. Phil. Diss. Ruhr-Universität Bochum 1991, S. 402). Die Formulierung, dass man die

gen auf die bekannten Verse aus Goethes zweitem Teil der Tragödie (die ihrerseits auf die *Farbenlehre* rekurrieren) – zu dieser ständig vergehenden und sich neu erschaffenden Naturerscheinung heißt es dort: »Der spiegelt ab das menschliche Bestreben. | Ihm sinne nach, und du begreifst genauer: | Am farbigen Abglanz haben wir das Leben.«[53] Der Regenbogen wird zu einem Symbol einer transformativen Naturauffassung und einer Kunst, die in der Welt dieser beweglichen Erscheinungen den Lebenszusammenhang wiederzugewinnen sucht.[54] Im Kontext des Bauhauses gibt es mit Paul Klees zwölf Lithographien zu *Faust* (1912) und seinem *Mephisto als Pallas* von 1939 sowie mit Oskar Schlemmers *Faust und Gretchen* (1923) eine rege Goethe- und *Faust*-Rezeption, die bis zu Willi Baumeister und damit über den Zivilisationsbruch des Zweiten Weltkriegs hinausreicht.

Baumeister, der wie Beuys von Goethe und insbesondere dessen Farbenlehre und Morphologie geprägt war, hat von 1951 bis 1955 die Serie *Faust und Phantom* geschaffen (Abb. 7). Nachdem, wie Baumeister in *Das Unbekannte in der Kunst* in Anspielung auf Goethes *Faust* schreibt, »der Satan über die Welt [ge]fegt« ist, treibt der Künstler die Verdichtung der Abstraktion weiter voran:[55] Er befindet sich auf der Suche nach der Form, die, so das Goethe-Motto auf dem Titelblatt, »ein Geheimnis den meisten« bleibt und darin eine »höhere[...] Wirklichkeit« zu finden hofft.[56] Im Spätwerk des Dichters, das nicht erst Adorno in seiner Gleichzeitigkeit von fragmentarischer Formauflösung und Hauch der Unendlichkeit beschrieben hat, findet Baumeisters eigenes Spätwerk einen Spiegel, der in der Nachkriegszeit an die Problematisierung der Form anzuknüpfen erlaubt.

Die Beziehung zwischen Faust und der abstrakten Kunst bleibt dabei keine auf Willi Baumeister beschränkte Einzelepisode.[57] Einer neuen, von den Entwicklungen der Vorkriegsjahre unabhängigen Generation abstrakter Künstler gehört Gerhard Hoeme mit seinem *Schrägen Faust* (1958) an (Abb. 8). Hoehme, wie Beuys Jagdflieger der deutschen Wehrmacht im Zweiten Weltkrieg, begleitete, traumatisiert von diesen Ereignissen, bis zu seinem Tod 1989 kritisch den Wiederaufbau des Nachkriegsdeutschland, und sein Werk, das immer wieder andere Wendun-

---

Wirkung der Bilder »nicht so einfach nach Hause bringen« könne, erinnert zudem stark an diejenige Zeile aus dem ›Faust‹, die auch Ulrichs zum Ausgangspunkt nimmt.

53   Goethe, Faust II, V. 4725–4727, in: FA I, 7/1, S. 206. Vgl. Johannes Baur, Die russische Kolonie in München 1900–1945. Deutsch-russische Beziehungen im 20. Jahrhundert, Wiesbaden 1998, S. 42.

54   Vgl. hierzu auch Heinz Brüggemann, Farbe, Raum und Gegenstand, Farberleben, Farbe und Ton (Goethe, Kandinsky, Romantik), in: ders., Walter Benjamin über Spiel, Farbe und Phantasie, Würzburg 2007, S. 192–202.

55   Willi Baumeister, Das Unbekannte in der Kunst, Stuttgart [1947], S. 9.

56   Ebd., S. 35.

57   Thomas Fusenig, ›Faust‹-Rezeption«, S. 519.

Abb. 7: Willi Baumeister, Faust im Zauber, 1952, Öl mit Kunstharz auf Hartfaserplatte,
81 x 100 cm, Privatsammlung (WVZ Beye/Baumeister 1916)
© VG Bild-Kunst, Bonn 2017, Willi Baumeister Stiftung

gen nahm, lässt sich nicht einfach einordnen: Es speist sich aus dem Mythos und
der Tradition ebenso, wie es die Abstraktion immer weiter vorantreibt.[58] Die Bor-
kenbilder, die ab 1957 entstehen – und zu denen auch das *Faust*-Werk gehört –
bestehen aus Farbschichten und Papierschnipseln, die, so Gottfried Boehm, »die
selbstverständliche Verbindung der Farbe mit der Leinwand« aufkündigen und
in denen »die Farben ein Eigenleben« entwickeln.[59] Damit ist das Faust-Bild wie
gemünzt auf den Beginn des zweiten Teils der Tragödie, wo es heißt: »Auch Farb’
an Farbe klärt sich los vom Grunde.«[60] Indem Hoehme die Farbe als dynamisches

---

58   Vgl. hier und im Folgenden: Gottfried Boehm, Der Maler Gerhard Hoehme, in: Gerhard
      Hoehme. Catalogue Raisonné, hg. von Margarete Hoehme und dem Kunstmuseum Bonn,
      Dieter Ronte, Christoph Schreier, Berlin 1998, S. 11–43.
59   Ebd., S. 21.
60   Goethe, Faust II, V. 4692, in: FA I, 7/1, S. 205.

Abb. 8: Gerhard Hoehme, Schräger Faust, 1958, Borkenbild, 80 x 65 cm,
Collage aus Ölfarbe, Papier auf Holz
© VG Bild-Kunst, Bonn 2017, Bildzitat aus: Gerhard Hoehme.
Catalogue Raisonné, hg. von Margarete Hoehme und dem Kunstmuseum Bonn,
Dieter Ronte, Christoph Schreier. Berlin 1998, S. 142

Medium versteht, das zwischen verschiedenen Aggregatszuständen schwankt,[61] schließt er gerade an solche im *Faust* der Transformationen angelegten Überlegungen an.

Hoehmes Titel, die oft eine humorvolle Seite an sich haben, setzen die abstrakte Malerei mit einem sprachlichen Symbolraum in Beziehung, ohne dass damit eine Inhaltsangabe intendiert wäre. Vielmehr kommt durch den Titel eine »zusätzliche, mit dem Blick auf komplexe Weise verknüpfte Bedeutungsebene« hinzu, die vom Betrachter erst erschlossen werden muss.[62] Zwar mag dieser

61   Gottfried Boehm, Der Maler Gerhard Hoehme, S. 21.
62   Ebd.

Abb. 9: Sigmar Polke, Paganini, 1982, Öl auf Leinwand, 200 x 450 cm
© The Estate of Sigmar Polke, Cologne / VG Bild-Kunst, Bonn 2017,
mit freundlicher Genehmigung der Daros Collection, Schweiz

Faust für die Betrachter anderer *Faust*-Werke »schräg« anmuten und das Auge irritieren: Dabei ist Goethes *Faust* jenseits der Habitualisierungen und in seiner Radikalität der Formsprache genauso ›schräg‹ wie das abstrakte Bild Hoehmes selbst und wird vom Künstler dahingehend gelesen und in Beziehung zu seiner Malweise gebracht.

Weitere Werke der malerischen Abstraktion stammen u. a. von Paul Burlin, *Mephistopheles* (1947); Joan Mitchell, *Mephisto* (1958); Manolo Millares, *Homunculus* (1966); Carl Marx, *Faust III* (1982); Markus Lüpertz, *Faust + Freud = Mephisto* (1989), der die Identität von Faust und Mephisto als Verhältnis von Bewusstem und Unbewusstem herausarbeitet; und sodann von Bernard Schultze, *Walpurgis-Tag* (1989). Besonders hervorzuheben ist hierbei Hoehmes Schüler Sigmar Polke, der 1988 ein Werk mit dem Titel *Mephisto* schuf, bei dem sich eine implizite Faust-Rezeption jedoch bereits 1982 im Werk *Paganini* andeutet: Mit Anspielungen auf Thomas Manns *Doktor Faustus* (1947), den sterbenden, nach »mehr Licht«[63] suchenden Goethe auf dem Sterbebett und den ›mephistophelischen‹ Violinisten Paganini stellt er die kulturelle Tradition Deutschlands vor eine abstrakte Landschaft, in der Hakenkreuze und sich zu Strahlenwarnzeichen wandelnde Totenköpfe verbreitet sind (Abb. 9).[64] Hier wird noch einmal die moderne indivi-

---

63   FA II, 11, S. 559. Kolportiert sind diese Worte in dem Bericht von C. Vogel vom Mi. 21./Do. 22. 3. 1832.

64   Zu Polke vgl. Sören Engblom, Die Intensität der Distanz/The Intensity of Distance. Warhol, Polke, Richter, in: In the Power of Painting Warhol, Polke, Richter, Twombly, Marden, Bleckner, hg. von Peter Fischer, Zürich 2000, S. 21–31, hier S. 22 f.

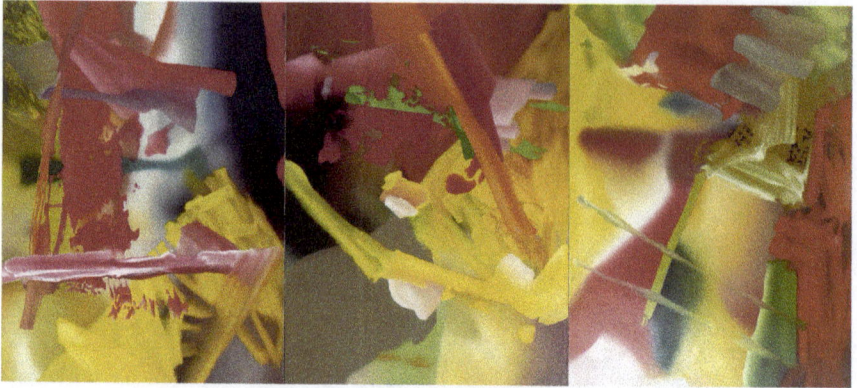

Abb. 10: Gerhard Richter, Faust, 1980, Öl auf Leinwand (dreiteilig)
© Gerhard Richter 2017 (02052017)

duelle künstlerische Ausdrucksform mit den gesellschaftlichen Konsequenzen
des ›faustischen‹ Strebens konfrontiert.

Die positive Konnotation, die mit Fausts Flucht aus der dunklen Studierstube hin
zu Welt-Erfahrung jenseits veralteter Traditionen immer wieder und besonders
zu Beginn des zwanzigsten Jahrhunderts verbunden war, kann sich jedoch auf
der individuellen Ebene über die politischen und gesellschaftlichen Katastrophen hinweg immer wieder durchsetzen. Wie bei Marc Quinn steht der Faust-
Stoff auch an einer prägnanten Zäsur des künstlerischen Œuvres von Gerhard
Richter: Das 1980 geschaffene großformatige abstrakte und vielfarbige Gemälde
mit dem Titel *Faust* beschreibt Richter in einem Interview als ein »riesige[s] und
ziemlich unverschämte[s] Bild«, das er als Wendepunkt in seinem Prozess der
Loslösung vom Verfahren der ›Übertragung‹ hin zur direkten Abstraktion verbindet (Abb. 10). Ob ihn dabei »etwas an den oder die Faust erinnert« habe, lässt
er gezielt in der Schwebe – was zählt, ist der Befreiungsschlag, der in beiden
Bedeutungsdimensionen des Wortes enthalten ist.[65] Hier spielt ein Künstler mit
der offensichtlichen Analogie des Faust-Schlags mit Fausts Befreiungsschlag und
seiner zerstörerischen Geste gegen alle Werte und Normen der Tradition, deren
Bücherwissen ihm doch nicht weiterhelfen konnte, und überträgt sie auf die
eigene Suche nach einer ›befreiten‹ Bildsprache, in der die Verwandlungen der
Farbe über die Mimesis dominieren.

---

65   Robert Storr, Gespräch mit Gerhard Richter, in: Gerhard Richter. Malerei, hg. von Robert
     Storr, Ostfildern-Ruit 2002, S. 287–309, hier S. 305.

Gesellschaftskritik und individuelle Suche nach künstlerischer Ausdrucksform gehen Hand in Hand in der abstrakten Malerei nach 1945, die in einer neuen
Form von Expressionismus immer wieder das subjektive Empfinden thematisiert.[66] Mit Bezug auf psychoanalytische Theorien, wie sie bei Lüpertz besonders sichtbar werden, versteht sich diese Kunst mit Gottfried Boehm gesprochen
als »eine eigene Weise des Erkennens« von Realität.[67] Der abstrakt gewordene
Faust-Stoff fungiert dabei als Schnittstelle zwischen ästhetischen Problemstellungen, menschlich-individuellen Grundfragen und gesellschaftskritischen
Dimensionen.

Ausblick

Lässt sich das Feld bis Ende der 1980er Jahre einigermaßen überblicken, so muss
die Frage nach den Faustverwandlungen in der aktuellen zeitgenössischen Kunst
vorerst offen bleiben. Auch wenn sich vereinzelte Arbeiten durchaus in die hier
skizzierten Linien integrieren ließen, stehen die Positionen doch heterogen
nebeneinander: Das Interesse an figürlichen Darstellungen scheint wiederzukeh-
ren, betrachtet man etwa Andreas Bruchhäusers *Mephisto* (1995), Amy Bessones
Mephisto (2008) oder Andreas Amrheins *Mephisto* (2008). Amrhein inszeniert die
an Gustaf Gründgens erinnernde polychrome Hutschenreuther-Porzellanfigur
Mephistos von Karl Tutter in einer großformatigen, die glänzende Oberfläche
betonenden, Darstellung. Besonders das Homunculus-Thema ist in Zeiten des
künstlichen Menschen von anhaltender Faszination, so etwa in Björn Dahlems
Homunculus Samurai (Sinn Ninja) (2006), in den Homunculus-Statuen von Chen
Wenling (bspw. 2005) oder auch bei *Wagner, Méphistophélès et l'Homonculus*
(2013) von Gérard Garouste. Wilmer Wilson IV ist mit seinen Performances *Faust
in the City* (2013) und *Priestess Faust Walk* (2015) das jüngste Beispiel eines Nach-
wuchskünstlers, der Goethes Drama gesellschaftlich aktualisiert.

   In der zweiten Performance konfrontiert er die Aura einer römischen Skulptur im Museum of Fine Arts von Boston mit dem Faust'schen Streben nach kurz-
lebigen ökonomischen Werten, indem er, nach einem Gang durch die Straßen
Bostons im Museum angelangt, die Priesterin mit einem Kranz aus Lottoscheinen
schmückt. Überzeitliche Werte und schneller Gewinn, Zeitlosigkeit und Streben
nach dem einen Augenblick stehen einander gegenüber.

---

66 Sabine Flach, Abstrakt/Abstraktion, in: Ästhetische Grundbegriffe. Historisches Wörter-
    buch in sieben Bänden, Bd. 7, hg. von Karlheinz Barck, Martin Fontius, Dieter Schlenstedt
    u. a., Stuttgart, Weimar 2005, S. 1–40, hier S. 26 f.
67 Zit. nach ebd., S. 38.

Die unterschiedlichen Linien resümierend kann vorerst festgehalten werden, dass gegenüber der ersten Hälfte des zwanzigsten Jahrhunderts, in der eine zunehmende Beschäftigung mit *Faust II* zu beobachten ist, nach 1945 die Bezugnahmen auf einen abstrakt gewordenen Faust gerichtet sind, der es ermöglicht, Grundfragen des menschlichen Lebens zu thematisieren. Deutlich zeigt sich dies in der – spätestens mit Max Beckmann – unscharf gewordenen Trennung von Gut und Böse, wonach Faust und Mephisto als Figuren ineinander übergehen. Und es zeigt sich ebenso in der Charakterisierung einer antiheroisch und menschlich gewordenen Faust-Figur, die gleichzeitig mit der Welt hadert und sie aus sich selbst hervorbringt. Die nach dem Zweiten Weltkrieg notwendige gesellschaftliche Kritik am ›Faustischen‹ und das gerade für die bildende Kunst visionäre Potential dieser Figur – bzw. Kritik am Künstlermythos und die Selbstidentifikation damit – stehen mitunter in einem Werk spannungsvoll nebeneinander.

Letztlich geht es immer wieder um die Möglichkeiten der Transformation sowohl gesellschaftlicher Art als auch, und dies ist vielleicht noch entscheidender, hinsichtlich der künstlerischen Ausdrucksformen. Faust als Alchemist auf der Suche nach den letzten Weisheiten der Welt steht gleichsam kongenial an der Seite einer autonom gewordenen Materialität, die ihre Bedeutung jenseits der mimetischen Darstellung findet. Was bei Hrdlicka in besonders provokanter Weise anschaulich wird, gilt als Tendenz für die bildende Kunst der zweiten Hälfte des zwanzigsten Jahrhunderts insgesamt: Nicht der Visualisierung eines Stoffes und noch weniger der Goethe'schen Textvorlage dienen die Bezugnahmen. Vielmehr findet über die Auseinandersetzung mit diesem ›Mythos‹ eine Reflexion auf die individuelle Suche nach der künstlerischen Ausdrucksform und den damit verbundenen materiellen wie epistemologischen Transformationsprozessen statt. Faustverwandlungen gibt es seit dem Erscheinen dieses Stoffes in der Frühen Neuzeit durchweg: Es gehört zum Wesen von Rezeptionsformen, dass er sich, sei es bei Goethe, sei es bei Charles Gounod oder Thomas Mann, ständig erneuert und in verwandelter Gestalt erscheint. Dass Faust »nicht unverwandelt« überlebt, sondern seine, gemäß Adorno, bereits in Goethes Drama angelegten Metamorphosen bis in die Gegenwart sich fortspinnen, erstaunt daher nicht.

Doch kann man in Bezug auf das zwanzigste Jahrhundert und insbesondere auf die bildende Kunst nach 1945 in einem engeren Sinn von Faustverwandlungen sprechen. Der Faust, der hier sichtbar wird, ist grundlegend verwandelt: Er hat nach dem Zivilisationsbruch des Zweiten Weltkriegs alle ›faustischen‹ Züge abgelegt und stellt die Frage nach individuellen Transformationen. Die künstlerische Identifikation mit der Faust-Figur vollzieht sich stets im Bewusstsein dieser Gebrochenheit und im Zuge einer Entpolitisierung des heroischen Faust-Narrativs auf der Ebene des künstlerischen Ausdrucks und neuer Bildsprachen. Dass sich dabei eine alchemistische Deutung von Faust abgezeichnet hat, die es ermöglicht, den Fokus auf die Verwandlungen der künstlerischen Materie, der Farben, der Transformationen des Körpers zu legen, verdeutlicht die Wandlung von einem illustrativen zu einem sowohl reflexiven wie spielerischen Verhältnis, das Grundfragen der Kunstproduktion, der Ästhetik wie der Moderne gleichermaßen ins Zentrum rückt.

AUFSÄTZE

INGO MEYER

EKPHRASIS ALS MEDIUM VON BILDLICHKEIT

Gryphius – Heine – Peter Weiss

Das Verhältnis von Kunst- und Literaturwissenschaft hat sich verändert: Die Germanistik, in den 1970er Jahren eine Art Leitwissenschaft mit Anspruch auf gesamtgesellschaftliche Relevanz, erscheint nach den Pluralisierungsschüben der letzten Jahrzehnte manch Außenstehendem als »bunte Salatschüssel«,[1] während Philologen von erheblicher Öffentlichkeitswirkung das Ende der Theorie beklagen,[2] was sich bei Nahsicht vielleicht auch nur als begrüßenswerte, weil friedliche Koexistenz der verschiedenen Schulen oder gar Paradigmen erweisen könnte.

Kaum zu leugnen dagegen ist der Umstand, dass die Literaturwissenschaft die Meinungsführung im Konzert der *humanities* schon seit längerer Zeit an die zur Historischen Bildwissenschaft erweiterte Kunstgeschichte, traditionell ein ›Orchideenfach‹, abgeben musste; es sind die Bildtheoretiker, die heute Innovationsvorgaben auch mit erheblicher Ausstrahlungskraft auf die anderen Wirklichkeits- und Geisteswissenschaften formulieren, so dass ein Altvorderer wie Willibald Sauerländer bereits den Wunsch nach einem neuen Ikonoklasmus vortrug.[3] Zwei Extrempunkte für die Situation seien benannt, Karl Heinz Bohrers noch vor dem eigentlichen Boom in einem Vortrag von 1992 geäußerter Argwohn, das »Primat des Bildes« diene lediglich einer »Vermengung der Erkenntnismedien mit der Tendenz, die Ästhetik des literarischen Konstrukts wegen dessen primär kognitiven Signalen, die freilich als eine Begrenzung erfahren werden, aufzulösen zugunsten einer größeren Unmittelbarkeit«,[4] und Gustav Franks Vor-

---

1 Hans-Ulrich Wehler, Eine lebhafte Kampfsituation. Ein Gespräch mit Manfred Hettling und Cornelius Torp, München 2006, S. 118.

2 Hans Ulrich Gumbrecht, Diesseits der Hermeneutik. Die Produktion von Präsenz, übers. von Joachim Schulte, Frankfurt a. M. 2004, S. 29; ders., Unsere breite Gegenwart, übers. von Frank Born, Frankfurt a. M. 2010, S. 63.

3 Willibald Sauerländer, Iconic turn? Eine Bitte um Ikonoklasmus, in: Iconic Turn. Die neue Macht der Bilder, hg. von Christa Maar und Hubert Burda, Köln 2004, S. 407–426.

4 Karl Heinz Bohrer, Die Grenzen des Ästhetischen. Wider den Hedonismus der Aisthesis, in: ders., Die Grenzen des Ästhetischen, München 1998, S. 171–189, hier S. 174.

schlag, auch die Literaturwissenschaft als Teil einer umfassenden Erforschung der visuellen Kultur zu verstehen.[5] Beide Positionen erscheinen überzogen, weshalb hier zwar kein Vermittlungsangebot unterbreitet, aber doch anhand des Phänomens der Ekphrasis gezeigt werden soll, dass es die Philologien tatsächlich immer auch mit dem ›Bild‹ zu tun haben. Doch hängt alles natürlich daran, zu klären, um welche Art von Bildern es sich dabei handelt. Dass ich das Problemfeld aus der Perspektive des Literaturwissenschaftlers angehe, liegt in der Natur des Anlasses.[6] In der folgenden Umkreisung von intrikaten Bild-Text-Verhältnissen aus drei Epochen (Frühe Neuzeit: Andreas Gryphius' *Leo Armenius*; 19. Jahrhundert: Heinrich Heines *Florentinische Nächte*; Moderne: Peter Weiss' *Ästhetik des Widerstands*) konzentriere ich mich daher auf Bildlichkeit als Kern des literarischen Textes »im Aspekt seiner Gegenständlichkeit«.[7] Diese ist als nach wie vor rhetorisch-hermeneutisch zu verstehendes Konstrukt unhintergehbar und in ihrer Prägnanz und Intensität zu verteidigen, wofür sich das Phänomen der Ekphrasis besonders eignet, da die hermeneutische Gegenstandskonstitution allen späteren Indienstnahmen der Literatur für Ideologiekritik und Wissenssoziologie, angewandte Diskursanalyse, semiotisch basierte Subversion oder als Material kulturhistorischer Rekonstruktion voraus liegt.

›Anschaulichkeit‹ als eine Art Immediatpräsenz auch von Dichtung war das Dogma der Goethe-Zeit;[8] davon, dass die Bildformen Mythos und Metapher die Wurzeln der Literatur sind, zeigte sich der New Criticism überzeugt.[9] Ich greife hier aber naheliegenderweise und konturschärfer den Spezialfall der literari-

---

5   Gustav Frank, Textparadigma kontra visueller Imperativ. 20 Jahre ›Visual Culture Studies‹ als Herausforderung der Literaturwissenschaft. Ein Forschungsbericht, in: Internationales Archiv für Sozialgeschichte der deutschen Literatur 31/2 (2006), S. 27–89, hier S. 89. Franks durchgängige Leitreferenz ist W. J. Thomas Mitchell, Picture Theory. Essays on Verbal and Visual Representation, Chicago 1994, S. 5, der mit seiner These, »all media are mixed media« die Entgrenzung von Problemfeldern betrieben hat.

6   Habilitationsvortrag an der Fakultät für Linguistik und Literaturwissenschaft der Universität Bielefeld vom 11. November 2015.

7   So schon Eckard Lobsien, Bildlichkeit, Imagination, Wissen: Zur Phänomenologie der Vorstellungsbildung in literarischen Texten, in: Bildlichkeit. Internationale Beiträge zur Poetik, hg. von Volker Bohn, Frankfurt a. M. 1990, S. 89–114, hier S. 90.

8   Gottfried Willems, Anschaulichkeit. Zu Theorie und Geschichte der Wort-Bildbeziehungen und des literarischen Darstellungsstils, Tübingen 1989, rekonstruiert materialreich die Karriere dieses klassizistischen Dogmas von, grob gesprochen, Lessing bis zum frühen zwanzigsten Jahrhundert. Erst Theodor A. Meyer, Das Stilgesetz der Poesie [1901]. Mit einem Vorwort von Wolfgang Iser, Frankfurt a. M. 1990, S. 66 ff., machte nachdrücklich darauf aufmerksam, dass Literatur kategorial und medial von Anschaulichkeit zu unterscheidende *Vorstellungen* evoziert.

9   René Wellek und Austin Warren, Theorie der Literatur [1949]. Mit einer Einführung von Heinz Ickstadt, Weinheim 1995, S. 206.

schen Ekphrasis als ›Beschreibungskunst‹ auf, der zwar bereits von Leo Spitzer als disziplinärer Begriff eingeführt wurde,[10] doch erst in den letzten zwanzig Jahren zu größerer Prominenz gelangte.[11] Anstoß gebend war in Deutschland der nicht zufällig vom Kunsthistoriker Gottfried Boehm und dem Germanisten Helmut Pfotenhauer gemeinsam edierte Sammelband.[12] Als (vermeintlich) intermediale Fertigkeit, die das Visuelle – wie immer auch approximativ – ins Deskriptive überführt, ist Ekphrasis als spezifisches *Können* für Kunsthistoriker stets Pensum, während den Literaturwissenschaftler vornehmlich die *Wirkung* besonders plastischer Textpassagen interessiert. Ersichtlich kann es im Folgenden nur um Letzteres gehen.

Ursprünglich nicht eigens für die Kunstbeschreibung reserviert, sondern die rhetorisch induzierte *enárgeia* bzw. *evidentia* visueller Plastizität bezeichnend, führte die neuere Theorieentwicklung vornehmlich angloamerikanischer Provenienz[13] jedoch nicht zur Präzision, sondern Entgrenzung des Begriffs. Murray Krieger, bereits durch das Säurebad der Dekonstruktion gegangen,[14] hat Ekphrasis als Nagelprobe überhaupt »of the visual and spatial potential of the literary medium« begriffen, womit ihm die Literatur »clearly presupposes that one art, poetry, is defining its mission through its dependence on the mission of another art – painting, sculpture, or others«.[15] Für Krieger belegt Ekphrasis ein vergebliches Begehren von Literatur; sie sei der Extremfall der (semiotisch

10 Leo Spitzer, The ›Ode on a Grecian Urn‹, or, Content vs. Metagrammar [1955], in: ders., Essays on English and American Literature, hg. von Anna Hetcher, Princeton 1962, S. 67–97, hier S. 95.

11 Forschungsbericht bei Christina Schäfer und Stefanie Rentsch, Ekphrasis. Anmerkungen zur Begriffsbestimmung in der neueren Forschung, in: Zeitschrift für französische Sprache und Literatur 114 (2004), S. 132–159, hier S. 133 f. und 140.

12 Beschreibungskunst – Kunstbeschreibung. Ekphrasis von der Antike bis zur Gegenwart, hg. von Gottfried Boehm und Helmut Pfotenhauer, München 1995.

13 Franziska A. Irsigler, Beschriebene Gesichter. Ekphrastische Porträts in der Erzählkunst des Poetischen Realismus, Bielefeld 2012, S. 514 und S. 532, bringt auf knapp 600 Seiten doch zu wenig, auch gar zu Selbstverständliches: Ekphrasis von Bildnissen, Skulpturen, Fotos innerhalb der realistischen Literatur diene narratologisch tieferer charakterlicher Erschließung dargestellter Personen, und zwar sowohl fiktionsintern (Handlungsbezug) als auch -extern (dem rezeptionsästhetisch gefassten Leser). Das liegt sicher daran, dass Irsigler nur auf Textstellen eingeht, an denen tatsächlich von Bildwerken die Rede ist, also im Grunde eine Motivgeschichte liefert. Überwiegend kritisch auch die Rezension von Debora Helmer, Schriften der Theodor Storm-Gesellschaft 62 (2013), S. 110–113.

14 Murray Krieger, Ekphrasis. The Illusion of the Natural Sign, Baltimore 1992, S. 234 und S. 236 f. Die Hauptthesen versammelt auch ders., Das Problem der Ekphrasis. Wort und Bild, Raum und Zeit – und das literarische Werk, in: Beschreibungskunst, S. 41–57.

15 Murray Krieger, Ekphrasis, S. 6.

illusorischen) Repräsentation von Welt[16] und zeuge vom »semiotic desire for the natural sign«,[17] das den bildenden Künsten eigne und eine stabile ontologische Weltstruktur garantiere.[18] Tamar Yacobi dagegen meint, schon die bloße Erwähnung reiche als Implikationsverhältnis aus, Bilder, ganze Malerschulen oder Stile lebendig werden zu lassen.[19] Die eigentliche Problematik aber der angloamerikanischen Forschung liegt darin, Deskriptivität qua Repräsentation substituiert, also das Spezifischere durch das Allgemeinere ersetzt zu haben.[20] James Heffernans viel zitierter Passus, Ekphrasis sei »verbal representation of visual representation«,[21] ist hierfür hauptverantwortlich, gerade mit ihm wird allerdings auch vergessen, dass Ästhetisches zunächst nicht repräsentiert, sondern allererst *präsentiert*.[22]

Ein neuerer Definitionsvorschlag, Ekphrasis als »sprachlichen Rekurs auf ein nichtsprachliches Artefakt«[23] zu bestimmen, läuft, auch wenn er den exklusiven Bezug auf Kunstwerke wieder auflöst, ebenfalls in die Falle der Übergeneralisierung, denn welche Literatur suggerierte nicht ganz dominant und primär Nichtsprachliches (Handlungen, Lokalitäten, Gegenstände) – auch wenn dieses Nichtsprachliche, die Referenz, zumeist fiktionsintern erst erzeugt wird und etwa der Bereich dokumentarischer Literatur der Spezialfall ist? Fiktionsinternalität gilt schließlich bereits für die Textpassage, die zum Begriff der Ekphrasis führte, die Binnenerzählung aus der *Ilias* (18, 470 ff.) über Hephaistos' Herstellung des Bildschmucks von Achilles' Schild, der ein reges Eigenleben führt, denn natürlich hat niemand dieses Schild je gesehen.

---

16 Murray Krieger, Ekphrasis, S. 12.
17 Ebd., Ekphrasis, S. 233.
18 Ebd., Ekphrasis, S. 237.
19 Tamar Yacobi, Verbal Frames and Ekphrastic Figuration, in: Interart Poetics. Essays on the Interrelazions of The Arts and Media, hg. von Ulla Britta Lagerroth, Hans Lund und Erik Hedling, Amsterdam 1997, S. 35–46, hier S. 42.
20 Skeptisch dazu auch Schäfer und Rentsch, Ekphrasis, S. 141 und 153.
21 James Heffernan, Museum of Words. The Poetics of Ekphrasis from Homer to Ashbury, Chicago 1993, S. 3.
22 Repräsentation ist m. E. – und mit Nelson Goodman, Sprachen der Kunst. Entwurf einer Symboltheorie [1968], übers. von Bernd Philippi, Frankfurt a. M. 1995, S. 21 und S. 40 – ähnlich dem Zeichen ein primär logischer, nicht ästhetischer Begriff. Präsentation gibt Handlungen, Ereignisse, Gegenstände bis hin zur narrativen Sinnkonstitution; Repräsentation hingegen bezeichnet eine semantisch zweite, der Allegorese nahe Ebene, etwa wenn Thomas Manns Serenus Zeitblom auch für das vor dem Faschismus versagende Bildungsbürgertum steht oder Picassos *Guernica* für alle Arten von Krieg und Gewalt ikonisch geworden ist.
23 Schäfer und Rentsch, Ekphrasis, S. 158.

Deshalb scheint ein Schritt zurück plus Ergänzung geboten. Sinnvoller als eine Verortung in Repräsentationsproblematiken scheint mir, mit Jean Hagstrum Ekphrasis für Fälle von forcierter Vereindringlichung, Intensität, zu reservieren – wenn in Literatur, anders als in ihren bloß anschaulichen Passagen, die ihm »iconic« heißen, Dinge und Verhältnisse derart plastisch evoziert werden, dass man sie zu *sehen* meint.[24] Damit sind für das Wirkungsmoment viel eher Wertungsfragen, Illusionismus und die Stilhöhe bzw. -Adäquanz entscheidend. Ekphrasis ist, wie zu zeigen sein wird, primär Stil- als Konstitutionsphänomen literarischer Rede, sekundär erst ergeben sich Fragen nach dem Bezug und damit auch, so die These, ihre Unterschätzung als bloß dienende ›Beschreibungskunst‹ von etwas bereits Existentem, im Regelfall: Artefakten.

Anders als über einen dürren Repräsentationalismus oder gar semiotische Dekodierungen scheint mit dem Rekurs auf die hermeneutisch-phänomenologische Literaturtheorie dieses Aspektbündel in Hinblick auf Fragen literarischer Bildlichkeit gut fassbar, gerade weil sie den Modus, Lesen *als* Interpretation, so starkt macht.[25] In aller Kürze: Husserl besteht auf einer strikten Trennung von Wahrnehmung und Vorstellung, wobei Letztere stets auf das Substrat der Ersteren angewiesen bleibe und so auch nie zu einer der Perzeption vergleichbaren Evidenz gelangen könne.[26] Roman Ingarden vermeidet noch weitgehend die Rede von Bildlichkeit und entwickelt in Anbetracht des Umstands, dass Texte anders als die Wahrnehmung keine ›Abschattungen‹ zulassen, die in der phänomenologischen Analyse den Gegenstand annähern, ohne ihn doch je vollgültig erfassen zu können, das Konzept schematisierter Ansichten, die der Text »parat« halte und die dann vom Leser in Konkretisierungen ›gefüllt‹ werden könnten; deren Beschaffenheit sowie Dichte entscheide auch über die jeweilige stilistische Kontur des Werkes.[27] Wolfgang Iser dann konzediert sehr wohl Präsenzhaftigkeit des Vorgestellten beim Leser[28] und macht hauptsächlich die passiven Synthesen

---

24 Jean Hagstrum, The Sister Arts. The Tradition of Literary Pictorialism and English Poetry from Dryden to Gray, Chicago 1958, S. 18 und 20.

25 Eckard Lobsien, Bildlichkeit, S. 97.

26 Edmund Husserl, Phantasie und Bildbewußtsein (1904/05), in: Husserliana 23: Phantasie, Bildbewußtsein, Erinnerung. Zur Phänomenologie der anschaulichen Vergegenwärtigungen. Texte aus dem Nachlaß (1898–1925), hg. von Eduard Marbach, Den Haag 1980, S. 1–104, hier S. 4, 24, 58 f., 65, 72, 78 f. und 93.

27 Roman Ingarden, Das literarische Kunstwerk [1931], 4. Aufl., Tübingen 1972, S. 208, 270 ff., 294 ff. und 303 ff. Trotz der Behauptung einer eigenen »Schicht« dieser schematisierten Ansichten bleibt doch in der Schwebe, wo genau diese Ansichten zu verorten sind, gerade wenn sie »nichts Konkretes oder gar Psychisches« (S. 281) seien.

28 Wolfgang Iser, Der Akt des Lesens. Theorie ästhetischer Wirkung (1976), 2. Aufl., München 1984, S. 226.

für Bildlichkeit verantwortlich,[29] die hybrid, als ein Drittes, aus der Verschmelzung von zeichenbasierten Bedeutungsangeboten des Textes und lebensweltlich
generierten Perzepten resultiere.[30] Mit seinem Schüler Eckard Lobsien: »Bildlichkeit also ist die durch die Vorstellung bewirkte Amalgamierung von vorgegebenen Zeichen in Repräsentationsfunktion mit einem vorgängigen Wahrnehmungswissen zu einem Bewußtseinsobjekt.«[31] Der Zeichencharakter des Bildes
muss vergessen, das anschauliche Element aus dem Wahrnehmungsstrom modifiziert, ›entwurzelt‹ werden, damit das literarische Bild aufscheinen kann.

Quasi-analog zur Phänomenologie sei noch an das psycholinguistisch fundierte, konnektionistische Konzept der dualen Codierung Allan Paivios erinnert,
dem zufolge Bild- und Textverstehen, »viewed as alternative coding systems,
or modes of symbolic representation, which are developmentally linked to
experiences with concrete objects and events as well as with language«,[32] in
kognitiv prekären Fällen simultan operieren – und welcher Fall wäre prekärer
denn der der Lektüre von Literatur, die immer auch die Sinnkonstitution problematisiert? Bild und Text sind hier prinzipiell gleichermaßen verfügbar; es
›droht‹ stets, zumal über die Erinnerung,[33] präsenzverdächtige Imagination. In
Paivios Triade der repräsentationalen, referentiellen und assoziativen Bedeutungsgenese[34] ist es der mittlere, referentielle Typus, in dem Kognition über Wort
und Bild *zugleich* erfolgt,[35] ohne dass Paivio eine Symmetrie der Bezüge oder
reziproke Abhängigkeit behaupten müsste,[36] »but rather, one to many, in both
directions«[37]. Offenbar gelingt auch in diesem Modell die Konstruktion von Textbedeutungen ganz wesentlich über instantane Visualisierung,[38] bildgenerierte
Sinnlichkeit als Effekt von Sprachverstehen ist hier stete Potentialität.

Neben dem Vorteil des phänomenologischen Ansatzes, dass es mit ihm keine
völlig abstrakte Literatur geben kann, sondern ihre gar nicht vermeidbaren bildhaften Phantasiemodifiktionen bis in den sprachlautlichen Bereich nicht anders

29 Ebd., S. 220 und 222.
30 Wolfgang Iser, Vorwort, in: Theodor A. Meyer, Stilgesetz, S. 13–29, hier S. 15; ders., Akt des
    Lesens, S. 220.
31 Lobsien, Bildlichkeit, S. 101 f.
32 Allan Paivio, Imagery and Verbal Processes, New York 1971, S. 8.
33 Ebd., S. 177 ff. und 238 ff.
34 Ebd., S. 52 ff.; Paivio, Mental Representations. A Dual Coding Approach, New York und London 1986, S. 69 f.
35 Paivio, Imagery, S. 57; ders., Mental Representations, S. 67.
36 Paivio, Imagery, S. 57; ders., Mental Representations, S. 63.
37 Paivio, Mental Representations, S. 63.
38 Paivio, Imagery, S. 472, explizit zur Literatur.

als aus Kondensaten der Wahrnehmung gespeist sein können, steht der empfind-
liche Nachteil sowohl einer (beinahe) völligen Ahistorizität[39] der Phänomenologie des Lesens als auch der Dual Coding Theory. Für den punktuellen Zugriff auf
die Konstitution von Bildlichkeit reichen diese Ansätze aus, nicht aber für historisch sensible Gesamtinterpretationen, die man ganz anders konzipieren müsste.
Dies sei als Kautel vorausgeschickt, da das erste Fallbeispiel weit zurückgreift in
das barocke Zeitalter, das Herder »beinahe das emblematische nennen«[40] wollte,
mit seiner Vorliebe überhaupt für die Allegorie, die den Klassizisten Hegel als
Bildform »frostig und kahl«[41] dünkte. Das wird man heute nicht mehr behaupten
wollen; unbestritten aber ist die sehr enge Kopplung von Rhetorik und Poetik[42]
bei einer noch fehlenden Leitvorstellung produktiver Originalität. Geprüft sei,
was die strikt regelgebundene Literatur des Barock dennoch an imaginativem
Potential bereithält.

I

Der Hang zu forcierter Bildlichkeit des Barock ist als ›Schwulst‹ zur Redewendung
geworden, Manfred Windfuhr widmete der historischen Genese des Verdikts
seine Habilitation.[43] Einen besonders interessanten, nämlich als Strukturprin-
zip zu verstehenden Aspekt von Bildlichkeit hat bekanntlich Albrecht Schönes
bahnbrechende Studie zum barocken Trauerspiel aufgedeckt. Nicht nur konnte
er zahllose Bezüge der dramatischen Rede zu den zeitgenössisch zu Hunderten
kursierenden Emblembüchern nachweisen; das Trauerspiel selbst realisiere in

39 Zwar ist der ›Akt‹ des Lesens universal (der mittelalterliche Mensch liest nach Iser nicht
    anders als der moderne, der Spanier nicht anders als der Russe), aber über das notwendige
    lebensweltliche Wahrnehmungssubstrat der literarischen Bildlichkeit sind Ansätze einer
    Historisierung denkbar, denn trivialerweise sah etwa die frühneuzeitliche Lebenswelt an-
    ders aus als z. B. diejenige des frühen 21. Jahrhunderts.
40 Johann Gottfried Herder, Zerstreute Blätter (1792/93), in: ders., Sämmtliche Werke, hg. v.
    Bernhard Suphan, Bd. 16, Berlin 1887, S. 1–398, hier S. 230.
41 Georg Wilhelm Friedrich Hegel, Vorlesungen über die Ästhetik I, in: ders., Werke, hg. von
    Eva Moldenhauer und Karl Markus Michel, Frankfurt a. M. 1986, Bd. 13, S. 512.
42 Kompakter Überblick für das 17. Jahrhundert: Gert Ueding und Bernd Steinwachs, Grundriß
    der Rhetorik. Geschichte – Technik – Modelle, 3. Aufl., Stuttgart 1994, S. 74–99. Weit aus-
    greifend auch ins Sozialhistorische ist Wilfried Barner, Barockrhetorik. Untersuchungen zu
    ihren geschichtlichen Grundlagen, Tübingen 1970.
43 Manfred Windfuhr, Die barocke Bildlichkeit und ihre Kritiker. Stilhaltungen in der deut-
    schen Literatur des 17. und 18. Jahrhunderts, Stuttgart 1966.

seiner charakteristischen Zweigliedrigkeit von ›Abhandelung‹ und Reyen einen emblematischen Bau, den Schöne auf die Formel »Darstellen und Deuten«[44] brachte. Die hierbei zu verzeichnende »Priorität des Bildes«[45] hingegen indiziere barock-anschauliches Exempeldenken, das Allgemeines vorzugsweise von der konkret-sinnlichen Anschauung zugleich ausgehen und bekräftigen lasse.

Die Funktion des Emblems als de facto dreiteilige (*inscriptio, pictura, subscriptio*) Sonderform der Allegorie, von Fischart »Gemaelpoesy«[46] getauft, ist umstritten. Als Artefakt der frühneuzeitlichen Memoriakultur[47] und »letzte Phase einer über tausendjährigen sprituellen Weltauslegung«,[48] gilt es meist als Speicher

44 Albrecht Schöne, Emblematik und Drama im Zeitalter des Barock [1964], 3. Aufl., München 1993, S. 22 und S. 89. Kritisch zur These einer emblematischen Struktur des Trauerspiels Alexander von Bormann, Emblem und Allegorie. Vorschlag zu ihrer historisch-semantischen Differenzierung (am Beispiel des Reyens im humanistischen und barocken Drama), in: Formen und Funktionen der Allegorie, hg. von Walter Haug, Stuttgart 1979, S. 533–550, hier S. 547 ff.: Die Reyen hängen untereinander viel stärker zusammen, als dass sie eine Sinnperspektive auf die Abhandlung erst konstruierten. Da der Sinn ohnehin bereits bekannt gewesen sei, wurde hier spirituelles Sehen nur allegorisch-ideologisch restituiert. Eberhard Mannack, Der Dramatiker Andreas Gryphius, in: Andreas Gryphius, Dramen, hg. von Eberhard Mannack, Frankfurt a. M. 1991, S. 853–871, hier S. 865 f., äußert Skepsis zur Emblematik-These, gibt aber kein Gegenargument. Die im Laufe der Jahrzehnte vorgetragene Kritik an Partialaspekten seiner Auffassung konnte Schöne in der dritten Auflage des Buches von 1993 überzeugend ausräumen, vgl. Schöne, Emblematik und Drama, S. 249–280. Dies gilt insbesondere für seine strikte Abweisung von stets wiederkehrenden Versuchen, Walter Benjamins Trauerspielbuch in der Barockforschung ›angemessen‹ zu rezipieren. Neuester Anlauf bei Achim Geisenhanslüke, Trauer-Spiele. Walter Benjamin und das europäische Barockdrama, München 2016; dazu meine Besprechung in Daphnis 45 (2017), im Erscheinen.
45 Schöne, Emblematik und Drama, S. 26.
46 Vgl. Mathias Holtzwart, Emblematum Tyrocinia, hg. von Peter von Düffel und Klaus Schmidt, Stuttgart 2006, S. 3 (Reproduktion des Titels von 1581).
47 Wolfgang Harms, Art. Emblematik, in: Theologische Realenzyklopädie, Berlin und New York 1982 ff., Bd. 9, S. 552–558, hier S. 552; speziell für Gryphius Dietrich W. Jöns, Das ›Sinnen-Bild‹. Studien zur allegorischen Bildlichkeit bei Andreas Gryphius, Stuttgart 1966, S. 27 f. und 51; für Lohenstein Gerhard Spellerberg, Verhängnis und Geschichte. Untersuchungen zu den Trauerspielen und dem ›Arminius‹-Roman Daniel Caspers von Lohenstein, Bad Homburg v. d. H. 1970, S. 162 ff., bes. S. 164.
48 Jöns, Das ›Sinnen-Bild‹, S. 58. Zur ›Bedeutungswelt‹ des Mittelalters unübertroffen Friedrich Ohly, Vom geistigen Sinn des Wortes im Mittelalter [1958], in: ders., Studien zur mittelalterlichen Bedeutungsforschung, Darmstadt 1977, S. 1–31, hier S. 9; aus kunstgeschichtlicher Sicht zur Universalsymbolik Jan Bialostocki, Skizze einer Geschichte der beabsichtigten und der interpretierenden Ikonographie [1973], in: Ikonographie und Ikonologie. Theorien – Entwicklung – Probleme. Bildende Kunst als Zeichensystem I, hg. von Ekkehard Kaemmerling, Köln 1978, S. 15–63, hier S. 20 f.

von Orientierungswissen.[49] Damit ist das Problem bereits benannt: Nicht nur der Hiatus von Bild und Text, uneigentlicher Rede und konkreter Bedeutung ist angelegentlich, sondern wenn Emblematik die äußerst breit verstandenen *res* wie historische Ereignisse, bloße Gegenstände, aber auch Mythen und Sprichwörtliches, auf ihre systematische Sinnhaftigkeit transzendieren soll, muss garantierte Wirklichkeit walten,[50] die ein intaktes ›Buch der Natur‹ allererst ermöglicht, und genau dieses Paradigma einer sinnhaft geordneten Welt löst sich in der Frühen Neuzeit an vielen Fronten (Theologie, politischer Diskurs, Naturwissenschaft usw.) auf.[51] Daher wird konträr zu obiger Position das Emblem gelegentlich auch als offene Bildform eines noch kaum systematisierten »Erfahrungshungers«[52] oder gar dezidierte Rätselhaftigkeit gefasst,[53] Wilhelm Voßkamp spricht von einer »Lust des Enträtselns« in der Epoche.[54] Konservativer Wissensspeicher gegenüber progressivem Wissensgenerator markieren die Deutungsfronten, zudem: Wer die Welt verrätselt, mag unkonventionelle Wege zu ihrer Erschließung anbieten, ordnen kann er sie hiermit definitiv nicht mehr.

Leo Armenius von 1646, Andreas Gryphius' erstes Trauerspiel, war immer schon ein beliebtes Analyseobjekt, da für das moderne Dramenverständnis relativ packend und doch voller Deutungsmöglichkeiten, schillernd vor Ambiguität, vermeintlich offen für beinahe unbegrenzt viele Lesarten. Zur traditionellen Spaltung der Forschung in die Lager der heilsgeschichtlichen[55] gegenüber politi-

49 Explizit Düffel und Schmidt, Nachwort, in: Mathias Holtzwart, Emblematum Tyrocinia, Stuttgart 2006, S. 207–234, hier S. 225.

50 Hans Blumenbergs Begriff für die Realitätsauffassung des Mittelalters, Wirklichkeitsbegriff und Möglichkeit des Romans, in: Wirklichkeit und Illusion (Poetik und Hermeneutik 1), hg. von Hans Robert Jauß, 2. Aufl., München 1969, S. 9–27, hier S. 11 f.

51 Allein schon, weil gerade die Literatur des 17. Jahrhunderts wie keine andere sozialhistorisch lesbar ist, vgl. nur Albert Meier, Vorwort, in: ders., Hansers Sozialgeschichte der deutschen Literatur, Bd. 2: Das 17. Jahrhundert, hg. von dems., München 1999, S. 9–17, hier S. 10, müsste eine valide Interpretation frühneuzeitlicher Texte mehrere Analyseebenen einziehen. Hier geht es nur um die rhetorische Evokationskraft.

52 Alexander von Bormann, Emblem und Allegorie, S. 538 und 541.

53 Wilhelm S. Heckscher und Karl August Wirth, Art. Emblem, Emblembuch, in: Reallexikon zur Deutschen Kunstgeschichte, Stuttgart 1967, Bd. 5, S. 85–225, hier S. 93.

54 Wilhelm Voßkamp, Medien – Kultur – Kommunikation. Zur Geschichte emblematischer Verhältnisse, in: Nach der Sozialgeschichte. Konzepte für eine Literaturwissenschaft zwischen historischer Anthropologie, Kulturgeschichte und Medientheorie, hg. von Martin Huber und Gerhard Lauer, Tübingen 2000, S. 317–334, hier S. 326.

55 Peter Szondi, Versuch über das Tragische, Frankfurt a. M. 1961, S. 81, erkennt auf Tragödie, nicht Trauerspiel, da Leos Tod auf dem Kreuz Christi »ihm nicht das ersehnte und verheißene Heil verschafft«; dagegen Gerhard Kaiser, Leo Armenius, Oder Fürsten=Mord, in: Die Dramen des Andreas Gryphius, hg. von dems., Stuttgart 1968, S. 3–34, hier S. 33 f.; zur Ambivalenz von Sprache und Rhetorik Wilfried Barner, Gryphius und die Macht der Rede. Zum

scher[56] Interpretation gesellen sich neben soziologisierenden[57] seit neuerer Zeit auch semiotisch-dekonstruktive Applikationen.[58]

Anerkannt ist, dass eine Passage gleich zu Beginn des Trauerspiels, auf die in ihrer »emblematic reference« erst Gerhard F. Strasser aufmerksam machte,[59] einen zentralen, wenn nicht *den* neuralgischen Punkt für die Gesamtdeutung des Stücks abgibt.[60] Die Verschwörer der byzantinischen Palastrevolte aus dem Jahre 820 besitzen »ein vnbekandtes werck voll Malerey«[61] und wägen ihre Chancen beim Blättern in diesem illustrierten Orakelbuch:

ersten Reyen des Trauerspiels ›Leo Armenius‹, in: Deutsche Vierteljahresschrift für Literaturwissenschaft und Geistesgeschichte 42 (1968), S. 325–358, hier S. 349; Peter Schäublin, Andreas Gryphius' erstes Trauerspiel ›Leo Armenius‹ und die Bibel, in: Daphnis 3 (1974), S. 1–40, hier S. 3, 8, 18 und 28.

56   Vgl. Harald Steinhagen, Wirklichkeit und Handeln im barocken Drama. Historisch-ästhetische Studien zum Trauerspiel des Andreas Gryphius, Tübingen 1977, S. 105 ff.; Klaus Reichelt, Barockdrama und Absolutismus. Studien zum deutschen Drama zwischen 1650 und 1700, Frankfurt a. M. und Bern 1981, die Thesen zu Gryphius gedrängt schon in: ders., Politica dramatica. Die Trauerspiele des Andreas Gryphius, in: Text & Kritik 7/8: Andreas Gryphius (1980), S. 34–45; exzellent ist Lothar Bornscheuer, Diskurs-Synkretismus im Zerfall der politischen Theologie. Zur Tragödienpoetik der Gryphschen Trauerspiele, in: Studien zur Literatur des 17. Jahrhunderts. Gedenkschrift für Gerhard Spellerberg (1937–1996), hg. von Hans Feger, Amsterdam 1997, S. 489–529, speziell zum *Leo Armenius* S. 499 ff. Ferner Manfred Beetz, Disputatorik und Argumentation in Andreas Gryphius' Trauerspiel ›Leo Armenius‹, in: Literaturwissenschaft und Linguistik 10 (1980), S. 178–203, bes. S. 198; Erinnerung an die Situation ›sub legem‹ und Gryphius' Luthertum bei M. S. South, Leo Armenius oder die Häresie des Andreas Gryphius. Überlegungen zur figuralen Parallelstruktur, in: Zeitschrift für deutsche Philologie 94 (1975), S. 161–183, hier S. 162.

57   Jeanny Peters, Rollenspiele im Welttheater des Andreas Gryphius. Am Beispiel des ›Leo Armenius / Oder Fürsten-Mord‹, Kassel 2011, S. 28 ff., etwa appliziert Problemfelder wie Willensfreiheit und Rollenidentität und spricht gar vom barocken »Illusionstheater«, nimmt also Rückprojektionen von der Warte moderner Subjektivität und der Dramenkonzeption der Weimarer Klassik vor.

58   Barbara Natalie Nagel, Der Skandal des Literalen. Barocke Literalisierungen bei Gryphius, Kleist, Büchner, München 2012, S. 20 und 37 ff., bes. S. 41 ff., bei der Gryphius als Dekonstruktivist avant la lettre erscheint. Das ist im Durchgang zwar hochintelligent gemacht, hat mit dem Erfahrungsraum des barocken Trauerspiels aber nicht mehr viel zu tun.

59   Gerhard F. Strasser, Andreas Gryphius' ›Leo Armenius‹: An Emblematic Interpretation, Germanic Review 51 (1976), S. 5–12, hier S. 7.

60   Nicola Kaminski, Andreas Gryphius, Stuttgart 1998, S. 84 ff.

61   Andreas Gryphius, Leo Armenius. Trauerspiel, hg. von Peter Rusterholz, Stuttgart 1971, hier S. 12 (I,98). Alle folgenden Nachweise aus dieser Ausgabe im laufenden Text.

Das weise Buch zeigt vnß ein ebenbild deß Loewen /
Der mit entbrantem Muth vnd Klawen scheint zudraewen /
Er wirfft die foerder-Fueß / als rasend in die Lufft /
Das haar fleugt umb den Kopff; ja das gemaelde rufft /
Von seiner grausen arth / die hellen Augen brennen /
Erhitzt von tollem Zorn / die Leffz' ist kaum zu kennen /
Fuer Schaum vnd frischem Blut / das auff die erden rint /
In dem er biß auff biß vnd mord auf mord begint. /
Was mag wohl klaerer seyn? den starken ruecken decket /
Ein purpur rothes Creutz / wodurch ein Jaeger stecket /
Mit mehr denn schneller Hand ein scharff geschliffen schwert /
Das durch haut fleisch vnd bein biß in das hertze faehrt. /
Jhr kent das rawe thier: das Creutz ist Christus zeichen:
Ehr sein geburtstag hin / wird dieser Loew erbleichen. (I,107–120, S. 13)

Es handelt sich um eine deskriptiv-explikative Allegorie,[62] da im pragmatischen Kontext der Verschwörer-Rede kein Zweifel sein kann, welcher von Christus stigmatisierte Löwe am 25. Dezember sterben soll: der amtierende Kaiser Leon V., genannt der Armenier. Stilistisch ist alles da, was gebundene Rede des Barock auszeichnet. Der Alexandriner, sechshebiger Jambus mit typisch mittiger Zäsur und besser als sein Ruf,[63] späteren Generationen dennoch in Verdacht stehend, den Rezitator zu erschöpfen,[64] hier als schlichter Paarreim gesetzt. Hoher Stil: »Leffz« ist im siebzehnten Jahrhundert noch für Tier und Mensch gleichermaßen gebräuchlich,[65] dann aber grell aufleuchtende Substantive der Gewalt (»Klawen«, »Schaum« in Konjunktion mit »Blut«, »Creutz« und »schwert«), Verben aus dem Bereich möglichst sinnlich erfahrbarer Bewegungsabläufe (werfen, brennen, fahren, fliegen, stecken, rinnen, erbleichen usw.), natürlich plastische Adjektive und Adverbien (toll, graus, rasend, rau), barocktypischer doppelter Komparativ (»mehr denn schneller«).

---

62 Ich folge Gerhard Kurz, Metapher, Allegorie, Symbol, 2. Aufl., Göttingen 1988, S. 40 und 50.

63 Rolf Tarot, Der Alexandriner als Sprechvers im barocken Trauerspiel, in: Studien zur Literatur des 17. Jahrhunderts, S. 377–401, hier S. 385.

64 Prominent bei August Wilhelm Schlegel, Betrachtungen über Metrik. An Friedrich Schlegel (um 1795), in: ders., Kritische Schriften und Briefe, hg. von Edgar Lohner, Stuttgart 1963 ff., Bd. 1: Sprache und Poetik, S. 181–218, hier S. 218. Das sagt natürlich der Shakespeare-Übersetzer und Befürworter des Blankverses.

65 Z.B. Grimmelshausen, Simplicissimus, Continuatio XXVI, aber auch bei Gryphius, Kirchhoffs=Gedancken (vor 1657), in: ders., Gedichte, hg. von Adalbert Elschenbroich, Stuttgart 1968, S. 109–123, hier S. 115 und 117.

Die Reihung (»haut fleisch vnd bein«) verläuft meist polysyndetisch (»Muth vnd Klawe«), bei »biß auff biß vnd mord auf mord« liegt gar eine sich steigernde, doppelte Dopplung in einem Vers vor. Mustergültig also die *amplificatio* und insistierende Nennung,[66] Favorisierung des Umschreibenden, mehrfach Umwendenden des Evozierten, das dank der ›Bewegungs-Verben‹ jedoch gerade nicht zur Stasis neigt; konträr zu Murray Kriegers These ein *Bewegungs*-Bild qua Ekphrasis. Wenn irgendwo jedoch, lässt sich hier sein Diktum unterschreiben: »The visual emblem and the verbal emblem are complementary languages for seeking the representation of the unrepresentable. Ekphrasis is the poet's marriage of the two within the verbal art.«[67] Nicht nur das von den Verschwörern betrachtete Emblem »rufft« in einer katachretischen Wendung und formuliert so tropisch seine Anschaulichkeit, der Literalsinn des Verses erinnert damit zugleich an die Appellfunktion. Was ruft die Passage?

Für die heilsgeschichtliche Deutung ist sie unproblematisch, da sie mit dem Bericht über Leons Ende kongruiert, das Gryphius so arrangiert, dass dieser im Sterben noch auf dem (als Reliquie für echt zu nehmenden) Kreuz, »an welchem der gehangen / Der sterbend vnß erloest / den Baum an dem die Welt / Von jhrer Angst befrey't« (V,144 ff., S. 95) eine Postfiguration Christi vollzieht, die sogar die Beibringung der Wundmale nicht auslässt.[68] Exakt der Prophetie des Orakelbuchs folgend, die sich demnach als Antizipation erweist, wird der während des Gottesdienstes gemeuchelte Leo, wiederum gleichnishaft, als »todter Loew« apostrophiert (V,62, S. 99), der es jedoch noch vermochte, durch das Sterben seines »gantz zustueckten Leibs« auf dem Kreuz des Heilands ausgerechnet an dessen Geburtstag, dem 25. Dezember, im letzten Moment der Gnade Gottes teilhaftig zu werden. Wenn seine Gattin Theodosia den auf ihre Gräueltat stolzen Verschwörern vorwirft: »Deß HERREN wares Fleisch: das jhr mit blutt besprengt / Sein blutt / das jhr mit blutt deß Keysers habt vermengt« (V,281 f., S. 100), bevor sie in den Wahnsinn abgleitet, bestätigt sie Leos Rettung, während diesseitig, realhistorisch *und* fiktionsintern, der Verhängniszusammenhang einer Abfolge von Tyrannei und usurpierter Herrschaft fortdauert. Deshalb konnte Gerhard Kaiser von einer »Weihnachtsdichtung« sprechen, in der der Kette von byzantinischen

---

66 Marian Szyrocki, Nachwort [1968], in: Poetik des Barock, hg. von dems., Stuttgart 1977, S. 255–266, hier S. 259.

67 Murray Krieger, Ekphrasis, S. 22.

68 »Man stieß in dem er fiel / jhm zweimal durch die brueste: [...] wie man durch jedes glied / Die stumpfen Dolchen zwang« (LA V,163 und V,166, S. 95). Gerhard Strasser, Leo Armenivs, S. 8, hat auch auf das im Mittelalter gebräuchliche Bild von »Christ's heart pierced by a lance« hingewiesen.

Palastintrigen und -revolten wenigstens für einen Moment Einhalt geboten werde.[69]

Für die politische Interpretation jedoch verwirren sich die Bezüge, zumal das konventionelle Emblem von Fuchs und Löwe, politische Klugheit und Macht versinnfälligend, in diesem Trauerspiel nur en passant zitiert wird (vgl. IV,279 f., S. 84).[70] Obwohl Gryphius hier fest im Luthertum mit seinem Ordo-Denken steht, sowohl Leo als auch die Gegenpartei um Michael Balbus gleichermaßen Schuld auf sich geladen haben und die Vorrede von einem »vngeheure[n] Mord vnd Bubenstueck« (S. 5) spricht, also den Umsturz prinzipiell ausschließt, »bleibt«, so Harald Steinhagen, »die treibende Kraft, die den wechselvollen Verlauf der Handlung bestimmt, merkwürdig ungreifbar«.[71]

Vollends diffus wird die Intention für eine postmodern immanente Lektüre (nicht nur) der Orakelszene,[72] die allerdings zu Recht auf »umfassende Polysemie der Zeichen«[73] erkennt, weshalb ich auf das Offenkundige zurücklenken möchte. Biblisch ist der Löwe Sinnbild für die Macht Jesu, nämlich als »Lewe / der da ist vom geschlecht Juda« (Offb. 5,5) allerdings auch für den Teufel, »gehet« dieser doch »vmb her / wie ein bruellender Lewe / vnd suchet / welchen er verschlinde« (1. Petr. 5,8). Zu bedenken wäre mindestens noch Hiob 4,10 f., der den Löwen als Sinnbild aller Schuldhaftigkeit fasst: »Das bruellen der Lewen / vnd die stimme der grossen Lewen / vnd die zeene der jungen Lewen sind zubrochen. Der Lewe ist umbkomen / das er nicht mehr raubet / vnd die Jungen der Lewin sind zustrewet.« Interessant dazu Luthers Marginalie: »Diese Lewen vnd Lewin sind die Reichen vnd Gewaltigen auff Erden / so sie die Armen vnterdrüecken.«[74]

Damit liegt eigentlich auf der Hand, dass die Löwen-Exegese der Orakelszene vor jeder Partialspezifikation dominant eine Allegorie menschlicher Existenz, von Gut und Böse, Heiland und Antichrist überhaupt ausführt, auch deshalb, weil schon die Lehre vom vierfachen Schriftsinn unter Abgrenzungsproblemen leidet[75] – wie gerade hier dargetan werden könnte. Alle Charakteristika des Löwen, ob teuflisch, ob göttlich, sind auch als solche des Menschen selbst lesbar,

---

69 Gerhard Kaiser, Leo Armenius, S. 34.

70 »Fuchßfell« und »Lewen haut« als Metaphern politischer Tugenden gehen auf Macchiavelli zurück. Ein Emblem, das beide Tiere zusammen zeigt, in: Emblemata. Handbuch zur Sinnbildkunst des 16. und 17. Jahrhunderts, hg. von Arthur Henkel und Albrecht Schöne, Stuttgart 1967, S. 392.

71 Harald Steinhagen, Wirklichkeit und Handeln, S. 43.

72 Etwa bei Nicola Kaminski, Andreas Gryphius, S. 87 ff.

73 Ebd., S. 92.

74 Die gantze Heilige Schrifft / Deudsch / Auffs new zugericht (1545), repr. Stuttgart 1983, S. CCLXXV^r.

75 Gerhard Kurz, Metapher, Allegorie, Symbol, S. 47.

das ist die unabdingbare Erfordernis einer systematischen Anspielung, ohne die
von Allegorie gar nicht erst zu reden wäre.[76] Doch ist er bei Gryphius als sündiges
Tier in seiner ›raserey‹ gezeichnet; seiner Affektgebundenheit konnte Gryphius,
etwa im Sinne eines frühen Vitalismus, nichts Positives abgewinnen, obwohl
die großartig evozierte, entfesselte Macht des Löwen – übrigens als (wenn auch
primitives) Sonett lesbar,[77] da die Zäsur nach den Quartetten überdeutlich ist –
durchaus in dieser Richtung beredt werden könnte. Ersetzte man nur »mord auf
mord« durch »Schritt auf Schritt«, ergäbe sich eine Figuration zwar ambivalenter,
doch beeindruckender humaner *potentia*; Gryphius aber schien »Winseln und
Verzagen« die dem irdischen Jammertal allein entsprechende Haltung und zwar,
bis die »Finsternueß vergehet / Vnd die Freuden-Sonn auffstehet.«[78]

  Allerdings gibt es ein massives Problem in Sachen Qualifikation der Bildlichkeit. Auch wenn letztlich der Emblematiker den Bedeutungsspielraum
definiert,[79] *muss* sich die *pictura* doch auf *fiktionsexterne* Entitäten stützen
können, damit vom ›Emblem‹ in der Literatur überhaupt sinnvoll gesprochen
werden kann[80] – und zwar, recht bedacht, im doppelten Sinne. Das zitierte
Emblem muss in irgendeinem Druckwerk kodifiziert sein,[81] da die Anspielung
sonst gar nicht erfassbar wäre, und die *pictura* hat sich auf die *res* zu beziehen.

  Beides ist hier nicht der Fall. Bisher hat niemand eine Abbildung, die auch
nur entfernt Gryphius' wütend aufgerichteten, gezeichneten und von Lanzen
durchbohrten Löwen ähneln könnte, zu Gesicht bekommen,[82] deshalb, natür-

76 Ebd., S. 33.
77 Die strikten Reimschemata für das Sonett aus der Romania wurden in Deutschland nicht
    verbindlich, doch hätte Gryphius selbstredend niemals eine simple Abfolge von Paarreimen
    als ›Sonett‹ annonciert.
78 Andreas Gryphius, Quis absolvet nobis lapidem ab ostio monumenti, in: ders., Gedichte,
    S. 100–102, hier S. 102.
79 Albrecht Schöne, Emblematik und Drama, S. 24; Dietrich W. Jöns, Das ›Sinnen-Bild‹, S. 28.
80 Als reines Textkonstrukt ist das Emblem meines Erachtens nicht verifizierbar, es ist eben,
    mit Fischart, »Gemaelpoesy«; der nachzuweisende Bezug auf pikturale Vorwürfe bleibt
    zwingend.
81 So auch Eberhard Mannack, Andreas Gryphius' Dramen, S. 865.
82 Emblemata, S. 370 ff., bringt eine Vielzahl von Löwenemblemen, aber kein der Gryphischen
    Gestaltung Vergleichbares. Karl-Heinz Habersetzer und Gerhard F. Strasser, Zum Löwen-
    Orakel in Andreas Gryphius' ›Leo Armenius‹, in: Wolfenbütteler Barock-Nachrichten 5
    (1978), S. 186–188, haben als denkbare Quellen für Gryphius byzantinische Orakelbücher
    bis hinab ins 12. Jahrhundert kontrolliert und *Vaticinium Severi, et Leonis imperatorum, in
    quo videtur finis Turcarum* von 1596 als wahrscheinliche Quelle identifiziert, die in einem
    Nachdruck »cum figuris« von 1650 gesichtet werden konnte; »das Bild eines Löwen«, so die
    Autoren, war allerdings »nicht zu finden«, S. 187. Der Kommentar von Eberhard Mannack,
    in: Andreas Gryphius, Dramen, S. 895 und S. 897, verweist lediglich auf Habersetzer und
    Strasser, sodass über ihn nicht weiter zu kommen ist. Die Originalausgabe des *Vaticinium*

lich bis auf Weiteres: Allegorie, nicht emblematische Referenz. So bleibt nur ein Schluss, Gryphius hat dieses Bild selbst kreiert, weshalb sich im Kontext einer Problematisierung emblematischer Bezüge nur von einer leeren *pictura* sprechen lässt.[83] Damit drängen sich drei Pointen auf:

1. Barocke Ekphrasis bedarf im Grunde keines externen Artefakts, um sich zu initialisieren; durchaus noch als rhetorische Praxis verortet, kann sie doch als reine Autopoiesis statthaben.

2. Es wurde öfters bemerkt, daß trotz Gryphius' Quellentreue der byzantinische Bilderstreit, immerhin der Hauptkonflikt während der Regentschaft Leons, thematisch nicht vorkomme.[84] Gryphius aber transponiert ihn auf die strukturelle Ebene, die Rede vom bloßen »ebenbild« des Löwen und die Betonung des Scheinhaften der Abbildung im Orakelbuch weisen hier die Richtung. Als radikaler Lutheraner war der Autor ganz so Bilderfeind wie sein Protagonist, Leon V.: Im Knotenpunkt der möglichen Deutungsansätze des Trauerspiels findet sich demnach keine *pictura*, nur Sprache, genauer: Luthers *sola scriptura*, doch erweist sich diese nicht, wie vom Reformator erhofft, als verlässlich und kodifizierend, sondern als chronisch figural, uneigentlich und vieldeutig.

3. Geraten Heilsgewissheit und die stabile Ontologie des Buches der Natur frühneuzeittypisch ins Wanken, erobert sich nicht nur der politische Diskurs sein Eigenrecht, auch die poetische Imagination verteidigt einen immer breiteren

---

aber wurde nunmehr von der Bayerischen Staatsbibliothek gescannt, unter den 18 Emblemen findet sich zwar ein mittels einer Lanze erlegter Wolf, auch ein Fabeltier mit dem Kopf eines »griffone«, aber keinerlei Löwenmotiv. Gerhard F. Strasser informiert mich in einer freundlichen Mail vom 19. September 2015, dass auch er »in den vergangenen 40 Jahren nicht auf die gesuchte pictura gestoßen« sei. Ich selbst fand allein durch Zufall den Stich eines wütenden Löwen in einer mit Gryphius' Beschreibung identischen Pose, doch in völlig verschiedenem Kontext (Arenaszene von gegeneinander kämpfenden Tieren mit adligen Zuschauern) in Jan Collaerts Venationes ferarum, avium, piscium, Amsterdam 1578, also für frühneuzeitliche Verhältnisse immer noch zeitnah. Gryphius hätte dem Werk während seines Aufenthalts in den Niederlanden begegnen können, allein: Beweisbar ist das nicht.

83 Mediävisten und Kunsthistoriker gaben in der Diskussion zu bedenken, dass die *Existenz* emblematischer Vorwürfe von mir vielleicht überschätzt werde, doch mit ihr steht und fällt die These von der Affinität des barocken Trauerspiels zum Emblem, letztlich also seiner Mimesis.

84 Zuletzt Nicola Kaminski, Andreas Gryphius, S. 94. Kurzer Abriss der Realhistorie bei Hermann Beckedorf u.a., Byzanz (Fischer Weltgeschichte 13), Frankfurt a.M. 1973, S. 121 ff.; sozialhistorisch dazu weit ausgreifend Horst Bredekamp, Kunst als Medium sozialer Konflikte. Bilderkämpfe von der Spätantike bis zur Hussitenrevolution, Frankfurt a.M. 1975, S. 114–230.

Spielraum,[85] was keineswegs auf Kosten des Gehalts geschehen muss, der sich auch hier als überschüssig erweist. Dies war durchaus noch im Denken der Zeit angelegt. Barocke Literatur verbleibt zwar im Mimesis-Paradigma, der Dichter, so Harsdörffer, kann »doch nichts finden / dessen Gleichheit nicht zuvor gewesen / oder noch auf der Welt waere«,[86] wohl aber die »eigentlichste die innerliche Bewantniß eines Dings« erkunden.[87] In Gryphius' wenigen ekphrastischen Versen einer fingierten emblematischen Referenz wird höchst eindrücklich – wenngleich sicher nicht primär intendiert – nichts weniger als die *condition humaine* anschaulich. Fällt damit Schönes These einer emblematischen Struktur des Trauerspiels? Keineswegs, nur in diesem Fall ist der für das Trauerspiel neuralgische, allegorische Bezug ein rein literarisches Konstrukt. Gleichsam subkutan richtet figurale Rede ihren Freiraum ein; hin zum Rätsel, hin zum offenen Deutungshorizont des poietischen Bildes. Und der Bezug zur Schwesterkunst? Gern wird darauf hingewiesen, dass im Zeitalter des Barock die Malerei, offiziell noch ein bloßes Handwerk, vielleicht die raffiniertere, avanciertere Gattung war.[88] Auch konnte Martin Warnke zeigen, wie sich selbst die auftragsgebundenen Hofkünstler, gleichsam unter der Hand, Freiräume von Ausdruck und Gestaltung in Richtung einer künstlerischen Autonomie erarbeiteten.[89] Es ist sehr wohl denkbar, dass sich in der Literatur des deutschen Barock, die noch immer als hinter dem gemeineuropäischen Niveau Zurückgebliebene veranschlagt wird,[90] ein ähnlicher Trend ereignete: eine zwar nichtintendierte und zu den Prämissen der Regelpoetik quer stehende, dennoch merkliche Bewegung hin zur Intensität.

Wohl aber wäre es an der Zeit, das Allegorieverständnis auf die Potenz dieser Bildform neu zu befragen, nicht nur kodifiziertes Wissen anzubieten,[91] sondern

---

85 Ich vermeide mit Bedacht den Subjektivitätsbegriff, der hier wohl zu früh angesetzt wäre, weil noch ganz dominant grammatikalisch verstanden.

86 Georg Philipp Harsdörffer, Poetischer Trichter (1650–1653), repr. Darmstadt 1975, II, S. 8.

87 Ebd., S. 7.

88 Vergleichsgrößen sind dann allerdings fast immer die Maler der Romania und der Niederlande, siehe nur Martin Warnke, Geschichte der deutschen Kunst, Bd. 2: Spätmittelalter und Frühe Neuzeit 1400–1750, München 1999, S. 390 und 403 f.

89 Martin Warnke, Hofkünstler. Zur Vorgeschichte des modernen Künstlers, Köln 1985, S. 185 ff.

90 Volker Meid, Die deutsche Literatur im Zeitalter des Barock. Vom Späthumanismus zur Frühaufklärung 1570–1740 (de Boor / Newald 5), München 2009, S. 181 und 529 et passim.

91 Gerhard Kurz, Metapher, Allegorie, Symbol, S. 39. Noch bei Andreas Kablitz, Kunst des Möglichen. Theorie der Literatur, Freiburg i.Br. 2013, S. 233, liefert die Allegorie »ein Interpretament, dessen Wahrheit vorausgesetzt ist; und die Geltung dieser Wahrheit besteht unabhängig von der betreffenden Deutung«.

offene semantische Bezüge zu perspektivieren. Einige Angebote warten auf ihre Zusammenführung.[92] Will man sich nicht mit Paul de Man, der zwar die temporale Dimension von Verstehensvollzügen nach Walter Benjamin erneut betonte, aber nur eine intrasemiotische Relation als »Sprachform in der Leere« illusorischer Kohärenzbemühungen erblicken konnte,[93] begnügen, wäre vielleicht mit Ernst Bloch daran zu erinnern, dass es sich bei den Allegorien um »Proteus-Kategorien«,[94] die »eigentliche[n] Vehikel der Kunst« handelt,[95] die sehr wohl einen großzügigeren theoretischen Zuschnitt verdienen.[96]

II

Beim Sprung ins neunzehnte Jahrhundert, zu Heinrich Heines *Florentinischen Nächten* von 1835,[97] sollte zunächst klargestellt werden, dass dieses Säkulum keines der »Bilderangst« ist,[98] ganz im Gegenteil: Zu Recht etwa wurde bemerkt, dass Charles Dickens' Figuren ohne die zeitgenössischen Illustrationen von Phiz

---

92 Anregend K. Ludwig Pfeiffer, Struktur- und Funktionsprobleme der Allegorie, in: Deutsche Vierteljahrsschrift für Literaturwissenschaft und Geistesgeschichte 55 (1977), S. 575–606, hier S. 582, der Allegorie nicht mehr strikt zweiteilig, sondern als »Transformationsregel« von Empirie in Theorie versteht, die auf Verschiebungen in Wissensordnungen empfindlich reagiere.

93 Paul de Man, Die Rhetorik der Zeitlichkeit [1979], in: ders., Die Ideologie des Ästhetischen, hg. von Christoph Menke, Frankfurt a. M. 1993, S. 83–130, hier S. 104, ferner S. 124. Auch de Man schätzt die Zweigliedrigkeit gering und betrachtet die Allegorie bekanntlich als Figur unserer vergeblichen Bemühungen überhaupt, konsistente Bedeutungskomplexe aus figurativer Rede ›herauslesen‹ zu wollen, daher sein berühmter Titel *Allegories of Reading*.

94 So Ernst Bloch, Gesamtausgabe, Bd. 15: Experimentum mundi. Frage, Kategorien des Herausbringens, Praxis, Frankfurt a. M. 1975, S. 207.

95 Ebd., S. 202.

96 Auch die Sektionen des repräsentativen Bandes Allegorie. DFG-Symposion 2014, hg. von Ulla Haselstein u. a., Berlin 2016, legen Benjamins und de Mans Theoreme als verbindlichen Stand der Forschung zugrunde.

97 Die Entstehung der Prosaarbeit ist äußerst verwickelt; einzelne Motiv- und Textschichten reichen zurück bis 1825, vgl. den Kommentar in: Heinrich Heine, Sämtliche Schriften, hg. von Klaus Briegleb, München 1968–1976, Bd. 1, S. 856 ff. Alle folgenden Nachweise aus dieser Ausgabe im laufenden Text.

98 So Claus-Michael Orts, Zeichen und Zeit. Probleme des literarischen Realismus, Tübingen 1998, S. 2, heuristische Prämisse im Anschluss an den frühen Foucault. Kritisch dazu Ingo Meyer, Im ›Banne der Wirklichkeit‹? Studien zum Problem des deutschen Realismus und seinen narrativ-symbolistischen Strategien, Würzburg 2009, S. 181 ff.

(Hablôt Knight Brown) »nicht halb so gegenwärtig im Gedächtnis vieler Leser«[99] wären; Fotografie und aufkommender Boulevardjournalismus halten Bilder so verfügbar wie niemals zuvor; in Ausstellungen dominiert die ›Petersburger Hängung‹, also Leinwände dicht an dicht bis zur Raumdecke. Wahr jedoch bleibt, dass Autoren wirklich plastischer Darstellungsgabe in der deutschen Literarhistorie immer schon rar gesät waren, selbst der ob seiner Berlin-Schilderungen stets hoch gelobte Fontane arbeitet mit einer bloß abrufenden, nicht erschließenden Technik, die darauf setzt, dass der Leser Lokalitäten wie den Tiergarten, Straßennamen und Markenartikel aus seinem kulturellen Vorwissen ergänzt, und steht damit in scharfem Kontrast etwa zu Flauberts, Zolas und Tolstois explorativer Deskriptivität. Man mag in diesem spezifisch deutschen Mangel an Plastizität Spätfolgen des Lessing'schen Beschreibungsverbots sehen,[100] sollte dabei jedoch die eigentlich narrative Funktion erinnern. Deskription liefert Informationen und damit Bausteine für den Erzählverlauf – die Handlung kann und sollte diesen »réseau semantique et [...] rhétorique à forte organisation«[101] dann freilich auch nutzen.

Nein, Bilder sind schon im neunzehnten Jahrhundert ubiquitär und die ›Anschaulichkeit‹ als Dogma der Goethe-Zeit nach wie vor in Kurs.[102] Heine jedoch treibt sie unklassisch-programmatisch auf den höchsten Gipfel, weit hinaus über die visuelle Qualität der Textbeispiele Homers oder, um an Spitzer zu erinnern, John Keats'. Aus der neueren Forschung hat Sigrid Weigel hier eine frühe Variante des Paradigmas ›Kultur als Text‹ erkennen wollen,[103] Rudolf Drux

---

99 Johann N. Schmidt, Charles Dickens in Selbstzeugnissen und Bilddokumenten, Reinbek 1978, S. 78; betont schon von Arno Schmidt, Tom all-alone's. Bericht vom Nicht=Mörder [1960], in: ders., Bargfelder Ausgabe. Werkgruppe II: Dialoge (Studienausgabe 2/2), Zürich 1990, S. 367–401, hier S. 380: »[M]indestens 20% des Erfolges gehört ihnen!«

100 Ausführlich dazu Ingo Meyer, Im ›Banne der Wirklichkeit‹?, S. 273 ff.

101 Philippe Hamon, Qu'est-ce qu'une description?, in: Poétique 3 (1972), S. 465–485, hier S. 484. So erklärt sich auch, warum den Leser selbstgenügsame Beschreibungen, wie etwa im Falle Stifters, Hesses und auch Handkes, sehr schnell langweilen: Ihr semantischer Gehalt wird für Handlungen gerade nicht ausgeschöpft.

102 Gottfried Willems, Anschaulichkeit, S. 138, betont anlässlich des häufigen literarischen Rekurses auf Gemälde in der Literatur des neunzehnten Jahrhunderts, wie »sich Bedeutungsstiftung und Veranschaulichung miteinander verbinden, wenn nicht gar unauflöslich ineinanderschlingen«. Dennoch ist hier die Wort-Bild-Relation als »Asymmetrie«, S. 65, vorentschieden, das Wort als eigentlicher Träger der Semantik sei noch in der »inneren Sprachlichkeit des künstlerischen Bildwerks«, S. 55, primär. Daran lässt sich wohl zweifeln.

103 Sigrid Weigel, Zum Phantasma der Lesbarkeit. Heines ›Florentinische Nächte‹ als literarische Urszene eines kulturwissenschaftlichen Theorems, in: Lesbarkeit der Kultur. Literaturwissenschaften zwischen Kulturtechnik und Ethnographie, hg. v. ders. und Gerhard Neumann, München 2000, S. 245–257.

hingegen die von *1001 Nacht* über Boccaccio bis zu den Romantikern Kleist, Eichendorff und Novalis reichende Motivverflechtung im Dienste politischer Subversion herausgearbeitet.[104] Bettina Knauer betont u. a. die utopische Perspektive auf eine befreite Kunst und Gesellschaft,[105] für Henriette Herwig hat Heine hier ein »hybrides Gesamtkunstwerk« voller intermedialer Bezüge (Kunst, Musik, Tanz) geschaffen,[106] doch eine überzeugende Gesamtinterpretation im Werkkontext steht noch aus.[107]

Gewiss aber führen gattungsorientierte Ansätze nicht weit; hier liegt weder novellistisches Erzählen vor noch gar eine tatsächlich wohlgeformte Novelle,[108] auch keine biedermeiertypische »Konversationserzählung«,[109] denn wenn an irgendetwas, scheiterte Heine an den ›reinen‹ Formen der Gattungspoetik wie Roman, Erzählung oder Drama, da es die Bewegung eines rein fiktiven Personals nicht erlaubte, seine Subjektivität, die in der Lyrik natürlich problemlos auszuagieren war, in die Handlungsverläufe einzubringen.[110] Daher nur die entscheidensten Einwände: Der Text ist keine geschlossene Form, wie es die

---

104 Rudolf Drux, Mit romantischen Traumfrauen gegen die Pest der Zeit. Heinrich Heines ›Florentinische Nächte‹ im ›dritten Teil des Salons‹, in: Literatur und Politik in der Heine-Zeit. Die 48er Revolution in Texten zwischen Vormärz und Nachmärz, hg. von Hartmut Kircher und Maria Kłańska, Köln 1998, S. 49–64, bes. S. 62 ff.

105 Bettina Knauer, Heinrich Heines ›Florentinische Nächte‹. Form und Funktion novellistischen Erzählens und esoterischer Allegorik, in: Aufklärung und Skepsis. Internationaler Heine-Kongreß 1997 zum 200. Geburtstag, hg. von Joseph A. Kruse, Bernd Witte und Karin Füllner, Stuttgart 1998, S. 833–845.

106 Henriette Herwig, Intermedialität. Musik, Bild, Tanz und Literatur in Heines ›Florentinischen Nächten‹, in: Übergänge. Zwischen Kulturen und Künsten. Internationaler Kongress zum 150. Todesjahr von Heinrich Heine und Robert Schumann, hg. von ders. u. a., Stuttgart 2007, S. 183–194, hier S. 193.

107 Bernd Kortländer, Heinrich Heine, Stuttgart 2003, S. 209.

108 Christine Mielke, Der Tod und das novellistische Erzählen. Heinrich Heines ›Florentinische Nächte‹, in: Heine-Jahrbuch 41 (2002), S. 54–82, hier S. 58, in der Betonung der »typische[n] Reziprozität von Rahmen und Novellen sowie Form und Inhalt«. Daran anschließend Bettina Knauer, Heines ›Florentinische Nächte‹, S. 837, die mittels fragwürdiger Herleitung auf Transformation von Boccaccios und gar Friedrich Schlegels Novellenkonzeption erkennt. Immerhin aber schätzt der Arzt in Heines Text das »Interessante«, führt also die Zentralbestimmung moderner Literatur nach Schlegels Frühschrift im Munde, vgl. ders., Über das Studium der griechischen Poesie (1795/97), in: ders., Kritische Schriften und Fragmente, hg. von Ernst Behler und Hans Eichner, Paderborn 1988, Bd. 1, S. 62–136, hier S. 63 und 66.

109 Jan-Christoph Hauschild und Michael Werner, »Der Zweck des Lebens ist das Leben selbst«. Heinrich Heine. Eine Biographie, 2. Aufl., Köln 1997, S. 350.

110 Das bemerkte übrigens bereits Hermann Marggraff in einer Rezension von 1854, vgl. Heine, Sämtliche Schriften, Bd. 6/II, S. 160.

Novelle verlangt, sondern Fragment geblieben, auch erzählt Heine mitnichten
›einsträngig‹.[111]

Paganinis Solokonzert in Hamburg evoziert nun in ekphrastischen Erup-
tionen des Erzählers vier verschiedene Szenarios, die Analogie zur viersätzigen
klassischen Symphonie ist sicher beabsichtigt. Doch schon bevor diese Schilderungen einsetzen, codiert Heine seinen Helden mythisch-sagenhaft, indem
Maximilian, bereits unnovellistisch-digressiv, den Geiger zusammen mit seinem
Impressario als komisches Paar »am hellen Mittage« (S. 577) zeichnet. Die Asso-
ziation zu »Faust mit Wagner« stellt sich ein (S. 576), übrigens angeregt durch ein
Bild aus Moritz Retschs Zyklus von 26 Illustrationen zum Thema aus dem Jahre
1816. Maximilian, in früheren Entwürfen noch als Enrico (= Heinrich) tituliert,[112]
lässt den angeblich tauben Maler Johann Lyser, der das einzig treffende Porträt
des Musikers geliefert habe,[113] nun den Teufelspakt ausspinnen, zusammen mit
dem Vampir-Motiv schon ein zeitgenössischer Topos der Paganini-Begeisterung.
Wichtig hieran ist nur »das blasse, leichenartige Gesicht, worauf Kummer, Genie
und Hölle ihre unverwüstlichen Zeichen eingegraben hatten« (S. 576), denn
Schmerz, Inspiration und Verdammnis sind die Eckpfeiler des semantischen
Feldes, auf dem Heine seine Abfolge von Phantasmagorien einrichtet.

»Jedes Auge war nach der Bühne gerichtet. Jedes Ohr rüstete sich zum Hören«
(S. 577), Heine gibt hier die Urszene der Ekphrasis, medialer Transformation, um
sie synästhetisch[114] zu überbieten: Nur Maximilian erschließt sich die wie in
einer Guckkastenbühne tragierte Zauberei in »tönender Bilderschrift« (S. 578),
während der Sitznachbar, ein Hamburger Pfeffersack als Kontrastfigur, sich mit
Pseudo-Kennerschaft begnügen muss, seine banausischen Kommentare markieren die Pausen zwischen den einzelnen Segmenten des Spektakels. Noch diese
Struktur ist lesbar als analog dem Verhältnis von Arie und Rezitativ in der großen
Oper.

---

111 Aus der Fülle der Novellenforschung scheint mir diese Bestimmung von Hans Hermann
     Malmede, Wege zur Novelle. Theorie und Interpretation der Gattung Novelle in der deut-
     schen Literaturwissenschaft, Stuttgart 1966, S. 155, als Minimalkonsens vertretbar: Die No-
     velle vermeidet (trotz möglicher Rahmung) allzuviel Reflexion, erzählt stringent auf Höhe-
     punkte oder Pointen hin und vermeidet v. a. romaneske Nebenhandlungen.
112 Vgl. Heine, Sämtliche Schriften, Bd. 1, S. 872. Er hat also die Möglichkeit deutlicher Selbst-
     identifikation anfangs erwogen.
113 Im Bezug auf diesen wohl nachrangigen, doch befreundeten, vgl. Heine, Sämtliche Schrif-
     ten, Bd. 2, S. 848 ff., Illustrator wird deutlich, dass Heines Kunstverstand und -urteil nicht
     entfernt die Sicherheit etwa Baudelaires aufweist. Hätten nicht Delacroix' Faust-Illustratio-
     nen und dessen Porträt Paganinis näher gelegen?
114 Die Synästhesie betont Herwig, Intermedialität, S. 189.

Paganini zaubert eingangs über den Laut paradox ein »farbiges Schattenspiel« (S. 578). Fiktionsintern jedoch gibt es hier eine andere Urszene; den Sündenfall, mit Hilfe dessen der Geiger aus der Rokokowelt von »Götterflitterkram« (S. 578) »Schönheitspflästerchen« (S. 579) und Eifersuchtsmord am Nebenbuhler einer umschwärmten Primadonna ausbrechen muss. Das lächerliche Schmierenstück, von Heine ironisch eingeklammert, ist nur Aufhänger entfesselter Rhetorik, die »Töne die sich küßten«, »dann schmollend einander flohen«, um in einer Metonymie doch noch zu kopulieren, *sehen* lässt, die nämlich »eins wurden, und in trunkener Einheit dahinstarben« (S. 579).

Wohlgemerkt, all das wird angeblich *ergeigt*. Es folgt die Apotheose des Schmerzes bzw. der Einstieg in den Mythos, ein Hadesgang, und hier ist Heine in seinem Element, denn diese ästhetische Grundform ist ihm kognitives Medium und Gestaltungsprinzip zugleich.[115] Bis in die Spätzeit etwa sendet er seinem Hamburger Verleger Campe Bücherwunschlisten, vornehmlich Publikationen über Volkssagen und entlegene Kulte aufführend,[116] selbst Alltagswahrnehmungen sortiert Heine nach mythologischen Mustern.[117] Es ist an dieser Stelle nicht der Ort, in die Debatten um eine angemessene Definition des Mythos einzusteigen,[118]

---

115 Einführend dazu Robert C. Holub, Heine als Mythologe, in: Heinrich Heine. Ästhetisch-politische Profile, hg. von Gerhard Höhn, Frankfurt a. M. 1991, S. 314–326, der aber eher auf religionskritisch-emanzipatorische als ästhetische Zusammenhänge abstellt.

116 Vgl. Brief an Campe vom 18. Oktober 1852, in: Henrich Heine, Briefe. Erste Gesamtausgabe nach den Handschriften, hg. von Friedrich Hirth, Mainz 1949ff., Bd. III, S. 435–438, hier S. 437 f.

117 Im Brief an Jacques Coste vom 5. September 1833 aus Boulogne-sur-Mer, in: Heinrich Heine, Briefe, Bd. II, S. 47, berichtet der Augenzeuge Heine von der Havarie eines Schiffs mit weiblichen Gefangenen – und delektiert sich daran: »J'ai vu une femme sortir de l'écume de la mer, qui était, une véritable Aphrodite, mais une Aphrodite morte«. Er variiert damit zugleich den navigatio vitae-Topos, den Hans Blumenberg, Schiffbruch mit Zuschauer. Paradigma einer Daseinsmetapher, Frankfurt a. M. 1979, verfolgt hat.

118 Hans Blumenbergs gedrängte Abhandlung Wirklichkeitsbegriff und Wirkungspotential des Mythos, in: Terror und Spiel. Probleme der Mythenrezeption (Poetik und Hermeneutik 4), hg. von Manfred Fuhrmann, München 1971, S. 11–74, ist inmitten der Fülle von Mythosdefinitionen die noch immer konsensfähigste. Wie alle ›symbolischen Formen‹ à la Cassirer überführe der Mythos über das Bild Abstraktes in Verfügbares, S. 13 und S. 63. Schon deshalb bleibt er ein stetes Faszinosum für die literarische Adaption. Der Mythos kenne keinen absoluten Anfang, S. 28 und S. 44, seine Rezeption sei, hierin der Literatur strukturell annalog, immer schon Interpretation, »substantielle Inkonstanz«, S. 21. Mythos ist hier generatives Prinzip repräsentationaler Welterschließung und -deutung, »kein Kontext, sondern ein Rahmen, innerhalb dessen interpoliert werden kann; darauf beruht seine Integrationsfähigkeit, seine Funktion als ›Muster‹ und Grundriß, die er noch als bloß durchscheinender Vertrautheitsrest besitzt«, S. 51. Blumenbergs große Studie Arbeit am Mythos, Frankfurt a. M. 1979, S. 2 und 32, rekonstruiert dann den Mythos als Angstbewältigung qua Konstruktion von Benennbarkeit.

Gottfried Boehms Hinweis möge genügen, dass Mythen »nicht nur zeigen, was einmal war, sondern was war, ist und sein wird.«[119]

Durch die »schneidendsten Jammertöne«, »Angstlaute«, »entsetzliches Seufzen und ein Schluchzen, wie man es noch nie gehört auf Erden« (S. 580 f.) erzeugt Paganini die Gruselatmosphäre, in der nun Kobolde von »lustige[r] Bocksnatur« (S. 580) auftreten. Sichtbar werden blutende »Töne gleich dem Gesang der gefallenen Engel, die mit den Töchtern der Erde gebuhlt hatten, und, aus dem Reich der Seligen verwiesen, mit schamglühenden Gesichtern in die Unterwelt hinabstiegen« (S. 580). Trotz einschlägiger Szenen des ikonischen Arsenals etwa bei Brueghel dem Älteren: Darauf muss man erstmal kommen. Paganinis virtuose Handhabung der Disharmonie erschafft, Motiven aus Goyas *Caprichos* vergleichbar, »eine Menge kleiner Weibsbilder, die boshaft lustig mit den häßlichen Köpfen nickten und mit den gekreuzten Fingern, in neckender Schadenfreude, ihre Rübchen schabten« (S. 581), worauf noch die alttestamentarischen »kolossalen Posaunen« aus dem »Tale Josaphat[s]« (S. 581, vgl. 2. Chron. 15,14) erklingen und der Mythos endgültig synkretistisch gerät.

Vorhang, eine Saite reißt und Maximilians Sitznachbar, Hamburger Pelzhändler, gibt Pseudowissen im falschen Plural zum Besten, wenn er kennerisch darauf hinweist, dass dies »von dem beständigen Pizzikati!« (S. 581) herrühre. Doch Paganini muss noch tiefer hinab, nämlich in das *Scherzo*. Die »Transformation der Töne« erzeugt – hochmodern-symbolistisch – ein Firmament von schwarzen Sternen, das das Geschehen einer negativ-satanischen Kosmogonie illuminiert. Sigrid Weigel bemerkt richtig »Szene[n] des Imaginären, in dem sich Mythos und Traum mischen«.[120] Unheimlich-erhabenes Setting, Meeresklippen in der Dämmerung, Paganini gebietet als spöttischer »Hexenmeister« (S. 582) in Mönchsgestalt, also in deutlicher Anspielung auf E.T.A. Hoffmann und dessen Vorbild Lewis, einem Höllentanz, die Elemente werden zu »Blutwellen« (S. 582), Armageddon kündigt sich an und der Geiger rührt an die Geheimnisse des Seins: »Das heulte, das kreischte, das krachte, als ob die Welt in Trümmer zusammenbrechen wollte, und der Mönch strich immer hartnäckiger seine Violine. Er wollte durch die Gewalt seines rasenden Willens die sieben Siegel brechen, womit Salomon die eisernen Töpfe versiegelt, nachdem er darin die überwundenen Dämonen verschlossen« (S. 582).

---

119 Gottfried Boehm, Mythos als bildnerischer Prozeß, in: Mythos und Moderne. Begriff und Bild einer Rekonstruktion, hg. von Karl Heinz Bohrer, Frankfurt a. M. 1983, S. 528–544, hier S. 532.
120 Sigrid Weigel, Zum Phantasma der Lesbarkeit, S. 254.

Heine alludiert in diesem Theaterdonner Offb. 4–19 nur, um ihr Konkurrenz
zu machen,

> und aus den roten Blutwellen sah ich hervortauchen die Häupter der ent-
> fesselten Dämonen: Ungetüme von fabelhafter Häßlichkeit, Krokodylle mit
> Fledermausflügeln, Schlangen mit Hirschgeweihen, Affen bemützt mit Trich-
> termuscheln, Seehunde mit patriarchalisch langen Bärten, Weibergesichter
> mit Brüsten an die Stellen der Wangen, grüne Kamelsköpfe, Zwittergeschöpfe
> von unbegreiflicher Zusammensetzung, alle mit kalt klugen Augen hinglot-
> zend und mit langen Floßtatzen hingreifend nach dem fiedelnden Mönche
> (S. 582),

der plötzlich Haare nach Art der Medusa zu tragen scheint.

Solch groteskes Gewimmel ist nicht mehr zu überbieten, dem Beschreiben-
den droht der Wahn – und die Ekphrasis ist nur zu stoppen, indem die Sinne
blockiert werden: Maximilian schließt die Augen und hält sich die Ohren zu, ein
weiterer banausischer Kommentar des Sitznachbars hilft, in die Realität zurück-
zufinden.

Was quasi als Nachgeburt folgt, ist, wiederum analog zum symphoni-
schen Schlusssatz, deutlich beruhigter, »nicht mehr so grellfarbig und leiblich
bestimmt« (S. 583), und plündert christliche Motive sowie Versatzstücke der
klassisch-romantischen Ästhetik. Alles ist plötzlich stimmig, Paganini scheint
als »Mensch-Planet um den sich das Weltall bewegte, mit gemessener Feier-
lichkeit und in seligen Rhythmen erklingend« wie ein »erhabenes Götterbild«
(S. 583). Man hört, nein sieht Choräle wie im Dom, »weiße wallende Gewänder«,
doch auch fühlt das träumende Herz »Waldhornstöne im Mondschein« (S. 584).
Damit führt Heine mittels der Imago Paganinis die Normativität des Klassizismus,
nämlich Harmonie, Idealität, Verklärung und Versöhnung (S. 583) mit der romantischen Zentralbestimmung der Innerlichkeit zusammen: Wahrhafte – und das
ist für Heine *moderne!* – Kunst synästhetisiert das Beste von Klassik und Romantik, als symphonische Struktur, doch beiläufig in kleiner Form eines unvollende-
ten Prosastücks, vor allem aber im Modus des Exzesses.

Alles ist hier durchweg über Heines Neigung, Superlative mit Diminutiven zu
kontrastieren, dem Hang zu zeugmatischen Wendungen, Imitationen des Bibel-
Pathos, dem mehrfach bemühten Unsagbarkeitstopos, synkretistischen Mytho-
logemen samt witziger Neologismen (»Olymp von Bankiers« und »Götter des
Kaffees« in Hamburg [S. 577]) durchweg rhetorifiziert. Ekphrasis ist bei Heine stets
und zunächst entfesseltes Sprachereignis, wobei, erstaunlich genug, die Frage
nach dem Sinn des Ganzen erst einmal sekundär gerät. Statt einer tatsächlich
konsekutiv entfalteten Handlung gibt Heine eine auftürmende, aber digressive

Reihung von Bildern gesuchter Plastizität, wie sie eigentlich erst für den Spätstil
bezeichnend ist, doch beständig interpunktiert mit den Ironiesignalen wie »[i]n
der Tat«, »[a]ber ach!« (S. 579), »sonderbar!«, »kolossal« (S. 583),[121] die während
des Sprachfeuerwerks dann doch zu verstehen geben, das vielleicht mehr als ein
selbstgenügsamer Sinnenzauber beabsichtigt ist.

Heine hat Paganini wohl nie gehört[122] und war in Musikfragen vermutlich
kaum sattelfester als in solchen der bildenden Kunst.[123] So kann man allenfalls
von semi-faktualer Referenz der Ekphrasis sprechen, denn es ist recht unerheblich, ob die Figur Paganini tatsächlich existierte oder welches Musikstück angeblich erklingt. Heines Inszenierung eines Gesamtkunstwerks als ›Totaleindruck‹[124]
ist wie entfesselt, die synästhetisch ›tönende Bilderschrift‹ jedoch Programm,
über Intensität, nicht Gattungsfragen soll Evidenz erzeugt werden. Wohlgemerkt,
Sprache suggeriert Bilder, die Musik visualisieren sollen – und geht dabei über
alles hinaus, was die deutsche Romantik an Texten über Musik und ihre Wirkung
hervor gebracht hat. Ganz und gar nicht unerheblich ist deshalb, auch eingedenk
der Konturierung des Reflexionsfeldes einer spezifischen Musikästhetik erst um
1800, eine Stichprobe im Rückblick.

Obwohl die Frühromantik bereits Synästhesien als poetischen Effekt favori-
siert, versteht sie doch Musik als Form »innerer Andacht«[125] mit strikter Bindung
an das empfindsame ›Herz‹ – konsequent durchgeführte Ekphrasis jedoch wird
man bei ihr vergeblich suchen. E. T. A. Hoffmann hingegen bringt schon in den
Kreisleriana 1–6 Schopenhauers *und* Hegels Bestimmungen Jahre vor deren
Niederschrift, wenn Musik als »die romantischste aller Künste«[126] uns »dem

121 Herausgearbeitet bei Ingo Meyer, Heine im Kontext. Formen und Funktionen ironischen
Stils in Heines Prosa, Magisterarbeit Bielefeld 1996, S. 43 ff.
122 Fritz Mende, Heinrich Heine. Chronik seines Lebens und Werkes, Berlin 1970, S. 81, kann
den Hamburger Konzertbesuch am 12. Juni 1830 nur vermuten; der Kommentar Brieglebs,
in: Heine, Sämtliche Schriften, Bd. 1, S. 858, hält die Lektüre von neuen Publikationen über
Paganini, damals geradezu eine Art Popstar, für inspirierend.
123 Zwar spielt Musik z. B. in Heines *Lutetia* eine erhebliche Rolle, doch durchweg als gesell-
schaftliches Phänomen. Heine versucht hier, den Musikbetrieb in der französischen Hauptstadt als Zeitzeichen der ›zwischenrevolutionären‹ Epoche zu lesen.
124 Philipp Otto Runge, Brief an Unbekannt (1807 oder 1808), in: ders., Schriften, Fragmente /
Briefe, hg. von Ernst Forsthoff, Berlin 1938, S. 123–134, hier S. 127.
125 Wilhelm Heinrich Wackenroder und Ludwig Tieck, Herzensergießungen eines kunstlieben-
den Klosterbruders (1797), hg. von Martin Bollacher, Stuttgart 2005, S. 99; für dies., Phantasien über die Kunst (1799), hg. von Wolfgang Nehring, Stuttgart 1973, S. 65, ist Musik dann
prinzipiell sakrale Kunst.
126 E. T. A. Hoffmann, Fantasiestücke in Callots Manier (1814/15), in: ders., Fantasie und Nacht-
stücke, hg. von Walter Müller-Seidel, München 1960, S. 5–327, hier S. 41. Zum Vergleich
Hegel, Vorlesungen über die Ästhetik III, in: ders., Werke, Bd. 15, S. 138.

Drange, der niederdrückenden Qual des Iridischen entreißt«.[127] Auch Hoffmann
beschreibt erzromantisch das Musikerlebnis synästhetisch als »eine Überein-
kunft der Farben, Töne und Düfte«[128] und fasst das musikalische Werk als »Ton-
gemälde« (S. 46), dringt aber nie zu einer Heine vergleichbaren ekphrastischen
Entfesselung vor. Stets bleibt es bei bloßen Ansätzen, die eine Visualisierung der
Musik als »Geisterreich des Unendlichen« (S. 44) nahelegen, jedoch nicht aus-
fabulieren. Über eine Passage aus Beethovens Fünfter, einem *der* romantischen
Referenzstücke: »Die Brust von der Ahnung des Ungeheuern, Vernichtung Drohenden gepreßt und beängstet, scheint sich schneidenden Lauten gewaltsam
Luft machen zu wollen, aber bald zieht eine freundliche Gestalt glänzend daher
und erleuchtet die tiefe grauenvolle Nacht« (ebd.). Über Haydn: »Seine Sinfonien
führen uns in unabsehbare grüne Haine, in ein lustiges buntes Gewühl glücklicher Menschen. Jünglinge und Mädchen schweben in Reihentänzen vorüber;
lachende Kinder, hinter Bäumen, hinter Rosenbüschen lauschend, werfen sich
neckend mit Blumen« (S. 42). Solche Passagen sind auf dem Weg zu Heine, nir-
gendwo aber wird etwa versucht, z. B. die dramatische Struktur eines Musik-
stücks über rhetorisch induzierte Vorstellungsbildungen nachzumodellieren.
Das mag einerseits am eher selten notierten »geringen Differenzierungsvermögen
der Sprache Hoffmanns«[129] liegen, andererseits wohl auch daran, dass er, sehr im
Gegensatz zu Heine, *zuviel* über Musik wusste.

Der ästhetische Mehrwert der Heine'schen Ekphrasis? Paganini gerät hier,
anders als Lessing in der *Romantischen Schule*, nicht zu einer Selbstidentifikation des witzbegabt-kämpferischen Dichters Heine,[130] sondern zum schöpferi-
schen Schmerzensmann im Dienste der Kunst, sie allein ist sein Amt, Privileg und
Bürde zugleich. Erst sein Ausbruch aus der trivialen Rokokowelt, Hadesgang und
Beschwörung der Elemente bzw. des Urübels befähigen ihn zur apollinischen
Bändigung der Form. Paganini steht also für nichts anderes als den ästhetischen
Produktionsprozess selbst, daher die ständige Betonung des Transformationsvor-
gangs, sobald er den Geigenbogen ansetzt. So reiht sich seine Figur als Erfindung
Heines ein in dessen Galerie von Privatmythologemen der Versinnfälligung kom-

---

127 E. T. A. Hoffmann, Fantasiestücke, S. 33. Vgl. Arthur Schopenhauer, Die Welt als Wille und
     Vorstellung I, in: ders., Sämtliche Werke, hg. von Wolfgang Frhr. v. Löhneysen, Frankfurt
     a. M. 1986, Bd. 1, S. 368 (drittes Buch, § 52). Andererseits soll Musik – damit völlig unverein-
     bar – der unmittelbarste Niederschlag des Willens sein, vgl. Die Welt als Wille und Vorstel-
     lung II, in: ders., Sämtliche Werke, Bd. 2, S. 574 (Kapitel 39). Wenige Seiten später, S. 579,
     bleibe der »Wille selbst« in allen Künsten »aus dem Spiel«.
128 E. T. A. Hoffmann, Fantasiestücke, S. 50.
129 Hartmut Steinecke, Nachwort, in: E. T. A. Hoffmann, Lebensansichten des Katers Murr,
     2. Aufl., Stuttgart 1986, S. 491–516, hier S. 509.
130 Dazu Ingo Meyer, Heine im Kontext, S. 73 ff.

plexer Sachverhalte aus Politik, Geschichte und eben: Ästhetik.[131] Ein weiteres Mal formuliert Heine ein Manifest zur modernen Poesie – im mythopoetischen Modus selbst.

III

Dass in Peter Weiss' Romantrilogie *Die Ästhetik des Widerstands* Bilder und Bildlichkeit eine erhebliche Rolle spielen, bemerkt jeder, der die erste Seite des ersten Teils anliest und bald feststellt, wie er sich qua Ekphrasis auf die Stufen des Pergamon-Altars versetzt findet, tatsächlich eine der phänomenologischen Konzeption der Wahrnehmung sehr verwandte Vorgehensweise sukzessiver Gegenstandskonstitution. In der zunächst sehr zögerlichen, weitgehend ablehnenden Rezeption wollte mancher für die Brillianz der Kunstbeschreibungen den gesamten politischen Diskurs drangeben,[132] hier geht es nur um die Macht des Bildes als Macht der Sprache.

Die zehnseitige, absatzlose Hinrichtungsszene führender Mitglieder der kommunistischen Widerstandsorganisation *Rote Kapelle* ist der blutige Höhepunkt im dritten und letzten Teil, erschienen 1981. Man hat richtig bemerkt, dass »Bildhaftigkeit und bildhaftes Erkennen als gleichberechtigtes Erkenntnisprinzip neben den rationalen Diskurs [ge]stellt« ist,[133] und allein das ist für einen überzeugten Marxisten wie Peter Weiss ungewöhnlich, datiert aber zurück auf dessen avantgardistisch-surreale Anfänge, die erwiesen haben, dass selbst detaillierteste Rede die semantische Indiskretion der Bilderfahrung nicht einholen kann. Wenn der Diskurs versage, werde in der *Ästhetik des Widerstands* der »Gang zu den Bildern« angetreten[134] – nur an dieser Stelle ist es genau umgekehrt, es herrscht

131 Genannt seien Napoleon als Inbegriff politischer Potenz, vgl. Heinrich Heine, Sämtliche Schriften, Bd. 2, S. 275, die Sonne als Bild der Julirevolution, wie sie in den frühen Schriften über Frankreich häufig begegnet, vgl. etwa ebd., S. 665, Bd. 3, S. 40 und S. 77, und Karl Stuart als Personifikation des lebensweltlich Wunderbaren, denn »die entsetzte Poesie floh den Boden« Englands nach Cromwells puritanisch-republikanischem Umsturz, ebd., S. 62, Bd. 4, S. 174.

132 Marcel Reich-Ranicki, Peter Weiss. Poet und Ermittler 1916–1982, in: Peter Weiss, hg. von Rainer Gerlach, Frankfurt a. M. 1984, S. 7–11, hier S. 10; ähnlich Hans Christoph Buch, Seine Rede ist: Ja, ja, nein, nein, in: Der Spiegel 47 (1978), S. 258–261, hier S. 260.

133 Ludger Claßen und Jochen Vogt, »Kein Roman überhaupt«?? Beobachtungen zur Prosaform der ›Ästhetik des Wiederstands‹, in: Die Ästhetik des Widerstands, hg. v. Alexander Stephan, Frankfurt a. M. 1983, S. 134–163, hier S. 158.

134 Martin Rector, Örtlichkeit und Phantasie. Zur inneren Konstruktion der ›Ästhetik des Wiederstands‹, in: Die Ästhetik des Widerstand, S. 104–133, hier S. 125.

strenger Ikonoklasmus angesichts der »ungeheuerlichen Verbrechen«.[135] Dazu passt die Hilflosigkeit der Abbildungen in den *Notizbüchern 1971–1980*, die lediglich das einschlägige Foto vom Innenraum der Hinrichtungsstätte in Plötzensee (S. 809) und einige Porträts der Opfer bringen (S. 879 ff.). Nur: Was sollten sie auch sonst zeigen?

Reduktion ist ein gestalterisches Grundprinzip der Moderne. Peter Weiss hat sein Idiom als »eine arme Sprache« gefasst, »mühsam herbeigesucht« (S. 724). Gerade der insistierende, pathos- und – ausgerechnet hier! – empathiefreie Beschreibungsstil jedoch sorgt für eine selten erreichte Eindringlichkeit von erheblicher Sogwirkung. Gelungene, persuasive Deskriptionen, so Gottfried Boehm, verstricken sich,[136] exemplarisch zeigen dies die ekphrastischen Momente der Romantrilogie; Peter Klotz spricht gar von einer »Entdeckungsprozedur mittels Beschreiben«,[137] die immer tiefer in den Gegenstand ziehe.

Die Hinrichtung als Gipfel des erfahrenen Terrors ist durch zahlreiche Antizipationen und Gesichte vorbereitet, genannt seien nur das »Nahen eines mythischen Unheils« und die »Prophezeiung grausamster Brutalität«,[138] der »Takt des Todes« (S. 103), die Rede von »Henkersknechten« und der »Schrei des Entsetzens« (S. 105), die klandestine Parteizentrale als »Gruft« (S. 110), Charlotte Bischoffs »Gefühl der Gefahr« (S. 188), der Gedanke an »Folterkammer« und »Beil« (S. 193), schließlich ihre Entscheidung zur sofortigen Flucht (S. 195).

Die wie der gesamte Roman blockartig[139] gesetzte Episode vermeidet, wiederum wie das Gesamtwerk, Psychologisierung, erreicht aber doch einen eindringlichen Realismus. Das Karg-Reduktionistische, dass sich durchaus als rhetorisches Bilderverbot begreifen lässt, drängt dem Leser keinerlei Empörung auf und gelangt genau ob dieser Askese zu dessen ›Verstrickung‹. Gerade die unerbittliche Beschränkung auf pure Vorgängigkeit, Farblosigkeit des Vokabulars, die stupid mechanische, sich wiederholende Tötungsprozedur, die für die Exekutoren sofort Routine wird, ist jeder visuellen Dokumentation in der ästhetischen Intensität

---

135 Peter Weiss, Notizbücher 1971–1980, Frankfurt a. M. 1981, S. 888.

136 Gottfried Boehm, Bildbeschreibung. Über die Grenzen von Bild und Sprache, in: Kunstbeschreibung – Bescheibungskunst, S. 23–40, hier S. 30, ferner S. 34.

137 Peter Klotz, Ekphrastische Betrachtungen. Zur Systematik von Beschreiben und Beschreibungen, in: Vor dem Kunstwerk. Interdisziplinäre Aspekte des Sprechens und Schreibens über Kunst, hg. von Heiko Hausendorf, München 2007, S. 77–97, hier S. 79.

138 Peter Weiss, Die Ästhetik des Widerstands III, Frankfurt a. M. 1981, S. 27 f. Alle folgenden Nachweise aus dieser Ausgabe im laufenden Text.

139 Dies lag Weiss am Herzen, vgl. »...ein ständiges Auseinandersetzen mit den Fehlern und den Mißgriffen...«. Heinz Ludwig Arnold im Gespräch mit Peter Weiss (19. September 1981)«, in: Die Ästhetik des Widerstands, S. 11–58, hier S. 50, »um zu zeigen, wie ungeheuer dicht alles ist und wie unmöglich es ist, da herauszukommen«.

weit überlegen. Es sind die rezeptionstheoretisch so gefassten »Leerstellen« des Textes, seine Redundanz, die plastische Füllung allererst ermöglichen.[140] Nahezu unerträglich der starre Ablauf, das »riesige Beil« der Guillotine (S. 215) mit ihrem »schreckliche[n] Geräusch« (S. 216), die noch zuckenden Leiber, die sogleich in Bretterkisten landen, Kopf anbei gelegt, dann das zeitintensivere Erhängen, »[z]wanzig Minuten mußte jeder hängen, bis er abgenommen werden konnte« (S. 217), das »Knacken der Wirbelknochen« (S. 219), bis die Körper menschenunähnlich sind, bloßes Miasma, »ein schwüler, süßlicher Geruch« (S. 215), zum Schluss nur noch »dicker Gestank« (S. 220).

Sprachlos, aber voller Bilder im Kopf, blickt man auf das Gelesene. Es gibt wohl sonst kein Stück Literatur, keinen Film, der zu verstehen gibt, dass sich Sterbende entleeren – von bildender Kunst ganz zu schweigen. So kommt zum Schluss doch noch Lessing ins Spiel: »Was wir das Gräßliche nennen, ist nichts als ein ekelhaftes Schreckliches«.[141] Anlässlich der Vorstellung des widerwärtig riechenden Lazarus meinte er, »die Malerei will das Ekelhafte, nicht des Ekelhaften willen; sie will es, so wie die Poesie, um das Lächerliche und Schreckliche dadurch zu verstärken. Auf ihre Gefahr!«[142]

Die Gefahr ist gebannt. »Das Bild liegt tiefer als die Worte«,[143] befand Weiss bei der Verleihung des Lessing-Preises 1965, während seine bald darauf einsetzenden Essays zur politischen Ästhetik in *Rapporte 2* im Doktrinären erstarren. Beschreibung, meinte der Konservative Otto F. Bollnow, ermögliche »ein neues Stück des Sagbaren«,[144] ist also eine existenziale Übung. Aber, so fragte Hans

140 Wolfgang Iser, Die Appellstruktur der Texte. Unbestimmtheit als Wirkungsbedingung literarischer Prosa, Konstanz 1970, S. 12 f., S. 15 f. und S. 33. Auch Franziska Irsigler, Beschriebene Gesichter, S. 27 ff. und S. 532, macht die »Leerstellen« zu Recht für Ekphrasis stark.

141 Gotthold Ephraim Lessing, Laokoon oder über die Grenzen der Malerei und Poesie [1766], in: ders., Werke, hg. von Kurt Wölfel, Bd. 3: Schriften II. Antiquarische Schriften. Theologische und philosophische Schriften, Frankfurt a. M. 1967, S. 7–171, hier S. 143.

142 Ebd., S. 149. Seit David E. Wellbery, Lessing's ›Laocoon‹. Semiotics and Aesthetics in the Age of Reason, Cambridge 1984, S. 112 ff., 135 f. und 231 ff., hat sich eine semiotische Deutung des Textes innerhalb der kulturalistisch-teleologischen Aufklärungsästhetik durchgesetzt. Zur wirkungsästhetischen Valenz des Ekelhaften bei Lessing jüngst Boris Roman Gibhardt, Schönheit und Ekel. Zu Lessings ›unklassischer‹ Materialität der Künste im ›Laokoon‹, in: Études Germaniques 70 (2015), S. 393–408, hier S. 401 ff.

143 Peter Weiss, Laokoon oder über die Grenzen der Sprache [1965], in: ders., Rapporte, Frankfurt a. M. 1968, S. 170–187, hier S. 182.

144 Otto F. Bollnow, Versuch über das Beschreiben, in: Hommage à Richard Thieberger. Etudes allemandes et autrichiennes, hg. von Zsuzsa Széll u. a., Nizza 1989, S. 57–75, hier S. 63.

Ulrich Gumbrecht, kann Sprache so quälen wie die Bilder?[145] Sie kann es sehr wohl, da aus phänomenologischer Sicht Semiose und Bildgenese immer zusammengehen. Den Bildern lässt sich nicht entkommen, doch es geht noch spezifischer. Weiss hat als späte Rache – und bezeichenderweise im Ausbruch aus dem selbst verhängten Psychologieverbot – einem biederen Hilfsscharfrichter namens Schwarz diese Qual mitgegeben, eines seiner Opfer ist der hochgewachsene Hans Coppi, und Schwarz, vermutlich bildungsfern, wohnt in der Langhansstraße: »Das schlug in ihn ein. Der lange Hans. Immer wenn er nun durch die Langhansstraße ginge, würde er an den langen Hans denken müssen« (S. 218). *Das* ist duale Codierung, sie hält ein Leben lang.[146]

Karl Heinz Bohrer und Moritz Menzel wiesen schon bei Erscheinen des ersten Bandes hellsichtig darauf hin, dass der Motivbestand des frühen, surrealen Peter Weiss in diesem erzählerischen Großwerk, das auch Anspruch auf einen historisch-dokumentarischen Roman erhebt,[147] übernommen, doch in den politischen Kontext versetzt werde.[148] Der prominenteste Bildkomplex aus diesem Arsenal aber ist der einer grauenhaften Folter und Qual. Von Jörg Drews hingegen stammt die sprachkritische Notiz: »Man kennt die oft seltsam mahlende, Sachverhalte um und um wälzende Erörterungssprache Peter Weiss', die sich in der *Ästhetik des Widerstands* bisweilen zum Monumentalen steigert, häufig allerdings sowohl in diesem Roman wie auch besonders außerhalb schwerfällig, zäh und wie gelähmt wirkt mit ihrer umständlichen Begrifflichkeit, ihrem Substantivismus samt unzähligen substantivierten Infinitiven, die ein ewiges ›Untersuchen‹ und ›Prüfen‹ fordern, bis die vollständige graue Unfreiheit herrscht, in die man am liebsten einen unverantwortlichen, aber befreienden Schlag des in der *Ästhetik des Widerstands* so häufig angerufenen Herakles niedergehen sähe.«[149]

---

145 Hans Ulrich Gumbrecht, Louis-Ferdinand Céline und die Frage, ob Prosa gewaltsam sein kann, in: Kunst – Macht – Gewalt. Der ästhetische Ort der Aggressivität, hg. von Rolf Grimminger, München 2000, S. 127–142, hier S. 142, mit der Antwort: Durchaus, aber über die dafür verantwortlichen Abläufe ist noch kaum etwas bekannt.

146 Auch bei Günter Grass, Die Blechtrommel (1959), 25. Aufl., Neuwied 1986, S. 258 f., findet sich die Oskar peinigende duale Codierung, da er beim Verb ›hängen‹ sofort und fortan unwiderruflich an den von ihm bezeugten Leichenfund des homosexuellen Gemüsehändlers Albrecht Greff denken muss, der sich 1942 höchst phantasievoll selbst strangulierte.

147 Dazu Michael Winkler, Schreiben im Exil, in: Die Ästhetik des Widerstands, S. 228–245, hier S. 240.

148 Karl Heinz Bohrer, Katastrophenphantasie oder Aufklärung? Zu Peter Weiss' ›Die Ästhetik des Widerstands‹, in: Merkur 30 (1976), S. 85–90, hier S. 88; Moritz Menzel, Kopfstand mit Kunst, in: Der Spiegel 48 (1975), S. 176–178, hier S. 177.

149 Jörg Drews, »So beginnt die Arbeit, nach Überwindung des alltäglichen Brechreizes.« Peter Weiss' Journal aus dem Jahr 1970: ›Rekonvaleszenz‹, in: ders., Luftgeister und Erden-

Auch so kann man auf erlittene Qual in dieser »schutz- und fugenlose[n] Prosa-Nordwand«[150] reagieren: Folter, das beschreibt für vermutlich nicht Wenige auch die Lektüreerfahrung dieses noch in seinem letztinstanzlichen Scheitern großartigen Romans selbst.

IV

Was war darzutun? – Die gewählten Beispiele ekphrastischer Literatur verlaufen, verblüffend genug, denkt man an das Dogma ›autonomer‹ Poesie der Moderne, gegenläufig, von fiktiver (Gryphius) zu semi-faktualer (Heine) zu dokumentarischer Referenz (Weiss).

Bei Gryphius wird die Allegorie als Emblem fingiert, erweist sich jedoch keineswegs als starrer Wissensspeicher, sondern -generator, der im Modus der Ekphrasis Einsichten artikuliert, die der Überzeugung des Autors durchaus zuwiderlaufen: der Mensch als handlungsmächtiges, *freies* Wesen. Man sollte nicht so weit gehen, hier bereits Rudimente frühaufklärerischen Denkens ermitteln zu wollen, zumal die formale Leistung des Schlesiers verblüffender ist, liefert er doch als Ekphrasis zumindest virtuell ein – unmarkiertes – Gedicht (Sonett) innerhalb der gebundenen Rede einer Bühnenperson und zeigt exemplarisch, dass sich in der Literatur des deutschen siebzehnten Jahrhunderts trotz Regelbindung zumindest ›Stellen‹ ereignen, die es an Suggestivität und Plastizität mit den zeitgleichen bildenden Künsten des Manierismus und Illusionismus aufnehmen können.

Heinrich Heine als Kritiker der (politischen) Romantik[151] adaptiert doch deren Konzept des Gesamtkunstwerks und führt es allererst zur vollgültigen Realisation, über die Sinn- und Vorstellungsgenese qua Text intendiert er den romantischen Totaleindruck von Schrift, Bild und Klang. Der Referent oder Anlass solcher Beschreibungskunst erscheint dabei fast nebensächlich, auf ein tatsächliches Hörerlebnis jedenfalls stützt sich Heines ekphrastische Halluzination wohl nicht.

Angesichts des absoluten Schreckens, einer durch NS-Schergen ausgeführten Massenhinrichtung, wählt ein Autor, der lange Jahre auch als bildender Künstler tätig war, den Weg der Reduktion als Erzählverfahren, das Finale seiner *Ästhetik*

schwere. Rezensionen zur deutschen Literatur 1967–1999, Frankfurt a. M. 1999, S. 170–174, hier S. 173.
150 Moritz Menzel, Kopfstand, S. 176.
151 Dazu Karl Heinz Bohrer, Die Kritik der Romantik. Der Verdacht der Philosophie gegen die literarische Moderne, Frankfurt a. M. 1989, S. 97 ff.

des Widerstands bricht jedoch mit der eigenen Romanpoetik, indem es plötzlich fiktionsintern Psychologisierung zulässt und sich vom grauenhaften Bild abwendet, um es als »arme Sprache« umso nachdrücklicher der Vorstellungsbildung aufzunötigen.

Dass all dies überhaupt möglich ist, spricht für eine ›Autonomisierung‹ der Ekphrasis, losgelöst von ihrer dienenden Funktion als Beschreibung realer Kunstwerke; nicht der Gegenstand, sondern das Medium selbst ist verantwortlich für seine eigene Poetizität. Ekphrasis zudem scheint nicht gattungs- oder textsortengebunden, aber mehr als bloßer Stil. Bis auf Weiteres ließe sich vielleicht von einem rhetorisch-evokativem *Genre* sprechen – dessen Einsatz offenbar immer möglich ist, weshalb bei historisch-systematischen Rückbindungen, die seriös nur aufgrund einer sehr viel breiteren Textgrundlage vorzunehmen wären, Vorsicht geboten ist. Ob für die Beschreibungskunst in der Mikrologik der Sinngenese nun ›Leerstellen‹ oder duale Codierungen verantwortlich sind, gezeigt werden sollte auch, dass ältere Ansätze der Literaturwissenschaft keineswegs außer Kurs gesetzt sind. Freilich, Ekphrasis liefert ausschließlich mentale Bilder, ob Husserls Verdikt über die im Vergleich zur Wahrnehmung geringere Präsenz der Phantasiemodifikationen wirklich hinfällig ist, wäre von ästhetischer Warte aus zu prüfen im Verband mit den Kunsthistorikern. Zwar ist das hier vorgeführte Verständnis von Ekphrasis eine interne Angelegenheit der Philologien, was aber ganz und gar nicht als Wunsch nach künftiger Verausterung im eigenen Fachgebiet zu verstehen ist, im Gegenteil. Die überaus schwierige Frage nach den jeweils spezifischen Qualitäten sprachlichen und ikonischen Sinns,[152] nach dem Sinn der Bilder überhaupt, ist nach wie vor offen – hier wird man auf absehbare Zeit nur gemeinsam ein Stück weiterkommen.

---

152 Einschlägig Gottfried Boehm, Wie Bilder Sinn erzeugen. Die Macht des Zeigens, Berlin 2007, mit der These eines eigenständigen Logos des Bildes; dazu Ingo Meyer, Repondenz zu Gottfried Boehm, in: Das neue Bedürfnis nach Metaphysik, hg. von Markus Gabriel, Wolfram Hogrebe und Andreas Speer, Berlin und Boston 2015, S. 261–272. Analytisch-kantianische Positionen wie Reinhard Brandt, Die Wirklichkeit des Bildes. Sehen und Erkennen – vom Spiegel zum Kunstbild, München 1999, S. 47ff., leugnen einen eigenständigen ikonischen oder perzeptiven Sinn; noch Wolfgang Iser, Akt des Lesens, S. 238, unterscheidet zwischen bild- oder bedeutungshaften Vorstellungen.

ELSBETH DANGEL-PELLOQUIN

»HERZWASSERSUCHT«. TRÄNEN IN DER LITERATUR DES ACHTZEHNTEN JAHRHUNDERTS

Die Literatur ist ein einziges großes Tränenreservoir. Das ist sie wohl immer gewesen, aber in der deutschsprachigen Literatur des späten achtzehnten Jahrhunderts, der Literatur der sogenannten Empfindsamkeit, ist das Reservoir entschieden übergeflossen.[1] Wie im Märchen vom *Tränenkrüglein* (aus der Sammlung von Bechstein),[2] in dem das verstorbene Kind wegen des unablässigen Weinens der Mutter im Jenseits keine Ruhe finden kann, so droht das Tränenkrüglein ständig überzulaufen; die Literatur dieser Zeit kennt keinerlei Ökonomie im Weinen. Jean Paul spricht 1804 im Hinblick auf das gerade vergangene ›weinende Saeculum‹ von der »Herzwassersucht«, durch die es viele nasse Bücher gegeben habe: »Wir haben aus jenen weinerlichen Zeiten, wo jedes Herz eine Herzwassersucht haben sollte, ganze nasse Bände, worin wie vor schlechtem Wetter Phöbus in einem fort Wasser zieht«.[3] Er selbst hat allerdings in seinen frühen Romanen erheblich dazu beigetragen.

Das Weinen wird von Gefühlen ausgelöst, die sehr heterogen sein können: Trauer, Kummer, Rührung und Wonne. Doch nicht von diesen Gefühlen soll hier die Rede sein, denn das Weinen in der empfindsamen Literatur gibt ohnehin kaum Aufschluss über den spezifischen emotionalen Wert, sondern von einer Ausdrucksform dieser Gefühle, von den Tränen, genauer von Tränen aus Sprache.

---

1   Mit Recht heißt ein Band über die Tränen in der Literatur des achtzehnten Jahrhunderts: *Das weinende Saeculum. Colloquium der Arbeitsstelle 18. Jahrhundert. Gesamthochschule Wuppertal, Universität Münster, Schloss Dyck vom 7.–9. Oktober 1981*, Heidelberg 1983. Eine beliebte Metapher der Zeit, die »Tränenströme« (so wiederholt im *Werther*), gibt eine Vorstellung von der Maßlosigkeit des Weinens.

2   In variierter Form taucht das Märchen auch in der Sammlung der Brüder Grimm auf unter dem Titel *Das Totenhemdchen*. Dort ist das Totenhemd des Kindes immer durchnässt von den Tränen der Mutter.

3   Jean Paul, Kleine Nachschule zur ästhetischen Vorschule, in: ders., Werke, hg. von Norbert Miller und Wilhelm Schmidt-Biggemann, München und Wien 1987 (4./5. Auflage, die mit früheren Auflagen nicht immer seitenidentisch ist), Bd. I/5, S. 478. Die Abteilung I (Werke) und II (Jugendwerke und vermischte Schriften) werden mit römischen, die einzelnen Bände mit arabischen Ziffern zitiert.

Die Konzentration auf dieses flüchtige Element erlaubt es – nach einem Plädoyer Walter Benjamins –, die kulturellen Konstruktionen der Zeit an den »kleinsten [...] Baugliedern« zu erkennen. Tränen sind zwar keine Bauglieder, sie haben im Gegenteil eine auflösende Kraft. Aber sie sind doch kennzeichnende Elemente in den kulturellen und literarischen Entwürfen der Zeit. An den Tränen als einem »Kristall des Totalgeschehens« lässt sich eine »gesteigerte Anschaulichkeit« für die kulturellen Zeichenprozesse gewinnen.[4]

Tränen sind – im wörtlichen Sinn – Ausdruck. Mit ihnen drückt ein Gefühl, eine Erregung nach außen. In seiner 1941 erstmals erschienenen Studie *Lachen und Weinen* versteht der Anthropologe Helmut Plessner Tränen als Ausdrucksgebärden, die die Körperoberfläche zum Schauplatz innerer Regungen machen. Sie haben – wegen der Heterogenität der Weinanlässe – zwar eine uneindeutige Semantik, aber gehen einher mit einer eindeutigen Mimik und Körperhaltung, in denen sich die Erschütterung des Weinens ausdrückt. Die Tränen sind nach Plessner einem Kontrollverlust geschuldet, sie sind ein »Akt-des-Sich-besiegt-Gebens«,[5] eine Kapitulation des Ichs vor einer Situation, die unbeantwortbar und doch zugleich unausweichlich ist. In dieser Pattsituation verselbständigt sich der Körper, er entzieht sich dem beherrschenden Zugriff der Person und antwortet an ihrer Stelle. Weinen dokumentiert eine »unübersehbare Emanzipiertheit des körperlichen Geschehens von der Person«, dabei »verliert die menschliche Person ihre Beherrschung, doch sie bleibt Person, indem der Körper gewissermaßen für sie die Antwort übernimmt.« Der Mensch »läßt sich fallen – ins Weinen«.[6]

Der Zusammenbruch der Ordnung der Väter

Heinrich von Kleist: Die Marquise von O... (1808)
Heinrich von Kleists Erzählung *Die Marquise von O...* gehört mit ihrem Erscheinungsdatum schon nicht mehr zur Literatur des ›weinenden Saeculums‹, aber sie ist eine genaue literarische Entsprechung des von Plessner theoretisch ausformulierten Zusammenbruchs beim Weinen. Der Tränenstrom wird in dieser Erzählung in Körperhaltungen überführt, die den ›Fall ins Weinen‹ choreographieren.

4   Walter Benjamin, Das Passagen-Werk, hg. von Rolf Tiedemann, Bd. 1, Frankfurt 1983, S. 575.
5   Helmuth Plessner, Lachen und Weinen. Eine Untersuchung nach den Grenzen menschlichen Verhaltens, Bern 1950, S. 68–73, hier S. 157, vgl. auch S. 177: Das Weinen bedinge einen »Akt der inneren Preisgabe«. Zu Plessner vgl. Christiane Voss, Das Leib-Seele-Verhältnis beim Lachen und Weinen: Philosophische Anthropologie aus ästhetischer Sicht, in: Tränen, hg. von Beate Söntgen und Geraldine Spiekermann, Paderborn 2008, S. 171–184.
6   Helmuth Plessner, Lachen und Weinen, hier S. 42, S. 43 und S. 40.

Der Kommandant, ein rechtschaffener Kriegsmann und Vater der Marquise
von O..., hat seine Tochter wegen ihrer unerklärlichen Schwangerschaft versto-
ßen. Er muss jedoch später einsehen, dass sie unschuldig ist und versöhnt sich
mit ihr. Dabei wird der Kommandant so vom Weinen geschüttelt und beherrscht,
dass es sogar zum prägenden Kennzeichen seiner Fortbewegungsart wird; man
hört ihn »von weitem heranschluchzen«. Mit der Preisgabe an das Weinen ist
auch der aufrechte Gang dahin:

> Der Kommandant beugte sich ganz krumm, und heulte, daß die Wände
> erschallten. [...] [E]r antwortete nicht; er war nicht von der Stelle zu bringen;
> er setzte sich auch nicht, und stand bloß, das Gesicht tief zur Erde gebeugt,
> und weinte.[7]

Alle Ichfunktionen sind außer Kraft gesetzt, Sprachfähigkeit und Mobilität sind
blockiert, die Person ist vollständig ins Weinen gefallen. Das Maßlose der Szene
wird erzeugt durch die akustischen Signale – »daß die Wände erschallten« – und
vor allem durch die Körperkrümmung, wodurch sich die Kapitulation des ver-
nunftbestimmten Ichs ins Leibliche überträgt. Dieser Kommandant hat nichts
mehr zu kommandieren. Nicht ein Ich agiert hier, sondern das Weinen selbst:
»Es weint«.[8]

Diesem exzessiven Weinen des Kommandanten gehen indessen andere
Tränen voraus: die der Mutter. Als die Schwangerschaft der Tochter unüberseh-
bar wird, schickt der Vater – in guter Manier und Tradition aller Väter des achtzehnten Jahrhunderts – seiner Tochter einen Brief, der sie des Hauses verweist.
Geschrieben hat ihn die Mutter, die mit dem unerbittlichen Verstoß der Tochter
durch den Vater nicht einverstanden ist. »Der Brief«, so heißt es, »war inzwischen
von Tränen benetzt; und in einem Winkel stand ein verwischtes Wort: diktiert.«[9]

Die väterliche Schrift des Gesetzes, das starre Nein des Vaters, ist durch die
mütterlichen Tränen aufgeweicht, das Wort »diktiert« selbst, das in seiner latei-
nischen Bedeutung den väterlichen Befehl ausdrückt (*dictare* – befehlen), ist
verwischt. Diese Auflösung der Schrift und des Befehls wird durch die subver-
sive Kraft der mütterlichen Tränentropfen bewirkt. Auch der Tochter stürzt »der
Schmerz aus den Augen«, wie überhaupt die weiblichen Tränen in der Erzählung

---

7   Heinrich von Kleist, Die Marquise von O..., in: ders., Sämtliche Werke und Briefe, hg. von
     Helmut Sembdner, München 1984, Bd. 2, S. 137.
8   Die Körperhaltung des Kommandanten entspricht genau der Engel-Zeichnung Paul Klees
     Es weint von 1939, 959 (ZZ 19). 29,5:21,0 cm. Bleistift auf Konzeptpapier. Paul-Klee-Stiftung,
     Inv.-Nr.: Z. 1930, Kunstmuseum Bern. Quelle: Glaesemer 1979 (a.), S. 273, Abb. 705, S. 440.
9   Heinrich von Kleist, Die Marquise von O..., S. 125.

lange vor denen des starrsinnigen Kommandanten fließen, was auch die größere Flexibilität der Frauen im Umgang mit dem unerklärlichen Ereignis illustriert.[10] Erst später bereut auch der Kommandant seine Härte und ergibt sich weinend dem unbeantwortbaren und doch unausweichlichen Rätsel der Schwangerschaft seiner Tochter. Sein heftiges Weinen und die symbolische Körperkrümmung bedeuten nichts weniger als den Zusammenbruch seiner bisherigen aufrechten (Welt-)Ordnung, deren Unzulänglichkeit er nun anerkennen muss. Daraus erfolgt eine Regression in einen fast infantilen Status, der sich im zusammengekrümmten Körper anzeigt und sich fortsetzt in der mehr oralen als ödipalen Liebesszene mit der eigenen Tochter[11] sowie in der mütterlichen Fürsorge, mit der ihm seine Frau schließlich das Bett wärmt, um ihn wie ein Kleinkind »sogleich hineinzulegen«. Die Folgen des Zusammenbruchs sind eine neue Instabilität der Regeln des menschlichen Zusammenlebens: »um der gebrechlichen Einrichtung der Welt willen« verzeiht der Kommandant schließlich sogar dem Vergewaltiger seiner Tochter.[12]

Gotthold Ephraim Lessing: Miss Sara Sampson (1755)
Das konvulsivische Weinen des Kommandanten mag eine Ausnahme in der literarischen Darstellung männlichen Weinens bilden, es steht gleichwohl in einer Tradition väterlicher Tränen über die Vergehen einer Tochter. Fünfzig Jahre früher, am anderen Ende des hier untersuchten zeitlichen Rahmens, liefert Lessing dazu den Modelltext, in dem zwar weniger exzessiv, dafür umso kontinuierlicher geweint wird. Sein Trauerspiel *Miss Sara Sampson* von 1755 gestaltet ein Vater-Tochter-Drama, in dem es diesmal wirklich um ein sexuelles Fehlverhalten der Tochter geht.

Lessings Trauerspiel steht ganz im Modus der Tränen, sie sind bereits der Auslöser für die Produktion des Stücks, sie rhythmisieren das Drama selbst und sie beherrschen die zeitgenössische Rezeption. Dem Trauerspiel voraus geht eine Anekdote: Es sei keine Kunst, soll Lessing Mendelssohn gegenüber geäußert haben, »alte weiber zum heulen zu bringen«, er werde ein solches Stück in sechs Wochen schreiben.[13]

---

10 Ebd.
11 Vgl. dazu Joachim Pfeiffer, Die wiedergefundene Ordnung. Literaturpsychologische Anmerkungen zu Kleists ›Die Marquise von O...‹, in: Jahrbuch für internationale Germanistik XIX/1 (1987), S. 36–49, hier S. 47.
12 Heinrich von Kleist, Die Marquise von O..., hier S. 138 und S. 143.
13 Richard Daunicht, Lessing im Gespräch, München 1971, S. 82. Vgl. auch Wilfried Barner, Zu viel Thränen – nur Keime von Thränen. Über ›Miß Sara Sampson‹ und ›Emilia Galotti‹ beim zeitgenössischen Publikum, in: Das weinende Saeculum, S. 89–105, hier S. 91.

Das Drama ist eine Tränenpartitur mit Variationen.[14] Tränen intonieren den Beginn: Ein weinender Vater tritt auf in einem »elenden Wirtshause«, wo er seine mit einem Verführer entlaufene Tochter sucht, um ihr zu vergeben und den Verführer als Schwiegersohn zu akzeptieren. Mit diesem Verhalten schlägt er ein ganz neues Kapitel der Vater-Tochter-Beziehung auf. Noch zehn Jahre zuvor wurde in Samuel Richardsons *Clarissa* die mit einem Verführer entflohene Tochter von ihrem Vater verflucht,[15] und auch der Vater der *Marquise von O...* muss noch fünfzig Jahre später die neue Lektion mühsam erlernen. Hier dagegen ist der Vater von allem Anfang an erweicht:

> WAITWELL. [...] Ach, Sie weinen schon wieder, schon wieder, Sir! – Sir!
> SIR WILLIAM. Laß mich weinen, alter ehrlicher Diener. Oder verdient sie etwa meine Tränen nicht?
> WAITWELL. Ach! sie verdient sie, und wenn es blutige Tränen wären.

Sir Williams Weinen wird vom treuen Diener Waitwell klagend variiert, während der neugierige Wirt, eine komische Figur im Trauerspiel, für die Durch- und Weiterführung der Tränen sorgt. Nach dem musikalischen Kompositionsprinzip der Fuge übernehmen die Stimmen das Thema des Weinens voneinander:

> DER WIRT. [...] Das gute Weibchen, oder was sie ist! sie bleibt den ganzen Tag in ihrer Stube eingeschlossen und weint.
> SIR WILLIAM. Und weint?
> DER WIRT. Ja, und weint – – Aber, gnädiger Herr, warum weinen Sie? Das Frauenzimmer muß Ihnen sehr nahe gehen. Sie sind doch wohl nicht – –[16]

Das anaphorische Weiterströmen der Tränen von einer Dramenfigur zur andern bestimmt auch die nächsten Szenen. Sara, die Tochter, hat die Nacht in ständigem Weinen verbracht, ihre Tränen gelten dem verlassenen Vater und der verlorenen Tugend. Das überträgt sich auf ihre Dienerin Betty, die ihren ersten Auftritt »*schluchzend*« absolviert; Betty wiederum steckt damit sogar den Verführer Mellefont an, der, ausgelöst durch Bettys Schluchzen und im Gedanken an die »unwiderstehliche[n] Tränen« Saras, selbst gerührt wird. Er erklingt in diesem großen Tränenchor als herausragende Solostimme:

---

14   Von »dramatischer Melodie« spricht auch Dieter Hildebrandt, Die Dramaturgie der Träne, in: Das weinende Saeculum, S. 85.

15   Samuel Richardson, Clarissa Harlowe or the history of a young lady, London 1748.

16   Gotthold Ephraim Lessing, Miss Sara Sampson, in: ders., Werke, hg. von Herbert G. Göpfert, München 1971, Zweiter Band, S. 11 und S. 13.

MELLEFONT: Sieh, da läuft die erste Träne, die ich seit meiner Kindheit geweinet, die Wange herunter! –[17]

Die Träne, die ganz unwillkürlich kommt und ihn selbst überrascht, gibt davon Zeugnis, dass auch ein routinierter Libertin, einmal mit der tugendhaften Moral in Berührung gekommen, unvermeidlich von der dazugehörigen Gefühls- und Tränenkultur angesteckt wird. Aber noch eine weitere Dramenfigur versucht sich in Tränen: Mellefonts ehemalige Geliebte, die intrigante Marwood, die dann am Schluss für die Katastrophe sorgt. Doch so groß ihre Verstellungskünste auch sind, ins empfindsame Heiligtum der Tränen kann sie nicht vordringen:

MARWOOD. [...] Hier rollen sie, diese Kinder der süßesten Wollust! – Aber ach, verlorne Tränen! seine Hand trocknet euch nicht ab.
MELLEFONT. Marwood, die Zeit ist vorbei, da mich solche Reden bezaubert hätten. Sie müssen itzt in einem andern Tone mit mir sprechen.[18]

Diese Sätze benennen exakt den Registerwechsel von einer galanten zur empfindsamen Liebessprache, die hier ganz neu angestimmt wird. Das rhetorisch-metaphorische Tränenspiel hat ausgedient, zumal wenn es sich selbst durch das Reizwort »Wollust« diskreditiert. Es gilt nun der »andere Ton« der wahrhaftigen Tränensprache, die von Herzen kommt. Der Verführer ist dabei, sie zu lernen, er spricht bereits von den »Ausdrückungen [s]eines gerührten Herzens«.[19]
    Höhepunkt der Tränen-Komposition ist dann die Szene, in der der Vater seinen Diener mit der Botschaft seiner Verzeihung zu Sara schickt. Für diese ist das kaum fassbar, wie ihre beschwörenden Wiederholungen deutlich machen:

SARA. [...] Tränen koste ich ihm? Tränen? Und es sind andre Tränen, als Tränen der Freude? – Widersprich mir doch, Waitwell! Aufs höchste hat er einige leichte Regungen des Bluts für mich gefühlet; einige von den geschwind überhin gehenden Regungen, welche die kleinste Anstrengung der Vernunft besänftiget. Zu Tränen hat er es nicht kommen lassen. Nicht wahr, Waitwell, zu Tränen hat er es nicht kommen lassen?
WAITWELL *indem er sich die Augen wischt.* Nein, Miß, dazu hat er es nicht kommen lassen.[20]

---

17   Ebd., S. 15 und S. 16.
18   Ebd., S. 29.
19   Ebd., S. 63.
20   Ebd., S. 48 f.

Waitwells Tränen stehen im performativen Widerspruch zu seiner Rede; sie, nicht die Worte sprechen die Wahrheit. Der Vater *hat* es zu Tränen kommen lassen, keine Vernunft konnte die »Regungen des Bluts« besänftigen. Damit gefährdet er jedoch eine Familienordnung der *patria potestas*, in der die ›Vernunft der Väter‹ und nicht das empfindsame Gefühl den Ton angab.[21] Die unermüdlich wiederholte Bezeichnung »zärtlicher Vater«, im zeitgenössischen Verständnis schon fast eine *contradictio in adiecto*, ein Widerspruch in sich, kündet vom Anfang eines empfindsam-intimen Familienmodells: Der von Tränen erweichte Vater steigt vom zürnenden Richterstuhl und vergibt. Er begibt sich damit aber seiner Autorität. Wie labil diese neue Intimität ist, zeigt in Lessings Drama die bedingungslose und skandalöse Abhängigkeit des Vaters von der Liebe seiner Tochter:

> SIR WILLIAM. [...] Doch ich fühle es, Waitwell, ich fühle es; wenn diese Vergehungen auch wahre Verbrechen, wenn es auch vorsätzliche Laster wären: ach! ich würde ihr doch vergeben. Ich würde doch lieber von einer lasterhaften Tochter, als von keiner, geliebt sein wollen.[22]

Dieser zu allem bereite Vater ist nicht mehr bei Troste,[23] im wörtlichen, wie im übertragenen Sinn. Die zärtliche Vaterschaft geht ihm über die Gebote der Vernunft und über die Regeln des sozialen und sittlichen Zusammenlebens. Umso trostloser steht er am Ende am Sterbebett seiner Tochter und reißt sie mit seinen Tränen noch aus ihrer Seelenruhe: »Wem fließen diese Tränen, mein Vater? Sie fallen als feurige Tropfen auf mein Herz.«[24] Als Überlebender muss er die ganze Last des tragischen Ausgangs auf sich nehmen.

Aber sein trostloses Weinen steckte das zeitgenössische Publikum an, und zwar nicht nur die alten Weiber, die Lessings anfängliche Produktionsabsicht zum Heulen bringen wollte. Das Stück war ein ungeheurer Weinerfolg, der das gesamte Publikum erfasste, quer durch die sozialen Schichten und die Geschlechter. Offensichtlich hatte diese Erweichung des Vaters den Nerv der Zeit getroffen. Karl Wilhelm Ramler schrieb darüber an seinen Freund Gleim: Die Zuschauer hätten »drey und eine halbe Stunde zugehört, stille gesessen wie die Statüen, und geweint«.[25] Die Sympathie mit einer zärtlich-schwachen Vaterfigur erregte bei

---

21   Vgl. den gleichnamigen Titel von Rainer Wild: Die Vernunft der Väter. Zur Psychographie von Bürgerlichkeit und Aufklärung in Deutschland am Beispiel ihrer Literatur für Kinder, Stuttgart 1987; siehe auch Bengt Algot Soerensen, Herrschaft und Zärtlichkeit. Der Patriarchalismus und das Drama im 18. Jahrhundert, München 1984.
22   Gotthold Ephraim Lessing, Miss Sara Sampson, S. 12.
23   So Dieter Hildebrand, Die Dramaturgie der Träne, S. 87.
24   Gotthold Ephraim Lessing, Miss Sara Sampson, S. 99.
25   Richard Daunicht, Lessing im Gespräch, S. 88.

den Zuschauern das Mitleid, das im Zentrum von Lessings Wirkungspoetik steht und die neue Gefühlskultur der Mitmenschlichkeit begründet. Pointiert heißt es dazu im *Briefwechsel über das Trauerspiel*: »*Der mitleidigste Mensch ist der beste Mensch*, zu allen gesellschaftlichen Tugenden, zu allen Arten der Großmut der aufgelegteste.«[26] Lessings »Tränenerregungskunst« mit ihrer raffinierten Inszenierung der Rührung scheint diese Wirkung in gelungener Weise provoziert zu haben.[27]

Die Signaturen der Tränenschrift
in der Literatur der Empfindsamkeit

In beiden fünfzig Jahre auseinanderliegenden literarischen Beispielen geraten die festgegründete Ordnung der Väter ins Wanken und mit ihr die sittlichen und als vernünftig anerkannten Normen der Gesellschaft, woran das flüchtige Nass der Tränen, so schwach es scheinen mag, einen bedeutenden Anteil hat. Beide Texte stecken den zeitlichen Rahmen der Tränenliteratur des späten achtzehnten Jahrhunderts ab, beide lassen Züge der Tränensignatur in der deutschen Literatur zwischen 1750 und 1800 erkennen, die im Folgenden genauer skizziert werden sollen.

Tränen als Ausdruck des Körpers

Im Weinen – so wurde eingangs mit Plessner ausgeführt – verselbständigt sich der Körper und übernimmt die Antwort auf die Situation. Auf diese Dominanz des Körpers konzentrieren sich die Bilder und die Herleitungen für die Tränenproduktion. Dabei operiert die Literatur der zweiten Hälfte des achtzehnten Jahrhunderts an den Grenzen verschiedener Körperkonzepte. Zum einen lehnt sich die Metaphorik noch stark an den vormodernen humoralen Gefäßleib an, der zwar bereits obsolet war, aber in seiner Bildlichkeit immer noch ein starkes Fortleben hatte. Zum andern reagieren die Tränenbilder auf modernere Körperkonzepte.

Die Vorstellungen des humoralen Gefäßleibes basieren auf der Tradition der humoralpathologischen Viersäftelehre, nach welcher der menschliche Körper wie ein hydraulisches Säftesystem funktioniert.[28] Im inneren Säftehaushalt

---

26 Gotthold Ephraim Lessing, Briefwechsel über das Trauerspiel, Vierter Bd., S. 163 (Brief vom November 1756).

27 Der Begriff stammt von Wilfried Barner, Zu viel Thränen – nur Keime von Thränen, S. 91.

28 Vgl. zum Folgenden: Irmgard Müller, Dakryologia: Physiologie und Pathologie der Tränen aus medizinhistorischer Sicht, in: Tränen, S. 75–92; Albrecht Koschorke, Körperströme und Schriftverkehr. Mediologie des 18. Jahrhunderts, München 1999, S. 87 ff.; Christian Soboth, Tränen des Auges, Tränen des Herzens. Anatomien des Weinens in Pietismus, Aufklärung

Abb. 1 und Abb. 2: Jacobus Boschius, Symbolographia. Augsburg und Dillingen 1701, Classis I, No. 338 und No. 605 (abgebildet bei Müller, »Dakryologia«, S. 85)

wurden die Körperflüssigkeiten als verwandt und interkonvertibel gedacht, und der Körper als ein nach außen und zum andern Menschen hin offenes, poröses System vorgestellt. Die wechselseitige Substitution der Körpersäfte untereinander und die Vermeidung des Überdrucks im Innern durch den Abfluss einer Flüssigkeit nach außen, sind die regulativen Mechanismen des humoralen Gefäßleibes. Tränen sind in diesem Gedankengebäude eine Körperflüssigkeit und -ausscheidung unter anderen, verwandt mit und verwandelbar in Blut, Samenflüssigkeit und Urin.[29] Zur Erklärung der Tränenproduktion verwendet die humorale Tradition anschauliche Bilder von Vorgängen im Körperinnern, etwa Destillationsver-

und Empfindsamkeit, in: Anatomie. Sektionen einer medizinischen Wissenschaft im 18. Jahrhundert, hg. von Jürgen Helm und Karin Stukenbrock, Stuttgart 2003, S. 293–315, bes. 301 ff.; Natalie Binczek, Tränenflüsse. Eine empfindsame Mitteilungsform und ihre Verhandlungen in Literatur, Religion und Medizin, in: Pietismus und Neuzeit 34 (2008), S. 199–217; Ralf Simon, Der ganze Mensch. Medizingeschichtliche Modelle und ihre literarische Umsetzung in der deutschen Literatur um 1800, in: Primary Care 24 (2005; 5), S. 550–555.

29 Vgl. den Artikel zur »Thräne« in Zedlers Universal-Lexicon, Bd. 43, Sp. 1754: »Man hat ferner Exempel, daß bei einigen, die eine hartnäckige Verstopffung oder Verhaltung des Urin erlitten, statt dessen eine häuffige Thränenfluth zum Vorschein gekommen; wobey die Thränen am Geruche und Geschmacke dem Urin vollkommen gleich gewesen, und wo man folglich durch die Augen gepinckelt hat. [...] Man sollte sie nur weinen lassen, denn was man weg weinete, dürffte man nicht wegpissen«. Partiell zitiert auch bei Koschorke, Körperströme und Schriftverkehr, S. 93.

fahren, bei denen, durch ein heftiges inneres Feuer der Erregung, Dämpfe aufsteigen, sich zur Flüssigkeit kondensieren und als Tränen wieder abfließen.[30]

Wichtiger für die Bildlichkeit des achtzehnten Jahrhunderts sind kardio-
zentrische Modelle, die das Herz als Umschlagplatz der Entmischung der Säfte
ansehen, weil durch die tiefen Seufzer der wässrige Teil des Blutes ausgezogen
und durch bitteren Dampf in die Augen geleitet wird.[31] Tränen sind in diesem
Modell eine andere Aggregatsform des Blutes.

Diese seit der Antike tradierten Körpervorstellungen waren im achtzehnten
Jahrhundert den modernen Einsichten in den geschlossenen Blutkreislauf gewi-
chen, der als zirkuläres System den Körper in seinem Innern zur autonomen
Selbstregulierung befähigt und weder Abfuhr noch Säfteaustausch braucht. Der
menschliche Körper wird nun als »autoreferentielle Ganzheit«[32] verstanden, die
nach außen und damit auch zu den anderen Menschen hin abgeschlossen ist. Die
paradoxe Folge dieser zwischenmenschlichen Isolation ist eine verstärkte Kommunikation, aber vor allem eine über die Schrift – und über Tränen. Die Wege
zum andern werden gleichsam umgeleitet. Tinte und Tränen sind die großen
zusammenwirkenden und zugleich rivalisierenden Kommunikationsmaterialien
des späten achtzehnten Jahrhunderts.

Das Herz als Sitz der Tränenproduktion
Auch wenn die Vorstellungen der Säfteentmischung im Herzen vom Wissensstand
der Zeit überholt waren: Die Tränenbilder der Literatur bleiben kardiozentrisch
orientiert. Die enge metaphorische und semantische Verbindung von Herz und
Tränen ist überwältigend. Tränen sammeln sich um das Herz, das Herz schwimmt
in Tränen, das Herz ist voll und die Tränen steigen ins Auge.[33] Das Herz ist das
Organ der Tränenproduktion, die Quelle, aus der sie fließen. ›Wes das Herz voll
ist, des geht das Auge über‹, so ließe sich in Abwandlung des biblischen Topos
die zeitgenössische Herzmetaphorik beschreiben. Auch die Engführung von Blut
und Tränen klingt häufig an, so in den »blutigen Tränen«, die Sir William in Lessings *Miss Sara Sampson* um seine Tochter vergießt, oder in Jean Pauls Tränen-
orgien, bei denen »blutige Tropfen« aus den Augen rinnen.[34]

30 Irmgard Müller, Dakryologia, S. 82 f.: z. B. »Pfanne des Magens«, »Hirnschale« und andere
    Bilder aus dem Haushalt.
31 Vgl. ebd., S. 77 f. zum kardiozentrischen Modell der Hildegard von Bingen.
32 Albrecht Koschorke, Körperströme und Schriftverkehr, S. 65; vgl. auch Barbara Duden, Ge-
    schichte unter der Haut. Ein Eisenacher Arzt und seine Patientinnen um 1730, Stuttgart 1987.
33 Die Beispiele stammen aus: Jean Paul, *Hesperus*; Bach, *Matthäuspassion* (Sopran-Rezitativ,
    Nr. 12: »Wiewohl mein Herz in Tränen schwimmt«); Goethe, *Werther*.
34 Jean Paul, Hesperus oder 45 Hundposttage, in: ders., Werke, I/1, S. 1157. Unzählige weitere
    Stellen dort illustrieren die Verbindung von Blut und Tränen, etwa: »dann quollen end-

Tränen als Brücke zwischen Innen und Außen und ihr Anspruch auf Authentizität
Als nach außen sichtbare Tropfen aus dem Herzen haben Tränen eine Brücken-
funktion: Sie überspülen die Schwelle von Innen und Außen. Etwas überspitzt
formuliert könnte man sie als zeichenhaftes *Commercium mentis et corporis*
bezeichnen, als Verbindung von Leib und Seele, über die das achtzehnte Jahrhundert so intensiv gegrübelt hat. Das transparente und farblose Nass der Tränen
ist ja kaum materialisiert, es ist ein flüchtiger Aggregatszustand eines immateri-
ellen Gefühls, ein »Grundwasser der Seele«,[35] das an der ausgedehnten materiellen und an der geistigen Substanz teilhat. Durch diese Dignität des veräußerten
Inneren garantieren Tränen Authentizität. Als Preisgabe des Ichs versprechen
sie, unverfälschte Zeichen zu sein, die von keiner strategischen Manipulation
gefälscht oder imitiert werden können. Der antirhetorische Impuls der Empfindsamkeit gilt – wie das Beispiel Marwood in Lessings *Miss Sara Sampson* gezeigt
hat – auch für die Tränensemantik. Spiel, Inszenierung und Verstellung ist dieser
Tränenkultur fremd, Tränen gelten als eine natürliche Körpersprache, in der
Referenz und Referent in nicht arbiträrer Weise zusammenhängen:[36] Sie sind
unmittelbar und unwillkürlich. So werden Tränen in der empfindsamen Anthropologie zum Differenzkriterium von Tugend und Laster. In Jean Pauls *Hesperus*
etwa wird ein junger Mann gefragt: »O Julius, [...] bist du heute gut gewesen?«
Er gibt zur Antwort: »Ich habe nichts getan, außer geweint«.[37] Wer weint, ist
gut. In Sophie von La Roches *Geschichte des Fräuleins von Sternheim*, in Goethes
Werther, in Millers *Siegwart* und auch noch – als einem Spätling der Empfindsamkeit – in Jean Pauls *Hesperus* fließt keine einzige Träne, die sich nicht einer
echten Rührung verdankt.

Tränen als Kommunikationsform und als Erkennungszeichen der Liebe
Die Tränenspuren bahnen den Königsweg zum andern Menschen. Durch ihre
Authentizität übertreffen sie alle anderen Kommunikationsformen. Ein schönes
Gesicht, Blicke, Gesten, Handlungen können täuschen, Worte und Schrift bleiben
immer zweideutig. Die Aufgabe, den andern in seinem Charakter und in seinen
Absichten zu erkennen, findet an den Tränen ein untrügliches Indiz, das sogar
dem in der Zeit so hoch geschätzten physiognomischen Ausdrucksverstehen

---

lich, wie Lebensblut aus dem geschwollnen Herzen, große Wonnetränen aus den liebenden
Augen in die geliebten über« (I/1, S. 1058 f.).
35 Christoph Benke, Die Gabe der Tränen. Zur Tradition und Theologie eines vergessenen Kapitels der Glaubensgeschichte, Würzburg 2002, S. 28.
36 Vgl. dazu Ursula Geitner, Die Sprache der Verstellung. Studien zum rhetorischen und
anthropologischen Wissen im 17. und 18. Jahrhundert, Tübingen 1992, S. 249, die diesen
Zusammenhang für den Lavater'schen Ausdrucksbegriff konstatiert.
37 Jean Paul, Hesperus, in: ders., Werke I/1, S. 889.

überlegen ist. Damit eignet der Tränenzirkulation der Epoche ein eminent soziales Element, sie ist ein Distinktionsmerkmal in der mitmenschlichen und bürgerlichen Selbstvergewisserung. Die Wahrheit der Tränenschrift tritt in ein spannungsvolles Verhältnis zur Wortsprache, zur gesprochenen Rede und zur Schrift. Roland Barthes hat im Hinblick auf *Werther* die Tränen die ›wahrste aller Botschaften‹ genannt: »le plus ›vrai‹ des messages, celui de mon corps, non celui de ma langue«.[38] Doch das Verhältnis ist ambivalenter. Lektüre, Sprache und Schrift sind zwar wirkmächtige Tränenstimulantien, aber zugleich auch deren Gegenspieler: Tränen behindern das Sprechen, verhindern das Lesen und verwischen die Schrift.

Als derart privilegiertes Kommunikationsmedium sind Tränen ein wichtiges Erkennungszeichen der Liebe. Mehr als Worte, Gesten und Handlungen, mehr als die unendlich vielen Briefe, übermittelt das weinende Herz die Liebe. Die zurückhaltende Körperlichkeit findet in den kaum körperlichen Tränen ein Ventil. Tränen der Rührung überwinden die Vereinzelung, die Tränenflüsse bedeuten in paradoxer Weise die Abhilfe von dem, was sie beweinen: die Distanz zwischen den Menschen und die Trennung der Körper.

»Ja, wenn man Tränen schreiben könnte«: Tränenschrift – Schreibschrift

In einem Brief klagt Heinrich von Kleist: »Ja, wenn man *Tränen* schreiben könnte – doch so – –«.[39] Die Schrift als ein Medium der Distanz kann sie nicht schreiben, nur beschreiben, sie bestätigen oder ihnen widersprechen. Es wird sich indessen erweisen, dass sich die Tränen selbst schreiben und dadurch die Schrift ersetzen.

Die Signaturen der Tränenschrift als Liebesschrift und ihre Konkurrenz zur Schreibschrift soll an vier weiteren Beispielen verfolgt werden. Sie handeln alle von unglücklicher Liebe, sie thematisieren Tränen als Überwältigung des Subjekts und als authentische Herzenssprache. Sie akzentuieren jedoch das prekäre Verhältnis der Tränenschrift zur Schreibschrift je verschieden. Die Reihenfolge der Beispiele, die zwischen 1761 und 1784 entstanden sind, erfolgt nicht in chronologischer Ordnung, sondern danach, in welcher Schärfe sie das Konkurrenzverhältnis von Tränen und Schrift zur Darstellung bringen. Im Beispiel von Sophie von La Roches kleinem Roman *Geschichte des Fräuleins von Sternheim* darf eine Träne eine flüchtige Abweichung vom Schrift gewordenen Vernunft-

38   Roland Barthes, Fragments d'un discours amoureux, Paris 1977, S. 215.
39   Heinrich von Kleist an Karl Freiherrn von Stein zum Altenstein, Brief vom 4. August 1806, in: ders., Sämtliche Werke und Briefe, S. 766 f.

diskurs markieren, in einer Leseszene in Goethes *Werther* stimulieren sich Träne und Schrift gegenseitig, in Schillers Drama *Kabale und Liebe* treten sie in einen scharfen Gegensatz, schließlich erzeugen Tränen in den Briefen der Karschin an Gleim ein doppeltes, sowohl unterstützendes wie konkurrierendes Verhältnis zur Schrift und sind ihr als authentisches Beweismaterial überlegen.

Sophie von La Roche: Geschichte des Fräuleins von Sternheim (1771)
Sophie von La Roches *Geschichte des Fräuleins von Sternheim* von 1771 ist ein Briefroman und damit das geeignete Genre, das Herz sprechen zu lassen. Wie in allen weniger komplexen Texten treten in diesem damals sehr beliebten Roman die kulturellen Muster besonders deutlich hervor. Die Tränen fließen reichlich, aber von allen verdient eine einzelne besondere Beachtung. Sie fließt ganz am Schluss und dokumentiert eine Szene von exklusiver Intimität. Es ist die Szene eines Heiratsantrags. Doch nicht der Bewerber selbst, ein ungestümer junger Mann, hält um die Hand seiner Auserwählten an, sondern sein würdiger älterer Bruder, der in allem die Aura edler Männlichkeit ausstrahlt und den sprechenden Namen Rich trägt. Er ist schon dadurch nobilitiert, dass alle seine Charakterzüge genau mit den Koordinaten des verstorbenen Vaters des Fräuleins übereinstimmen. Ihm, und nicht dem Bruder, sind im ganzen Roman intensive Begegnungen mit dem Fräulein von Sternheim vergönnt. Auch er liebt das Fräulein tiefinnig, verzichtet indessen als gefestigter Charakter in »großmütiger Aufopferung« zugunsten des labileren Bruders. Wen das Fräulein selbst liebt, wird trotz aller in pietistischer Manier gehaltener Selbstbefragung nie deutlich. Es spielt auch keine Rolle, denn ohnehin macht der Text überdeutlich, dass hier eine Art Doppelehe geschlossen wird, eine – allerdings hochanständige – *ménage à trois*, bei der der entsagende Bruder das zweite Kind zur Adoption erhält.[40] Möglich ist dies im Modus einer Zärtlichkeit, die nicht zwischen Liebe und Freundschaft unterscheidet und die Sexualität und Erotik ganz ausspart. Einzig eine kleine Träne darf davon künden.

Er sah mich hier sehr aufmerksam an, und hielt inne. Mit einem halb erstickten Seufzer sagte ich: »O Lord Rich!« – und er fuhr mit einem männlich freundlichen Tone fort: »Sie haben die Gewalt, einen edlen jungen Mann in der Marter einer verworfenen Liebe vergehen zu machen; wenden Sie, beste weibliche Seele, diese Gewalt zu dem Glück einer ganzen Familie an! Sie können meiner Mutter, einer würdigen Frau, den Kummer abnehmen, ihre

40 Sophie von La Roche, Geschichte des Fräuleins von Sternheim, hg. von Barbara Beker-Cantarino, Stuttgart 1983, S. 347 f. Das Kind trägt die Züge der Mutter. Rich und Sophie haben einige ganz intime Szenen, wie sie Seymour nie zugestanden werden, vgl. S. 291–298.

Söhne unverheuratet zu sehen [sic. E.D.]. Ihre schwesterliche Liebe wird mich glücklich machen, und Sie werden alle Ihre Tugenden in einem großen wirksamen Kreis gesetzt sehen!« – [...]. Mit tränenden Augen sah der würdige Mann mich an; eine Zähre der meinigen fiel ihm auf seine Hand; er betrachtete sie mit inniger Rührung; als aber das anfangende Zittern seiner Hände sie bewegte, so küßte er sie hinweg, und seine Blicke blieben einige Minuten auf die Erde geheftet. Ich nahm das Original meiner Briefe und des Tagebuchs, und reichte es ihm mit der Anrede: »Nehmen Sie dieses, würdigster Mann, was Sie das Urbild meiner Seele nennen, zum Unterpfand der zärtlichen und reinen Freundschaft!« –[41]

Die kleine Akteurin, die Träne, wird hier quasi in einer Großaufnahme in Szene gesetzt und bewirkt Großes mit ihrem Wechsel von einem zum andern. Sie erlaubt einen Moment von heikler Destabilisierung, vom Einbruch der Leidenschaft in die vernunftgeleiteten Subjekte. Dem Zittern der Hand folgt das erotische Wegküssen der Träne, eine Art Einverleibung der Geliebten, und dann der Blick zur Erde, der in der Tränenpantomime immer die Gebärde der Fassungslosigkeit ist. Erst die Übergabe der Schrift des Tagebuchs rückt die Vernunft wieder in ihre Rechte ein, zumal die beiden Schlüsselwörter des Romans, ›Zärtlichkeit‹ und ›Freundschaft‹, ihr zum Nachdruck verhelfen. Die Szene trägt in ihrem zeremoniellen Bewegungsablauf Züge eines Trauaktes: Mit der Schrift übergibt das Fräulein zugleich sich selbst. Der Bruder wird die Hand des Fräuleins, und damit ihren Körper erhalten, der Lord erhält den seelischen Part. Aber für einen Moment, im Einschlürfen der Träne, ist ihm auch etwas von ihrem Körper geschenkt worden, und der Roman hat kurz sein braves Tugendkorsett gelockert.

Johann Wolfgang Goethe: Die Leiden des jungen Werthers (1774)

In Goethes *Werther* ist die Erotik nicht ausgeblendet wie in Sophie von La Roches Roman, doch sie hat in der verlobten und später verheirateten Lotte ein unerreichbares Objekt. Von Anfang an ist Werther in Tränen gebadet, das reicht von den »wonnevollsten« zu den »bittersten« Tränen, jeweils im Superlativ. Werther bewegt sich im wässrigen Milieu, die Metaphorik des Strömens und Versinkens ist ubiquitär, vor allem in der berühmten Gewitterszene am Fenster, in der das Strömen des Regens in kosmischer Entsprechung die ersten Tränen der Liebe begleitet. In der großen Tränenszene am Schluss zwischen Lotte und Werther entspringen die Tränen direkt aus der gemeinsamen Lektüre Ossians, der selbst bereits ein tränennasser Text ist. Die Tränen im gelesenen Text lösen ein sympa-

---

41 Ebd., S. 342. Auch Sophie spricht von den Brüdern nur im Doppel: »(sagen Seymour und Rich)« (S. 346).

thetisches Weinen aus, das dann wiederum das Weiterlesen unmöglich macht: Weinen und Lesen schließen sich aus.

Ein Strom von Tränen, der aus Lottens Augen brach und ihrem gepreßten Herzen Luft machte, hemmte Werthers Gesang. Er warf das Papier hin, faßte ihre Hand und weinte die bittersten Tränen. Lotte ruhte auf der andern und verbarg ihre Augen ins Schnupftuch. Die Bewegung beider war fürchterlich. Sie fühlten ihr eigenes Elend in dem Schicksale der Edlen, fühlten es zusammen, und ihre Tränen vereinigten sich. Die Lippen und Augen Werthers glühten an Lottens Arme; ein Schauer überfiel sie; sie wollte sich entfernen, und Schmerz und Anteil lagen betäubend wie Blei auf ihr. Sie atmete, sich zu erholen, und bat ihn schluchzend fortzufahren, bat mit der ganzen Stimme des Himmels! Werther zitterte, sein Herz wollte bersten [...].
Die ganze Gewalt dieser Worte fiel über den Unglücklichen. Er warf sich vor Lotten nieder in der vollen Verzweifelung, faßte ihre Hände, drückte sie in seine Augen, wider seine Stirn, und ihr schien eine Ahnung seines schrecklichen Vorhabens durch die Seele zu fliegen. Ihre Sinne verwirrten sich, sie drückte seine Hände, drückte sie wider ihre Brust, neigte sich mit einer wehmütigen Bewegung zu ihm, und ihre glühenden Wangen berührten sich. Die Welt verging ihnen. Er schlang seine Arme um sie her, preßte sie an seine Brust und deckte ihre zitternden, stammelnden Lippen mit wütenden Küssen.[42]

Die Choreographie der Szene kombiniert sämtliche Charakteristika des empfindsamen Weinens. Alles ist da: Das gepresste und das berstende Herz, aus dem die Tränenströme brechen, die Blockierung der Willensakte und die fast bewusstlose Preisgabe an den Körper, der sich niederwirft und abwärts neigt. Werther und Lotte lassen sich fallen ins Weinen, von der »Gewalt der Worte« erschüttert und

---

42 Johann Wolfgang Goethe, Die Leiden des jungen Werthers, in: ders., Werke. Hamburger Ausgabe in 14 Bänden, hg. von Erich Trunz, München 1996, Bd. 6, S. 115. Ganz ähnlich ist die Kombination von Lese- und Weinszene in Johann Martin Millers *Siegwart. Eine Klostergeschichte* gestaltet. Dort steht ein Paar vor der Trennung, während draußen ein Gewitter tobt: »Sie setzten sich wieder an den Tisch; Therese stützte ihr Gesicht auf ihre Hand, und neigte sich über den Messias her. Ihre Seele ward nun auf Einmal heftiger bestürmt; der Gedanke an die immer näher rückende Trennung faste sie ganz; ihr Busen schlug heftiger; ein Seufzer folgte dem andern, und Kronhelm hörte die Thränentropfen auf das Buch fallen. Er ergriff ihre Hand; sie führte die seinige auf das Buch, und er fühlte, daß es naß war. Da that er in seinem Herzen einen Schwur, ihr ewig treu zu seyn! Und der Schwur war ihm so heilig als ob er ihn über dem Evangelio geschworen hätte. Der Donner ward immer stärker, und der Regen heftiger. –« (Leipzig 1776, Erster Theil, S. 422).

niedergedrückt. Die Tränenerschütterung bringt die Wahrheit zum Vorschein; die bisher ungewisse Zuneigung Lottes ist sichtbar in die Körperhaltung übersetzt: sie »neigte sich [...] zu ihm«. Der Ausnahmezustand beider wird durch die gegenstrebige Verbindung von Glühen und (Tränen-)wasser angezeigt, bevor die glühenden Wangen sich berühren, vereinigen sich die Tränen.[43] Es ist gleichsam ein vorgeschobenes gemeinsames Tränenopfer, das die gesellschaftlichen Regeln aufweicht, die Ordnung der Welt vergehen lässt, und den illegitimen Kuss erlaubt.

Aber damit nicht genug. Der Tränenkreislauf schwappt über den Roman hinaus. Die Tränen im *Werther*, die sich der Lektüre verdanken, stimulieren in einer Art Perpetuum Mobile wiederum die Lesertränen bei der Lektüre des *Werther*. Ein Leser, Christian Friedrich Daniel Schubart, demonstriert diese Kettenreaktion am 5. Dezember 1774 in seiner Zeitschrift *Teutsche Chronik*:

> Da sitz ich mit zerflossnem Herzen, mit klopfender Brust und mit Augen, aus welchen wollüstiger Schmerz tröpfelt, und sag dir, Leser, dass ich eben *Die Leiden des jungen Werthers* von meinem lieben Goethe – gelesen? – nein, verschlungen habe.[44]

Das orale Einverleiben des Buches (verschlingen) und das anschließende Auströpfeln (fast möchte man sagen: die Inkontinenz)[45] des Herzens imaginiert den Vorgang des Lesens in der physiologischen Metaphorik der alten Humoralpathologie. Zugleich stellt die direkte Leseranrede und die vertrauliche Bezeichnung ›mein lieber Goethe‹ eine *unmittelbare* Kommunikation in dieser Autor-Lesergemeinschaft her, deren verbindendes Abzeichen die Träne ist.

Friedrich Schiller: Kabale und Liebe (1784)
In Schillers Trauerspiel *Kabale und Liebe* treten Schrift und Träne in einen scharfen Gegensatz, aus dem die Katastrophe entspringt. Zunächst gilt für das Drama die empfindsame Liebessprache der Träne, ihre Dignität ist unbezweifelt, sie erweist sich geradezu als Maßstab des Absoluten. Diesen Maßstab setzt Luise zu

---

43 Die Literatur kennt viele ältere Vorbilder des durch die Lektüre stimulierten verbotenen Kusses, so bei Dante in der Szene von Francesca und Paolo, die ihrerseits wieder auf Lancelot und die Königin zurückweist (Dante Alighieri, Die göttliche Komödie. Ins Deutsche übertragen von Ida und Walther von Wartburg, Zürich 1963, hier: Inferno, im zweiten Kreis der Hölle, 5. Gesang, Verse 73–142). Aber dort kommt es nie zuvor zu Tränen, allenfalls danach. Hier indessen dürfen die Körper erst zusammenkommen, nachdem sich die Tränen vereinigt haben.

44 Zit. n. Gerhard Sauder, Der empfindsame Leser, in: Das weinende Saeculum, S. 15 f.

45 Der Begriff stammt von Christian Soboth, Tränen des Auges, Tränen des Herzens, S. 309.

Beginn, indem sie ihren irdischen Verzicht auf den adeligen Ferdinand mit einem
Ausblick in die Ewigkeit verbinden, wo die hindernden Standesgrenzen zwischen
ihnen hinfällig würden:

> LUISE. [...] Ich werde dann reich sein. Dort rechnet man Tränen für Triumphe,
> und schöne Gedanken für Ahnen an.[46]

Auch Ferdinand greift über die irdische Lebenszeit hinaus, wenn er in seiner
hyperbolischen Rhetorik die Träne zum Unergründlichsten und Höchsten stilisiert:

> FERDINAND. [...] – Ein Lächeln meiner Luise ist Stoff für Jahrhunderte, und
> der Traum des Lebens ist aus, bis ich diese Träne ergründe.[47]

Diese höchste Würdigung der Träne macht – immer in der gleichen hyperbolischen Metaphorik – der tiefsten Verurteilung Platz, als Ferdinand den vermeintlichen Liebesbrief Luises an den Hofmarschall zugespielt bekommt und sich von
ihr betrogen glaubt.

> *Ferdinand allein, den Brief durchfliegend, bald erstarrend, bald wütend her-*
> *umstürzend*
> Es ist nicht möglich. Nicht möglich. Diese himmlische Hülle versteckt kein
> so teuflisches Herz – – Und doch! doch! Wenn alle Engel herunterstiegen,
> für ihre Unschuld bürgten – wenn Himmel und Erde, wenn Schöpfung
> und Schöpfer zusammenträten, für ihre Unschuld bürgten – es ist ihre
> *Hand* – ein unerhörter, ungeheurer Betrug, wie die Menschheit noch keinen
> erlebte! – [...] – Mich zu berechnen in einer Träne – Auf jeden gähen Gipfel
> der Leidenschaft mich zu begleiten, mir zu begegnen vor jedem schwindeln-
> den Absturz – Gott! Gott! und alles das nichts als *Grimasse*? – Grimasse? – O
> wenn die Lüge eine so haltbare Farbe hat, wie ging es zu, daß sich kein Teufel
> noch in das Himmelreich hineinlog?[48]

Berechnende Tränen, so macht diese Passage deutlich, sind verworfen und ent-
setzlich. Und wenn es gar die süßen und so aufrichtig wirkenden Tränen Luises
sind, gibt es keinerlei mitmenschliche Verlässlichkeit mehr. Himmel und Hölle

46 Friedrich Schiller, Kabale und Liebe, in: ders., Sämtliche Werke, hg. von Gerhard Fricke und
     Herbert G. Göpfert, München 1984. S. 765.
47 Ebd., S. 808.
48 Ebd., S. 817 f.

werden in Ferdinands Rede durcheinandergewirbelt, Teufel können sich ins Himmelreich lügen, wenn der Königsweg menschlicher Kommunikation pervertiert wird. Sogar die ganze Schöpfungsgeschichte wird durch diesen einzigen vermuteten Betrug widerrufen. Nicht die soziale und juridische Ordnung, wie bei Lessing, ist hier erschüttert, sondern die göttliche Weltordnung selbst. Dass Ferdinand indessen der Handschrift Luises und nicht ihrer Träne Glauben schenkt, erweist sich im empfindsamen Kontext als Irrtum, ja als charakterliches Versagen, das tödliche Folgen hat. Die Schrift markiert Distanz; die Gefühle und die schreibende Hand können strikt getrennt sein, die Abwesenheit der sich mitteilenden Person, das Fehlen der unmittelbaren Präsenz lassen keine sicheren Rückschlüsse auf die Wahrheit des Geschriebenen zu. Zudem ist Täuschung von außen möglich, was Ferdinand in seinem Furor nicht in Erwägung zieht. Der Brief wurde Luise gegen ihren Willen diktiert, nur dass hier nicht wie in Kleists *Marquise von O...* die Schrift von Tränen verwischt ist und kein verräterisches »diktiert« dem ungläubigen Leser Ferdinand einen heimlichen Hinweis gibt. So müsste er dem Eindruck der Tränen in Luises Augen vertrauen. Diese aber sind – in der Logik dieses Stücks und der aller Texte der Empfindsamkeit – von unbedingter Evidenz gegen allen äußeren Schein, auch gegen die Evidenz der Schrift. Die »wahrste aller Botschaften«[49] ist auch hier wahr, und Ferdinands mangelndes Vertrauen in ihre unverstellte Beweiskraft macht ihn zum Mitschuldigen am tragischen Handlungsverlauf.

Anna Louisa Karsch: Brief an Johann Wilhelm Ludwig Gleim (1761)
Die Liebesbriefe der Dichterin Anna Louisa Karsch an Johann Wilhelm Ludwig Gleim von 1761 sind in dieser Reihe die ältesten Textdokumente. Sie bilden gleichwohl den Schluss, denn ihr Umgang mit Schrift und Tränen steigert noch einmal die bisherigen Konstellationen, indem sie sowohl eine gegenseitige Stimulation als auch ein Konkurrenzverhältnis aufzeigen. Vor allem handelt es sich bei Anna Louisa Karsch um vorgeblich reale Tränen, das »zerfloßne Herz« ergießt sich nicht nur in Worten aufs Papier, sondern auch mittels Tränenflüssigkeit. Dadurch geraten die Tränen jedoch – wie schon im Beispiel der von Tränen verwischten Schrift in der *Marquise von O...* – in einen Wettstreit mit der Schrift, die sie auslöschen könnten. Tränenspuren auf den Briefen beanspruchen einen weit höheren Grad an Echtheit, als es eine schriftliche Formulierung vermag.[50] Denn die Kör-

---

49   Vgl. Roland Barthes, Fragments d'un discours amoureux, S. 215 (Anm. 38).
50   Wolfgang Bunzel, Schreib-/Leseszene, in: Der Brief – Ereignis & Objekt. Katalog der Ausstellung im Freien Deutschen Hochstift – Frankfurter Goethe-Museum, hg. von Anne Bohnenkamp und Waltraud Wiethölter, Frankfurt am Main 2008, zur Karschin S. 239.

perlichkeit des Schreibenden drückt sich gleichsam unmittelbar aufs Papier und ersetzt die Schrift durch die leibliche Präsenz.

Die Briefe der Karschin an Gleim sind als unerwiderte Liebesbriefe besonders zur Tränengabe prädestiniert. Die ohne Punkte dahinströmende Syntax gleicht selbst schon Ergießungen, aufgehalten wird sie indessen vom Tränenwasser, das dem Brieftext die Pausen und Haltepunkte aufzwingt.

> [...] keinmahl soll die Sonne unttergehen ohne daß ich mit Ihnen geredet ohne daß diese Hand wenigstens Einem Vers niederschreibt Für den der mir untter den Sterblichen Ein ----- ist, ach laß es unausgesprochen daß Wort sage du es o mein ihm nachwallendes Herz, und / du iezt niederFallende Thräne, du gehe hinn und sag Ihm daß ich den ganzen Wehrt Seiner Freundschafft fühle, zürnen Sie nicht mein vortrefflicher freund daß ich Ihnen diese Thränen nachkomen laße, es sind Kinder meiner Liebe die mein Herz untterdrüken muste, o diese Liebe wie rein, wie unschuldig ist Sie, zu schön alß daß die Wellt Sie kennen sollte, Ihnen nur Ihnen mein [Träne] Allerliebster soll Sie sich nennen es muß nie[Träne]mahls ein thebanischer Jüngling den andern uneigennüziger geliebt haben als ich sie liebe, o ich würde Ihnen hundertmahl küßen ohne [Träne] andre [Träne] als diese Empfindung zu haben, [Träne] [...].[51]

Zumindest der Behauptung der Schreiberin nach imprägniert das »nachwallende Herz« (also gleich das ganze Organ) die Schrift mit dem natürlichen Sekret des Körpers und übernimmt die Botschaft, wo die Sprache versagt. Ob die Tropfen auf dem Papier nun von echten Tränen herrühren oder sie nur vortäuschen, ist allerdings fraglich, denn die Schrift ist nirgends verwischt und die Tränen sind säuberlich in eine wie dafür vorgesehene Lücke eingepasst. Wie auch immer, die echten oder imitierten Tränen sollen eine doppelte Funktion übernehmen: Zum einen unterstützen sie nachdrücklich in einem andern Medium, was das Wort, wenn auch nur andeutend, zu sagen versucht, zum andern setzen sie sich selbst an seine Stelle, weil sie beredter und überzeugender zu sein scheinen als dieses. Tränen auf dem Papier sollen als Zeugen eine Wahrheit beglaubigen, die jenseits der Schrift und jenseits der Sprache ist. Die Tränen haben »gleichsam das letzte Wort«.[52]

51 »Mein Bruder in Apoll«. Briefwechsel zwischen Anna Louisa Karsch und Johann Wilhelm Ludwig Gleim, hg. von Regina Nörtemann, Bd. 1, Göttingen 1996, S. 18.
52 Ute Pott, Der Brief – Ereignis & Objekt, S. 249.

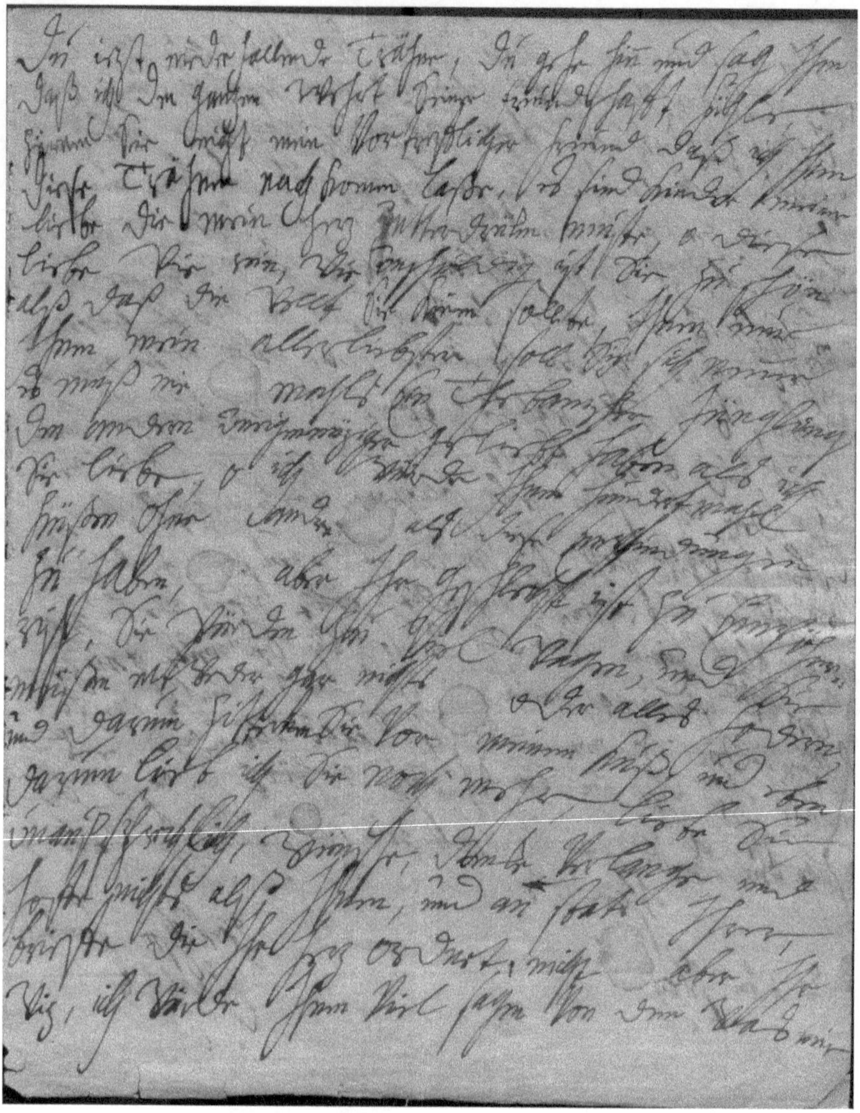

Abb. 3: Anna Luisa Karsch an Johann Wilhelm Ludwig Gleim, Brief vom 1. Juli 1761, Seite 3. Gleimhaus Halberstadt, Signatur: Hs. A 6559 (Karsch 36)

Editionsphilologische Digression
Die Wiedergabe der Tränentropfen der Karschin, ob sie nun echt sind oder inszeniert, durch das lapidare Wort [Träne] ist unbefriedigend. Die materielle Spur wird
wieder in ein Sprachzeichen zurückgeholt, das sie doch gerade ersetzen soll. Die
faksimilierte Form der Edition dagegen zeigt die Unterbrechung der Schrift durch
die Träne als Fleck, beziehungsweise als Leerstelle der Schrift. Solche Faksimi-
lierungen werden bei einem derartigen Befund in neuen digitalisierten Editionen
zur Norm. Sie werden aber auch schon im neunzehnten Jahrhundert als die best-
mögliche Wiedergabe eines Briefwechsels vorgeschlagen, allerdings geschieht
es dort in satirischer Absicht, wodurch erst die semantische Zweideutigkeit der
Wiedergabe evident wird. In Gottfried Kellers Erzählung *Die mißbrauchten Liebesbriefe* zwingt der zweifelhafte Literat Viggi Störteler mit der Absicht einer
künftigen Edition seine Frau zu einem Liebesbriefwechsel. Die dazu wenig aufge-
legte Gattin benützt für ihre Antwort an den Mann die Liebesbriefe, die ein in sie
verliebter Schulmeister ihr geschrieben hat. Bei deren Abschrift ist sie zu Tränen
gerührt. Der über die Tränenspuren erfreute Gatte schreibt ihr:

> In einer Nachschrift bemerkte Viggi: ›Ich habe mit Vergnügen gesehen, daß
> Spuren von vergossenen Tränen zwischen Deinen Zeilen zu sehen sind (wenn
> Du nicht etwa den Schnupfen hattest!). Aber gleichviel, ich trage mich jetzt
> mit dem Gedanken, ob solche Tränen zwischen den Zeilen bei einer allfälli-
> gen Herausgabe im Druck nicht durch einen zarten Tondruck könnten ange-
> deutet werden? Freilich, fällt mir ein, müßte dann wohl die ganze Sammlung
> faksimiliert werden, was sich indessen überlegen läßt.[53]

Keller nimmt die modernen Editionsmethoden vorweg und macht sich zugleich,
wie über das ganze Literatenwesen seines Protagonisten, darüber lustig. Doch
gerade damit legt er den Finger auf den wunden Punkt. Die künstlich hergestellte
Natürlichkeit, also die ›Aura‹ des gefälschten Briefwechsels, ist fragwürdig, vor
allem dann, wenn die Echtheit verbürgenden Tropfen auf dem Papier plötzlich
selbst ins Licht der Fälschung geraten, weil sie ganz nüchtern auch von einem
Schnupfen stammen könnten.

Damit steht nicht nur der hohe Wahrheitsanspruch der Träne unter Verdacht, sondern die Editionsphilologie vor der schwierigen Aufgabe der Authen-
tizitätsprüfung. Kellers Satire auf den gefälschten Liebesbriefwechsel führt vor
Augen, dass auch die physische Materialität des Briefes noch keine Garantie der

53 Gottfried Keller, Die Missbrauchten Liebesbriefe, in: ders., Sämtliche Werke und ausge-
    wählte Briefe, hg. von Clemens Heselhaus, Bd. 2, München und Wien⁴ 1979, S. 346.

Echtheit geben kann.[54] Der authentische Ausdruck ist nicht einfach durch den Befund gegeben, sondern der Befund bedarf selbst der Interpretation. Vielleicht ließe sich, um Kellers Satire weiter zu treiben, in diesem Zusammenhang sogar – analog zur Narratologie – von ›unreliable tears‹, von ›unzuverlässigen Tränen‹ sprechen.[55]

Jean Paul: Die Überwindung der »Herzwassersucht«. *Flegeljahre* (1804/1805)

Gegen Ende des Jahrhunderts nimmt die Tränenflut in der deutschen Literatur deutlich ab und auch ihre Wertschätzung verkehrt sich ins Gegenteil. Kant und in seinem Gefolge Schiller verwarfen die tränende Rührung als eine an die Sinne gebundene Erregung. »Rührung, eine Empfindung, wo Annehmlichkeiten nur vermittelst augenblicklicher Hemmung und darauf erfolgender stärkerer Ergießung der Lebenskraft gewirkt wird, gehört gar nicht zur Schönheit« – so verbannt Kant die Tränenkultur des ›weinenden Saeculums‹ aus dem Reich der Kunst in seiner *Kritik der ästhetischen Urteilskraft*.[56] Schillers Verdikt über die Tränen spricht ihnen gar jede geistige-sittliche Kraft und jede verbessernde Wirkung ab und sieht in ihnen nur rein sinnliche, auf die Triebe beschränkte Äußerungen. Die der Träne geltende empfindsame Literatur bewirke »bloß Ausleerungen des Thränensacks und eine wollüstige Erleichterung der Gefäße; aber der Geist geht leer aus, und die edlere Kraft im Menschen wird ganz und gar nicht dadurch gestärkt.« Das klare Wasser, einst Ausdruck der Wahrheit und der Authentizität, gehört nun ins Reich der Sinne und lässt den geistigen Menschen tief sinken:

> Ein bis ins Tierische gehender Ausdruck der Sinnlichkeit erscheint dann gewöhnlich auf allen Gesichtern, die trunkenen Augen schwimmen, der offene Mund ist ganz Begierde, ein wollüstiges Zittern ergreift den ganzen Körper, der Atem ist schnell und schwach, kurz alle Symptome der Berauschung stellen sich ein: zum deutlichen Beweise, daß die Sinne schwelgen, der Geist aber oder das Prinzip der Freiheit im Menschen der Gewalt des sinnlichen Eindrucks zum Raube wird. Alle diese Rührungen, sage ich, sind

54 Vgl. zur Materialität des Briefes: Lothar Müller, Das doppelte Register. Über den Brief und das Briefpapier, in: Fontanes Briefe ediert. Internationale wissenschaftliche Tagung des Theodor Fontane-Archivs, hg. von Hanna Delf von Wolzogen und Rainer Falk, Potsdam, 18.–20. September 2013, Würzburg 2014, S. 39–57.

55 Der Begriff des »unreliable narrator« stammt von Wayne Booth, Rhetoric of fiction.

56 Immanuel Kant, Kritik der ästhetischen Urteilskraft, § 13, in: ders., Werke in sechs Bänden, hg. von Wilhelm Weischedel, Bd. 5, Darmstadt 1983, S. 306.

durch einen edeln und männlichen Geschmack von der Kunst ausgeschlossen, weil sie bloß allein dem *Sinne* gefallen, mit dem die Kunst nichts zu verkehren hat.[57]

Als ein Kapitulieren des vernunftgeleiteten Subjekts und als ein Versinken ins
Körperliche, wie es später Plessner – wenn auch mit unterschiedlicher Wertung –
konstatiert hat,[58] versteht auch Schiller das Weinen, nur dass es bei ihm eine
gänzlich negative Beurteilung und eine Vertreibung aus den hohen Hallen der
Literatur erfährt.

Ein Autor allerdings, ein Tränenvirtuose der deutschen Literatur, ließ weiterhin ungehemmt die Tränen in seinen Romanen fließen, auch über die Jahrhun-
dertwende hinaus, um den Tränenfluss dann umso rigoroser zu stoppen. Jean
Paul hat alle Tränenvariationen ins Extrem gesteigert. Sein Roman *Hesperus* von
1895 ist – neben Millers *Siegwart. Eine Klostergeschichte* – ein äußerst tränennas-
ses Buch und übertrifft seinen Konkurrenten bei weitem an Virtuosität und Komplexität der Tränenkompositionen.[59] Und Jean Paul leistet auch den Umschlag in
der Tränenbewertung. Die Bewältigung der Träne, die Schiller theoretisch einfordert, hat Jean Paul literarisch gestaltet.

Er lässt die heiligen Tränen ins Komische kippen, und zwar in seinem
Roman *Flegeljahre*, der 1804 unvollendet erschienen ist. Der Roman beginnt
mit einer Testamentseröffnung des verstorbenen Herrn van der Kabel vor sieben
»weitläuftige[n] Anverwandten«. Die Kapitelüberschrift »das Weinhaus« ist zweideutig und assoziiert weniger ein Haus, in dem geweint wird, als eine feucht-
fröhliche Trinkrunde der ›lachenden Erben‹.

Doch es kommt anders. Das Testament beginnt mit einer rhetorischen
Pointe, welche die Erwartung der Erben, die umständlich mit all ihren Titeln in
ihrer ganzen bürgerlichen Wohlgesetztheit zitiert werden, anspannt, hinhält und
dann – entsprechend der Kant'schen Definition der Komik[60] – buchstäblich in
Nichts fallen lässt:

Demzufolge vermach' ich denn dem Herrn Kirchenrat *Glanz*, dem Herrn Hof-
fiskal *Knoll*, dem Herrn Hofagent Peter *Neupeter*, dem Herrn Polizei-Inspektor

57   Friedrich Schiller, Über das Pathetische, in: ders., Sämtliche Werke, Bd. 5, S. 516.
58   Helmuth Plessner, Weinen und Lachen, S. 40–43.
59   Vgl. zu den Tränen in Jean Pauls Romanen, insbesondere zum *Hesperus* und zu den *Fle-
     geljahren*: Elsbeth Dangel-Pelloquin, Strömende und stockende Wasserwerke. Jean Pauls
     Tränenerregungskunst, in: Jahrbuch der Jean Paul-Gesellschaft 46 (2011), S. 29–50.
60   »Das Lachen ist ein Affekt aus der plötzlichen Verwandlung einer gespannten Erwartung in
     nichts« (Kant, Kritik der ästhetischen Urteilskraft, § 54, S. 437).

Harprecht, dem Herrn Frühprediger *Flachs* und dem Herrn Hofbuchhändler *Paßvogel* und Herrn *Flitten* vor der Hand nichts [...].[61]

Die Erben erfahren somit, dass sie keine sind. Dies mit der scheinheiligen Begründung des Erbonkels: »weil ich aus ihrem eigenen Munde weiß, daß sie meine geringe Person lieber haben als mein großes Vermögen, bei welcher ich sie denn lasse, so wenig auch an ihr zu holen ist«.[62]

Bis auf eine kleine Ausnahme. Der Verstorbene bestimmt denjenigen der sieben »Herren Anverwandten« zum Erben seines Hauses,

welcher in einer halben Stunde (von der Vorlesung der Klausel an gerechnet) früher als die übrigen sechs Nebenbuhler eine oder ein paar Tränen über mich, seinen dahingegangenen Onkel, vergießen kann vor einem löblichen Magistrate, der es protokolliert.[63]

Diese Romaneröffnung ist durch ihren pervertierten Träneneinsatz bizarr und komisch zugleich. Das findet auch der Erzähler selbst, denn in scheinbar bescheidener und zugleich superlativischer Litotes bemerkt er:

– Daß es, solange die Erde geht und steht, je auf ihr einen betrübtern und krausern Kongreß gegeben als diesen von sieben gleichsam zum Weinen vereinigten trocknen Provinzen, kann wohl ohne Parteilichkeit nicht angenommen werden.[64]

Die sprichwörtlich lachenden Erben müssen also zu weinenden werden. Dieses paradoxe Meisterstückchen bannt all die Tränenfluten der empfindsamen Literatur in eine strenge Ökonomie zurück und verfolgt die Produktion von einer Träne wie mit der Lupe. Die Minimalerzeugung gilt angeblich der Trauer um den Onkel, einem bedeutenden Weinanlass also. Aber das Wort »Nebenbuhler« macht klar, dass es sich bei dieser Demonstration der Trauer um eine kompetitive Angelegenheit handelt. Tränen, der Ausdruck des Kontrollverlustes, sollen der restlosen Kontrolle unterworfen werden, die Kapitulation des Ichs soll durch manipulative Selbstbeherrschung produziert werden, und die zweckfreien edlen Tropfen sollen einem auf Berechnung basierenden Zweck dienen. Das Skandalon der Szene ist diese Kombination von Tränen mit einem berechnenden Kalkül und einem mer-

---

61   Jean Paul, Flegeljahre, in: ders., Werke I/2, S. 583.
62   Ebd.
63   Ebd., S. 584.
64   Ebd.

kantilen Zweck. Die eine geforderte Träne ist nur noch im wörtlichen, das heißt im merkantilen Sinn kostbar, doch kaum im übertragenen, sie bemisst sich am Tauschwert des Hauses.

Jean Paul benutzt den Tränenwettstreit der enterbten Erben zu einer kleinen Geschichte des Tränenflusses. Sie spielt ironisch mit der humoralpathologischen Tradition der Körperflüsse und zitiert parodierend die empfindsame Tränensemantik. Fünf der Probanden versuchen, auf rein physiologischem Weg das begehrte Nass hervorzureizen, wodurch sie zu tierischen Physiognomien mutieren und – zumindest bildlich – alle anderen Körperausscheidungen aktivieren, um über einen Flüssigkeitstransfer die Tränensäfte mitzustimulieren. So sieht einer »wie eine kranke Lerche aus, die man [...] klystiert«, ein anderer wie ein Hund, der ein Brechmittel »ableckt«. Ein Dritter versucht, »durch Gelächter [...] die begehrten Tropfen zu erpressen und sich diebisch mit diesem Fensterschweiß zu beschlagen«, während der Vierte sich dadurch »etwas Passendes in die Augen zu treiben« sucht, daß er mit ihnen »sehr starr und weit offen« blickt.[65]

Diese Versuche, die Tränen mittels Säftesubstitution, Kondensationsverfahren und mechanischer Reizung herauszupressen, schlagen fehl. Aber auch der empfindsame Weg führt nicht zum Erfolg. Ihn beschreitet der Kirchenrat Glanz, der »Erweichungs-Reden« aus seinen eigenen »Neujahrs- und Leichenpredigten« hält und Tränen als »heilige Zeichen« bezeichnet, die sein Herz bereits heimlich um den Verstorbenen vergossen habe. Als er – in schöner paradoxer Fügung – fast schon »vor Freude über nahe Trauertränen« weint, kommt ihm der letzte Erbe, der Frühprediger Flachs, zuvor. Dieser hat ebenfalls das Mitleid aktiviert, aber er muss seiner Phantasie reichlich zusätzlich Nahrung geben durch literarische und historische Stimulanzien aller Art, »den Lazarus mit seinen Hunden [...], ferner das Köpfen so mancher Menschen, Werthers Leiden, ein kleines Schlachtfeld«.[66] Mit dem bunt zusammengewürfelten Vorstellungsensemble macht er evident, dass einzig die Imaginationskraft der Phantasie aus diesem absurden Tränenwettstreit siegreich hervorgehen kann. Die Ankündigung der erfolgreichen Tränen vermischt dann die flüssige und trockene Sphäre humoristisch ineinander:

»Ich glaube, meine verehrtesten Herren,« – sagte Flachs, betrübt aufstehend und überfließend umhersehend, »ich weine« – setzte sich darauf nieder und ließ es vergnügter laufen; er war nun auf dem Trocknen [...].[67]

---

65 Ebd., S. 585 f.
66 Ebd., S. 586 f.
67 Ebd., S. 587.

Die witzige Szene bedeutet den Zusammenbruch aller Zeichenordnungen der empfindsamen Tränenliteratur und damit einen schweren Karriereknick der Träne am Übergang zum neunzehnten Jahrhundert. Im Unterschied zu Schillers moralisch-theoretischer Verwerfung der Träne aus Vernunftgründen, lässt Jean Paul ihre prominente Position im literarischen Medium und mit komischen Mitteln zusammenbrechen. Die physiologische Metaphorik mit ihren humoral-pathologischen Residuen wird ins Lächerliche gezogen, die physiognomischen Erkennungszeichen in ein Bestiarium verwandelt, der empfindsame Tränenkreislauf, der hier ohnehin nur als dünnes Rinnsal läuft, wird gekappt und alle seine Privilegien durchgestrichen. Tränen sind kein Ausfluss des Herzens und keine kostbaren Zeichen, sondern nur abstraktes Wertäquivalent für den Tauschwert des Hauses. Kurz: Die Träne ist in Jean Pauls Romananfang zu einem Requisit im humoristischen Repertoire geworden.

Das anfängliche Spiel mit den Tränen lässt sich im Roman *Flegeljahre* weiterverfolgen. Thematisiert und in Szene gesetzt wird das Zeichendeuten der Tränenzeichen oder – in ironisch-witziger Potenzierung – sogar das Deuten der Zeichen der Zeichen. Der empfindsame und naive Gottwalt, unrühmlicher Held des Romans und vorgesehener Erbe des am Romananfang nachgelassenen Vermögens, sitzt in einem Konzert und hofft, Tränen der Rührung in den Augen der vornehmen Damen zu sehen, »weil er sich [...] schönere *Vergrößerungslinsen* des Herzens nie zu denken vermocht«. Dieser Wunsch ist ganz im empfindsamen Register formuliert: Die Träne gibt den Durchblick auf das wahrhaftige Herz. Aber die für das Konzert herausgeputzten Frauen weinen nicht, um ihren Putz nicht zu beschädigen, und so sieht er, »–weil Mädchen schwer im Putze weinen – nichts als die ausgehangenen *Weinzeichen*, die Tücher. Indes für den Notar war ein Schnupftuch schon eine Zähre und er ganz zufrieden.«[68]

Die Tränen glänzen durch Abwesenheit. Sie werden durch das Schnupftuch repräsentiert, dem im ganzen Roman die erzählerische Energie mehr gilt als den Tränen: Es wird als »Schminklappen des Gefühls« und »Flughaut der Phantasie« intituliert[69] und stellt damit zur Schau, dass das Sprachspiel an die Stelle der Authentizitätsfrage getreten ist. Die abwesenden Tränen reflektieren den Stellvertretermodus von Zeichen überhaupt, wie er kardinales Thema der *Flegeljahre* ist.

Jean Pauls witzige Attacken auf die Tränen bedeutet keine generelle Diskreditierung, sie fließen, wenn auch behutsamer, in seinen Werken weiter. Aber er entbindet sie von ihrer Authentizitätsverpflichtung, ihrem Beglaubigungsstatus, ihrer Letztbegründung. So kann beides nebeneinander bestehen, die große Trä-

68   Ebd., S. 761.
69   Ebd., S. 850.

nenschrift der empfindsamen Literatur, die Schrift und Sprache wegschwemmt, und die kleine komische Träne der *Flegeljahre*. Die literarischen Tränen haben wieder mit der Phantasie und dem Sprachspiel zu tun, sie sind, wie jeder menschliche Ausdruck, Zeichen, die mehrdeutig sein können und die – um mit Jean Pauls *Vorschule der Ästhetik* zu reden – nie absolut, sondern immer interpretationsbedürftig sind.[70]

---

70 Jean Paul, Vorschule der Ästhetik, in: Werke. I/5, S. 182 f.: »So wie es kein absolutes Zeichen gibt – denn jedes ist auch eine Sache –, so gibt es im Endlichen keine absolute Sache, sondern jede bedeutet und bezeichnet; wie im Menschen das göttliche Ebenbild, so in der Natur das menschliche.«

CHRISTOPH ÖHM-KÜHNLE

KÖRNERS ERSTVERTONUNG VON SCHILLERS *AN DIE FREUDE* UNTER SCHUBARTS NAMEN. EINE VERWECHSLUNG MIT FOLGEN IN DER *FREYMAURER-ZEITUNG* (NEUWIED 1787)

> Schillers Freudengesang sollst
> du gleich nach Ostern haben.[1]

Im Jahr 2016 tauchte im Antiquariatshandel ein als Buch gebundener Sammelband aller erschienenen Nummern der bisher nur unvollständig nachgewiesenen, in Neuwied erschienenen *Freymaurer-Zeitung*[2] auf und konnte für das Stadtarchiv Neuwied angekauft werden. In zwei der Ausgaben sind bislang unbekannte Quellen zur frühen Schiller-Rezeption enthalten: am 27. August 1787[3] ein Abdruck von Schillers Ode *An die Freude* und am 15. Oktober[4] des Jahres als Notenbeilage eine frühe Vertonung der Ode.[5]

Als Komponist der Vertonung ist darin Schubart angegeben,[6] weshalb die Vermutung nahe lag, dass es sich um Schubarts von Schiller brieflich im Jahr

---

1   Christian Friedrich Daniel Schubart an seinen Sohn Ludwig Schubart, Brief vom 8. April 1789, in: ders., Briefwechsel, Kommentierte Ausgabe in drei Bänden, hg. von Bernd Breitenbruch, Konstanz 2006, Bd. 2: 1778–1787 [recte: 1778–1791], S. 369–370 (Brief Nr. 444).

2   Freymaurer-Zeitung (Neuwied), 2 Jgg., erschienen 13. Dezember 1786 bis 15. Oktober 1787, erhalten im Landeshauptarchiv Koblenz, Außenstelle Rommersdorf mit Stadtarchiv Neuwied (Sign.: Landeshauptarchiv Koblenz Bestand 630,507 Nr. 1). Der Verfasser dankt herzlich Herrn Gerd Anhäuser, Stadtarchiv Neuwied, und Herrn Dr. Jost Hausmann, Landeshauptarchiv Koblenz, für deren wertvolle Auskünfte und die Genehmigung zum Abdruck der Vertonung.

3   [Friedrich Schiller], An die Freude, in: Freymaurer-Zeitung, [2. Jg.], Neuwied 1787, S. [545]–548.

4   [Christian Gottfried Körner], An die Freude, Lied mit Klavier-Begleitung, in: Freymaurer-Zeitung, [2. Jg.], Neuwied 1787, S. 317.

5   Der Verfasser dankt Herrn Dr. Lutz Neitzert sehr herzlich für den Hinweis auf die *Freymaurer-Zeitung*.

6   Die »Teutschen verdanken Text und Komposition dem Verfasser der teutschen Chronik, dem braven Schubart« (Freymaurer-Zeitung, [2. Jg.], Neuwied 1787, S. 317).

1787[7] erwähnte und heute verschollene Vertonung der Hymne handelte. Der Vergleich mit den bekannten frühen Vertonungen der Ode *An die Freude*[8] zeigt jedoch, dass die in der *Freymaurer-Zeitung* abgedruckte Vertonung nicht eine Komposition Schubarts, sondern ein früher Nachdruck von Christian Gottfried Körners Erstvertonung (1786)[9] des Gedichtes ist. Dennoch ergeben sich, auch aufgrund neuerer Forschungen zu Schubart, neue Aspekte zu der von Schiller im Brief erwähnten Vertonung Schubarts, ebenso wie zur Rezeptionsgeschichte der Ode *An die Freude*.

Zur Vertonung der Ode *An die Freude* in der Neuwieder *Freymaurer-Zeitung* (1787)

Dass Schubart in der Neuwieder *Freymaurer-Zeitung* als Komponist der Vertonung, irrtümlich aber auch als Verfasser des Gedichtes *An die Freude* bezeichnet wird, ist bemerkenswert, da der Abdruck den (in der Forschung mehrfach festgestellten)[10] inhaltlichen Bezug des Gedichtes zum Gedankengut der Freimaurer aufzeigt, ungeachtet der Person Schillers und seiner Bekanntschaft mit Freimaurern, wie seinem Freund Körner. Dass Freimaurer aus Schillers Umfeld die Ode schätzten und auch eine Vertonung gemeinschaftlich musizierten, ist bereits bekannt. Dass die Ode auch als anonyme Abschrift oder herausgenommen aus einer Publikation, wie der *Thalia*, in Freimaurerkreisen kursierte, bestätigt zumindest die Kongruenz des Textes mit deren Gedankengut. Auch die gleichnamigen Gedichte von Hagedorn und Uz, die als Vorbilder von Schillers Freudengedicht zu finden sind, zählten zum Repertoire der Freimaurer.[11]

Die Publikation von allgemein die Geisteshaltung der Freimaurer ausdrückenden Inhalten, wie vorliegend in der Ode *An die Freude*, war der explizite Sinn der Neuwieder *Freymaurer-Zeitung*: Ihr war als Bestimmung zugedacht, »richti-

---

7   Friedrich Schiller an Christian Gottfried Körner, Brief vom 19. Dezember 1787 (Schillers Werke. Nationalausgabe, hg. im Auftrag der Klassik Stiftung Weimar und des Deutschen Literaturarchivs Marbach, Weimar 1943 ff. (im Folgenden: NA), Bd. 24, S. 185).

8   Vgl. Georg Günther, Schiller-Vertonungen, 2 Bde., Marbach 2001. Außerdem enthalten in: ders., Frühe Schillervertonungen bis 1825, München 2005.

9   RISM deest; katalogisiert und mit Faksimile wiedergegeben bei Georg Günther, Schiller-Vertonungen, Bd. 1: Verzeichnis der Drucke und Handschriften, S. 102 f.

10 So Hans Vaihinger, Ein Freimaurerlied als Quelle des Liedes an die Freude?, in: Schiller als Philosoph und seine Beziehungen zu Kant. Festgabe der *Kantstudien*, hg. von dems. und Bruno Bauch, Berlin 1905, S. 138–141; Hans-Jürgen Schings, Die Brüder des Marquis Posa: Schiller und der Geheimbund der Illuminaten, Tübingen 1996; Peter-André Alt, Schiller. Leben – Werk – Zeit, 2 Bde., München 2000, hier Bd. 1, S. 253 f.

11 Peter-André Alt, Schiller. Leben – Werk – Zeit, Bd. 1, S. 253 f.

gere Grundsätze und edlere Gesinnungen zu verbreiten, und hiernächst gewisse Dinge immer mehr zur Publicität zu befördern, deren Kenntniß bis jetzt blos auf einen kleinen Theil von Deutschland eingeschränkt war.«[12]

Schiller wird sehr wahrscheinlich auf diesen Abdruck einer Vertonung seines Gedichtes hingewiesen worden sein, denn er teilte nur wenige Wochen nach dem Erscheinen des Heftes der *Freymaurer-Zeitung*, in welchem die Vertonung der Ode *An die Freude* enthalten war, brieflich seinem Freund Körner mit,[13] es existiere nun auch eine von Schubart komponierte Vertonung der Ode, die er für Körner abschreiben lassen könne. Offensichtlich lag Schiller – falls er sich auf die *Freymaurer-Zeitung* bezog – der Notendruck nicht persönlich vor, da er sonst bemerkt hätte, dass es sich um Körners Vertonung handelte, die er dem Verleger der *Thalia* selbst zum Abdruck empfohlen hatte.[14] Es wird sich also beim Besitzer der Ausgabe der *Freymaurer-Zeitung* (die deutschlandweit bestellt werden konnte[15]), der ihm die Mitteilung von der Vertonung hat zukommen lassen können, um eine Person aus Schillers weiterem Umfeld gehandelt haben – in Ansehung der Zielgruppe der Zeitung sehr wahrscheinlich um einen Freimaurer oder Illuminaten.[16] Es kommen als Bindeglied insbesondere zwei Bekannte Schillers in Frage: der Philosoph Carl Reinhold, Freimaurer und Illuminat, den Schiller 1787 in Weimar kennengelernt hatte,[17] und Johann Joachim Christoph Bode, der im Herbst des Jahres in Weimar versuchte, Schiller für die Illuminaten zu gewinnen.[18]

Es ist deswegen naheliegend, Schillers Kenntnis des Abdruckes der Vertonung in der *Freymaurer-Zeitung* anzunehmen, da anhand des erst vor wenigen Jahren von Bernd Breitenbruch vollständig edierten Briefwechsel Schubarts nachvollziehbar ist, dass Schubarts Vertonung – entgegen den bisherigen

12 Anon., Neuwied, in: Gothaische gelehrte Zeitungen, 10. Stück, 3. Februar 1787, Gotha 1787, S. 82.
13 Friedrich Schiller an Christian Gottfried Körner, Brief vom 19. Dezember 1787 (NA, Bd. 24, S. 185).
14 Friedrich Schiller an Georg Joachim Göschen, Brief vom 29. November 1785 (NA, Bd. 24, S. 153). Vgl. außerdem: Peter-André Alt, Schiller. Leben – Werk – Zeit, Bd. 1, S. 29.
15 »Man zahlt für den Jahrgang 4 Fl. und kann so wohl hier zu NEUWIED als auf allen Loebl. Reichspostämtern darauf unterzeichnen« (Freymaurer-Zeitung, [1. Jg.], Nr. 1, Neuwied 1786, S. 8).
16 Der maßgebliche Herausgeber, Dietrich Wilhelm Andreä, war im Übrigen sowohl Freimaurer als auch Illuminat, Forschungszentrum Gotha der Universität Erfurt, The Gotha Illuminati Research Base, www.projekte.uni-erfurt.de/illuminaten/Dietrich_Wilhelm_Andreä (18. 01. 2017). Die Datenbank bietet neben wissenschaftlichen Aufsätzen und einer Mitgliederdatei der Illuminaten die derzeit umfangreichste Bibliographie der Fachliteratur zu Illuminaten.
17 Peter-André Alt, Schiller. Leben – Werk – Zeit, Bd. 1, S. 460.
18 Vgl. Friedrich Schiller an Christian Gottfried Körner, Brief vom 10. September 1787 (NA, Bd. 24, S. 153). Vgl. außerdem: Peter-André Alt, Schiller. Leben – Werk – Zeit, Bd. 1, S. 460.

Erkenntnissen der neueren Schubart- und Schiller-Forschung[19] – im Jahr 1787 noch gar nicht vorlag und Schiller sich also auf eine damals kursierende Vertonung der Ode bezogen haben muss, die irrig Schubart zugeschrieben wurde: Schubart erwähnt erst im März 1789[20] in einem Brief an seinen Sohn, dass er vorhabe, Schillers »Freudenlied« zu vertonen; in einem zweiten Brief vom April des Jahres,[21] der in den früheren Briefeditionen[22] noch nicht enthalten war und, trotz seiner erheblichen Relevanz, auch in der neueren Fachliteratur außer in der Brief-Gesamtausgabe noch nirgends Erwähnung findet, kündigt Schubart seinem Sohn die Zusendung der Vertonung der Ode *An die Freude* »nach Ostern« an und äußert seine Vorfreude darauf, das Lied zusammen mit dem Sohne zu singen. Schubart war also bereits mit konkreten Arbeiten an der Komposition befasst oder die Vertonung war bereits fertig und harrte der Abschrift.

Schiller hatte dennoch im Herbst oder Ende des Jahres 1787 einen Hinweis auf eine Vertonung Schubarts erhalten, wie sein Brief an Körner zeigt,[23] es muss sich also um eine Schubart fälschlich zugeschriebene Vertonung gehandelt haben. Nach jetzigem Kenntnisstand lag 1787 nur in der Neuwieder *Freymaurer-Zeitung*, in der hier vorgestellten Vertonung von *An die Freude*, eine solche, Schu-

---

19   Hartmut Schick, Schubart und seine Lieder, in: Christian Friedrich Daniel Schubart (1739–1791). Sämtliche Lieder, hg. von Hartmut Schick, München 2000, S. XV–XXXII, hier S. XXVII (Schick erwähnt die im Jahr 1789 von Schubart geplante Vertonung als eine möglicherweise entstandene weitere Vertonung); Bernd Jürgen Warneken, Schubart. Der unbürgerliche Bürger, Frankfurt a. M. 2009, S. 277 und S. 397 (dort Anm. 84); NA, Bd. 24, S. 185; Kurt Honolka datiert zwar die Vertonung korrekt mit dem Jahr 1789, gibt allerdings nur den ersten Brief Schubarts vom März 1789 als Quelle an und geht, ohne dies weiter zu belegen, davon aus, dass die Vertonung nie zustande kam (vgl. Schubart. Dichter und Musiker, Journalist und Rebell. Sein Leben, sein Werk, Stuttgart 1985, S. 305). In Eduard Engels Literaturgeschichte ist bereits das korrekte Jahr 1789 angegeben, ohne ein tatsächliches Entstehen der Vertonung anzunehmen (Eduard Engel, Geschichte der deutschen Literatur von den Anfängen bis in die Gegenwart, 2 Bde., Wien und Leipzig 1913, Bd. 1: Von den Anfängen bis zum 19. Jahrhundert, S. 481: »Besonders entzückt war Schubart von Schillers Lied an die Freude, das er 1789 zu vertonen versuchte«).

20   Christian Friedrich Daniel Schubart an seinen Sohn Ludwig Schubart, Brief vom 7. März 1789, in: Christian Friedrich Daniel Schubart. Briefwechsel, Bd. 2: 1778–1787 [recte: 1778–1791], hg. von Bernd Breitenbruch, S. 365 f. (Brief Nr. 441), sowie Bd. 3: Kommentar zum Briefwechsel, S. 256.

21   Christian Friedrich Daniel Schubart an seinen Sohn Ludwig Schubart, Brief vom 8. April 1789, in: ebd., Bd. 2: 1778–1787 [recte: 1778–1791], S. 369 f. (Brief Nr. 444).

22   Christian Friedrich Daniel Schubart. Briefe, hg. von Ursula Wertheim und Hans Böhm, Leipzig 1984; David Friedrich Strauß, Christian Friedrich Daniel Schubart's Leben in seinen Briefen, 2 Bde., Berlin 1849, Reprint: Königstein 1978.

23   Friedrich Schiller an Christian Gottfried Körner, Brief vom 19. Dezember 1787 (NA, Bd. 24, S. 185).

bart zugeschriebene Vertonung der Ode vor. Es ist also sehr wahrscheinlich, dass Schiller in seinem in der Forschung oft zitierten, genannten Brief vom 19. Dezember 1787[24] genau diesen Druck in der Neuwieder *Freymaurer-Zeitung* meinte.

Zur Neuwieder *Freymaurer-Zeitung*

Dietrich Wilhelm Andreä (1749 Erfurt – 1813 ebd.), der in frühen Publikationen mehrfach als einziger der Herausgeber der *Freymaurer-Zeitung* namentlich genannt ist[25] und daher wohl maßgeblich als solcher wirkte, war seit Dezember 1785 Mitglied der Freimaurerloge »Caroline zu den drei Pfauen« in Neuwied, zudem bereits seit Mitte 1782 Illuminat.[26] Er wirkte ab 1785 in Neuwied als »Fürstl. Wiedischer Regierungsassessor« und »Aufseher des Archivs«, ab 1786 als »Lehrer am Philantropin« in Neuwied, ab 1792 dann als »privatisierender Gelehrter« in

---

24 Ebd.
25 Friedrich Albert Klebe, Reise auf dem Rhein durch die teutschen Rheinländer, von Frankfurt bis zur Grenze der Batavischen Republik [sic], und durch die Französischen Departements des Donnersbergs, des Rheins und der Mosel und der Roer. Vom Julius bis Dezember 1800, 2 Bde., Frankfurt 1801[–1802], Bd. 2, Frankfurt 1802, S. 252; Georg Franz Burkhard Kloss, Annalen der Loge zur Einigkeit der Englischen Provincial-Loge, so wie der Provincial- und Directorial-Loge des eclectischen Bundes zu Frankfurt am Main. 1742–1811. Eine Festgabe ausgetheilt bei der Säkularfeier der Loge zur Einigkeit am 27. Juni 1842, Frankfurt a. M. 1842, S. 230. Weiterer Herausgeber war Anton Andreas Meyer (S. Johann Samuel Ersch, Verzeichniss [sic] aller anonymischen Schriften in der vierten Ausgabe des gelehrten Teutschlands fortgesetzt aus dem dritten und vierten Nachtrage, Lemgo 1794, S. 34), der einige Jahre später in anderer Sache brieflich mit Schiller in Kontakt stand (vgl. Anton Andreas [André] Meyer an Campe und Schiller, Brief vom 1. März 1793, NA, Bd. 38, S. 239). Meyer war in dieser Zeit Adjutant des Generals Custine und hatte in der Funktion den Auftrag, die Ehrenbürgerbriefe an Klopstock, Campe und Schiller zuzustellen (vgl. Siegrid Düll, Begegnungen mit Schiller, Hildesheim 2007, S. 16; zur Biografie von Meyer vgl. Wielands Briefwechsel, 18 Bde., Berlin 1963–2005, hg. von der Berlin-Brandenburgischen Akademie der Wissenschaften zu Berlin durch Siegfried Scheibe und Hans Werner Seiffert, Bd. 18, 2: Oktober 1809–Januar 1813; Anmerkungen, hg. von Klaus Gerlach und Uta Motschmann, Berlin 2005, S. 275). Außerdem gaben die reformierte Prediger Philipp Jacob Winz, der lutherische Geistliche Philipp Jacob Engel und der Wetzlarer Reichs-Kammergerichtsassessor Franz Dietrich von Dithfurth die Zeitung heraus (vgl. Karin Angelike, Louis-François Mettra. Ein französischer Zeitungsverleger in Köln (1770–1800), Köln, Weimar und Wien 2002, S. 89 sowie Arwid Liersch, Die Freimaurerei in Neuwied in der zweiten Hälfte des achtzehnten Jahrhunderts. Ein Beitrag zur freimaurerischen Geschichte des Rheinlands, Neuwied [1899], S. 73). Verlegt wurde die Zeitung vom illustren Louis-François Mettra (vgl. Karin Angelike, Louis-François Mettra, S. 88 und S. 92).
26 Forschungszentrum Gotha der Universität Erfurt, The Gotha Illuminati Research Base, www.projekte.uni-erfurt.de/illuminaten/Dietrich_Wilhelm_Andreä (18. 01. 2017).

Erfurt, ab 1798 als »Bauamtsaktuar« in Erfurt,[27] später ebendort als kaiserlich französischer Gouvernements-Sekretär.[28] Die Zeitung erschien in insgesamt 79 halbwöchentlichen Ausgaben von 13. Dezember 1786 bis 15. Oktober 1787. In der Ausgabe Nr. 79 vom 15. Oktober 1787, der letzten Ausgabe, in welcher auch der Notendruck der Ode *An die Freude* erschien, wurde anonym mitgeteilt, dass sich die Zeitung auflöse und die Abonnenten statt der *Freymaurer-Zeitung* die seit 1786 in Neuwied erscheinende Zeitschrift *Politische Gespräche im Reich der Todten* erhalten würden.[29] Diese wurde vom streitbaren Publizisten Trenck von Tonder herausgegeben, einem Konkurrenten der Neuwieder *Freymaurer-Zeitung*, der nach deren Auflösung die Korrespondenten übernahm.[30]

Zu den Drucken der Ode *An die Freude* und zu Körners Vertonung

Der Abdruck der Ode (nicht aber jener der Vertonung, der einige Monate später erfolgte, siehe unten) folgt genau der ersten Fassung aus der *Thalia* 1786.[31] Dem Redakteur sei nicht bekannt, wo das Gedicht im Druck erschienen war, und der Verlag werde entschädigt, würde er der Redaktion bekannt:

Unwissend ob dieses schöne Lied, das uns ein Freund mittheilte, in einem Musenalmanach oder sonstwo steh't [sic], haben wir's hier abdrucken lassen, und hoffen, dass es uns unsere Leser danken werden. Die Freyheiten die sich der Dichter darin erlaubte, werden niemanden [sic], auch dem strengsten Orthodoxen nicht, anstösig seyn. – – – Sobald wir die Musik dazu erhalten können, so liefern wir sie unserm lieben Publikum nach, und entschädigen den Herrn Verleger dieses Gedichts, der sich allenfalls dazu finden mögte [sic], nach Kräften und Vermögen: wie's denn auch recht und billig ist.[32]

27 Das gelehrte Teutschland oder Lexikon der jetzt lebenden teutschen Schriftsteller, hg. von Georg Christoph Hamberger und Johann Georg Meusel, Bd. 9, Lemgo 1801, S. 26.
28 Forschungszentrum Gotha der Universität Erfurt, The Gotha Illuminati Research Base, www.projekte.uni-erfurt.de/illuminaten/Dietrich_Wilhelm_Andreä (18. 01. 2017).
29 Freymaurer-Zeitung Neuwied, [2. Jg.], 1787, S. 317.
30 Karin Angelike, Louis-François Mettra. Ein französischer Zeitungsverleger in Köln (1770–1800), S. 89 f.
31 Thalia, hg. von Friedrich Schiller, H. 2, Leipzig 1786, S. 1–5.
32 Freymaurer-Zeitung, [2. Jg.], Neuwied 1787, S. 548.

Die Vertonung Christian Gottfried Körners[33] (als Lied mit Klavierbegleitung in strophischer Vertonung für eine Stimme und dreistimmigen Chor, in C-Dur, siehe Abbildung) ist in der *Freymaurer-Zeitung* fast exakt identisch zum Erstdruck in der *Thalia* wiedergegeben, allerdings mit kleinen Fehlern (besonders im Textanfang »Freunde schöner Götterfunken« statt »Freude schöner Götterfunken«). Im Begleittext wird irrtümlich mitgeteilt, man verdanke »dem Verfasser der teutschen Chronik, dem braven Schubart«[34] Text und Komposition. Wie es zu dieser doppelt falschen Zuschreibung an Schubart kam, ist ungewiss. Da aber die Vertonung Körners zu der Zeit als Einzeldruck auf verschiedenen fliegenden Blättern ohne Komponisten und Dichter-Angabe kursierte und kein einziger zeitgenössischer Druck die volle Angabe von Körners Name aufwies (selbst der von Schiller brieflich als Körners Vertonung verbürgte[35] Erstdruck in der *Thalia* 1786[36] war nur mit »K.« bezeichnet), war es dem Redakteur der *Freymaurer-Zeitung* kaum möglich, den wahren Verfasser der Vertonung zu kennen. Schubarts damals weithin bekannte Lebensumstände (seine zehnjährige Kerkerhaft ohne Strafprozess),[37] aber auch seine einst explizit in der *Deutschen Chronik* geäußerte Kritik an aristokratischer Willkürherrschaft, mögen diesen als Verfasser nahegelegt haben (man denke nur an »Männerstolz vor Königsthronen« oder »Rettung von Tirannenketten«). Auch die von Schubart mehrfach in seinen Gedichten (so in *Die Forelle* und *Die Fürstengruft*), wenngleich teils verdeckt erscheinende Kritik an den Herrschenden seiner Zeit mag den Autor der Zeitung in der Zuschreibung fehlgeleitet haben.

33   Georg Günther, Schiller-Vertonungen, Bd. 1: Verzeichnis der Drucke und Handschriften, S. 101–103, sowie Bd. 2: Verzeichnis der musikalischen Werke, S. 83 f.

34   Anon., [Begleittext zum beigefügten Notendruck der Vertonung der Ode ›An die Freude‹ von Christian Gottfried Körner], in: Freymaurer-Zeitung, [2. Jg.], Neuwied 1787, S. 317.

35   Friedrich Schiller an Georg Joachim Göschen, Brief vom 29. November 1785 (NA, Bd. 24, S. 153).

36   Thalia, hg. von Friedrich Schiller, H. 2, Leipzig 1786, o. S. (dem Heft vorgebunden).

37   So berichtete Johann Nicolaus Forkel in der *Musikalisch-kritischen Bibliothek* schon im Jahr 1778 über Schubart, er sei im Jahr 1777 »wegen verschiedener unvorsichtiger Urtheile [...] auf Herzogl. Würtembergisch. Befehl in Verhaft genommen« worden (irrtümlich wird darin auch berichtet, er sei nun wieder freigelassen worden, vgl. Musikalisch-kritische Bibliothek, 3 Bde., Gotha 1778 und 1779, hier Bd. 2, Gotha 1778, S. 393. Aber auch seine eigenen Publikationen machten sein Schicksal bekannt, wie die während der Haft veröffentlichte Gedichtsammlung *Christian Friedrich Daniel Schubarts sämmtliche Gedichte* (2 Bde., Stuttgart 1785 und 1786), die in zahllosen genehmigten und ungenehmigten Nachdrucken erschien.

Abb. 1: [Christian Gottfried Körner], An die Freude, Lied für eine Singstimme und Chor mit Kl.-Begl., aus: Freymaurer-Zeitung, [2. Jg.], Neuwied 1787, S. 317 (dort irrig Christian Friedrich Daniel Schubart zugeschrieben).

Zur korrekten Datierung von Schubarts verschollener Vertonung (1789)

Leben und Werk von Christian Friedrich Daniel Schubart rückten in den letzten drei Jahrzehnten zunehmend in den Blick der Forschung[38] und Biografik.[39] Auch wurde sein kompositorisches Schaffen mittlerweile Gegenstand zahlreicher wissenschaftlicher Noteneditionen,[40] wodurch erstmals eine umfassende Gesamtschau und Beurteilung auch seines kompositorischen Wirkens nach den Kriterien der modernen Wissenschaft möglich ist, welche den ersten, grundlegenden Studien des verdienstvollen Ulmer Gymnasiallehrers Ernst Holzer[41] aufgrund der mangelhaften Quellenlage, aber auch seiner sehr subjektiven Perspektive[42] noch verwehrt blieb. Auch Schubarts Briefwechsel ist erst seit Bernd Breitenbruchs hervorragender Gesamtausgabe, die im Jahr 2006 vorgelegt wurde, vollständig wissenschaftlich ediert.

Diese wissenschaftliche Briefausgabe insbesondere wurde in der bisherigen Fachliteratur, die sich monothematisch mit Schubarts musikalischem Wirken

---

38 Vgl. bes. Christian Friedrich Schubart. Das Werk, hg. von Barbara Potthast, Heidelberg 2016; Hartmut Schick, Schubart und seine Lieder.

39 Vgl. bes. Bernd Jürgen Warneken, Schubart. Der unbürgerliche Bürger, Frankfurt 2009; Fritz Streitberger, Der Freiheit eine Gasse. Die Lebensgeschichte des Christian Friedrich Daniel Schubart, Bietigheim 2001; Kurt Honolka, Schubart. Dichter und Musiker, Journalist und Rebell. Sein Leben, sein Werk, Stuttgart 1985; Hans Joachim Krämer, Schubart und Ludwigsburg, in: Ludwigsburger Geschichtsblätter 33/1981, S. 25–40.

40 Christian Friedrich Daniel Schubart, An die Tonkunst (1782), Sopran u. Kl., hg. von Margrit Öhm, Stuttgart 2017; ders., Die Macht der Tonkunst (1783/1786), Sopran u. Kl., hg. von Margrit Öhm, Stuttgart 2017 (in Vorbereitung); ders., Ausgewählte Vokalwerke für eine Singstimme und Klavier. Für den praktischen Gebrauch nach den Erstdrucken bearb. und hg. von Margrit Öhm, Stuttgart 2016; ders., Kleine Clavierstücke, Kl. 2hd., hg. von Margrit Öhm, Stuttgart 2012; ders., Treize Variations pour le Clavecin ou Piano-forte B-Dur, Kl. 2hd., hg. von Margrit Öhm, Stuttgart 2010, ders., Für vier Hände C-Dur, Kl. 4hd., hg. von Margrit Öhm, Stuttgart 2009; ders., Sonata II C-Dur, Kl. 2hd., hg. von Margrit Öhm, Stuttgart 2006; ders., Ausgewählte Lieder, hg. von Hartmut Schick, München 2005; ders., Sämtliche Lieder, hg. von Hartmut Schick, München 2000.

41 Ernst Holzer, Schubart als Musiker, Stuttgart 1905.

42 Holzers Urteil über die Musik der Früh- und Hochklassik, das er auch auf viele Kompositionen Schubarts anwandte, ist – trotz seines bewundernswerten Engagements für die Erforschung von Schubarts Biografie und Werk – noch von der Romantik und der Beethovenverehrung geprägt und generell abwertend: »Die Sonaten [Schubarts] zu analysieren, würde für uns nicht lohnen, denen schon manche Sonaten von Haydn und Mozart durch Beethoven altmodisch und kaum mehr genießbar erscheinen wollen.« (Ernst Holzer, Schubart als Musiker, S. 37).

befasste (siehe oben), aber auch in der Schiller-Forschung,[43] noch nicht konsequent ausgewertet. So sind in der Gesamtausgabe zwei Briefe Schubarts aus dem Jahr 1789[44] wiedergegeben, in denen er zunächst (am 7. März 1789) seinem Sohn gegenüber erwähnt, Schillers *An die Freude* bald vertonen zu wollen (»Schillers Freudenlied will ich sogleich in Musik sezen u. dir warm zuschicken«), und dann (am 8. April 1789), dass er seinem Sohn das Lied »nach Ostern« senden werde (»Schillers Freudengesang sollst Du gleich nach Ostern von mir erhalten. Gott gebs, daß wir ihn bald miteinander singen können!«) – was aufgrund der Formulierung, die Ode vertonen zu *wollen*, keine frühere, weitere Vertonung Schubarts erlaubt, einen *tempus post quem* für die mögliche Entstehung von Schubarts Vertonung setzend. Bisher war in der neueren Forschung die Entstehung von Schubarts erster Vertonung (es war zusätzlich eine spätere Vertonung vermutet worden)[45] jedoch irrtümlich auf das Jahr 1787 angenommen worden[46] aufgrund des verwirrenden, zumindest dem ersten Brief Schubarts widersprechenden Faktums, dass Schiller bereits 1787 im o. g. Brief an Körner eine Vertonung der Ode von Schubart erwähnt, die er für Körner abschreiben lassen könne.[47]

Schubarts Vertonung selbst ist nicht mehr nachweisbar. Ernst Holzer nahm im Jahr 1904 kurzzeitig an,[48] in der Sammlung von Wilhelm Jacob Schweiker[49] in Augsburg auf die Vertonung gestoßen zu sein (»das Lied an die Freude in Schubarts Komposition hat sich gefunden«[50]) und kündigte an, alle Ergebnisse in seiner abschließenden Studie zu Schubart als Musiker in den Heften »für würt-

---

43 So wird, allein basierend auf Schillers Brief an Körner vom 19. Dezember 1787, die sonst nicht weiter belegte Entstehung von Schubarts Vertonung für spätestens das Jahr 1787 angenommen (NA, Bd. 24, S. 185).

44 Christian Friedrich Daniel Schubart an seinen Sohn Ludwig Schubart, Brief vom 7. März 1789, in: Christian Friedrich Daniel Schubart. Briefwechsel, hg. von Bernd Breitenbruch, Bd. 2: 1778–1787 [recte: 1778–1791], S. 365 f. (Brief Nr. 441), sowie Bd. 3: Kommentar zum Briefwechsel, S. 256. Der Brief vom 8. April 1789 fehlte in früheren Briefausgaben, vgl. Christian Friedrich Daniel Schubart. Briefe, hg. von Ursula Wertheim und Hans Böhm, Leipzig 1984; David Friedrich Strauß, Christian Friedrich Daniel Schubart's Leben in seinen Briefen, 2 Bde., Berlin 1849, Reprint: Königstein 1978.

45 Vgl. Hartmut Schick, Schubart und seine Lieder, S. XXVII.

46 Vgl. ebd.; vgl. auch Bernd Jürgen Warneken, Schubart. Der unbürgerliche Bürger, S. 277 und 397 (dort Anm. 84); NA, Bd. 24, S. 185.

47 Friedrich Schiller an Christian Gottfried Körner, Brief vom 19. Dezember 1787 (NA, Bd. 24, S. 185).

48 Ernst Holzer, Ein Schubart-Fund, in: Beilage zur Allgemeinen Zeitung München, Nr. 140, 21. Juni 1904, S. 513–516, hier S. 513 (von Bernd Breitenbruch wird irrig der Erscheinungsort Berlin vermutet, vgl. Christian Friedrich Daniel Schubart. Briefwechsel, Bd. 3: Anmerkungen, S. 256).

49 Bei Holzer irrig als »Jakob Schweicker«, vgl. Ernst Holzer, Ein Schubart-Fund, S. 513.

50 Ebd.

tembergische Landesgeschichte« (gemeint sind die *Darstellungen aus der Württembergischen Geschichte* der Kommission für Landesgeschichte) vorzustellen. Er revidierte aber seine Meinung über die Existenz der Vertonung, wohl da die vermutete Vertonung der eingehenden Prüfung nicht standgehalten hatte, und nennt in der angekündigten nachfolgenden Publikation, der abschließenden Arbeit seiner jahrelangen Forschungen, *Schubart als Musiker*[51] die Vertonung wieder unter den verschollenen Werken. Schweikers, von Holzer 1904 erwähnte Sammlung bildet im Übrigen heute den Kern der Schubart-Sammlung der Stadt Aalen. Eine Vertonung der Ode *An die Freude* aus Schweikers Provenienz ist dort nicht vorhanden, allein die Kopie eines Druckes von Johann Friedrich Christmanns Vertonung, dessen Original sich in der Württembergischen Landesbibliothek befindet (ein weiterer Druck befindet sich im DLA Marbach).[52]

Auch unter den erhaltenen anonymen Vertonungen von *An die Freude* findet sich keine Komposition, die mit hinreichender Wahrscheinlichkeit Schubart zugeschrieben werden könnte: als einzige hätte die im neunzehnten Jahrhundert volkstümlich gewordene, später von Ferdinand Hummel, Ludwig Erk u. a.[53] bearbeitete anonyme Vertonung[54] des Gedichtes einige stilistische Gemeinsamkeiten[55] zu Schubarts Liedern. Allein hätte der Dichter-Musiker Schubart den Trochäus der Ode wohl kaum ignoriert, wie dies aber in der anonymen Vertonung der Fall ist, die auftaktig beginnt und beispielsweise nicht das Wort »Freude«, sondern »schöner« betont und metrische Betonungen statt auf der ersten Silbe von »Götter-« auf jener des Wortteils »funken« aufweist.

51 Ernst Holzer, Schubart als Musiker, S. 146. Dort ist der Eintrag »Lied an die Freude« eingeklammert und somit als verschollen gekennzeichnet, wie es Holzer einleitend bemerkt (vgl. ebd. S. 143).

52 Christmanns Vertonung von An die Freude ist enthalten in seiner Sammlung *Oden und Lieder*, Leipzig [um 1800], S. 6 f. RISM A I/C 2096 (DLA Marbach: Inv.-Nr. 13790).

53 Georg Günther, Schiller-Vertonungen, Bd. 2, S. 9 f.

54 Ebd. Der früheste bekannte Druck ist enthalten in: Vierzehn Compositionen zu Schillers ODE AN DIE FREUDE, Hamburg [um 1800], S. 3 und 15 (letztere stellt eine Bearbeitung derselben Vertonung dar). RISM B II / S.143 (DLA Marbach, Inv.-Nr. 2859).

55 Neben dem allgemein volksliedhaft schlichten Satz besonders der steigernde, absteigende *unisono*-Abschnitt in den TT. 22–25, der ähnlich auch in den TT. 9–10 in Schubarts *Erstes Caplied (Abschiedslied)* erscheint, sowie zwei zur Oberstimme dissonante Wechselnotenfiguren im Intervall der kleinen Sekunde in der Unterstimme (T. 19 und 21), die besonders in Schubarts Werken für Tasteninstrumente häufig sind, wie etwa in Var. 5, T. 11, der *Treize Variations*, Speyer 1788, oder im Allegro, T. 62 und 66, der *Sonata II* C-Dur, Winterthur [1782].

Darauf, dass Schubart tatsächlich eine Vertonung schuf und es nicht nur bei seinem im Jahr 1789 brieflich dokumentierten Plan[56] blieb, deutet besonders der zweite, bereits erwähnte Brief Schubarts vom 8. April 1789. Schubart hatte also den festen Vorsatz zur Vertonung, sehr wahrscheinlich war sie zu dem Zeitpunkt sogar schon in Arbeit und nahe der Vollendung oder harrte bereits der Abschrift. Schubarts persönliche Motivation, eine Vertonung vorzunehmen, war in jedem Falle hoch: War er doch mit Schiller persönlich bekannt, der ihn einst in der Haft auf dem Hohenasperg besucht hatte,[57] und hatte doch Friedrich Schiller sein Drama *Die Räuber* inspiriert von Schubarts *Zur Geschichte des menschlichen Herzens* (1775) geschaffen.[58] Auch die soziale Komponente des Gedichtinhaltes wird Schubart begrüßt haben, die aristokratiekritischen Töne mussten Schubart zudem an sein Schicksal gemahnen, wenngleich die eudaimonistische Botschaft der Hymne nicht mehr die Haltung des erschöpften und körperlich kranken Mannes[59] treffen mochte.

Schubarts tiefe Verehrung für Schillers Werke und Person spricht deutlich auch aus seinem Gedicht *An Schiller* (1782);[60] Schubart verfasste es während der Zeit seiner Kerkerhaft, kurz nach Schillers Besuch 1781,[61] Schillers Werke im Sinne der λυρική als Gesang preisend:

Sah' nicht des eisernen Gitters Schatten,
    Den die Sonne malt
    Auf meines Kerkers Boden!

Hörte nicht Fesselgeklirr am wunden Arm.
    Denn du sangst!
    Schiller, du sangst!

---

56   Christian Friedrich Daniel Schubart aus Stuttgart an seinen Sohn Ludwig Albrecht Schubart in Nürnberg, Brief vom 7. März 1789, in: Christian Friedrich Daniel Schubart. Briefwechsel, hg. von Bernd Breitenbruch, Bd. 2: 1778–1787 [recte: 1778–1791], S. 365 f. (Brief Nr. 441), hier S. 366.

57   Friedrich Wilhelm von Hoven, Biographie des Doctor Friedrich Wilhelm von Hoven [...]. Von ihm selbst geschrieben und wenige Tage vor seinem Tode noch beendiget, hg. von Dr. [Andreas] Merkel, Nürnberg 1840, S. 116.

58   Bernd Jürgen Warneken, Schubart. Der unbürgerliche Bürger, S. 42–49.

59   Ebd., S. 336.

60   Ebd., S. 302.

61   Friedrich Wilhelm von Hoven, Biographie des Doctor Friedrich Wilhelm von Hoven, S. 116.

Deiner Lieder Feuerstrom
Stürzte tönend nieder vor mir;
　　Und ich horchte seinem Woogensturze;
　　　　Hoch empor stieg meine Seele
　　　　Mit dem Funkengestäube
　　　　　Seiner Fluth.

Da trat vor mich ein Bothe des Himmels; –
　　Lächelte mir sanft und sprach:
　　›Ein Bothe des Himmels bin ich
　　Und bringe deinem trauten *Schiller*,
　　Den du so heiß und brüderlich liebst,
　　An dessen Feuerbusen du jüngst lagst,
　　Und lange dran weintest, –
　　Ja deinem trauten Schiller bring' ich
Gottes *Gruß* [...]‹[62]

62　Auszugsweise zitiert nach: Christian Friedrich Daniel Schubarts sämtliche Gedichte. Von ihm selbst herausgegeben, 2 Bde., Frankfurt a. M. 1787, Bd. 2, S. 65 f.

DIMITRI LIEBSCH

NEUN KRITISCHE FRAGEN ZU SCHILLERS
ÄSTHETISCHER ERZIEHUNG

> Belletristische Willkürlichkeit im Denken
> ist freilich etwas sehr Übles, und muß den
> Verstand verfinstern [...].[1]

Ein konsensfähiges Resümee zu Friedrich Schillers *Über die ästhetische Erziehung des Menschen in einer Reihe von Briefen* könnte folgendermaßen aussehen: Im Anschluss an eine Korrespondenz, die er 1793 mit seinem adeligen Mäzen Friedrich Christian von Schleswig-Holstein-Sonderburg-Augustenburg geführt hat, veröffentlicht Schiller 1795 die Schrift *Über die ästhetische Erziehung* in drei Stücken. Im ersten Stück (1. bis 9. Brief) übt Schiller Kritik an der zeitgenössischen Kultur und dem ihr entsprechenden defizitären Charakter der Menschen. Dabei stellt er die Diagnose, dass die Französische Revolution an diesem Charakter gescheitert sei, schlägt ästhetische Erziehung zur Abhilfe und als Alternative zu politischen Maßnahmen vor und empfiehlt dazu Kunst als pädagogisches Mittel der Wahl. Im zweiten Stück (10. bis 16. Brief) versucht Schiller, bestehende Einwände gegen dieses Projekt auf einem »transzendentalen Weg« zu entkräften; dazu unternimmt er eine Deduktion des »Vernunftbegriffs der Schönheit«, der auch als Basis für die verschiedenen empirischen Varianten der Schönheit dienen soll (vgl. TS 592). Im dritten Stück (17. bis 27. Brief) kehrt Schiller allmählich zur Empirie zurück und entfaltet sein Projekt – jedoch nur fragmentarisch. Gemäß der Projektskizze im 16. Brief hätte es noch weitere Stücke geben müssen. Außerdem nimmt Schiller den (eingangs behaupteten) politischen Anspruch der ästhetischen Erziehung zurück; sie wird nun Selbstzweck.

Ein solches Resümee mag umreißen, was wir im Großen und Ganzen über die *Ästhetische Erziehung* wissen. Darüber hinaus wirft die Lektüre der Schrift jedoch eine ganze Reihe von essentiellen Fragen auf, die Schiller zur großen Frustration

---

1   Friedrich Schiller, Theoretische Schriften (Werke und Briefe in zwölf Bänden, Bd. 8), hg. von Rolf-Peter Janz, Frankfurt a. M. 2008, S. 698. Soweit nicht anders angegeben, beziehen sich im Folgenden alle Verweise auf Schillers Texte auf diesen Band; sie werden mit der Sigle »TS« angeführt.

der Leser gar nicht, unzulänglich oder widersprüchlich beantwortet. Neun dieser Fragen werde ich im Folgenden nachgehen.

1) Welche und wie viele Arten charakterlicher Defizite gibt es?

Nach einigen Präliminarien benennt Schiller erstmals im 4. Brief ausdrücklich zwei Arten charakterlicher Defizite: »Der Mensch kann sich aber auf eine doppelte Weise entgegen gesetzt sein: entweder als Wilder, wenn seine Gefühle über seine Grundsätze herrschen; oder als Barbar, wenn seine Grundsätze seine Gefühle zerstören.« (TS 567) Schiller entfaltet hier auf der Basis unterschiedlicher, keineswegs nur Kantischer Quellen ein Modell der Balance, demzufolge der Mensch ein hybrides Wesen ist, das über die Vermögen von Sinnlichkeit und Vernunft verfügt. Dem Ideal des Menschen entspricht dabei die Balance von Sinnlichkeit und Vernunft; verfehlt wird es hingegen entweder bei einem Übergewicht der Sinnlichkeit (im »Wilden«) oder bei einem Übergewicht der Vernunft (im »Barbaren«). Die zwei Arten charakterlicher Defizite sind demnach Varianten eines Ungleichgewichts.

Im 5. Brief finden ebenfalls zwei Arten Erwähnung, und es liegt nahe, dass wir in dieser Dichotomie eine konsistente Fortführung und insbesondere eine soziale Spezifizierung des im vorherigen Brief entwickelten vermögentheoretischen Modells der Balance sehen:

> Hier Verwilderung, dort Erschlaffung: die zwei Äußersten des menschlichen Verfalls, und beide in Einem Zeitraum vereinigt! In den niedern und zahlreichern Klassen stellen sich uns rohe gesetzlose Triebe dar, die sich nach aufgelöstem Band der bürgerlichen Ordnung entfesseln, und mit unlenksamer Wut zu ihrer thierischen Befriedigung eilen. [...] Auf der anderen Seite geben uns die zivilisierten Klassen den noch widrigern Anblick der Schlaffheit und einer Depravation des Charakters, die desto mehr empört, weil die Kultur selbst ihre Quelle ist. (TS 568)

Konsistenz unterstellen daher auch noch die aktuellen Kommentare, die hier sowohl die »Verwilderung« auf die »Wilden« als auch die »Erschlaffung« auf die »Barbaren« beziehen.[2] Diese Lesart ist jedoch falsch.

---

2   So etwa in der von Klaus L. Berghahn besorgten Ausgabe (vgl. Friedrich Schiller, Über die ästhetische Erziehung des Menschen in einer Reihe von Briefen. Mit den Augustenburger Briefen, hg. von Klaus L. Berghahn, Stuttgart 2013, S. 218) oder im Kommentar von Stefan Matuschek (vgl. Friedrich Schiller, Über die ästhetische Erziehung des Menschen in einer Reihe von Briefen, Frankfurt a. M. 2009, S. 125–283, hier S. 162).

Bei dem Zitat aus dem 5. Brief handelt es sich um eine fast wortwörtliche Paraphrase aus Schillers älteren Augustenburger Briefen (vgl. TS 502), was aus zwei Gründen zu Problemen führt. Anders als in der *Ästhetischen Erziehung* unterscheidet Schiller erstens in den Augustenburger Briefen noch nicht deutlich zwischen »Wilden« und »Barbaren«. Vielmehr identifiziert er beide in der Regel miteinander (vgl. TS 502, 507, 516, 518 und 531 f.), und daher kann er auch die »Barbarei« ausdrücklich als Gegensatz zur »Erschlaffung« anführen (vgl. TS 503). Formal stehen hier also »Wilde« und »Barbaren« gemeinsam (als erste Art) den »Erschlafften« (als der zweiten Art) gegenüber.[3] Charakteristisch für die Augustenburger Briefe ist zweitens, dass Schiller diese beiden Arten nicht aus einem vermögentheoretischen Modell der Balance ableitet, sondern – im Rückgriff auf Edmund Burkes *Philosophical Enquiry into the Origins of our Ideas of the Sublime and the Beautiful* von 1757 – physiologisch erklärt: »Wilde« und »Barbaren« haben demnach zu viel Energie, »Erschlaffte« hingegen zu wenig (vgl. TS 518 ff.).

Schiller setzt also in der *Ästhetischen Erziehung* beim Übergang vom 4. zum 5. Brief keinen konsistenten Diskurs fort, sondern tauscht die Arten menschlicher Defizite aus: Es sind im 5. Brief zwar immer noch zwei Arten, es sind aber nicht mehr dieselben wie im 4. Brief, und sie beruhen statt auf einem Balance-Modell nun auf einem physiologischen. Schiller legt diese Unterschiede allerdings zunächst in keiner Weise offen. Mehr noch, er setzt den Austausch in den weiteren Briefen fort. So kehrt er im 7. Brief mit dem Gegensatz zwischen »Naturmenschen« und »künstlichem Menschen« zu den aus fehlender Balance resultierenden Defiziten zurück (vgl. TS 579). In den ersten beiden Abschnitten des 10. Briefes stoßen wir dann auf eine ähnliche Überblendung von Vokabularen aus dem Kontext von Balance einerseits und von Physiologie andererseits, wie dies schon im Schritt vom 4. zum 5. Brief der Fall war (vgl. TS 587 f.). Am Ende des 16. Briefes ist der Gegensatz zwischen »angespanntem« und »abgespanntem Menschen« selbstverständlich erneut physiologisch motiviert (vgl. TS 617). (Und

---

3   Carsten Zelles Einschätzung, es gäbe in den Augustenburger Briefen »auch [sic!] Textstellen, die ›Wildheit‹ und ›Barbarbei‹ synonym setzen«, ist irreführend – es gibt dort vielmehr nicht eine einzige Textstelle, die dieser Synonymie signifikant widerspräche. Dies bestätigt Zelle indirekt selbst. Denn um die beiden Begriffe dennoch (zumindest gelegentlich) antonymisch interpretieren zu können, stützt er sich auffälligerweise gerade *nicht* auf die Augustenburger Briefe, sondern auf jene bereits angesprochene Passage aus dem 4. Brief der *Ästhetischen Erziehung*; und ausgerechnet diese später entstandene Passage soll nun eine solche Interpretation auch für die früher geschriebenen Augustenburger Briefe nahelegen (vgl. dazu Carsten Zelle, Über die ästhetische Erziehung des Menschen in einer Reihe von Briefen (1795), in: Schiller-Handbuch. Leben – Werk – Wirkung, hg. von Matthias Luserke-Jaqui, Stuttgart und Weimar 2005, S. 409–445, hier S. 416).

sowohl für den Anfang des 10. als auch für das Ende des 16. Briefes lassen sich wieder Überschneidungen mit den Augustenburger Briefen nachweisen.)

Erst aus der Retrospektive, erst mit dem 17. Brief wird den Lesern der *Ästhetischen Erziehung* deutlich, dass es überhaupt einen Unterschied zwischen dem Balance-Modell und dem physiologischen Modell gibt und in welchem Verhältnis die aus ihnen abgeleiteten Arten von Defiziten zueinander stehen. Schiller führt hier zur idealen Menschheit aus,

> [...] daß im Ganzen nur *zwei* entgegengesetzte Abweichungen von derselben statt haben können. Liegt nehmlich seine Vollkommenheit in der übereinstimmenden Energie seiner sinnlichen und geistigen Kräfte, so kann er diese Vollkommenheit nur entweder durch einen Mangel an Übereinstimmung oder durch einen Mangel an Energie verfehlen. Ehe wir also noch die Zeugnisse der Erfahrung darüber abgehört haben, sind wir schon im voraus durch bloße Vernunft gewiß, daß wir den wirklichen folglich beschränkten Menschen entweder in einem Zustande der Anspannung oder der Abspannung finden werden, je nachdem entweder die einseitige Tätigkeit einzelner Kräfte die Harmonie seines Wesens stört, oder die Einheit seiner Natur sich auf die gleichförmige Erschlaffung seiner sinnlichen und geistigen Kräfte gründet. (TS 619 f.)

Schiller stellt hier erstmalig die beiden unterschiedlichen Modelle in einem Tableau zusammen, anstatt sie wie in den vorherigen Briefen stiekum einander vertreten zu lassen. Das Balance-Modell findet sich im »Mangel an Uebereinstimmung«, der »Anspannung« und der »einseitigen Thätigkeit einzelner Kräfte« wieder, das physiologische im »Mangel an Energie«, der »Abspannung« und der »Erschlaffung«. Lediglich Schillers Arithmetik wird man widersprechen müssen, denn sie versteckt die Implikationen des Tableaus hinter der Rede von »nur *zwei* entgegengesetzten Abweichungen«. Zwar stehen sich auf einer ersten Ebene mit »Anspannung« und »Abspannung« (bzw. »Erschlaffung«) in der Tat nur *zwei* Arten charakterlicher Defizite gegenüber. Auf einer zweiten Ebene zerfällt aber die »Anspannung«, da es sich bei ihr um eine mangelnde Balance zwischen zwei Vermögen handelt, zwangsläufig in *zwei weitere* untergeordnete Arten – nämlich in eine, die durch ein Übergewicht von Sinnlichkeit entsteht, und in eine andere, die sich einem Übergewicht von Vernunft verdankt. Den »angespannten« Menschen als solchen gibt es also nicht, denn er ist, wie es im 4. Brief heißt, immer entweder »Wilder« oder »Barbar«; in der Begrifflichkeit des 7. Briefs könnte man auch sagen: Er ist immer entweder »Naturmensch« oder »künstlicher Mensch« (vgl. Abb. 1).[4]

---

4   Der Eindeutigkeit halber: Aus dem Tableau im 17. Brief lässt sich natürlich nicht ableiten,

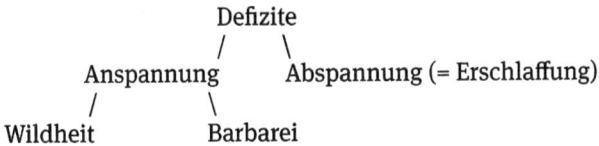

Defizite

/ \

Anspannung   Abspannung (= Erschlaffung)

/ \

Wildheit   Barbarei

Abb. 1

Von der Einsicht in das komplexere Gefüge von Arten und Unterarten, die das Tableau im 17. Brief bietet, profitieren die Leser in der Folge wenig, denn die *Ästhetische Erziehung* ist bekanntlich Fragment geblieben. In den verbleibenden Briefen bietet Schiller allein eine Auseinandersetzung mit der Art der »Anspannung«, ohne ihre Unterarten weiter zu thematisieren.

Was Schiller in der *Ästhetischen Erziehung* über die Anzahl und Beschaffenheit der Arten charakterlicher Defizite ausführt, ist nicht nur unübersichtlich und irreführend, sondern – ohne Einsicht in die Augustenburger Briefe – bis hin zum 16. Brief für die Leser schlichtweg unverständlich. Ob sich der Autor Schiller über die Arten nennenswert früher im Klaren gewesen ist, bleibt fraglich. Möglicherweise ist er Opfer des eigenen *copy & paste* geworden, möglicherweise ist seine Darstellung absichtlich irreführend. Ihr Effekt besteht immerhin darin, den Lesern eine niedrigere Anzahl als die tatsächlich verstreut erwähnten *drei* Arten charakterlicher Defizite (nämlich: sinnliche »Anspannung«, geistige »Anspannung« und eine nicht näher spezifizierte »Abspannung«) zu suggerieren.

2) Worauf stützt sich die Kritik am modernen Individuum?

In einer der berühmtesten Passagen der *Ästhetischen Erziehung*, der Gesellschaftskritik im 6. Brief,[5] behauptet Schiller, dass das moderne Individuum

dass in der *Ästhetischen Erziehung* unter »wild« *immer* ein vermögentheoretisches Defizit rubriziert wird. Im 5. Brief (vgl. TS 568) etwa ist das nicht der Fall – Schillers Diskurs über die Arten ist inkonsistent.

5   Um sie herum ist der fragwürdige Topos entstanden, Schillers Kritik sei ihrer Zeit voraus und habe deshalb Karl Marx' Entfremdungsanalyse antizipiert; vgl. etwa Wolfgang Düsing, *Friedrich Schiller. Über die ästhetische Erziehung des Menschen. Text, Materialien, Kommentar*, München und Wien 1981, S. 153; Rolf Grimminger, *Die ästhetische Versöhnung. Ideologiekritische Aspekte zum Autonomiebegriff am Beispiel Schillers*, in: *Schillers Briefe über die ästhetische Erziehung*, hg. von Jürgen Bolten, Frankfurt a. M. 1984, S. 161–184, hier S. 168; Terry Eagleton, *Ästhetik. Die Geschichte ihrer Ideologie*, Stuttgart und Weimar 1994, S. 124; und Michael Hofmann, *Schiller. Epoche – Werke – Wirkung*, München 2003, S. 100. – Dem widerspricht allerdings schon Vicky Rippere in ihrer ausführlichen Studie zu den Quellen dieser Kritik: »it is a perceptual scheme that has become more and more con-

gegenüber dem Individuum der griechischen Antike nicht konkurrenzfähig sei. Diese Behauptung verdient auch deswegen eine genauere Betrachtung, weil Schiller hier nur einen losen Zusammenhang zu den sonst verwendeten Erklärungen für charakterliche Defizite herstellt. Als *tertium comparationis* wählt Schiller für seinen Vergleich die Integrität, womit er an Johann Joachim Winckelmann anknüpft. Dieser empfahl 1755 in den *Gedanken über die Nachahmung der griechischen Werke in der Malerei und Bildhauerkunst* dem modernen Künstler, sich an der antiken Plastik und ihrer »idealischen« Schönheit und eben nicht an der »individuellen« Schönheit moderner Kunst (etwa des Niederländischen Porträts) zu schulen. Als Effekt dieser Schulung auf den modernen Künstler erwartete Winckelmann Folgendes: »Die Begriffe des Ganzen, des Vollkommenen in der Natur des Altertums, werden die Begriffe des Getheilten in unserer Natur bei ihm läutern und sinnlicher machen [...].«[6] Demnach zeichnete sich die antike Schönheit durch Integrität aus, die moderne jedoch nicht. Integrität war für Winckelmann noch ein ästhetisches Problem.

Vierzig Jahre später steht im 6. Brief der *Ästhetischen Erziehung* aber nicht mehr die Integrität von Schönheit, sondern die Integrität von Individuen zur Debatte. Schiller apostrophiert hier das antike Individuum wiederholte Male als »Ganzes« oder doch zumindest der Ganzheit fähig, wohingegen ihm das moderne Individuum als »Teil« oder »Bruchstück« erscheint (vgl. TS 571 ff.). Für das *tertium comparationis* trifft also im Besonderen zu, was schon im Allgemeinen bemerkt wurde,[7] nämlich dass Schiller Winckelmanns Überlegungen zu ästhetischen Fragen auf die Anthropologie überträgt.

Darüber hinaus lassen auch die beteiligten Relata an der Validität von Schillers Vergleich zweifeln. Anders als für den Historiker Schiller, der sich 1789 in *Die Gesetzgebung des Lykurgus und Solon* noch eingehend mit Fragen der antiken Stratifikation auseinandersetzte,[8] besitzt für den Theoretiker der *Ästhetischen Erziehung* die antike Gesellschaft keine Unterschicht(en). Bereits dies verzerrt den Vergleich zwischen antikem und modernem Individuum nachhaltig, denn das eine Relatum bezieht sich nur auf die (antike) Oberschicht, das andere hinge-

---

ventional over the years« (Vicky Rippere, Schiller and ›Alienation‹, Bern, Frankfurt a. M. und Las Vegas 1981, S. 98).

6   Johann Joachim Winckelmann, Gedanken über die Nachahmung der griechischen Werke in der Malerei und Bildhauerkunst (1755), in: Sämtliche Werke, Bd. 1, hg. von Joseph Eiselein, Donaueschingen 1825, S. 3–56, hier S. 21 f.

7   Vgl. dazu Ludwig Uhlig, Schiller und Winckelmann, in: Jahrbuch für internationale Germanistik 17 (1985), H. 1, S. 131–146, hier S. 142.

8   Vgl. dazu Friedrich Schiller, Historische Schriften und Erzählungen, Bd. 1 (Werke und Briefe in zwölf Bänden, Bd. 6), hg. von Otto Dann, S. 481 f., 494 und 497 f.

gen auf die gesamte (moderne) Gesellschaft. Zu dieser Verzerrung tritt noch eine zweite, was an Schillers Ausführungen zur antiken »Vernunft« deutlich wird:

> Sie zerlegte zwar die menschliche Natur und warf sie in ihrem herrlichen Göt-
> terkreis vergrößert auseinander, aber nicht dadurch, daß sie sie in Stücken
> riß, sondern dadurch, daß sie sie verschiedentlich mischte, denn die ganze
> Menschheit fehlte in keinem einzelnen Gott. Wie ganz anders bei uns Neuern!
> Auch bei uns ist das Bild der Gattung in den Individuen vergrößert auseinan-
> der geworfen – aber in Bruchstücken, nicht in veränderten Mischungen, daß
> man von Individuum zu Individuum herumfragen muß, um die Totalität der
> Gattung zusammen zu lesen. (TS 571)

Schiller vergleicht also moderne Menschen mit antiken Göttern. Auch in dieser Variante entwertet die Beschaffenheit des antiken Relatums das Lamento über den elenden Zustand des modernen Individuums.

Rückverfolgen lässt sich diese Variante bis zu Schillers *Brief eines reisenden Dänen* von 1785. Der Autor verarbeitete hier (abermals) seine Winckelmann-Lektüre und einen davon inspirierten Besuch, den er 1784 den Gipsabgüssen im Mannheimer Antikensaal abgestattet hatte. Wie schon Winckelmann vertrat Schiller dabei eine pygmalionische Ästhetik und nahm die Beschreibung eines vermeintlichen Herakles-Torso zum Anlass, den Lesern zu einer Art gelenkter Halluzination zu verhelfen und die Plastik quasi zu verlebendigen.[9] Während Winckelmanns Beschreibung aber nur die Taten des Herakles evozieren sollte,[10] sah sich Schiller veranlasst, aus dem Torso zugleich den Künstler, sein Volk und dessen Ideale für die Leser auferstehen zu lassen.[11] Seine Beschreibung schloss daher mit den Worten: »Siehe Freund, so habe ich Griechenland in dem Torso geahndet.« (TS 206) Vor diesem Hintergrund lässt sich die Rede von den Göttern im 6. Brief der *Ästhetischen Erziehung* präzisieren. Schiller ›ahndet‹ die ›ganze Menschheit‹ in den von Winckelmann kanonisierten Götter- und Heldendarstellungen der griechischen Plastik – was letztlich bedeutet, dass Schillers antikes Individuum nicht der Geschichte, sondern der Kunstgeschichte entstammt.

---

9   Damit verwandelte auch Schiller den *Künstler*mythos von Pygmalion, dessen Statue nach
    Ovid von Aphrodite zum Leben erweckt wurde (vgl. Metamorphosen X, 243–295), in ein
    Motiv der Kunst*rezeption*.

10 Vgl. Johann Joachim Winckelmann, Beschreibung des Torso im Belvedere zu Rom (1759),
    in: Sämtliche Werke, Bd. 1, hg. von Joseph Eiselein, Donaueschingen 1825, S. 226–233, hier
    S. 229 ff.

11 Dass der Torso nicht Herakles, sondern den Selbstmörder Aias zeigt, belegt Raimund Wün-
    sche, Der Torso vom Belvedere. Denkmal des sinnenden Aias, in: Münchner Jahrbuch für
    bildende Kunst. Dritte Folge 44 (1993), S. 7–46.

Obwohl Schiller ansonsten eine Reihe von durchaus zutreffenden Beobachtungen zu gesellschaftlicher Differenzierung und Arbeitsteilung offeriert, die er freilich eher tradiert als eigenständig entwickelt, ist seine daran geknüpfte Verlustrechnung für das moderne Individuum unhaltbar. Verantwortlich dafür sind zwei abenteuerliche Vergleiche. Im ersten misst Schiller die gesamte moderne Gesellschaft an der antiken Oberschicht, und im zweiten borgt er sich das *tertium comparationis* aus Winckelmanns Kunsttheorie und kontrastiert moderne Menschen mit antiken Plastiken. Ohne diese beiden Vergleiche wäre weder die Gesellschaftskritik so drastisch ausgefallen noch die Erziehungsbedürftigkeit des modernen Individuums derart hoch veranschlagt worden.

3) Welche Entwicklung(en) durchlaufen Individuum und Gattung?

Über das Ziel der Entwicklung von Individuum und Gattung informiert uns Schiller erstmals im 2. und 3. Brief, in denen er moniert, dass die Französische Revolution nicht zur erwünschten Etablierung von »Freiheit« und »sittlichem Staat« geführt habe. Beides, »Freiheit« und »sittlicher Staat«, sind hier, wie etwa auch der im 24. Brief avisierte »moralische Zustand«, auf das Vermögen der »Vernunft« gegründet (vgl. TS 560 ff. und 648 ff.). Als Ziel der Entwicklung gilt in diesen und anderen Briefen ein Zustand, in dem »Vernunft« herrscht. – Konterkariert wird diese Vorgabe jedoch durch jenes Modell der vermögentheoretischen Balance, das uns bereits aus der Kritik an den charakterlichen Defiziten vertraut ist, zumal aus der Kritik an der vernunftbedingten »Anspannung«. Es lassen sich mehrere Passagen nennen, in denen Schiller die Balance als Ziel ausdrücklich für wünschenswert hält. Im 4. Brief stützt sie die »vollständige anthropologische Schätzung« gegenüber einer Kantischen, nur an der Vernunft ausgerichteten »einseitigen moralischen Schätzung«;[12] im 14. Brief steht sie für die »ausgeführte Bestimmung« des Menschen; und im abschließenden 27. Brief garantiert nur ihr Vorliegen, dass der Mensch ein »Ganzes« ist (vgl. TS 565, 607, 674). Schiller präsentiert den Lesern also zwei widersprüchliche Entwicklungsziele: Dominanz der Vernunft einerseits, Balance zwischen Vernunft und Sinnlichkeit andererseits.[13]

12   Schiller wiederholt hier übrigens einen Einwand, den schon Georg Forster 1791 in seiner Schrift *Über lokale und allgemeine Bildung* gegen Kant vorgebracht hatte; dazu und zu weiteren Vorgriffen auf Schillers *Ästhetische Erziehung* bei Forster vgl. Dimitri Liebsch, Im Bermuda-Dreieck von Paris, Weimar und Tübingen. Forsters verschollene Bildungstheorie, in: Georg-Forster-Studien 12 (2007), S. 281–303, hier S. 288–297.
13   Kritik an dieser Widersprüchlichkeit wird seit langem geübt (vgl. schon Hans Lutz, Schillers Anschauungen von Natur und Kultur, Berlin 1928, S. 221 ff.), und sie hat auch Eingang in den Kommentar der aktuellen Ausgabe der *Werke und Briefe* (vgl. TS 1390 ff.) gefunden.

Ähnlich heterogen sind die Beschreibungen, die dem Verlauf bzw. den Stadien der Entwicklung gewidmet sind. In den Passagen, in denen Schiller die Vernunft als Fluchtpunkt setzt, stoßen wir auf die Annahme eines linearen Verlaufs. Er setzt mit einem Stadium der Natur ein, führt über ein ästhetisches Stadium der Balance, das zwischen Natur und Sittlichkeit vermittelt, und endet in einem Stadium der Sittlichkeit. Oder in der hier parallelen vermögentheoretischen Begrifflichkeit: Er führt von der Sinnlichkeit über die Vermittlung von Sinnlichkeit und Vernunft schließlich zur Vernunft. Im 2. und 3. Brief beruft sich Schiller etwa auf die Annahme eines solch linearen Verlaufs, um das Scheitern der Französischen Revolution zu erklären – hier habe das vermittelnde Stadium gefehlt, um den angestrebten »sittlichen Staat« verwirklichen zu können; und im 24. Brief betont er, dass der Verlauf von Stadium zu Stadium unidirektional und notwendig sei:

> Es lassen sich also drei verschiedene Momente oder Stufen der Entwicklung unterscheiden, die sowohl der einzelne Mensch als die ganze Gattung notwendig und in einer bestimmten Ordnung durchlaufen müssen, wenn sie den ganzen Kreis ihrer Bestimmung erfüllen sollen. [...] Der Mensch in seinem *physischen* Zustand erleidet bloß die Macht der Natur; er entledigt sich dieser Macht in dem *ästhetischen* Zustand, und er beherrscht sie in dem *moralischen*. (TS 648)

Die Annahme eines solchen linearen Verlaufs bleibt in der *Ästhetischen Erziehung* freilich nicht unwidersprochen. Der erste Einwand ergibt sich schon aus der Heterogenität der Entwicklungsziele. Wie ein und dasselbe Stadium, nämlich das Stadium der Balance, zugleich Ziel und Weg zum Ziel, zugleich Zweck und Mittel zum Zweck sein kann, ist nicht nachvollziehbar. Ein zweiter Einwand entsteht im Zusammenhang mit der gräzisierenden Gesellschaftskritik, denn Schiller knüpft an sie beispielsweise im 6., 8., 9. und unterschwellig auch im 27. Brief unterschiedliche Versionen eines quasi-zyklischen Verlaufs. Um wenigstens eine Version des quasi-zyklischen Verlaufs an dieser Stelle etwas genauer vorzustellen: Schiller attestiert im 6. Brief »allen Völkern«, dass sie »ohne Unterschied durch Vernünftelei von der Natur abfallen müssen, ehe sie durch Vernunft zu ihr zurückkehren können« (TS 570). Hierbei nimmt er einen Verlauf an, bei dem auf ein Stadium der Integrität ein Stadium der Differenz folgt, das sich dem »alles trennenden Verstand« (TS 571) verdankt und das wiederum durch ein Stadium der Integrität abgelöst wird. Dieser Verlauf liegt mit dem linearen nicht allein wegen seiner Form über Kreuz, sondern auch wegen der Beschaffenheit und der Beziehung seiner Komponenten. Anders als beim linearen Verlauf ist die Natur beim quasi-zyklischen Verlauf kein Stadium der Differenz (bzw. der »Mannigfaltigkeit« (TS 565) mehr, sondern eines der Integrität; und anders als beim linearen Verlauf, in dem die Natur verlassen wird und Natur und Vernunft (miteinander zu vermittelnde) Gegensätze sind, konvergieren beim quasi-zyklischen Verlauf Natur und Vernunft. Wie schon bei der Bestimmung des Entwicklungsziels sind auch hier die Widersprüche offenkundig: Schillers Bestimmung des Entwicklungsverlaufs ist durch divergierende Formen, eine zweideutige Zuordnung der Stadien und eine zweideutige Begrifflichkeit gekennzeichnet.

Eine befriedigende Antwort auf die Frage, welche Entwicklung(en) nach Schiller Individuum und Gattung durchlaufen, lässt sich also nicht geben. Weder das Ziel noch der Weg dorthin werden klar. Erschwerend fällt ins Gewicht, dass die Probleme nicht deswegen entstehen, weil etwa eine einzelne Aussage im Widerspruch zu einem ansonsten konsistenten Text stünde. In Bezug auf Fragen der Entwicklung ist vielmehr – ähnlich wie im Fall der charakterlichen Defizite – Schillers Text inkonsistent.

4) Wie wird der »Vernunftbegriff der Schönheit« (bzw. das »Ideal der Schönheit«) bestimmt?

Ungeachtet der Ankündigungen Schillers beinhaltet das zweite Stück der *Ästhetischen Erziehung*, also die Spanne vom 10. bis zum 16. Brief, überraschenderweise weder Transzendentaltheorie im üblichen Sinne noch – jedenfalls im Vergleich mit den vorherigen Briefen – durchgehend Neues.[14] Was Schillers »transzendentaler Weg« tatsächlich aufbietet, ist vielmehr eine abstrakte, auch an die Arbeiten Johann Gottlieb Fichtes angelehnte Anthropologie, die versucht, den »Vernunftbegriff der Schönheit« aus der »sinnlichvernünftigen Natur« des Menschen abzuleiten (vgl. TS 592). Dafür thematisiert Schiller Dichotomien, die wir zumeist aus den vorherigen Briefen kennen und hier im Gegensatz von »Stofftrieb« (manchmal auch »Sachtrieb« oder auf »Materie« zielender Trieb) und »Formtrieb« kulminieren. Zentral für Schillers Ableitung ist die Unterstellung, dass es eine Homologie zwischen Mensch und Schönheit gibt. Demnach befinden sich erstens die beiden Triebe im Menschen *idealiter* in Balance (auch dieses Modell kennen wir schon),

14 Gleichwohl zählt auch dieses Stück zu Schillers Versuchen, gegenüber Immanuel Kant anstatt einer eher formalen eine stärker inhaltsorientierte Ästhetik zu entwickeln; vgl. Wolfgang Düsing, Ästhetische Form als Darstellung der Subjektivität. Zur Rezeption Kantischer Begriffe in Schillers Ästhetik, in: Schillers Briefe über die ästhetische Erziehung, hg. von Jürgen Bolten, Frankfurt a. M. 1984, S. 185–228, hier S. 189. Gegen den § 16 der Kant'schen *Kritik der Urteilskraft* wandte Schiller schon im Fragment *Kallias, oder über die Schönheit* von 1793 ein, dass es »sonderbar« sei, »daß also eine arabeske [sic!] und was ihr ähnlich ist, als Schönheit betrachtet, reiner sei als die höchste Schönheit des Menschen« (TS 278).

und zweitens ist die Schönheit »das gemeinschaftliche Objekt beider Triebe« (vgl. TS 606 f., 611). Schillers anthropologische Ableitung lässt bis zum 14. Brief nun keinen anderen Schluss zu, als dass das gemeinschaftliche Objekt des Form- und des Stofftriebs so etwas wie geformter Stoff (oder eben: eine geformte Sache) sein muss. Und hier wird es sinnvoll, die Implikationen einer solchen Bestimmung des »Vernunftbegriffs der Schönheit« durchzuspielen, bevor man Schillers transzendentale Deduktion weiter verfolgt.

Seit Aristoteles' *Physik* (191a) und *Metaphysik* (1045a) ist die Verschränkung von Form und Stoff nicht der Ästhetik vorbehalten, sondern ein Topos der Ontologie. Diese Verschränkung dient also nicht einer speziellen, sondern einer allgemeinen Beschreibung. Sie sagt nicht, was ein schöner Gegenstand ist, sondern nur, was ein Gegenstand ist. Eine Ästhetik, die sich nur auf diese Verschränkung stützte, wäre daher zu allgemein für eine Bestimmung von Schönheit,[15] sie schlösse hässliche Gegenstände nicht aus. Oder anders: Alles, was »sinnlichvernünftigen« Wesen an Gegenständen begegnete, jeder geformte Stoff wäre dieser Ästhetik zufolge schön. Eine solche Ästhetik könnte auch nicht erklären, weshalb es überhaupt noch charakteristische Defizite – immerhin die *raison d'être* von Schillers Projekt – gäbe: Wenn jeder Gegenstand schön wäre, dann wäre jedes Individuum immer schon von schönen Gegenständen umgeben. Infolgedessen täte es dann auch nicht mehr Not, ästhetische Erziehung eigens zu fordern und zu veranlassen, denn jedes Individuum wäre dann schon längst nebenbei durch seine Akte der Wahrnehmung ästhetisch erzogen worden.

Kehren wir zu Schillers transzendentaler Deduktion zurück. Im 15. Brief, in dem das »gemeinschaftliche Objekt der beiden Triebe« erstmalig explizit und direkt benannt wird, stoßen wir auf einen auffälligen Befund. Obwohl Schiller an der dysfunktionalen Ableitung selbst nichts ändert, verwendet er dennoch keine Formulierung, die – wie »geformter Stoff« oder Ähnliches – von dieser Ableitung nahegelegt würde. Das »gemeinschaftliche Objekt beider Triebe« nennt er stattdessen »lebende Gestalt« (vgl. TS 609). Dass sich »Gestalt« auf das Objekt des Formtriebs zurückführen lässt, liegt zwar noch auf der Hand, aber woher stammt das Epitheton »lebend«? Unmittelbar zuvor, im selben Abschnitt, stellt Schiller fest: »Der Gegenstand des Sachtriebes, in einem allgemeinen Begriff ausgedrückt, heißt *Leben*, in weitester Bedeutung; ein Begriff, der alles materiale Sein,

---

15 Vgl. dazu auch den Kommentar zum 15. Brief in Patrick T. Murray, The Development of German Aesthetic Theory from Kant to Schiller. A Philosophical Commentary on Schiller's Aesthetic Education of Man (1795), Lewiston, Queenston und Lampeter 1994, S. 147–162. Murray berücksichtigt allerdings nicht, dass und warum sich bei Schiller nirgends *explizit* eine Formulierung wie »geformter Stoff« findet. Mit diesem Detail werde ich mich in den nächsten Abschnitten beschäftigen.

und alle unmittelbare Gegenwart in den Sinnen bedeutet« (TS 609). Das ist aus
zwei Gründen zweifelhaft. Erstens findet in der Ableitung, die Schiller in den vier
vorhergehenden Briefen entwickelt, »Leben« keine einschlägige Erwähnung. In
dieser Hinsicht ist die Benennung also aus der Luft gegriffen und unmotiviert.
Zweitens ist die Behauptung, »Leben, in weitester Bedeutung« bezeichne »alles
materiale Sein«, nicht mit dem Lexikon vereinbar, auch nicht mit dem des achtzehnten Jahrhunderts. Leben ist ein besonderer Fall materialen Seins, es ist also
eine Art und gerade nicht, wie Schiller offenbar will, die Gattung. Bei diesem
gewaltsamen *pars pro toto* und der darauf gestützten Benennung »lebende
Gestalt« im 15. Brief handelt es sich um die erste fragwürdige begriffliche Operation in Schillers Ableitung.[16]

Wenngleich dieser Eingriff mit der vorherigen Ableitung bricht und seman-
tisch nicht zu vertreten ist, zeitigt er deutliche Effekte. Anders als etwa »geformter
Stoff« verstellt das Etikett »lebende Gestalt« zunächst den Blick auf die mangelnde
Spezifik des »Vernunftbegriffs der Schönheit«. Insofern dient dieser Eingriff der
Mystifikation. Auf der konnotativen Ebene führt er außerdem nicht nur allgemein zu einer Aufwertung, da wir dem Leben in der Regel einen höheren Wert als
Stoffen oder Sachen zusprechen, er rückt den »Vernunftbegriff der Schönheit«
auch in die Nähe der pygmalionischen Ästhetik. Diese von Winckelmann inspi-
rierte Ästhetik haben wir im Zusammenhang mit dem (vermeintlichen) antiken
Individuum bereits kennengelernt; ihr zufolge verlebendigen die Betrachter die
griechische Götter- oder Heroenplastik quasi in der Rezeption. Kurz, diese fragwürdige begriffliche Operation versieht eine Bestimmung beliebiger Gegenstände
mit der Aura höchst zu schätzender Kunstwerke.

Eine nicht minder fragwürdige Stütze erhält der »Vernunftbegriff der Schönheit« danach durch seine direkte Identifizierung mit der griechischen Plastik,
also mit einer erneuten Anleihe bei Winckelmanns Kanon. Zunächst vermittelt
Schiller hier den Eindruck, lediglich eine schon zu Beginn der transzendentalen
Deduktion verwendete, erkenntnistheoretisch grundierte Unterscheidung aufzu-
greifen. Im 10. Brief hatte er eine Unterscheidung zwischen (reiner) Vernunft und
Empirie getroffen, der zufolge der »Vernunftbegriff der Schönheit [...] aus keinem
wirklichen Falle geschöpft werden kann, vielmehr unser Urteil über jeden wirklichen Fall erst berichtigt und leitet« (TS 592). Der 15. Brief bietet zunächst eine

16   Insofern greift auch Helmut J. Schneiders Behauptung zu kurz, die »lebende Gestalt« be-
     sitze »ihre *selbstverständliche Evidenz* in der schönen Menschengestalt« (Helmut J. Schnei-
     der, Kontur der Versöhnung. Der klassische Statuenkörper als Hintergrund der Schiller-
     schen Entfremdungskritik, in: Schiller und die Antike, hg. von Paolo Chiarini und Walter
     Hinderer, Würzburg 2008, S. 347–363, hier S. 354). Nur aufgrund der Benennung »lebende
     Gestalt« entsteht diese Evidenz; und gerade diese Benennung ist, wie gezeigt, nicht durch
     Schillers transzendentale Deduktion gerechtfertigt, sondern willkürlich.

entsprechende Unterscheidung. Auf deren einer Seite steht das »Ideal der Schönheit, welches die Vernunft aufstellt«, das wir »im wirklichen Leben«, wie uns
Schiller versichert, »vergebens suchen«; und auf der anderen Seite finden wir
die »wirklich vorhandene Schönheit« (TS 613). Beim »Vernunftbegriff der Schönheit« und dem »Ideal der Schönheit« handelt es sich demnach um ein und dasselbe. Schiller schließt an diese Unterscheidung zwischen Ideal und Wirklichkeit
nun Ausführungen zum »Schönheitsideal« und zu den angeblich keinesfalls in
Rom, sondern nur in Griechenland zu entdeckenden »Idealgestalten einer Venus,
einer Juno, eines Apolls« an (TS 613). Ihren Abschluss finden diese Ausführungen am Ende des 15. Briefs in der Ekphrasis der sogenannten Juno Ludovisi.[17] Es
scheint infolgedessen, als hätte Schillers zu allgemein angesetzte und durch die
Mystifikation unhandliche Bestimmung doch noch eine greifbare Beglaubigung
erhalten.

Der Schein trügt allerdings. Um von einem Äquivalent des »Vernunftbegriffs
der Schönheit« zu den griechischen »Idealgestalten« gelangen zu können, muss
Schiller im laufenden Text die Bedeutung von »Ideal« austauschen. Das ist die
zweite fragwürdige begriffliche Operation in der Ableitung. Anders als zu Beginn
des 15. Briefes kann an dessen Ende »Ideal« kein Moment einer erkenntnistheoretisch grundierten Unterscheidung mehr sein, denn wir können den »Idealgestalten« der griechischen Plastik im wirklichen Leben begegnen, ganz so, wie ihnen
Schiller im Mannheimer Antikensaal begegnet ist: Sie sind empirisch erfahrbar.
»Ideal« ist hier ein Moment einer Unterscheidung von Stilen, mit der Schiller in
der Empirie – beispielsweise schon im 2. Brief (vgl. TS 559) – idealisierende von
veristischen Darstellungen absetzt. Was der Ausdruck »Ideal« daher auch immer
suggerieren mag: Schillers griechische Plastiken sind keine zwanglosen Beglau-
bigungen eines »Vernunftbegriffs der Schönheit«, im Gegenteil, als empirische
Schönheiten fallen sie noch nicht einmal unter ihn.

Die transzendentale Deduktion, bei der es sich tatsächlich jedoch um eine
anthropologische Ableitung handelt, führt also nicht zu einem brauchbaren »Vernunftbegriff der Schönheit«, sondern nur zu einem Begriff von Gegenständen im
Allgemeinen. Dieses Manko mögen die beiden fragwürdigen begrifflichen Opera-
tionen im 15. Brief kaschieren: das gewaltsame *pars pro toto* einerseits, auf dem
die Etikettierung »lebende Gestalt« beruht, und der Sprung von einer erkenntnistheoretisch grundierten zu einer stilistischen Auffassung des Ideals anderer-

---

17 Wie schon der Torso muss auch diese Plastik einer anderen Figur, und zwar ausgerechnet
    einer römischen Kaisermutter, zugeschrieben werden; vgl. Helmut Pfotenhauer, Anthropo-
    logie, Transzendentalphilosophie, Klassizismus. Begründungen des Ästhetischen bei Schil-
    ler, Herder und Kant, in: Anthropologie und Literatur um 1800, hg. von Jürgen Barkhoff und
    Eda Sagarra, München 1992, S. 72–97, hier S. 95.

seits. Ob es sich bei ihnen um Kategorienfehler aus Versehen oder um bewusste Manipulationen handelt, mag dahin gestellt bleiben. In jedem Fall ist Schillers »Vernunftbegriff der Schönheit« ein für die Ästhetik ungeeigneter Formalismus,[18] der sich auf das stützt, was er zu begründen beansprucht, nämlich auf empirische Schönheit. Hier verrichtet der Kanon (Winckelmanns) die Arbeit, für die Schillers Vernunft zu schwach ist.

5) Wozu dient die Beschreibung der Juno Ludovisi?

Von empirisch vorfindlichen Artefakten zu verlangen, wie Schiller es tut, aller Empirie zugleich vorauszuliegen, mündet zwangsläufig in eine paradoxe Verknüpfung von Transzendentalem und Empirischem. Dies ist auch bei der einzig detaillierten Auseinandersetzung mit einem Kunstwerk in der *Ästhetischen Erziehung* der Fall: bei der Ekphrasis, die Schiller im 15. Brief dem mannshohen Kopf der ansonsten nicht erhaltenen Kolossalplastik der Juno Ludovisi widmet. Charakteristisch für diese Ekphrasis sind darüber hinaus noch weitere, nicht minder problematische Verknüpfungen.

Den Ausgangspunkt für die zweite Verknüpfung bildet der vorletzte Abschnitt des 15. Briefs, in dem Schiller gemäß der Dichotomie von Form und Stoff bekräftigt, dass die Vernunft »dem Menschen ja das doppelte Gesetz der absoluten Formalität und der absoluten Realität diktiert« (TS 614). In der anschließenden Beschreibung der Juno Ludovisi scheint Schiller das Vorherige explizieren zu wollen, was er den Lesern nicht zuletzt dadurch nahelegt, dass er die dichotome Struktur aufrechterhält. Allerdings liegt die Kontinuität hier abermals in der Struktur und keineswegs in dem, was einander gegenüber gestellt wird: erst »Naturgesetze« und »Sittengesetze«, die Schiller beide in den olympischen Göttern aufgehoben sieht, dann »Anmut« und »Würde«, die er in der Juno Ludovisi vereinigt findet (TS 614 f.). Damit legt er nahe, aus den ontologischen Kategorien »Stoff« und »Form« folgten die ästhetischen und/oder moralischen Kategorien »Anmut« und »Würde«. Auch diese Verknüpfung lässt sich jedoch nicht rechtfertigen, denn nicht jeder geformte Stoff, nicht jeder Gegenstand ist schließlich anmutig oder würdevoll.

---

18 Infolgedessen ist Schiller auch nicht fähig, seine oben erwähnte Kritik am § 16 der Kant'-schen *Kritik der Urteilskraft* in der *Ästhetischen Erziehung* aufrecht zu erhalten. Denn auf der Basis der eigenen Ableitung ist Schiller nicht in der Lage, die Schönheit der menschlichen Gestalt von der einer Arabeske zu unterscheiden, geschweige denn, die von Kant vorgesehene Rangfolge beider zu revidieren.

Bei der dritten zweifelhaften Verknüpfung handelt es sich um diejenige zwischen »Anmut« und »Würde« selbst. Zum besseren Verständnis ist ein Blick in Schillers hier grundlegende Schrift *Über Anmut und Würde* von 1793 hilfreich. Schiller befasste sich in ihr mit den verschiedenen Arten, in denen das hybride Wesen Mensch seinen Ausdruck findet, und führte dazu aus: »So wie die Anmut der Ausdruck einer schönen Seele ist, so ist *Würde* der Ausdruck einer erhabenen Gesinnung« (TS 373). Abgeleitet wurde diese Differenz aus der Vermögentheorie, wonach »Anmut« auf der Balance von Sinnlichkeit und Vernunft beruht, während sich »Würde« der Dominanz der Vernunft über die Sinnlichkeit verdankt. Obwohl sich »Anmut« und »Würde« demnach ausschließen, postulierte Schiller dennoch ihre Synthese – und auch dies geschah bezeichnenderweise schon unter Berufung auf die antike Plastik (vgl. TS 385 f.).[19] Infolgedessen ist mehrerlei festzuhalten, wenn Schiller zwei Jahre später in der *Ästhetischen Erziehung* eine Synthese aus »Anmut« und »Würde« avisiert. Er thematisiert damit indirekt eine Synthese aus Schönem und Erhabenem, nämlich als Synthese des Ausdrucks von »Anmut« und »Würde«. Zudem lässt Schiller hier abermals seine transzendentale Deduktion hinter sich. Mit dieser bemüht er sich, wie kritikwürdig auch immer, nur um eine Ableitung von Schönheit (als Balance); eine Ableitung des Erhabenen (im Sinne der Dominanz der Vernunft über die Sinnlichkeit) ist dort hingegen nicht beabsichtigt.[20] Überdies ist die Synthese aus »Anmut« und »Würde« immer noch, salopp gesagt, ein Ding der Unmöglichkeit.

Die damit verbundene letzte Verknüpfung ist eine der disparaten Referenzen. Schiller greift dabei auf Anregungen von Winckelmann, Kant und Burke zurück. Winckelmanns *Geschichte der Kunst des Alterthums* ist für Schillers Beschreibung der Juno Ludovisi zentral. Schiller hat die Plastik selbst nie gesehen und ist ihr zuerst in Winckelmanns Text begegnet.[21] Außerdem finden sich in der *Geschichte*

---

19   Diese Synthese aus Gleichgewicht und Ungleichgewicht ist zu Recht als »gewaltsam« und »gegen jede Denkmöglichkeit« bezeichnet worden (Käte Hamburger, Schillers Fragment ›Der Menschenfeind‹ und die Idee der Kalokagathie, in: Deutsche Vierteljahrsschrift für Literaturwissenschaft und Geistesgeschichte 30 (1956), H. 4, S. 367–400, hier S. 393. Der Versuch, im Kommentar der Nationalausgabe die Kritik Hamburgers zu entkräften, scheitert daran, dass er die Gewaltsamkeit dieser Synthese reproduziert. Um von der Unvereinbarkeit von Gleichgewicht und Ungleichgewicht absehen zu können, entwertet Benno von Wiese dort den Unterschied zwischen Artefakt und Rezipienten-Fantasie (vgl. Benno von Wiese, [Kommentar zu] Ueber Anmuth und Würde, in: Friedrich Schiller: Philosophische Schriften. Zweiter Teil (Werke, Bd. 21), hg. von Benno von Wiese, Weimar 1963, S. 210–231, hier S. 230.

20   Vgl. auch Carsten Zelle, Über die ästhetische Erziehung des Menschen in einer Reihe von Briefen (1795), S. 422.

21   Erst ab Anfang 1795 stand ihm auch eine Zeichnung von einer Gipsreplik zur Verfügung; vgl. Bernd Witte, »Der ganze Begriff des speculativsten Theils der Kunst«. Über die ›Juno

der Kunst des Alterthums unterschiedliche Verknüpfungen von Schönem und Erhabenem. Genauer gesagt, Winckelmann verwendete den Ausdruck »erhaben« allgemein, um eine bestimmte Art von Schönheit zu bezeichnen,[22] und gelegentlich auch, um einen Vorrang von etwas gegenüber etwas anderem herauszustellen – so beispielsweise, als er vermerkte,

> [...] Juno zeiget sich als Frau und Göttinn über andere erhaben, im Gewächse so wohl, als königlichem Stolze. Die Schönheit in dem Blicke der großen rundgewölbten Augen der Juno ist gebieterisch, wie in einer Königinn, die herrschen will, verehrt seyn, und Liebe erwecken muß: der schönste Kopf derselben ist Colossalisch, in der Villa Ludovisi.[23]

Bei Winckelmann, so lässt sich bilanzieren, bestehen keine begrifflichen Probleme. Die Juno Ludovisi kann als schön *und* im genannten Sinne als erhaben gelten. Anders liegen die Dinge jedoch in der davon inspirierten Variation Schillers im 15. Brief der *Ästhetischen Erziehung*. Sie lautet:

> Es ist weder Anmut noch ist es Würde, was aus dem herrlichen Antlitz einer Juno Ludovisi zu uns spricht; es ist keines von beiden, weil es beides zugleich ist. Indem der weibliche Gott unsre Anbetung heischt, entzündet das gottgleiche Weib unsere Liebe, aber indem wir uns der himmlischen Holdseligkeit aufgelöst hingeben, schreckt die himmlische Selbstgenügsamkeit uns zurück. (TS 615)

Schillers erste Abweichung von Winckelmann, die Berücksichtigung von »Anmut« und »Würde«, stützt sich auf jene vermögentheoretische Modellierung von Schönem und Erhabenem, die wir bereits aus *Über Anmut und Würde* kennen. Für diese Modellierung schloss Schiller an eine Einteilung aus der *Kritik der Urteilskraft* an, mit der Kant (beispielsweise in den §§ 9 und 27) das Schöne an die Harmonie der Vermögen koppelte und das Erhabene mit einer Unterlegenheit der Sinnlichkeit verband. Bei einer Verknüpfung von Schönem und Erhabenem in diesem Sinne besteht nun durchaus ein begriffliches Problem, wie gezeigt schließen sie einander aus. – Die zweite Abweichung von Winckelmann

Ludovisi‹ in Schillers ›Briefen über die ästhetische Erziehung‹, in: Zeitschrift für deutsche Philologie 130 (2011), H. 4, S. 599–607, hier S. 600 ff.

22 In diesem Sinne behauptete er etwa: »Durch die Einheit und Einfalt wird alle Schönheit erhaben [...]«, Johann Joachim Winckelmann, Geschichte der Kunst des Alterthums. Text. Erste Auflage Dresden 1764, Zweite Auflage Wien 1776 (Schriften und Nachlass, Bd. 4.1), hg. von Adolf H. Borbein u. a., Mainz 2002, S. 250.

23 Johann Joachim Winckelmann, Geschichte der Kunst des Alterthums, S. 288.

findet sich in den angenommenen Effekten, die die Juno Ludovisi in der Rezeption auslösen soll. Diese Effekte entsprechen bis in die Komponenten der Anziehung und Abstoßung hinein demjenigen, was Burke im Umfeld seines physiologischen Modells erläuterte, als er in *Philosophical Enquiry into the Origins of our Ideas of the Sublime and the Beautiful* über die Liebe zum Schönen und den Schrecken vor dem Erhabenen sprach.[24] Worin sich Burke allerdings von Schiller gravierend unterschied, waren seine Vorbehalte gegenüber einer Synthese von beidem. Schönes und Erhabenes ließen sich Burke zufolge nur um den Preis ihres Verschwindens miteinander kombinieren: Für ihn gab es kein ›zugleich‹ von Schwarz und Weiß, sondern nur Grau.[25] Ähnlich wie bei der gewaltsamen Verknüpfung von Balance und Dominanz ist auch in diesem Fall eine Synthese, wie sie sich Schiller wünscht, unmöglich. – Damit liegt das Problem auf der Hand, das dem Gebrauch innewohnt, den Schiller von seinen disparaten Referenzen macht: nämlich Gegensätze, deren Begriffe auf der Ästhetik Kants und Burkes beruhen, mit einer Synthese aufheben zu wollen, die sich Begriffen aus der Kunstgeschichte Winckelmanns verdankt.

In der Ekphrasis des 15. Briefs amalgamiert Schiller Empirie und Transzendentales, springt von der Kategorie des Schönen zu der des Erhabenen, um schließlich mit Hilfe einer Theorie-Collage eine weitreichende Verträglichkeit von Schönem und Erhabenem zu behaupten. (Die letzten beiden Verknüpfungen werden über die Kategorien »Anmut« und »Würde« vermittelt.) Die Ekphrasis dient also dazu, den leeren Formalismus der transzendentalen Deduktion ›ästhetisch‹ zu füllen. Da keine der Verknüpfungen argumentativ haltbar ist, ändert sich am prekären Status der Deduktion jedoch nichts. – Nebenbei, hier wird auch die Behauptung hinfällig, dass Kunstrezeption durchweg im »Spiel« als menschlichem *proprium* gründen könne (vgl. TS 611). Nach Schillers (kantischen) Prämissen bedarf das Spiel der Balance der Vermögen; diese Balance wiederum gewährt jedoch nur die schöne, nicht aber die erhabene Kunst.

6) Welche und wie viele Arten empirischer Schönheit gibt es, und wie werden sie abgeleitet?

Im ersten Abschnitt des 16. Briefs lokalisiert Schiller das »höchste Ideal« der Schönheit im »möglichstvollkommensten Bunde und *Gleichgewicht* der Realität und der Form« und erläutert dazu im Blick auf empirische Schönheiten:

---

24 Vgl. Edmund Burke, Philosophische Untersuchung über den Ursprung unserer Ideen vom Erhabenen und Schönen, hg. von Werner Strube, Hamburg 1989, S. 76 f. und 91 f.
25 Vgl. ebd., S. 166 f.

Dieses Gleichgewicht bleibt aber immer nur Idee, die von der Wirklichkeit nie ganz erreicht werden kann. In der Wirklichkeit wird immer ein Übergewicht des Einen Elements über das andere übrig bleiben, und das höchste was die Erfahrung leistet, wird in einer *Schwankung* zwischen beiden Prinzipien bestehen, wo bald die Realität bald die Form überwiegend ist. (TS 615)[26]

Ähnlich wie im Zusammenhang mit den charakterlichen Defiziten stoßen wir im ersten Abschnitt des 16. Briefs also auf *zwei* Arten von empirischer Schönheit, die durch ein Modell der Balance bzw. durch die Abweichung von letzterer bestimmt werden. Beide Arten empirischer Schönheit sind damit zumindest formal durch die transzendentale Deduktion mitbestimmt, denn sie sind Abweichungen vom dort beschriebenen Ideal.

Der Rest des 16. Briefs scheint den ersten Abschnitt fortzusetzen, denn in ihm stehen ebenfalls das »Ideal-Schöne« und zwei damit verbundene Arten empirischer Schönheit im Fokus, und zwar »schmelzende« und »energische Schönheit« (vgl. TS 616 ff.). Abermals gilt: Es scheint nur so. Tatsächlich setzt Schiller den Text nicht konsistent fort, sondern arbeitet erneut mit einer Überblendung von Vokabularen. Hierbei verschleiert die wiederholte Rede von *zwei* Arten empirischer Schönheit, dass es sich erstens *nicht* immer um *dieselben zwei* handelt und dass zweitens auch sie teilweise in einem Verhältnis der Über- und Unterordnung stehen. Deutlich wird dies am Anfang des zweiten Abschnitts des 16. Briefs, der in mehrfacher Hinsicht des Kommentars bedarf:

> Ich habe in einem der vorhergehenden Briefe bemerkt, auch läßt es sich aus dem Zusammenhange des bisherigen mit strenger Notwendigkeit folgern, daß von dem Schönen zugleich eine auflösende und eine anspannende Wirkung zu erwarten sei: eine *auflösende*, um sowohl den Sachtrieb als den Formtrieb in ihren Grenzen zu halten: eine *anspannende*, um beide in ihrer Kraft zu erhalten. (TS 616)

Demnach handelt es sich bei den beiden Arten der empirischen Schönheit aus dem *ersten Abschnitt* des 16. Briefs um Unterarten einer Art aus den *folgenden Abschnitten*, nämlich der »schmelzenden Schönheit«, die eine »auflösende Wirkung« besitzt. Die »schmelzende Schönheit« wiederum soll sich in Nebenordnung zur »energischen Schönheit« befinden, die über eine »anspannende

---

26 Den fälligen Einwand, dass nach Schillers *eigener* Einschätzung die Wirklichkeit das Ideal sehr wohl erreichen kann, und zwar in Gestalt antiker Plastiken, werde ich hier nicht weiter verfolgen.

Wirkung« verfügt. (Wie der Abgleich mit den Augustenburger Briefen zeigt, in denen Schiller dem Erhabenen eine »anspannende Wirkung« attestierte (vgl. TS 519 f.), vertritt in der *Ästhetischen Erziehung* die »energische Schönheit« terminologisch das »Erhabene«.) Erschwert wird der Nachvollzug dieser Verhältnisse dadurch, dass Schiller die beiden Arten empirischer Schönheit aus dem ersten Abschnitt des 16. Briefs einführt, ohne ihre Identifikation durch eine Benennung zu gewährleisten. Die Benennung reicht er erst gegen Ende des 17. Briefs nach, also bereits im dritten Stück. Für die Unterarten der »schmelzenden Schönheit« macht er dort geltend, dass die »ruhige Form« den »Stofftrieb« drosseln soll und »das lebende Bild« den »Formtrieb« (TS 621). Auf dieser Grundlage ergibt sich ein den charakterlichen Defiziten analoges Bild der Arten empirischer Schönheit (vgl. Abb. 2).

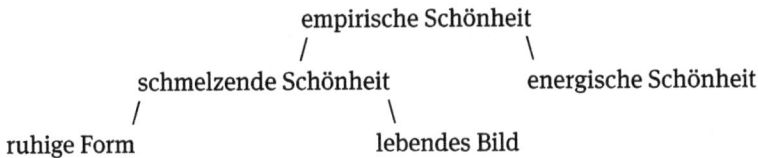

empirische Schönheit

/   \

schmelzende Schönheit   energische Schönheit

/   \

ruhige Form   lebendes Bild

Abb. 2

Allerdings bedarf, wie gesagt, im 16. Brief der Anfang des zweiten Abschnitts in *mehrfacher* Hinsicht eines Kommentars. Außer den Arten empirischer Schönheit verdienen auch die beiden Behauptungen Schillers zu der »auflösenden« und »anspannenden« Wirkung des Schönen besondere Aufmerksamkeit. Er behauptet hier ja zum Einen, dass er diese Wirkungen schon »in einem der vorhergehenden Briefe bemerkt« habe, und zum Anderen, dass sie sich auch »aus dem Zusammenhang des bisherigen mit strenger Notwendigkeit folgern« ließen. Beide Behauptungen sind jedoch unzutreffend. Was Schiller hier nachträglich als ›Bemerkung‹ apostrophiert, taucht zwar im 10. Brief, unmittelbar vor Beginn des »transzendentalen Wegs« auf. Dort *konstatiert* Schiller aber nicht, dass das Schöne neben der »auflösenden« auch noch eine »anspannende Wirkung« habe, sondern *fragt* nur, ob das der Fall sei (vgl. TS 587). Ebenso wenig trifft zu, dass sich außer der »auflösenden« auch die »anspannende Wirkung« des Schönen aus dem Zusammenhang der transzendentalen Deduktion folgern ließen. In der Beschreibung der Juno Ludovisi spricht Schiller zwar – vermittelt über die Kategorie der »Würde« – einmal und indirekt eine Instanz mit »anspannender Wirkung« an. Wie wir gesehen haben, wird diese Kategorie jedoch nicht regulär abgeleitet, sondern lediglich in der Ekphrasis hinzuaddiert und bleibt somit ein Fremdkörper.

Der abermals unübersichtlichen Darstellung zum Trotz fällt das Resümee zu den empirischen Arten der Schönheit eindeutig aus. Schiller spricht über *mehr als* nur *zwei* Arten empirischer Schönheit.[27] Dies ist keineswegs ein rein numerisches Problem, denn nur die *zwei* Arten der »schmelzenden Schönheit« sind an die transzendentale Deduktion gekoppelt. Ungeachtet Schillers gegenteiliger Behauptung ist die Schönheit mit der »anspannenden Wirkung« (also: die »energische Schönheit« bzw. das Erhabene) durch keinerlei Ableitung gerechtfertigt. Auch hier lässt sich nur spekulieren, ob Schiller dies bewusst gewesen ist oder nicht. Im ersten Fall läge es nahe, in der unübersichtlichen Darstellung eine absichtliche Irreführung der Leser zu sehen, im zweiten Fall hätte Schiller selbst die Übersicht verloren.

7) Was soll der »transzendentale Weg« leisten und was leistet er tatsächlich?

Als guter Dialektiker bringt Schiller im 10. Brief mindestens drei Einwände gegen die ästhetische Erziehung in Anschlag. Der erste Einwand thematisiert die prekäre Pluralität von Aufgaben, die eine ästhetische Erziehung zu übernehmen hat. Angesichts der unterschiedlichen charakterlichen Defizite des Menschen fragt sich Schiller – und es ist diese Frage, die er, wie wir gesehen haben, im 16. Brief zur ›Bemerkung‹ umdeuten wird:

> Wie kann aber die schöne Kultur beiden entgegen gesetzten Gebrechen zugleich begegnen, und zwei widersprechende Eigenschaften in sich vereinigen? Kann sie in dem Wilden die Natur in Fesseln legen und in dem Barbaren dieselbe in Freiheit setzen? Kann sie zugleich anspannen und erschlaffen [...]? (TS 587)

Wie wir mittlerweile wissen, mischt Schiller hier die Vokabulare aus den Kontexten von Balance und Physiologie. Es sind tatsächlich *drei* Defizite und deshalb auch *drei* einander widersprechende Eigenschaften, die die ästhetische Erziehung in sich vereinigen muss. Die Komplikationen sind also größer, als Schiller uns hier glauben macht. Unter Berufung auf Platon und Jean-Jacques Rousseau zielt der zweite Einwand auf negative Effekte der Kunst. Kunst erzeugt nach Schil-

---

27   Trotz einer ansonsten aufmerksamen und kritischen Rekonstruktion des 16. und 17. Briefs entgeht dieses Problem auch noch Frederick Beiser, der nur »two forms of beauty« zu identifizieren vermag; vgl. Frederick Beiser, Schiller as Philosopher. A Re-Examination, Oxford und New York 2008, S. 147–150.

ler sogar eines jener Defizite, denen die ästhetische Erziehung eigentlich Abhilfe schaffen soll. So hält er fest, dass das Publikum der Kunst »bei allen Vorteilen der Verfeinerung ihren erschlaffenden Wirkungen« ausgesetzt ist (TS 591). Der damit verbundene dritte Einwand findet sich in der Behauptung, dass Geschmack und Kunst in der Vergangenheit letztlich keine positiven Effekte gehabt hätten:

> In der Tat muß es Nachdenken erregen, daß man beinahe in jeder Epoche der Geschichte, wo die Künste blühen und der Geschmack regiert, die Menschheit gesunken findet, und auch nicht ein einziges Beispiel aufweisen kann, daß ein hoher Grad und eine große Allgemeinheit ästhetischer Kultur bei einem Volke mit politischer Freiheit, und bürgerlicher Tugend, daß schöne Sitten mit guten Sitten, und Politur des Betragens mit Wahrheit desselben Hand in Hand gegangen wäre. (TS 590)

Allen drei Einwänden gemein ist der Bezug zu *praktischen* Problemen. Wie sich mit einem Mittel unterschiedliche Effekte erzielen lassen, dass ein Mittel negative und dass es keine positiven Effekte hat – all das sind praktische Probleme. Mit der Frage, wie etwas einander widersprechende Eigenschaften besitzen kann, tritt zumindest beim ersten Einwand noch ein *theoretisches* oder begriffliches Problem hinzu. Und wenigstens der dritte Einwand benennt auch ein *historisches* Problem, wenn er auf das Scheitern in der Vergangenheit hinweist. Kurz gesagt, die Einwände, die Schiller sich und seinem Projekt macht, sind nicht nur gravierend, sondern mehrdimensional: praktisch, theoretisch und historisch.

Die Strategie, die Schiller diesen Einwänden im 10. Brief entgegenzusetzen beginnt, ist hingegen nur eindimensional. Der »transzendentale Weg« besteht ja darin, einen »reinen Vernunftbegriff der Schönheit« zu deduzieren, wovon sich Schiller im weiteren auch eine Ableitung der ansonsten verwendeten, empirischen Begriffe von Schönheit verspricht (vgl. TS 591f.). Mit dieser Strategie lässt sich jedoch nur ein *theoretisches* Problem in Angriff nehmen, aber nicht der Einwand ausräumen, dass Kunst schade oder noch nie etwas genutzt habe. Anders gesagt, der »transzendentale Weg« beinhaltet kein adäquates Verfahren für die praktischen Probleme und das historische Problem der ästhetischen Erziehung.

Dies wird durch den 16. Brief bestätigt, der gegen Ende des zweiten Stücks eine Bilanz des »transzendentalen Wegs« enthält. Schiller geht auf das *historische* Problem, dass Geschmack und Kunst in der Vergangenheit keine nennenswerten positiven Effekte gehabt hätten, überhaupt nicht mehr ein; und das zentrale *praktische* Problem erfährt nur eine skrupulösere Darstellung. Mit Blick auf die Vielfalt von Schönheiten und charakterlichen Defiziten räumt Schiller zwar ein, dass es bestimmte Konstellationen gebe, in denen die Schönheit der Kunst schade, um sich dann aber ausführlich nur noch mit jenen anderen Konstellationen zu beschäftigen, in denen das nicht der Fall sein soll (vgl. TS 617 f.). Damit löst er das zentrale praktische Problem nicht, sondern umgeht es lediglich. Flankierend rückt er schließlich ein *theoretisches* Problem ins Zentrum seiner Bilanz, indem er unterstellt, dass sich die Einwände gegen die ästhetische Erziehung letztlich einer Begriffsverwirrung verdankten, die durch den »transzendentalen Weg« behoben worden sei:

> Und nunmehr, glaube ich, wird jener Widerspruch erklärt und beantwortet sein, den man in den Urteilen der Menschen über den Einfluß des Schönen, und in Würdigung der ästhetischen Kultur anzutreffen pflegt. Er ist erklärt dieser Widerspruch, sobald man sich erinnert, daß es in der Erfahrung eine zweifache Schönheit gibt, und daß beide Teile von der ganzen Gattung behaupten, was jeder nur von einer besonderen Art derselben zu beweisen im Stande ist. (TS 618)

Diese Bilanz bleibt unbefriedigend. Es lässt sich bestreiten, dass der »transzendentale Weg« irgendetwas zur Entwirrung beiträgt. Abgesehen davon, dass es nach Schiller selbst *mehr als zwei* Arten der empirischen Schönheit gibt, stiftet hier auch die eigenwillige Terminologie Verwirrung. Bei Burke, bei Kant, ja, sogar noch im Anschluss daran in Schillers Augustenburger Briefen selbst sind die Grenzen zwischen Schönem und Erhabenem auch aufgrund der gewählten Ausdrücke klar und deutlich. Die Umbenennung in »schmelzende« und »energische Schönheit« und in eins damit ihre Subsumtion unter eine Gattung »Schönheit« ist es, die in der *Ästhetischen Erziehung* das Problem erst erzeugt, gegen das Schiller vorgeblich ankämpft, nämlich die Verwechslung einer Art mit der gesamten Gattung. Schwerer noch fällt ins Gewicht, dass sich die genannten Einwände eben nicht auf eine Begriffsverwirrung reduzieren lassen. Das »Urteil« über oder die »Würdigung« von Schönheit und Kunst ist nicht identisch mit der Antwort auf die theoretische Frage, ob jeweils eine »schmelzende« oder eine »energische Schönheit« vorliegt. In der von Schiller zuvor bemühten kritischen Tradition, bei Platon, Rousseau und anderen, ist dazu erforderlich, auch über Schaden oder etwaige Nutzlosigkeit Rechenschaft abzulegen. Diese Rechenschaft bleibt Schiller seinen Lesern schuldig, indem er zwei von ihm selbst angesprochene Probleme der ästhetischen Erziehung, das entscheidende praktische und das historische Problem, im 16. Brief eskamotiert.

Der »transzendentale Weg« stellt also ein untaugliches Mittel für den im 10. Brief gesteckten Zweck dar. Anstatt die ästhetische Erziehung gegen gravierende Einwände zu verteidigen, besteht die Leistung dieses »Wegs« vor allem darin, in Schillers Terminologie die Behauptung zu reformulieren, dass Schönes und Erhabenes sich voneinander unterscheiden und unterschiedlich wirken. Für diese gerade im achtzehnten Jahrhundert wenig überraschende Behauptung hätte es des Aufwandes nicht bedurft – zumal weder die Deduktion des Schönen noch die Integration des Erhabenen stichhaltig ist. Schillers »transzendentaler Weg« ist daher nicht nur in wesentlichen Details der Durchführung mangelhaft, sondern im Ganzen überflüssig.

8) Wie soll ästhetische Erziehung in der Praxis stattfinden?

Gedanken zur praktischen Umsetzung schließt Schiller zumeist an Erörterungen jener Konstellationen an, die sich aus der Vielfalt von empirischen Schönheiten und charakterlichen Defiziten ergeben. Prinzipiell geht er davon aus, dass jede Art empirischer Schönheit spezifisch wirkt: Sie kann nur *eine* Art von charakterlichem Defizit kurieren, schadet jedoch bei *anderen* Arten. So benennt Schiller im 16. Brief zwei Konstellationen mit negativen Effekten; und wie schon im 10. Brief registriert er, dass Schönheit auch Defizite erzeugen kann, die sie eigentlich kurieren soll. Die »energische Schönheit« unterdrückt demnach beim »angespannten Menschen« die »zärtere Humanität«, während die »schmelzende Schönheit« beim »abgespannten« oder »erschlafften Menschen« Gefühle und Charakter schwächt (TS 617). Daraufhin befasst sich Schiller bekanntlich nur noch mit jenen Konstellationen, die positive Effekte versprechen. Am Ende des 16. Briefs avisiert er daher in seiner Skizze für das weitere Vorgehen: »Ich werde die Wirkungen der schmelzenden Schönheit an dem angespannten Menschen, und die Wirkungen der energischen an dem abgespannten prüfen [...]« (TS 618). Die negativen Effekte in der anderen Hälfte der Konstellationen nicht weiter zu beachten, schafft sie freilich nicht aus der Welt.

Im Zusammenhang mit dem Tableau des 17. Briefs setzt Schiller im dritten Stück die Diskussion der Konstellationen fort, wobei sich das zentrale praktische Problem noch verschärft (vgl. TS 619 ff.). Aus den Antworten auf die erste und die sechste Frage wissen wir, dass nicht jeweils zwei, sondern drei Arten ins Kalkül zu ziehen sind. Daraus folgt, dass sich die Zahl der möglichen Konstellationen von vier auf neun erhöht, während sich der Anteil von Konstellationen mit positiven Effekten von der Hälfte auf ein Drittel verringert (vgl. Abb. 3).

Schiller stellt sich der Verschärfung des praktischen Problems jedoch nicht. Wie schon der Titel des dritten Stücks, »Die schmelzende Schönheit«, andeutet (TS 619), steht die »energische Schönheit« bzw. das Erhabene ohnehin nicht mehr im Fokus; hier macht sich der fragmentarische Charakter des Textes bemerkbar. Außerdem fällt Schiller im Laufe des dritten Stücks hinter seine früheren Einsichten zurück und thematisiert nicht einmal mehr die unterschiedlichen Arten der

empirische Schönheiten \ charakterliche Defizite	angespannter Mensch		abgespannter Mensch
	Naturmensch	künstlicher Mensch	
schmelzende Schönheit — ruhige Form	+	–	–
schmelzende Schönheit — lebendes Bild	–	+	–
energische Schönheit	–	–	+

Abb. 3

»schmelzenden Schönheit«, geschweige denn die damit möglichen Konstellationen. Stattdessen informiert er auch unter terminologischer Vereinfachung nur noch über die positiven Effekte *der* Schönheit.[28]

Für die praktische Umsetzung der ästhetischen Erziehung ist ferner eine Beobachtung aufschlussreich, in der Schiller Bedingungen und Effekte der Rezeption neu arrangiert. Diese Beobachtung findet sich im 22. Brief, der Gründe für ein Versagen des Rezipienten benennt:

---

28 Dass der fragmentarische Charakter der *Ästhetischen Erziehung* das praktische Problem verschleiert, findet leider auch keine Berücksichtigung in dem ansonsten grundlegenden Band: »Ein Aggregat von Bruchstücken«. Fragment und Fragmentarismus im Werk Friedrich Schillers, hg. von Jörg Robert, Würzburg 2013. Dies ist um so bedauerlicher, als Schillers 1801 publizierter Aufsatz *Über das Erhabene*, der oft als Ersatz für die in der *Ästhetischen Erziehung* ausgebliebene Diskussion der »energischen Schönheit« aufgefasst wird, ebenfalls und auf komplementäre Weise unvollständig geblieben ist: In ihm führt Schiller nur das Erhabene gegen die negativen Wirkungen der Schönheit ins Feld, ohne seinerseits die negativen Wirkungen des Erhabenen zu berücksichtigen (vgl. TS 830).

Ist dieser entweder zu gespannt oder zu schlaff; ist er gewohnt, entweder bloß mit dem Verstand oder bloß mit den Sinnen aufzunehmen, so wird er sich auch bei dem glücklichsten Ganzen nur an die Teile, und bei der schönsten Form nur an die Materie halten. [...] Sein Interesse daran ist schlechterdings entweder moralisch oder physisch, nur gerade, was es sein soll, ästhetisch ist es nicht. (TS 642)

Selbstverständlich ist es sinnvoll, auch das Scheitern der Rezeption in Betracht zu ziehen. Allerdings fordert Schiller im 22. Brief ausgerechnet das als Startbedingung ein, was zuvor als Effekt einer geglückten Rezeption gegolten hat, nämlich die Balance der Vermögen.[29] Dieses neue Arrangement steht nicht allein im Widerspruch zu früheren Briefen, ihm zufolge ist Kunst auch ungeeignet für die ästhetische Erziehung. Zu den Prämissen dieser gehört ja, dass es erstens Defizite wie »Anspannung« oder »Erschlaffung« (bzw. »Abspannung«) gibt, dass diese Defizite zweitens zu beheben sind und dass drittens das Mittel der Wahl dazu die Kunst ist. Gemäß diesen Prämissen bedeutet nun Schillers Beobachtung im 22. Brief nichts anderes, als dass das Mittel der Wahl bei denen versagt, die seiner bedürfen.

Für die Preisgabe des politischen Anspruchs in der *Ästhetischen Erziehung* hat Hans-Georg Gadamer die Formel geprägt: »Bekanntlich wird aus einer Erziehung durch die Kunst eine Erziehung zur Kunst.«[30] Dieser notorischen Formel muss jedoch widersprochen werden. Von einer Erziehung *durch Kunst* kann nicht die Rede sein, solange Schiller keine Lösung für das praktische Problem anzubieten hat, dass Kunst in mehr Konstellationen schadet als nützt. (Nebenbei, eine solche Lösung, die die schädlichen Konstellationen zu verhindern und die nützlichen zu fördern hätte, stünde vermutlich einer totalitären Bürokratie näher, als es Schillers Pathos der Freiheit lieb sein kann: Schönheiten müssten in unterschiedliche Arten klassifiziert werden, charakterliche Defizite wären zu diagnostizieren, eine Verordnungspraxis müsste durchgesetzt werden usw.) Außerdem zeigt der 22. Brief deutlich, dass es für Schiller anstatt einer Erziehung *zur Kunst* nur ein Paradox der ästhetischen Erziehung gibt: Um in einen Erziehungsprozess eintreten zu können, müssen die Rezipienten ihn schon abgeschlossen haben. Schillers Schrift bietet also weder eine Erziehung *durch* noch eine Erziehung *zur* Kunst an.

---

29 Vgl. dazu auch Gerhard Plumpe, Ästhetische Kommunikation der Moderne, Bd. 1. Von Kant bis Hegel, Opladen 1993, S. 124 f.
30 Hans-Georg Gadamer, Wahrheit und Methode. Grundzüge einer philosophischen Hermeneutik (Gesammelte Werke, Bd. 1), Tübingen 1986, S. 88.

9) Welche Rolle spielt die Kunst in der *Ästhetischen Erziehung* überhaupt?

Angesichts einer derart ernüchternden Bilanz stellt sich die Frage, welche Rolle die Kunst in der *Ästhetischen Erziehung* überhaupt spielt. Auf der manifesten Ebene findet sich Schillers entscheidende Antwort hierzu im 9. Brief. Dort heißt es:

> Man müßte also zu diesem Zwecke ein Werkzeug aufsuchen, welches der Staat nicht hergibt, und Quellen dazu eröffnen, die sich bei aller politischen Verderbnis rein und lauter erhalten. Jetzt bin ich an dem Punkt angelangt, zu welchem alle meine bisherigen Betrachtungen hingestrebt haben. Dieses Werkzeug ist die schöne Kunst, diese Quellen öffnen sich in ihren unsterblichen Mustern. Von allem, was positiv ist und was menschliche Konventionen einführten, ist die Kunst, wie die Wissenschaft losgesprochen, und beide erfreuen sich einer absoluten *Immunität* von der Willkür der Menschen. (TS 583)

Kunst wäre demnach das pädagogische Mittel der Wahl, weil sie von gesellschaftlichen bzw. historischen Entwicklungen unabhängig ist. Diese Begründung hält jedoch Schillers eigenen Einsichten in die gesellschaftliche Ausdifferenzierung und in die Entwicklung von Kunst nicht stand, wie mehrere Beispiele zeigen. Im 6. Brief moniert er etwa, dass »Poesie« und »Spekulation« anders als in der Antike *nicht* mehr »ihre Verrichtungen tauschen« könnten (vgl. TS 570 ff.). Damit situiert er die Kunst innerhalb eines Differenzierungsprozesses, der seit der Antike zu ihrer stärkeren Abgrenzung von anderen Teilen der Gesellschaft – hier: von Philosophie bzw. Wissenschaft – geführt hat. Im Zusammenhang mit dem quasi-zyklischen Entwicklungsmodell macht er, wie gezeigt, den Verstand für das Verlassen der natürlichen Einheit und für die Inferiorität des modernen Individuums verantwortlich. Ausgerechnet die Emanzipation von der Natur ist dem 26. Brief zufolge aber die Basis für die Arbeit des Künstlers: »Mit ungebundener Freiheit kann er, was die Natur trennte, zusammenfügen, sobald er es nur irgend zusammen denken kann, und trennen, was die Natur verknüpfte, sobald er es nur in seinem Verstand absondern kann.« (TS 663) Diese Emanzipation lässt einerseits das für die antike Plastik bindende Prinzip der Mimesis hinter sich, andererseits lässt sie (erneut) an der Tauglichkeit von Kunstwerken zur ästhetischen Erziehung zweifeln – immerhin werden Kunstwerke so durch etwas strukturiert, was in nachgriechischer Zeit zur Inferiorität des Individuums beitragen soll. Insofern partizipieren Kunstwerke an genau jenem Problem, dessen Lösung sie sein sollen. Ebenfalls im 26. Brief fordert Schiller schließlich, dass sich Kunst von »allem Anspruch auf Realität lossagen« müsse, und erläutert dazu anhand der Dichtung: »Sie sehen hieraus, daß der Dichter auf gleiche Weise aus seinen Grenzen tritt, wenn er seinem Ideal Existenz beilegt, und wenn er eine bestimmte Existenz damit bezweckt.« (TS 664) Dieser modernen, der Autonomieästhetik verpflichteten Forderung können wiederum die Ideale der Venus, der Juno und des Apoll qua kultische Artefakte nicht gerecht werden. Kurz, dass Kunst von gesellschaftlichen bzw. historischen Entwicklungen unberührt bleibt, davon kann nach Schillers eigenen Einsichten nicht die Rede sein. Auf der manifesten Ebene tritt damit neben die enttäuschende Bilanz, die ohnehin die der Kunst zugedachte Rolle in Frage stellt, also noch das Missglücken der Begründung, aus der diese Rolle abgeleitet werden soll.

Unterhalb der manifesten Ebene findet sich jedoch noch ein eher latentes Muster, worin zumindest eine bestimmte Art von Kunstwerken weiterhin eine tragende Rolle innehat. Drei wichtige Hinweise zum Verständnis des Musters hält der 9. Brief bereit, in dem Schiller die gegenwärtige Krise in die Gesamtschau einer quasi-zyklischen Entwicklung einbettet:

> Die Menschheit hat ihre Würde verloren, aber die Kunst hat sie gerettet und aufbewahrt in bedeutenden Steinen; die Wahrheit lebt in der Täuschung fort, und aus dem Nachbilde wird das Urbild wieder hergestellt werden. So wie die edle Kunst die edle Natur *überlebte*, so schreitet sie derselben auch in der Begeisterung, bildend und erweckend voran. (TS 584)

Der erste Hinweis lässt sich dem angesprochenen Korpus an Werken entnehmen. Zwar nennt Schiller zunächst die Kunst insgesamt als Agens, macht aber noch im selben Satz deutlich, dass es die »bedeutenden Steine« sind, die die Menschheit restituieren. Worum es sich bei diesen »bedeutenden Steinen« handelt, ist nicht nur aufgrund der Kulturkritik im 6. Brief eindeutig: Es sind die antiken Plastiken mit ihren Helden und Göttern in Menschengestalt. Diese Privilegierung der antiken Plastik zieht sich durch die *Ästhetische Erziehung* und findet – wohlgemerkt *ohne* überzeugende Argumente – ihren Höhepunkt auf dem »transzendentalen Weg«. Auf ihm lässt Schiller die antike Plastik und namentlich den Kopf der Juno Ludovisi den »Vernunftbegriff der Schönheit« vertreten und etabliert sie als ideale Norm für die (übrigen) empirischen Schönheiten. Den zweiten Hinweis aus dem 9. Brief liefert die Dialektik von »Nachbild« und »Urbild«. Allerdings ist Schillers Annahme zu widersprechen, dass es sich bei der Kunst um das »Nachbild« handele, das sich auf die antike Menschheit als »Urbild« beziehe. Wie wir gesehen haben, verhält es sich umgekehrt. Die antike Plastik ist das »Urbild«, aus dem Schiller das »Nachbild« gewinnt, nämlich seine Auffassung vom antiken Individuum. Der dritte Hinweis aus dem 9. Brief bezieht sich auf den bildenden

Charakter der Kunst: Die antike Plastik ist das Vorbild für das, was der Mensch nach geglückter ästhetischer Erziehung sein soll.[31] Ihren deutlichsten Ausdruck findet diese Auffassung in den letzten Zeilen des Textes, im 27. Brief. Diesen Zeilen zufolge sieht Schiller das Ziel der ästhetischen Erziehung dort erreicht, »[...] wo der Mensch durch die verwickeltste Verhältnisse mit kühner Einfalt und ruhiger Unschuld geht, und weder nötig hat, fremde Freiheit zu kränken, um die seinige zu behaupten, noch seine Würde wegzuwerfen, um Anmut zu zeigen« (TS 676). Schiller stützt sich hier fast ausnahmslos entweder auf die eigenen oder auf Paraphrasen fremder Beschreibungen der antiken Plastik: Mit »Anmut« und »Würde« werden die einander ausschließenden Eigenschaften der Juno Ludovisi aus dem 15. Brief wieder aufgegriffen, und aus »kühner Einfalt« und »ruhiger Unschuld« lässt sich ohne größere Schwierigkeiten »edle Einfalt« und »stille Größe« herauslesen, die Doppelformel aus Winckelmanns *Gedanken über die Nachahmung*.[32] Folgen wir allen Hinweisen aus dem 9. Brief, stoßen wir also auf ein Muster in der *Ästhetischen Erziehung*, in dem die antike Plastik gleich drei Dinge vertritt: die Kunst, die große Vergangenheit der Menschheit und deren strahlende Zukunft.

Zur Rolle der Kunst in der *Ästhetischen Erziehung* lässt sich demnach Folgendes festhalten. Den (den Text leitenden) Anspruch, dass Kunst pädagogisches Mittel der Wahl sei, kann Schiller auf der argumentativen Ebene weder begründen noch einlösen. Statt nachvollziehbarer Beschreibungen von Prozessen – sei es der gesellschaftlichen Entwicklung, sei es der individuellen Bildung – begegnen uns letztendlich nur Projektionen: So wie Juno Ludovisi & Co. aussehen, sollen die Menschen in der Antike gewesen sein und so sollen sie nun auch wieder werden.[33] Zudem bleibt unklar, wie viel Platz bei einem derartig klassizistischen Muster dann noch für eine Kunst übrig ist, die sich *nicht* auf die Darstellung von Helden und Göttern in Menschengestalt kapriziert – für eine Kunst, die Schiller ja andernorts selbst eingefordert hat.

---

31 Schiller säkularisiert und ästhetisiert damit die pietistische Typologie: Während diese das Alte Testament als eine Vorausdeutung auf das Neue Testament las, sieht Schiller in der antiken Plastik eine Präfiguration der zukünftigen Menschheit. Eine lediglich kunstimmanente Vorausdeutung – die antike Plastik als Präfiguration der modernen Literatur – vermutet bei Schiller hingegen noch Johannes Haupt, Geschichtsperspektive und Griechenverständnis im ästhetischen Programm Schillers, in: Jahrbuch der deutschen Schillergesellschaft 18 (1974), S. 407–430, hier S. 418.

32 Vgl. Johann Joachim Winckelmann, Gedanken über die Nachahmung der griechischen Werke in der Malerei und Bildhauerkunst (1755), S. 30.

33 Zum Kontext dieser Projektionen vgl. Dimitri Liebsch, Die Geburt der ästhetischen Bildung aus dem Körper der antiken Plastik. Zur Bildungssemantik im ästhetischen Diskurs zwischen 1750 und 1800, Hamburg 2001.

Resümee

Aus den Fragen, die sich bei der Lektüre der *Ästhetischen Erziehung* aufdrängen, ergibt sich eine Reihe von Problemen: Die proklamierte Erziehungsbedürftigkeit des Menschen ist zweifelhaft, da deren Grad durch abenteuerliche Vergleiche und nicht zuletzt demjenigen zwischen modernen Individuen und antiken Plastiken begründet wird (2).[34] Zu Verlauf und Ziel der ästhetischen Erziehung gibt es einander deutlich widersprechende Aussagen (3). Darüber hinaus misslingt aus zwei Gründen der Versuch, die ästhetische Erziehung gegen ältere Einwände zu verteidigen. Erstens ist der eingeschlagene »transzendentale Weg« als begriffliches Unternehmen nicht geeignet, historische und praktische Probleme aus der Welt zu schaffen (7). Zweitens mündet dieses begriffliche Unternehmen anstatt in den annoncierten »Vernunftbegriff der Schönheit« nur in einen unbrauchbaren Gegenstandsbegriff, der durch die Assoziierung mit der antiken Plastik, einem empirischen Fremdkörper in der Transzendentaltheorie, mehr schlecht als recht kaschiert wird (4). Der Ekphrasis der Juno Ludovisi fällt dabei u. a. die zweifelhafte Aufgabe zu, das Erhabene in eine Ableitung zu integrieren, in der es nicht thematisiert worden ist (5). Zu den älteren Einwänden gegen die ästhetische Erziehung gesellen sich zwei neue, die sich aus den Problemen der empirischen Umsetzung ergeben (8). Erstens finden sich mehr schädliche als nützliche Konstellationen, wenn Schillers unübersichtlicher Darstellung zum Trotz alle Arten der charakterlichen Defizite und der empirischen Schönheiten berücksichtigt werden (1, 6). Zweitens besagt das Paradox der ästhetischen Erziehung, dass Kunst nur von denjenigen angemessen rezipiert werden kann, die der ästhetischen Erziehung schon nicht mehr bedürfen (8). Auch deshalb bleibt eine theoretische Legitimation für die der Kunst eigentlich zugedachte Rolle aus, nämlich pädagogisches Mittel der Wahl zu sein. Tatsächlich eine konstitutive Rolle spielt hingegen die antike Plastik, und zwar für die Projektionen, auf denen das klassizistische Muster der *Ästhetischen Erziehung* ruht (9). Kurz, Schiller versagt beim Plädoyer für seine Sache und leistet der ästhetischen Erziehung zudem noch einen Bärendienst: Anstatt die alten Einwände gegen sie zu entkräften, wobei schon ein Blick in Aristoteles' *Poetik* (1448b) hilfreich gewesen wäre, generiert er zusätzlich neue.

Gegenüber Kritik ist die *Ästhetische Erziehung* oft durch eine Strategie immunisiert worden, die Schiller 1795 in *Über die notwendigen Grenzen beim Gebrauch schöner Formen* noch selbst angeregt hat. Schiller unterscheidet dort drei Darstellungsformen und bevorzugt – wenig überraschend – eine ausbalancierte Mitte

---

34 Die eingeklammerte Zahl nennt die Nummer der Frage, auf die jeweils Bezug genommen wird.

der »schönen Diktion« gegenüber einer einseitig »wissenschaftlichen« oder »populären« Schreibweise (vgl. TS 684 f.). In der Sekundärliteratur ist daraufhin die Strategie entstanden, das Recht des Theoretikers Schiller auf dichterische Freiheit einzuklagen und Schillers Kritikern (wissenschaftliche) Einseitigkeit vorzuwerfen.[35] Angesichts der Anzahl und der Tragweite der Probleme, die in der *Ästhetischen Erziehung* tatsächlich bestehen, kann das nicht überzeugen. Wer diese Strategie verwendet, wird sich den Vorwurf gefallen lassen müssen, ein argumentatives Desaster schönreden zu wollen.

---

35 Beispielsweise behauptet Peter-André Alt, dass die »Inkonsistenz von Schillers Kunsttheorie« ein Problem für eine »systematische Abhandlung« darstelle, aber nicht für das von Schiller verwendete Genre des »Essays«; vgl. Peter-André Alt, Schiller. Leben – Werk – Zeit. Eine Biographie, Bd. 2. 1791–1805, München 2000, S.148. Und im Anschluss an die britische Übersetzerin der Briefe hat sich die These etabliert, dass die *Ästhetische Erziehung* statt auf Analyse und Beschreibung ohnehin eher auf einen dem Thema angemessenen »Tanz« der Begriffe ziele; vgl. Elizabeth M. Wilkinson und L. A. Willoughby, Schillers Ästhetische Erziehung des Menschen. Eine Einführung, München 1977, S. 77 f.; Klaus L. Berghahn, Schillers philosophischer Stil, in: Schiller-Handbuch, hg. von Helmut Koopmann, Stuttgart 1998, S. 289–301, hier S. 299 f.; und Sybille Krämer, Ist Schillers Spielkonzept unzeitgemäß? Zum Zusammenhang von Spiel und Differenz in den Briefen ›Über die ästhetische Erziehung des Menschen‹, in: Friedrich Schiller. Dichter, Denker, Vor- und Gegenbild, hg. von Jan Bürger, Göttingen 2007, S. 158–171, hier S. 170.

VIKTOR KONITZER

WENDUNGEN

Zur Poetik der Peripetie in Schillers *Die Jungfrau von Orleans*

Friedrich Schillers 1801 in Leipzig uraufgeführtes Theaterstück *Die Jungfrau von Orleans* verdient das Epitheton »Drama der Deutung«. Die Krise der Interpretation markiert das zentrale Sujet der Darstellung von Johannas Aufstieg, Fall und Apotheose. Als synthetisch aus christo- und mythologischen Versatzstücken konstruierte Kunstfigur konfrontiert die Jungfrau die übrigen Akteure wie die Rezipienten des Stücks mit der Notwendigkeit, zum Verständnis der Titelheldin eine deutende Wahl zu treffen, und der Unfähigkeit, sich für eines der vom Text bereitgehaltenen Semantisierungsangebote zu entscheiden. Dabei dient Schiller die »Wendung« als Motiv einer gleichsam absolut gesetzten Aporie, die sich im Drama in der unablässigen Umkehr des Verstehens äußert: Erschien Johanna gerade noch als Heilige, so wird sie im nächsten Augenblick als Hexe denunziert; hier weiblich, ist sie dort männlich konnotiert. Ihre Umwelt dringt mit dem Bemühen um semantische Determination auf die Jungfrau ein und ›wendet‹ die Auslegung ihres Charakters, ohne in diesem hermeneutischen Zirkel an ein Ende zu gelangen. Die Auseinandersetzung mit dem Problem der Wendung lässt sich darüber hinaus als poetologische Reflexion der *Peripetie* begreifen, deren zwanghafte dramaturgische Volten zudem auf die *Hysterie* als spezifisch dramatische Krankheit verweisen: Das Leiden der Hysterika manifestiert sich als rascher Wechsel zur Schau gestellter Zustände, der sich systematisch allen Versuchen ordnenden Verstehens entzieht, die die medizinische Hermeneutik unternimmt. Figur und Dramaturgie entsprechen einander: Nicht bloß Johanna, Schillers *Jungfrau von Orleans* im Ganzen zeigt Symptome *peripetischer Hysterie*.

Die Protagonistin als Deutungsproblem

Bereits die reale Jeanne d'Arc, deren Tod Schillers Stück 370 Jahre vorausging, war ein Objekt umfangreicher hermeneutischer Praxis. So wurden die Stimmen, die das Mädchen zu hören behauptete, zeitgenössisch völlig unterschiedlich interpretiert; bis zu ihrer Hinrichtung herrschte »faktische Hilflosigkeit von 60 hochgebildeten Theologen und Gelehrten angesichts der Überzeugung Jeannes von ihrer Sendung«.[1] Die Beschriftung ihres Brandpfahls dokumentiert den Deutungs- und Bezeichnungsaufwand, den die Peiniger betrieben, um sich des Phänomens Jeanne d'Arc in der Perhorreszierung interpretatorisch zu bemächtigen:

> Johanna, die sich selbst die Jungfrau nannte, eine Lügnerin, bösartige Betrügerin des Volks, Zauberin, Abergläubige, Lästerin Gottes, Entehrerin des Glaubens an Jesus Christus – prahlerisch, götzendienerisch, grausam, liederlich, Beschwörerin von Dämonen, Apostatin, Schismatikerin und Ketzerin.[2]

Ebenso vielfältig und widersprüchlich wie Jeannes Verständnis im Verlauf der Geschichte, die der Hinrichtung als Hexe die Kehrtwende ihrer Heiligsprechung im Jahr 1920 folgen ließ, gestaltet sich die umfangreiche Folge dichterischer Aneignungen ihres Lebens als dramatisches Sujet: Johannas Figur oszilliert dauerhaft zwischen den Extrempolen der Auslegung ihres Wirkens.[3] Tritt sie in französischen Texten, die bereits zu Jeannes Lebzeiten publiziert wurden, als gottgesandte Retterin in Erscheinung, so präsentiert sie die britische Gegenpartei als Ketzerin; noch in Shakespeares *Heinrich VI.* tritt sie als Hexe auf. Schiller nimmt sich des Themas bekanntlich als Reaktion auf Voltaires ironisches Versepos *La Pucelle d'Orléans* an, gegen dessen parodistischen Zugang sich der Autor verwahrt;[4] vor allem aber dürfte ihn die Figur der Johanna als Deutungsphänomen beschäftigt haben, dessen historische wie ästhetische Polyvalenz er zum eigentlichen Gegenstand seiner Adaption macht. Die Rezeptionsgeschichte von Schillers Text dokumentiert diese Absicht indirekt, indem ihre Zeugnisse einer mimetischen Fortschreibung der scheiternden hermeneutischen Bemächtigungsversuche der historischen Jeanne gleichen. Während frühere Umsetzungen des Stoffs grundsätzlich entweder als Affirmation oder Ablehnung der Protagonistin und ihres Wirkens verstanden wurden, provoziert *Die Jungfrau von Orleans* »a

---

1 Claudia Albert, Friedrich Schiller. Die Jungfrau von Orleans. Grundlagen und Gedanken zum Verständnis des Dramas, 1. Aufl. der Neufassung, Frankfurt a. M. 1988, S. 12.
2 Edward Lucie-Smith, Johanna von Orleans. Eine Biografie, Düsseldorf 1977, S. 324.
3 Zur Geschichte der dramatischen Bearbeitungen vgl. Claudia Albert, Friedrich Schiller. Die Jungfrau von Orleans, S. 13 ff.
4 »Hat er seine Pucelle zu tief in den Schmutz herabgezogen, so habe ich die meinige vielleicht zu hoch gestellt.« Friedrich Schiller an Wieland, 17. 10. 1801, in: ders., Schillers Werke. Nationalausgabe, hg. von Julius Petersen und Hermann Schneider, 43 Bde. in 55 Teilbänden, Bd. 31 (Briefwechsel. Schillers Briefe 1. 1. 1801–31. 12. 1802), hg. von Stefan Ormanns, Weimar 1985, S. 65. Alle Schriften Schillers werden im Folgenden nach der Nationalausgabe zitiert (Sigle NA).

wide range of often conflicting interpretations«.[5] Die Häufung solcher Wendungen in der Forschungsliteratur ist signifikant,[6] ohne dass bislang das hermeneutische *tertium* dieser umfassenden Einigkeit über die Uneinigkeit selbst interpretiert worden wäre.

Die Heterogenität des Stücks und seiner Interpretation beruht auf dem grundlegend synthetischen Charakter seiner dramatischen Konzeption. Der Untertitel
Eine romantische Tragödie weist auf die unklassische Tendenz des Schauspiels
zur dramatischen Vermischung an sich unverbundener oder gar gegensätzli-
cher literarischer Elemente.[7] Schiller schreibt an Christian G. Körner: »Die Idee
eines Trauerspiels muß immer beweglich und werdend sein, und nur virtualiter
in hundert und tausend möglichen Formen sich darstellen.«[8] Mit ihrer Synthe-
tik reagiert die Form des Textes auf den Charakter seiner Hauptfigur als poetisch
Zusammengesetztes. In Johanna sind laut Schiller »das weibliche, das heroische

---

5   Michael Hadley, Moral Dichotomies in Schiller's ›Die Jungfrau von Orleans‹. Reflections on
    the Prologue, in: Crisis and commitment. Studies in German and Russian literature in ho-
    nour of J. W. Dyck, hg. von John Whiton, Waterloo, Ont. 1983, S. 56–68, hier S. 56.
6   Etwa: »Die Rezeptionsgeschichte der Tragödie ist das Ergebnis überspielter Ratlosigkeiten.«
    Norbert Oellers, »Und bin ich strafbar, weil ich menschlich war?« Zu Schillers Tragödie ›Die
    Jungfrau von Orleans‹, in: ders., Friedrich Schiller. Zur Modernität eines Klassikers, hg. von
    Michael Hofmann, Frankfurt a. M. und Leipzig 1996, S. 247–261, hier S. 247. Während Oellers
    meint, das Drama sei »Mißverständnissen und Fehldeutungen ausgesetzt gewesen« (Nor-
    bert Oellers, »Und bin ich strafbar, weil ich menschlich war?«, S. 247), resümiert Guthke
    die Auffassung der »zünftige[n] Forschung«, das Stück sei »befremdend, verwirrend und
    unzugänglich.« (Karl S. Guthke, ›Die Jungfrau von Orleans‹, in: Schiller-Handbuch, hg. von
    Helmut Koopmann, Stuttgart 1998, S. 442–465, hier S. 443).
7   Vgl. Friedrich Schlegels Auftrag an das Synthesevermögen seiner »progressiven Universal-
    poesie« im 116. Athenäumsfragment, »alle getrennten Gattungen der Poesie wieder zu ver-
    einigen.« (Friedrich Schlegel, Fragmente, in: Athenäum. Eine Zeitschrift, hg. von August W.
    und Friedrich Schlegel, 3 Bde., Bd. 1, Nachdruck, Darmstadt 1960, S. 179–322, hier S. 204.)
    Laut Rudolf Ibel findet sich dieser Ansatz in Schillers Stück u. a. in der Übernahme epischer
    Themen und Formen aus Homers *Ilias* angedeutet; vgl. Rudolf Ibel, Schiller. Die Jungfrau
    von Orleans. Grundlagen und Gedanken zum Verständnis des Dramas, 5. Aufl., Frankfurt
    a. M. 1973, S. 31. Die Frühromantiker selbst hatten für Schillers vermeintlich romantisches
    Konzept, das die Nähe zur Oper sucht und sich auch vor der Darstellung wunderbarer Er-
    eignisse auf der Bühne nicht scheut, nur Spott übrig; vgl. Claudia Albert, Friedrich Schiller.
    Die Jungfrau von Orleans, S. 72.
8   Friedrich Schiller an Körner, 28. 7. 1800, in: ders., NA 30 (Briefwechsel. Schillers Briefe 1. 11.
    1798–31. 12. 1800), hg. von Lieselotte Blumenthal, Weimar 1961, S. 180 f., hier S. 181. Zwei
    Tage zuvor beklagt er allerdings gegenüber Johann W. Goethe die Schwierigkeit, die Man-
    nigfaltigkeit seines Stoffs vereinheitlichend zu meistern; stattdessen müsse er sie »in zu
    viele Theile zerstückeln« (Friedrich Schiller an Goethe, 26. 7. 1800, in: ders., NA 30, S. 175 f.,
    hier S. 176).

und das göttliche selbst vereinigt«.[9] Ähnlich den Bestimmungen zur Deutungs-
komplexität des Dramas insgesamt häufen sich die Kommentare zum Entwurf der
Protagonistin als Sammelbecken diverser intertextueller Einflüsse. Dieter Borchmeyer beobachtet »ein mythisches Palimpsest: durch den christlichen scheint der
antike Mythos hindurch«.[10] Zu den Bezügen, die die Forschung nennt, gehören
der auf die Jungfrau Maria, auf Christus, den alttestamentarischen Gott, Gideon,
Simson, Achilles, Hektor, Pallas Athene, Sophokles' Philoktet, den Amazonen-
mythos, Torquato Tassos Tankred und Chlorinde aus *Das befreite Jerusalem*,
Tasso selbst als Figur bei Goethe und dessen Wilhelm Meister.[11] Schiller konzipiert die Jungfrau als paradoxen Brennpunkt gegenläufiger Perspektiven:

> Johanna ist eine Kunstfigur, ein Zitatenfeld divergierender Mythen, litera-
> rischer Werke, ästhetischer Stile und zeitgenössischer Parolen [...], die sich
> nicht mehr in die Einheit eines – auch noch so komplex gefassten – Sinnes
> zusammenführen lassen.[12]

Der Dramentext kennzeichnet seine Protagonistin (und ihr historisches Vorbild)
damit nicht nur als verlockende Leerstelle semantischer Konkretisation,
sondern erhebt sie Greiner zufolge gar in den Rang einer »*figura* von Dichtung

---

9   Friedrich Schiller an Iffland, 5. 8. 1803, in: ders., NA 32 (Briefwechsel. Schillers Briefe 1. 1.
    1803–9. 5. 1805), hg. von Axel Gellhaus, Weimar 1984, S. 57–59, hier S. 58.
10 Dieter Borchmeyer, Weimarer Klassik. Portrait einer Epoche, aktualisierte Neuausgabe,
    Weinheim 1998, S. 440.
11 Vgl. Bernhard Greiner, Negative Ästhetik. Schillers Tragisierung der Kunst und Romanti-
    sierung der Tragödie (›Maria Stuart‹ und ›Die Jungfrau von Orleans‹), in: Friedrich Schiller,
    hg. von Heinz L. Arnold, München 2005, S. 53–70, hier S. 64 ff.; Robin Harrison, Heilige
    oder Hexe? Schillers ›Jungfrau von Orleans‹ im Lichte der biblischen und griechischen An-
    spielungen, in: Jahrbuch der Deutschen Schillergesellschaft 30 (1986), S. 265–305. Harrison
    verweist auf den grundlegenden Artikel: Rudolf Peppmüller, Biblisches und Homerisches
    in Schiller's Jungfrau von Orleans, in: Archiv für Litteraturgeschichte, Bd. 2, Leipzig 1872,
    S. 179–197.
12 Bernhard Greiner, Negative Ästhetik, S. 64. Greiner weist auf die Nähe der Schiller'schen
    Konzeption seiner Titelfigur zu Kants Bestimmung der »ästhetischen Idee« im Genie-Kapi-
    tel der *Kritik der Urteilskraft* hin; vgl. Bernhard Greiner, Negative Ästhetik, S. 67. »Die ästhe-
    tische Idee ist eine einem gegebenen Begriffe beigesellte Vorstellung der Einbildungskraft,
    welche mit einer solchen Mannigfaltigkeit der Teilvorstellungen in dem freien Gebrauche
    derselben verbunden ist, daß für sie kein Ausdruck, der einen bestimmten Begriff bezeich-
    net, gefunden werden kann, der also zu einem Begriffe viel Unnennbares hinzudenken
    läßt, dessen Gefühl das Erkenntnisvermögen belebt und mit Sprache, als bloßem Buch-
    staben, Geist verbindet.« (Immanuel Kant, Kritik der Urteilskraft, in: ders., Werke in sechs
    Bänden, hg. von Wilhelm Weischedel, Bd. 5, Wiesbaden 1960, S. 253).

schlechthin«,[13] in der die literarische Tradition und das literarische Streben nach Sinnerzeugung konvergieren.

Im Übergang vom Blick auf die Produktionsästhetik des Stücks und seiner Hauptfigur zur Analyse der Auseinandersetzung mit dem Problem der Interpretation im Text selbst wird deutlich, inwieweit sich »Schiller, der Dichotomist, der Zweiwelten-Lehrer«,[14] der Binarität oppositioneller Begriffe bedient. Publikum und Figuren teilen die hermeneutische Herausforderung durch Johanna, die »männlich-weibliche Jungfrau-Kriegerin, Göttin-Teufelserscheinung, Muttergottes-Hure«,[15] wie Albrecht Koschorke die Antithetik der Hauptfigur kurzschließt. Johanna selbst empfindet die elementare Zweiheit ihres Wesens als »Streit in meiner Brust«[16] und reiht sich damit explizit in die Klassikertradition der Zwei-Seelen-Problematik ein.[17]

---

13 Bernhard Greiner, Negative Ästhetik, S. 67. Dazu fügt sich Oellers Behauptung, Schiller betreibe mit seinem Drama die »Parallelisierung, ja Ineinssetzung von Jungfrau und Dichtung«. (Norbert Oellers, »Und bin ich strafbar, weil ich menschlich war?«, S. 260).

14 Norbert Oellers, Schillers ›Jungfrau von Orleans‹ als Mädchen aus der Fremde Oder: Der Preis der Naivität, in: ders., Friedrich Schiller. Zur Modernität eines Klassikers, S. 262–268, hier S. 263.

15 Albrecht Koschorke, Schillers ›Jungfrau von Orleans‹ und die Geschlechterpolitik der Französischen Revolution, in: Friedrich Schiller und der Weg in die Moderne, hg. von Walter Hinderer, Würzburg 2006, S. 243–259, hier S. 249.

16 Friedrich Schiller, Die Jungfrau von Orleans. Eine romantische Tragödie, in: ders., NA 9 (Maria Stuart. Die Jungfrau von Orleans), hg. von Lieselotte Blumenthal und Benno v. Wiese, Weimar 1948, S. 165–315, hier S. 297 (5. Aufzug, 4. Auftritt, Vers 3172). Das Drama wird im Folgenden im Fließtext mit der Sigle J unter Angabe von Akt, Szene, Seiten- und Verszahl des Bandes NA 9 zitiert.

17 Bereits 1773 bekennt die Hauptfigur aus Wielands »lyrischem Drama« *Die Wahl des Herkules*: »Zwoo Seelen – Zu gewiß fühl ichs! –/ Zwoo Seelen kämpfen in meiner Brust.« (Christoph M. Wieland, Die Wahl des Herkules. Ein lyrisches Drama für das hohe Geburtsfest des Duchlauchtigsten Fürsten und Herrn, Herrn Carl August, Erbprinzen zu Sachsen-Weimar und Eisenach, in: ders., Wielands Werke. Historisch-kritische Ausgabe, hg. von Klaus Manger und Jan Philipp Reemtsma, 36 Bde. (projektiert), Bd. XI.1, Berlin und New York 2009, S. 16.) 1799 lässt Schiller selbst in *Wallenstein* Max Piccolomini sprechen: »Das Herz in mir empört sich, es erheben/ Zwei Stimmen streitend sich in meiner Brust,/ In mir ist Nacht, ich weiß das Rechte nicht zu wählen.« (Friedrich Schiller, Wallenstein, in: ders., NA 8, hg. von Lieselotte Blumenthal und Hermann Schneider, Weimar 1949, S. 277; (Wallensteins Tod, III.21, v. 2279–2281.) 1808 folgen die sprichwörtlichen Verse aus Goethes *Faust I*: »Zwei Seelen wohnen, ach! in meiner Brust,/ Die eine will sich von der andern trennen«. (Johann W. Goethe, Faust. Eine Tragödie, in: ders., Sämtliche Werke. Briefe, Tagebücher und Gespräche in 40 Bänden, hg. von Christoph Michel, Bd. VII.1, hg. von Albrecht Schöne, 6. Aufl., Frankfurt a. M. 2005, S. 57.) Bertolt Brecht parodiert das Motiv 1931 mit den Schlussworten seiner Johanna-Adaption: »Mensch, es wohnen dir zwei Seelen/ In der Brust!/ Hast du's gestern nicht gewußt,/ Gilt es heut sie zu vermählen!/ Bleibe stets mit dir im Streite!/ Bleib der Eine,

Eine der hermeneutischen Oppositionen, die das Stück dominieren, ist die zwischen »Heilige« und »Hexe«; auch die Sekundärliteratur schätzt den alliterativen Dualismus.[18] Der Dramentext balanciert christliche und satanische Konnotationen seiner Gestaltung: »Vom ersten Bühnenbild an bewegt sich die Titelheldin unter dem Vorzeichen einer extremen Ambivalenz.«[19] Die Bemerkung bezieht sich auf die ein »heidnisch-heiliges Doppel«[20] konstruierende Beschreibung: »*Eine ländliche Gegend. Vorn zur Rechten ein Heiligenbild in einer Kapelle; zur linken eine hohe Eiche.*« (J Prolog, S. 167) Den Gegensatz zwischen katholischem Bildstock und topischem Baum paganer Kulte buchstabieren Johannas Vater Thibaut und ihr Freier Raimond aus. Die Protagonistin selbst bewahrt derweil im Prolog lange ihr Schweigen; das objektivierende Sprechen *über* sie, der Vorrang der Fremd- vor ihrer Selbstdeutung, ist konstitutiv für die Deutungspraxis im Stück. Thibauts Überzeugung: »Denn nicht geheur ists hier,/ ein böses Wesen/ Hat seinen Wohnsitz unter diesem Baum/ Schon seit der alten grauen Heidenzeit« (J Pr 2, v. 95–97, S. 170), kontert Raimond: »Des Gnadenbildes segensreiche Näh,/ Das hier des Himmels Frieden um sich streut,/ Nicht Satans Werk führt Eure Tochter her.« (J Pr 2, v. 109–111, S. 171) Dass die Figuren aus ein und demselben örtlichen Befund einander ausschließende Interpretationen entwickeln, illustriert bereits im Eingangsbild die ostentative Deutungskonkurrenz als Sujet des Stückes.

Der Text kontrastiert das Göttliche und das Dämonische als »chief principalities [...] which inform the fabric of the drama«,[21] indem er gegensätzliche Beurteilungen Johannas in rascher Szenenfolge aufeinanderprallen lässt. Im Grunde lässt das Drama die scharfe Antithese wertender Worte an die Stelle von Kampfhandlungen treten, um das Kriegsgeschehen zu illustrieren und als Glaubensstreit kenntlich zu machen. Wiederholen die französischen Soldaten den Schlachtruf

stets Entzweite!/ Halte die hohe, halte die niedere/ Halte die rohe, halte die biedere/ Halte sie beide!« (Bertolt Brecht, Die Heilige Johanna der Schlachthöfe, in: ders., Versuche 13–19. Heft 5–8, Berlin und Frankfurt a. M. 1959, S. 7–98, hier S. 98).

18   Vgl. den bereits zitierten Aufsatz von Robin Harrison, Heilige oder Hexe?, sowie Inge Stephan, Hexe oder Heilige? Zur Geschichte der Jeanne d'Arc und ihrer literarischen Verarbeitung, in: dies. und Sigrid Weigel, Die verborgene Frau. Sechs Beiträge zu einer feministischen Literaturwissenschaft, 3. Aufl., Hamburg 1988, S. 35–66. Koschorke beobachtet die »alte und verbrauchte Dichotomie Heilige/Hure«. Albrecht Koschorke, Schillers ›Jungfrau von Orleans‹ und die Geschlechterpolitik der Französischen Revolution, S. 246.

19   Albrecht Koschorke, Schillers ›Jungfrau von Orleans‹ und die Geschlechterpolitik der Französischen Revolution, S. 244.

20   Hans-Georg Pott, Heiliger Krieg, Charisma und Märtyrertum in Schillers romantischer Tragödie ›Die Jungfrau von Orleans‹, in: Athenäum. Jahrbuch der Friedrich-Schlegel-Gesellschaft 20 (2010), S. 111–142, hier S. 124.

21   Michael Hadley, Moral Dichotomies in Schiller's ›Die Jungfrau von Orleans‹, S. 59.

Johannas: »Gott und die Jungfrau!« (J II.4, v. 1502, S. 225), so ereifern sich kurz
darauf die englischen: »ERSTER Das Mädchen! Mitten im Lager!/ ZWEITER Nicht
möglich! Nimmermehr! Wie kam sie in das Lager?/ DRITTER Durch die Luft! Der
Teufel hilft ihr!« (J II.5, v. 1526–1528, S. 226) Die identifikatorische Bindung der
Lager an die Deutungsalternativen erweist sich dabei als instabil. Vom eigenen
Vater als Hexe denunziert, lässt der König Johanna verbannen; ihre neue Bewertung gipfelt im Ausruf des Köhlerbubs, dessen Eltern die Flüchtige beherbergen:
»Das ist die Hexe/ Von Orleans!« (J V.3, v. 3108 f., S. 294) Die semantische Inversion
des Dramentitels kennzeichnet die beliebige Attribuierbarkeit der Hauptfigur,
der Zeilensprung die Brüchigkeit konstruierter Sinnzuweisungen. Dass Johanna
schließlich doch, als göttliches Geschöpf rehabilitiert, apotheotisch verscheiden
darf, unterstreicht nur die Willkür ihrer Exegeten. Deren oberster fasst zuvor das
Gewalttätige der Aporie in Worte:

> ERZBISCHOF [...] Doch wie sichs auch entwirren mag und lösen,/ Eins von
> den beiden haben wir verschuldet!/ Wir haben uns mit höllschen Zauber-
> waffen/ Verteidigt oder eine Heilige verbannt!/ Und beides ruft des Himmels
> Zorn und Strafen/ Herab auf dieses unglückselge Land! (J V.7, v. 3283–3288,
> S. 302)

Neben ihrer religiösen Valenz bezeichnet die Frage nach Johannas Sexualität
einen weiteren Ort signifikanter semantischer Leere. Bereits das historische
Vorbild für Schillers Hauptfigur wurde nicht nur vermeintlicher Hexerei, sondern
auch ihres unbestimmten Geschlechts wegen zum Tode verurteilt.[22] So dient dem
Autor das Opfer gewaltsamer Deutungen nicht nur zur Veranschaulichung der
Arbitrarität metaphysischer Bewertung, sondern auch sexueller Fixierungsversu-
che. Der Text ergänzt das Ringen mit religiösen Streitfragen um das Phänomen
»weibliche[r] Anomalie«,[23] wobei sich der Versuch einer Trennung beider Register
als vergeblich erweist: Die semantischen Felder sind ineinander verwoben, wobei
eindeutige Weiblichkeit (beziehungsweise die klare Trennung männlicher und
weiblicher Sphäre) göttlich, ein Changieren zwischen den Geschlechtszuschrei-
bungen diabolisch konnotiert ist. Thibauts anfängliche Diskussion mit Raimond
über den Einfluss von Heiligenbild oder Eiche auf Johannas Wesen wird vom

---

22 So hat Jeanne wiederholt Männerkleidung getragen und damit »gegen alles weibliche Sitt-
    lichkeitsgefühl verstoßen«, wie es im 13. ihrer Anklageartikel heißt. Der 52. formuliert den
    Vorwurf, die Beschuldigte sei »gar keine richtige Frau«. Die Anklagepunkte zitiert Werner
    Koch, Die Jungfrau von Orleans. Mit dem vollständigen Text der romantischen Tragödie ›Die
    Jungfrau von Orleans‹ von Friedrich Schiller, Frankfurt a. M. 1963, S. 10.
23 Albrecht Koschorke, Schillers ›Jungfrau von Orleans‹ und die Geschlechterpolitik der Fran-
    zösischen Revolution, S. 243.

Streit über ihre Geschlechtsidentität und die damit verbundene Rollenerwartung grundiert. Während der Vater beklagt, seine jungfräuliche Tochter zeige keine Neigung für das männliche Geschlecht, gibt sich ihr Freier noch tolerant (vgl. J Pr 2, S. 169 ff.). Regelmäßig dringen im weiteren Verlauf der Handlung Männer mit dem Appell an ihre Weiblichkeit auf Johanna ein. Neben Raimond formulieren mit Dunois und La Hire zwei weitere Bewerber den Wunsch, das Mädchen qua Hochzeit als Frau zu definieren. Ein dritter, Lionel, erwägt zunächst, die Jungfrau im Rahmen einer Massenvergewaltigung der sexuellen Vereindeutigung durch die »Lust des Heers« (J II.3, v. 1491, S. 224) auszusetzen; später wird er – in einer gewagten Wendung Schillers – selbst zum Objekt ihrer plötzlich doch erwachenden Zuneigung. Mit Ausnahme dieses kurzzeitigen Aufflackerns weiblicher Selbstwahrnehmung lehnt Johanna alles Anerbieten ab: »Ihr blinden Herzen! Ihr Kleingläubigen!/ Des Himmels Herrlichkeit umleuchtet euch,/ Vor eurem Aug enthüllt er seine Wunder,/ Und ihr erblickt in mir nichts als ein Weib.« (J III.4, v. 2251–2254, S. 254)

Hier spricht sich die eigentliche Bedeutung des Genderproblems für die Thematik des Textes aus: Diesem bedeutet die konkrete Frage sexueller Identität weniger als das Phänomen hermeneutischer Be- und Überschreibungen, das sie codiert. Die Reinheit, die sich Johanna erhalten möchte, ist eine der semantischen Unbeschriebenheit; ihre Aversion gegen die weibliche Rolle steht für den Unwillen der Figur, sich sinnhaft von den übrigen Akteuren festlegen, mithin eindeutig und endgültig verstehen zu lassen.[24] Das Drama kombiniert das Motiv sexueller Unbefleckheit, das von zentraler Bedeutung für Johannas Sendung ist,

[24] Dieser Gedanke ergibt sich bereits aus der Beschäftigung mit der historischen Jeanne, einer »Identifikationsfigur volkstümlicher Erwartungen und Ängste« (Claudia Albert, Friedrich Schiller. Die Jungfrau von Orleans, S. 11). Koschorke bringt ihn mit der titelgebenden Virginität von Schillers Johanna in Zusammenhang: »Ihre jungfräuliche Unbeschriebenheit prädestiniert sie offenkundig dazu, Projektionsfläche für konkurrierende männliche Phantasmen zu sein.« Ihr Charakter »figuriert [...] in den Reden der anderen Akteure als ein leerer Signifikant, der sich auf ganz unterschiedliche Weise ›lesen‹ und vereinnahmen lässt« (Albrecht Koschorke, Schillers ›Jungfrau von Orleans‹ und die Geschlechterpolitik der Französischen Revolution, S. 245). Wieder bezogen auf die reale Jeanne formuliert Stephan diese Beobachtung aus dezidiert feministischer Perspektive, die beschreibt, »wie reale Frauen ihrer Identität beraubt und zur Projektionsfläche für männliche Phantasien werden. Johanna erleidet einen doppelten Tod, sie ist Opfer in zweifacher Hinsicht: Sie wird verbrannt als Hexe und sie wird noch einmal ausgelöscht in den unzähligen Phantasien, die sich an ihre Person und an ihr Leben knüpfen, die ihr gleichsam übergestülpt werden, sie zudecken und ersticken. Johanna als Hexe und Johanna als Heilige markieren dabei nicht nur die Extrempunkte männlicher Phantasietätigkeit, sondern sie haben auch den realen Lebensweg Johannas bestimmt« (Inge Stephan, Hexe oder Heilige?, S. 35).

mit ihrem Bedürfnis nach loser semantischer Kopplung[25] der Elemente, die sich potentiell zu einer festen Form ihres Charakters verdichten könnten. Die eigene Gestalt unbestimmt zu halten und der rigiden Definition durch ihre Umwelt zu entziehen wird als dringendes Anliegen der Protagonistin erkennbar. Dass sie es als Figur äußert, die ohnehin ein Vakuum darstellt, das von ihrem Autor mit mythischen Elementen aufgefüllt wird, zeigt die Tragik ihrer Figur: Die Jungfrau repräsentiert eine Leere, die nur als ›beschriebene‹ Realität gewinnt, selbst aber in der Abstraktion der Unbestimmtheit verharren möchte.

Das undefinierte Innenleben der Protagonistin (die als zweidimensionales Zitatgewebe gerade kein Inneres besitzt) verstärkt den Drang des Dramas zur theatralen Äußerlichkeit, wie sie die als überbordend und oberflächlich kritisierten Theatereffekte des Schauspiels darstellen;[26] Blitz und Donner, Musik und Massenszenen unterstützen Johannas arienhaft inszenierte Monologe.[27] Sie erscheint als Figur, die grundsätzlich zur Darstellung durch andere bestimmt ist: Die Jungfrau ›wird‹ gespielt, beschrieben und gelesen. Noch im Tod zeigt sich die Überschreibung: »*Auf einen leisen Wink des Königs werden alle Fahnen sanft auf sie niedergelassen, daß sie ganz davon bedeckt wird.*« (J V.14, S. 315) Mit dem letzten Akt semantisierender Inbesitznahme qua Hoheitszeichen »[wird] ihre Individualität [...] gelöscht, sie wird zu einem Kollektivkörper«.[28] Die Vielfalt der Versuche semantischer Determination Johannas ist dabei so widerspruchsvoll, dass sie sich auf keinen autoritativen Begriff bringen lässt. In Ansehung der multivalenten poetischen Bildlichkeit des Dramas fragt sich Michael Hadley mit dem Begründer der Hermeneutik: »Do such images, in Schleiermacher's terms, communicate [...] both ›Sinn und Bedeutung‹?«[29] Das Konzept von Bedeutung als essentiellem semantischen Gehalt eines Gedankens, Worts oder einer Äußerung[30] verflüchtigt sich in der agonalen Polyperspektivität der Figuren. Schiller

---

25 Frei nach Niklas Luhmanns Definition des Mediums gegenüber der Form; vgl. Niklas Luhmann, Das Medium der Kunst, in: Delfin 4 (1986), S. 6–15, hier S. 7 et passim.

26 Vgl. Claudia Albert, Friedrich Schiller. Die Jungfrau von Orleans, S. 46. Schiller selbst echauffierte sich wiederholt über die inszenatorische Konzentration auf die Krönungsfeierlichkeiten Karls im vierten Akt. So beschwert er sich bei August W. Iffland: »Sie erdrücken mir ja mein Stück mit dem prächtigen Einzug!« (Friedrich Schiller, Iffland. Berlin, 6. Mai 1804, in: ders., NA 42 (Schillers Gespräche), hg. von Dietrich Germann und Eberhard Haufe, Weimar 1967, S. 385).

27 Thomas Mann charakterisiert Schillers Stück als »Wort-Oper«; Thomas Mann, Versuch über Schiller, in: ders., Schriften und Reden zur Literatur, Kunst und Philosophie, hg. von Hans Bürgin, 3 Bde., Bd. 3, Frankfurt a. M. 1968, S. 312–374, hier S. 347.

28 Hans-Georg Pott, Heiliger Krieg, Charisma und Märtyrertum, S. 139.

29 Michael Hadley, Moral Dichotomies in Schiller's ›Die Jungfrau von Orleans‹, S. 64.

30 »Einige nennen das was man sich bei dem Worte an und für sich denkt die *Bedeutung*, das aber was man sich dabei denkt in einem gegebenen Zusammenhang den *Sinn*.« (Friedrich

intendiert Hadley zufolge eine epistemologische Dialektik zwischen Akteuren und Zuschauern: »By offering his audience various perspectives on perceived realities, he highlights the state of ontological insecurity which lies just below the horizon of his characters' view.«[31]

Demgemäß versetzt *Die Jungfrau von Orleans* ihren Handlungsrahmen in umfassende Konfusion. Schiller schreibt die Frage nach rechtmäßiger Herrschaft aus *Maria Stuart* (1798) fort und radikalisiert sie: Der von Königin Isabeau auf den französischen Thron gesetzte Heinrich VI. ist Engländer und erst zehn Jahre alt, ihr Sohn Karl ohne Krone und mehr an »zarte[r] Minne« (J I.2, v. 518, S. 185) als an der Verteidigung des Landes interessiert; die Mutter befehdet den eigenen Nachkommen, der Herzog von Burgund kämpft zunächst aufseiten Englands, Graf Dunois ist Bastard und Edelmann zugleich und die Titelheldin eine »militante Hirtin«.[32] Der Text präsentiert einen Karneval wechselseitiger Transgressionen, der den Zusammenfall aller Differenz zelebriert; beliebige Umkehrbarkeit deutender Zuschreibung und Aufhebung eines festen, binäroppositionell verfertigten Bezugsregisters sind die Folge. Die Auflösung des Ordnungsvermögens manifestiert sich semantisch: Vieles »stürzt« in Schillers Stück,[33] häufig ist vom »Staub« die Rede, der das Bedrohliche interpretatorischer Amorphie illustriert.[34] So verlangt Isabeau, die Johanna in einem Turm gefangen hält, während der Entscheidungsschlacht Aufschluss über die semiotisch vermeintlich klar zu trennenden Parteien und ihren Kriegserfolg: »Siehst du den Dauphin nicht? Erkennst du nicht/ Die königlichen Zeichen?« (J V.11, v. 3430 f., S. 309) Der angesprochene Soldat resümiert das Versagen seiner defizitären Mauerschau: »Alles ist/ In

---

Schleiermacher, Hermeneutik und Kritik mit besonderer Beziehung auf das Neue Testament, in: ders., Schleiermacher's sämmtliche Werke, Erste Abtheilung (Zur Theologie), Bd. 7, hg. von Friedrich Lücke, Berlin 1838, S. 41).

31 Michael Hadley, Moral Dichotomies in Schiller's ›Die Jungfrau von Orleans‹, S. 65.

32 Ma Rui, Der Streit in der Brust. Eine Interpretation von Friedrich Schillers ›Die Jungfrau von Orleans‹, in: Literaturstraße 12 (2011), S. 109–120, hier S. 112.

33 »Des Doms Gewölbe stürzen auf mich ein« (J IV.9, v. 2856, S. 282), ängstigt sich Johanna; später fleht sie als Gefangene Gott um die Kraft an, mit der Simson sein Verlies sprengte: »Auf dich vertrauend faßt' er/ Die Pfosten seines Kerkers mächtig an,/ Und neigte sich und stürzte das Gebäude« (J V.11, v. 3474–3476, S. 311).

34 Vgl. J Pr 3, v. 339, S. 178; I.5, v. 821, S. 197; III.4, v. 2082, S. 248; III.4, v. 2146, S. 250; III.4, v. 2250, S. 254; IV.2, v. 2614, S. 271; IV.10, v. 2969, S. 287. Eindrücklich in Talbots nihilistischen Abschiedsworten: »Bald ists vorüber und der Erde geb ich,/ Der ewgen Sonne die Atome wieder,/ Die sich zu Schmerz und Lust in mir gefügt –/ Und von dem mächtgen Talbot, der die Welt/ Mit seinem Kriegsruhm füllte, bleibt nichts übrig,/ Als eine Handvoll leichten Staubs.« (J III.6, v. 2346–2351, S. 258) Nach Talbots Tod greift Karl den Barocktopos auf: »Fried sei mit seinem Staube!« (J III.7, v. 2377, S. 259.).

Staub vermengt. Ich kann nichts unterscheiden.« (J V.11, v. 3431 f., S. 309)[35] Sein
Scheitern entspricht dem metadramatischen Blick auf die Begriffs- und Oppo-
sitionsmatrix, aus der der Text die sich zunehmend verunklärenden Konflikte
seiner Handlung konstelliert. Der Soldat wagt eine Teichoskopie des Mediums
der Schiller'schen Dramatik selbst, der lose gekoppelten Menge ihrer dramaturgischen und motivischen Elemente; der »Staub« kennzeichnet ihre Konfiguration
und Wertigkeit als indistinkt, flüchtig – opak.

Das Drama widmet der Illustration des Aporieproblems eine ganze Szene, die
im Rahmen des hermeneutisch ohnehin umkämpften Stücks die kontroverses-
ten Interpretationen provoziert hat: Johannas Begegnung mit dem »Schwarzen
Ritter«.[36] Seine Erscheinung tritt ihr plötzlich auf dem Schlachtfeld entgegen
und fordert die Jungfrau auf, den Kampf zu beenden; die Identität des Phantoms
bleibt offen. Was Johanna den übrigen Figuren, das ist das Phänomen des Ritters
für sie: eine hermeneutische Provokation.

Verhaßt in tiefer Seele bist du mir,/ Gleich wie die Nacht, die deine Farbe ist./
Dich wegzutilgen von dem Licht des Tags/ Treibt mich die unbezwingliche
Begier./ Wer bist du? Öffne dein Visier. (J III.9, v. 2410–2414, S. 261)

Die Herausforderung durch das unbestimmte Wesen raubt der Heldin das Charisma; der Abschwung ihres Wirkens ist mit der Begegnung eingeleitet. Als Personifikation des Zweifels führt der Ritter der bis dato von ihrer Sendung überzeugten Johanna die Möglichkeit alternativer Wahl und Handlung vor Augen, die sie
bislang von sich gewiesen hat. Das Wesen, das Schiller leichthin als »Gespenst«[37]
bezeichnet und das Johanna als »ein widerspenstger Geist« (J III.9, v. 2447, S. 263)
begegnet, ist offenbar ein Verwandter des Prinzips der Unentscheidbarkeit, das
Jacques Derrida als »wesentliches Gespenst«[38] personifiziert und mit dessen
Spuk durch die »Nacht des Nicht-Wissens«[39] es nicht nur die nächtliche Farbe
teilt. Im Angesicht des anonymen Provokateurs beginnt für Johanna das Zaudern

---

35 Auch Johanna beklagt die Unmöglichkeit, das Geschehen teichoskopisch zu ordnen:
     »Könnt ich nur durch der Mauer Ritze schauen,/ Mit meinem Blick wollt' ich die Schlacht
     regieren!« (J V.11, v. 3440 f., S. 309).
36 Für eine ausführliche Übersicht der verschiedenen Positionen vgl. Robin Harrison, Heilige
     oder Hexe?, S. 290.
37 An Goethe schreibt er über die Besetzung des Stücks: »Grüner hätte großes Verlangen in
     der Jungfrau von Orleans als Gespenst aufzutreten.« Friedrich Schiller an Goethe (14. [?]
     9. 1803), in: ders., NA 32, S. 72.
38 Jacques Derrida, Gesetzeskraft. Der mystische Grund der Autorität, Frankfurt a. M. 1991,
     S. 51.
39 Ebd., S. 54.

des um Verständnis ringenden Weltzugriffs. In seiner Figur begegnet sie der eigenen elementaren Undeutbarkeit.

Wendung und Wandlung als Motive peripetischer Hysterie

Die geschilderte hermeneutische Komplikation konzentriert sich in Schillers *Jungfrau von Orleans* in einem Motiv: der »Wendung«. Quantitativ zeugen 25 Nennungen aus dem lexikalischen Feld des Nomens inklusive Komposita sowie Konjugationen des Verbs »wenden« von einer Häufung. Die semantisch verwandten Infinitive »kehren«, »wechseln«, »tauschen« und »wandeln« samt Komposit- und Substantivformen werden zusammen gar 37 Mal im Text gebraucht. Trotz der seit Jahren in den Geisteswissenschaften grassierenden Leidenschaft für *turns* aller Art hat die Forschung Auftreten und Funktion der Wendung in der *Jungfrau von Orleans* bislang gänzlich ignoriert; vielleicht, weil die Präsenz des Begriffs in Figurenrede und Regieanweisungen mitunter beiläufig anmutet: Akteure wenden sich um, einander zu oder voneinander ab, wobei das Wort scheinbar nur literal zur Bezeichnung einer physischen Drehbewegung dient. So bei Dunois zu Beginn der Konfrontation mit Philipp dem Guten: »Wende dich, Burgund!« (J II.10, v. 1705, S. 232) Dass sich der Herzog am Ende des Auftritts nicht nur körperlich seinem Kontrahenten zugewendet, sondern er zugleich auch in der Bewertung der Jungfrau und des Kriegsgeschehens metaphorisch eine radikale Wende vollzogen haben wird, beweist allerdings die konnotative Valenz von Dunois' Ausruf.[40]

Das Motiv durchwirkt die Textur des Dramas als Katalysator des Deutungswandels. Mit der fortschreitenden Destabilisierung des hermeneutischen Fundaments, das zu Beginn noch das binäre Lagerdenken der Figuren und ihr Verständnis der Titelheldin trägt, verfestigt sich die Funktion des Begriffs als Signifikant dieser semantischen Entkopplung. Thibauts »O des unselig jammervollen Zwists,/ Der Frankreichs Waffen wider Frankreich wendet!« (J Pr 3, v. 237 f., S. 175) beklagt das vermeintlich Unnatürliche der im vorigen Abschnitt summierten Verkehrungen und Transgressionen. Den vierten Akt, der mit Karls Krönung und Johannas Verbannung eine absehbare mit einer überraschenden Wendung der Handlung vereint, eröffnet die Protagonistin mit einer Reihe von Stanzen, deren dritte lautet:

---

40 Für weitere Stellen, an denen das Wortfeld prägnant in Erscheinung tritt, vgl. u. a. J I.5, v. 733, S. 194; II.3, v. 1462, S. 223; III.4, v. 2244, S. 253; III.6, v. 2305, S. 256; IV.2, v. 2702, S. 274; V.8, v. 3321, S. 304; V.14, v. 3534, S. 315.

Doch mich, die all dies Herrliche vollendet,/ Mich rührt es nicht das allgemeine Glück,/ Mir ist das Herz verwandelt und gewendet,/ Es flieht von
dieser Festlichkeit zurück,/ Ins britsche Lager ist es hingewendet,/ Hinüber
zu dem Feinde schweift der Blick,/ Und aus der Freude Kreis muß ich mich
stehlen,/ Die schwere Schuld des Busens zu verhehlen. (J IV.1, v. 2534–2541,
S. 268)

Die Wiederholung des Reimwortes indiziert Johannas Anhaftung an sein Aussa-
gevermögen. Mit der »Hinwendung« nutzt sie das Motiv einerseits als Mittel zur
Richtungsbezeichnung; dem metaphorischen Ausdruck, mit dem sie dem Herzen
dabei einen bestimmten Vektor zuweist, geht jedoch mit der »Verwandlung« und
»Wendung« des Herzens *selbst* ein Gebrauch des Begriffs voraus, der explizit auf
den Umschlag von Johannas Perspektive und Empfinden, auf den Wechsel ihrer
Deutung zielt: Der Feind ist plötzlich kein Feind mehr. Die Wendung illustriert,
dass sich Johannas Verständnis der Welt gewandelt hat.[41] Während sich hier ihr
eigenes Ringen um interpretatorische Bewältigung der Wirklichkeit ausspricht,
wird der identische Ausdruck an anderer Stelle im Zusammenhang der Deutung
Johannas durch Dritte genutzt. Raimond appelliert an die französischen Edel-
leute, denen die Jungfrau, die sie gerade als Hexe verbannt haben, nun wieder als
Heilige erscheint: »O wenn Euch Gott das Herz/ Gewendet hat – So eilt! So rettet
sie!« (J V.8, v. 3309 f., S. 303) Deutlich präsentiert sich die Funktion des Motivs
schließlich in der Vorbereitung der bereits thematisierten Mauerschau. Bevor er
die Vermengung aller Verhältnisse im Schlachtgetümmel konstatiert, erhält der
Soldat von Isabeau den Befehl: »Steig auf die Warte dort, die nach dem Feld/ Hin
sieht und sag uns, wie die Schlacht sich wendet.« (J V.11, v. 3416 f., S. 308)

Dass Johanna den Umschwung ihrer Empfindungen mit dem Hendiadyoin
»Mir ist das Herz verwandelt und gewendet« offenbart, beweist die Nähe der
nicht bloß alliterativ verschwisterten Partizipien, wobei das Bedeutungsspek-
trum des Nomens »Wendung« von der »Wandlung« um den Aspekt magischer
Wechseltätigkeit erweitert wird. Hat der Ritter Raoul die Protagonistin zuvor als
gottgesandte Wandlerin der Verhältnisse exponiert,[42] so spricht sich umgekehrt

---

41   Diese Dynamik legt einen Ursprung des Motivs der Herzenswendung im Pietismus nahe,
     aus dessen Wortschatz der Innerlichkeitstopoi und Konversionsmetaphern die deutsche
     Literatur ab Mitte des achtzehnten Jahrhunderts bekanntlich reichlich schöpft. Allerdings
     schweigt sich zumindest August Langen zur Wendung aus und behandelt lediglich das
     Johannas Empfindung verwandte »[H]inkehren, sich zu Gott« (August Langen, Der Wort-
     schatz des deutschen Pietismus, 2. Aufl., Tübingen 1968, S. 189).

42   Karls erstaunte Frage nach ersten Erfolgen gegen die zuvor überlegenen Engländer: »Was
     wirkte diesen schnellen Wechsel?« (J I.9, v. 938, S. 202), beantwortet Raoul, indem er die
     Jungfrau als Wenderin des französischen Kriegsgeschicks einführt und dafür den der Wen-

die Deutung ihres Vermögens als heidnisch-satanische Kraft in Burgunds Worten aus: »Nicht diese buhlerische Circe fürchte ich,/ Noch euch, die sie so schimpflich hat verwandelt.« (J II.10, v. 1709 f., S. 232) Auch das Stück im Ganzen ist dramaturgisch als eines der Wandlung ausgewiesen. Seine laut Paratext romantische Konzeption, die sich des Primats räumlicher Handlungseinheit entzieht, betont in Regieanweisungen den häufigen Wechsel des szenischen Rahmens: »*Der Schauplatz verwandelt sich in eine freie Gegend, die von Bäumen begrenzt wird*« (J III.5, S. 256). »*Die Szene verwandelt sich in einen freien Platz vor der Kathedralkirche*« (J IV.3, S. 277). »*Die Szene verwandelt sich in das Schlachtfeld*« (J V.13, S. 313). Obgleich die Formulierung »*während daß verwandelt wird*« (J III.5, S. 255) den Ausdruck als pragmatische Bezeichnung eines bühnentechnischen Vorgangs ausweist, lässt sich doch der magische Gehalt des Wortes nicht verkennen, der im Regietext implizit das Thema der Sprechhandlung reflektiert.

Mit der Wendung und der ihr verwandten Wandlung inthronisiert der Text ein Metamotiv semantischer Dynamisierung, das vor allem eines eindeutig bezeichnet: das Fehlen eindeutiger Bezeichnung. Schiller gebraucht den Begriff als lexikalisches *pharmakon*, das einander ausschließende Bedeutungen verknüpft. Benennt der Ausdruck einerseits linguistisch die feste Fügung einer bestimmten Wort-Verwendung, so wohnt ihm zugleich die Abwendung von dieser vorgeblichen Bestimmung und deren Umwendung in eine neue, potentiell antonyme inne, deren Geltung gleichwohl ebenso flüchtig sein mag wie die des vorigen Bedeutungssupplements. Während das entweder heilsame oder todbringende *pharmakon* Platons, über das Derrida spricht,[43] obgleich wesenhaft unbestimmt, grundsätzlich auf ein klar bestimmtes *anderes* referiert, einen Gegenstand, das fragliche Mittel, vollzieht die Wendung eine vollständige *dissémination* in die Sprache: Selbst die Bezeichnung der physischen Kehre eines Körpers bringt dessen gegenwärtige Ausrichtung nach Vollzug der Bewegung in ein signifikatives Abhängigkeitsverhältnis zur vergangenen und stellt implizit die Frage nach seiner zukünftigen, ohne über eine absolute Position Auskunft zu geben. Der Wendung fehlt das Signifikat, sie verweist auf nichts als sich selbst und auch auf sich selbst verweist sie nicht – ihr prekärer (man ist versucht zu sagen: ästhetischer) Mechanismus kommt in einem Kinderscherz zum Ausdruck, dem auf beiden Seiten mit »Bitte wenden!« beschrifteten Papier, das der Getäuschte

---

dung homöonymen »Wechsel« mit der Natur des Gezeitenwandels verbindet: »Sie nennt sich eine Seherin und Gott-/ Gesendete Prophetin, und verspricht/ Orleans zu retten, eh der Mond noch wechselt.« (J I.9, v. 989–991, S. 203).

43   Vgl. Jacques Derrida, Platons Pharmazie, in: ders., Dissemination, hg. von Peter Engelmann, übers. von Hans-Dieter Gondek, Wien 1995, S. 69–192. Johanna behauptet, die Zweiwertigkeit des *pharmakon* bewältigen zu können: »Ich kenne alle Kräuter, alle Wurzeln,/ Von meinen Schafen lernt ich das Gesunde/ Vom Giftgen unterscheiden« (J V.4, v. 3124–3126, S. 295).

zwei Mal herumdreht, bevor seine Ratlosigkeit auf der Suche nach dem Sinn dem Lächeln weicht.

Das Drama verbindet den Begriff der Wendung in topischer Weise mit den Konzepten von Glück und Schicksal. So preisen die Franzosen Johanna als Wenderin des Schlachtenglücks; La Hire zu Karl: »Dein Glück hat sich gewendet,/ Ein Treffen ist geschehn, du hast g e s i e g t .« (J I.8, v. 924 f., S. 201) Der König selbst frohlockt: »Was dank ich dir nicht alles, hohe Jungfrau!/ Wie schön hast du dein Wort gelöst/ Wie schnell mein ganzes Schicksal umgewandelt!« (J III.4, v. 2078–2080, S. 248) Der englische Feind deutet diesen Umstand naturgemäß anders, bestätigt ihn aber. Talbot:

> Wer ist sie denn, die Unbezwingliche,/ Die Schreckensgöttin, die der Schlachten Glück/ Auf einmal wendet, und ein schüchtern Heer/ Von feigen Rehn in Löwen umgewandelt? (J II.5, v. 1542–1545, S. 226)

Auf die militärisch-charismatisch erstrittenen Umschwünge Johannas lässt der Text die Deutungswechsel folgen, deren unerbittliche Hermeneutik die zur Hexe erklärte Jungfrau in die Verbannung treibt. Ob Johanna als aktiv gestaltende Wenderin oder passiv erduldende ›Gewendete‹ in Erscheinung tritt – dass das Motiv explizit mit dem »Schicksalswechsel« (J III.1, v. 1816, S. 237) in Zusammenhang gebracht wird, deutet auf eine poetologische Ausgestaltung des dramaturgischen Konzepts der *Peripetie*.

Bekanntlich attestiert Aristoteles dem Wendepunkt in komischer oder tragischer Dichtung die Kraft, »mit Hilfe der nach der Wahrscheinlichkeit oder der Notwendigkeit aufeinander folgenden Ereignisse einen Umschlag vom Unglück ins Glück oder vom Glück ins Unglück herbeizuführen«.[44] Dabei unterscheidet er anhand der Differenz von *metabasis* und *metabole* beziehungsweise *peripeteia* die einfache von der komplizierten Handlung:

> Ich bezeichne die Handlung als einfach, die in dem angegebenen Sinne in sich zusammenhängt und eine Einheit bildet und deren Wende sich ohne Peripetie oder Wiedererkennung vollzieht, und diejenige als kompliziert, deren Wende mit einer Wiedererkennung oder Peripetie oder beidem verbunden ist.[45]

---

44 Aristoteles, Poetik, Griechisch/Deutsch, übers. u. hg. von Manfred Fuhrmann, Stuttgart 1982, S. 27 (7. Kap.).
45 Ebd., S. 33 (10. Kap.).

Schiller paraphrasiert das Konzept der *peripeteia* mit einer Reihe von Vokabeln und Metaphern. So spricht er vom »Punctum saliens« und der »dramatischen That«;[46] in den Vorüberlegungen zu *Warbeck* ist von der »aufbrechenden Knospe«[47] die Rede. Mit dem wiederholt problematisierten »prägnanten Moment«[48] bedient er sich bei Gotthold E. Lessing und zeigt das Verbindende von dramatischer und bildender Kunst als medialen Formen, deren Wirkung sich der Darstellung eines fruchtbaren Wendepunkts verdankt.[49]

Bernhard Asmuth zufolge entwickelt Schiller seine Dramen »von einer meist im dritten Akt angesiedelten Kernszene her«,[50] beklagt aber zugleich in seiner die Dramenproduktion begleitenden Korrespondenz die Schwierigkeit, den springenden Punkt des Handlungsverlaufs als »organisierende[s] Zentrum«[51] zu fixieren. Asmuths Formulierung zeigt die Nähe zwischen dem Konzept der Peripetie als logozentrischem Knotenpunkt dramaturgischer Sinnemanation und Derridas Kritik am strukturalistischen Modell einer semiotischen »Präsenz«.[52] Dass Schiller das ordnende Element seiner Stücke angestrengt konstruieren muss beziehungsweise die ›Leere der Mitte‹ mit originellen Supplementen kaschiert, lässt sich bereits in seinen früheren Dramentexten anhand einiger struktureller Idiosynkrasien beobachten: So besteht *Wallenstein* aus drei Einzeldramen, wobei die auf das expositorische *Wallensteins Lager* folgenden Stücke *Die Piccolomini* und *Wallensteins Tod* jeweils über einen eigenen dramaturgischen Wendepunkt verfügen. Es findet eine Pluralisierung der Wende statt, die Gustav Freytag zur Behauptung verleitet: »Von allen deutschen Dramen hat die Doppeltragödie *Wal-*

---

46   Schiller schreibt an Körner im Zusammenhang seines Plans zu *Die Malteser* vom »Punctum saliens« als »derjenigen dramatischen That, auf welche die Handlung zueilt, und durch die sie gelößt wird« (Friedrich Schiller an Körner, 13. 5. 1801, in: ders., NA 31, S. 35–37, hier S. 35 f.).

47   Friedrich Schiller, Warbeck, in: ders., NA 12 (Dramatische Fragmente), hg. von Herbert Kraft, Weimar 1982, S. 157–257, hier S. 163.

48   Vgl. ebd.; Friedrich Schiller an Goethe, 2. 10. 1797, in: ders., NA 29 (Briefwechsel. Schillers Briefe 1. 11. 1796–31. 10. 1798), hg. von Norbert Oellers und Frithjof Stock, Weimar 1977, S. 140–142, hier S. 141.

49   Vgl. zum »fruchtbaren Augenblick« Gotthold E. Lessing, Laokoon oder über die Grenzen der Malerei und Poesie, in: ders., Lessings Werke. Auswahl in sechs Teilen, hg. von Julius Petersen u. a., Berlin u. a. 1926, Bd. 4, S. 275–511, hier S. 304.

50   Bernhard Asmuth, Einführung in die Dramenanalyse, 7. Aufl., Stuttgart und Weimar 2009, S. 131.

51   Ebd.

52   Jacques Derrida, Die Struktur, das Zeichen und das Spiel im Diskurs der Wissenschaften vom Menschen, in: ders., Die Schrift und die Differenz, Frankfurt a. M. 1976, S. 422–442, hier S. 423.

lenstein den verschlungensten Bau.«[53] Die Peripetie in *Maria Stuart* ist überpointiert; die artifizielle Tektonik des Königinnenstreits im Zentrum der Handlung scheint »allen Anforderungen an einen vollkommenen dramatischen Höhepunkt zu genügen«[54] und zelebriert selbstbewusst das »Pathos der Wende«.[55] Dabei überdecken jedoch die künstliche Klimax und die Rhetorik, deren sie inszenatorisch bedarf, die dramaturgische Bedeutungslosigkeit des Auftritts, wie Juliane Vogel im Rekurs auf Otto Ludwig darlegt.[56] Zudem vervielfacht sich die vermeintlich lehrbuchhafte Peripetie auch in diesem Stück: Gert Sautermeister spricht im Plural von »dramatischen Umschläge[n]«,[57] Franziska Schößler verzeichnet die dreifache Möglichkeit zur Rettung Marias, deren jede von einer je eigenen Peripetie zunichtegemacht werde.[58]

Die Jungfrau von Orleans inszeniert schließlich eine radikale Freisetzung der im Moment des Umschlags aufgespeicherten dramatischen Energie, die weit über das ihr aristotelisch zugedachte Potential hinaus Einfluss auf die Handlungsstruktur nimmt. Das Stück setzt das Prinzip der Peripetie absolut und zugleich außer Kraft. Wendung und Wiedererkennung als Verkehrung der Verhältnisse »in die Unstimmigkeit aller gewohnten Bezüge«[59] verlassen ihren dramaturgisch angestammten Ort und entfalten eine neurotische Hypermotorik, die den gesamten Text erfasst. So vollzieht die Interpretation der Jungfrau vom ersten bis zum letzten Auftritt peripetische Umschwünge, verbunden mit einer wiederholten Pseudo-*anagnorisis*: Fortgesetzt beteuern Figuren, Johanna als das erkannt zu haben, was sie wirklich ist, nur um ihre Auffassung wenig später zu revidieren. Die Dramaturgie des Stücks scheint invertiert. Derweil der erste und zweite sowie der vierte und fünfte Akt den unablässigen Wechsel forcieren, kommt es im dritten Aufzug zu einem Innehalten. Der Text präsentiert zwar Johannas Begegnungen mit dem Schwarzen Ritter und Lionel als scheinbar konventionelle (wenn auch zweiteilige) Peripetie, die den vorübergehenden Abschwung ihres Erfolgs

53 Gustav Freytag, Die Technik des Dramas, Nachdruck der 13. Aufl. (Leipzig 1922), Darmstadt 1969, S. 177.
54 Juliane Vogel, Die Furie und das Gesetz. Zur Dramaturgie der »großen Szene« in der Tragödie des 19. Jahrhunderts, Freiburg i.Br. 2002, S. 212.
55 Ebd., S. 213.
56 Vogel bezieht sich in diesem Zusammenhang auf Ludwigs Bestimmung des dritten als eines rein »ornamentalen« Akts; vgl. Otto Ludwig, Maria Stuart, in: ders., Gesammelte Schriften, hg. von Adolf Stern, 6 Bde., Bd. 5 (Studien: Bd. 1), Leipzig 1891, S. 313–322, hier S. 316.
57 Gert Sautermeister, ›Maria Stuart‹. Ästhetik, Seelenkunde, historisch-gesellschaftlicher Ort, in: Schillers Dramen, hg. von Walter Hinderer, Stuttgart 1992, S. 280–335, hier S. 287 f.
58 Vgl. Franziska Schößler, Einführung in die Dramenanalyse, Stuttgart und Weimar 2012, S. 28 f.
59 Wolfgang Janke, Anagnorisis und Peripetie. Studien zur Wesensverwandlung des abendländischen Dramas, Köln 1953, S. 42.

initiiert;[60] vor allem aber beschwört der dritte Akt die Harmonie zwischen den vormals streitenden Parteien und simuliert eine völlige Aufhebung aller Scheidung.

Nachdem Johanna zum Ende des zweiten Aufzugs die Versöhnung Burgunds mit dem französischen König erwirkt hat, häufen sich in den ersten vier Szenen des dritten Akts Bekenntnisse einer emphatischen Rhetorik der Verschmelzung; Karl: »Wir sind vereint. Ich fürchte keinen Feind mehr.« (J III.3, v. 1983, S. 244) Der Erzbischof gibt der Liaison seinen Segen: »Ihr seid vereinigt, Fürsten! Frankreich steigt/ Ein neu verjüngter Phönix aus der Asche,/ Uns lächelt eine schöne Zukunft an.« (J III.3, v. 1992–1994, S. 245) Das Pathos knüpft sich an das Lob des günstigen Moments, wie es der König anstimmt: »Alles ist verziehen. Alles/ Tilgt dieser einzge Augenblick.« (J III.3, v. 1976 f., S. 244) Etwas später: »Wo ist Johanna? Warum fehlt sie uns/ In diesem festlich schönen Augenblick,/ Den sie uns schenkte?« (J III.3, v. 2016–2018, S. 245) Die Idee des Moments, der mit einer verheißungsvollen Zukunft schwanger geht, stellt die Leihgabe der Lessing'schen Ästhetik des fruchtbaren Augenblicks im Text motivisch aus. Der von den Figuren im Mittelakt beabsichtigte Umschlag ihres Schicksals vom Unglück ins Glück wird in einer Weise poetologisch expliziert, die die Geometrie des Freytag'schen Tragödienmodells[61] vorwegzunehmen scheint. Burgund profiliert den momenthaften Höhepunkt gegenüber den Niederungen, aus denen man zu ihm auf- oder in die man von ihm aus wieder hinabsteigt:

> Bei euch [d. i. den Todesgöttern] dort unten in der ewgen Nacht,/ Da schlägt kein Herz mehr, da ist alles ewig,/ Steht alles unbeweglich fest – doch anders/ Ist es hier oben in der Sonne Licht./ Der Mensch ist, der lebendig fühlende,/ Der leichte Raub des mächtgen Augenblicks. (J III.4, v. 2072–2077, S. 248)

Mit seinem Drang zur Harmonisierung in einem von Dissonanzen geprägten Stück unternimmt es der dritte Aufzug, entgegen dem üblichen Verlaufsschema der Tragödie auf dem Gipfelpunkt der Handlung einen umfassenden Umschwung vom Unglück der Geschiedenheit in das Glück dauerhafter Vereinigung zu inszenie-

---

60 Walter Hinderer charakterisiert die Erscheinung als Figur der Peripetie: »Der schwarze Ritter parallelisiert ihre [d. i. Johannas] Erfolge mit dem bevorstehenden Gegenteil, das momentane Glück mit dem drohenden Unglück, das bisherige Gelingen mit dem künftigen Scheitern.« (Walter Hinderer, Von Heroinen und Amazonen. Zum politischen Geschlechterdiskurs in Schillers ›Jungfrau von Orleans‹ und ›Maria Stuart‹, in: Getauft auf Musik. Festschrift für Dieter Borchmeyer, hg. von Udo Bermbach und Hans R. Vaget, Würzburg 2006, S. 67–77, hier S. 71).

61 Zum ›klassischen‹ Konzept der pyramidalen Tektonik aristotelischer Tragödiendichtung vgl. Gustav Freytag, Die Technik des Dramas, S. 102 ff. (2. Kap.: »Der Bau des Dramas«).

ren. Gleichwohl präsentiert die Figurenrede diese Utopie im Modus ostentativer Brüchigkeit. So äußert sich das Tendenziöse der Verschmelzungstopik im Verbot, der Differenz zu gedenken: »Der Herzog bittet, daß des alten Streits/ Beim ersten Wiedersehn mit keinem Worte/ Meldung gescheh!« (J III.2, v. 1874–1876, S. 239) Dennoch bleiben »Zorn« (J III.2, v. 1923, S. 241), »Streit« (J III.3, v. 1960, S. 243) und »Zwist« (J III.3, v. 1999, 2005; S. 245), das »Entzweien« (J III.3, v. 1989, S. 245) und die »Zwietracht« (J III.4, v. 2123, S. 249), vor allem aber der Erzfeind harmonischer Verhältnisse, das »Entscheide[n]« (J III.1, v. 1857, S. 238), als Negierte schattenhaft anwesend und subvertieren den künstlichen Gestus der Eintracht. Spätestens mit der Auseinandersetzung um Johannas rechten Gemahl ist die vertraute Polarität restituiert; Karls Vorwurf an die Jungfrau lautet:

Willst du, die meine Feinde mir versöhnt,/ Mein Reich vereinigt, mir die liebsten Freunde/ Entzwein? Es kann sie e i n e r nur besitzen,/ Und jeden acht ich solchen Preises wert./ So rede du, dein Herz muss hier entscheiden. (J III.4, v. 2176–2180, S. 251)

Das Pathos des Bruderbundes als Therapeutikum gegen die bedrohliche Zweiheit der Welt ist ein wiederkehrendes Schiller'sches Motiv. Seine Räuber feiern es ebenso wie Don Karlos und Marquis Posa, die Soldateska begeht im letzten Auftritt von *Wallensteins Lager* ein großes Vereinigungsgelage; *Wilhelm Tell* ist ein einziger Preis der Einheit, dem Rütlischwur folgen Attinghausens Sterbeworte: »Seid einig – einig – einig«.[62] Mit Ausnahme des letztgenannten erweisen die Texte die Idee der Ungeschiedenheit als illusionär. In der *Jungfrau von Orleans* wird der Topos nurmehr gleichsam im Irrealis zitiert. Zu deutlich ist das Drama eines der Gegensätze, die von der umfassenden hermeneutischen Unübersichtlichkeit nicht etwa harmonisch nivelliert, sondern nur der Klarheit beraubt werden, ohne dass die Scheidung an sich an Bedeutung für die Figuren verlöre. Das Stück schlägt ästhetisches Kapital aus der vorgeblichen Inversion des tragischen Handlungsverlaufs, indem es sich über den fehlschlagenden Versuch der Beseitigung aller Opposition umso entschiedener als Schauspiel fortgesetzter Wendungen profiliert.

Aristoteles differenziert den Mechanismus des dramatischen Umschwungs entlang einer textologischen Metapher, der Dialektik von *desis* und *lysis*. Ihr Verhältnis zur Peripetie fasst er präzise:

---

62   Friedrich Schiller, Wilhelm Tell. Schauspiel, in: ders., NA 10 (Die Braut von Messina. Wilhelm Tell. Die Huldigung der Künste), hg. von Siegfried Seidel, Weimar 1980, S. 127–277, hier S. 239 (IV.2, v. 2451).

Jede Tragödie besteht aus Verknüpfung und Lösung. Die Verknüpfung umfasst gewöhnlich die Vorgeschichte und einen Teil der Bühnenhandlung, die
Lösung den Rest. Unter Verknüpfung verstehe ich den Abschnitt vom Anfang
bis zu dem Teil, der der Wende ins Glück oder ins Unglück unmittelbar vor-
ausgeht, unter Lösung den Abschnitt vom Anfang der Wende bis hin zum
Schluß.[63]

Die *Poetik* bringt ein Synonym der *desis*, die *ploke* als Verknüpfen oder Verstricken der Handlungselemente, explizit mit der Metapher des »Knoten[s]«[64] in
Zusammenhang. In diesem sollen sich die verschiedenen Bestandteile und Vek-
toren des Geschehens bündeln und höchste dramatische Komplexität, ja Komplikation erzeugen: Die *desis* sorgt für aporetische Unordnung (*aporia* meint »Verwirrung«) und erzeugt ein »unregelmäßiges und nicht-orientiertes Gebilde«.[65]
Die Annahme, Schillers Dramatik verknote die Handlung der *metabole* oder
peripeteia besonders kompliziert, klingt in Freytags zitiertem Wort von der »Ver-
schlungenheit« der *Wallenstein*-Dramaturgie an. Der Autor selbst bietet in der
Jungfrau von Orleans eine Reihe von Beispielen dezidierter Verschlingungsmeta-
phorik.[66] Frappierend ist die als Gottvertrauen verbrämte Aristoteles-Rezitation
Johannas: »Der die Verwirrung sandte, wird sie lösen!/ Nur wenn sie reif ist, fällt
des Schicksals Frucht!/ Ein Tag wird kommen, der mich reiniget.« (J V.5, v. 3182–
3184, S. 298) Die Titelheldin thematisiert *ploke, lysis* beziehungsweise *katastrophe* sowie *katharsis* und versinnbildlicht Wesen und Funktion der *peripeteia* im
mittleren Vers, der von der Entelechie des sich verdickenden, zur Reife bestimmten Fruchtknotens als morphologische Metapher für die Entfaltung und Lösung
der dramatischen Handlung Gebrauch macht.

Aristoteles mag die Plötzlichkeit der Peripetie als Auflösung des zuvor Verschlungenen betonen, seine *Poetik* beziehungsweise deren Rezeption gebietet doch, den Knoten sorgsam zu entwirren und jeden Handlungsfaden, der an
seiner Schürzung beteiligt war, einzeln einer ordnenden Lösung zuzuführen.

---

63 Aristoteles, Poetik, S. 57 (18. Kap.).
64 Ebd., S. 59 (18. Kap.).
65 Juliane Vogel, Verstrickungskünste. Lösungskünste. Zur Geschichte des dramatischen Kno-
    tens, in: Poetica 40 (2008), S. 269–288, hier S. 271.
66 Lässt Johannas Erscheinung Montgomery noch wehklagen: »Um meine Füße, fester und
    fester, wirret sich/ Das Zauberknäul, daß sie gefesselt mir die Flucht/ Versagen!« (J II.6, v.
    1572–1574, S. 227), so erleidet sie in englischer Gefangenschaft realiter dessen Schicksal:
    »*Sie wird mit schweren Ketten um den Leib und um die Arme gefesselt*« (J V.10, S. 307). Die
    Verknotung tragischer Notwendigkeit wirft die Protagonistin auf ihr Geschlecht zurück:
    »JOHANNA *greift mit krampfhafter Anstrengung in ihre Ketten* Und ich bin nichts als ein ge-
    fesselt Weib!« (J V.11, v. 3454, S. 310).

Vogel weist indes auf eine dramenhistorisch prominente Gegenposition zu dieser
Praxis hin: Euripides verweigere sich dem Prinzip der analytisch aus der *desis*
herausgewickelten *katastrophe* und zerschneide den Knoten seiner Tragödien
plötzlich, statt ihn mühsam aufzulösen; bevorzugtes Werkzeug einer solchen
Intervention ist der *deus ex machina*.[67] Die Forderung nach der gewaltsamen
Auftrennung des Gordischen Knotens, die Plutarch von Alexander dem Großen
überliefert, formuliert schon Wallenstein: »Sagt, wo soll das enden? Wer/ Den
Knäul entwirren, der sich endlos selbst/ Vermehrend wächst – Er muß zerhauen
werden.« (NA 8, Wallensteins Tod, III.15, v. 1986–1988, S. 264 f.) Johanna setzt
diese Finalisierungsstrategie in die Tat um. Ein Akt übermenschlicher Anstrengung, mit dem sie den Pfad aristotelischer Wahrscheinlichkeit verlässt, initiiert
die letzte Peripetie des Stücks: »JOHANNA *springt auf* So sei Gott mir gnädig! *Sie
hat ihre Ketten mit beiden Händen kraftvoll zerrissen.*« (J V.11, v. 3478, S. 311)[68]
Das unübliche Perfekt der Regieanweisung verrät den wunderbaren Charakter
der Knotenlösung als eines Geschehens, das nicht *in actu*, sondern nur nach-
zeitig beschreibbar ist. Auch Johannas folgende Handlungen entziehen sich der
Sichtbarkeit. Die Mauerschau versagt erneut, der Turm als Kerker und *Panopticon*
verfehlt den Zweck seines Baus:

ISABEAU *nach einer langen Pause* Was war das? Träumte mir? Wo kam sie
hin?/ Wie brach sie diese zentnerschweren Bande?/ Nicht glauben würd
ichs einer ganzen Welt,/ Hätt ichs nicht selbst gesehn mit meinen Augen./
SOLDAT *auf der Warte* Wie? Hat sie Flügel? Hat der Sturmwind sie/ Hinabge-
führt? ISABEAU Sprich, ist sie unten? SOLDAT Mitten/ Im Kampfe schreitet
sie – Ihr Lauf ist schneller/ Als mein Gesicht – Jetzt ist sie hier – jetzt dort –/
Ich sehe sie zugleich an vielen Orten! (J V.12, 3479–3487, S. 311 f.)

Der Soldat staunt über den von Johanna herbeigeführten Geschehenswechsel
und gesteht zugleich die Unmöglichkeit, ihre Figur zu erfassen. Mit der weder
empirisch noch rational fundierten *lysis* reagiert die Protagonistin auf eine heil-
lose Verschlingung der dramatischen Konstellation, die auf konventionelle Weise
nicht mehr aufzulösen ist.

Bezogen auf die Titelheldin ist der Deutungswandel, den sie wiederholt
vonseiten der übrigen Akteure erfährt, die passivische, ihr eigenes wildes Wen-

---

67 Vgl. Juliane Vogel, Verstrickungskünste. Lösungskünste, S. 274 f.
68 Zuvor ruft Johanna Gott und in ihm den zu *desis* und *lysis* autorisierten Dichter an: »Du
    kannst die Fäden eines Spinngewebs/ Stark machen wie die Taue eines Schiffs,/ Leicht ist
    es deiner Allmacht, ehrne Bande/ In dünnes Spinngewebe zu verwandeln –/ Du willst und
    diese Ketten fallen ab« (J V.11, v. 3466–3470, S. 311).

devermögen die aktivische Komponente der Poetik der Peripetie in Schillers Stück. Deren Reflexion pointiert zwar die dramaturgische Essenz der Tragödie, beraubt sie aber zugleich ihrer strukturellen Ordnungsmacht. Entsprechend verleiten sowohl die Konzeption der Protagonistin als auch des Dramas insgesamt zu ihrer beider Deutung im Register des Krisenhaften: Die Unbestimmbarkeit von Johannas Wesen stellt die Integrität des dramatischen Charakters infrage, die bereits Aristoteles einfordert,[69] und lässt sie als pathologischen Fall von »Rollenschizophrenie«[70] erscheinen; die von der zeitgenössischen und späteren Kritik bemängelte romantische Unordnung des Stücks, die zudem zu oberflächlich-pompöser Inszenierung verlocke,[71] kann gemeinsam mit der Subversion des klassischen dramaturgischen Schemas den Eindruck erwecken, der Text inszeniere einen Krisenzustand dramatischer Kernelemente. Tatsächlich ist der Begriff der Krise selbst dem Konzept des dramatischen Höhepunkts eng verwandt. Er indiziert Reinhart Koselleck zufolge »jenen Zeitabschnitt, in dem die Entscheidung fällig, aber noch nicht gefallen ist«,[72] und entspricht damit der aristotelischen Definition, die *lysis* beginne mit dem »Anfang der Wende«. Heinrich A. Pierers *Universal-Lexikon* von 1843 bestimmt sie als »die schnelle Umwandlung eines Zustandes in einen andern«[73] – offenbar ist die Krise eine Schwester der Peripetie.

Schiller beschäftigt sich als dichtender Historiker mit dem Konzept der Entscheidungszeit und bestimmt diese als Charakteristikum historischen Gesche-

---

69 »Der Charakter ist das, was die Neigungen und deren Beschaffenheit zeigt. Daher lassen diejenigen Reden keinen Charakter erkennen, in denen überhaupt nicht deutlich wird, wozu der Redende neigt oder was er ablehnt.« (Aristoteles, Poetik, S. 23, 6. Kap.).

70 Rüdiger Zymner, ›Die Jungfrau von Orleans‹ – Die Form neu erfinden, in: ders., Friedrich Schiller. Dramen, Berlin 2002, S. 114–129, hier S. 126.

71 Vgl. Claudia Albert, Friedrich Schiller. Die Jungfrau von Orleans, S. 46.

72 Reinhart Koselleck, Krise, in: Geschichtliche Grundbegriffe. Historisches Lexikon zur politisch-sozialen Sprache in Deutschland, hg. von Otto Brunner, Werner Conze und Reinhart Koselleck, 8 Bde., Bd. 3 (H–Me), Stuttgart 1982, S. 617–650, hier S. 619. Sein etymologischer Gehalt weist das Wort als Schlüsselbegriff für *Die Jungfrau von Orleans* als Text über konkurrierende Deutungsangebote und das Problem der Unentscheidbarkeit aus: »Der Begriff der ›Krise‹ stammt aus dem Griechischen und ist abgeleitet von χρίνω/ χρίνειν, krī́nō/ krī́nein, was mit ›scheiden‹, ›auswählen‹, ›beurteilen‹, ›entscheiden‹ übersetzt werden kann, sowie χρίνομαι, krī́nomai, ›sich messen‹, ›streiten‹, ›kämpfen‹« (Annika Goeze und Korinna Strobel, Krisenrhetorik, in: Historisches Wörterbuch der Rhetorik, hg. von Gert Ueding, 10 Bde., Bd. 10 (Nachträge A–Z), Berlin und Boston 2012, S. 511–530, hier S. 511).

73 Heinrich A. Pierer, Krise, in: Universal-Lexikon der Gegenwart und Vergangenheit oder neuestes encyclopädisches Wörterbuch der Wissenschaften, Künste und Gewerbe, hg. von Heinrich A. Pierer, 34 Bde., Bd. 16, zweite, völlig umgearbeitete Aufl., Altenburg 1843, S. 467.

hens: »Die Weltgeschichte ist das Weltgericht«,[74] heißt es im Gedicht *Resignation*. In diesem Sinn lässt sich die Krise als geschichtliche »Dauer- oder Zustandskategorie« beschreiben, die für Koselleck gar den Wert einer »strukturellen Signatur der Neuzeit«[75] gewinnt. Dass der Terminus bisweilen synonym mit »Revolution« verwendet wird,[76] deutet den Einfluss der Französischen Revolution auf die Peripetieorientierung der um 1800 entstandenen Dramen Schillers an. Der Begriff bezeichnet bereits in der antiken Heilkunde einen aristotelischen Glückswechsel des krisengeschüttelten Leibs, den *»Wendepunkt der Veränderung* zum Besseren oder Schlechteren [Hervorhebung im Orig.]«.[77] In der klinischen Psychologie und Psychiatrie ist die *Krisis* nicht zwangsläufig durch einen plötzlichen Verlauf bestimmt, »sondern [kann] auch eine Phase von ausgedehnter Dauer darstellen«,[78] womit sie das von Koselleck als spezifisch modern charakterisierte Phänomen der Krise als historischer Zustandskategorie auf die klinische Provenienz des Begriffs zurückwendet.

Der medizinische Name für ein Leiden, das den dauerhaften Wechsel krisenhafter Zustände mit einem dezidierten Aufführungscharakter verbindet, ist *Hysterie*. Die hysterische Symptomatik ist für die Auseinandersetzung mit Schillers *Jungfrau von Orleans* relevant, weil der Text mit seinem historischen Sujet und seiner dramatischen Form Charakteristika spezifisch hysterischer Wendungen verhandelt. Das Schauspiel inszeniert in der Wandlung aller Verhältnisse das Theatrale der Hysterie als *proteischer* Krankheit, »die ihre Diagnostiker durch ständige Metamorphosen verspottete, die eine Unzahl von ›Erscheinungen‹ hervorbrachte, ohne ein exaktes Wissen zu begründen«.[79] Schon der Umschwung in der katholischen Rezeption der realen Jeanne d'Arc, die späte Heiligsprechung nach der Verbrennung als Hexe, legt nahe, dass ihr Leben und Wirken von Kehrtwenden der Auslegung geprägt war, die sich als hysterisch bezeichnen lassen.[80] Schillers Drama verrät mit seinen betonten Szenenwechseln und Bühnenwand-

---

74   Friedrich Schiller, Resignation, in: ders., NA 2,1 (Gedichte 1799–1805), hg. von Norbert Oellers, Weimar 1983, S. 401–403, hier S. 403.

75   Reinhart Koselleck, Krise, S. 627.

76   Vgl. ebd., S. 649.

77   Annika Goeze und Korinna Strobel, Krisenrhetorik, S. 512. Hippokrates schreibt, die Krise trete in Krankheiten immer dann auf, »when they increase, diminish, change into another disease, or end« (Hippocrates, Affections, in: ders., Hippocrates. Vol. V, griechisch/englisch, übers. von Paul Potter, Cambridge, Mass. und London 1988, S. 1–91, hier S. 17).

78   Annika Goeze und Korinna Strobel, Krisenrhetorik, S. 512.

79   Juliane Vogel, Die Furie und das Gesetz, S. 350.

80   Der Hundertjährige Krieg versetzte die Zeitgenossen offenbar in hysterische Wechselstimmung; Stephan beschreibt die Folgen der Befreiung von Orléans: »Der Theologe Jakob Gélu, der einst den König davor gewarnt hatte, daß Johanna vielleicht eine Hexe sein könnte, verfaßte nun ein Traktat, in dem er seiner Überzeugung Ausdruck verlieh, daß Johanna von

lungen einen gleichsam hysterischen Charakter; es übersetzt die Nervosität des Blicks auf die historische Gestalt Jeannes in das synthetische Raumkonzept seiner Dramaturgie.

Das Stück bringt die Analogie zwischen seiner eigenen Orientierung am Prinzip der wiederholten Peripetie und dessen Bedeutung für das Krankheitsbild der Hysterie zur Aufführung. Gleich der Psyche der Hysterika erlebt es einen Kohärenzverlust, die »Auflösung des Dramas in eine Vielzahl von panoramatischen, ekstatischen, mit jeweils eigenen Pointen versehenen Szenen«.[81] Bezieht sich Vogel mit dieser Bestimmung auf die *Jungfrau von Orleans*, aber noch nicht explizit auf das »Theater der Hysterie«, so trifft umgekehrt ihre Analyse spezifisch hysterischer Dramatik des neunzehnten Jahrhunderts das Wesen des Theaterstücks: Die Serialisierung von Höhe- und Wendepunkten macht den Glückswechsel »zur Massenware, das gestische und akustische Vokabular der Peripetie erfährt im Moment seiner Anwendung seine umgehende Reproduktion.«[82] Die mannigfachen Umschläge äußern sich in der Dramaturgie des Stücks, vor allem aber ist die Titelheldin selbst davon betroffen. Mit den ihr teils aufgezwungenen, teils von ihr forcierten Wechseln in Handlung und Deutung profiliert sich Johanna als Hysterikerin, die »die gestische Sprache vor allem der Höhepunkte und Peripetien in besonderer Geläufigkeit und in zahllosen Spielarten«[83] beherrscht. Auch Johannas synthetischer Charakter entspricht dieser Disposition: Laut Elisabeth Bronfen ist der Körper der Hysterikerin »in und durch sich selbst semiotisch«[84] und verlockt ihre Ärzte, ihn »buchstäblich in eine leere Tafel zu verwandeln«,[85] auf der sich Fragmente vorgängiger Texte babylonisch vereinen lassen. Ähnlich der hermeneutischen Enteignung Johannas durch ihre männlichen Exegeten konstatiert Vogel in Bezug auf die Hysterika »das Verschwinden realer weiblicher Existenz hinter der leuchtenden Bilderfolge ihrer Stereotypen.«[86] Die Jungfrau ist eine Zusammengesetzte, in der an sich unverbundene Elemente zueinandertreten und sie, gleich der eponymen *hystera*, die sich der antiken Vorstellung zufolge auf unheilvolle Wanderschaft durch den weiblichen Körper begibt, in die Unruhe wechselnder Zustände versetzen. Als ihre Bewegungen die Harmonie des

---

Gott selbst berufen sei. Ein anderer Theologe verfaßte eine lange gelehrte Abhandlung, in der er rechtfertigte, daß Johanna Männerkleidung trage.« (Inge Stephan, Hexe oder Heilige?, S. 43 f.).

81 Juliane Vogel, Die Furie und das Gesetz, S. 118.
82 Ebd., S. 372 f.
83 Ebd., S. 354.
84 Elisabeth Bronfen, Das verknotete Subjekt. Hysterie in der Moderne, aus d. Engl. von Nikolaus G. Schneider, Berlin 1998, S. 275.
85 Ebd., S. 275.
86 Juliane Vogel, Die Furie und das Gesetz, S. 376.

Krönungszugs im vierten Akt irritieren, weil sie von ihrer protokollgemäßen Position und Gangart abweicht, figuriert Johanna gar selbst als das integrale, aber dislozierte Organ der Veranstaltung zur Wiedereinsetzung traditionaler Herrschaft, dessen unstetes Taumeln den Fortbestand des gesamten repräsentativen Corpus bedroht.

Johannas titelstiftende Jungfräulichkeit taugt schließlich zur Bestätigung der Diagnose. Die programmatische Asexualität ihres »Nenne mich nicht Weib« (J II.7, v. 1608, S. 229) paraphrasiert das »unsex me here«[87] der großen Hysterikerin Lady Macbeth. Der Aspekt der Deutungsenthaltung kommt hier erneut ins Spiel: Die sexuelle Abstinenz verbindet sich der hermeneutischen. Johanna bedient sich der Hysterie als Register dramatischen Rollenwechsels, das im launischen Wandel der Befindlichkeiten keinen Zustand der Figur irreversibel fixierbar werden lässt. Daher verfolgt die patriarchale Ordnung »das Ziel der *Normalisierung* [Hervorhebung im Orig.]«[88] der Protagonistin – sie strebt nach Einhegung der bedrohlichen weiblichen Energie. Paradoxerweise muss sie die Jungfrau zunächst pathologisieren, um sie dann gewaltsam vom krankhaften Potential der *peripetischen Hysterie* befreien zu können. Johannas Position jenseits vertrauter interpretatorischer Koordinaten wird auf sie selbst rückprojiziert und als Zustand des Außer-sich-Seins gedeutet: »SOREL O sie ist außer sich! Komm zu dir selbst!« (J IV.3, v. 2738, S. 275) Ihr Auftreten als enthusiasmierte Sendbotin Gottes entspricht frühen Vorstellungen von der Hysterie als Krankheit heiliger Ekstasen, der letztlich auch die normalisierende Fessel nicht beikommen kann. Das Kettenzerreißen als hysterischer Akt der Befreiung aus der »Verknotung des Subjekts«, die Bronfen analysiert, ähnelt den religiös fundierten *attitudes illogiques*, die der Neurologe Paul Richer beschreibt: wiederkehrenden, ikonografisch fixierbaren Handlungen und Posen, die sich durch Plötzlichkeit, Irrationalität und mitunter großen Kraftaufwand auszeichnen.[89] Indem sie die positive Wendung eines bibli-

---

87 William Shakespeare, Macbeth, in: ders., The New Cambridge Shakespeare, hg. von Brian Gibbons, 41 Bde., Bd. (MACB), hg. von A. R. Braunmuller, Cambridge 1997, S. 125 (I.5, v. 39).

88 Albrecht Koschorke, Schillers ›Jungfrau von Orleans‹ und die Geschlechterpolitik der Französischen Revolution, S. 249.

89 Vgl. Paul Richer, Études sur l'hystéro-épilepsie ou grande hystérie, Préface de J. M. Carcot, Paris 1881; ders., Anatomie artistique. Description des formes extérieures du corps humain au repos et dans les principaux mouvements, Paris 1890. Während Richer und Jean-Martin Charcot in ihrer gemeinsamen Studie Les démoniaques dans l'art (1887) nachweisen, in welchem Umfang das Darstellungsregister der Hysterikerinnen aus dem Fundus christlicher Ikonografie schöpft, versucht letzterer zudem zu beweisen, dass die religiöse Verzückung wiederum auf einen hysterischen Zustand zurückzuführen sei. Vgl. allgemein zum Konnex von psychischem Leiden und theatralem Darstellungsdrang Annette Bühler-Dietrich, Drama, Theater und Psychiatrie im 19. Jahrhundert, Tübingen 2012.

schen Beispiels für dämonische Entfesslungskunst vollzieht,[90] realisiert Johanna einen solchen un- beziehungsweise antilogischen Akt, einen letzten Glückswechsel wider dramaturgische Gepflogenheiten.

90 Über Jesu Begegnung mit dem Besessenen von Gerasa, dessen Dämon er später in Schweine fahren lässt, heißt es in Lk 5,2–4: »Und als er aus dem Boot gestiegen war, begegnete ihm sogleich von den Grüften her ein Mensch mit einem unreinen Geist, der seine Wohnung in den Grabstätten hatte; und selbst mit Ketten konnte ihn keiner mehr binden, da er oft mit Fußfesseln und mit Ketten gebunden worden war und die Ketten von ihm in Stücke zerrissen und die Fußfesseln zerrieben worden waren; und niemand konnte ihn bändigen.« (Die Heilige Schrift. Aus dem Grundtext übersetzt, 3. Sonderaufl., Wuppertal und Zürich 1992, S. 52, Zweiter Teil).

ADRIAN RENNER

MUT UND MÜNDIGKEIT

Zum Bezug auf Schiller und Kant
in Hölderlins Oden *Dichtermuth* und *Blödigkeit*

Im Mai 1795 ereignet sich eine markante Zäsur in Hölderlins Leben. Abrupt verlässt er nach mehr als einjährigem Aufenthalt Jena, kurz bevor die Stadt zum *genius loci* der Frühromantik werden wird. Für Hölderlins dichterische Entwicklung ist in Jena besonders die Nähe zu Schiller folgenreich. In regem Austausch entstehen die finalen Fassungen von Schillers *Über die ästhetische Erziehung des Menschen* und Hölderlins *Hyperion*. Die Drastik der Trennung von Schiller zeigt sich deutlich in Hölderlins Briefen nach der Abreise, in denen eine Formel mehrfach wiederkehrt: die der Mutlosigkeit Hölderlins gegenüber Schiller. Im Juni 1797 übersendet Hölderlin Schiller den fertigen *Hyperion* mit den Worten:

> Ich habe Muth und eignes Urtheil genug, um mich von andern Kunstrichtern und Meistern unabhängig zu machen, und insofern mit der so nötigen Ruhe meinen Gang zu gehen, aber von Ihnen dependir ich unüberwindlich; und weil ich fühle, wie viel ein Wort von Ihnen über mich entscheidet, such' ich manchmal, Sie zu vergessen, um während einer Arbeit nicht ängstig zu werden.[1]

Ein Jahr später, im Juni 1798, spricht Hölderlin von einem »geheime[n] Kampfe« mit Schiller – wieder unter der Verwendung des Wortes »Muth«:

> So sehr ich von mancher Seite niedergedrükt bin, so sehr auch mein eignes unpartheiisches Urtheil mir die Zuversicht nimmt, so kann ich es doch nicht

---

1 Friedrich Hölderlin, Sämtliche Werke und Briefe, Bd. II, hg. von Michael Knaupp, München 1992, S. 655 (im Folgenden zitiert: Werke mit lateinischer Bandnummer). Zitate aus der ersten Fassung von *Dichtermuth* (Werke I, S. 240 f.) und *Blödigkeit* (Werke I, S. 443 f.) sind nicht einzeln ausgewiesen, die Gedichte sind dem Aufsatz als Anhang beigegeben. Zu Hölderlins Briefen an Schiller vgl. Luigi Reitani, »Mit wahrster Verehrung«. Hölderlins Rechenschaftsbriefe an Schiller, in: Hölderlin-Jahrbuch 34 (2004/2005), S. 143–160.

über mich gewinnen, mich aus Furcht des Tadels von dem Manne zu entfernen, dessen einzigen Geist ich so tief fühle, und dessen Macht mir längst
vieleicht den Muth genommen hätte, wenn es nicht eben so große Lust wäre,
als es Schmerz ist, Sie zu kennen. [...] Deßwegen darf ich Ihnen wohl gestehen, daß ich zuweilen in geheimem Kampfe mit Ihrem Genius bin, um meine
Freiheit gegen ihn zu retten [...]. (Werke II, S. 690)

In den folgenden zwei Briefen aus dem Jahr 1799 wählt Hölderlin dann jeweils
die Wendung vom »Grosmuth« Schillers, dem Hölderlins eigener »Muth« nicht
gewachsen sei. Ein Brief vom Juli 1799 beginnt mit: »Die Grosmuth, womit Sie
mir immer begegneten, Verehrungswürdigster! und die tiefe Ergebenheiten gegen
Sie [...]« (Werke II, S. 784); im September rechtfertigt Hölderlin erneut seine plötz-
liche Abreise aus Jena vier Jahre zuvor mit dem Hinweis auf seinen fehlenden
Mut: »[...] weil mein Muth und meine Überzeugungen nur zu leicht durch ungüns-
tige Einwirkungen des gewöhnlichen Lebens geirrt und geschwächt werden«
(Werke II, S. 819).

Momme Mommsen hat die Bedeutung Schillers für Hölderlins dichterisches
Schaffen nach 1795 in der Formel von Hölderlins »Lösung von Schiller« gefasst.
Wie Mommsen erstmalig zeigte, finden sich in Hölderlins Gedichten nach der
Abreise aus Jena gehäuft nahezu wörtliche Entsprechungen zu Schillers neu entstehenden Gedichten.[2] Mommsens »Lösung von Schiller« verbindet so biographische mit dichterischen Prozessen: Als das unmittelbare Gespräch mit Schiller durch Hölderlins fluchtartige Abreise versiegt, drängt Hölderlin auf einen
neuen mittelbaren Austausch in der lyrischen Produktion der Dichter. Hölderlins
»Lösung von Schiller« erweist sich hierbei, wie Briefstellen und Gedichte deutlich
machen, als Wechselspiel von Einflussangst und Einflusswunsch. Mommsen hat

---

[2] Momme Mommsen, Hölderlins Lösung von Schiller. Zu Hölderlins Gedichten ›An Herkules‹ und ›Die Eichbäume‹ und den Übersetzungen aus Ovid, Vergil und Euripides, in: Jahrbuch der Deutschen Schillergesellschaft 9 (1965), S. 203–244. In Fortführung Mommsens
vor allem mit biographischem Fokus vgl. Günther Mieth, Friedrich Hölderlin und Friedrich
Schiller – Die Tragik einer literaturgeschichtlichen Konstellation, in: Hölderlin-Jahrbuch
28 (1992/1993), S. 68–79, Götz-Lothar Darsow, »aber von Ihnen dependier ich unüberwindlich...«. Friedrich Hölderlins ferne Leidenschaft, Stuttgart 1995, und Ulrich Gaier, Rousseau,
Schiller, Herder, Heinse, in: Hölderlin-Handbuch, hg. von Johann Kreuzer, Stuttgart und
Weimar 2002, S. 72–89. Gaier merkt an, dass im Verhältnis zwischen Schiller und Hölder-
lin »in der Beziehung einzelner Texte aufeinander noch viel aufzudecken« sei (S. 82). Eine
philosophische Diskussion der Konstellation Fichte, Schiller und Hölderlin findet sich in
Violetta L. Waibel, Hölderlin und Fichte. 1794–1800, Paderborn 2000; eine umfassende Re-
konstruktion der Wechselbezüge zwischen Schillers *Ästhetischen Briefen* und Hölderlins
Hyperion erfolgte erst jüngstens durch Lars Meier, Konzepte ästhetischer Erziehung bei
Schiller und Hölderlin, Bielefeld 2015.

diesen reaktiven Charakter für Hölderlins Gedichte *An Herkules* (1796) und *Die Eichbäume* (1797) dargelegt. Diesen dichterischen Bezügen zwischen Hölderlin und Schiller sollen hier weitere hinzugefügt werden. In einer Darstellung bisher unbeachteter Referenzen auf Schiller in den zwischen 1799 und 1801 verfassten *Dichtermuth*-Oden möchte ich zeigen, dass sich der Prozess der »Lösung von Schiller« als unmittelbar dichterische Auseinandersetzung Hölderlins mit Schillers Schriften noch weiter fortsetzt. In einem zweiten Schritt soll gezeigt werden, wie sich Hölderlins ›Lösung‹ endgültig vollzogen haben mag. Denn in *Blödigkeit* – der finalen Überarbeitung der *Dichtermuth*-Oden aus dem Jahr 1803 – tritt an die Stelle der Schiller-Bezüge eine weitere bisher unentdeckte Referenz: Nachweisbar ist die Auseinandersetzung Hölderlins mit Kants 1784 in der *Berlinischen Monatsschrift* gedrucktem Aufsatz *Was ist Aufklärung?*.

Dieser Bezug auf Kant betrifft den zentralen Satz des Aufklärungstraktats: »sapere aude! habe Muth dich deines eigenen Verstandes zu bedienen!«[3] Schiller nutzt den Satz als Vorlage für den *Achten Brief* seiner 1795 in den *Horen* erschienen Schrift *Über die ästhetische Erziehung des Menschen*. Wie argumentiert werden soll, reagieren und intervenieren Hölderlins *Dichtermuth*-Oden in die Auseinandersetzung Schillers mit Kant. Hölderlin entwirft in den drei *Dichtermuth*-Oden eine eigene Konzeption dichterischen Mutes, die in *Blödigkeit* schließlich nicht mehr in Abgrenzung von Schiller, sondern direkt im Rückgriff auf Kants Aufklärungsschrift entwickelt wird. Hölderlins »Muth« ist so weitaus mehr als ein Motiv aus den Briefen Hölderlins an Schiller und hat über das Biographische hinausreichende Implikationen. Hölderlins *Dichtermuth*-Oden und *Blödigkeit* stehen – und dies soll im Folgenden in einer genauen Auseinandersetzung mit den Gedichten gezeigt werden – in einer Konstellation mit Schillers und Kants zentralen Stellen zum »Wahlspruch der Aufklärung«, wie Kant das Horaz'sche »sapere aude« in *Was ist Aufklärung?* bezeichnet, und betreffen so Hölderlins eigene Bestimmung von Philosophie und Dichtung im Ausgang der Aufklärung.

Der Mut des Dichters und Schillers »muthlose Philosophie«

Der Entwurf *Muth des Dichters* von 1799, die beiden Versionen von *Dichtermuth* von 1800 und 1801 und die 1803 verfasste Ode *Blödigkeit* weisen deutliche, vornehmlich syntaktische Ähnlichkeiten auf, so dass jede spätere Fassung als Über-

---

3   Immanuel Kant, Beantwortung der Frage: Was ist Aufklärung?, in: Kants Werke. Akademie-Textausgabe, Bd. VIII. Abhandlungen nach 1781, hg. von der Preußischen Akademie der Wissenschaften, Berlin 1923, S. 33–42, hier S. 35.

arbeitung einer vorhergehenden Fassung betrachtet werden kann.[4] Gemeinsam ist den vier Fassungen die Einleitung der ersten beiden Strophen mit einer doppelten Frage. In der Mitte der Gedichte stehen jeweils zwei Strophen, die mit einem durch »Denn seit« oder »Denn wie« eingeleiteten Nebensatz beginnen, und mit einem vergleichenden oder analogisierenden, durch »so« eingeleiteten Hauptsatz, aufgelöst werden.

In diesem Hauptsatz bestimmt und benennt sich die Sprechinstanz des Gedichts: »Wir, die Dichter des Volks« (*Muth des Dichters* und erste Fassung von *Dichtermuth*); »Wir, die Sänger des Volks« (*Dichtermuth*, zweite Fassung) und »Wir, die Zungen des Volks« in *Blödigkeit*. Dieses »Wir« ist der Urheber eines »Gesangs«, der erst in der Gemeinschaft der Dichter mit dem Volk eintritt, und zu dem der Dichter auf bestimmte Art und Weise befähigt wird. Im »Mut des Dichters« stellt sich so die Frage, in welcher Zugehörigkeit der Gesang des Dichters zum Volk steht, und wie diese Beziehung gefasst ist. Dies betrifft ebenso die mythologischen Anklänge, die im Gedicht zitiert werden, wie den geschichtlichen Augenblick der Verfassung der Gedichte.

Die Frage nach dem Mut des Dichters ist in *Dichtermuth*[5] mit dem Thema des Todes verbunden. In *Muth des Dichters* evoziert das Gedicht einen »muth'ge[n] Alpenwandrer« (v. 20), nach dessen Bild die Dichter furchtlos ihren »Lebenspfad« entlang gehen, bevor in der letzten Strophe in einer Reminiszenz an den

---

4 Angefangen beim frühen Aufsatz Walter Benjamins hat sich die bisherige Forschung vor allem auf den Vergleich der ersten Fassung von *Dichtermuth* und *Blödigkeit* konzentriert. Vgl. Walter Benjamin, Zwei Gedichte von Friedrich Hölderlin. ›Dichtermuth‹ – ›Blödigkeit‹, in: Gesammelte Schriften, Bd. II.1, hg. von Rolf Tiedemann und Hermann Schweppenhäuser, Frankfurt a. M., S. 105–126. Jochen Schmidts Studie begründet das wirkmächtige Narrativ des Widerrufs – Hölderlin habe in den Letztfassungen der Oden die früheren Fassungen revidiert und verworfen – (Jochen Schmidt, Hölderlins später Widerruf in den Oden ›Chiron‹, ›Blödigkeit‹ und ›Ganymed‹, Tübingen 1978); in direkter Auseinandersetzung mit Schmidt steht Barbara Indlekofer, Friedrich Hölderlin. Das Geschick des dichterischen Wortes. Vom poetischen Wandel in den Oden ›Blödigkeit‹, ›Chiron‹ und ›Ganymed‹, Tübingen und Basel 2007. Ebenfalls auf den Versionenvergleich von *Dichtermuth* und *Blödigkeit* setzen Georg Stanitzek, Blödigkeit. Beschreibungen des Individuums im 18. Jahrhundert, Tübingen 1989, besonders Kapitel VI, S. 243–276, und Ulrich Gaier, Hölderlin. Eine Einführung, Tübingen 1993, zu *Dichtermuth/Blödigkeit*, S. 341–373. Eine synoptische Übersicht über alle vier konstituierten Fassungen mit Vorstufen und Darstellung der Handschriften findet sich in Hans Jürgen Scheuer, Verlagerung des Mythos in die Struktur. Hölderlins Bearbeitung des Orpheus-Todes in der Odenfolge ›Muth des Dichters‹ – ›Dichtermuth‹ – ›Blödigkeit‹, in: Jahrbuch der Deutschen Schillergesellschaft 45 (2001), S. 250–277. Ich verzichte auf eine detaillierte Auseinandersetzung mit *Muth des Dichters* und der zweiten Fassung von *Dichtermuth* und komme auf die Fassungen nur dann zu sprechen, wenn es für das hier vorgeschlagene Argument relevant ist.

5 Im Folgenden ist mit *Dichtermuth* immer die erste Fassung gemeint.

mythischen Tod des Orpheus des Endes dieses Lebenslaufes gedacht wird. In *Dichtermuth* verkehrt sich das Todesmotiv zum Klagegesang: »Freudig starb er und noch klagen die einsamen«. Hervorgerufen durch den Tod eines als mutig bezeichneten Sängers (»einen der Muthigen«), dessen »Stimme« »nun in blauender Halle ruht«, wenden sich die Dichter in dessen Gedenken wieder dem Gang durchs Leben zu. Im früheren *Muth des Dichters*, dem der Gedanke der Klage fehlt und das den Dichter als Einzelnen benennt, kommt der Dichter im Vergessen des Todes zum Mut; der Tod erscheint mythisch überhöht in der Figur des Orpheus am Ende des Gedichts. In *Dichtermuth* geht es hingegen um eine überzeitliche Gemeinschaft der Dichter, die sich durch den Gesang als Klage konstituiert. Doch was heißt dann »Muth« und wieso stellt Hölderlin die Frage nach dem »Dichtermuth«?

Wie gezeigt werden soll, muss die Thematik des Dichtermuts auf eine Stelle aus Schillers *Ästhetischen Briefen* bezogen werden, zu der sich mehrere, auf unterschiedlichen Ebenen gelagerte Verweise in den *Dichtermuth*-Oden nachweisen lassen. Um diese feingesponnenen Bezüge herauszuarbeiten, sollen zudem ein Brief Hölderlins vom Neujahrstag 1799 sowie die ebenfalls in diesem Zeitraum entstandenen *Achill-Fragmente* und das Gedicht *Achill* hinzugezogen werden, bevor der Fokus sich wieder auf die *Dichtermuth*-Oden richtet.

Zunächst zu Schiller: In den *Ästhetischen Briefen* behandelt Schiller nach der geschichtsphilosophischen Eröffnung des Werkes – der Frage nach dem gegenwärtigen Stand des Menschen im Prozess der Aufklärung, nach dem Naturstand des Menschen und der Frage, welche Veranlagung den Menschen zur Aufklärung befähigt – das Thema des Mutes. Denn was den Menschen zu mehr als einem von seinen Instinkten gelenkten Naturwesen macht, ist seine Anlage zur Vernunft. Für die Ausbildung dieser Anlage muss sich der Mensch aber, um zur ästhetischen Erziehung und so letztlich zur Freiheit fähig zu sein, durch den ihm eigenen Mut entscheiden und bekennen. Es ist allerdings fraglich, welche Instanz diesen Mut verbürgt und ob etwa die Philosophie allein dem Menschen die Fähigkeit zur Freiheit ermöglichen kann. So beginnt Schiller den *Achten Brief* mit der Frage: »Soll sich also die Philosophie, muthlos und ohne Hoffnung aus diesem Gebiete zurückziehen?«[6] Gebiet bezeichnet hier den Ort des Konflikts in »der menschlichen Natur« zwischen den »blinde[n] Kräften« der Instinkte und deren Regulierung durch die Vernunft. Aus diesen Konflikten soll sich die Philosophie nicht »muthlos und ohne Hoffnung« zurückziehen.

---

6   Friedrich Schiller, Über die ästhetische Erziehung des Menschen in einer Reihe von Briefen, in: ders., Theoretische Schriften, hg. von Rolf-Peter Janz, Frankfurt a. M. 2008, S. 580. Ich gebe »mutlos«, »mutig« und »Mut« in unmodernisierter Orthographie wieder.

Für Schiller benötigt die Philosophie zur Bewältigung dieses Konfliktes den Beistand der Kunst. Auf der Grundlage dieser Analyse stellt Schiller in einem homerischen Bild dar, auf welche Weise die Philosophie auf die von ihm entworfene ästhetische Erziehung angewiesen ist:

> Die Vernunft selbst wird zwar mit dieser rauhen Macht, die ihren Waffen widersteht, unmittelbar den Kampf nicht versuchen, und so wenig als der Sohn des Saturns in der Ilias, selbsthandelnd auf den finstern Schauplatz herunter steigen. Aber aus der Mitte der Streiter wählt sie sich den würdigsten aus, bekleidet ihn wie Zeus seinen Enkel mit göttlichen Waffen, und bewirkt durch seine siegende Kraft die große Entscheidung.
> Die Vernunft hat geleistet, was sie leisten kann, wenn sie das Gesetz findet und aufstellt; vollstrecken muß es der muthige Wille, und das lebendige Gefühl.[7]

Schiller erklärt hier, wie der »muthlos[en]« Philosophie der »muthige Wille« und das »lebendige Gefühl« der Kunst zur Seite stehen soll, um die Leistung der Vernunft, die Aufklärung, zu vollenden. Dieser Beistand der Kunst ist allegorisch gefasst als Kampf um Troja, in dem der Einzug Achills, des Enkels des Zeus, die entscheidende Wende im Kampf herbeiführt. Und auch in einer zweiten Stelle im *Achten Brief* wird der Mut der Kunst, durch den diese der Philosophie beisteht, als kriegerischer beschworen. Schiller zitiert das von Kant zum »Wahlspruch der Aufklärung« bestimmte »sapere aude«, das Schiller als »vielbedeutenden Ausdruck« eines »alte[n] Weise[n]« kennzeichnet und wie folgt übersetzt und erläutert: »Erkühne dich, weise zu sein. Energie des Muths gehört dazu, die Hindernisse zu bekämpfen, welche sowohl die Trägheit der Natur als die Feigheit des Herzens der Belehrung entgegen setzen.«[8]

Wo bei Schiller »Muth« erforderlich ist, um der Philosophie in den Kämpfen der Aufklärung kriegerisch beizustehen, wird bei Hölderlin das Thema des Mutes zum Ausgangspunkt einer grundsätzlichen Bestimmung dichterischen Sprechens und dessen Tradition. Es geht also nicht darum, wie die Dichtung einer mutlosen Philosophie zur Seite stehen kann, sondern um die Frage, wie ein der Dichtung und dem Dichter eigener Mut gestaltet wäre. Dieser Mut des Dichters ist bei Hölderlin *nicht* in Abgrenzung zur Philosophie gedacht. Während Schiller von einer klaren Trennung zwischen Kunst und Philosophie ausgeht, und so die Mutlosigkeit der Philosophie mit der mutigen Kunst komplementiert, hat für

---

7   Friedrich Schiller, Über die ästhetische Erziehung des Menschen, S. 580.
8   Ebd., S. 581.

Hölderlin die Frage nach dem Mut des Dichters bereits philosophischen Gehalt. Denn in der Frage, was den Dichter zum Gedicht befähigt, konkretisiert sich die Legitimation des Dichters zum dichterischen Sprechen sowohl in geschichtlicher wie in dichtungstheoretischer Weise.

Um nun darzulegen, wie Hölderlins *Dichtermuth* auf die Vorlage Schillers bezogen ist, müssen weitere Texte hinzugezogen werden: ein Brief Hölderlins vom 1. Januar 1799 und die ebenfalls in diesem Zeitraum entstandenen Achill-Fragmente Hölderlins. Diese Texte stehen auf mittlerem Weg zwischen *Dichtermuth* und Schillers *Ästhetischen Briefen* und sollen hier schlaglichtartig betrachtet werden. Insbesondere geht es um die Konturierung der Achilles-Figur, in der sich, der Vorlage Schillers gemäß, für Hölderlin im Dichtermut kriegerische Tugenden, Todesbewusstsein und Dichtertum verbinden. Für Hölderlins Beschäftigung mit Schillers *Briefen* ist ein Brief Hölderlins an seinen Bruder aufschlussreich, der unmittelbar in den Abfassungszeitraum von *Muth des Dichters* und *Dichtermuth* fällt.

Den Neujahrstag 1799 nimmt Hölderlin zum Anlass, um dem Bruder seine Gedanken über den »günstige[n] Einfluß, den die philosophische und politische Lectüre auf die Bildung unserer Nation haben« (Werke II, S. 725), mitzuteilen. Hierbei übt Hölderlin Kritik am Spielbegriff Schillers, wobei Schillers Name nicht eigens erwähnt wird. Für Hölderlin erscheint die Poesie gerade nicht in »der bescheidenen Gestalt des Spiels«, weil ihre Wirkung dann nur die der »Zerstreuung« (Werke II, S. 727) sein kann. Vielmehr »sammelt« die Dichtung und »nähert die Menschen, und bringt sie zusammen, nicht wie das Spiel [...]« (Werke II, S. 727). Gegen Schillers *Ästhetische Briefe* entwickelt Hölderlin so das ästhetische Ideal einer »lebendige[n] Ruhe, wo alle Kräfte regsam sind« (Werke II, S. 727). Dieser Zusammenhang wird mit dem Bild des mutigen Kriegers ausgedrückt:

> [U]nd wie der Krieger, wenn er mit dem Heere zusammenwirkt, muthiger und mächtiger sich fühlt, und es in der That ist, so wächst überhaupt die Kraft und Regsamkeit der Menschen in eben dem Grade, in welchem sich der Kreis des Lebens erweitert, worinn sie mitwirkend und mitleidend sich fühlen [...].
> (Werke II, S. 727)

Wie in *Muth des Dichters* und in *Dichtermuth* steht in dieser Briefstelle die Frage nach dem Mut im Zusammenhang des Lebenslaufes oder des »Kreis[es] des Lebens«. Dieser betrifft das Verhältnis von dem einzelnen Helden zur Masse der Kämpfenden im Brief an den Bruder, und das Verhältnis des Dichters zum Volk in den *Dichtermuth*-Oden. In Hölderlins Gedichten und im Brief erscheint die Frage des »Muthes« für Krieger- und Dichterfigur zwar ohne direkten Bezug zu

Homers *Ilias*; in Hölderlins ebenfalls 1799 entstandenen Achill-Fragmenten und
im Gedicht *Achill* von 1798 oder 1799 wird jedoch genau diese Verknüpfung von
kriegerischem Mut und dichterischem Sprechen ausgearbeitet. Die Thematik des
»Dichtermuths« konturiert sich entscheidend durch die Achill-Referenz. So lässt
sich über Hölderlins *Achill*-Gedicht und die »Achill-Fragmente« wie auch über
den Brief an den Bruder ein weiterer Bezug zwischen Schillers *Achtem Brief* und
den *Dichtermuth*-Oden aufzeigen.

In den »Achill-Fragmenten« wie im *Achill*-Gedicht konzentriert sich Hölderlin
besonders auf eine Szene im I. Buch der *Ilias*. Nach dem Streit mit Agamemnon
verweigert sich Achill dem Kampf und verlässt das Lager der Griechen, um am
Meeresufer seiner Mutter, der Nymphe Thetis, sein Leid zu klagen. Diese Szene
bildet das Eingangsbild von Hölderlins Gedicht *Achill*:

> Herrlicher Göttersohn! da du die Geliebte verloren,
> Giengst du ans Meergestaad, weintest hinaus in die Fluth,
> Weheklagend, hinab verlangt' in den heiligen Abgrund
> In die Stille dein Herz, wo, von der Schiffe Gelärm
> Fern, tief unter den Woogen, in friedlicher Grotte die blaue
> Thetis wohne, die dich schüzte, die Göttin des Meers.
> (Werke I, S. 200)

Gerade in diesem vorbestimmten Schicksal, das Achill seiner Mutter Thetis am
Meeresufer klagt, liegt für Hölderlin die Melancholie Achills. So heißt es im ersten
»Achill-Fragment«: »Er ist mein Liebling unter den Helden, so stark und zart,
die gelungenste und vergänglichste Blüthe der Heroenwelt, ›so für kurze Zeit
geboren‹, nach Homer, eben weil er so schön ist.« (Werke II, S. 64) Das Zitat »so
für kurze Zeit geboren« geht wiederum zurück auf Vers 351 der *Ilias*, welcher die
im Gedicht beschriebene Szene einleitet: »Aber Achilleus / Weinend setzte sich
schnell, abwärts von den freunden gesondert / Hin an des meeres gestad', und
schaut' in das finstre gewässer. / Vieles zur trauten mutter nun flehet' er, brei-
tend die hände: / Mutter, dieweil du mich nur für wenige tage gebahrest«.[9] Achill
klagt der Mutter das ihm von Geburt an gegebene Schicksal, in der entscheidenden Schlacht um Troja fallen zu müssen, um dann als Held mit unvergess-
lichem Namen in die Geschichte einzugehen. So verweigert er den Kampf bis sein,
je nach Deutung, Freund oder Geliebter Patroklos von Hektor erschlagen wird,
worauf der zu Beginn der *Ilias* besungene Zorn Achills, der in der von Hölderlin

---

9   Übersetzung zitiert nach: Homers Werke von Johann Heinrich Voss, 4 Bde., 1. Bd. Homers
     Ilias, Altona 1793, I. Gesang, Vers 348–351.

isolierten Szene vielmehr über das eigene Schicksal zürnt, schließlich in Kampfeslust umschlägt.[10]

Während Schiller die Achill-Figur als die des heroischen Kriegers allegorisiert, wird bei Hölderlin in der von ihm gewählten Szene Achill zur Figuration des um sein Schicksal besorgten und allein klagenden Dichters.[11] Nach der Darstellung des einsamen Flehens Achills am Meeresufer setzt das *Achill*-Gedicht neu ein mit dem Ausruf: »Göttersohn! o wär ich, wie du, so könnt' ich vertraulich / Einem der Himmlischen klagen mein heimliches Laid.« (Werke I, S. 200) An dieser Stelle erscheint Hölderlins Achill nicht als kampfbereiter Krieger wie bei Schiller, sondern als Figuration des Dichters, der isoliert von anderen sein eigenes Schicksal im Dialog mit den Göttern zu deuten sucht. Während in den Achill-Texten diese Figuration an Homer gebunden ist, zielt die Fragestellung in den *Dichtermuth*-Oden auf Hölderlins eigenes Dichtungsverständnis ab: Welches Verhältnis zur Gemeinschaft ist für den »Muth des Dichters« in der Gegenwart konstitutiv? In welchem Verhältnis steht der »Dichtermuth« zur vermeintlich »muthlosen« Philosophie der Spätaufklärung? Und in welchem Verhältnis steht die Dichtung der Gegenwart zum in Achill figurierten, antiken Dichtermut?

In *Dichtermuth* evoziert die dritte Strophe das »Meergestad«, an dem Achill Thetis sein Schicksal klagt. Neben dem Gestad finden sich mit »Fluth« und »Wooge« weitere Bezugspunkte zum *Achill*-Gedicht. Die »friedliche Grotte« in der die »blaue Thetis« wohnt, wird in *Dichtermuth* zur »blauende[n] Halle«, in die »die Wooge denn auch einen der Muthigen [...] hinunterzieht«. Die Todesandacht Achills, wie sie die *Ilias* imaginiert, wird im *Achill*-Gedicht zum Todesgedanken (»hinab verlangt' in den heiligen Abgrund / In die Stille dein Herz [...] tief unter den Woogen«) und in *Dichtermuth* zur Stelle des Gedenkens: Der Dichter trauert an der Stelle Achills am »Gestad«. An der »warnenden Stelle« des Todes ereignet sich das Gedenken dieses Todes (»Wo der Bruder ihm sank denket er manches wohl«) und die Beschließung des Gedichts, in der im letzten Wort der Verweis auf den Krieger als Achill-Figuration wieder Einzug findet: »An der warnenden Stelle / Schweigt und gehet gerüsteter«. Während in *Muth des Dichters* der Tod des Dichters in der Figur des Orpheus dargestellt wird, wird in *Dichtermuth* der Tod des Dichters unter Auslassung direkter mythischer Bezüge in der Gestalt des

---

10   Vgl. zu den Achill-Fragmenten Rainer Nägele, Friedrich Hölderlin: Die F(V)erse des Achilles, in: Fragment und Totalität, hg. von Lucien Dällenbach und Christian L. Hart Nibbrig, Frankfurt a. M. 1984, S. 200–211.

11   Ich verwende »Figuration« hier in Anlehnung an Erich Auerbachs Rekonstruktion des figura-Begriffs mit dem Kennzeichen der »lebendigen Innergeschichtlichkeit«. Vgl. Erich Auerbach, figura, in: Gesammelte Aufsätze zur Romanischen Philologie, Bern 1967, S. 55–92, insbesondere S. 78 f.

Achills figuriert.[12] Damit einher geht eine Betonung geistiger und denkerischer
Akte, gefasst im stummen Singen und im schweigenden Denken des Dichters. Die
Dichter – sowohl die verstorbenen wie auch die gegenwärtigen – erscheinen in
Dichtermuth entkörperlicht und nur im Vollzug einer geistigen Aktivität, in die
sich das Gedicht lautlos denkend-sprechend selbst einreiht.

Ausgehend von diesen Überlegungen kann nun die Frage nach dem *Dichtermuth* im Unterschied zu Schillers Achill-Referenz gestellt werden. Dabei geht es
um den Zusammenhang zwischen dem im Brief an den Bruder benannten »Kreis
des Lebens«, aus dem heraus der »Muth des Dichters« entsteht, wie der Mut des
Kriegers aus dem Zusammenwirken mit dem Heer erwächst. Nur durch dieses
im Mut gefasste Verhältnis zwischen Einzelnem und den Vielen kann sich die
kollektive Sprechinstanz »Wir« als die Dichter des Volkes apostrophieren. Der im
Neujahrsbrief an den Bruder benannte, sich in der Gemeinschaft der Menschen
bildende »Kreis des Lebens«, korrespondiert mit der einleitenden Frage von *Dichtermuth*: »Sind denn dir nicht verwandt; alle Lebendigen«. Während in *Muth des
Dichters* diese Frage noch als »Ist doch nahe vertraut allen den Himmlischen«
die dritte Strophe des Gedichts einleitet, setzen die *Dichtermuth*-Fassungen nicht
mehr aus der Verwandtschaft mit dem Himmlischen, sondern mit dem Lebendigen an zu sprechen. Durch das Eingelassensein in den Lebenskreis, durch die
umfassende Verwandtschaft mit dem Lebendigen kann der kriegerisch-hero-
ische Kampfesmut abgelegt werden: »wehrlos« und sorgenfrei (»sorge nicht«),
geschützt durch eine dem Leben innewohnende, göttliche Lenkung kann das
dichterische »Herz« sich dem Leben hingeben und »fort durchs Leben« wandeln.
Dieses Wandeln umfasst so das im »verwandt« liegende Verhältnis zu den Lebendigen und die durch das Schicksal herbeigeführten Wendungen des Lebens: »es
sei alles gesegnet dir / Sei zu Freude gewandt«.[13]

---

12 Hans Jügen Scheuer sieht in den hier besprochenen Strophen von *Dichtermuth* (1. Fassung)
    ein »[A]ufeinandertreffen« von »Odysseus- und Orpheusmotiv« (Scheuer, Verlagerung des
    Mythos in die Struktur, S. 262). Scheuers Rekonstruktion stützt sich hierbei (nach einem
    Hinweis Sattlers) auf die Leukothea-Szene im fünften Gesang der *Odyssee* (Vers 382 ff.,) und
    auf eine gestrichene Variante Hölderlins zu Vers 20, in der »Vater Orpheus« genannt ist.
    Mit der Auflösung des expliziten Bezugs zur Orpheus-Figur setzt Scheuers Argument von
    der »vollständige[n] Transformation und Verlagerung des Mythos vom Orpheus-Tod in die
    Struktur« (S. 266) der späten Dichtung Hölderlins an. Durch die hier vorgeschlagenen, über
    die Achill-Figur gestalteten Bezüge zu Schillers *Achtem Brief* ist diese »Transformation« und
    »Verlagerung« jedoch – wie auch insgesamt das Problem des mythischen Gehalts der Ge-
    dichte – anders zu bewerten.
13 Jochen Schmidt deutet den in den einleitenden Strophen angesprochenen Lebenszusam-
    menhang als Übernahme von Stoischen Gedankenfiguren, vor allem aus den Hölderlin be-
    kannten Schriften Marc Aurels. So soll es in *Dichtermuth* um »das Thema der Euthymie, des
    frohen Lebensmutes, ja der Lebensfreude, die sich aus dem Vertrauen auf die Beheimatung

Am Anfang der Oden spricht der Dichter sich jeweils als Einzelnen an, in allen vier Fassungen vollzieht sich dann der Umschlag in die plurale Sprechinstanz »Wir«. Aus der Verwandtschaft der Menschen, der »Lebendigen«, wird in diesem Umschlag eine Gemeinschaft der Dichter. Dieser Umschlag bezeichnet die Haltung des »Dichtermuths«: Denn um aus der Gemeinschaft mit den Lebendigen in die Gemeinschaft der Dichter zu treten, und so zu den »Dichter[n] des Volks« zu werden, benötigt es ebenjenen »Muth«, der den Dichter auszeichnet. Mit diesem Mut tritt eine Veränderung der Zugehörigkeit zum Lebendigen wie zum Göttlichen ein. Hier verbindet sich die Thematik des Mutes auf jeweils unterschiedliche Weise mit dem Todesmotiv. In *Muth des Dichters*, das den »Muth« des einzelnen Dichters im Titel benennt, geht es um die Abkehr vom eigenen, individuellen Tod und um die Zuwendung zu überindividuellen Prinzipien: »wie sängen / Sonst wir jedem den eignen Gott?« In *Dichtermuth* lautet diese Zeile: »wie sängen / Sonst wir jedem den eignen Geist?« Das Besingen von »Gott« und »Geist« des Einzelnen macht die Dichter zu den »Dichter[n] des Volks«, lässt sie aber, um das Prinzip des Einzelnen zu sehen, aus der Gemeinschaft der Lebendigen heraustreten und in die weitere Gemeinschaft der Dichter eingehen, die durch ein spezifisches Verhältnis zu ebenjenem »Geist« bestimmt ist. In *Dichtermuth* ist dies gefasst in der Figuration des Dichters als klagender Achill: Eingeschlossen in den Kreis des Lebens (»Wo Lebendes / um uns athmet und wallt, freudig und jedem hold«) und gleichzeitig diesen in ihrer Klage transzendierend, singen die Dichter.

In der Achill-Figuration ist der Rückbezug zur Schiller'schen Ausgangsfrage im *Achten* der *Ästhetischen Briefe* gegeben: Wie kann die Kunst der »muthlosen« Philosophie in den inneren und äußeren Gefechten der Aufklärung zur Seite stehen? Bei Hölderlin führt diese Frage nicht zu einer Abgrenzung der Kunst von der Philosophie, sondern zu einer philosophischen Selbstbestimmung der Dichtung. Während es in *Muth des Dichters* um eine Neubestimmung der Moderne gegenüber der Antike geht, wird in *Dichtermuth* über die Achilles-Figur ein Traditionszusammenhang der Dichter evoziert, den das Gedicht zunächst stiftet, um sich abschließend in diesen Traditionszusammenhang miteinzuschließen. In *Dichtermuth* vollzieht das Gedicht, was es in *Muth des Dichters* als Mythos benennt. »Dichtermuth« bestimmt so keine mythische Eigenschaft, sondern benennt den Einsatzpunkt eines Gesangs, der sich in der geschichtlich-philosophischen Situation der Aufklärung die Tradition dichterischen Sprechens *als*

---

in einem harmonischen Kosmos ergibt« gehen. (vgl. Jochen Schmidt, Hölderlins später Widerruf, S. 104–112, hier S. 105). Es soll hier nicht darum gehen zu zeigen, dass diese Bezüge *nicht* bestehen können; vielmehr mit welchen Akzentsetzungen Hölderlin die Thematik bestimmt.

Gedicht anzueignen sucht. Der Dichtermut befähigt den Dichter zum Gedicht in der Beziehung zum göttlichen Leben und zur Gemeinschaft der Menschen und antwortet so auf eine philosophische Fragestellung, ohne den Dichtermut philosophisch zu bestimmen, weil dieser das Gedicht als Ganzes betrifft.

Mut und Mündigkeit nach Kant

In den für das Spätwerk Hölderlins entscheidenden Jahren zwischen 1800 und 1803, in denen die bedeutenden großen Elegien und Hymnen entstehen, kommt es ebenfalls zu einer tiefgreifenden Umarbeitung des Odenwerks. So entstehen in diesem Zeitraum alle sechs Oden für den neunteiligen Zyklus der *Nachtgesänge* durch Überarbeitungen früherer Fassungen.[14] In allen Fällen geht dies mit der Veränderung des Gedichttitels einher: *Der blinde Sänger* (1800/1801) wird zu *Chiron*, *Sapphos Schwanengesang* (1800) zu *Thränen*, *Bitte* (1801) zu *An die Hoffnung*, *Der Winter* (1798/1799) zu *Vulkan* und *Der gefesselte Strom* (1800/1801) zu *Ganymed*. Auch zu *Hälfte des Lebens* existiert eine frühere Entwurfsversion. Einzig die den Zyklus abschließenden, freirhythmischen Gedichte *Lebensalter* und *Der Winkel von Hahrdt* weisen keine Vorstufen auf.

Die Veränderung des Titels von *Dichtermuth* zu *Blödigkeit* wirft hierbei Fragen auf – scheint »Blödigkeit« doch eine gänzlich andere Eigenschaft des Dichters zu benennen als der »Dichtermuth«. Wie Ulrich Gaier bemerkt hat, scheint *Blödigkeit* »nicht mehr eine Ode über den Dichter, sondern eine Ode über die Dichtung«[15] darzustellen. Der Gedanke lässt sich daran explizieren, dass *Blödigkeit* (wie auch schon die zweite Fassung von *Dichtermuth*) nicht mehr in eine unmittelbare Beziehung zu Schillers *Ästhetischen Briefen* gesetzt werden kann. Hier vollzieht Hölderlin die »Lösung von Schiller« (Mommsen), ohne jedoch den

---

14 Dies gilt bereits für die Deutung des Titels *Nachtgesänge*, der so von Hölderlin nur in einem Brief an den Verleger der Gedichte benutzt wird. Den üblicherweise genannten Bezugsstellen (vgl. Anke Bennholdt-Thomsen, Nachtgesänge, in: Hölderlin-Handbuch, S. 336–346) möchte ich eine mögliche weitere hinzufügen: das Ende des hymnischen Entwurfs *Wie wenn der Landmann* (Werke I, S. 261):
und sag ich gleich, ich wäre genaht, die Himmli-
schen zu schauen, sie selbst sie werfen
mich, tief unter die Lebenden alle,
Den falschen Priester hinab, daß ich, aus Nächten herauf,
Das warnend ängstige Lied
Den Unerfahrenen singe.

15 Ulrich Gaier, Hölderlin, S. 371. Gaier merkt an, dass dies jedoch nicht im Sinne des »Widerrufs« (Jochen Schmidt) gemeint ist.

dialogischen Bezugscharakter gänzlich aufzugeben. Denn *Blödigkeit* schließt neben den anderen Gedichten der *Nachtgesänge* und den eigenen Vorversionen einen weiteren Text in seinen Resonanzraum mit ein: Kants Abhandlung *Was ist Aufklärung?* von 1784. Allerdings zitiert Hölderlin Kants *Was ist Aufklärung?* nicht im Sinne einer wörtlichen Referenz. Vielmehr bietet Kants Text eine philosophische Vorlage, vor der sich die Thetik des Gedichts konturieren lässt. In Analogie zur dialogischen Anlage von *Dichtermuth*, aber ohne den Charakter der direkten Referenz, geht es in *Blödigkeit* so um eine Transposition und Neubestimmung der Aufklärungsthesen Kants auf dem Feld der Dichtung. Dies soll in zwei Schritten dargestellt werden: Zunächst in einer genauen Analyse von *Blödigkeit* vor dem Hintergrund von Kants Aufklärungstraktat; zweitens vor dem Bezugsrahmen der *Nachtgesänge*. Ziel ist eine genaue Bestimmung des Gedankens der *Blödigkeit* und dessen Verhältnis zum Dichtermut.

Innerhalb der neun *Nachtgesänge* nimmt *Blödigkeit* eine doppelt herausgehobene Stellung ein: Zunächst ist das Gedicht genau in der Mitte der neun Gesänge platziert. Weiterhin unterscheidet es sich von den fünf anderen Oden der *Nachtgesänge* durch sein asklepiadeisches Versmaß. Gegenüber den *Dichtermuth*-Fassungen weist *Blödigkeit* entscheidende Veränderungen auf. Mit der Änderung des Titels korrespondiert das Verschwinden der zentralen Sprechinstanz. An Stelle der »Dichter« heißt es nun: »Wir, die Zungen des Volks«. In *Blödigkeit* bestimmt sich so die Bedingung und Wirkung der Art des Singens, wie sie für die Nachtgesänge ausschlaggebend ist, nicht mehr über den Urheber des Gesangs, den Dichter, auf dessen Subjektivität nur noch der Titel des Gedichts bezogen werden kann, sondern ausschließlich über den Gesang des Gedichts selbst. Innerhalb der *Nachtgesänge* ist *Blödigkeit* auch das einzige Gedicht, in dem die Wendung »Gesang« auftritt, abgesehen von einem »gesanglos« (Werke I, S. 442) in *An die Hoffnung*. In *Blödigkeit* geht es um die »Einkehr«, zu der der Gesang führt, wie auch um die im Gängelband-Bild bezeichnete göttliche Führung der Singenden.[16] Und es geht um eine sich im Gesang ereignende Angleichung zwischen den »Himmlischen« und den »Menschen«, die auch eine der Menschen selbst ist: »bei Lebenden / Wo sich vieles gesellt, freudig und jedem gleich«.

Wie schon in den *Dichtermuth*-Oden lässt sich die in *Blödigkeit* verhandelte Art des Gesangs nicht ohne eine Klärung der Frage beleuchten, auf was die Aussage des Gedichts über diesen Gesang Reaktion, Übersetzung und Antwort ist. Denn – so die hier vorgeschlagene Überlegung – wie in den *Dichtermuth*-Oden erhält sich in *Blödigkeit* der dialogische Charakter des Gedichts. Im Fall von *Blödigkeit* wird

---

16 Das Bild des Gängelbandes als Prinzip göttlicher Lenkung findet sich bereits in der zweiten Fassung von *Dichtermuth* und wird in ähnlicher Weise in Schillers Gedicht *Die Götter Griechenlandes* von 1788 verwendet.

der ursprüngliche Ausgangstext der *Ästhetischen Briefe* Schillers ersetzt durch
einen Text, der bereits in den *Briefen* zitiert und umgeschrieben wurde: Kants
Beantwortung der Frage: Was ist Aufklärung? aus dem Jahr 1784. Wie dargestellt,
zitiert Schiller im *Achten* der *Ästhetischen Briefe* ohne Namensnennung Kants
das »sapere aude«, welches von Schiller mit »Erkühne dich, weise zu sein« übersetzt.[17] Kants »sapere aude« stellt den Ausgangspunkt der Kritik Schillers an der
»muthlosen Philosophie« dar, der Schiller durch die Kühnheit und die »Energie
des Muths« der Kunst abhilft. In diese Konstellation interveniert Hölderlin mit
den *Dichtermuth*-Oden, und durch diese Konstellation bestimmt erweist sich
ebenfalls Hölderlins *Blödigkeit*. Mit der Ersetzung des Gedichttitels verändert
sich jedoch Hölderlins Referenz auf Schiller. Der direkte Bezug wird aufgelöst, an
seine Stelle tritt ein dialogisches Verhältnis zu Kants Traktat, ohne dass diese Verweise explizit markiert werden. Die Bezüge auf Kant in *Blödigkeit* erreichen nie
den Grad der Unmittelbarkeit, wie sie über die Personifizierung des Mutes in der
Achilles-Figur bei Hölderlin und Schiller aufgezeigt werden konnten. Dem gegenüber gewinnen die Kant-Bezüge in *Blödigkeit* ihre Evidenz aus der Variation von
Begriffen, Wörtern oder Motiven aus Kants Traktat und aus der gesamten Thetik
des Gedichts, die sich, wie im Folgenden gezeigt werden soll, im Dialog mit den
Aussagen Kants konturieren lässt.

Kant bestimmt die Aufklärung als »Ausgang des Menschen aus seiner selbst
verschuldeten Unmündigkeit«. Unmündigkeit ist weiterhin bestimmt als »das
Unvermögen, sich seines Verstandes ohne Leitung eines anderen zu bedienen«
und selbstverschuldet ist diese Unmündigkeit, »wenn die Ursache derselben
nicht am Mangel des Verstandes, sondern der Entschließung und des Muthes
liegt, sich seiner ohne Leitung eines andern zu bedienen«.[18] Im Fortgang des
Textes benennt Kant weitere Umstände und Bedingungen des anfangs beschriebenen »Schritts zur Mündigkeit« als Prozess der Aufklärung. Für Kant liegt es an

---

17 Das Zitat stammt aus Horaz, Episteln I, 2, 40: »dimidium facti, qui coepit, habet: Sapere
aude, / incipe!« (zitiert nach: Horaz, Sämtliche Werke. Lateinisch – Deutsch, Darmstadt
1993, S. 428). Voss' Übersetzung lautet: »Halb vollendete schon, wer mutig begann! Sei getrost klug! Frisch an das Werk!« (Des Quintus Horatius Flaccus Werke von Johann Heinrich
Voss, 2. Bd.: Satiren und Episteln, 2. Aufl., Braunschweig 1820, S. 222). Wielands Übersetzung der Stelle lautet: »Frisch angefangen ist schon halb getan. Was säumst du? Wag' es auf
der Stelle weise zu sein!« (Christoph Martin Wieland, Übersetzung des Horaz, hg. von Manfred Fuhrmann, Frankfurt a. M. 1986, S. 78). »Sapere aude« findet sich ebenfalls als Inschrift
in der Aletophilenmedaille, die auf dem Titelblatt der zur Thronbesteigung Friedrich II.
erschienenen Schrift Christan Wolffs *Le Philosophe-Roi, et le Roi-Philosophe* abgebildet ist
(vgl. Steffen Martus, Aufklärung. Das deutsche 18. Jahrhundert – Ein Epochenbild, 2. Aufl.,
Berlin 2015, S. 454). Kant erklärt in *Was ist Aufklärung?* das »Zeitalter der Aufklärung« zum
»Jahrhundert *Friederichs*«.
18 Immanuel Kant, Was ist Aufklärung?, S. 35.

»Faulheit und Feigheit [...], warum ein so großer Theil der Menschen, nachdem sie die Natur längst von fremder Leitung frei gesprochen« hat, unmündig bleibt, und es liegt am politischen Willen der Herrscher, das Volk unmündig zu halten:

> [D]afür sorgen schon jene Vormünder, die die Oberaufsicht über sie [die Unmündigen, Anm. d. Verf.] gütigst auf sich genommen haben. Nachdem sie ihr Hausvieh zuerst dumm gemacht haben und sorgfältig verhüteten, daß diese ruhigen Geschöpfe ja keinen Schritt außer dem Gängelwagen, darin sie sie einsperreten, wagen durften, so zeigen sie ihnen nachher die Gefahr, die ihnen drohet, wenn sie es versuchen allein zu gehen. Nun ist diese Gefahr zwar eben so groß nicht, denn sie würden durch einigemal Fallen wohl endlich gehen lernen; allein ein Beispiel von der Art macht doch schüchtern und schreckt gemeiniglich von allen ferneren Versuchen ab.[19]

Diese Stelle enthält mehrere ebenfalls bei Hölderlin auftretende Motive: Die Gängelwagen-Metapher ist bei Kant auf ähnliche Weise verwendet wie in Hölderlins Gängelband-Bild; mit dem »dumm[en]«, »schüchtern« gemachten, »ruhigen Geschöpfe« können Hinweise zu Hölderlins Personifizierung der Blödigkeit (»ein einsam Wild«) gesehen werden. Entscheidend ist jedoch, dass Kant den Ausgang aus der Unmündigkeit buchstäblich als einen Prozess des Gehenlernens, des »gehen [zu] lernen« sieht. Kant führt dieses Bild mit den »Fußschellen einer immerwährenden Unmündigkeit« fort, die auch wenn sie abgeworfen werden, nur einen »unsicheren Sprung« aus der Unmündigkeit zulassen, so dass es nur wenigen gelungen ist, »durch eigene Bearbeitung ihres Geistes sich aus der Unmündigkeit heraus zu wickeln und dennoch einen sicheren Gang zu tun«.[20] Mit der Metaphorik des Tritts, Schritts, Gangs und Gehens akzentuiert Kant so den Übergang zwischen den begrifflich klar geschiedenen Bereichen der Mündigkeit und Unmündigkeit.

Kants Emphase des Schreitens und Gehens korrespondiert in *Blödigkeit* eine Akzentverschiebung der Eingangsstrophen weg vom Wandeln hin zum Gehen und Treten. »Verwandt«, »wandle«, »entwand« werden durch »geht« und »tritt« ersetzt: »Geht auf Wahrem dein Fuß nicht, wie auf Teppichen? / Drum mein Genius! tritt nur / Baar in's Leben« heißt es nun in *Blödigkeit*. Hölderlin evoziert wie Kant einen bestimmten Schritt als Übergang zweier geschiedener Bereiche. Während bei Kant jedoch das »Lernen« den Übergang hervorbringt, ist es bei Hölderlin die Tat des Schreitens selbst.

---

19 Ebd., S. 35 f.
20 Ebd., S. 35.

Weiterhin rückt die erste Strophe von *Blödigkeit* die Anrufung des »Genius« an die Stelle der schützenden Parze. Die Aufforderung an den Genius, in das Leben zu treten, verändert den Zusammenhang vom »Kreis des Lebens«, der bisher in den Eingangsstrophen evoziert wurde. Nicht »alle Lebendigen« sind dem Dichter bekannt, sondern nur »viele Lebendige«. Die Selbstansprache des Dichters wechselt über in die Ansprache des »Genius«, der gegenüber der mythologischen Parze ein eher rationales, Kants Verstand näherstehendes Prinzip darstellt.[21] So zielt der Schritt, der spezifische Eingang, den die ersten beiden Strophen entwerfen, bereits auf den Dichter. Der Ausgang aus der Gemeinschaft der Lebendigen und der Eingang in den durch den Genius benannten Zusammenhang der Dichter bezeichnet einen Schritt zu einer spezifisch dichterischen Mündigkeit.

Bei Kant bedeutet die Mündigkeit der Aufklärung, »von seiner Vernunft in allen Stücken öffentlichen Gebrauch zu machen«:[22] Kant nennt für dieses öffentliche Sprechen zwei Instanzen: den Gelehrten und den Geistlichen. Beiden muss durch ihren Beruf die Freiheit eingeräumt werden, sich, im Gegensatz zum Bürger, der seine Vernunft privat gebraucht, nur vom eigenen Verstandesgebrauch leiten zu lassen. Kant bezeichnet diesen Gebrauch der Vernunft als »in seiner eigenen Person zu sprechen«.[23] Diese Aussagen lassen sich auch als Antworten auf die von Hölderlin in *Dichtermuth* aufgeworfenen Fragen verstehen. Kant gibt eine Antwort darauf, wie sich das Verhältnis von Einzelnem zur Öffentlichkeit im Zeitalter der Aufklärung darstellt – die des öffentlichen Sprechens in der eigenen Person –, und welches Prinzip den Einzelnen hierbei leitet: die Lenkung durch Verstand und Vernunft. Für das in *Blödigkeit* aufgeworfene Problem der Mündigkeit des Dichters sind diese Fragen wiederum so zu formulieren: In welche Gemeinschaft und in welchen Zusammenhang begibt sich der Dichter, um Dichter zu sein? Welcher Schritt ist hierzu erforderlich? Für wen und zu wem spricht der Dichter und in welcher Person spricht der Dichter? Und welches Prinzip legitimiert dieses Sprechen?

Im Kontext dieser aus Kants Aufklärungstext sich ergebenden Fragen möchte ich versuchen, die mittleren Strophen von *Blödigkeit* zu analysieren, die in ihrer syntaktischen und bildlichen Komplexität jede Interpretation vor Probleme stellen. Wie in den *Dichtermuth*-Oden geht es in diesen Strophen um Vermitt-

---

21   Adorno hat den »Genius« mit Verweis auf *Blödigkeit* zum Anlass genommen, diesen als den »Geist des Gesangs« zu bestimmen: »Genius aber ist Geist, sofern er durch Selbstreflexion sich selbst als Natur bestimmt [...]. Er wäre das Bewußtsein des nichtidentischen Objekts.« (Theodor W. Adorno, Parataxis. Zur späten Lyrik Hölderlins, in: Gesammelte Schriften, Bd. 11.: Noten zur Literatur, Frankfurt a. M. 1974, S. 447–494, hier S. 488).

22   Immanuel Kant, Was ist Aufklärung?, S. 36.

23   Ebd., S. 38.

lungen zwischen der sich über die Hingabe an ein Prinzip göttlicher Lenkung begründenden Gemeinschaft der Dichter und der Gemeinschaft der Dichter mit dem Volk. In *Blödigkeit* ist dies zunächst in zwei Angleichungsprozessen gefasst: zwischen Göttern und Menschen – »Himmlischen gleich Menschen« – und zwischen den Lebenden, bei denen »jedem gleich« sich »vieles gesellt«. Die Vermittlung beider Angleichungen geschieht in der »Einkehr«, welcher der »Gesang« zuführt. Gleichzeitig kann dieser Gesang nicht entstehen ohne die Möglichkeit der Gleichheit der Menschen mit den Göttern. Was der Gesang herbeiführt, stellt somit auch die Voraussetzung des Gesangs dar.

Aus dieser Zirkularität lässt sich der Widerspruch erklären zwischen der Setzung der Gleichheit als Grundbedingung »seit Himmlischen gleich Menschen« mit der entgegengesetzten Aussage, dass auch die Himmlischen geführt werden, dass es also wieder eine Differenz zwischen Führendem und Geführten geben muss. Der begründende Zirkel, dass der Gesang erst herbeiführt, was ihn selbst ermöglicht, zeigt sich auch in der Inversion der Satzstruktur. Dem Verb folgt erst Objekt und dann Subjekt des Satzes: »führet, der Einkehr zu / Der Gesang«. Hiermit begründet sich der Gesang in seinem Singen und also nicht in der Instanz des Dichters, denn dieser ist wiederum Teil der Angleichung zwischen den Menschen und den Göttern. Nicht mehr die »Dichter des Volks« oder die »Sänger des Volks«, sondern die pfingstlich konnotierten »Zungen des Volks« sind nun Urheber des anonymen Gesangs, in dem die Differenz zwischen Sänger und Volk in der gesellig-freudigen Einkehr aufgelöst ist, in die auch »der Fürsten Chor« im Sinne einer umfassenden Egalisierung einstimmt.[24]

Am Ende der vierten und in der fünften Strophe bringt sich das Gedicht mit einem »so ist ja« in eine zeitliche Differenz zu den vorhergehenden Strophen.[25] Mit der Erwartung der Markierung einer Gegenwart tritt aber sogleich in der Überlagerung verschiedener Bildelemente eine temporale Irrealisierung ein. Die kollektive Sprechinstanz bezeichnet sich zunächst als »uns die Entschlafenden«, die »wie Kinder« gehalten werden. Zugleich ist von einer »Wende der Zeit« die Rede, die durch die christliche Konnotation im »des Himmels Gott« einerseits escha-

---

24 Zu Hölderlins Stellung zu Rousseau, Schiller und Kant im Kontext des Gleichheitsdenkens der Französischen Revolution vgl. Jochen Schmidt, Hölderlins später Widerruf, S. 118–123. Schmidt sieht Korrespondenzen bei Hölderlin zu Kants Begründung der Gleichheit in der Vernunft.

25 Diese Differenz wird bereits in der zweiten Fassung von *Dichtermuth* gebildet, indem eine Verschiebung in der zentralen dritten Strophe von einer analogisierend-kausalen Satzkonstruktion (*Muth des Dichters*: »Denn, wie [...] so gehn auch / wir«; *Dichtermuth, 1. Fassung*: »so sind auch / Wir«) hin zu einer analogisierend-temporalen (*Dichtermuth, 2. Fassung*: »Denn, seit«; *Blödigkeit*: »Denn seitdem [...] so waren auch / Wir«) erfolgt.

tologische Momente erhält, andererseits auch durch den »denkenden Tag« und die vorhergehende Egalisierung von »Armen und Reichen« als Anspielung auf die Französische Revolution verstanden werden kann. Über das Gängelband-Bild wird die Führung des sich selbst führenden Gesangs an die Instanz des »Vaters« abgegeben. In der fünften Strophe überhöht sich so die in den vorigen Strophen bestimmte Lenkung des Gesangs in einem kosmologisch-heilsgeschichtlichen Zusammenhang. Der heilsgeschichtlichen Erwartung korrespondiert so eine Verschiebung des Gesangs in eine unbestimmte, vergangene Zeit: der Vollzug des Gesangs wird so zu einem Vollzogenen.

In dieser Problematik treffen die mittleren Strophen von *Blödigkeit* einen Grundwiderspruch des Spätwerks Hölderlins, in dem sich zunehmend transzendentalphilosophische und theologische Begründungsstrukturen entgegenstehen. Einerseits geht es, wie in der dritten und ersten Hälfte der vierten Strophe von *Blödigkeit*, um den Anspruch der Begründung des Gedichts aus sich selbst. In *Blödigkeit* überlässt sich der Dichter der Einkehr des Gesangs, in dem das Gedicht seine eigene Bedingung der Möglichkeit bestimmt. Andererseits steht diese transzendentale Begründung des Gedichts im Widerspruch zu dem Prinzip der göttlichen Lenkung des Dichters. Dieses tritt in den theologischen Bildern der zweiten Hälfte der vierten Strophe und der fünften Strophe, in der sich die Dichter der göttlichen Führung überlassen, umso massiver wieder auf. Der Selbstvollzug des Gesangs und die göttliche Führung des Dichters bilden derart zwei entgegengesetzte Pole, aus denen sich die dem Gedicht *Blödigkeit* eigentümliche Spannung herleitet. Von einer Auflösung kann in der letzten Strophe des Gedichts nicht gesprochen werden, sondern, wie gezeigt werden soll, von einer Übertragung dieser Spannung in eine geschichtliche Dynamik.

Der verdichteten Bildlichkeit der fünften Strophe steht eine metaphorische Kargheit der sechsten Strophe gegenüber, in der sich das Gedicht, ähnlich wie in den beiden Eingangsstrophen, der Figur des Dichters zuwendet. Der im »wir« implizierte Dichter erscheint so am Anfang des Gedichts *vor* dem Selbstvollzug des Gesangs und am Ende des Gedichts *nach* dem Vollzug des Gesangs wieder auf die Zukunft des Gesangs deutend: »Wenn wir kommen«. Am Ende des Gedichts steht das »wir« wieder in Differenz zu den Himmlischen, unbenannt bleibt aber, zu wem sich dieses »wir« dann zählt.

Verbunden mit dieser Unbestimmtheit der Dichterfigur stehen die Fragen, von welchem »wir« das Gedicht handelt, welche Instanz unter welchen Bedingungen als Urheber des Gesangs benannt werden kann und in welcher Beziehung die titelgebende »Blödigkeit« zu diesem »wir« steht. In der Frage nach dem »wir« kristallisieren sich die verschiedenen Bezüge zu Schillers und Kants Aufklärungstexten, zu den *Dichtermuth*-Oden und zu den anderen Gedichten der *Nachtgesänge* heraus. Zum einen geht es hierbei um die Stellung von *Blö-*

digkeit innerhalb der *Nachtgesänge*. Zum anderen geht es in der Frage nach der titelgebenden »Blödigkeit« wieder um den Bezug zu Kants Aufklärungsschrift. Denn durch den Zusammenhang der *Nachtgesänge* kommt es in *Blödigkeit* zu einer Wiederaufnahme der Achill-Thematik aus den *Dichtermuth*-Oden, die sich mit der Kant'schen Frage nach dem mündig-öffentlichen Sprechen, dem »Sprechen in der eigenen Person« überkreuzt. Wie abschließend gezeigt werden soll, entwickelt Hölderlin durch die versteckten Bezüge zur Achill-Figur in den *Nachtgesängen* eine Konzeption dichterischer Mündigkeit, als deren Fluchtpunkt Kants mutiger »Ausgang des Menschen aus seiner selbst verschuldeten Unmündigkeit« gesehen werden kann. Eine derart gelagerte Referenz enthält notwendigerweise eine spekulative Komponente, wird aber zumindest im durch Schillers *Achten Brief* vermittelten Bezug der frühen *Dichtermuth*-Fassung auf Kants Aufklärungstext gestützt. Das Scharnier bildet hierbei die Achill-Figur, deren Konturen auch, wie gezeigt werden soll, in den *Nachtgesängen* sichtbar gemacht werden können. Damit stellt sich erneut die Frage nach dem Verhältnis von mythischer Tradition und Aufklärung.

Unmündigkeit des Dichters, Mündigkeit des Gedichts

Mit der letzten Strophe von *Blödigkeit* stellt sich die Frage nach einem Geschick, zu dem das »wir« des Gedichts aufgefordert ist: »geschickt [sind] einem zu etwas wir«. Dieses Geschick stellt sich ebenfalls in den »schiklichen[n] Hände[n]« des Dichters dar. Die Verbindung von Dichtergeschick und dessen geschickten Händen betrifft die Stellung von *Blödigkeit* als Zentrum innerhalb der *Nachtgesänge*. Denn die Abfolge der einzelnen *Nachtgesänge* verweist auf ein solches Geschick: Die *Nachtgesänge* sind nicht nur nach metrischen Gesichtspunkten gruppiert, sondern zeigen bereits in einer oberflächlichen Betrachtung eine geschichtsphilosophisch-mythologische Reihung auf, in der Figuren des Mythos (*Chiron, Vulkan, Ganymed*) in einer Abfolge mit Reflexionen über die Lebenszeit (*Hälfte des Lebens, Lebensalter*) und geschichtlichen Ereignissen (*Der Winkel von Hahrdt*) stehen. Eine umfassende Rekonstruktion dieser Verknüpfungen von Welt- und Lebenszeit, von Mythos und Geschichte innerhalb der *Nachtgesänge* würde hier den Rahmen sprengen. Ich möchte mich daher auf ein Motiv der *Nachtgesänge* beschränken, das in den bisherigen Interpretationen der Gedichte unbeachtet blieb: die verdeckte Bezugnahme auf die Achill-Figur, durch die wiederum die Thematik des Geschicks und des Schicksals verhandelt wird.

Am Ende von *Blödigkeit* stehen die »schiklich[en] Hände« des Dichters. Diese verweisen auf das erste Gedicht der Nachtgesänge: *Chiron*. Der lateinisch transkribierte Name des Kentaurs, Chiron, leitet sich vom Griechischen *cheir* – »Hand« –

ab.[26] Chiron ist der Erzieher eines in der letzten Strophe direkt angesprochenen Knaben. Dieser wird im Wissen einer Prophezeiung, laut der Chiron durch Herakles getötet werden wird, erzogen und aufgefordert, sich zu bewaffnen: »Nimm nun ein Roß, und harnische dich und nimm / Den leichten Speer, o Knabe!« (Werke I, S. 440) Der von einem Geschick zum Krieger erklärte Knabe ist, folgt man einer mythologischen Tradition[27] und einer im Kontext der *Nachtgesänge* entstandenen Aussage Hölderlins, aber Achill. In Hölderlins Kommentar zu der Übersetzung des Pindar-Fragments *Das Belebende* heißt es hierzu: »Die Gesänge des Ossian sind wahrhaftige Centaurengesänge, mit dem Stromgeist gesungen, und wie vom griechischen Chiron, der den Achill auch das Saitenspiel gelehrt.« (Werke II, S. 385) Der von Chiron erzogene Knabe stellt derart die Verknüpfung von Sänger und Krieger dar, wie sie Achill für Hölderlin auszeichnet. So sind es gerade die »schickliche[n] Hände« Achills, die ihn sowohl zum Saitenspiel wie zum Kampf mit dem »leichten Speer« prädestinieren.[28]

Die Sprechinstanz von *Chiron* wie auch der nachfolgenden beiden Gedichte *Thränen* und *An die Hoffnung* ist ein »ich«. Die mittleren drei Oden – *Vulkan, Blödigkeit, Ganymed* – sind im »wir« gesprochen und erst in den abschließen-

26 So der Hinweis in Benjamin Hederichs *Gründlichem Mythologischen Lexikon* im Artikel ›Chiron‹: »Diesen soll er von χεὶρ, χειρὸς, die Hand, haben weil er nämlich ein guter Chirurgus, oder Wundarzt zu seiner Zeit gewesen, und folglich die Hände insonderheit zu seiner Kunst mit gebrauchet hat.« (Benjamin Hederich, Gründliches mythologisches Lexikon, Leipzig 1770, S. 707, zitiert nach: http://woerterbuchnetz.de/Hederich/ [22. 6. 2016]).

27 In Hederichs *Lexikon* heißt es im Artikel ›Achilles‹: »Peleus nahm hierauf seinen kleinen Sohn, und übergab ihn dem Centaur Chiron zur Auferziehung, der es denn auch auf das allersorgfältigste that, und ihn daher nicht nur mit lauter Herzen der Löwen, und Marke von Bären und wilden Schweinen speisete; sondern auch in der Musik, Medicin und andern anständigen und damals üblichen Wissenschaften unterwies [...]« (ebd., S. 32).

28 Einer etwa bei Philostrat in den *Heroikos* genannten mythologischen Tradition nach verfertigt Chiron dem Knaben Achill einen leichten Jagdspeer aus Eschenholz, mit dem dieser dann auch in die Schlacht um Troja zieht. Ovid verweist ebenfalls an einer Stelle auf die doppelte Verwendung der Hände Achills zum Kampf und zum Saitenspiel: »ille manus olim missuras Hectora leto creditur in lyricis detinuisse modis.« (Fasti 5,385f: »Der nun lehrte – so glaubt man – die Weisen der Lyra die Hände, die dem Hektor den Tod brachten in späterer Zeit.« (Zitiert nach: Publius Ovidus Naso, Fasti / Festkalender. Lateinisch – Deutsch, hg. und übers. von Niklas Holzberg, Darmstadt 1995, S. 222 f.) Vollkommen originell ist im Übrigen der Vorschlag Martin Heideggers in einem aus dem Nachlass veröffentlichten Dialog zu Hölderlin, in dem ein »Älterer« und ein »Jüngerer« im Zusammenhang einer Erörterung des Geschicks auf *Blödigkeit* und *Thränen* zu Sprechen kommen. Dort heißt es: »Schickliche Hände‹ – festliche Hände. [...] Allein ›schicklich‹ sind ihre Hände auch nur als die Hände der Geschickten, derer, die in die Bereitung des Festes verfügt sind.« (Martin Heidegger, Das abendländische Gespräch 1946/47–1948, in: Zu Hölderlin. Griechenlandreisen. Gesamtausgabe Bd. 75, Frankfurt a. M. 2000, S. 57–196, hier S. 108).

den drei freirhythmischen Gedichten tritt wieder ein »ich« auf.[29] Diese Anlage
ist für den Gedichtzyklus entscheidend, denn die mittleren Gedichte bestimmen,
in welchem Verhältnis das »ich« der ersten drei Oden zu dem der abschließenden drei Gedichte steht, in denen dieses »ich« nicht mehr durch Figuren wie
Chiron verstanden werden kann. Erst über die Vermittlung des »wir« der mittleren drei Gedichte kann wieder die Sprechinstanz eines »ich« gebildet werden.
Hierbei gibt es eine szenische Korrespondenz: So heißt es in *Chiron* »Nun siz'
ich still allein« (Werke I, S. 440), während es in *Lebensalter* heißt: »jetz aber
siz' ich unter Wolken / [...] unter / Wohleingerichteten Eichen, auf der Heide des
Rehs« (Werke I, S. 446). In *Chiron* spricht das »ich« von sich in der Vergangenheit: »Ich war's wohl«; gekennzeichnet ist das »ich« *Chirons* durch Einsamkeit:
»Sonst nemlich folgt ich / Kräutern des Walds und lauscht' / ein waiches Wild am
Hügel«. Diese Waldeinsamkeit zieht sich durch alle Gedichte der *Nachtgesänge*
bis zum abschließenden *Der Winkel von Hahrdt*, das auf eine Stelle im schwäbischen Wald verweist, an der Ulrich von Württemberg nach seiner Vertreibung
1519 Zuflucht fand.

Auch in *Blödigkeit* ist diese Waldeinsamkeit benannt. Sie findet sich in dem
Einschub »ein einsam Wild« in der Beschreibung der Angleichung des Gesangs
in der dritten Strophe: »Denn seit Himmlischen gleich Menschen, ein einsam
Wild / Und die Himmlischen selbst führet, der Einkehr zu«. Ich möchte vorschlagen, anders als vorherige Interpretationen »ein einsam Wild« nicht wieder in den
Satzzusammenhang einzugliedern, sondern in ihm den Verweis auf jenes »ich«
von *Chiron*, den Sprecher der ersten Gedichte der *Nachtgesänge*, zu sehen.[30] Über

29 Ich folge nur aus diesem Grund der Gliederung der neun Gesänge in drei Triaden, wie sie
    von Michael Gehrmann aus inhaltlichen Gründen vorgeschlagen wird. Vgl. Michael Gehr-
    mann, »Bereit an übrigem Orte«. Irritationen und Initiationen zu Hölderlins mythopoeti-
    schem Zyklus der Nachtgesänge, Würzburg 2009, S. 24 f.
30 Zur Verdeutlichung der Ungeklärtheit seien hier bisherige Erläuterungen zu »ein einsam
    Wild« aufgeführt. Walter Benjamin: »Zu vermuten ist, daß die Worte ›ein einsam Wild‹ die
    Menschen bezeichnen und dies stimmt sehr wohl zu dem Titel dieses Gedichts.« (Zwei Ge-
    dichte, S. 125); Martin Heidegger: »Seit Menschen sind, die Himmlischen gleichen, ist der
    Gesang das einsam Wild, das die Himmlischen der Einkehr bei den Menschen zuführt.«
    (Das abendländische Gespräch, S. 107); Jochen Schmidt: »Die Menschen sind den Himmli-
    schen ›gleich‹, insofern beide ›einsam‹ sind und das Telos ihres Daseins erst in der Gemein-
    samkeit der ›Einkehr‹ erreicht.« (Hölderlins später Widerruf, S. 116 f.); Ulrich Gaier: »Ich
    löse den Nebensatz folgendermaßen auf: Denn seit der Gesang (wie das die Himmlischen
    tun) 1) Menschen, ein einsam Wild 2) die Himmlischen selbst 3) der Fürsten Chor, nach
    Arten der Einkehr zuführt.« (Hölderlin. Eine Einführung, S. 367); Georg Stanitzek: »Das
    parenthetische ›Himmlischen gleich‹ hebt einerseits feierlich das Außerordentliche her-
    vor, das damit den Menschen geschieht, den Menschen, die vorher wild lebten, im Natur-
    zustand als ein ›ein einsam Wild‹ existierten.« (Blödigkeit, S. 257).

diesen Bezug bestimmt sich in *Blödigkeit* das Verhältnis des »wir«, der Dichter-
gemeinschaft, zum individuellen Dichtergeschick, dem »ich« Chirons.

Wie gezeigt schließt sich im Geschehen des Gesangs der Sprecher aus dem
Gedicht aus. Durch die Querverweise innerhalb der *Nachtgesänge* kann der im
Singular stehende Einschub »ein einsam Wild« auf den Dichter und dessen *Blö-
digkeit* bezogen werden. »Ein einsam Wild« bezieht sich untergründig auf das
Lehrer-Schüler-Verhältnis zwischen Chiron und Achill, auf das am Ende von
Blödigkeit wieder durch die »schickliche[n] Hände« der Dichter angespielt wird.
Innerhalb der *Nachtgesänge* verhandelt *Blödigkeit* die Frage, wie der Dichter der
Gegenwart angesichts der antiken Überlieferung zum dichterischen Sprechen
und Singen gelangen kann. Die Antwort in *Blödigkeit* ist hierbei, dass der Dichter
wieder wie ein Kind sich der Erziehung durch den antiken Mythos überlassen
muss. Hölderlin berichtet 1803 an seinen Verleger Wilmans von der »Durchsicht
einiger Nachtgesänge« und schreibt hierbei von der Freude »sich dem Leser zu
opfern, und sich mit ihm in die engen Schranken unser noch kinderähnlichen
Kultur zu begeben.« (Werke II, S. 927) »Ein einsam Wild« als vereinzelte und ver-
einzelnde Nennung des Dichters, und als Nachklang des kindlichen Achills, wie
er von Chiron das Saitenspiel gelehrt wird, bezeichnet so die erste textuelle Korrespondenz zur im Titel benannten *Blödigkeit*.

Eine zweite Korrespondenz ergibt sich über das Verhältnis von Blödigkeit und
dem Gedanken der Unmündigkeit, wie er sich aus Kants *Was ist Aufklärung?* herleitet. Um dies abschließend zu skizzieren, will ich vorschlagen, den Gedichttitel
Blödigkeit als Hinweis auf eine spezifische Form dichterischer Mündigkeit, wie
sie sich in den *Nachtgesängen* gestaltet, zu sehen. In *Blödigkeit* fragt der Dichter
nicht nach dem eigenen Mut, sondern erklärt seine eigene Unmündigkeit, die
wiederum die Bedingung für einen dichterischen Gesang darstellt, der sich im
Sinne Kants als mündig versteht. In der Mündigkeit des Gesangs gestaltet sich
ein dichterisches Äquivalent zum öffentlichen »Sprechen in der eigenen Person«,
wie es im Sinne Kants als mündiges zu verstehen ist.

Analog zur Titeländerung verkehrt sich der »Dichtermuth« in den *Nachtgesängen* in den »Unmuth des Dichters«. So heißt es in den Oden der mittleren
Triade jeweils vor und nach *Blödigkeit*: »laß des Unmuths ihm, der / Häßlichen
Sorge zu viel nicht werden« (*Vulkan*, Werke I, S. 442) und »Was schläfst du, Berg-
sohn, liegest in Unmuth, schief« (*Ganymed*, Werke I, S. 444). Anders als Chiron
stellen *Vulkan* und *Ganymed* Anreden an die im Titel benannten Mythosfiguren
dar. Das »wir« der drei mittleren Oden steht in Distanz zur mythischen Vergangenheit, die dennoch adressierbar bleiben soll. Erst hieraus ergibt sich die für die
drei mittleren Gedichte bestimmende Differenz zwischen Himmlischen und den
Menschen. So nennt *Vulkan* die »Menschen« und den »Mensch«, *Ganymed* hingegen »die Himmlischen«. Erst in der Selbstansprache des Dichters in *Blödigkeit*

ereignet sich die Vermittlung zwischen Himmlischen und Menschlichen, in der der Dichter an der Grenze zwischen »ich« und »wir« steht.

Ausgehend von *Blödigkeit* führt die geschichtlich-philosophische Bewegung der *Nachtgesänge* von der Unmündigkeit des Dichters hin zur Mündigkeit des Gedichts. Dies wird insbesondere am Ende der *Nachtgesänge* deutlich. Nach den lebenszeitlichen und weltzeitlichen Bilanzen *Hälfte des Lebens* und *Lebensalter* wird im letzten Gedicht konkret ein geographischer und geschichtlicher Ort mit Eigennamen benannt.[31] Kein »ich« tritt in diesem Gedicht mehr auf, nur der Eigenname »Ulrich«. Von der Waldstelle, an der sich Ulrich versteckt hat, heißt es, sie sei »[n]icht gar unmündig« (Werke I, S. 446). Sie ist es deshalb, weil ein Gedicht ihren geschichtlich-mythischen Zusammenhang benennt und so vollzieht. »Nicht gar unmündig« ist die Waldstelle im *Winkel von Hahrdt*, weil:

Da nemlich ist Ulrich
Gegangen; oft sinnt, über den Fußtritt
Ein groß Schicksaal
Bereit, an übrigem Orte.

In der doppelten Verneinung der Mündigkeit vollendet sich so das in *Blödigkeit* benannte »Geschick«. Das sprachlose Sinnen beschreibt erneut eine Art und Weise der Mündigkeit, die nicht mehr der Unmündigkeit des Dichters überantwortet ist, sondern die Mündigkeit des Gesangs betrifft, der sich in der Geschichte wieder einer Zukunft überantwortet. Über die zyklische Mitte *Blödigkeit* verbinden sich derart Anfang und Ende der *Nachtgesänge*.

In *Blödigkeit* reagiert Hölderlin derart auf Kants aufklärerischen Schritt zur Mündigkeit, die Fähigkeit öffentlich »in seiner eigenen Person zu sprechen«, mit einer Position des »Unmuth[s]« und der Unmündigkeit des Dichters. Der Dichter ist nicht mehr durch einen ihm innewohnenden Dichtermut befähigt, sondern dieser löst sich im Selbst-Vollzug des dichterischen Gesangs auf. An die Stelle des mutigen Dichters tritt so der mündige Gesang des Gedichts, der – »nicht gar unmündig« – nicht mehr einem einzelnen Urheber zugerechnet werden kann. Diese Mündigkeit betrifft die *Nachtgesänge* Hölderlins auf verschiedenen Ebenen und steht exemplarisch für Grundzüge des Spätwerks.[32] Letztlich kann Hölder-

---

31   Für eine zusammenfassende Interpretation dieser drei Gedichte vgl. Wolfgang Binder, Hölderlin: ›Der Winkel von Hardt‹, ›Lebensalter‹, ›Hälfte des Lebens‹, in: Hölderlin-Aufsätze, Frankfurt a. M. 1970, S. 350–362.

32   Der Annahme Peter Szondis eines *ausschließlich* »hymnischen Spätstils«, von dem die späten Oden kategorisch ausgeschlossen sind, kann im Zusammenhang dieser Überlegungen nicht zugestimmt werden. Szondi: »Hölderlins Oden- und Elegiendichtung hingegen reicht bruchlos in seine dichterischen Anfänge zurück. Dabei besteht Kontinuität, zumindest im

lins Antwort auf Kant auch als Ablösung des Wechselspiels von Einflussangst und Einflusswunsch durch Schiller gesehen werden. An die Stelle des Dialogs einzelner Gedichte in Hölderlins Spätwerk tritt nicht nur in den Oden ein strukturell offenes und vielschichtiges textuelles Verweisnetz, das sowohl Bezüge zu anderen Texten als auch Selbstreferenzen und -zitate miteinschließt.

An einigen Strängen dieses Referenznetzes – den Verweisen auf Schiller und Kant und in den Querverweisen der *Nachtgesänge* – wurde versucht, eine Konstellation aus Texten darzustellen, die über die einer ›ideengeschichtlichen‹ Gemeinsamkeit von Philosophie und Dichtung hinausgeht, und sich erst aus der Schreibpraxis Hölderlins heraus entwerfen lässt. Diese Konstellation zeigt, dass Hölderlin auch in den späten Jahren um ein dichterisches Selbstverständnis gerungen hat, das sich der geschichtlichen Situation der Spätaufklärung nicht enthoben hat, sondern sich weiterhin im Dialog mit den Zeitgenossen entfaltet. Die Gedichttitel *Dichtermuth* und *Blödigkeit* bezeichnen den Einsatzpunkt eines solchen Selbstverständnisses, wie es hier versucht wurde, durch die Spiegel- und Komplementärbegriffe der Mutlosigkeit und der Mündigkeit darzustellen. Der Begriff der Mündigkeit, wie er hier, im Gegensatz zu Kant, nicht als Attribut der Person, sondern als dem Gedicht inhärent aufgezeigt wurde, ist bei Hölderlin nicht an die Instanz des sprechenden Dichters gebunden, sondern betrifft den Selbst-Vollzug des Gesangs im Gedicht, der ein Stummwerden des Dichters – eben dessen *Blödigkeit* – erfordert.

Anhang

Dichtermuth (erste Fassung)

Sind denn dir nicht verwandt; alle Lebendigen,
  Nährt die Parze denn nicht selber zum Dienste dich?
    Drum! so wandle nur wehrlos
      Fort durchs Leben und sorge nicht!

Was geschiehet, es sei alles geseegnet dir
  Sei zur Freude gewandt, oder was könnte denn
    Dich belaidigen, Herz, was
      Da begegenen, wohin du sollst?

Fall der Oden, nicht bloß für die Gattung, sondern auch oft für das einzelne Gedicht.« (Peter Szondi, Der andere Pfeil. Zur Entstehungsgeschichte des hymnischen Spätstils, in: Schriften, Bd. 1, hg. von Jean Bollack, Frankfurt a. M. 1989, S. 289–314, hier S. 289).

Denn wie still am Gestad, oder in silberner
  Immertönender Fluth, oder auf schweigender
    Wassertiefe der leichte
      Schwimmer wandelt, so sind auch wir

Wir, die Dichter des Volks gerne, wo Lebendes
  Um uns athmet und wallt, freudig und jedem hold;
    Jedem trauend; wie sängen
      Sonst wir jedem den eignen Geist?

Wenn die Wooge denn auch einen der Muthigen
  Wo er treulich getraut wirbelnd hinunterzieht
    Und die Stimme des Sängers
      Nun in blauender Halle ruht,

Freudig starb er und noch klagen die einsamen,
  Seine Haine den Fall ihres Geliebtesten
    Doch oft tönet der Jungfrau
      Vom Gezweige sein liebend Lied.

Wenn des Abends vorbei Einer der Unsern kömt
  Wo der Bruder ihm sank denket er manches wohl
    An der warnenden Stelle
      Schweigt und gehet gerüsteter.

Blödigkeit

Sind denn dir nicht bekannt viele Lebendigen?
  Geht auf Wahrem dein Fuß nicht, wie auf Teppichen?
    Drum, mein Genius! tritt nur
      Baar in's Leben und sorge nicht!

Was geschiehet, es sei alles gelegen dir!
  Sei zur Freude gereimt, oder was könnte denn
    Dich belaidigen, Herz, was
      Da begegnen, wohin du sollst?

Denn, seit Himmlischen gleich Menschen, ein einsam Wild
  Und die Himmlischen selbst führet, der Einkehr zu,
      Der Gesang und der Fürsten
          Chor, nach Arten, so waren auch

Wir, die Zungen des Volks gerne bei Lebenden,
  Wo sich vieles gesellt, freudig und jedem gleich,
      Jedem offen, so ist ja
          Unser Vater, des Himmels Gott,

Der den denkenden Tag Armen und Reichen gönnt,
  Der, zur Wende der Zeit, uns die Entschlafenden
      Aufgerichtet an goldnen
          Gängelbanden, wie Kinder, hält.

Gut auch sind und geschikt einem zu etwas wir,
  Wenn wir kommen, mit Kunst, und von den Himmlischen
      Einen bringen. Doch selber
          Bringen schikliche Hände wir.

PETER SPRENGEL

ARNO HOLZ IN PARIS

Kunst, Wissenschaft, Poetik und Politik im Frühjahr 1887

»Ob ich hier bleiben werde, weiss ich noch nicht«

Ein Besuch in der »Stadt der europäischen Moderne«[1] gehörte für die Vertreter
der literarischen Moderne – zumal zu den Pariser Weltausstellungen 1889 (mit
Eröffnung des Eiffelturms) oder 1900 – gleichsam zu den Ehrenpflichten. Die Liste
der Paris-Reisenden unter den deutschsprachigen Autoren der vorletzten Jahr-
hundertwende ist lang und reicht von Stefan George bis Rilke und Kafka. Auch
Hermann Bahr, der für die Entwicklung der Berliner und Wiener Moderne zumindest nach außen hin einige Bedeutung gewinnen sollte, hielt sich 1889/1890 für
ein ganzes (von seinem Vater großzügig finanziertes) Jahr an der Seine auf, bis
Arno Holz ihn als privilegierten Mitarbeiter an die *Freie Bühne* nach Berlin zurück-
holte. Aber auch Holz selbst, der sich als bedeutendster Exponent und Theoretiker des deutschen Naturalismus, ja der modernen Verskunst überhaupt verstand,
verbrachte in einer wichtigen Phase seiner Entwicklung einige Wochen in Paris.

Schenkt man seiner Selbstdarstellung Glauben, ist es nichts Geringeres als
die Initialzündung zu seiner Suche nach dem Kunstgesetz, die er der französischen Hauptstadt – und zwar gleich der Ankunft in ihr – verdankte:

> [...] das Erste, das mir auf dem ersten grossen Boulevard gleich zwischen die
> Beine wuselte, war eine Buchhandlung und in ihr – alle sieben, mit dicken
> Leibern in den bekannten schönen strohgelben Fräcken und in einer Reihe –
> die »Oeuvres critiques par Émile Zola«: »Mes haines«, »Le roman expéri-
> mental«, »Nos roman[c]iers naturalistes«, »Le naturalisme au théâtre«, »Nos
> auteurs dramatiques«, »Documents littéraires« und »Une campagne«. Und
> ich Jammermensch kannte noch keinen einzigen von ihnen! [...]

---

1   Karlheinz Stierles Formulierung wird zitiert in: Rom – Paris – London. Erfahrung und
    Selbsterfahrung deutscher Schriftsteller und Künstler in fremden Metropolen. Ein Sympo-
    sion, hg. von Conrad Wiedemann, Stuttgart 1988, S. 346.

Noch am selben Abend, fünf Treppen hoch in der rue de Miromènil [lies: Miromesnil], sass ich, die sieben Weisen um mich, und – fühlte mich um so ernüchterter, je tiefer ich mich in sie hineinbohrte.

Also *das* war die sogenannte Theorie des sogenannten Naturalismus? Mehr steckte nicht dahinter? Du lieber Gott, das war ja genau dasselbe alte, leere metaphysische Stroh, das ich nun schon den ganzen Winter über gedroschen hatte! Nur höchstens, hie und da, mit etwas neumodischem Salat vermengt! Und um diese Omelette hatte man so viel Skandal gemacht? Und um dies bischen »Salat« hatte man in dem guten »dicken Emil«, dem »bourguemestre de Médan«, wie ihn seine Intimen titulirten, schon den leibhaften Antichrist zu erblicken geglaubt? Träumte ich?

Und noch in derselben Nacht concipirte ich einen kleinen Essay: »*Zola als Theoretiker*«, dessen definitive Fassung freilich erst drei volle Jahre später erschien, Februar 1890, in der »Freien Bühne« [...].[2]

Holz' Version des »Veni, vidi, vici« vereinigt verdächtig viele erste Male: der erste Boulevard, die erste Begegnung mit Zolas kritischen Schriften, der erste Abend in der französischen Metropole, die erste Idee. Hinter diesem verklärenden Bild des gleichsam auf einen einzigen Abend einschnurrenden Besuchs ist die Realität seines Paris-Aufenthalts auch für die Holz-Forschung weithin unsichtbar geblieben. Zumal die Materiallage spärlich ist. Sie besteht aus einer Handvoll brieflicher Zeugnisse[3] und zwei Aufsätzen, die in Paris entstanden und/oder mit der Verfasserangabe »Arno Holz in Paris« erschienen sind. Beginnen wir mit einem Blick auf die Korrespondenz!

Eine kürzlich gedruckte Postkarte von Holz an Bahr vom 15./16. April 1887 beschreibt die bisherige Reise – von Hamburg mit dem Schiff nach Rotterdam, von dort über Antwerpen und Brüssel mit der Bahn – als spontane Suchbewegung ohne vorausbestimmtes Ziel und gibt als vorläufige Postanschrift die Wohnung eines Berliner Freundes an, der vor zwei Jahren nach Paris übergewechselt ist. Dieselbe Karte eröffnet auch schon die Klage über die im Vergleich mit Berlin doppelt so hohen Lebenshaltungskosten: »Ob ich hier bleiben werde, weiss ich noch nicht. Ich muss erst mein Portemonaie [sic] consultieren.«[4]

---

2   Arno Holz, Die Kunst. Ihr Wesen und ihre Gesetze, Berlin 1891 [1890], S. 66 f. (Kursivdruck statt Sperrdruck); vgl. ders., Zola als Theoretiker, in: Freie Bühne, Jg. 1, Heft 4 vom 26. Februar 1890, S. 101–104.

3   Zusätzlich zur Postkarte an Bahr und dem Brief an Richter sind drei Postkarten an Trippenbach zu nennen (vgl. Anm. 63 u. 65).

4   Hermann Bahr und Arno Holz, Briefwechsel 1887–1923, hg. von Gerd-Hermann Susen und Martin Anton Müller, Göttingen 2015, S. 7.

Der umfangreiche Brief an Emil Richter alias »Sahlmann« vom 23., richtiger wohl 22. April 1887[5] setzt das »Weh- und Wuthgeschrei über die hiesigen Geld-verhältnisse« fort: Der Pariser Freund Hermann Voigt erwies sich demnach als »Knicker erster Güte« und war nicht einmal bereit, seinen deutschen Besucher nach Versailles zu begleiten, hat diesem aber immerhin ein relativ preisgünsti-ges Hotel – mit dem stolzen Namen »Grand Hôtel de l'univers« – in der unweit der Champs-Elysées gelegenen Rue de Miromesnil besorgt. Dort sitzt Holz jetzt in einem einfenstrigen Zimmer im fünften Stock mit dürftiger Möblierung und Blick auf einen »schornsteinähnlichen« Hof und ärgert sich über die Kosten, die auf ihn zukommen: für den Transport des Koffers mit der Droschke aus seinem früheren Hotel Chevalier, für den Hausknecht und natürlich für die Monatsmiete in Höhe von 50 frs (umgerechnet 40 Mark) – ohne Kaffee und Bedienung. Da er sich schon die letzten vier Tage nur von trockenem Weißbrot ernährt hat, sieht er keine Ein-sparmöglichkeiten mehr und stellt wiederum sein Bleiben in Paris in Frage, über das er endgültig aber erst in einer Woche entscheiden wolle. Doch scheint die Entscheidung schon wenige Stunden später infolge eines neuen Ärgers gefallen, über den Holz in einem angefügten Blatt berichtet:

Nachwort ....

Lieber Sahlmann! Habe mich eben schwer geärgert. Ging grade mit diesem Brief die Boulevards entlang, um mir eine TIMBRE-POSTE zu kaufen, als ich von einem Zeitungsjungen den heutigen Figaro erstand. Statt des Leitartikels, fand ich einen brandneuen langen Aufsatz von Zola drin, betitelt »RENÉE ET LA CRITIQUE«. Du mußt wissen, daß RENÉE ein neues Drama Zolas ist, das einige Abende vorher seine erste Aufführung erlebte und bei dieser Gelegen-heit glänzend durchrasselte. Die Kunde hiervon bereitete mir ein um so grö-ßeres Labsal, als ich grade am Abend vorher, von Wernher mit einem Billet bedacht, mir »LE VENTRE DE PARIS« angesehn und ... mich daran vereckelt hatte. Nach sämmtlichen Dimensionen hin. Der vielberufene »Naturalismus auf dem Theater« ist, soweit er *mir* zu Gesicht gekommen ist, ein Ding, das das schlimmste Beiwort verdient, das auf der Welt für ein »Kunstwerk« exis-tirt; nämlich: kindisch! Dieser pp. Aufsatz nun, in dessen Spalten ich die von Welten stets so hervorgehobene »Bescheidenheit« Zolas leider vergeb-lich suchte, schließt mit folgender Tirade: »ALLEZ, CRIEZ, MENTEZ, SACRIFIEZ

---

5   Holz datiert: »Paris, 23. 4. 87«; die frühere Datierung wird nahegelegt durch das *Figaro*-Zitat
     vom 22. April 1887. Mit freundlicher Genehmigung der Staatsbibliothek zu Berlin – Preußi-
     scher Kulturbesitz, Handschriftenabteilung zit. nach: Nachlass Holz, Erg. 1, Mappe 16, fol.
     12–16, hier 12r, 14v, 12v.

RENÉE AU DERNIER DES VAUDEVILLES: VOUS ÊTES EN TRAIN, SANS LE SAVOIR, DE ME FAIRE *GRAND DRAMATURGE*, SOMME VOUS M'AVEZ FAIT *GRAND ROMAN-CIER*!« Das ist kein Selbstbewußtsein mehr, das dem Künstler mindestens so gut steht, als dem Barbier die Tolle, sondern Cäsarenwahn. Cäsarenwahn erster Güte. –

Ich bleibe hier! Ich will's versuchen. Leben wir wie ein Hund und gönnen wir uns das GAUDIUM, all diesen Leuten hier auf die Finger zu sehn. Ich bleibe und werde mir morgen schon den »ROMAN E[X]PÉRIMENTAL« vorbinden. Ich hoffe, so gefalle ich dir. Besser, sich mit der Flinte das Schlüsselbein einschlagen, als sie ins Korn werden. Ich hoffe, ich werde mir mir [sic] das Schlüsselbein nicht einschlagen.

»Gegeben« beim Schein einer flackernden Stearinkerze.

TON TANHUSÄRE

P.S. Alle Blätter hier ärgern sich Tagaus Tagein, daß Wagner hier so viel Furore macht. Mein sogen. Nationalbewußtsein kräftigt sich mit jedem Revanche-Artikel, den ich im Original lese. T.[6]

Bei *Renée* handelt es sich um die Dramenfassung von Zolas *La Curée* (Die Beute/Treibjagd), dem zweiten Roman aus dem Rougon-Macquart-Zyklus, die ihre Uraufführung am 16. April 1887 am Pariser Théâtre du Vaudeville erlebte. Auf die negative Kritik reagierte Zola mit jenem Artikel im *Figaro* (Nr. 112 vom 22. April 1887), dessen letzten Absatz Holz wörtlich – allerdings mit seinen eigenen Hervorhebungen – zitiert.[7] Der Briefschreiber erkennt darin ›seinen‹ Zola nicht mehr, von dessen moralischem Wahrheitspathos und persönlicher Bescheidenheit er sich anhand von Oscar Weltens Büchlein *Zola-Abende bei Frau von S.* (1883) ein ganz anderes Bild gemacht hatte.[8] »Tannhäuser/Tanhuser« – hier in einer die französische Aussprache karikierenden Schreibung wiedergegeben – war Holz' Deckname im literarischen Verein »Wartburg«, dem sowohl der Adressat Richter (»Hartmann von Aue«) als auch der Pariser Quartiermacher Hermann Voigt (»Wernher von Tegernsee«) angehört hatten.[9]

---

6 Ebd., fol. 16r–v. Das letzte Wort verschrieben als »lesen«. Kursivdruck steht für Unterstreichung, Kapitälchen kennzeichnen lateinisch geschriebene Passagen im Sütterlin-Kontext.

7 Vgl. Emile Zola, Œuvres completes, hg. von Henri Mitterand, 21 Bde., Paris 2003–2010, Bd. 13, S. 711–715.

8 Zur historischen Einordnung von Weltens Zola-Bild vgl. Rolf Sältzer, Entwicklungslinien der deutschen Zola-Rezeption von den Anfängen bis zum Tode des Autors, Bern u. a. 1989, S. 90–92.

9 Vgl. Peter Sprengel, Wartburg, in: Handbuch der literarisch-kulturellen Vereine, Gruppen und Bünde 1825–1933, hg. von Wulf Wülfing, Karin Bruns und Rolf Parr, Stuttgart, Weimar

Das Postskript schließlich verweist auf die außen- und kulturpolitischen Spannungen zwischen der Französischen Republik und dem Deutschen Reich, die im April/Mai 1887 einen kritischen Höhepunkt erreichten. Die scharfe Reaktion des französischen Kriegsministers Boulanger auf die Verhaftung eines Polizei- kommissars durch die deutsche Grenzpolizei hatte einen neuen Kriegsausbruch zwischen beiden Ländern in den Bereich des Möglichen gerückt – gleichzeitig eskalierten in Paris die Proteste gegen die französische Erstaufführung des *Lohen- grin* am Eden-Theater, bei denen die Erinnerung an Wagners Dramenentwurf *Eine Kapitulation* (1870) eine besondere Rolle spielte.[10] Die Zeitschrift *La Revanche* ließ es sich nicht nehmen, aus aktuellem Anlass die aristophanisierende Posse nach- zudrucken, in der man nicht ganz zu Unrecht eine Verspottung der französischen Nation im Moment ihrer schmerzlichsten Niederlage erkannte. Der Nachdruck erfolgte just am 23. April 1887; Holz' Bemerkung über »Revanche-Artikel«, die sich natürlich auch in einem allgemeineren Sinne verstehen ließe, bezieht sich mög- licherweise schon auf diese Ausgabe. Eine Karikatur vom Mai 1887 zeigt Reklame- träger der *Revanche*, die sich vor dem Eingang des Eden-Theater drängen, weil sie sich – nach der politisch motivierten Absage weiterer *Lohengrin*-Vorstellungen – offenbar die Eintrittskarten zurückerstatten lassen wollen (Abb. 1).

Holz lässt sich nach eigener Aussage von der antideutschen Stimmung anste- cken – aber im Sinne einer Gegenreaktion, einer Bereitschaft zur Verteidigung der deutschen gegen die französische Kultur.[11] Nicht umsonst gebraucht er das krie- gerische Gleichnis von der Flinte, deren Rückschlag freilich auch den Schießen- den verletzen kann. Auch der gegen Zola erhobene Vorwurf des »Cäsarenwahns« ist in diesem Zusammenhang symptomatisch – denn gleichgültig, ob man dabei an römische Kaiser oder Napoleon denkt, es sind Gefährder der germanischen Freiheit, auf die der Begriff gemünzt ist. Emile Zola, der eben noch zu den Lieb- lingsautoren von Holz gehörte und im Präludium seiner unveröffentlichten Dich- tung *Unterm Heilgenschein* emphatisch besungen wurde,[12] verwandelt sich für

1998, S. 483–485; David Weller, Arno Holz. Anfänge eines Dichterlebens, Würzburg 2013, S. 183–211 u. 242 f.

10   Vgl. Manuela Schwartz, ›La question de *Lohengrin*‹ zwischen 1869 und 1891, in: Von Wagner zum Wagnérisme. Musik, Literatur, Kunst, Politik, hg. von Annegret Fauser und Manuela Schwartz, Leipzig 1999, S. 107–136, hier: S. 125–127; Paul du Quenoy, Wagner and the French Muse. Music, Society, and Nation in Modern France, Bethesda u. a. 2011, S. 84; Frank Pion- tek, ›Witz und Ernst wechseln ab‹. Richard Wagners *Eine Kapitulation*, in: Richard Wagner et la France, hg. von Danielle Buschinger und Jürgen Kühnel, Amiens 2013, S. 164–174.

11   Die Hervorhebung der deutschen Kultur (und seiner eigenen Rolle in ihr) ist auch künftig als Fluchtpunkt von Holz' nationalistischen Äußerungen erkennbar; vgl. Alan Marshall, Naturalism and Nationalism, in: German Life & Letters 37 (1983/1984), S. 91–104, hier S. 102.

12   »Zola, Ibsen, Leo Tolstoi, / Eine Welt liegt in den Worten, / Eine, die noch nicht verfault, / Eine, die noch kerngesund ist« (Arno Holz, Die Kunst, S. 41).

Abb. 1: J. Blass (eig. Pierre-Albert Douat), Die Straßenausrufer. Karikatur im *Triboulet* (1887)

den Paris-Besucher im Handumdrehen zu einer bedrohlichen, gleichsam Macht-
ansprüche erhebenden Autorität, der man – wie allen anderen »Leuten hier« –
»auf die Finger sehn« muss. Für dieses hehre moralisch und politisch begründete
Ziel (mit der kritischen Durchsicht von *Le roman expérimental* als erster Etappe)
lohnt es sich weiter zu hungern und den Vorposten an der Seine zu halten.

Von Beyer zu Zola

Mit dem »auf die Finger sehn« im Sinne einer kritischen Hinterfragung von all-
seits anerkannten Autoritäten hatte Holz bereits Erfahrungen gesammelt oder
sollte er sie in jenen Tagen sammeln: bei der Abfassung nämlich eines satirischen
Aufsatzes, der in Berlin während seiner Abwesenheit mit der Autorangabe »Arno
Holz in Paris« (alle Namen in Fettdruck) erschien. Das Manuskript dürfte in Paris
oder kurz vor der Abreise entstanden sein: als Ausläufer jener Versenkung in die
»Schweinslederscharteken« der Königlichen Bibliothek, zu der sich Holz seiner
eigenen Darstellung zufolge durch die Hinwendung zum Roman und die damit
verbundene Schaffenskrise im Winter 1886/87 veranlasst sah.[13]

    Es handelt sich um die essayistisch ausgeformte Rezension von Conrad
Beyers voluminöser *Deutscher Poetik* in der *Allgemeinen Deutschen Universitäts-
Zeitung* vom 14. Mai 1887.[14] Das vom Reformburschenschaftler Conrad Küster herausgegebene Blatt entwickelte sich in den neun bzw. sechs Monaten der Redak-
tionstätigkeit von Leo Berg und Theo Wolff[15] fast zu einer Hauszeitschrift des von
beiden geleiteten Literarischen Vereins ›Durch!‹,[16] denn zahlreiche Mitglieder
wie Gerhart Hauptmann,[17] Johannes Schlaf[18] oder Paul Ernst[19] nutzten die persönliche Bekanntschaft mit Berg zur Publikation erster Veröffentlichungen. Holz
dagegen, schon längst als Autor etabliert, hat von dieser Möglichkeit eher zurück-

---

13   Ebd., S. 61.

14   Jg. 1, Nr. 20, S. 241–243. Während die Zeitschrift Rezensionen üblicherweise in Kleindruck
     am Ende des Heftes bringt, ist Holz' Kritik als Essay im Hauptteil gedruckt.

15   Leo Berg redigierte die Zeitschrift von Januar bis September 1887, Theo Wolff nur bis Juni.

16   Zur Geschichte des Vereins und zur Verbindung mit den von Leo Berg redigierten Zeitschrif-
     ten vgl. jetzt: Leo Berg, Im Netzwerk der Moderne. Briefwechsel 1884–1891. Kritiken und
     Essays zum Naturalismus, hg. von Peter Sprengel, Bielefeld 2010, S. 10–29.

17   Sigfrid Hoefert, Internationale Bibliographie zum Werk Gerhart Hauptmanns, Bd. 1, Berlin
     1986, Nr. 91/92 (Zusätze), Nr. 3518/3519.

18   Schlafs Beiträge zur Zeitschrift sind erstmals aufgelistet in: Dieter Kafitz, Johannes Schlaf –
     weltanschauliche Totalität und Wirklichkeitsblindheit. Ein Beitrag zur Neubestimmung des
     Naturalismus-Begriffs und zur Herleitung totalitären Denkens, Tübingen 1992, S. 274.

19   Fünf kürzere Rezensionen von Paul Ernst finden sich in: Allgemeine Deutsche Universitäts-
     Zeitung 1 (1887), S. 155, 195, 340 u. 400.

haltend Gebrauch gemacht; abgesehen von einer lyrischen Verbeugung vor dem
Studentenlied *Alt-Heidelberg, du Feine*,[20] tritt er nur ein einziges Mal als Autor in
der *Allgemeinen Deutschen Universitäts-Zeitung* auf: nämlich als Verfasser dieser
bisher weitgehend unbeachteten Kritik[21] eines heute so gut wie vergessenen
Handbuchs.[22]

Sie bildet insofern eine Vorstufe für die kritische Annäherung an Zola, als
es auch im Falle Beyers die öffentliche Geltung und allgemeine Anerkennung
sind, die den Kritiker Holz auf den Plan rufen. Vor der eigentlichen Befassung mit
Beyers Poetik steht die ironisch-polemische Auseinandersetzung mit ihrer Rezeption, bedingt schon dadurch, dass Holz sich ja nicht mit einer eigentlichen Neuerscheinung beschäftigt, sondern die verbilligte zweite Auflage[23] des vier bis fünf
Jahre vorher publizierten Werks zum Anlass seiner Kritik nimmt. Ein offenbar
von Lobsprüchen überquellender Verlagsprospekt erleichtert dem Satiriker seine
Arbeit. Indem er aus dieser (nicht mehr erhaltenen) Vorlage ausgiebig zitiert,
kann das Erstaunen über die offensichtlichen Schwächen des besprochenen
Buchs nahtlos in die spöttische Distanzierung von einem Literatursystem übergehen, das einem Poeta minor wie Beyer derartige Ehren erwies. Es ist die literarische Kultur der Gründerzeit mit den üblichen Konnexionen und Verdächtigen,
die Holz als Beyer-»Followers« namhaft macht und gleichsam mit diesem richtet:
von Scheffel bis Ebers, von Jordan bis Hamerling. Allerdings befanden sich unter
den Lobrednern auch Conrad Ferdinand Meyer und Detlev von Liliencron – umso

20   »Wie es kam« (ebd., S. 37); vgl. Arno Holz, Buch der Zeit. Lieder eines Modernen, 2. Aufl.,
     Berlin 1892, S. 66–68.
21   Holz' Beyer-Rezension, die in keine Werkausgabe aufgenommen wurde, wird meines Wissens lediglich in einer rezenten Dissertation konkret zitiert: Thorsten Fricke, Arno Holz und
     das Theater. Biografie – Werkgeschichte – Interpretation, Bielefeld 2010, S. 75 f., 105, 169 f.
     Eine knappe Erwähnung findet sich in Helmut Scheuers Monographie (Arno Holz im literarischen Leben des ausgehenden Jahrhunderts [1883–1896]. Eine biographische Studie,
     München 1971, S. 93 u. 97); da Beyers Name nur in der zugehörigen Fußnote auftaucht, fehlt
     er im Personenregister des Buchs. – Ich selbst habe bei einer früheren Durchsicht der Zeitschrift die Rezension übersehen; vgl. die unzutreffende Angabe in: Leo Berg, Im Netzwerk
     der Moderne, S. 242.
22   Nicht erwähnt in: Bruno Markwardt, Geschichte der deutschen Poetik, Bd. 4: Das neunzehnte Jahrhundert, Berlin, Leipzig 1959. Dagegen nutzt Sandra Pott Beyers Schrift für die
     Rekonstruktion der Lyriktheorie: Poetologische Reflexion. Lyrik als Gattung in poetologischer Lyrik, Poetik und Ästhetik des 19. Jahrhunderts, in: Lyrik im 19. Jahrhundert. Gattungspoetik als Reflexionsmedium der Kultur, hg. von Steffen Martus, Stefan Scherer und
     Claudia Stockinger, Bern u. a. 2005, S. 31–59.
23   Conrad Beyer, Deutsche Poetik. Theoretisch-praktisches Handbuch der deutschen Dichtkunst. Nach den Anforderungen der Gegenwart, 2. Aufl., Bd. 1–3, Stuttgart 1887. Die verbilligte Lieferungsausgabe war seitenidentisch mit der Erstausgabe von 1882/1883.

Abb. 2: Conrad Beyer. Photo C. Ulmschneider, Stuttgart
(Klassik Stiftung Weimar, Goethe-Schiller-Archiv, GSA 55 BS 380)

peinlicher für Letzteren, als er selbst zu den Mitarbeitern der *Allgemeinen Deutschen Universitäts-Zeitung* gehörte.[24]

Conrad Beyer (Abb. 2) wurde 1834 in Pommersfelden geboren und erhielt
nach seinem Tod 1906 auf dem Wiesbadener Nordfriedhof ein aufwändig gestal-
tetes Denkmal von der Hand Peter Feiles.[25] Seine wichtigsten Lebensstationen
waren Leipzig, wo er ein vielseitiges Studium absolvierte und zeitweise Alfred

---

24   Die Zeitschrift warb geradezu mit seiner Mitarbeit; vgl. die Anzeige in Nr. 13 vom 26. März
     1887, S. 143.
25   »Auf dem Sockel, der das wohlgelungene Porträt des Entschlafenen enthält, steht die ›Göt-
     tin der Unsterblichkeit‹. In der rechten Hand trägt sie den Totenschädel, während die linke
     das Symbol der Wissenschaft hält« (Albert Herrmann, Gräber berühmter und im öffent-
     lichen Leben bekanntgewordener Personen auf den Wiesbadener Friedhöfen, Wiesbaden
     [1928], S. 383).

Brehms Zimmernachbar war, Coburg, Eisenach, Stuttgart und Mainz. Bekannt wurde der engagierte Freimaurer den Zeitgenossen als Verfechter der Gabelsberger Kurzschrift sowie als Rückert-Biograph, aber auch durch zahlreiche eigene Dichtungen wie Festspiele und patriotische Lyrik. Nur vier Jahre nach dem Erscheinen von Holz' Kritik war in einem verbreiteten Nachschlagewerk zu lesen:

> Er erhielt den Titel eines Professors und eines Hofrates, viele höchste Orden, persönliche Anerkennungen in Gestalt von Handschreiben, Bildern, Pretiosen: vom Kaiser, der Kaiserin, dem Großherzog von Weimar, dem Herzoge von Koburg und vielen anderen Fürsten und Fürstinnen. Auch wurde B. Meister und Ehrenmitglied des Deutschen Hochstifts in Frankfurt am Main, Mitglied der königlich preußischen Akademie der Wissenschaft in Erfurt, erstes und einziges Ehrenmitglied der Herdergesellschaft etc.; mehrere seiner Werke wurden in fremde Sprachen übersetzt. Hervorzuheben wäre noch B.'s *Deutsche Poetik*, ein hochbedeutsames Werk [...]. Durch dasselbe wurde B. der Begründer einer Wissenschaft der Poetik.[26]

Es ist eben diese seinerzeit unangefochtene doppelte Anerkennung auf dem gesellschaftlichen Parkett (Hofrat, Orden) wie auch auf wissenschaftlicher Ebene (Professorentitel, Akademiemitglied), gegen die Holz' Satire mit dem auffälligen Kunstgriff angeht, dass sie – höchst unüblich für eine Rezension – Beyer statt mit Nachnamen oder »Verfasser« stets mit der Fülle seiner Titel bezeichnet: »Herr Hofrath Professor Dr. C. Beyer«.

Mit Beyers Wissenschaftlichkeit ist es freilich nicht weit her, wie dem Rezensenten schon anhand seiner einleitenden Bestimmung von Poetik (als der »wissenschaftliche[n] Betrachtung der Poesie«) deutlich wird:

> Was *ist* Poesie? Prof. DR. C. Beyer betrachtet sie wissenschaftlich und giebt dann folgende Antwort: »Poesie ist die Darstellung des Schönen in Worten und hörbaren Gedanken: das freie Spiel der schöpferischen Phantasie und des Gemüts durch die Rede und die sinnlichen Formen derselben, – ein Ideales in solcher vollendeten Form, daß es auch im Beschauer oder Hörer angenehme Empfindungen hervorruft und ihm Genuß bereitet.« In diesem Satze, der für sein Werk als der absolut grundlegende anzusehen ist, widerspricht sich der Verfasser selbst. Denn entweder ist die Poesie eben die Darstellung des Schönen in Worten und dann kann sie unmöglich zugleich das

26 Adolf Hinrichsen, Das literarische Deutschland, 2., verb. u. verm. Aufl., Berlin 1891, Sp. 116 f. Der Lexikonartikel stützt sich offenbar auf persönliche Auskünfte Beyers, der auch eine Einleitung zu dieser Auflage beisteuerte (S. IX–XXVI).

freie (durch keine Schönheits- bezw. Häßlichkeitstheorie eingeschränkte) Spiel der schöpferischen Phantasie, versinnlicht durch die Rede, sein, oder aber sie *ist* dieses freie Spiel der Phantasie und darf dann getrost neben einer Beatrice einen Mephistopheles, und neben einen Fallstaff [sic] eine Helena stellen. Auf die *Grund*frage seines mit »urdeutscher Gelehrsamkeit und Gründlichkeit« gearbeiteten Werkes weiß der Herr Hofrath Prof. DR. C. Beyer also nur eine Antwort zu geben, die keine Antwort *ist*.[27]

Als »Begründer einer Wissenschaft der Poetik« kommt Beyer objektiv umso weniger in Betracht, als man in ihm eher den epigonalen Vertreter einer mehr als zweitausendjährigen Traditionslinie sehen muss: nämlich des seit der Antike nachweisbaren rhetorischen Lehrbuchs, einer anwendungsorientierten Anleitung für den Umgang mit sprachlich-stilistischen Mitteln. Insofern war es nur konsequent, dass seine *Deutsche Poetik* mit einem der »selbstthätigen Praxis« gewidmeten Dritten Band schloss, obwohl die Praxisnähe schon für die beiden ersten Bände bestimmend war. Beyer, der zahlreiche Beispiele aus älterer und neuerer Literatur zitiert (und dadurch seiner Abhandlung zu ihrem enormen Umfang verhilft), hat den ganzen Ersten Band als »Deutsche Verslehre« ausgewiesen; den detaillierten Hinweisen zu Vers, Strophe und Reim kommt sichtlich seine Vertrautheit mit einem Formkünstler wie Rückert zugute. Allerdings verrennt sich der Verfasser beim Versuch einer Systematisierung deutscher Strophenformen in Anlehnung an oder als Alternative zu antiken Odenmaßen (wie der Alkäischen oder Sapphischen Strophe) – allein das Kapitel über die vierzehnzeiligen Strophen kreiert sechs neue nationale Typen, die sich durch ihre skurrilen Bezeichnungen selbst ad absurdum führen (Sallets Rosenstrophe – Heinzelmännchenstrophe – Bodenstedts Russenstrophe – Rückerts Guckkastenstrophe – Hoffmann v. F. Unkenstrophe – Rittershausens Freimaurerstrophe).[28] Die Überbetonung der Metrik mag zusätzlich die Skepsis von Arno Holz erregt haben, der sich zur Zeit seiner Beyer-Lektüre gerade als Romancier versuchte und im Übrigen künftig die Ablösung der Lyrik von Reim und Metrum betreiben wird. Aus einer inhaltlichen Distanz heraus, die schon ein Brief von 1884 bezeugt,[29] zitiert er genüsslich und unter Verzicht auf Kommentierung – wohl aber mit eigenen Hervorhebungen durch Sperrdruck – Beyers »Tirade« zum Versdrama:

27 Arno Holz, Deutsche Poetik, S. 241 (Kapitälchen ersetzen die Auszeichnung in Antiqua). In Conrad Beyer, Deutsche Poetik, Bd. 1, S. 10 heißt es leicht abweichend: »in solch vollendeter Form«.

28 Conrad Beyer, Deutsche Poetik, Bd. 1, S. 733–739.

29 »Nur keine fünf Akte und fünf Jamben. Prosa! Kernige, hieb- und stichfeste Prosa! Nur keine Schablone!« (an Max Trippenbach, 1. November 1884, in: Arno Holz, Briefe. Eine Auswahl, hg. von Anita Holz und Max Wagner, München 1948, S. 59).

Shakespeare ist insofern besonders beachtenswert, als er die Personen aus
niederen Ständen Prosa sprechen läßt, den edleren Personen aber Verse
giebt. *Auf diese Weise malt er das Leben trefflich* und zeigt ein die Einförmig-
keit vermeidendes, sich der Situation anschließendes Stilgefühl. Für gewisse
Dramen, für Komödien, Possen ist die Prosa am Platze; die Unwahrschein-
lichkeit eines rhythmisch gegliederten Dialogs moderner Figuren empfiehlt
bei diesen Gattungen von selbst die Prosa. Sie bequemt sich leicht einer
jeden Stimmung an; sie gestattet größere Unruhe und schnelleren Wechsel.
*Sind aber die Helden des historischen Dramas z. B. längst verstorbene Perso-
nen, die nie unser modernes Deutsch sprachen, oder gehören sie einer fremden
Nationalität an, oder ist eine gehobene, edlere Stimmung des Herzens verlangt,
so ist die rhythmische Form geboten.*[30]

Bei aller Naivität, die den Spott des Kritikers provoziert, dürfte die Antiquiertheit
von Beyers Poetik aber auch eine gewisse Anziehungskraft auf Holz ausgeübt
haben. Ist nicht auch für dessen eigene Theoriebildung ein quasi handwerklicher
Ansatz charakteristisch? Wir kommen darauf bald zurück. Jedenfalls betrieb Holz,
der nicht umsonst in der Koproduktion mit Kollegen zu Höchstleistungen auflief
(um sich dann später wiederholt über das geistige Urheberrecht zu zerstreiten),[31]
grundsätzlich eine systematische Entkräftung des Geniegedankens. Der Punkt,
in dem ihm Beyer am nächsten kommt, ist daher sicher dessen einleitender Para-
graph 2 »Die Poetik ein Bedürfniß für Jeden«, in dem es mit einem fast demokrati-
schen, jedenfalls die Lernbarkeit der literarischen Kultur betonenden Tenor heißt:

Der Inspirationsglaube und das Vorurteil der älteren Philosophie, daß der
Dichter und der Künstler geboren werden, sind auf ein bestimmtes Maß
zurückzuführen. Die Dichtkunst ist Allen je nach dem Grade der menschlichen Urvermögen zugänglich. Einführung in dieselbe ist Bedürfnis für denjenigen, der die Geistesschätze seiner Nation verstehen und genießen will,
der ein Gefühl vom Werte deutscher Dichterschöpfungen und deutschnatio-
nales Selbstgefühl erlangen soll.
[...]
Bis in die Neuzeit glaubte man an das *geborene Genie*, das man wie ein
höheres Wesen, wie eine besondere Gattung des Menschen ansah, und dem

30   Arno Holz, Deutsche Poetik, S. 242; vgl. Conrad Beyer, Deutsche Poetik, Bd. 2, S. 55.
31   Vgl. Peter Sprengel, Holz & Co. Die Zusammenarbeit von Arno Holz mit Johannes Schlaf und
     Oskar Jerschke – oder: Die Grenzen der Freiheit, in: Arno Holz, hg. von Heinz-Ludwig Ar-
     nold, München 1994, S. 20–32; Walter Schmähling, Paul Ernst und Arno Holz – Der Versuch
     einer Zusammenarbeit, in: Der Wille zur Form, 3. Folge, Heft 3 (1995), S. 64–83.

man Nichtbeachtung der äußeren hergebrachten Formen in Kleidung und Manieren gern nachsah. Aber nur der *angehende* Künstler wird geboren, nicht der *vollendete*.[32]

Holz' Paraphrase desselben Paragraphen pointiert den Zusammenklang mit der »neusten Schule« – in der Auffassung nämlich, dass »jene veraltete Annahme, dem künstlerischen Schaffen liege stets eine gewisse Mystik zu Grunde, einfach lächerlich sei«.[33] Das andernorts noch stärker hervortretende[34] deutschnationale Pathos des Poetikers lässt der Kritiker bemerkenswerterweise unkommentiert.

Holz, der nie studiert hat, war von einem großen Respekt für die Wissenschaft erfüllt. Seiner Beyer-Rezension ist die Enttäuschung darüber anzumerken, dass ein äußerlich so seriös daherkommendes Werk keinerlei fundierte Aussage über das Wesen der Poesie enthielt.[35] Mit der gleichen – nationalistisch noch gesteigerten – Angriffslust, aber auch derselben Neugier muss er sich im April 1887 über Zolas theoretische Hauptschrift *Le roman expérimental* hergemacht haben. Dabei blieb von deren Programmatik nicht viel übrig. Ihr zentrales, von Claude Bernard übernommenes Gleichnis[36] zerfiel vor den Flintenschüssen des nationalbewegten Lesers:

Ein Experiment, das sich blos im Hirne des Experimentators abspielt, ist eben einfach gar kein Experiment, und wenn es auch zehn Mal fixirt wird! Es kann im günstigsten Falle das Rückerinnerungsbild eines in der Realität bereits gemachten sein, nichts weiter. »Ein in der Phantasie durchgeführtes Experiment«, wie man ja allerdings den Rougon-Macquart-Cyclus bereits »geistvoll« betauft hat, ist ein einfaches Unding; ein Kaninchen, das zugleich ein Meerschweinchen ist, und ein Meerschweinchen, das zugleich ein Kaninchen ist.[37]

---

32 Conrad Beyer, Deutsche Poetik, Bd. 1, S. 2.

33 Arno Holz, Deutsche Poetik, S. 242.

34 Nach Sandra Pott schreibt Beyer »der gesamten Lyrik seit 1870 eine ›Signatur‹ des ›Deutsch-Nationalen‹ zu, preist die ›Verteidigung des Vaterlandes‹, die sich nicht zuletzt positiv für die Entwicklung einer ›politisch-patriotische[n] Lyrik‹ ausgewirkt habe« (Poetologische Reflexion, S. 38).

35 Vgl. den nur halb ironischen Kommentar: »Wir hätten wirklich nicht gedacht, daß die Anforderungen, die die Gegenwart an ein ›wissenschaftliches‹ Werk stellt, so geringe sind« (Arno Holz, Deutsche Poetik, S. 241).

36 Vgl. Jutta Kolkenbrock-Netz, Fabrikation – Experiment – Schöpfung. Strategien ästhetischer Legitimation im Naturalismus, Heidelberg 1981, S. 193–217.

37 Arno Holz, Die Kunst, S. 80.

Gewiss, das sind Formulierungen von 1890; sie liegen aber ganz auf der Linie der sprach- oder »tiraden«-kritischen Herangehensweise, die uns aus der Beyer-Rezension vertraut ist. Andere Elemente der Zola-Kritik des *Freie Bühne*-Essays bzw. der *Kunst*-Schrift dürften dagegen späteren Datums sein: so der kritische Abgleich mit Hippolyte Taine, in dessen geistigem Schatten Holz den Theoretiker Zola verortet,[38] oder die Kritik an der Rolle des individuellen künstlerischen Talents oder Temperaments in der seinerzeit vor allem von Georg Brandes ins Gespräch gebrachten Formulierung Zolas »Une oeuvre d'art est un coin de la nature vu à travers un tempérament.«[39] Jedenfalls muss sich Holz im Zuge der weiteren Aneignung positivistischer Philosophie und Naturwissenschaft noch im Jahr der Frankreichreise so weit von seinem einstigen Idol entfernt haben, dass er Zola in einem Brief vom Dezember 1887 nur noch müde als »Idealist« abtut.[40]

Für diesen Umdenkungsprozess hat der Paris-Aufenthalt, wie wir gesehen haben, die ersten Impulse geliefert. Eine gründlichere Neuorientierung im Sinne einer breiteren Rezeption der französischen Moderne wurde jedoch durch dieselben politischen Spannungen blockiert, die dem kritischen Angriff auf Zola seine spezifische Dynamik verliehen. Arno Holz erweist sich dabei als Opfer und Mittäter zugleich, wenn wir den zweiten Essay aus seiner Feder betrachten, der im Mai/Juni 1887 erschien. In diesem Fall ist die Pariser Entstehung schon durch Inhalt und Form gesichert.

Der Salon im Salon

Der offene Brief *Der diesjährige Pariser ›Salon‹* im Juniheft der Leipziger Zeitschrift *Der Salon für Literatur, Kunst und Gesellschaft* (1887)[41] dürfte zu den unbekanntesten Texten gehören, die von Arno Holz überhaupt gedruckt sind. Die wenigen auf Autopsie beruhenden Bezugnahmen, die sich nach sorgfältiger Suche in der

---

38 »Mit Taine hob in der Kunstwissenschaft eine neue Aera an. Er war der Erste, der die naturwissenschaftliche Methode in sie einführte; der sie nicht mehr auf Dogmen gegründet wissen wollte, sondern auf Gesetzen« (ebd., S. 68).

39 Ebd., S. 58 f.; vgl. Emile Zola, Œuvres completes, Bd. 10, S. 758 f. sowie Georg Brandes, Emile Zola, in: Deutsche Rundschau 54 (1888), Bd. 1, S. 27–44.

40 »Meine Kunstanschauungen haben sich eben vollständig umgekrempelt. Sie sind so positiv und exakt geworden, daß mir z. B. selbst Zola als Idealist passiert« (an Max Trippenbach, 26. Dezember 1887, in: Arno Holz, Briefe, S. 80).

41 Arno Holz, Der diesjährige Pariser ›Salon‹, in: Der Salon für Literatur, Kunst und Gesellschaft, Jg. 21 (1887, recte: 1886/1887), Bd. 2, Heft 9, S. 336–343. Im Folgenden zitiert: Salon. Die Zeitschrift ist im Digitalisierungsprozess begriffen und wird bald vollständig online einsehbar sein.

Sekundärliteratur finden, zeichnen sich durch einen hohen Grad von Verschwie-
genheit aus.[42] In der Tat setzt dieser Text den wohlmeinenden Interpreten in
mehrfacher Hinsicht in Verlegenheit: Zunächst durch den aufgesetzten Humor
des biedermeierlich wirkenden Rahmenteils am Anfang, eingeleitet mit der dem
Redakteur geltenden Anrede »Sehr geehrter Herr und Freund!« sowie der wohl
der Redaktion geschuldeten Datierung »Paris, 4. Mai 1887«.[43] Sodann durch den
betont unkünstlerischen, ans Banausische grenzenden Tonfall, in dem hier über
Kunst gesprochen wird – so gut wie ganz ohne eigentlich künstlerische Kriterien
oder Wertungen. Drittens und nicht zum Wenigsten durch die nationalistische
Perspektive, die den Großteil der Ausführungen durchzieht und am Schluss regel-
recht kulminiert: »Auf Wiedersehen in Deutschland!« (Salon, S. 343)

Zweifellos handelt es sich um eine Gelegenheits-, um nicht zu sagen Verle-
genheitsarbeit des Autors, einen nicht einmal sonderlich originellen Versuch zur
Aufbesserung der Reisekasse. Korrespondenzberichte aus europäischen Metro-
polen gehörten zum Standard der damaligen Zeitschriftenkultur.[44] Im *Salon für
Literatur, Kunst und Gesellschaft* beispielsweise erschienen regelmäßig Briefe aus
Wien (verfasst von Max von Weißenthurn), so auch im Juniheft 1887, dessen –
einer Familienzeitschrift à la *Gartenlaube* würdige – Rubrik »Am Kamin« gleich
von drei Korrespondenzen eröffnet wird: aus Paris, Wien und Bad Homburg. Vor
diesem Hintergrund lassen sich einige Eigenschaften dieses Textes als Anpassung an das Medienformat erklären, die sich – wie die prompte Veröffentlichung
ausweist – anscheinend auch bewährt hat, und zwar ohne dass eine nähere
Beziehung zum damals 75jährigen Herausgeber und Verleger (und Stahlstecher,
englischer Herkunft) Albert Henry Payne bestanden haben dürfte. So hat Holz mit
der Einbeziehung des Kampfs um Wagner offenbar ein Thema berührt, das auf
der Linie dieser Zeitschrift lag.[45] Das eingangs zitierte Postskript aus dem Brief
an Emil Richter beweist jedoch, dass die nationalistische Ausrichtung keineswegs als bloße Anpassung an den Publikumsgeschmack abgetan werden kann.
Und auch in der oben mit einem vorläufigen Begriff als banausisch bezeichneten
Attitüde steckt wohl mehr ›Holz‹, als man meinen könnte.

---

42 Vgl. Helmut Scheuer, Arno Holz, S. 93; Thorsten Fricke, Arno Holz und das Theater, S. 184 f.
43 In Holz' Artikel ist davon die Rede, dass Paris ihm »seit acht Tagen [...] in allen Knochen
    gelegen« habe (Salon, S. 336), was – bezogen auf die am 1. Mai eröffnete Ausstellung – zu
    einer Datierung nicht vor dem 8. Mai 1887 führt. Just an diesem Tag erschien die am Schluss
    zitierte *Grelot*-Nummer! Der Wiener Brief (s. u.) ist auf den 5. Mai 1887 datiert (S. 344).
44 Vgl. den Kommentar in: Hermann Bahr und Arno Holz, Briefwechsel 1887–1923, S. 14.
45 Es wurde dort bereits im Sommer 1886 diskutiert; vgl. Paul d'Abrest, Französische Wagne-
    rianer, in: Der Salon für Literatur, Kunst und Gesellschaft, Jg. 20 (1886, recte: 1885/1886),
    Bd. 2, Heft 10, S. 380–386.

Holz' Pariser Brief berichtet – aufgrund dreimaligen, wahrhaft erschöpfenden Besuchs[46] – über den am 1. Mai 1887 eröffneten Frühjahrssalon der Société des Artistes Français im Industriepalast, dem Vorgängerbau (1855–1897) des Grand Palais, sowie – in einer exkursartigen Ergänzung – über den benachbarten Salon des Indépendants. Als beeindruckend stellt er allein schon die Masse der Objekte der offiziellen Kunstausstellung heraus: »Zweitausend fünfhundert und einundzwanzig Gemälde, eintausend nullhundert und dreiundvierzig Zeichnungen und eintausend nullhundert und fünfundvierzig Skulpturen! Macht zusammen viertausend sechshundert und neun Kunstwerke. Die Zeiten des Perikles waren die reine Barbarei dagegen ...« (Salon, S. 337). Als weiterer Vorzug erscheint ihm die Raucherlaubnis, bedingt durch die gigantischen Maße des Hauptraums: »Ein glasgedeckter Saal von genau 192 Meter Länge, 48 Meter Breite und 35 Meter Höhe« (ebd.).

Dieser Hauptraum bildet insofern auch das Zentrum von Holz' Ausstellungsbericht, als den hier in einem parkartigen Arrangement ausgestellten Skulpturen der Schwerpunkt seines Interesses, ja seiner Bewunderung gehört: »Gern gestehe ich, daß sie alle meine Erwartungen weit übertroffen haben. Es ist selbstverständlich, daß sich unter diesen 1045 Objekten nicht lauter Meisterwerke befinden. Aber kaum eins läßt eine Technik vermissen, die schon allein genügen würde, es bei uns in Deutschland zu einem bewunderten Zugstück zu machen. [...] Am meisten habe ich die Thierstücke und die Porträts bewundert.« (Salon, S. 338)

Schwierigkeiten bereitet dem deutschen Besucher allerdings der Umstand, »daß die französische Skulptur schrecklich patriotisch ist« (Salon, S. 339). Immer wieder beobachtet er »Marmormütter«, »die theils mit Beilen, theils mit schreienden Säuglingen bewaffnet, augenscheinlich die Absicht haben, in irgend einen Krieg zu ziehen«:

Das ist die Kehrseite von jeder Medaille hier. Revanche, Revanche und wieder Revanche! Die französischen Bildhauer scheinen sie ernstlich in Pacht genommen zu haben. Ich konstatire, daß ich, ohne extra darauf zu fahnden, mindestens ein Dutzend Kriegserklärungen in Marmor und ein halbes Dutzend in Bronze gezählt habe. Die in Thon und Gips gar nicht zu rechnen. (Salon, S. 338)

---

46 »Das erste Mal kam ich halb todt nach Hause, das zweite Mal ganz todt, und das dritte Mal überhaupt nicht« (Salon, S. 337).

Zu den »Kriegserklärungen [...] in Bronze« gehört auch Eugène Marietons Figurengruppe *L'avenir*,[47] denn die »Zukunft«, die hier allegorisch dargestellt wird, ist offenkundig die Heimholung des Elsass nach Frankreich. »Diese unglückliche Liebe zu Elsaß-Lothringen« veranlasst den Kritiker zu einer persönlichen Abschweifung. Sie verbindet Eindrücke von der Place de la Concorde, wo eine »allegorische Figur der Stadt Straßburg [...] mit Trauerkränzen und Fahnen ausstaffirt war«, mit solchen aus einem »Chansonettentempel«. Dort wurde die Abtrennung des Elsass von Frankreich in einem kleinen theatralischen Duett dargestellt – mit großer Anteilnahme des Publikums:

> In der Zwischenpause rief dann ein Zeitungsverkäufer die letzte Nummer der »Revanche« aus. Natürlich gab ich meine 5 Centimes mit Vergnügen. Es war die Nummer, die über die Aufführung des Lohengrin referirte. Der Leitartikel war mit drei Zoll hohen Buchstaben »A BAS L'ALLEMAGNE!« überdruckt. »LA SOIRÉE DE L'EDEN. – LE LOHENGRIN« SIFFLÉ. – DÉMONSTRATION ANTIALLEMANDE. – MANIFESTATIONS SYMPATHIQUES EN L'HONNEUR DE LA »REVANCHE«. – LE DRAPEAU FRANÇAIS LACÉRÉ ETC. .... Ich habe nie vorher gewußt, daß ich ein so guter Deutscher bin. Erst in Paris hat man es mich gelehrt. Ich bin den Schreihälsen hier dafür sehr dankbar. (Salon, S. 339)

Holz' übertreibende Bemerkungen über die Häufigkeit, mit der gerade General Boulanger als »Held des Tages« porträtiert sei,[48] leiten bereits zur Malerei über, die schon deshalb stärker in deutsch-französischer Doppelperspektive diskutiert wird, weil Holz hier – nicht zuletzt durch die Berliner Jubiläumsausstellung von 1886 – über Vergleichskenntnisse und ausgesprochene Vorlieben (Knaus, Böckelmann, Max, Böcklin) verfügt. Er denkt daher sicher auch an die Hochkonjunktur der Historienmalerei auf dem deutschen Kunstmarkt der Gründerzeit, wenn er seiner Aversion gegen die Beliebtheit des Kleopatra- und Salome-Themas satirisch überspitzten Ausdruck verleiht:

> Eine Kunstausstellung ohne ein Cleopatrabild wird nächstens zu den Undenkbarkeiten zählen. »Cleopatra einen Sklaven vergiftend«, »Cleopatra Cäsar erwartend«, »Cleopatra auf dem Nil segelnd«. »Cleopatra sich im Mörissee badend«, »Cleopatra auf einer Pyramide reitend«, Cleopatra hier, Cleopatra da. In einem Saal eine Cleopatra wittern und in demselben Augenblick auch schon geräuschlos in den nächsten gleiten, war bei mir zuletzt

---

47 Exposition des Beaux-Arts, Salon de 1887. Catalogue illustré de peinture et sculpture, Paris 1887, Nr. 4261 vgl. Abb. auf S. 358.

48 Vgl. ebd., Nr. 678, 3826 u. 4568. Graphiken sind in den Katalog nicht aufgenommen.

schon ein und dasselbe. Einen gewissen Respekt habe ich auch vor der jüdi-
schen Königstochter Herodias bekommen. Ich habe sie in allen möglichen
und unmöglichen Kostümen das Haupt des Täufers abschlagen gesehen und
war ihr schließlich sehr dankbar, als sie sich begnügte, ihre appetitliche
Schüssel nur ein einziges Mal zu serviren. (Salon, S. 340)

Holz hat hier zweifellos vor allem Henners *Hérodiade* vor Augen,[49] deren Entwurf
sich im Pariser Musée national Jean-Jacques Henner befindet. Ebenso dürfte er
bei der ersten Kleopatra-Variante an Alexandre Cabanels Ölgemälde denken,
das Kleopatra bei der Erprobung von Giften an zum Tode Verurteilten zeigt und
heute in Antwerpen hängt.[50] Ohne sich offenbar der aktuellen Botschaft bewusst
zu werden, die derlei Frauendarstellungen als Anspielung auf den zeitgenössischen Mythos der Femme fatale besaßen, äußert Holz die Vermutung, »daß die
französischen Maler vielleicht noch verliebter in die althergebrachte Schablone
sind, als die deutschen«. Die behauptete Bevorzugung traditioneller Historien-
bild-Motive in der französischen Kunst steht etwas quer zu der anschließenden
These, deutsche Maler wollten – im Unterschied zu ihren westlichen Kollegen –
dem Betrachter etwas »erzählen«: »Jedes ihrer Bilder, wenigstens ihrer besseren,
erzählt mir etwas. Es ist oft nichts Besonderes, genügt aber fast immer, um mich
mit einer Stimmung zu erfüllen, die mir um so lieber wird, je länger ich mich in
sie vertiefe.« (Salon, S. 340) Jenseits des Rheins bestehen dagegen laut Holz ganz
andere Bedürfnisse und Erwartungen: »Der Franzose stellt an seine Maler nur
technische Anforderungen. Er sagt: ein Bild ist kein Buch. Freilich! Aber ein Bild
soll ein Kunstwerk sein. Und eine Kunst, die auf jede Idee von vornherein verzichtet, verdient nur, daß man sie wie ein Handwerk traktirt.« (Ebd.)

Von hieraus erklärt sich für Holz das hohe technische Niveau der französischen Bilder, aber auch deren bis zur Serialität oder Austauschbarkeit gehende
Standardisierung. Seine Salon-Kritik erkennt eine gewisse Affinität zwischen
dieser Kunst der Äußerlichkeit und der von ihm in der französischen Öffentlichkeit wahrgenommenen Tendenz zur Phrase. In diesem Sinne schlägt Holz eine
kühne Brücke von Diogène Maillarts Entwurf für ein Deckenbild im Treppenhaus
des Rathauses des 19. Pariser Arrondissements mit dem Thema *La ville de Paris
instruisant ses enfants*[51] zu den Rubens-Gemälden in der Medici-Galerie des
Louvre, die sich noch komplexeren Aufgaben stellten wie (in Holz' Worten) *Die
Königin übergiebt dem großjährigen Ludwig XIII. das Steuer des von den Tugenden
geruderten Staatsschiffes* oder *Die Zeit befreit die Wahrheit von den Angriffen des*

49 Ebd., Nr. 1196 vgl. Abb. auf S. 317.
50 Ebd., Nr. 406 vgl. Abb. auf S. 81.
51 Ebd., Nr. 1026 vgl. Abb. auf S. 331.

Neides und der Zwietracht. Für Holz kündigt sich in diesen Zeugnissen monar-
chischer Selbstdarstellung schon dieselbe Vorliebe für die angeberische »Tirade«
an, die sich in Alexandre Falguières *Le triomphe de la Révolution* wiederfindet –
einem temporären (1882–1887) Aufsatz zum Arc de Triomphe, dessen Botschaft
unser Autor mit den Worten zusammenfasst: »Frankreich auf einer Quadriga den
Irrthum und das Vorurtheil vernichtend«. Sein abschließender Kommentar »Es
ist ein hübsches Ding um die Bescheidenheit!« (Salon, S. 341) stellt für den Kun-
digen eine unmittelbare Verbindung zur brieflichen Schelte Zolas her.

Es geht Holz aber nicht so sehr darum, der französischen Malerei – ebenso
wie der Skulptur – die Indienstnahme durch Patriotismus oder Nationalismus
nachzuweisen. Wichtiger ist ihm die Betonung der Grenzen, die einer solchen
Kunst der Äußerlichkeit gesetzt sind. Sie versagt vor der Innerlichkeit der Faust-
Thematik,[52] aber auch vor den ideellen Dimensionen der modernen Wissenschaft. In dem im Hinblick auf Holz' Wissenschaftsverständnis und seine Kritik
an Zolas *Le Roman expérimental* vielleicht interessantesten Absatz des Salon-
Berichts heißt es:

> Sehr auffallend ist auch bei diesem Mangel an jeder Tiefe das Kokettiren
> der Malerei mit der Wissenschaft. »Une leçon clinique à la Salpêtrière«, »Au
> Lab[o]ratoire municipal«, [»]Le Dr. Pean [lies: Péan] enseignant sa décou-
> verte du pincement des vaisseaux« u.s.w.u.s.w. Natürlich sind alle diese
> Dinger nichts weiter als kolorirte Momentphotographien. Allerdings pracht-
> voll kolorirte. Aber das genügt dem Franzosen. Seine Maler sollen malen
> können. Die Moralphilosophie gehört nicht in den Salon. Die Moralphiloso-
> phie gehört aufs Katheder. Punktum! (Salon, S. 341)

Das weitaus berühmteste der drei Bilder ist heute Pierre Aristide André Brouillets
– hier an erster Stelle genanntes – Gruppenporträt, das eine Hysterie-Vorlesung
des führenden Neurologen Jean-Martin Charcot zeigt und dabei eine beträchtliche Anzahl medizinischer Kollegen porträtiert.[53] Freud, der im Vorjahr 1886 an
der Salpêtrière hospitierte,[54] ist zwar nicht mitabgebildet, hat sich beim nächsten
Paris-Besuch jedoch eine Lithographie des Bildes besorgt, der er einen Ehrenplatz

---

52 Vgl. Jean Paul Gervais, Marguerite au sabbat (ebd., Nr. 1026).
53 Ebd., Nr. 363 vgl. Abb. auf S. 170 (Fragment). Heutiger Standort: Université Paris Descartes.
    Das häufig – zumeist auf der Grundlage von Lithographien – reproduzierte Bild findet sich
    u. a. in: Michael Worbs, Nervenkunst. Literatur und Psychoanalyse im Wien der Jahrhun-
    dertwende, Frankfurt a. M. 1983, S. 227; Sigmund Freud Museum. Katalog, hg. von Harald
    Leupold-Löwenthal u. a., Wien 1994, S. 45.
54 Vgl. Peter-André Alt, Sigmund Freud. Der Arzt der Moderne. Biographie, München 2016,
    S. 136–149.

an der Wand seines Arbeitszimmers einräumte. Über solche dokumentarischen
Qualitäten einer »Momentphotographie« hinaus verdient Brouillets Darstellung
Beachtung, insofern sie den theatralischen Charakter der weiblichen Hysterie
(nach damaligem Verständnis) durch das Arrangement von demonstrierendem
Professor und Auditorium sichtbar macht und gewissermaßen eine »Urszene«
der Psychoanalyse gestaltet.[55] Die Blicke der durchweg männlichen Hörer richten
sich auf die vorgeführte teilweise enthüllte Patientin in ähnlicher Weise wie die
der dunkel gekleideten Ärzte und Schwestern auf Henri Gervex' – von Holz an
dritter Stelle genanntem – Ölgemälde, das auch unter dem Titel *Vor der Operation*
bekannt ist (Abb. 3).[56] Das in der Tradition niederländischer Anatomiebilder stehende Bildnis Jules-Emile Péans zeigt den Pariser Chirurgen bei der Erläuterung
der von ihm erfundenen Arterienklemme am Kopfende eines Krankenbettes, auf
dem eine anscheinend bereits narkotisierte Patientin liegt – mit der ganzen Hel-
ligkeit des Sonnenlichts auf ihren entblößten Brüsten.

Holz' Kritik an der Äußerlichkeit im Umgang der Maler mit dem Sujet Wissenschaft ist also bis zu einem gewissen Grade nachvollziehbar, verkennt aber
sowohl den Einfluss der ikonographischen Tradition (Gervex) als auch die spezifischen Dimensionen des verhandelten Themas (Brouillet). Man hätte auch ein
Wort über den abweichenden Zugang erwarten können, den Ferdinand Joseph
Gueldry für die Darstellung des Städtischen Chemielabors wählte (Abb. 4):[57] mit
Laboranten in Rückenansicht und einer deutlichen Dominanz des Raums und
seiner Gerätschaften gegenüber den Figuren. Von einer prachtvollen Momentauf-
nahme wird man hier nur bedingt sprechen können, dem modernen Betrachter
drängen sich wohl eher Verbindungen zu Naturalismus oder Neuer Sachlichkeit
auf.

Es ist jedoch schon deutlich geworden, dass Holz an einer differenzierten
Würdigung einzelner Werke kaum interessiert ist und sich um so bereitwilliger
pauschalen Tendenzaussagen anvertraut, die in hergebrachten nationalistischen
Stereotypen verankert sind.[58] Dazu gehört zweifellos die von ihm behauptete
Äußerlichkeit und Gefühls- bzw. Ideenarmut der französischen Malerei: »Viel,
sehr viel Leinwand und wenig, sehr wenig Gemüth.« (Salon, S. 342) Selbst das
hohe technische Niveau, das den Pariser Bildern durchweg bescheinigt wird,

55 Vgl. Forbes Morlock, The Very Picture of a Primal Scene. Une leçon Clinique à la Salpêtrière,
    in: Visual Resources 23 (2007), S. 129–146.
56 Exposition des Beaux-Arts, Salon de 1887, Nr. 1027. Heutiger Standort: Musée d'Orsay, Paris.
    Vgl. den Ausstellungskatalog: Henri Gervex 1852–1929, Paris 1992, S. 165–167.
57 Ebd., Nr. 1121 vgl. Abb. auf S. 129. Heutiger Standort: Musée de la Ville de Paris, Musée
    Carnavalet, Paris.
58 Vgl. Ruth Florack, Tiefsinnige Deutsche, frivole Franzosen. Nationale Stereotype in deut-
    scher und französischer Literatur, Stuttgart, Weimar 2001.

Abb. 3: Henri Gervex, Vor der Operation. Musée d'Orsay, Paris

Abb. 4: Ferdinand Joseph Gueldry, Das städtische Chemielabor. Musée Carnavalet, Paris

hindert diesen Kritiker nicht daran, der deutschen – erst recht aber der norwegischen[59] – Malerei den Vorzug zu geben. So erscheint ihm die Farbbehandlung der ausgestellten Gemälde leicht künstlich. Nachdem er zunächst fast erleichtert festgestellt hat, dass auch die französischen Maler das Meer nur blau und einen Baum nur grün malen können, bemerkt er:

59   Unter Berufung auf die in Paris gezeigten Landschaften norwegischer Maler erklärt Holz: »Kraft, Kraft und noch einmal Kraft, das ist es, was heute die nordischen Künstler der Welt predigen. Die Maler genau so wie die Dichter. Wie die Ibsen, Björnson, Kielland etc. Ich muß gestehen, daß dies Evangelium mir lieber ist, als das französische« (Salon, S. 341). Holz nennt keine Künstlernamen; laut Katalog kommen Kitty Kielland, Eilif Peterssen, Otto Sinding oder Christian Skredsvig in Betracht.

Und mit was für einem Blau! Mit was für einem Grün! Wenn man davorsteht und es ansieht, genirt man sich, daß man nicht die Schwindsucht hat. Ich glaube, die Sprache, die die Künstler sprechen, wenn sie sich unter sich glauben, nennt das, »den Schatten durch das Licht wiedergeben.« Den Schatten durch den Schatten wiedergeben, wie das schnöder Weise immer noch unsere deutschen Maler thun, halte ich eigentlich für naturgemäßer. Doch gestehen wir, daß wir nicht kompetent sind. (Salon, S. 337)

Sollte Holz hier etwas aufgefallen sein, was mit der Entwicklung der impressionistischen Malweise zusammenhängt? Das Wort »Impressionismus« kommt in seinem Artikel nicht vor[60] – höchst erstaunlich für einen Ausstellungsbericht aus Paris von 1887, der ja auch einen Seitenblick auf den Salon des Indépendants mit neun Werken von Lucien Pissarro, zehn Werken von Paul Signac und elf Werken von Georges Seurat wirft.[61] Diese Namen allerdings tauchen in Holz' offenem Brief nicht auf; es wird überhaupt kein Bild oder Künstler der alternativen Ausstellung erwähnt. Der Verfasser begnügt sich damit, das Nichtvorhandensein eines Publikums und jedes künstlerischen Niveaus in dieser Galerie zu betonen: »Wie soll ich es anstellen, um Ihnen ein einigermaßen deutliches Bild von ihr zu geben? Denken Sie sich Max und Moritz in einer Nachbleibestunde mit allen möglichen Zeichenutensilien ausstaffirt und Sie werden ahnen, was dabei herauskommt.« (Salon, S. 342 f.)

Mit dieser wenig qualifizierten Bemerkung schließt der eigentliche Kunstteil von Holz' Bericht. Es folgt noch eine durchaus stereotype Bemerkung über die Reize des Frühlings in Paris, die jedoch jäh abgeschnitten wird. Wieder ist es ein Zeitungsverkäufer, der oder dessen Angebot Holz auf andere Gedanken bringt. Diesmal ist es das Satireblatt *Le Grelot* mit seiner Titelkarikatur zur Pariser *Lohengrin*-Aufführung vom 3. Mai 1887 (Abb. 5), die ihn an die französischen »Revanchegelüste« gemahnt und den »arme[n], todte[n] Richard Wagner« bedauern lässt: »Sie können ihm sein Deutschthum nicht vergessen.« (Salon, S. 343) Es folgt eine detaillierte Beschreibung des aggressiven zweigeteilten Titelblatts einschließlich seiner pornographischen Details: »Paris lèche le Lohengrin de Wagner.« Es ist die einzige konkrete Bildbeschreibung in diesem Salon-Bericht, der mit einer Selbstreflexion und der Rechtfertigung seines nationalen Tenors

---

60 Der seit 1874, zunächst pejorativ, gehandelte Begriff wird schon in Zolas Salon-Berichten von 1878 und 1879 emphatisch aufgegriffen; vgl. Emile Zola, Schriften zur Kunst. Die Salons von 1866–1896, mit Vorwort von Till Neu üb. von Uli Aumüller, Frankfurt a. M. 1988, S. 223 f. u. 229 f.

61 Zahlenangaben nach: Dominique Lobstein, Dictionnaire des Indépendants 1884–1914, 3 Bde., Dijon 2003.

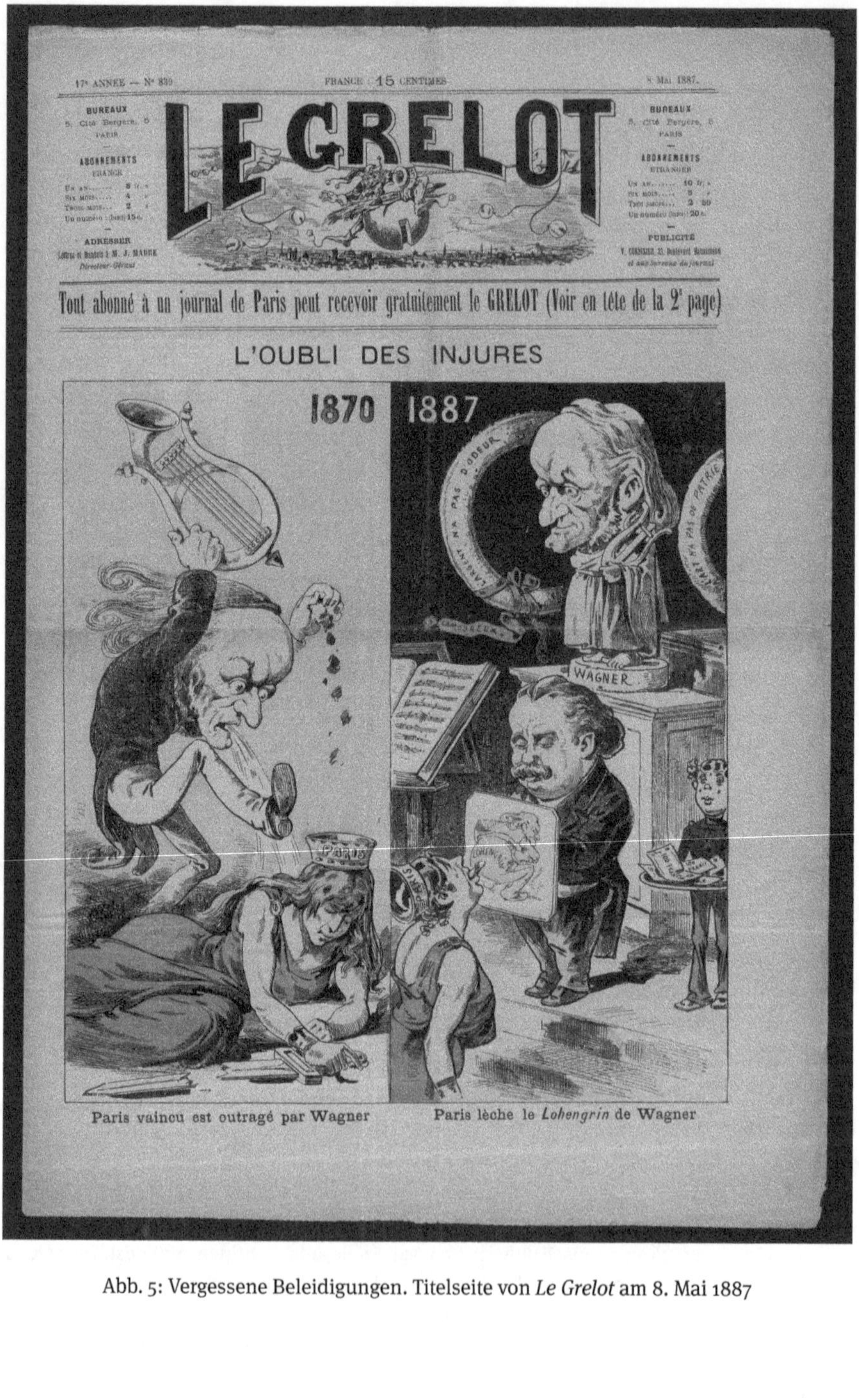
17e ANNÉE — N° 839 FRANCE : 15 CENTIMES 8 Mai 1887.

BUREAUX
5, Cité Bergère, 5
PARIS

ABONNEMENTS
FRANCE
Un an........ 8 fr.
Six mois...... 4
Trois mois... 2
Un numéro (hors) 15 c.

ADRESSER
Lettres et Mandats à M. J. MADRE
Directeur-Gérant

LE GRELOT

BUREAUX
5, Cité Bergère, 5
PARIS

ABONNEMENTS
ÉTRANGER
Un an........ 10 fr.
Six mois...... 5
Trois mois... 2 50
Un numéro (hors) 20 c.

PUBLICITÉ
et aux bureaux du journal

Tout abonné à un journal de Paris peut recevoir gratuitement le GRELOT (Voir en tête de la 2e page)

L'OUBLI DES INJURES

Paris vaincu est outragé par Wagner

Paris lèche le *Lohengrin* de Wagner

Abb. 5: Vergessene Beleidigungen. Titelseite von *Le Grelot* am 8. Mai 1887 schließt: »Wundern Sie sich nicht, werther Freund, daß ich so von Patriotismus überfließe. Sie wissen, daß [sic] ist sonst nie meine Art gewesen. Allein, gehen Sie wie ich nach Paris und Sie werden mich begreifen.« (Salon, S. 343)

Ausblick

Viel früher als bisher angenommen[62] kehrte Holz aus Paris zurück. Schon am 4. Juni verfasst er in Heringsdorf auf Usedom eine Postkarte, die seine Rückreise mit den Stationen »Straßburg – München – Tegernsee – Leipzig – Berlin« umreißt.[63] Fünf Tage später bittet er Leo Berg auf einer Postkarte mit Berliner Stempel um ein Belegexemplar der Beyer-Rezension; aus derselben Karte geht hervor, dass er in den nächsten Tagen wieder zu einer Kurzreise aufbrechen will.[64] Erst in der zweiten Juni-Hälfte lässt sich der »ewige Jude«[65] häuslich in Niederschönhausen bei Berlin nieder.[66] Es war also – mit einer gewissen zeitlichen Verzögerung – genau das eingetreten, was der Paris-Besucher in seinem April-Brief geahnt hatte: »Ich sehe es schon kommen, mein Traum, den Sommer über im Ausland zu verleben, wird verfliegen und einen [sic] großes Loch in meinem Portemonaie zurücklassen. In irgend einem stillen Erdwinkel Deutschlands, vergraben unter Gras und Blumen, wird's dann Mitte Mai heißen: ›Gehen Sie *in* Ihnen!‹«[67] Genau vier Jahre nach seinem ersten Besuch reist Holz wiederum nach Paris, allerdings nur für kurze Zeit. Inzwischen steht der Eiffelturm, und selbstverständlich schickt Holz eine Ansichtskarte mit eben diesem Motiv an seinen Freund Richter in Frankfurt am Main (Abb. 6).[68] Sie enthält keinen Text außer der Unterschrift und dem Wort »Schmerzlichste« auf der Bildseite. Dürfen wir

---

62 Von Susen/Müller wird eine Rückkehr Ende Juli 1887 angenommen: Arno Holz und Hermann Bahr, Briefwechsel 1887–1923, S. 7.
63 An Max Trippenbach, 4. Juni 1887 (Landes- und Zentralbibliothek Berlin, Arno-Holz-Archiv, Nr. 1157). Dagegen bieten die beiden Postkarten an Trippenbach aus Paris vom 18. u. 26. April 1887 (ebd., Nr.1155/1156) kaum zusätzliche Informationen über die Reise; die erstere berührt sich in vielen Punkten mit der oben zitierten Karte an Bahr vom 15./16. April 1887.
64 Leo Berg, Im Netzwerk der Moderne, S. 104.
65 Mit »Dein Tanhuser oder besser: Dein ewiger Jude« unterzeichnet Holz seine Postkarte an Trippenbach aus Paris vom 18. April 1887 (Arno-Holz-Archiv, Nr. 1155).
66 »Nach meiner abermaligen Weltflucht habe ich mich hier häuslich niedergelassen und befinde mich wohler denn je« (an Trippenbach, 19. Juni 1887, ebd., Nr. 1158).
67 An Richter, 23. [recte: 22.] April 1887, in: Nachlass Holz, Erg. 1, Mappe 16, fol. 14v. Der bewusst gewählte falsche Dativ gehört zu den von Holz kultivierten Berolinismen.
68 Ebd., fol. 88 (Poststempel: 12. April 1891).

Abb. 6: Postkarte von Arno Holz aus Paris, April 1891
(Staatsbibliothek zu Berlin – Preußischer Kulturbesitz, Nachlass Holz)

darin eine Variante von »Herzlichste Grüße« sehen, die gleichzeitig so etwas wie »Schmerzlichste Erinnerungen« bedeutet?

Schmerzlichste Erinnerungen an Paris 1887? An den Hunger, die schwankenden Suchbewegungen auf poetologischem und kunstkritischem Gebiet und die Irritation durch antideutsche Ressentiments? Von der damaligen Unsicherheit und Verunsicherung sah sich der Paris-Rückkehrer durch eine Reihe literarischer Leistungen und Achtungserfolge geschieden: die Veröffentlichung der novellistischen Skizzen *Papa Hamlet* (zusammen mit Johannes Schlaf) unter dem norwegisierenden (!) Pseudonym Bjarne P. Holmsen Anfang 1889, die Uraufführung der gleichfalls zusammen mit Schlaf verfassten *Familie Selicke* im April und die Publikation von *Die Kunst. Ihr Wesen und ihre Gesetze* im November 1890. In dieser theoretischen Hauptschrift hatte er seinen Weg zum »konsequenten Realismus« als eine Art inneren Zweikampf mit Zola inszeniert und dabei der technischen Seite, der schon sein Salon-Bericht größten Respekt zollte, eindeutig den Primat eingeräumt. Auch eine Kinderzeichnung spielt in diesem Logbuch des Kunstgesetz-Entdeckers eine zentrale Rolle: allerdings als substantielle Analogie zur künstlerischen Gestaltung und nicht als ihre spitzbübische Entstellung. Der Begriff »Impressionismus« findet dabei immer noch keine Verwendung. Man wird in Kenntnis von Holz' Salon-Bericht wohl noch vorsichtiger mit dem Vorschlag umgehen, die experimentelle Schreibweise von *Papa Hamlet* als literarisches Pendant zum Impressionismus in der Malerei zu begreifen oder geradezu als literarischen Impressionismus zu etikettieren.[69]

69   Hartmut Marhold, Impressionismus in der deutschen Dichtung, Frankfurt a. M. 1985.

VERA PODSKALSKY

LESEN MIT RICŒUR.

DAS KONZEPT DER »NARRATIVEN IDENTITÄT« AM BEISPIEL

VON STEN NADOLNYS *WEITLINGS SOMMERFRISCHE*

Als »Inflationsbegriff Nr. 1«[1] bezeichnete der Soziologe Karl-Michael Brunner in einem Aufsatz den Ausdruck Identität und spielte damit auf dessen vielfältige Verwendung in den unterschiedlichsten wissenschaftlichen und gesellschaftlichen Kontexten an. In den Literaturwissenschaften ist diese inflationäre Verwendung allerdings insofern berechtigt, als dem Erzählen im Zusammenhang mit der Identität eine Sonderstellung zukommt. So ist es inzwischen weitgehend Konsens, dass Identitätskonstruktion und Lebensgeschichte unmittelbar miteinander verbunden sind und damit das Erzählen die Basis von Identität darstellt.[2] Dies zeigt sich auch daran, dass die Verhandlung von Identität in der Psychologie vielfach über narrative Ansätze erfolgt.[3] Umgekehrt verwenden literaturwissenschaftliche Arbeiten sozialpsychologische Theorien für Interpretationen von Identitätsentwürfen in der Literatur.[4]

Die Verbindung von philosophischen und narratologischen Ansätzen leistet Paul Ricœur in seiner zentralen Theorie der narrativen Identität, die er in *Das Selbst als ein Anderer* darlegt. Grundlegend hierfür ist das bereits in *Zeit und Erzählung* entwickelte Wechselspiel von Zeiterfahrung und Narration und damit zusammenhängend sein Modell der dissonanten Konsonanz, das hier mit dem

---

1   Karl-Michael Brunner, Zweisprachigkeit und Identität. Probleme sprachlicher Identität von ethnischen Minderheiten am Beispiel der Kärntner Slowenen, in: Psychologie und Gesellschaftskritik 44 (1987), S. 63. .

2   Vgl. z.B. Christian Klein, Erzählen und Personale Identität, in: Handbuch Erzählliteratur. Theorie, Analyse, Geschichte, hg. von Matías Martínez, Stuttgart 2011, S. 84 oder Wolfgang Kraus, Das erzählte Selbst. Die narrative Konstruktion von Identität in der Spätmoderne, Herbolzheim 2000, S. 168.

3   Vgl. hierzu Vera Nünning, Erzählen und Identität. Die Bedeutung des Erzählens im Schnittfeld zwischen kulturwissenschaftlicher Narratologie und Psychologie, in: Kultur – Wissen – Narration: Perspektiven transdisziplinärer Erzählforschung für die Kulturwissenschaften, hg. von Alexandra Strohmaier, Bielefeld 2013, S. 145–170.

4   Vgl. z.B. Simone Christina Nicklas, Erinnern führt ins Innere. Erinnerung und Identität bei Uwe Timm, Marburg 2015.

Konzept der Identität und einem spezifischen Verständnis des Identitätsbegriffs
in Verbindung gebracht wird. Der Begriff der Narration bezieht sich bei Ricœur
zum einen auf den Bereich der Literatur, stellt darüberhinausgehend aber auch
eine kognitive Kategorie als »eines der fundamentalen Organisationsprinzipien
menschlichen Erlebens und Handelns«[5] dar.

Zwar wird Ricœurs Ansatz der narrativen Identität in literaturwissenschaftli-
chen Überblicksdarstellungen immer wieder erwähnt.[6] Er wurde aber bisher nur
ansatzweise unmittelbar erzähltheoretisch fruchtbar gemacht,[7] die Anwendung
des Konzepts der narrativen Identität auf literarische Texte stellt ein Desiderat
dar. Dabei liefert grundsätzlich gerade die Ricœurs Werk kennzeichnende Verbindung von Philosophie und Literaturwissenschaft bereits ein Instrumenta-
rium, das dafür vorgesehen ist, auf literarische Texte angewendet zu werden, wie
seine eigenen Werkanalysen zur »fiktiven Zeiterfahrung« zeigen.[8] Insbesondere
vor dem Hintergrund, dass Identität eine grundlegende Kategorie für das Verständnis von Literatur darstellt und die »Erzählliteratur in den meisten Fällen
von Identitätsfragen [handelt]«,[9] erscheint es deshalb wesentlich, die bisherigen
narratologischen Ansätze um Ricœurs Konzept der narrativen Identität zu erweitern. Im Folgenden soll der Versuch unternommen werden, erste Elemente für
einen solchen Ansatz in der Narratologie zu liefern. Hierfür soll Ricœurs Identitätskonzept vorgestellt und seine Anwendbarkeit anhand einer exemplarischen
Analyse gezeigt werden.

Diese wird an einem Roman der Gegenwartsliteratur durchgeführt: *Weitlings
Sommerfrische*,[10] der jüngste Roman Sten Nadolnys, der 2012 erschien und der

5   Norbert Meuter, Narrative Identität. Das Problem der personalen Identität im Anschluß an
    Ernst Tugendhat, Niklas Luhmann und Paul Ricœur, Stuttgart 1995, S. 122.
6   Vgl. z. B. Christian Klein, Erzählen und Personale Identität, S. 84; Ansgar Nünning: Erin-
    nerung – Erzählen – Identität. Perspektiven einer kulturwissenschaftlichen Erzählfor-
    schung, in: Theorien der Literatur. Grundlagen und Perspektiven. Bd. 3, hg. von Hans
    Vilmar Geppert, Hubert Zapf, Tübingen 2007, S. 55; Stefan Krammer, Ich bin ich bin ich...
    Identitätskonzepte in Sozial-, Kultur- und Literaturwissenschaften, in: Informationen zur
    Deutschdidaktik 37 (2013), H. 3, S. 15; Stefan Glomb, Identitätstheorien, in: Metzler Lexikon
    Literatur- und Kulturtheorie. Ansätze – Personen – Grundbegriffe, hg. von Ansgar Nünning,
    Stuttgart 2013, S. 325.
7   So nennt zum Beispiel Stefan Scharfenberg, Narrative Identität im Horizont der Zeitlichkeit.
    Zu Paul Ricœurs *Zeit und Erzählung*, Würzburg 2011, literarische Beispiele, führt aber keine
    umfassende Analyse durch.
8   Vgl. Paul Ricœur, Zeit und Erzählung. Band II. Zeit und literarische Erzählung, München
    1989. S. 170–250.
9   Christian Klein, Erzählen und Personale Identität, S. 88.
10 Sten Nadolny, Weitlings Sommerfrische, München 2012. In der Analyse im Fließtext abge-
    kürzt mit »WS«.

in der Literaturwissenschaft, im Gegensatz zu den anderen Romanen Nadolnys, bisher keine Beachtung fand.[11] Hier erlebt der Protagonist Wilhelm Weitling in Folge eines Bootsunglücks eine Art Zeitreise und befindet sich als Geist für mehrere Monate in seiner Vergangenheit, wobei er an sein jugendliches Ich Willy gekettet ist. Nach der Rückkehr aus dieser »Sommerfrische« ist Weitling mit zahlreichen Veränderungen seiner Identität konfrontiert, so stellt er zum Beispiel fest, statt als Richter nun als Schriftsteller tätig zu sein.

In Nadolnys Roman wird die Identitätssuche Wilhelm Weitlings als zentrales Thema auf vielschichtige Weise verhandelt, was auch Oliver Jungen in der Frankfurter Allgemeinen Zeitung feststellt:

> Dieser [...] Roman ist [...] eine hintersinnige Infragestellung der Kohärenz unserer Identität, die möglicherweise nicht mehr darstellt als eine Momentaufnahme innerhalb des nie endenden Spiels der einander gegenseitig unterminierenden Zeitüberwindungskräfte Erinnerung und Phantasie. Durch die Ritzen des Ich leuchten all unsere nicht verwirklichten Varianten in uns hinein.[12]

In diesem Zitat deutet sich außerdem an, dass die Frage nach Identität bereits innerhalb des Romans selbst in Zusammenhang mit dem Erzählen und hiermit verbundenen Aspekten, beispielsweise der Phantasie, gebracht wird. Liest man *Weitlings Sommerfrische* vor dem Hintergrund von Ricœurs Konzept der narrativen Identität, zeigt sich, dass der Roman sich entgegen der negativen Kritik in einzelnen Rezensionen keinesfalls auf die Darstellung von Binsenweisheiten zur Unzuverlässigkeit von Erinnerung beschränkt oder die Anlage lediglich als Vorwand dient, um autobiografische Bezüge einzuflechten.[13] Vielmehr wird hier die Identitätssuche eines Individuums,[14] die Auseinandersetzung mit der

---

11 Die Recherche in der Bibliographie der deutschen Sprach- und Literaturwissenschaft ergibt als einzigen Treffer eine kurze Rezension: Georg Patzer, Ein Ausflug in eine Parallelwelt. Sten Nadolny unterhält seine Leser mit ›Weitlings Sommerfrische‹, auf: Literaturkritik.de 14 (2012), H. 8, S. 80 f.

12 Oliver Jungen, Im Unfertigen findet das Leben statt, in: Frankfurter Allgemeine Zeitung, 15. Mai 2012, S. 26.

13 Vgl. hierzu Gerrit Bartels, Die Zukunft kam nur bis gestern, in: Der Tagesspiegel, 23. Mai 2012, S. 19 und Kristina Maidt-Zinke, »Ach, wenn ich ein anderer wäre und doch derselbe«. Zeitreisender mit gehörigem Phlegma, in: Süddeutsche Zeitung, 9. Juni 2012, S. 18.

14 Die zentrale Bedeutung der Identitätsproblematik für den Roman wird auch daran deutlich, dass in einzelnen Rezensionen zu *Weitlings Sommerfrische* verschiedene Werke von Max Frisch und die hierin enthaltene Verhandlung von Identitätsfragen angeführt werden. Vgl. z. B. Jens-Uwe Sommerschuh, »Vielleicht gibt es ein Zurück«, in: Sächsische Zeitung, 12. Mai 2012, S. 4.

eigenen Vergangenheit und bereits innerhalb der Diegese die hierfür bedeutende Funktion von Narration und Literatur dargestellt.

Um die Anwendbarkeit des Ricœur'schen Konzepts zu zeigen, ist es besonders naheliegend, den Fokus zunächst auf einen solchen Text zu legen, in dem die Identitätsproblematik Teil der Anlage des Romans ist und im Akt des Erzählens verhandelt wird. So drängen sich aus der Romanhandlung unmittelbar Fragen in Bezug auf die Identität Weitlings auf, deren Beantwortung die Grundlage für eine mögliche plausible Gesamtinterpretation darzustellen scheint: Kann von einem Protagonisten mit einer Identität gesprochen werden oder müssen mehrere Identitäten und damit auch unterschiedliche Romanfiguren angenommen werden? Wenn eine Identität Weitlings zugrunde gelegt wird, wie ist diese dann adäquat zu beschreiben? Diese Fragen sollen in der exemplarischen Analyse mit Hilfe von Ricœurs Identitätskonzept beantwortet werden. Autobiografische Bezüge, die Nadolny in das Werk eingeflochten hat, sollen dabei zunächst ausgeklammert werden.[15] Diese Beschränkung soll es erlauben, zentrale Kategorien der Ricœur'schen Theorie möglichst genau auf den Roman anzuwenden, um damit zu zeigen, wie der Ricœur'sche Ansatz für eine narratologische Analyse fruchtbar gemacht werden kann.

Der Aufsatz gliedert sich in zwei Großteile: Im ersten Teil werden Ricœurs Konzept der narrativen Identität und die hierfür wesentlichen Grundlagen aus *Das Selbst und ein Anderer* und *Zeit und Erzählung* vorgestellt. So steht zu Beginn eine Erläuterung seines Begriffs von personaler Identität und dessen Aufspaltung in Selbigkeit und Selbstheit. Im Anschluss wird die zeitliche Komponente des Identitätsbegriffs betrachtet, was zu seiner narrativen Dimension und zum Konzept der *dreifachen Mimesis* führt. So wird am Ende des ersten Teils gezeigt, dass und wie der Begriff der narrativen Identität auf allen drei *mimesis*-Ebenen anzusiedeln ist.

Den zweiten Teil stellt die exemplarische Analyse von *Weitlings Sommerfrische* dar. Hier gilt es, in einem ersten Schritt die personale Identität Weitlings und deren erzählerische Darstellung sowie seine Identitätssuche und die hier enthaltene Bedeutung des Anderen genauer in den Blick zu nehmen. In einem zweiten Schritt soll die Bedeutung der Narration für die Identität Weitlings betrachtet werden. Dabei kommt zum einen das Konzept der *dreifachen Mimesis* zur Anwen-

---

15 Diese werden in den meisten Rezensionen als Hauptcharakteristikum des Romans genannt. Vgl. z. B. Martin Lüdke, Mach's noch einmal, Sten, 2012, http://www.zeit.de/2012/25/L-B-Nadolny (24. 07. 2015). Gerade dieser Fokus könnte aber auch als Begründung dafür gesehen werden, dass die intensive Verhandlung von Identitätsfragen unabhängig von autobiografischen Bezügen vielfach nicht als solche bewertet wurde.

dung, zum anderen wird am Ende der Analyse gezeigt, dass der Roman gleichsam eine Art Metareflexion des identitätsstiftenden Erzählens enthält.

Narrative Identität bei Paul Ricœur

Wesentlich für Ricœurs Konzept der personalen Identität, das er in *Das Selbst
als ein Anderer* erläutert, ist zunächst der Verweis auf die Zweideutigkeit des
Begriffs »Identität«: So ist nach Ricœur zwischen Identität als Selbigkeit (*idem*-
Identität) und Identität als Selbstheit (*ipse*-Identität) zu unterscheiden. Erstere
bezeichnet dabei das »Was« des Identitätsbegriffs, bei der zweiten geht es um
das »Wer« des Begriffs der Identität.[16] Auch wenn diese Erläuterung es nahelegen
könnte, nimmt Ricœur hier keine Aufteilung von körperlichen und psychologischen Identitätskriterien vor, wie er in seiner Auseinandersetzung mit der philosophischen Tradition der Identitätsforschung betont.[17] Vielmehr können sich
beide Identitätsbegriffe sowohl auf die körperliche als auch die geistige Identität
beziehen. *Idem* meint dabei allerdings die Selbigkeit unterschiedlichster Merkmale oder Eigenschaften, die im numerischen oder qualitativen Sinn identisch
oder ähnlich[18] und, wenn sie alleine stehen, Bestandteil einer unpersönlichen
Beschreibung sind. Werden sie einer Person zugeordnet, so zeigt sich im Akt der
Zuordnung zu »jemandem«, der »Jemeinigkeit«,[19] die *ipse*-Identität. Sie besteht
in der Bezeichnung des eigenen Selbst als je eigene Identität. Beide Komponenten des Begriffs »Identität« stehen nun im Zusammenhang mit der »*Beständigkeit in der Zeit*«:[20] So wird die Reduktion der Identität auf ein reines *idem* dann
zum Problem, wenn die Fortdauer in der Zeit berücksichtigt wird. Was ist es,
was beständig bleibt, wenn man mit »der ununterbrochenen Kontinuität der
Veränderung«[21] konfrontiert ist? In Abgrenzung zu Derek Parfit[22] geht es Ricœur
darum, die *ipse*-Identität in der Frage nach der Beständigkeit in der Zeit wesent-

---

16 Vgl. Paul Ricœur, Das Selbst als ein Anderer, München 2005, S. 144.
17 Vgl. ebd., S. 159. Trotzdem wird Ricœurs Aufteilung in »Selbstheit« und »Selbigkeit« häufig
    als eine zwischen geistiger und körperlicher Identität missverstanden. Vgl. z. B. Jean Gron-
    din, Paul Ricœur, Paris 2013. S. 107.
18 Vgl. Paul Ricœur, Das Selbst als ein Anderer, S. 145.
19 Ebd., S. 163.
20 Ebd., S. 144. Hervorhebung im Original.
21 Ebd., S. 146.
22 Derek Parfit, Reasons and Persons, Oxford 1986, führt unterschiedliche Gedankenexperi-
    mente, *puzzling cases*, vor, die ihn zu der Schlussfolgerung »Personal identity is not what
    matters« (S. 255) kommen lassen. Ricœur, Das Selbst als ein Anderer, S. 161, begründet diese
    Schlussfolgerung mit der Tatsache, dass Identität hier auf »Verkettungen« im Gehirn und
    damit auf reine Selbigkeit reduziert wird.

lich zu berücksichtigen: »Läßt sich eine Form der Beständigkeit in der Zeit mit der *Wer*-Frage verbinden, insofern diese sich auf keinerlei *Was*-Frage reduzieren läßt?«[23]

Nach Ricœur gibt es zwei Modelle der Beständigkeit in der Zeit, innerhalb derer das Verhältnis von *idem* und *ipse* jeweils entgegengesetzt ist: Während er im Charakter, dem ersten Modell der Beständigkeit in der Zeit, eine Deckung von *idem* und *ipse* analysiert, besteht im zweiten Modell, dem gehaltenen Wort, ein extremer Abstand zwischen *idem* und *ipse*,[24] wobei sich hier »die Selbstheit [...] von der Selbigkeit befreit«.[25] Charakter wird dabei definiert als Summe aus Gewohnheiten und erworbenen Identifikationen, aufgrund derer man eine Person wiedererkennt. In beiden Dispositionen des Charakters zeigt sich das Zusammenspiel von *idem* und *ipse*, da ihnen sowohl ein Moment der Sedimentierung als auch der Innovation inne ist. Überdeckt die Sedimentierung, beispielsweise eine immergleiche Gewohnheit, die vorangegangene Innovation, überdeckt das *idem* als »Was« des Charakters das *ipse*. Gleichzeitig zeigt die Möglichkeit der Innovation, dass das *ipse* erhalten bleibt und sich nicht gänzlich auflöst. Auch der Übergang von unpersönlichen Werten wie Loyalität in persönliche Charaktereigenschaften wie Treue beweist die Notwendigkeit des *ipse*.[26] Der Charakter ist also »das ›Was‹ des ›Wer‹«.[27] Der Dialektik von Innovation und Sedimentierung kann dabei nur die Narration gerecht werden: Der Charakter »[muß] wieder in die Bewegung des Erzählens integriert werden«,[28] um eine angemessene Erklärung dafür zu liefern, wie ein *ipse* zu seinen *idem*-Eigenschaften gekommen ist, die »Dimension der Geschichtlichkeit«[29] spielt eine wesentliche Rolle. Das zweite Modell der Beständigkeit in der Zeit, das Versprechen, bezieht sich ausschließlich auf das »Wer«. Auch wenn sich sämtliche Gewohnheiten oder Eigenschaften ändern, kann eine Person ein Versprechen einhalten und beweist mit dem Einhalten dieses Versprechens ihre *Selbst-Ständigkeit*,[30] ihre Identität im Sinne von Selbstheit: »Selbst wenn mein Wünschen sich ändern würde, selbst wenn ich meine Meinung, meine Neigung ändern würde, ›ich bleibe dabei‹.«[31]

Hier deutet sich bereits die ethische Dimension des Ricœur'schen Modells an, die später genauer behandelt wird. Zunächst ist jedoch festzuhalten, dass

23　Paul Ricœur, Das Selbst als ein Anderer, S. 147.
24　Vgl. ebd.
25　Ebd.
26　Vgl. ebd., S. 150 f.
27　Ebd., S. 152.
28　Ebd.
29　Ebd., S. 168.
30　Ricœur bezieht sich hier auf Heidegger. Vgl. Paul Ricœur, Das Selbst als ein Anderer, S. 153.
31　Ebd., S. 154.

die zeitliche Komponente des Ricœur'schen Identitätskonzepts die narrative Dimension notwendig macht: Identität ist etwas, was erzählt werden muss. Beim Übergang von der personalen zur narrativen Identität greift Ricœur also auf die Grundlagen aus *Zeit und Erzählung*[32] zurück, die im Folgenden erläutert werden sollen.

Ricœurs Ausgangspunkt bildet hier die Zeitbetrachtung von Augustinus, der das Konzept der »dreifachen Gegenwart« als Gegenwart der Zukunft, der Vergangenheit und der Gegenwart einführt. Diese Ausdehnung der Gegenwart auf alle drei Zeitebenen bedeutet eine »Zerspannung der Seele«,[33] die nur dadurch entsteht, dass diese, wie Karl Simms erläutert, gleichzeitig innerhalb der Bewegung der Zeit nach Unbewegtheit strebt.[34] Aus dem Streben nach Einheitlichkeit, nach Konsonanz, muss also nach Ricœur immer wieder Dissonanz hervorgehen. Dieses Zeitparadoxon überträgt Ricœur nun auf die Narration, innerhalb der das Verhältnis von Dissonanz und Konsonanz umgekehrt und damit produktiv gemacht wird.[35] So zeichnet sich der Akt der Fabelkomposition, den Ricœur in Auseinandersetzung mit Aristoteles erläutert, durch das Modell der »dissonanten Konsonanz«[36] aus. Hierunter versteht Ricœur die »Synthese des Heterogenen«,[37] die für den *mythos* als »Zusammensetzung der Handlungen«[38] charakteristisch ist. Dieser bringt sämtliche Dissonanzen, verschiedene Ereignisse und disparate Bestandteile der Handlung, scheinbar widersprüchliche Absichten oder Zufälle, in eine kohärente Geschichte.[39] Dabei kann er nur dann das aristotelische Wahrscheinlichkeitskriterium erfüllen, wenn er zwischen einzelnen Episoden kausale Verkettungen herstellt und sie nicht als zusammenhanglose Aneinanderreihung präsentiert. Damit entsteht durch den Akt der Konfiguration eines *mythos* eine Notwendigkeit für bestimmte Ereignisse an bestimmten Stellen der Geschichte,

---

32 Paul Ricœur, Zeit und Erzählung. Band I. Zeit und historische Erzählung, München 1988.

33 Ebd., S. 39.

34 Vgl. Karl Simms, Paul Ricœur, London & New York 2003, S. 83.

35 Vgl. Paul Ricœur, Zeit und Erzählung, Bd. I, S. 13: »Die Zeit wird in dem Maße zur menschlichen, wie sie narrativ artikuliert wird« und Bläser, Erzählte Zeit – erzähltes Selbst, Berlin 2015, S. 5: »Das Erzählen selbst kann so als ein Modus subjektiver Zeiterfahrung angesehen werden [...]: Ohne die erzählte Zeit kann es Ricœur zufolge für das menschliche Denken keinen direkten Zugang zur Zeiterfahrung geben, dieser kann nur über die Vermittlung des indirekten Diskurses der Erzählung erfolgen«.

36 Paul Ricœur, Zeit und Erzählung. Band I, S. 71. Rainer Rochlitz übersetzt »concordance discordante« in »Zeit und Erzählung« mit »dissonante Konsonanz«, Jean Greisch übersetzt in »Das Selbst als ein Anderer« mit »diskordante Konkordanz«. Die beiden in der Arbeit verwendeten Varianten sind also als äquivalent anzusehen.

37 Paul Ricœur, Das Selbst als ein Anderer, S. 175.

38 Aristoteles, Poetik. Übersetzt von Olof Gigon, Stuttgart 1961, S. 31.

39 Vgl. Paul Ricœur, Das Selbst als ein Anderer, S. 175.

die sich allerdings erst retrospektiv ergeben kann. Ob die Verkettungen für wahrscheinlich gehalten werden, hängt somit nicht allein vom durch den Autor geschaffenen Werk, sondern auch wesentlich vom Rezipienten ab, der im Nachhinein eine Notwendigkeit des Handlungsablaufs erkennen muss.[40]

So bezieht Ricœur das Nachher und auch das Vorher der dichterischen Komposition ebenfalls in den Begriff der *mimesis* mit ein, der damit als »Nachahmung von Handlung in dreifacher Hinsicht«[41] bestimmt wird. Oben genanntem Konfigurationsakt, bei dem durch »schöpferische[ ] Nachahmung«[42] aus unterschiedlichen Bestandteilen ein *mythos* geschaffen wird, ordnet Ricœur dabei die zentrale Rolle der *mimesis* II zu. Die *mimesis* II vermittelt als »Reich des *Als ob*«[43] zwischen der *mimesis* I, der Ebene der Präfiguration, und der *mimesis* III, der Ebene der Refiguration.[44] Im Sinne der aristotelischen *mimesis*, der Nachahmung menschlicher Handlung, hat der Akt der Konfiguration seine Grundlage also in einem Vorverständnis der Welt des Handelns, erfasst deren Sinnstrukturen, Symbolik und ihren zeitlichen Charakter[45] und verarbeitet sie narrativ. Über die Welt des Textes in der *mimesis* II gelangt dieses Vorverständnis in konfigurierter Form wiederum in die Welt des Handelns, wobei der Übergang zur *mimesis* III über den Akt des Lesens erfolgt.[46] Dabei findet innerhalb von Ricœurs rezeptionsästhetischem Ansatz eine Horizontverschmelzung der Welt des Textes mit der des Lesers statt, die Konfiguration der Erzählung tritt erst im Akt des Lesens zu Tage, wird in ihm aktualisiert und immer wieder verändert.[47] Der Text wird somit erst in der Interaktion zwischen Text und Rezipient »zum Werk«.[48] Die genannten Ebenen sind damit nicht als strikt aufeinanderfolgende, voneinander getrennte zu betrachten, sondern stehen unaufhörlich miteinander in Wechselwirkung.[49]

Um Ricœurs Bestimmung der narrativen Identität und ihre verschiedenen Komponenten zu verstehen, müssen diese drei korrelierenden Ebenen als zugrundeliegend betrachtet werden. So ist das Konzept der personalen Identität bereits auf der Ebene der *mimesis I*, wie oben gezeigt, grundsätzlich ein narrati-

---

40 Vgl. ebd., S. 176.
41 Paul Ricœur, Zeit und Erzählung. Band I, S. 78.
42 Ebd., S. 77.
43 Ebd., S. 104. Hervorhebung im Original.
44 Vgl. ebd., S. 88.
45 Vgl. ebd., S. 90 und Norbert Meuter, Narrative Identität, S. 140.
46 Vgl. Paul Ricœur, Zeit und Erzählung. Band I, S. 121.
47 Vgl. ebd., S. 121 f. sowie Norbert Meuter, Narrative Identität, S. 168: »Auf der Basis eines solchen rezeptionsästhetischen Ansatzes kann Ricœur dann sagen, daß die *mimesis*-III [...] kein Beiwerk ist, sondern konstitutiv zur poetisch-schöpferischen mimetischen Tätigkeit gehört«.
48 Ebd., S. 122.
49 Vgl. Norbert Meuter, Narrative Identität, S. 172.

ves: Die Identität einer Person ist die Erzählung ihres Lebens, die Darlegung ihrer Entwicklung und der daraus folgenden Ausbildung bestimmter Gewohnheiten oder Identifikationen. Auf der Ebene der *mimesis* II wird die narrative Identität als Identität einer Figur in der Fabel beschrieben. Da die narrative Struktur die Identität der Handlung mit der der Figur verbindet, lässt sich die in der Fabelkomposition vorhandene Dialektik zwischen Diskordanz und Konkordanz auf die Figurenebene übertragen.[50] Als konkordant für die Figur wird dabei die »Einheit ihres Lebens«[51] verstanden, diskordant sind unvorhergesehene Ereignisse, die diese Einheit bedrohen. Die Synthese zur diskordanten Konkordanz besteht hier wie in der Fabelkomposition darin, dass ein zunächst kontingent erscheinendes Ereignis »zur gewissermaßen nachträglichen Notwendigkeit einer Lebensgeschichte beiträgt«.[52] Diese Dialektik der Figur verbindet Ricœur mit der vorher in Bezug auf die personale Identität erläuterten Dialektik zwischen Selbstheit und Selbigkeit. So sind nach Ricœur in der Literatur verschiedene Formen des Verhältnisses zwischen Selbstheit und Selbigkeit und damit verschiedene Modelle der Beständigkeit in der Zeit zu finden, die er anhand zweier Extrempole erörtert. Auf der einen Seite steht dabei die Selbigkeit als das »Was« eines Charakters, der, beispielsweise wie im Märchen, keine Transformation erfährt und damit als der immerselbe identifizierbar und reidentifizierbar bleibt. Die Identität der Figur ist dabei der Identität der Fabel untergeordnet. Auf der anderen Seite stehen Figuren, die eine solche Veränderung durchlaufen, dass die Identifikation des Selben immer schwächer wird, bis, wie im Fall des von Ricœur angeführten *Mann ohne Eigenschaften*, der völlige Verzicht auf die Selbigkeit steht. An diesem »äußersten Pol der Variation, an dem die Figur aufgehört hat, ein Charakter zu sein«,[53] steht auch ein Konfigurationsverlust der Erzählung: Der Handlungsverlauf gerät bei dem Verzicht auf irgendeine Art von Selbigkeit der Charaktere ins Stocken, mit nicht mehr identifizierbaren Figuren ist die Handlung kaum erzählbar.[54]

Beim Übergang zur *mimesis* III, der Refiguration, wird der Begriff der narrativen Identität erneut auf die »außerliterarische« Lebensgeschichte ausgeweitet. Literatur dient dabei als »weiträumiges Laboratorium von Gedankenexperimenten«,[55] das verschiedene Identitätskonzepte und damit Identifikationsmöglichkeiten oder -abgrenzungen anbietet.

---

50 Vgl. Paul Ricœur, Das Selbst als ein Anderer, S. 181.
51 Ebd., S. 182.
52 Ebd.
53 Ebd., S. 183.
54 Vgl. ebd., S. 182 f. und Stefanie Bläser, Erzählte Zeit – erzähltes Selbst, S. 68.
55 Paul Ricœur, Das Selbst als ein Anderer, S. 195.

Auf der Ebene der Refiguration tritt die ethische Implikation der narrativen Identität in den Vordergrund. So schreibt Ricœur ihr zum einen eine Vermittlungsfunktion zu, wenn in unterschiedlichen literarischen Formen und Texten, wie oben erörtert, unterschiedliche Beziehungen zwischen Selbstheit und Selbigkeit dargestellt werden.[56] Zum anderen erfüllen gerade die oben genannten »Grenzfälle«[57] von Figurenidentität, wie beispielsweise im *Mann ohne Eigenschaften*, bezüglich der ethischen Identität eine besondere Funktion, indem sie sie problematisieren: Wenn die von der Selbigkeit vollkommen befreite Selbstheit sich in der *Selbst-Ständigkeit*, im Versprechen gegenüber einem anderen, bezeugt, wie kann diese ethische Identität aufrechterhalten werden, wenn, wie in der Narration gezeigt, das Selbst sich völlig aufzulösen scheint?[58] »Wie kann man zugleich sagen: ›Wer bin ich?‹ und ›Hier sieh mich!‹?«[59] Ricœur sieht in dieser Problematisierung eine fruchtbare Dialektik: Zwar scheinen Texte wie *Der Mann ohne Eigenschaften* einen Identitätsschwund vorzuführen, gleichzeitig zeigen sie aber, dass es weiterhin eine Figur gibt, über die gesprochen wird, auch wenn die Auflösung ihrer Identität diskutiert wird.[60] Auch bei der Übertragung auf die Wirklichkeit, auf die Identitätssuche des Lesers, gilt: Das Nicht-Subjekt lässt sich nicht ohne einen irgendwie gearteten Subjektbegriff bestimmen, »der Satz ›Ich bin nichts‹ muß seine paradoxe Form behalten.«[61] Das Versprechen spielt dabei weiterhin eine wesentliche Rolle für das von der Selbigkeit befreite Selbst: Die Tatsache, dass ein Anderer auf einen selbst zählt, verwandelt die Diskordanz der Identitätssuche in eine »zerbrechliche Konkordanz«.[62]

Der Begriff der narrativen Identität bezieht sich also auf die Identität einer »außerliterarischen« Person, auf die Identität einer fiktionalen Figur und bezeichnet das Konzept der Übertragung von Fiktion auf Realität, wobei die Überschneidung der drei *mimesis*-Ebenen deutlich wird:

> Das Subjekt konstituiert sich [...] als Leser und Schreiber zugleich seines eigenen Lebens. [...] [D]ie Geschichte eines Lebens [wird] unaufhörlich refiguriert durch all die wahren und fiktiven Geschichten, die ein Subjekt über sich erzählt. Diese Refiguration macht das Leben zu einem Gewebe erzählter Geschichten.[63]

56 Vgl. ebd., S. 182.
57 Ebd., S. 203.
58 Vgl. ebd., S. 205.
59 Ebd.
60 Vgl. ebd., S. 203.
61 Ebd., S. 205.
62 Ebd.
63 Paul Ricœur, Zeit und Erzählung. Band III. Die erzählte Zeit, München 1991, S. 395 f.

In der folgenden Analyse von *Weitlings Sommerfrische* wird sich zeigen, dass alle drei Komponenten der Bedeutung von narrativer Identität im Roman aufgenommen werden. Zunächst soll jedoch die personale Identität Weitlings genauer betrachtet und das Verhältnis von *idem* und *ipse* in den jeweiligen Abschnitten untersucht werden.

Narrative Identität in *Weitlings Sommerfrische*

Der Roman lässt sich in drei Großteile gliedern: Die Zeit vor (Kapitel 1 und 2), während (Kapitel 3 bis 7) und nach der Sommerfrische (Kapitel 8 und 9). Dabei wird der erste Teil von einem heterodiegetischen Erzähler vermittelt, im zweiten Teil fungiert Weitlings Geist als homodiegetischer Erzähler. Im achten Kapitel spricht Weitling selbst, bevor im neunten Kapitel ein Schriftstellerkollege die Geschichte Weitlings nach dessen Tod »zu Ende« (WS, S. 199) erzählt.

Ausgehend von den Identitätsveränderungen, mit denen sich Weitling nach der Sommerfrische konfrontiert sieht, stellt sich die Frage, ob durchgängig von einem Protagonisten mit einer Identität gesprochen werden kann. Diese Frage lässt sich über eine Aufspaltung des Identitätsbegriffs mit Ricœur insofern beantworten, als der Protagonist seine Identität als *ipse* behält, sämtliche *idem*-Eigenschaften sich aber grundlegend ändern. Dieses Zusammenspiel von Kontinuitäten und Brüchen in der Identität wird in der Erzählweise des Romans widergespiegelt. Die Aufspaltung der Identität und die Veränderungen der *idem*-Eigenschaften führt dabei zu einer Identitätskrise Weitlings, deren Ursachen und Verlauf im Folgenden ebenfalls erläutert werden sollen.

Bereits die ersten beiden Kapitel deuten darauf hin, dass in *Weitlings Sommerfrische* die Identitätsfrage im Vordergrund steht. So lässt zeitdeckendes und zeitdehnendes Erzählen Raum für Weitlings Selbstreflexionen, an denen der Rezipient durch interne Fokalisierung teilhat. Weitling durchdenkt, motiviert durch das Verfassen eines philosophisch-religiösen Buches mit autobiografischen Zügen, sämtliche Stationen seiner Lebensgeschichte und ihre Bedeutung für seinen Jetzt-Zustand.

Dabei fällt ein Übergewicht der Nennung von *idem*-Eigenschaften auf, ohne dass eine wirkliche Zuordnung zum *ipse* gelingt. So erscheinen im ersten Kapitel zwei Zusammenfassungen von Weitlings Lebenslauf, bei denen die interne Fokalisierung durchbrochen wird. Während die eine als von Weitling verfasste Biografie für sein geplantes Buch als Zitat in den Text eingefügt ist (vgl. WS, S. 15), ist bei der anderen der Wechsel in die nullfokalisierte Perspektive nicht weiter motiviert und erfolgt sehr plötzlich: »Wilhelm Weitling, Richter a. D., Hauptadresse in Berlin-Charlottenburg, war seit Jahrzehnten verheiratet, allerdings kinderlos«

(WS, S.13). Die unpersönliche Beschreibung zeigt, dass Weitling mit der Zuordnung der *idem*-Eigenschaften zu seinem *ipse* Schwierigkeiten hat. So heißt es im Anschluss an die zweite Version seiner Biografie: »Gab es gar nichts Persönliches, Farbiges?« (WS, S. 15) Gerade die Reflexion der Geschichtlichkeit seiner *idem*-Identität führt dazu, dass er sich nicht vollständig mit den ihm zugehörigen Eigenschaften identifizieren kann. Die Bewertung seiner selbst ist ambivalent. So heißt es einerseits: »Weitling freute sich darauf [...], sich an dem Gedanken zu laben, dass er sein Leben einigermaßen würdig bestanden hatte« (WS, S. 18), andererseits aber: »Im Grunde handelte sein ganzes Manuskript von dem, woran er es hatte fehlen lassen« (WS, S. 34). Die von Ricœur beschriebene »Bindung des *Was?* an das *Wer?*«[64] im Charakter scheint bei Weitling nicht harmonisch zu funktionieren, weswegen er das Bedürfnis hat, seine Lebensgeschichte, die Geschichtlichkeit sämtlicher *idem*-Eigenschaften, zu verstehen, um sie rückblickend vollständig mit seinem *ipse* zusammenbringen zu können. Die Wichtigkeit dieser Identitätssuche Weitlings wird dadurch betont, dass sie den Inhalt des ersten Satzes im Roman bildet: »Sicher ist, dass ich im Leben ein paar grundlegende Dinge nie begriffen habe, und ich weiß nicht einmal, welche« (WS, S. 7). Diesen notiert Weitling auf einen Zettel, den er unter eine lockere Bodenfliese schiebt. Die hier festgehaltene Identitätssuche motiviert den Wunsch Weitlings, sich in der Vergangenheit mit seinem jugendlichen Ich auseinanderzusetzen: »Ja, noch einmal diesen merkwürdigen Jungen begleiten, der er gewesen war, nur um der Erkenntnis willen und auf begrenzte Zeit, vielleicht gerade mal einen Tag« (WS, S. 35).

Diese Prolepse auf den zweiten Teil des Romans stellt den Beginn des Übergangs zur Sommerfrische dar. Obwohl im ersten Teil ein heterodiegetischer und im zweiten Teil Weitlings Geist als homodiegetischer Erzähler spricht, die Stimme also wechselt, legt die Erzählweise nahe, den Geist Weitlings in Bezug auf das *ipse* als identisch mit dem Richter Weitling zu betrachten. So wird neben der genannten Prolepse dadurch Kontinuität geschaffen, dass der Rezipient auch den Übergang in die Sommerfrische aus Weitlings Perspektive erlebt, wobei durch den Einsatz der erlebten Rede die Distanz auf seine Sichtweise reduziert wird und er sich gemeinsam mit Weitling über das wundert, was im Zuge des Bootsunglücks passiert (vgl. z. B. WS, S. 38). Auch erfolgt der Übergang stufenweise: zunächst die erwähnte Prolepse als reines Hirngespinst, dann die Feststellung, dass sich das als Kind erlebte Bootsunglück zu wiederholen scheint (vgl. WS, S. 37), und schließlich ein Gefühl, das den Übergang in den Zustand als Geist andeutet (vgl. WS, S. 38). Ist es zunächst konjunktivisch formuliert, wird es dann zum Indikativ: »Das Gefühl, dass da gar nicht er, sondern ein anderer kämpfte,

---

64   Paul Ricœur, Das Selbst als ein Anderer, S. 152. Hervorhebungen im Original.

blieb unverändert, er war gleichzeitig ein Er und ein Ich« (WS, S. 39). Zusammen mit Weitling findet der Rezipient heraus, dass es sich bei »Ich« um das *ipse* Weitlings, bei »Er« um den sechzehnjährigen Willy handelt: »Er war offensichtlich in einem Ich-Zustand, der sich von dem des Jungen unterschied« (WS, S. 40). Der Wunsch Weitlings, sämtliche *idem*-Eigenschaften und ihre Geschichtlichkeit zu verstehen, um sie seinem *ipse* zuordnen zu können, gipfelt also in einer Aufspaltung seiner selbst. Das *ipse*, das im ersten Teil als »er« geschildert wurde, wird nun zum »ich«, das von einem anderen »er«, dem sechzehnjährigen Willy, berichtet. Hierfür erhält der Rezipient am Ende des ersten Teils eine Leseanleitung, der Wechsel der Erzählperspektive wird angekündigt: »Und wenn ich je in die Lage käme, diese Erlebnisse aufzuschreiben, müsste ich meine Gedanken per ›ich‹ und seine Taten per ›er‹ beschreiben« (WS, S. 41).

Die während der Sommerfrische geschilderte Trennung in »er« und »ich« kann mit Ricœur als Darstellung der Identitätspole des Charakters und der reinen Selbstheit gelesen werden. Der sechzehnjährige Willy Weitling erscheint als eine Figur mit *idem*-Eigenschaften, die einem *ipse* zugeordnet werden und bildet damit den Pol des Charakters. Der Geist des alten Weitling stellt als homodiegetischer Erzähler eine von Willy getrennte Figur dar, wobei er diese Trennung mehrfach wiederholt: »Wir haben April 1959. Was heißt ›wir‹ – Willy hat« (WS, S. 135). Dem sich als »Ich« bezeichnenden Selbst können dabei keine direkten *idem*-Eigenschaften zugeordnet werden, womit es den von Ricœur bezeichneten Pol der reinen Selbstheit bildet. So wird der Geist zwar als derjenige des Richters Wilhelm Weitling eingeführt, er selbst hat aber Zweifel bezüglich seiner *idem*-Identität:

> Ich bin ein Wesen, das sich immer noch für Wilhelm Weitling hält. Möglicherweise unzutreffend – ich könnte eine Art körperlose Abspaltung oder Doppelung sein, eine Art Echo. Am Bahnhof steht längst der ganz normale Pensionist Weitling [...]. Von einem Geist, der sich in seiner Jugend herumtreibt, weiß er nichts. [...] Und ich? Ich fehle dabei in keiner Weise (WS, S. 77).

Zitate wie diese zeigen, dass der Geist letztlich mit einer grundsätzlichen Frage Ricœurs konfrontiert ist: »Was aber ist die Selbstheit, nachdem sie die Unterstützung der Selbigkeit verloren hat?«[65] Hierauf findet er zunächst keine Antwort, sondern sucht nach Aspekten der Selbigkeit, mit denen er sich identifizieren kann. Diese finden sich zum einen in seiner Erinnerung unmittelbar vor dem Unglück: »Aber noch hoffe ich, dass Richter Weitling überlebt und ich, sein Ich wieder zu ihm zurückkehren darf« (WS, S. 155). Zum anderen gibt es natürlich

---

65 Ebd., S. 184.

zahlreiche Überschneidungen mit den *idem*-Eigenschaften Willys: Name, Eltern
oder Großvater. Eine vollständige Deckung mit der *idem*-Identität seines früheren
Ichs, die er, zumindest in ihrer Geschichtlichkeit betrachtet, erwartet, ist aber
deswegen nicht vorhanden, weil er feststellt, dass sich Ereignisse in der Sommerfrische nicht mit seiner Erinnerung decken und dass diese Ereignisse für
seine weitere Lebensgeschichte wesentliche Veränderungen bedeuten: »Mir, dem
Geist, ist der ganze Vorfall neu, er hat sich in meiner Erinnerung nicht ereignet,
ich schwöre es! Ein neues Leben löst sich hier rapide vom erinnerten ab, meine
Sorge wird täglich größer« (WS, S. 156). An anderen Stellen wird die Trennung
von Willy und dem Geist Weitlings in zwei unterschiedliche *ipse* allerdings auch
wieder aufgehoben. So blickt der Geist durch Willy hindurch in den Spiegel und
sieht sich selbst, wobei sich dieses Selbst mit dem des alten Weitlings deckt:

> Ich habe das Gefühl, in genau dasselbe Gesicht zu sehen wie heute Morgen
> als Achtundsechzigjähriger, habe keine Schwierigkeit mich zu erkennen. So
> wie hier im Spiegel sehe ich mich seit Jahrzehnten. [...] Dabei weiß ich, dass
> kein anderer mich anhand meines Jugendbildes auch nur erkennen würde.
> Innerlich, in der persönlichen Optik, bleiben wir sechzehn (WS, S. 50).

Das hier sprechende »Ich« erscheint als ein einziges *ipse*, das sich verschiedene
Versionen seiner leiblichen Verfasstheit zuordnet. Trotz erlebter Veränderungen
in der Geschichtlichkeit des *idem* geht der Geist Weitlings davon aus, dass es sein
ipse ist, dem er in der Vergangenheit zuschaut: »Der Junge verdirbt sich die Augen
– vor allem: mir. [...] Kein Wunder, dass ich schon mit zweiundzwanzig eine Brille
brauchte« (WS, S. 123).

Die gleichzeitige Deckung und Trennung Weitlings gegenüber seinem früheren Selbst macht sein ambivalentes Verhältnis zu ihm deutlich. So ist die Reise
in die Vergangenheit zwar durch ein Verlangen nach Selbsterkenntnis aus einer
gewissen Unzufriedenheit heraus motiviert, gleichzeitig scheint der Geist Angst
vor Veränderung von *idem*-Eigenschaften und deren Auswirkungen auf das
Selbst zu haben, was sich in abfälligen Äußerungen über sein früheres Selbst
zeigt: »Nein Willy, du gefällst mir nicht. Jetzt, da ich dich ohne die Vergoldung des
Zurückdenkens genauer betrachten kann, weiß ich, dass sich in dir eine Katastrophe ankündigt, und sie könnte sogar stattfinden« (WS, S. 86). Hier wird deutlich,
dass dem von seinen *idem*-Eigenschaften getrennten *ipse* zunächst keine Selbst-
Ständigkeit im Sinne Ricœurs gelingt. Dadurch, dass sich die Geschichtlichkeit
der *idem*-Eigenschaften als wesentlich identitätsstiftendes Moment verändert,
muss es sich erneut auf Identitätssuche begeben.

Diese setzt sich im dritten Teil fort, in dem das *ipse*, wie es sich bereits angekündigt hat, mit neuen *idem*-Eigenschaften ausgestattet ist: Statt Richter ist Weit-

ling Schriftsteller, seine Frau Astrid statt Besitzerin eines Geschäfts für Geschenk-kartons (WS, S. 13) Polizistin (WS, S. 188). Das als kinderlos eingeführte Ehepaar (WS, S. 13) hat nun eine Tochter Stella Weitling (WS, S. 174) und eine Enkeltoch-ter Nike Weitling (WS, S. 176). Sämtliche Komponenten von Weitlings Biografie haben sich also geändert, die Re-Identifikation aufgrund von Selbigkeit ist nicht mehr ohne weiteres möglich. Die Aufspaltung des Richters Weitling in Willy und den Geist Weitlings hat zu einem Schriftsteller Weitling geführt. Trotzdem kann weiterhin von demselben *ipse* gesprochen werden, da die Erzählweise nahelegt, dass es sich im ersten und im letzten Teil um ein einziges Selbst, einen Protago-nisten, handelt. So erfolgen die Veränderungen nicht plötzlich und unerwartet, der Rezipient ist nicht mit einer neuen Figur konfrontiert, sondern erfährt die Veränderungen durch die im gesamten Roman vorherrschende interne Fokalisie-rung aus der Perspektive Weitlings. So ist er auch im dritten Teil an Weitlings Erfahrungshorizont gebunden, der beispielsweise erst herausfinden muss, um wen es sich bei Stella Weitling handelt (vgl. WS, S. 172–174). Zusätzlich entsteht dadurch Kontinuität, dass die Andeutungen im zweiten Teil, die Veränderungen in der Lebensgeschichte, nun zu den erwarteten veränderten *idem*-Eigenschaften führen, wie beispielsweise der »Albtraum, der auf ein Studium der Geisteswissen-schaften hindeutet« (WS, S. 161), zum Beruf des Autors. Ein weiteres Verfahren zur Herstellung von Kontinuität ist, dass der Wechsel zwischen den drei Ebenen an derselben Szene, dem Bootsunglück, erfolgt: Damit lassen sich an Kapitel 2 sowohl Kapitel 3, der Beginn der Sommerfrische, als auch Kapitel 8, die Erzäh-lung unmittelbar nach der Rückkehr aus der Sommerfrische, anschließen. Das Leben des alten Weitling geht dort weiter, wo es vorher aufgehört hat. Auch wird die Verbindung zwischen dem ersten und dem dritten Teil durch die Kontinuität von Objekten aufrechterhalten. So findet Weitling beispielsweise den zu Beginn des Romans versteckten Zettel im letzten Teil wieder (vgl. WS, S. 201) und stellt verwundert fest, dass doch noch Überbleibsel aus dem »angeblich nie gelebten Richterleben« (WS, S. 201) existieren.

Dies deutet außerdem auf einen wesentlichen Punkt in Bezug auf die Iden-titätsfrage Weitlings hin: Durch solchermaßen geartete Unsicherheitssignale ermöglicht der Roman keine Hierarchisierung eines der beiden *idem*-Modelle Weitlings. Zwar verändern sich in der Sommerfrische Ereignisse so, dass sie zur Schriftsteller-Identität führen, und es findet eine Löschung von Details aus der Erinnerung des Richterlebens statt. Gleichzeitig verschwindet diese allerdings nicht vollständig: »Es gibt für mich neuerdings zweierlei Erinnerungen, immer noch viele alte und ein paar neue, bisher nie gewesene, die immer mehr werden« (WS, S. 215).

Das *ipse* Weitlings sieht sich mit einem neuen *idem* konfrontiert, das es nicht ohne weiteres annehmen kann: »Doch, Volljurist blieb ich, klar, gar keine Frage!

Selbst wenn ich jetzt als Schriftsteller gelten sollte« (S. 177); der Protagonist sehnt
sich nun nach einer Form seines *ipses*, der es möglich ist, sich mit widersprüchlichen *idem*-Eigenschaften und deren Geschichtlichkeit zu identifizieren: »Aber
warum kann ich nicht zu einem Ich finden, das auf zwei Leben zurückblicken
kann?« (WS, S. 185) Dies kann nur erreicht werden, indem es die Selbst-Ständigkeit seines *ipses* insofern beweist, als diesem die gleichzeitige Identifikation mit
zwei teilweise widersprüchlichen Lebensgeschichten möglich ist. Dies gelingt
am Ende des Romans tatsächlich, wofür zwei Hauptgründe angeführt werden
können: Das Moment des Selbst als eines Anderen und die Bedeutung der Narration für die Identität.

Das Motiv des Selbst als eines Anderen ist zweifach für die Romanhandlung
bedeutsam: So kann es zum einen auf das Verhältnis des Geistes Weitlings zu
Willy bezogen werden, zum anderen auf das Verhältnis von Weitling zu Astrid.
Innerhalb der während der Sommerfrische immer wieder verwendeten Dialog-
struktur (vgl. z. B. WS, S. 86) spricht der Geist Weitlings sein früheres Selbst als
einen Anderen an und nimmt es als einen Anderen wahr.[66] Im Falle negativer
Bewertungen des Verhaltens von Willy vergrößert sich die Entfernung zwischen
dem Selbst und dem Anderen allerdings so weit, dass sich das Andere vollständig vom Selbst abzuspalten scheint und die Formel keine Anwendbarkeit mehr
findet. Die Beschreibung des Übergangs vom zweiten zum dritten Teil, der Rückkehr aus der Sommerfrische, stellt jedoch eine Annäherung zwischen dem Selbst
und dem Anderen dar, worin sich die ethische Dimension der narrativen Identität
bei Nadolny andeutet.

Weitlings Geist erfährt von Willys Großvater, dass der Schlüssel zur Rückverwandlung aus der Sommerfrische das »Sich fest denken« ist (vgl. WS, S. 131), was
Weitling folgendermaßen versteht:

> Es ist ein starkes Wünschen, aber nicht panisch fordernd, sondern zuver-
> sichtlich, hingegeben und mutig [...] Man muss dazu auch noch etwas Dank-
> barkeit fühlen, Dankbarkeit für das, was man von dem Ersehnten bereits
> bekommen hat, ein erkleckliches Sümmchen Liebe zum Beispiel (WS, S. 163).

Das »Sich fest denken« bedeutet also ein Aussöhnen mit der gegenwärtigen Situation, aber auch ein Gefühl der Dankbarkeit für das Erlebte vor der Sommerfrische.

---

66 Dieses Motiv wird auch an mehreren Textstellen ausdrücklich aufgegriffen, siehe z.B.:
    »Man ist fast noch ein Kind, spürt aber: Andauernd brennt da was, man fühlt sich wie unter
    einem Vergrößerungsglas und ahnt tief im Inneren, es ist der Blick des Greises, der man
    einmal sein wird« (WS, S. 75).

Die Sommerfrische scheint damit eine Art Lernprozess zu beinhalten,[67] der auch ein Aussöhnen mit dem eigenen Selbst bedeutet. Dass dieses Aussöhnen die Voraussetzung für die Rückverwandlung ist, wird im Roman dadurch nahegelegt, dass die Bewertung des jungen Weitling sich unmittelbar vor der Rückkehr ins Positive wendet: »Ich gebe zu, dass ich mich mit dem Jungen abgefunden habe, genauer gesagt, ich bin damit versöhnt, dass ich dieser Junge gewesen sein soll« (WS, S. 164). Die Oszillation zwischen Trennung und Deckung des *ipse* des alten Weitlings mit dem von Willy scheint sich hier in eine reine, und zwar bewusst herbeigeführte, Übereinstimmung zu wandeln. Weitling beschäftigt sich mit Charakterzügen Willys und erkennt diese gleichzeitig als die seinen an, er ordnet sämtliche *idem*-Eigenschaften einem *ipse* zu: »Dass er nie auf die Idee kommt, sich zusammen mit anderen für ein großes Ziel anzustrengen, sehe ich. Und das ist mein Defizit geblieben« (WS, S. 165). Die im ersten Teil und während der Sommerfrische schwierige Zuordnung ist nun möglich, das *ipse* steht zu sich selbst, wobei es sich auch negative Eigenschaften überzeugt zuordnen kann: »Unsere Defizite bestimmen, was für Rollen wir spielen und was für Aufgaben wir übernehmen« (WS, S. 165). Die Abspaltung des Selbst in der Form, dass es sich als einen Anderen betrachtet, führt dazu, dass es sich mit diesem Anderen nun identifizieren kann. Die Tatsache, dass ihm dies trotz Veränderungen in der Geschichtlichkeit seines *idem* und obwohl es seine Zukunft nicht mehr mit Gewissheit kennt, möglich ist, beweist seine Selbst-Ständigkeit. Zu dieser ist es über die intensive Auseinandersetzung mit dem eigenen Selbst in seiner Andersartigkeit gekommen: »Könnte ich mir jetzt irgendeinen jungen Menschen aussuchen oder auch nur ausdenken, um ihn zu meinem jugendlichen Vorreiter zu machen, ich würde Willy wählen« (WS, S. 165). Weitling übernimmt im Zuge der entstandenen Selbstschätzung Verantwortung für seine Vergangenheit. Damit zeigt sich im Roman das, was Hille Haker für den Zusammenhang von narrativer und moralischer Identität bei Ricœur analysiert: »Die moralische Identität ist dementsprechend die Identität, die sich selbst und seine Handlungen in der *zeitlichen* Verstrickung verantwortet und entsprechend in seiner *Lebensgeschichte* artikuliert.«[68]

Die hier dargestellte Identitätsfindung ist allerdings nicht abgeschlossen, die tatsächliche Veränderung der *idem*-Eigenschaften führt zu einer erneuten Identitätskrise, bei deren Auflösung die Figur Astrids eine wesentliche Rolle spielt.

---

67 Die Sommerfrische als Lernprozess deutet sich zu Beginn des Romans an, wenn es zu der oben genannten Zettelnotiz »Sicher ist, dass ich im Leben ein paar grundlegende Dinge nie begriffen habe, und ich weiß nicht einmal, welche«, heißt: »Es klang wie der Beginn von Selbsterkenntnis und Besserung« (WS, S. 7).

68 Hille Haker, Narrative und moralische Identität, in: Erzählen und Moral, hg. von Dietmar Mieth, Tübingen 2000, S. 60. Hervorhebungen im Original.

Die Ehefrau Weitlings bildet die durchgehende Konstante in allen Teilen, wobei
sich Weitlings größte Angst bezüglich der Veränderungen seiner *idem*-Identität
auf den Verlust Astrids bezieht (vgl. z. B. WS, S. 90) und er sich sehr erleichtert
zeigt, als er erfährt, dass Astrid auch in der veränderten Version seiner Identität
weiterhin seine Frau ist (vgl. WS, S. 174). Die große Bedeutung der Treue und das
Vertrauen gegenüber Astrid wird schließlich auch darin deutlich, dass Weitling
ausschließlich ihr seine widersprüchliche Geschichte erzählt, da sie Unstimmig-
keiten bemerkt (vgl. WS, S. 190), und dass sie schließlich davon überzeugt ist,
dass Weitling die Wahrheit sagt: »Eines Tages glaubte sie mir vorbehaltlos, und
das ist der eigentliche Glücksfall dieser letzten Monate« (WS, S. 192).

Zusammen mit Astrid setzt Weitling sich in »Geschichtsstunden« (WS, S. 193)
mit den ihm unbekannten Aspekten seiner Identität auseinander und kann so
seine neuen *idem*-Eigenschaften in ihrer Geschichtlichkeit begreifen. Die Tatsache, dass Astrid in gleichwelcher Existenz auf ihn zählt, beweist Weitling, dass
nicht der Besitz von Erfahrungen oder Eigenschaften das Wesentliche der Identität ausmacht,[69] sondern der Beweis der Selbst-Ständigkeit gegenüber dem
Anderen: »Aber all das war belanglos, verglichen mit der Frage, ob es zwischen
Astrid und mir noch so war wie früher« (WS, S. 178) und später: »Ich merke [...],
dass Astrid den Schriftsteller ebenso liebt wie den Richter, und das versöhnt mich
mit meiner ›Neuauflage‹« (WS, S. 193). Damit zeigt sich in *Weitlings Sommerfrische*
die Bedeutung des Ricœur'schen Versprechens: Astrid erwartet die Treue des veränderten Weitlings und ruft ihn dadurch zur Verantwortung, die im Ricœur'schen
Sinn, wie Jean Grondin es formuliert, zur »attestation de [son] ipséité«[70] wird.
Das *ipse* Weitlings findet seine Selbst-Ständigkeit unabhängig von den sich verändernden *idem*-Eigenschaften also durch Astrid als den Anderen, da, wie Birgit
Schaaff in Bezug auf Ricœur bemerkt, »eine Bedeutsamkeit des Anderen nur zu
denken ist, wenn auch das eigene Selbst von Bedeutung ist«.[71]

Neben dem auf zweifache Weise aufgegriffenen Motiv des Selbst als eines
Anderen spielt das Erzählen eine erhebliche Rolle bei der Identitätssuche des Protagonisten, was sowohl auf *histoire*- als auch auf *discours*-Ebene deutlich wird.

Im Sinne des Ricœur'schen Konzepts der narrativen Identität kann davon
gesprochen werden, dass Weitling, gleich einer nicht-fiktionalen Figur, seine
eigene Identität erzählt, indem er auf ihre Entwicklung einwirkt. Gleichzeitig setzt

---

69   Vgl. hierzu Paul Ricœur, Das Selbst als ein Anderer, S. 206: »In einer Philosophie der Selbst-
     heit wie der unsrigen muß man sagen können: Besitz [d. h. von Gedanken, Handlungen,
     Leidenschaften, kurzum: ›Erfahrungen‹] ist nicht das, worauf es ankommt«.
70   Jean Grondin, Paul Ricœur, S. 113.
71   Birgit Schaaff, Zwischen Identität und Ethik. Ricœurs Zugang zum Versprechen, in: Das
     herausgeforderte Selbst. Perspektiven auf Paul Ricœurs Ethik, hg. von Andris Breitling, Ste-
     fan Orth und Birgit Schaaff, Würzburg 1999, S. 144.

er sich mit verschiedenen Versionen dieser Identität auseinander und erscheint damit zugleich als Autor und als Leser seiner Identität, wobei der Begriff des Erzählens mit Ricœur so weit gefasst wird, dass er nicht auf eine rein textuelle Ebene beschränkt bleibt, sondern vielmehr eine kognitive Fähigkeit darstellt.

Die Besonderheit von *Weitlings Sommerfrische* bezüglich der Ricœur'schen Bestimmung der *dreifachen Mimesis* liegt somit darin, dass diese nicht nur, wie auf jeden erzählerischen Text, auf den Roman als Ganzes angewendet werden kann, der auf eine außerliterarische Ebene der Präfiguration zurückgreift und durch die Rezipienten immer wieder neu refiguriert wird. Vielmehr wird sie über einen Protagonisten, der sich mit der Erzählung seines Lebens auseinandersetzt, bereits innerhalb des Textes vorgeführt, alle drei *mimesis*-Ebenen werden im Roman dargestellt. Dabei wird deutlich, dass die drei Ebenen durch ständige Überschneidungen und Wechselwirkungen gekennzeichnet sind.

Zu Beginn des Textes wird der Richter Weitling bereits mit Eigenschaften eines Autors eingeführt: Er ist mit dem Verfassen eines Buches beschäftigt, das autobiografische Züge trägt (vgl. WS, S. 13). Im Zuge dieser Arbeit setzt er sich mit seiner Lebensgeschichte auseinander, was der Ebene der Präfiguration zugeordnet werden kann: Weitling greift auf ein Vorverständnis seines eigenen Handelns zurück, um es in seinem Buch zu verarbeiten. Selbstreflexion und referentieller Bezug überschneiden sich, Weitling betrachtet sein Selbst mit Distanz. Er blickt auf seine Lebensgeschichte wie auf die eines Anderen, von dem erzählt wird, was die heterodiegetische Erzählweise illustriert. Beim Prozess der Präfiguration findet also gleichzeitig der Akt der Refiguration statt, Weitling »liest« seine Lebensgeschichte, um sie neu zu verarbeiten. Im Übergang zum zweiten Teil zeigt sich das, worin Ricœur den Beweis für eine »pränarrative[ ] Struktur der Erfahrung«[72] sieht: die Geschichte eines Lebens beruht auf »nicht erzählten, verdrängten Geschichten«.[73] Dadurch, dass Weitling die vollständige Zuordnung sämtlicher *idem*-Eigenschaften zu seinem *ipse* nicht gelingt, scheint er die Sommerfrische ein Stück weit aktiv herbeizuführen. Sie kann als Konfiguration einer solchen nicht erzählten Geschichte gewertet werden, die nun erzählt wird, und über die Refiguration zu Veränderungen in der Identität Weitlings führt.

Die Reise in die Vergangenheit könnte als reine Imagination Weitlings gelesen werden, die damit auf einer intradiegetischen Ebene eine Art Binnenerzählung bilden würde, wobei im dritten Teil mit der Vermischung der Ebenen von einer Metalepse gesprochen werden müsste. Aber auch wenn man die Sommerfrische nicht als nur in der Vorstellung von Weitling stattfindend liest, bedeutet sie eine Neukonfiguration seiner Geschichte: Es wird eine veränderte Fabel komponiert.

---

72 Paul Ricœur, Zeit und Erzählung. Band I, S. 118.
73 Ebd.

Sie ist damit der *mimesis II* zuzuordnen. Die Neukonfiguration wird darin explizit gemacht, dass bestimmte Ereignisse sich verändern und zu veränderten Konsequenzen führen: »Vater wird also kein Bestsellerautor werden, ziemlich sicher aber meine Mutter. Wie würde sich das auf Wilhelm Weitlings Leben, Variation Nr. 2, auswirken? [...] Dass sich viel ändern wird, ist sicher« (WS, S. 160). Dabei zeigen sich die Vermittlung zwischen der Vielfalt der Ereignisse und der Einheit der Geschichte sowie die Vereinigung heterogener Formen: Neue Bestandteile der Handlung müssen zu einer veränderten Geschichte führen, es muss in anderer Weise dissonante Konsonanz hergestellt werden.

Weitling spielt dabei gleichzeitig eine Autor- und eine Leserrolle, ist also, in begrenztem Maße, derjenige, der die Fabel neu konfiguriert und derjenige, der eine sich gerade verändernde Erzählung rezipiert. Als Autor kann er insofern interpretiert werden, als er ein Stück weit für Veränderungen und Neukonfigurationen sorgt. So kann er Willy, zumindest begrenzt, in seinem Handeln steuern: »Ich kann Willy beeinflussen, er tut, was ich tun würde, wenn ich könnte« (WS, S. 73). Auch nähert er sich dadurch der Autorenrolle an, dass er bereits im ersten Teil ankündigt, in welcher Weise er die Erzählung aufschreiben würde, wenn er könnte (vgl. WS, S. 41). Dieses Vorhaben setzt er in die Tat um, indem er sich während der Sommerfrische sämtliche Ereignisse merkt (vgl. WS, S. 135–136) und nach seiner Rückkehr schließlich aufschreibt (vgl. WS, S. 180–181). Gleichzeitig bleibt Weitling eher passiv, da er nur sehr bedingt Einfluss auf Willys Verhalten und den Ablauf der Ereignisse hat (vgl. z. B. WS, S. 102). Er ist gezwungen, das Verhalten Willys zu interpretieren, der ausschließlich aus Weitlings Sicht beschrieben wird und damit extern fokalisiert bleibt: »Ich kann allenfalls erraten, wie er sich fühlt, kann es erschließen aus dem, was ich sehe und höre« (WS, S. 65). Die Interpretationstätigkeit kann wiederum als Refiguration gelesen werden: Weitling »liest« in seiner Vergangenheit und betrachtet sich selbst als eine von ihm getrennte Figur, Willy. Bei dieser Betrachtung, der Refiguration seiner Geschichte, nimmt er gleichzeitig Veränderungen vor und hat Einfluss auf deren Konfiguration. Auch hier findet also wieder eine Überschneidung und Wechselwirkung der Ebenen statt.

Auch die zeitliche Vermittlung der *mimesis* II, die poetische Auflösung des Zeitparadoxons, wird explizit gemacht. Zunächst wird das Paradox in besonderem Maße widergespiegelt: So wird die Chronologie durch die Zeitreise nicht auf *discours*-, sondern auf *histoire*-Ebene durchbrochen. Die Ereignisse werden nicht anachron erzählt,[74] sondern finden tatsächlich anachron statt, der Geist Weitlings wird in die Vergangenheit versetzt. Gleichzeitig kann insofern von

---

74 Wie bereits gezeigt, sind zwar Prolepsen enthalten. Diese stellen sich aber erst im nachträglichen Verständnis als solche heraus und sind eher kontinuitätsstiftend als -brechend.

einem Wiederherstellen der Chronologie im Erzählvorgang gesprochen werden, als der Rezipient die Ereignisse in der Reihenfolge erfährt, in der Weitling sie erlebt: der Sturm und das Unglück vor der Sommerfrische, die Zeit in der Sommerfrische, die Rückkehr aus der Sommerfrische und die Zeit danach. Hierdurch wird die dreifache Gegenwart verdeutlicht: Weitling erlebt seine Vergangenheit in der Sommerfrische gegenwärtig. Zukunft und Vergangenheit überschneiden sich in einer Gegenwart, die als »Zerspannung der Seele«[75] aufgegriffen werden kann: »Die Idee, dass eine Tür [d. i. die Tür des Bootshauses beim Aufbruch zur Segeltour], die man in der Zukunft nicht zugemacht hat, dann auch in der Vergangenheit offen stehen könnte, ist schon grammatisch abwegig« (WS, S. 140). Diese Überschneidung der Zeitformen wird auch in der Verwendung der Tempi deutlich: So wird die Zeit während der Sommerfrische, die eigentlich in der Vergangenheit liegt, im Präsens erzählt, es liegt also gleichzeitiges Erzählen vor. Die Zeit vor der Sommerfrische wird durchgehend im Präteritum erzählt, in der Zeit nach der Sommerfrische ist sowohl späteres als auch gleichzeitiges Erzählen zu finden. Die poetische Auflösung des Zeitparadoxons erfolgt hier in besonderer Weise, indem sie mit Weitlings Identität in Verbindung gebracht wird: Am Ende des Romans ist es Weitling möglich, sich gleichermaßen zwei Vergangenheiten zuzuordnen, vom Schlusspunkt aus seine Geschichte als Totalität mit zwei unterschiedlichen Lebenswegen wahrzunehmen und so die Selbst-Ständigkeit seines *ipse* zu beweisen.

Die im zweiten Teil konfigurierte Geschichte hat somit im dritten Teil Auswirkungen auf die Identität Weitlings, er ist ein Stück weit refiguriert, die Veränderung einzelner Ereignisse in seiner Lebensgeschichte hat zu einer veränderten *idem*-Identität geführt. Der Akt des Lesens findet insofern statt, als Weitling seine veränderten Eigenschaften recherchiert und in den eigenen Werken liest, um etwas über sich selbst zu erfahren (vgl. WS, S. 181). In dieser Phase der Refiguration aktualisiert Weitling als Leser die Konfiguration, die im zweiten Teil stattgefunden hat, indem er beide *idem*-Identitäten verbindet und seine Lebensgeschichte durch zweierlei Erinnerungen vervollständigt. Weitling versucht damit als Leser erneut, eine dissonante Konsonanz herzustellen und seine Geschichte für ihn selbst nachvollziehbar zu machen, und wird so gleichzeitig zum Autor: »Ich legte Karteien an, heftete Grafiken an die Wand, konstruierte meinen Lebenslauf neu« (WS, S. 183). Auch hier zeigt sich wieder die Überschneidung von Konfiguration und Refiguration, die Geschichte, die im Kompositionsakt geschaffen wurde, wird erst hier vervollständigt und verändert. Dabei gelingt es Weitling bis zum Ende des dritten Teiles allerdings nicht vollständig, eine nachvollziehbare Konfiguration seiner Lebensgeschichte herzustellen. Dies liegt darin begründet,

---

75 Paul Ricœur, Zeit und Erzählung. Band I, S. 39.

dass er weiterhin nach einer Erklärung für die Wahl des Schriftstellerberufes
sucht und er kein ihm bisher bekanntes Ereignis als eines betrachten kann, das
»zur gewissermaßen nachträglichen Notwendigkeit [s]einer Lebensgeschichte
beiträgt«,[76] was er wiederholt betont:

> So ganz überzeugt bin ich von meinem Rekonstruktionsversuch selbst nicht:
> Irgendetwas stimmt daran nicht. Ich kenne bisher nur die Oberfläche meiner
> neuen Vita. Zwar passt alles zusammen, aber nichts wird wirklich erklärt. [...]
> Da fehlt mir ein entscheidendes Puzzlestück: Woher kam die Neigung zum
> Schreiben? (WS, S. 188)

Die Zuordnung der *idem*-Eigenschaften, der »Oberfläche« des Lebenslaufes, zu
seinem *ipse* kann also nur dann erfolgen, wenn es ihm überzeugend gelingt, diskordante Konkordanz herzustellen und die kausalen Verkettungen zwischen den
Ereignissen seiner Lebensgeschichte zu erkennen. Die Wichtigkeit der Frage nach
der Ursache des Schriftstellerberufs wird zusätzlich dadurch betont, dass sie am
Ende des achten Kapitels, dem letzten von Weitling erzählten Kapitel, stehen
bleibt (vgl. WS, S. 198).

Erst am Ende des neunten Kapitels, dem Ende des gesamten Romans, wird
die Frage schließlich mit dem Verweis auf einen längeren Aufenthalt im Kinder-
heim aufgelöst, in dessen Verlauf Weitling als Vierjähriger anfängt, Geschichten
zu erzählen (vgl. WS, S. 218). Hier wird über die Erzählung des Schriftstellerkol-
legen eine weitere Ebene eingefügt, auf der erneut Präfiguration, Konfiguration
und Refiguration stattfinden: Der Schriftsteller gibt an, sich auf Weitlings Notizen
zu stützen (vgl. WS, S. 199), was zum einen als Präfiguration, als Vorverstehen der
Welt, gleichzeitig aber auch als Refiguration verstanden werden kann, da er die
Geschichte Weitlings aus den Notizen liest und interpretiert. Hieraus konfiguriert
er schließlich das Lebensende Weitlings. Erst in dieser erneuten Konfiguration
gelingt der Figur Weitling das Herstellen der dissonanten Konsonanz, das vollständige Verstehen seiner zweiten Lebenslinie. Damit wird das vorgeführt, was
Ricœur als die Spirale der *dreifachen Mimesis* bezeichnet, die im Gegensatz zu
einem Teufelskreis auf einer immer höheren Ebene zu immer neuen Erkenntnissen führt:[77] Durch erneutes Erzählen der bereits vorher in unterschiedlichen
Varianten erzählten Lebensgeschichte Weitlings gelingt es, einen überzeugenden
Schlusspunkt seiner Geschichte zu finden, der mit dem Tod Weitlings einhergeht
(vgl. WS, S. 218) und das Ende des Romans darstellt. Das Lebensende Weitlings

---

76 Paul Ricœur, Das Selbst als ein Anderer, S. 183.
77 Vgl. Paul Ricœur, Zeit und Erzählung. Band I, S. 115.

wird also mit dem Ende seiner Geschichte parallelisiert.[78] Wie bereits während der Sommerfrische vom Großvater angekündigt, ist damit Sterben, »wie wenn man ein Buch zu Ende liest« (WS, S. 144).

Dabei ist die mögliche, nicht erzählte Lebensgeschichte inzwischen nicht nur erzählt, es findet zusätzlich eine Vertauschung des »Reiches des *Als ob*«[79] mit der eingangs eingeführten Welt statt: »Die eine [d. i. Lebenslinie], die zum Richter führte, war jetzt Konjunktiv, die andere, mit dem Ziel Schriftsteller, Indikativ« (WS, S. 203). Betrachtet man den ersten Teil des Romans mit der Phase der Präfiguration als Welt der Handlung und die Veränderung in der Sommerfrische als Welt der Fabel, hat die »Neugestaltung der Welt der Handlung im Zeichen der Fabel«[80] nun so weit stattgefunden, dass die beiden Welten nicht mehr unterscheidbar sind. Die Imagination einer möglichen Variante des Selbst hat so viel Bedeutung, dass nicht mehr bestimmbar ist, was letztlich als Konjunktiv und was als Indikativ der eigenen Lebensgeschichte stehen bleibt. Das Mittel der Fiktion erlaubt es, dass Weitling sich in seiner Identitätssuche nicht für einen Lebensweg entscheiden muss, die von Ricœur genannte Unterscheidung zwischen »der virtuellen oder im Ansatz vorhandenen Geschichte und der ausdrücklichen, für die wir Verantwortung übernehmen«,[81] erübrigt sich. Die einzige Möglichkeit für die Beschreibung von Weitlings Identität, die sich nicht in der reinen Nennung von, hier dann widersprüchlichen, *idem*-Eigenschaften erschöpfen kann, ist die Erzählung seiner gesamten Geschichte.

Neben dieser Hervorhebung der Bedeutung des Erzählens für die eigene Identität auf *histoire*-Ebene findet sich auf *discours*-Ebene eine Art Metareflexion des identitätsstiftenden Erzählens. Hierfür lassen sich zahlreiche Hinweise ausmachen, die gleichsam als eine Art Lektüreanleitung für den Roman interpretiert werden können.

So wird in allen Teilen des Romans der Leser Weitling thematisiert: »Was Weitling vermisste, waren die unendlich vielen Bücher, die in seiner Jugend

---

78 Auch wenn sich mit dem Tod Weitlings und dem Ende des Romans ein Schlusspunkt seiner Geschichte ergibt, zeigen die sich im Roman an verschiedenen Stellen wiederholenden Identitätskrisen, dass die Identitätsfindung Weitlings insgesamt als unabgeschlossener Prozess zu begreifen ist. Vgl. hierzu Bläser, Erzählte Zeit – erzähltes Selbst, S. 63: »Ricœur definiert diese Identität [d. i. die narrative Identität] keineswegs als stabil, denn genauso, wie eine Geschichte immer wieder neu und in anderen Phantasievariationen erzählt werden könne, so könne man auch für das eigene Leben immer wieder neue Fabeln ersinnen, die eine destabilisierende Wirkung auf die Identität ausüben Demnach wird die narrative Identität immer wieder kon- und refiguriert [...]«.

79 Paul Ricœur, Zeit und Erzählung. Band I. Hervorhebung im Original.

80 Ebd., S. 122.

81 Ebd., S. 119.

die Wände gefüllt hatten« (WS, S. 10), heißt es gleich zu Beginn. Diese Bücher betrachtet Weitling auch als Geist in seiner Vergangenheit (vgl. WS, S. 50) und erhält in seiner veränderten Zukunft die Möglichkeit, die nun immer noch im selben Haus vorhandenen Bücher wieder zu lesen (vgl. WS, S. 178 und 181). Dabei folgen immer wieder ausführliche Auflistungen einzelner Titel, anhand derer Weitling, gerade auch in der Auseinandersetzung mit Willy, seine Rezeption und deren Veränderung im Laufe der Zeit reflektiert. Hier zeigt sich, dass die jeweilige Lektüre Einfluss auf seine Identitätsbildung hat, zum Beispiel, wenn Weitling zu Dostojewskis *Dämonen* feststellt: »Zumindest mit Nikolaj Wsewolodowitsch Stawrogin hatte ich etwas Ähnlichkeit, mein Charakter hatte, von außen her kaum merklich, etwas Abschüssiges« (WS, S. 124–125). Umgekehrt hängt seine Lektüreerfahrung aber auch von den sich verändernden Dispositionen seiner Identität ab. So stellt der alte Weitling, der während der Sommerfrische vom Wiederfinden seiner Donald Duck-Hefte und seiner Erinnerung an die begeisterte Lektüre als Kind erzählt, nach der Sommerfrische beim erneuten Lesen fest: »Als Kind wünschte ich [...] mir Stillstand [...]. Entenhausen und die Duck-Familie mochte ich, denn bei ihnen blieb sich alles gleich. Heute liebe ich Menschen, die sich ändern können, wenn möglich zum Guten« (WS, S. 181). Intertextuelle Titelverweise dienen somit als Mittel, die Wechselwirkung zwischen Rezipient und Text zu thematisieren, reflektieren die identitätsstiftende Funktion verschiedener Werke und fungieren leitmotivisch. Damit lässt sich auf *discours*-Ebene die Ricœursche Refiguration zeigen.

Als ein weiterer Hinweis auf die besondere Bedeutung des Erzählens können die im Roman enthaltenen Verweise auf andere fiktionale Erzählungen interpretiert werden – so wird zum Beispiel eine Erzählung des Vaters vorgestellt, die der Geschichte Weitlings sehr ähnlich ist:

> Sie handelte von einem Menschen, der sein Gesicht umoperieren lässt, so zu einer doppelten Erdenbürgerschaft kommt – zu zwei Lebensläufen jedenfalls – und dann notwendigerweise am Problem seiner Identität scheitert. Ich las das Büchlein mit elf, verstand nicht alles, mochte aber seitdem die Idee, nicht einer, sondern zwei zu sein (WS, S. 114).

Zwar kann diese Passage nur bedingt als *mise en abyme* gelesen werden, da die Geschichte sich in der Art und Weise der doppelten Identitätsentstehung von der in der Romanhandlung dargestellten unterscheidet. Trotzdem legt sie aufgrund ihrer Ähnlichkeit gleichzeitig nahe, eine zusätzliche diegetische Ebene anzunehmen: Weitling liest in einem Buch, das seine Geschichte enthält, und wird damit aus seiner Figurenperspektive heraus zu einer Romanfigur. Damit wird, nun auf *discours*-Ebene, innerhalb der fiktionalen Welt die Betrachtung der

Lebensgeschichte als eine fiktionale Erzählung nahegelegt. Dies lässt sich als ein zusätzlicher Verweis auf die oben erläuterte Betonung einer Gleichwertigkeit von konjunktivischer, möglicher und indikativischer, realer Lebensgeschichte lesen, die so weit ausgeprägt ist, dass sich keine Hierarchisierung ausmachen lässt. Das Motiv der Betrachtung einer Lebensgeschichte als Fiktion erscheint auch an weiteren Stellen im Roman: So schlägt eine Leserin dem Schriftsteller Weitling vor, »aus ihrer Lebensgeschichte einen Roman zu machen – einen solchen Stoff würde er nie wieder finden« (WS, S.177), und Weitling gibt vor, einen Roman mit einem Richter als Protagonisten zu schreiben, um die versehentliche Artikulation seiner »überholten Erinnerungen« (WS, S. 189) zu rechtfertigen.

Zusätzlich wird die Bedeutung des Erzählens für die eigene Identität am Ende des Romans in besonderer Weise verdeutlicht. Die Ursache für Weitlings Wahl des Schriftstellerberufs ist nicht etwa die Tatsache, dass seine Eltern ebenfalls Schriftsteller sind und er das Werk des Vaters fortsetzen möchte, sondern wiederum das Erzählen selbst:

> Durch das Bild begriff Wilhelm Weitling endlich, wieso er dieses Mal Schriftsteller geworden war: Sein Aufenthalt im Heim war lang genug gewesen, um ihn entdecken zu lassen, wie er – erfindend und erzählend – unter lauter ihm eher unheimlichen Menschenkindern überleben konnte. Nichts anderes tun Schriftsteller (WS, S. 218).

Die wesentliche Funktion, die Ricœur dem Erzählen im Zusammenhang mit dem Verstehen zuerkennt,[82] wird hier auf einer zusätzlichen Ebene hervorgehoben: Weitling gelingt es nicht nur, durch das Erzählen seiner neuen Lebensgeschichte, eine diskordante Konkordanz herzustellen und sie dadurch von einem Schlusspunkt aus als seine Geschichte zu begreifen. Seine Fähigkeit zum Erzählen ist zusätzlich auch der entscheidende Hinweis, um eine plausible Erklärung für die Geschichtlichkeit seiner *idem*-Eigenschaft Schriftsteller zu finden.

Gleichzeitig erfährt dieses Schriftstellersein am Ende des genannten Zitates eine ironische Brechung, die im letzten Satz des Romans in abgewandelter Form wieder aufgenommen wird. Auf die Frage nach der Existenz Gottes liefert Weitling die Antwort: »Gott gibt es. Wie wäre ich sonst zu zwei Leben gekommen?« (WS, S. 219) Nadolny selbst führt in einem Interview hierzu an: »Das ist im Grunde eine Ironie des Schriftstellers Nadolny, denn deswegen gibt es Gott bestimmt nicht, bloß weil der Nadolny diese Story von den zwei Leben erfunden hat.«[83]

---

82 Vgl. Karl Simms, Paul Ricœur, S. 79 f.
83 Clemens Meyer, Zeitlang heißt Sehnsucht, 2012, https://www.freitag.de/autoren/der-freitag/zeitlang-heisst-sehnsucht (25. 07. 2015).

Es erfolgt also eine gewisse Parallelführung des Schöpfertums eines Schriftstellers mit dem Gottes, die gleichzeitig ironisch gebrochen wird.[84] Außerdem kann insofern von Metafiktion gesprochen werden, als der Text über die ironisierte Verbindung mit der Gottesfrage auf seine eigene Fiktionalität verweist. Gleichzeitig ist die ironische Brechung allerdings nicht als eine Abwertung des Erzählens als »nur« fiktional und deswegen mit weniger Relevanz für die Realität zu werten. Hiergegen spricht, dass gerade dieser letzte Satz gleichzeitig ein abgewandeltes Zitat aus Dostojewskis *Dämonen* ist.[85] Wiederum wird also ein schon genannter Prätext wieder aufgenommen, der bereits im Zusammenhang mit Weitlings Refiguration dargestellt worden ist. Damit wird am Ende des Romans über das Mittel der Intertextualität die identitätsstiftende Funktion des Erzählens betont, die im gesamten Text nahegelegt wird. Die ironischen Verfahren können vielmehr als Relativierung der Rolle des Schriftstellers gewertet werden, der nicht in einer übergeordneten Position gesehen wird. Das Erzählen wird dadurch, wie bei Ricœur, als Tätigkeit beschrieben, die nicht dem Schriftsteller vorbehalten bleibt, sondern an der der Rezipient gleichermaßen teilhat und die jeder Einzelne vollzieht.

Gleichzeitig liefert der Roman an verschiedenen Stellen metanarrative Verweise darauf, was genau der Begriff des Erzählens beinhaltet und inwiefern es als sinnstiftend betrachtet werden kann. So erfolgt zum einen eine Verbindung von Erzählen und dem Herstellen von Ordnung, wenn es beispielsweise zur schriftstellerischen Tätigkeit von Weitlings Vater heißt: »Zudem war er ein Architekt, der gern raffiniert baute, aber es schaffte, das Ergebnis simpel ausschauen zu lassen« (WS, S. 114). Auch wird der Konstruktionsgedanke aufgenommen, wenn Weitling sich mit seinem neuen Lebenslauf auseinandersetzt, hierfür Karteien anlegt und Grafiken entwirft (vgl. WS, S. 183). Das Konstruieren einer Ordnung, das Herstellen eines nachvollziehbaren Zusammenhangs bezeichnet Nadolny in seiner Münchener Poetik-Vorlesung als »Narrativierung«, als »eine der wichtigsten Leistungen unseres Bewußtseins«, die »sich nicht so sehr von dem [unterscheidet], was der Architekt, der Konstrukteur, der Erfinder, der Unternehmer

---

84   Die gleiche ironisch gebrochene Parallelführung von Gott und Autor findet sich bereits in Nadolnys *Ein Gott der Frechheit*, München 1994, S. 196: »Willkommen, Mutter. Weißt du, wie diese Geschichte weitergeht? – Wer weiß es genau? Von mir kannst du das nicht verlangen. Vielleicht müßte man den Autor selbst fragen, aber ich denke, nicht einmal er weiß es genau. – Was für ein Autor? – Der Gott, den keiner kennt und der sämtliche Urheberrechte beansprucht«.

85   Vgl. Clemens Meyer, Zeitlang heißt Sehnsucht und Fjodor M. Dostojewski, Die Dämonen, Berlin 2015, S. 191.: »Wenn es keinen Gott gibt, wie kann ich dann Hauptmann sein?«

und was der Wissenschaftler treibt«.[86] Er hebt die sinnstiftende Funktion dieser Narrativierung hervor, indem er sie als »grundlegende Arbeit, die jeder tut, der lebt«,[87] bezeichnet und ausführt: »Nur wer einen Zusammenhang erkennt oder die Chance, ihn herzustellen, steht morgens aus dem Bett auf«.[88] Letztlich findet sich hier also auf der *discours*-Ebene der Ricœur'sche Gedanke der diskordanten Konkordanz. Das Herstellen eines sinnvollen Ganzen aus heterogenen Einzelbestandteilen, indem man erzählt, ist eine Art anthropologische Grundkonstante, eine quasi automatisch ablaufende Bewusstseinsleistung, die zur Sinn- und Identitätsstiftung unabdingbar ist.

Zum anderen wird der Phantasie eine wesentliche Rolle im Zusammenhang mit dem Erzählen zugesprochen. Der vierjährige Weitling überlebt »erfindend und erzählend«, Weitlings Schriftstellerkollege stützt sich in seiner Erzählung über die letzten Jahre von Weitlings Leben nicht nur auf dessen Notizen, sondern »vor allem« auf die »Beweiskraft der Phantasie« (WS, S. 199). Das scheinbar Paradoxe dieser Aussage löst sich auf, wenn man sie im Gesamtkontext des hier vorgeführten Erzählbegriffs betrachtet: Die Imagination anderer Versionen eines Vorkommnisses und der eigenen Lebensgeschichte hilft dabei, innerhalb dieser eine Konsonanz, einen nachvollziehbaren Zusammenhang, herstellen zu können. Es erfolgt ein, wie Simms über Ricœur schreibt, »ordering the world by the imagination«,[89] innerhalb dessen die Phantasie Beweiskraft erlangt und das Erzählen identitätsstiftend wird.

In *Weitlings Sommerfrische* zeigt sich also Nadolnys Begriffs des Erzählens als »conditio sine qua non des Daseins«[90] beziehungsweise das Ricœur'sche »Begehren nach Erzählungen in seiner existentiellen Dimension«.[91]

---

86 Sten Nadolny, Das Erzählen und die guten Absichten. Die Münchener Poetik-Vorlesung (1990), in: Ders., Das Erzählen und die guten Ideen. Die Göttinger und Münchener Poetik-Vorlesungen, München 2001, S. 107.

87 Ebd., S. 127.

88 Ebd.

89 Karl Simms, Paul Ricœur, S. 79.

90 Sten Nadolny, Das Erzählen und die guten Ideen. Die Göttinger Poetik-Vorlesung, in: Ders., Das Erzählen und die guten Ideen. Die Göttinger und Münchener Poetik-Vorlesungen, München 2001, S. 55.

91 Stefan Scharfenberg, Narrative Identität im Horizont der Zeitlichkeit, S. 461.

Zusammenfassung und Ausblick

Es hat sich gezeigt, dass das Ricœur'sche Konzept der narrativen Identität für literaturwissenschaftliche Analysen fruchtbar gemacht werden kann und seine Anwendung nicht das »Gewaltsame der Interpretation«[92] bedeutet, sondern einen konstruktiven Analyseansatz bietet. So stellen die Aufspaltung von *idem* und *ipse* im Konzept der personalen Identität, das Modell der dissonanten Konsonanz, die Bedeutung des Selbst als eines Anderen und die *dreifache Mimesis* als Bestandteile des Konzepts der narrativen Identität wesentliche Kategorien für die Interpretation des Beispielromans *Weitlings Sommerfrische* dar.

Das Motiv der Auseinandersetzung von Figuren mit ihrer Identität und die damit zusammenhängende Beschäftigung mit der Vergangenheit findet sich auch in zahlreichen anderen Romanen der Gegenwartsliteratur, beispielsweise bei Uwe Timm (*Rot, Kerbels Flucht*), Daniel Kehlmann (*Der fernste Ort*), Marlene Streeruwitz (*Der Abend nach dem Begräbnis der besten Freundin*) oder Sybille Lewitscharoff (*Consummatus*). Die Frage nach der personalen Identität steht dabei vielfach in Verbindung mit anderen Themenkomplexen wie der Frage nach kollektiver Identität und Vergangenheitsbewältigung (Christa Wolf: *Leibhaftig*) oder dem Zusammenhang von Gedächtnis- und Identitätsverlust (Arno Geiger: *Der alte König in seinem Exil*; Martin Suter: *Small World, Ein perfekter Freund*). Auch geht es oft um gesellschaftliche Rollenzuweisungen, beispielsweise im Zusammenhang mit der Frage nach ethnischer Identität (Terezia Mora: *Alle Tage*; Thomas Meinecke: *hellblau*) oder geschlechtlicher Identität (Ulrike Draesner: *Mitgift*). Eine Vielzahl literaturwissenschaftlicher Untersuchungen zu Identität findet sich außerdem zu Romanen, die der Postmoderne zugerechnet werden, wobei die Hybridität oder die Zerrissenheit der Identität der Figuren in einer Welt, die zunehmend weniger Orientierung bietet, im Vordergrund steht.[93]

Es wird zu prüfen sein, inwiefern der hier gezeigte Ansatz auf andere Romane, die darin verhandelten Identitätsfragen und die hiermit zusammenhängenden Themenkomplexe übertragbar ist. So gilt es zum Beispiel, den Zusammenhang von individueller und kollektiver Identität in den Blick zu nehmen. Im Anschluss an Ricœurs *dreifache Mimesis* und der hier behandelten Wechselwirkung von Literatur und Wirklichkeit müssen außerdem auch autobiografische Bezüge, die für die Analyse des Beispielsromans zunächst ausgeklammert wurden, beziehungsweise grundsätzlich Texte im Grenzbereich von fiktionalem und faktualem Erzählen, miteinbezogen werden. Auch müssen zusätzliche Komponenten der

---

92   Paul Ricœur, Zeit und Erzählung. Band I, S. 115.
93   Vgl. z.B. Sabine Sistig, Wandel der Ich-Identität in der Postmoderne? Zeit und Erzählen in Wolfgang Hilbigs ›Ich‹ und Peter Kurzecks ›Keiner stirbt‹, Würzburg 2003.

Ricœur'schen Theorie berücksichtigt werden, etwa die zugrundeliegende zeitliche Dimension des Erzählens, die hier nur angeschnitten wurde.

Gerade aufgrund des »enormen Stellenwerts [...], den Ricœur der narrativen Tätigkeit beimisst, vor allem was die Kategorien des Sinns, des Selbst und der Zeit betrifft«,[94] erscheint es sinnvoll, die Anwendung des Konzepts der narrativen Identität weiter auszuweiten.

94 Stefanie Bläser, Erzählte Zeit – erzähltes Selbst, S. 71.

PAUL KAHL

KULTURGESCHICHTE DES DICHTERHAUSES

Das Dichterhaus als historisches Phänomen

Als Bénédicte Savoy 2006 die Einsicht untermauert hat, dass Museen allgemein und so wie man sie heute versteht, *vor* der Französischen Revolution entstanden sind, unter den Bedingungen der Aufklärung und in der Mitte des achtzehnten Jahrhunderts,[1] hat sie eine ›Wende‹ in der historischen Museumsforschung eingeleitet. Älter als der Louvre von 1793, den man irrtümlich lange als das erste moderne Museum Europas angesehen hat, sind – bei gleichzeitig voller Erfüllung moderner Museumskriterien – die Museen in Braunschweig, Dresden, Kassel, Sanssouci, Mannheim und auch die Bilder-Gallerie in Wien, also Museen im deutschen Sprachraum. Als ältestes Museum Europas, womöglich der Welt, gilt vielen demgegenüber das kapitolinische Museum in Rom, das seit 1734 öffentlich zugänglich ist; wenig später folgten die Uffizien in Florenz und das Museo Maffeiano in Verona, 1753/59 das Britische Museum. Die Museen, die Savoy aufführt, sind Gemäldegalerien und Antikensammlungen, und das gilt auch von den italienischen und britischen Beispielen; eine thematische Auffächerung von Museen beginnt erst danach, im neunzehnten, vielfach sogar erst im zwanzigsten Jahrhundert.

Nicht verwunderlich ist insofern, dass unter den frühen Beispielen keine Literaturmuseen vertreten sind. Die Frage, wann und unter welchen Umständen die ersten Literaturmuseen gegründet wurden, ist vielmehr noch überhaupt nicht eingehend untersucht worden.[2] Offensichtlich ist es so – um diese Einsicht vorweg-

---

1   Tempel der Kunst. Die Geburt des öffentlichen Museums in Deutschland 1701–1815, hg. von Bénédicte Savoy, 2. Aufl. Köln, Weimar und Wien 2015 (erstm. 2006).

2   Vgl. zwei wichtige, frühe Beiträge zu einer historischen Dichterhausforschung: Ernst Beutler, Die literarhistorischen Museen und Archive. Ihre Voraussetzung, Geschichte und Bedeutung, in: Forschungsinstitute. Ihre Geschichte, Organisation und Ziele, Bd. 1, unter Mitwirkung zahlreicher Gelehrter hg. von Ludolph Brauer, Albrecht Mendelssohn Bartholdy und Adolf Meyer, Hamburg 1930, S. 227–259, der erstmals Dichterhäuser als historischen Gegenstand einordnet, außerdem: Rolf Lang, Geschichte des Literaturmuseums. Standpunkte, Probleme und Aufgaben, in: Möglichkeiten und Perspektiven der Konzeption und Gestaltung von Literaturmuseen. Wissenschaftliches Kolloquium anläßlich des 100. Jahres-

zunehmen –, dass sich viele Literaturmuseen, wie wir sie heute verstehen, an biografischen Stätten eines Schriftstellers befinden, ein Umstand, der bei Kunst- und Antiken-Museen keine Entsprechung hat. Offensichtlich folgen Literaturmuseen zumeist der Musealisierung einer biografischen Stätte nach, zumeist erst im zwanzigsten Jahrhundert. Das Schillermuseum (seit 1922 Schiller-Nationalmuseum) folgt an der Schwelle zum zwanzigsten Jahrhundert, nämlich 1903, auf ein musealisiertes Wohnhaus des neunzehnten Jahrhunderts, Schillers Geburtshaus, das seit 1859 öffentlich zugänglich ist. Insofern führt die Frage nach dem Literaturmuseum zu einem weiteren Phänomen, das die Museumsforschung bisher ebenfalls noch so gut wie gar nicht historisch erörtert hat: jene Museen, die nicht auf einer *Sammlung* beruhen, sondern auf einem *Ort*, einer Stätte, einer Geburts-, Wohn- und Sterbestätte eines Künstlers, eines Schriftstellers, die man alltagssprachlich ›Dichterhaus‹ (oder ›Künstlerhaus‹, ›Komponistenhaus‹) nennt.

Während es einerseits in Deutschland wie in Europa seit zwei bis drei Jahrzehnten üblich geworden ist, sich mit Dichterhäusern (writers' houses, case di scrittori, maisons d'écrivains) auseinanderzusetzen – es gibt unzählige Bücher, die Dichterhäuser im Titel führen[3] –, ist deren Geschichtlichkeit – genauer: die Geschichtlichkeit des Phänomens der Musealisierung ehemaliger Wohnhäuser – noch nicht umfassend untersucht, ja kaum als Fragestellung beschrieben worden: Seit wann gibt es musealisierte Dichterhäuser, und wie sind sie historisch entstanden? Oder, weniger alltagssprachlich: Seit wann und wie bilden Gesellschaften ›Kulturelle-Erbe‹-Konstellationen (cultural heritage) an literarischen Gedächtnisorten (lieux de mémoire) aus? Dies ist die Leitfrage eines mehrjährigen Göttinger DFG-Projektes gewesen, das unter dem Titel *Kulturgeschichte der Gründungen von deutschen Dichter- und Literaturmuseen im neunzehnten Jahrhundert* oder kurz *Kulturgeschichte des Dichterhauses* die Frühgeschichte der Musealisierung der Häuser deutschsprachiger Dichter im neunzehnten Jahrhundert – das sind im Wesentlichen die Häuser Schillers und Goethes – erschlossen und als weltliche (literarische) Personengedenkstätten beschrieben hat.[4]

tages des Goethe-Nationalmuseums am 29. und 30. August 1985. Nationale Forschungs- und Gedenkstätten der klassischen deutschen Literatur in Weimar, [Weimar 1985], S. 32–39.

3 Nur einige Beispiele: Dichter-Häuser in Thüringen, hg. von Detlef Ignasiak, Jena 1996; Dichter und ihre Häuser. Die Zukunft der Vergangenheit, hg. von Hans Wißkirchen, Lübeck 2002; Bodo Plachta, Dichterhäuser in Deutschland, Österreich und der Schweiz, Stuttgart 2011; sowie außerhalb des deutschsprachigen Bereichs: Hans-Günter Semsek, Englische Dichter und ihre Häuser, Frankfurt a. M. und Leipzig 2001; Ralf Nestmeyer, Französische Dichter und ihre Häuser, Frankfurt a. M. 2005; Gilberto Coletto und Claudia Manuela Turco, Case di scrittori. Guida alle case museo, centri studio, associazioni amici di scrittori d'Italia, Padua ⁴2009.

4 Vgl. als Projektergebnis Paul Kahl, Die Erfindung des Dichterhauses. Das Goethe-National-

Der Prototyp: Das Weimarer Schillerhaus

Nimmt man die Eingangsüberlegung auf, ›Dichterhäuser‹ gebe es erst seit dem neunzehnten Jahrhundert (›Dichterhaus‹ steht nicht für das Haus eines Dichters als solches – auch in der Antike hat ein Dichter wohl in einem Haus gewohnt –, sondern für ein musealisiertes Dichterhaus in der Trägerschaft einer öffentlichen Einrichtung), dann stellt sich eine Erklärung leicht ein: Die Musealisierung einer Einzelperson, sei es in Gestalt ihres Hauses oder ihres Nachlasses, setzt die Aufwertung des Individuums seit der sogenannten Geniezeit, d. h. seit dem Sturm und Drang des achtzehnten Jahrhunderts, voraus, die im Goethe- und Schillerkult des neunzehnten Jahrhunderts gipfelt. Es ist insofern kein Zufall, dass die ersten Dichterhäuser in Deutschland Schiller- und später auch Goethehäuser gewesen sind. Die Geschichte der tatsächlich gegründeten literarischen Personengedenkstätten in Deutschland beginnt mit Schillerhäusern,[5] darunter als erstes das in Weimar (1847); Leipzig-Gohlis (1848) und Marbach (1859) folgten. Noch ins neunzehnte Jahrhundert fallen das Gleimhaus in Halberstadt (1862), Goethes Frankfurter Elternhaus (1863) und ein Theodor Körner-Museum in Dresden (1875); viel später, nämlich erst nach dem Aussterben der Familie Goethe im Jahr 1885, wurde das Goethe-Nationalmuseum in Weimar gegründet, 1899 das Klopstockhaus in Quedlinburg.[6]

Der Prototyp ist aber das Weimarer Schillerhaus. Dieses Haus an der Esplanade in Weimar, heute Schillerstraße, hatte Schiller 1802 gekauft, um sich dort dauerhaft niederzulassen. Er starb in seinem Arbeitszimmer, schon 1805, während seine Frau Charlotte das Haus bis zu ihrem Tod 1826 bewohnte; danach

museum in Weimar. Eine Kulturgeschichte, Göttingen 2015. Begleitend dazu, zugleich als Anstoß zu einer historischen Dichterhausforschung, sind zwei Dokumentenbände entstanden: Das Goethe-Nationalmuseum in Weimar, Bd. 1: Das Goethehaus im neunzehnten Jahrhundert. Dokumente, hg. von Paul Kahl und Hendrik Kalvelage, Göttingen 2015, sowie außerdem: Das Goethe-Nationalmuseum in Weimar, Bd. 2: Goethehaus und Goethe-Museum im zwanzigsten Jahrhundert, hg. von Paul Kahl, Göttingen 2018 (in Vorb.). Neben dieser einem repräsentativen Einzelfall gewidmeten Trilogie sind zwei Sammelbände erschienen: Häuser der Erinnerung. Zur Geschichte der Personengedenkstätte in Deutschland, hg. von Anne Bohnenkamp, Constanze Breuer, Paul Kahl und Stefan Rhein, (Schriften der Stiftung Luthergedenkstätten in Sachsen-Anhalt 18) Leipzig 2015, sowie: Die Musealisierung der Nation. Ein kulturpolitisches Gestaltungsmodell des 19. Jahrhunderts, hg. von Constanze Breuer, Bärbel Holtz und Paul Kahl, Berlin 2015.

5 Vgl. zuerst: Albrecht Bergold und Friedrich Pfäfflin (Bearb.), Schillers Geburtshaus in Marbach am Neckar, (Marbacher Magazin Sonderheft, 46/1988) Marbach 1988.

6 Emil Peschel verzeichnet für 1911 bereits über fünfzig Autoren gewidmete Stätten, darunter über zwanzig deutschsprachige (Peschel spricht ungenau von »Personalmuseen«), vgl. Emil Peschel, Über Personalmuseen, in: Museumskunde 8 (1912), S. 152–157, hier 156.

wurde die Einrichtung verkauft, das Haus geriet in fremden Besitz. Es wurde 1847 vom Weimarer Stadtrat als einer Gruppe von Bürgern gekauft und als erste Schillergedenkstätte eröffnet. Seitdem erfüllt es Kriterien eines modernen Museums, belegt durch zahlreiche Dokumente über die Museumsgründung und ihre Akteure.[7] Unter den Dokumenten befindet sich die *Instruktion für den stadtrathlichen Kastellan*, also eine Dienstanweisung für das Personal, aus dem sich das Selbstverständnis der Einrichtung ablesen lässt: Dort heißt es (um nur ein paar Beispiele anzuführen):

> § 6 Diese Räumlichkeiten und die darin aufbewahrten Gegenstände hat der Kastellan jedem Fremden, hohen und niedrigen, Armen und Reichen, sobald sie sich für Schillers unsterbliche Werke interessiren und dies zu erkennen geben, auch eben darum Verlangen tragen, jene Räumlichkeiten zu besehen, mit Bereitwilligkeit und freundlicher Zuvorkommenheit aufzuschließen und vorzuzeigen, dabei aber darauf zu sehen, daß die Besuchenden jene Räume mit saubern Füßen betreten und überhaupt keinen Schaden anrichten. [...]
> § 8 Der Kastellan darf durchaus für diese, mit dem Herumführen der Fremden verbundene Bemühung, denselben keine Vergütung oder Entgeld abverlangen, auch nicht zulassen, daß dies von den Seinigen oder andern Personen geschehe, indem es die ausdrückliche Meinung des Stadtraths ist, daß alle Fremden ohne Unterschied ganz ohne irgend ein Entgeld in dem Schiller Museum herum geführt werden und die darin aufbewahrten Gegenstände vorgezeigt erhalten sollen.[8]

Diese *Instruktion für den stadtrathlichen Kastellan* belegt die Institutionalisierung einer Personengedenkstätte im neunzehnten Jahrhundert. Denn das Weimarer Schillerhaus ist in Deutschland das erste ehemalige Wohnhaus eines weltlich-bürgerlichen Künstlers, das in eine öffentliche Einrichtung, in eine Gedenkstätte umgewandelt wurde, die mit Öffentlichkeit, Gemeinnützigkeit, Ständigkeit, Zugänglichkeit, Besucherbezug und anderen modernen Kriterien verbunden ist. Daneben stehen zahlreiche andere Dokumente. In der *Deutschen Allgemeinen Zeitung* vom 11. Juli 1847 ist zu lesen, der Weimarer Stadtrat habe vor, »die innere Einrichtung des Hauses wiederum möglichst so herzustellen, wie solche zur Zeit

---

7   Vgl. die vierteilige Quellenedition: Paul Kahl, »...ein Tempel der Erinnerung an Deutschlands großen Dichter«. Das Weimarer Schillerhaus 1847–2007. Gründung und Geschichte des ersten deutschen Literaturmuseums, in: Die große Stadt. Das kulturhistorische Archiv von Weimar-Jena. Folge I: Jg. 1 (2008), H. 4, S. 313–326; Folge II: Jg. 2 (2009), H. 1, S. 40–75; Folge III: Jg. 2 (2009), H. 2, S. 155–176; Folge IV: Jg. 2 (2009), H. 3, S. 217–237.

8   Nach Paul Kahl, Tempel der Erinnerung, hier Folge II, S. 62.

seines frühern Bewohners gewesen, und zu dem Ende Gegenstände anzusam-
meln und in den von Schiller bewohnten Räumen aufzustellen, welche entschieden in dessen einstigem Besitze gewesen sind«.[9] Und am 12. November 1847 teilt
Stadtdirektor Karl Georg Hase Schillers Tochter Emilie v. Gleichen-Rußwurm mit,
»daß wir das eigentliche Wohnzimmer ganz so, wie es früher eingerichtet war,
wieder herzustellen bemüht sind, und es ist uns auch geglückt, die ursprüngliche
Tapete an den Wandschränken wieder aufzufinden und der hiesige Tapetenfabri-
kant Rößler hat sie ganz täuschend nachgemacht«.[10]

Die prototypische Rolle der Schillerhäuser im neunzehnten Jahrhundert
entspricht der Bedeutung Schillers als nationaler Identifikationsfigur, auf deren
Spuren ›weltliche Wallfahrten‹ stattfanden.[11] 1856 brachte Josef Rank einen Reise-
führer unter dem Titel *Schillerhäuser* heraus, der »den andächtigen Wanderern
zu den geweihten Arbeits- und Leidensstätten unsers großen Dichter-Propheten
ein willkommener Führer«[12] sein möchte. Rank berichtet davon, wie in den Fünf-
zigerjahren – kurz nach dem Weimarer Haus – zahlreiche »Schillerhäuser« an
Schillers Lebensorten als Stätten der Verehrung eingerichtet wurden. Rank führt
acht verschiedene Schillerhäuser (oder -stätten) auf, von denen er zu sagen weiß,
sie seien »als solche von den Reisenden gekannt und besucht«.[13] Sie erfüllten
aber nicht alle die genannten Kriterien.

Das Weimarer Goethehaus als Nationalmuseum

Die Geschichte des Weimarer Goethehauses ist in charakteristischer Weise
anders verlaufen. Der Umgang mit Goethes Arbeits- und Schlafzimmer gleich
nach Goethes Tod war neuartig, jedenfalls gibt es kaum bekannte Vergleichsfälle.
Während Charlotte Schiller wie selbstverständlich Schillers Sterbezimmer nutzt
– etwa um einen Hauslehrer dort unterzubringen[14] –, wird Goethes Zimmer 1832
genau dokumentiert, verschlossen und erhalten.[15] Das Goethehaus selbst, auch

9   Ebd., S. 60.
10 Paul Kahl, Tempel der Erinnerung, Folge III, S. 156.
11 Vgl. Jens Riederer, Wallfahrt nach Weimar. Die Klassikerstadt als sakraler Mythos (1780 bis
    1919), in: Häuser der Erinnerung, S. 232–292.
12 Josef Rank, Schillerhäuser, Leipzig 1856, S. VI.
13 Ebd.
14 Vgl. Paul Kahl, Tempel der Erinnerung, Folge II, S. 40.
15 Vgl. Christian Schuchardts Protokolle: »Acta den pp. von Goethe'schen Nachlass betr. und
    zwar insbesondere die Verzeichnung der in dem Arbeitszimmer, in dem Deckenzimmer und
    in dem Büstenzimmer vorgefundenen Gegenstände betr. [März/April] 1832« (so der Akten-
    titel), vgl. Dok. 60, 61, 62, 63, 68, 71, 72, 75, nach Paul Kahl und Hendrik Kalvelage, Goethe-

das Vorderhaus mit den Kunstzimmern, wurde jahrzehntelang ebenso von der
Familie wie von Mietern bewohnt; Goethes Arbeitszimmer war aber dauerhaft von
jeder Nutzung ausgeschlossen. Der offenbar einzige ähnlich frühe Vergleichsfall
ist die sogenannte Rollwenzelei in Bayreuth, jene Stube, die Jean Paul die letzten
zwanzig Jahre seines Lebens, von etwa 1805 bis 1825, bewohnt hat und die gleich
danach erhalten wurde. Die Stube ist von unzähligen ›Pilgern‹ besucht worden,
aber erst seit 2010 – wiederhergestellt, wie sie vermutlich war – als Museum zu
sehen.[16]

In Goethes Fall tritt etwas Weiteres hinzu: die überragende öffentliche Aufmerksamkeit, durch die das Dichterzimmer bereits kurz nach Goethes Tod zum
Gegenstand eines Parlamentsbeschlusses und einer umfassenden kulturpolitischen Bemühung wurde, der Bemühung um Institutionalisierung, d. h. um
Gründung einer Kultureinrichtung. Diese Bemühung geht der Gründungsge-
schichte des Weimarer Schillerhauses zeitlich voraus, sie ist aber gescheitert.
1842/43 haben die deutschen Fürsten unter Führung von Friedrich Wilhelm IV.
von Preußen versucht, im Goethehaus in Weimar ein erstes deutsches Nationalmuseum zu gründen. Dieser Versuch weist – dies ist überreich in den Dokumenten belegt[17] – alle Kriterien eines modernen institutionalisierten Museums auf,
welches dann mit dem Schillerhaus von 1847 verwirklicht war. Insofern wäre
Goethes Weimarer Wohnhaus – beinahe – nicht nur zur ersten öffentlichen Personengedenkstätte geworden, sondern zum ersten Nationalmuseum der Deutschen. Die erste kulturpolitische Unternehmung des Deutschen Bundes wurde
gemeinsam von Preußen und Österreich betrieben – trotz österreichischer Vorbehalte gegenüber Goethes Religiosität. Die im Deutschen Bund vereinigten Fürsten
haben das Anliegen formuliert, Goethes Haus zu kaufen und unter dem Dach
einer »Nationalstiftung« zum »National Eigenthum«, sogar zu einem »Natio-
nal-Museum« zu erklären und für Besucher regelmäßig öffentlich zugänglich
zu machen. Der Anstoß kam indes von dem bayrischen Schriftsteller Melchior
Meyr, der das Goethehaus kannte. Es war ihm gelungen, seine Denkschrift *Das
Göthe'sche Haus in Weimar, mit den Sammlungen Göthe's als Deutsches Museum*

Nationalmuseum. Alle Dokumentenangaben in den folgenden Fußnoten beziehen sich auf
diesen Band und den ihm nachfolgenden zweiten (Paul Kahl, Goethe-Nationalmuseum) mit
fortlaufender Nummerierung (die bei Drucklegung für den zweiten Band aber noch nicht
feststand).

16   Den Hinweis verdanke ich Thomas Schauerte (Nürnberg). Außerdem danke ich dem Ver-
     ein zur Erhaltung von Jean Pauls Einkehr- und Dichterstube in der Rollwenzelei e. V. für
     freundliche schriftliche Auskunft vom 5. April 2016. Die Geschichte der Rollwenzelei ist un-
     geschrieben.

17   Vgl. Paul Kahl und Hendrik Kalvelage, Goethe-Nationalmuseum.

KULTURGESCHICHTE DES DICHTERHAUSES 331

vom 22. Dezember 1841 Friedrich Wilhelm IV. zuzuspielen.[18] Friedrich Wilhelm, der das Anliegen zu seiner Sache machte, gewann dann die wichtigsten Vertreter des Deutschen Bundes, auch Österreich, zu einem gemeinsamen Vorgehen. Am 9. September 1842 hatte der Deutsche Bundestag eine Vorbereitungskommission eingesetzt und den Wunsch ausgesprochen, Goethes Haus »für ewige Zeiten zum deutschen Nationaleigenthum zu bestimmen«.[19] Goethe repräsentierte trotz oder wegen seiner universalen Haltung die deutsche Nation. Und um diese ging es, nicht nur um ihren Repräsentanten. Keiner schien »deutsche Dicht- und Denkweise, unsere ganze Literatur andern Nationen gegenüber in vollkommenerem, höherem und würdigerem Maße [zu repräsentieren] als Goethe«.[20]

Für den Deutschen Bund wäre es das erste Mal gewesen, dass er »einem großen Deutschen ein Monument sezt«;[21] dass der Musealisierungsversuch von 1842 »fast ohne Beispiel« dasteht,[22] hat man schon zeitgenössisch beschrieben. Das Germanische Nationalmuseum wurde demgegenüber erst 1852/53 gegründet. Die Weimarer Nationalstiftung von 1842 wäre, wie auch das Germanische Nationalmuseum, ein Kompensationsprojekt angesichts der fehlenden politischen Einheit der Deutschen gewesen. Dass sie nicht verwirklicht wurde, ist einem geschichtlichen Zufall geschuldet, nämlich der Haltung der Enkel Goethes, die wohl die Kunstsammlung ihres Großvaters verkaufen wollten, aber keinesfalls das Goethehaus selbst und Goethes Arbeitszimmer. Eben dieses war der Kern der Personengedenkstätte: der Ort, nicht die Sammlung, deren alleinigen Kauf der Deutsche Bund ausdrücklich abgelehnt hat.

Erst 1885, nach dem Tod Walther v. Goethes, des letzten überlebenden Enkels, wurde das Goethehaus dem Publikum geöffnet, und zwar – dies war Großherzog Carl Alexanders Entscheidung – als *Goethe-Nationalmuseum*: Die Nation wird in der Bezeichnung des Museums mit Goethe verbunden, mit Goethe als wichtigstem Vertreter der deutschen Sprache. Das ist – geradezu idealtypisch – das Konzept einer deutschen ›Kulturnation‹ im neunzehnten Jahrhundert; die Nation, die sich durch Sprache, nicht durch eine Staatsgrenze zusammengehörig weiß. Offenbar war die Widmung eines Dichterhauses, also eines ehemaligen bürgerlichen Privathauses, zum Nationalmuseum im Europa des neunzehnten Jahrhunderts einzigartig, und offenbar ist sie bezeichnend für die besondere Lage im damaligen Deutschland: Nicht ein Schloss, sei es ein ehemaliges oder ein schloss- oder tem-

18 Dok. 181.
19 Vgl. Protokoll der 25. Sitzung der Deutschen Bundesversammlung, Frankfurt a. M., 9. September 1842, Dok. 254.
20 So August Bürck am 28. Februar 1843 im Morgenblatt für gebildete Leser, Dok. 377.
21 Vgl. Morgenblatt für gebildete Leser, 20. Dezember 1842, Dok. 287.
22 Carl Friedrich v. Fritsch an Walther v. Goethe, 3. März 1843, Dok. 385.

pelartiger Neubau, wird zum Nationalmuseum erklärt, sondern ein Wohnhaus, das ehemalige Wohnhaus eines Schriftstellers. Kern des Nationalmuseums ist nicht eine Sammlung – etwa eine Sammlung von Reichsinsignien oder Waffen oder von repräsentativen, wertvollen Kunstwerken oder Büchern –, sondern ein Arbeitszimmer mit unbedeutenden Holzmöbeln. Zusätzlich aufgeladen wird der nicht selbstverständliche Vorgang durch den Stiftungsbrief des Museums vom 8. August 1885.[23] Den stellt Carl Alexander nicht etwa in Weimar aus, sondern auf der Wartburg, und dies nicht zufällig: Die Wartburg, von Carl Alexander als Symbolort seines Hauses inszeniert, umfasst seinerseits ein Dichterzimmer, die damals neu eingerichtete *Lutherstube*, die Luther als Repräsentanten der Sprache (Bibelübersetzung) vorstellt und damit auch ihn, wie Goethe, als Repräsentanten der ›Kulturnation‹.[24]

Vorstufen, Sonderfälle

Solche Unternehmungen – Goethes Haus 1842 in fürstlicher Trägerschaft, Schillers Haus 1847 in bürgerlicher – sind, kulturgeschichtlich neuartig, ein Phänomen des neunzehnten Jahrhunderts. Die im Dichterhaus wurzelnde moderne Institutionalisierung einer weltlich-literarischen Erinnerungskultur, d. h. unter dem Dach einer Einrichtung, gibt es (nur) in der Moderne, genau: seit der Mitte des neunzehnten Jahrhunderts. Geht man von einer ebensolchen präzisen Begrifflichkeit aus, dann kann man das Phänomen Dichterhaus nicht als eines der frühen Neuzeit (»early modernity«) begreifen, wie es Harald Hendrix unscharf tut.[25] Ebenso ungenau ist es, wenn Bodo Plachta schreibt, Dichterhäuser gehör-

---

23 Dok. 817. Die Geschichte des Goethe-Nationalmuseums seit 1885, besonders die im zwanzigsten Jahrhundert, bildet den Kern der Institutionengeschichte der Weimarer Kulturinstitute insgesamt, die im Wesentlichen auf die Gründungen von 1885 zurückgehen (dazu gehört auch das Goethe- und Schiller-Archiv) und später, nämlich im Rahmen der Kulturpolitik der DDR seit 1953, zu einem Institutionenverbund, den *Nationalen Forschungs- und Gedenkstätten der klassischen deutschen Literatur in Weimar*, angewachsen sind. Die beiden Dokumentenbände zur Geschichte des Goethe-Nationalmuseums (Paul Kahl und Hendrik Kalvelage, Goethe-Nationalmuseum, und Paul Kahl, Goethe-Nationalmuseum) bilden insofern den Anstoß und auch eine erste Grundlage zu einer künftigen umfassenden Geschichte der heutigen Klassik Stiftung und ihrer verschiedenen Vorgängereinrichtungen.

24 Martin Steffens, Luthergedenkstätten im 19. Jahrhundert. Memoria – Repräsentation – Denkmalpflege, Regensburg 2008.

25 Harald Hendrix, Writers' Houses as Media of Expression and Remembrance. From Self-Fashioning to Cultural Memory, in: Writers' Houses and the Making of Memory, hg. von Harald Hendrix, New York und London 2008, S. 1–11, hier S. 7.

ten »seit jeher« zu Besuchszielen.[26] Wohl gibt es eine Verbindungslinie zum »alten Μουσεῖον, in dem ortgebundenes Heiligtum und Wissenschaft verknüpft waren«, wie Ernst Beutler schon 1930 festgestellt hat.[27] Wohl gibt es »literaturmuseale Gepflogenheiten« – das hat Rolf Lang 1985 unterstrichen – seit den Anfängen der »europäischen Kultur- bzw. Literaturgeschichte«:[28] das Haus Pindars, das einst Alexander der Große verschont haben soll, die Grotte des Euripides und die Häuser des Horaz, Vergils und Ovids (Boccaccio berichtet in seiner Dante-Biografie von 1355/70, bei Mantua werde Vergils Haus geehrt). Dennoch unterscheiden sich alle Vorstufen in der Kultur- wie in der Religionsgeschichte früherer Jahrhunderte von dem Phänomen des neunzehnten Jahrhunderts.

Zu den strukturellen Vorstufen gehören – neben solchen frühen weltlichen Beispielen des Altertums – Stätten der christlichen Heiligen, legendäre – wie das im dreizehnten Jahrhundert von Engeln nach Loreto beförderte und später durch eine Kirche überbaute Geburtshaus Mariens aus Nazareth – wie historische, darunter zunächst besonders Sterbestätten, wie sie der christlichen Totenmemoria entsprachen. Sie sind allerdings nicht als solche (›authentisch‹) erhalten, sondern durch Kirchengebäude überbaut worden, so beispielsweise das Grab der hl. Elisabeth in Marburg, über dem schon wenige Jahre nach ihrem Tod eine große gotische Kirche errichtet wurde. Ebenso wurden die Sterbestätten der Heiligen Klara und Franz in Assisi beide durch einen Kirchenbau überformt, die Kirche Santa Chiara sowie, als Sterbestätte des hl. Franz, die kleine Portiuncula-Kapelle, später von dem Monumentalbau Santa Maria degli Angeli überwölbt, während schon gleich nach seinem Tod über der Grabstätte die Doppelkirche San Francesco errichtet wurde. Daneben traten auch Stätten aus dem Leben der Heiligen, Geburtshäuser und andere biografische Orte: Das vermutliche Elternhaus des hl. Franz in Assisi wurde im siebzehnten Jahrhundert durch die Chiesa Nuova überbaut – in ihr befindet sich, als Kuriosität bis heute sichtbar, ein kleiner ›Gefängnisraum‹, in dem Franz zur Strafe von seinem Vater wegen zu großer Freigebigkeit eingesperrt worden sein soll, und auch der Eingang in das alte Haus wird gezeigt –, und auf das Geburtshaus der hl. Klara wird unmittelbar neben dem großen Dom San Rufino verwiesen, es wird so durch ebendiesen im Gedächtnis erhalten. In der Kirche San Francesco a Ripa in Rom ist dasjenige, viel ältere Zimmer des Hospizes San Biagio umbaut und erhalten worden, in dem Franz übernachtete, als er in Rom weilte; verwahrt wird dort ein schwarzer Stein, den er wie ein Kopfkissen nutzte (»sasso dove posava il capo«). Ein anderes Beispiel sind die Zimmer des hl. Ignatius neben der Kirche Il Gesù in Rom, die bereits

26 Bodo Plachta, Dichterhäuser, S. 11.
27 Ernst Beutler, Die literarhistorischen Museen, S. 227.
28 Rolf Lang, Geschichte des Literaturmuseums, S. 36.

seit dem frühen siebzehnten Jahrhundert besichtigt werden. Hier kann man seine Privatkapelle sehen, in der er gestorben ist, aber auch Gegenstände, Gewänder und Schuhe, das Arbeitszimmer und auch den Schreibtisch – es scheint also der spätere Typus des Dichterzimmers als eines Zimmers des ›weltlichen Heiligen‹ schon auf.

Zu den Vorstufen gehören ebenso frühneuzeitliche Dichter- und Künstlerhäuser. Petrarcas Geburtshaus in Arezzo wurde schon zu Lebzeiten von Bürgern baulich erhalten,[29] und Petrarcas Wohnhaus in Arquà in den Eugenäischen Hügeln (Venetien) ist offenbar das »älteste und noch bestehende musealisierte Dichterhaus«,[30] schreibt schon 2008 Harald Hendrix; es ist, so 2015 Constanze Breuer, »das älteste, bewusst erhaltene Haus Europas, das dem Andenken eines Dichters und dessen Werk gewidmet ist«,[31] und wird, seit 1546 öffentlich zugänglich, von unzähligen Reisenden aufgesucht. Für die Geschichte von Dichterhäusern hatte das Petrarca-Haus aber keinen Modellcharakter, es blieb jahrhundertelang ein Einzelfall. Goethe selbst berichtet unter dem 16. Oktober 1786 vom Besuch von Tasso-Stätten in Ferrara, die allerdings nur ungenau bekannt waren: »Statt Tassos Gefängnis zeigen sie einen Holzstall, oder Kohlengewölbe, wo er gewiß nicht aufbewahrt worden ist. [...] Endlich besinnen sie sich, um des Trinkgeldes willen. Es kommt mir vor, wie Doktor Luthers Dintenklecks, den der Kastellan von Zeit zu Zeit wieder auffrischt.«[32] Zu nennen sind auch die Casa Buonarroti in Florenz – mit dem originalen Schreibtisch von Michelangelo Buonarroti d. J. – sowie die Häuser von Giulio Romano in Mantua und von Vasari in Arezzo; auch sie wurden schon jahrhundertelang besucht, bevor sie die Kriterien im erörterten Sinne erfüllten.

Frühere Fälle in Deutschland sind Luthers Geburts- und Sterbehäuser in Eisleben und sein Wohnhaus in Wittenberg; außerdem das Dürerhaus in Nürnberg, in dem schon 1817 ein Gästebuch auslag und das 1825 in öffentlichen Besitz

29 Vgl. Doris Maurer und Arnold E. Maurer, Literarischer Führer durch Italien. Ein Insel-Reiselexikon, Frankfurt a. M. 1988, S. 236 f.
30 Harald Hendrix, Philologie, materielle Kultur und Authentizität. Das Dichterhaus zwischen Dokumentation und Imagination, in: Die Herkulesarbeiten der Philologie, hg. von Sophie Bertho und Bodo Plachta, Berlin 2008, S. 211–231, hier S. 226. Vgl. außerdem ders., The Early Modern Invention of Literary Tourism. Petrarch's Houses in France and Italy, in: Writers' Houses and the Making of Memory, S. 15–29, hier bes. S. 23.
31 Constanze Breuer, Dichterhäuser im Europa des 19. Jahrhunderts. Eine vergleichende Skizze der Evolution von Personengedenkstätten und Memorialmuseen, in: Häuser der Erinnerung, S. 71–91, hier 77.
32 Italienische Reise, nach: Johann Wolfgang Goethe, Sämtliche Werke. Briefe, Tagebücher und Gespräche. 40 Bde. in 2 Abteilungen, hg. von Friedmar Apel u. v. a. Frankfurt a. M. 1985–2013, Abt. I, Bd. 15.1, S. 107 f.

gelangte.[33] Besonders im Umfeld der Lutherhäuser ist eine jahrhundertelange Personen-Memoria zu verzeichnen, zu der ebenso ein Kult der Orte wie ein Kult der Dinge (›Reliquien‹) gehörte; doch blieb der Lutherkult, folgt man Thomas Kaufmann, »zu sehr im Deutungssystem des kirchlich verfassten Luthertums und seiner Doktrin domestiziert, als dass aus ihm ein ›kunstreligiöser Mutant‹ hätte werden können«.[34] Das Dürerhaus hingegen blieb »als Kristallisationspunkt für irgendeine Form des Gedenkens über Generationen hinweg offenbar außer Betracht«.[35] Es wurde vielmehr erst in der Romantik zu einem ›Wallfahrtsort‹. Aber auch Dürer erscheint als kirchlich-religiöser Künstler, und auch im Fall seines Hauses geht es, wie bei den Lutherstätten, wohl um das Haus als Erinnerungsort, aber noch nicht um eine Trägereinrichtung im Sinne der modernen Kriterien und auch nicht um die Musealisierung eines modern-säkularen Künstlers, wie sie im neunzehnten Jahrhundert mit Schiller und Goethe als Persönlichkeiten begann, welche aus dem überlieferten Rahmen kirchlicher Weltanschauung herausgetreten waren. Ihre Häuser werden erstmals zum Gegenstand einer institutionalisierten, weltlich-bürgerlichen Gedenkkultur. Insofern scheinen diese verschiedenen Vorstufen, auch die Geschichte der Luther- und Dürerhäuser, die Entstehung eines neuen Typus seit dem neunzehnten Jahrhundert zu bestätigen.

Neben solchen institutionalisierten Dichterhäusern als Haupttypus gibt es verschiedene Sonderfälle. Einen Sonderfall bilden die ›verkehrten‹ Dichterhäuser, also Häuser, die nachweislich verwechselt wurden, dennoch aber als so auratisch empfunden werden, dass man sie nutzt und ›bespielt‹; möglicherweise auch deshalb, weil das originale Haus nicht bekannt oder erhalten ist – so im Falle

---

33 Vgl. zuerst Martin Steffens, Luthergedenkstätten. Außerdem Stefan Rhein, Am Anfang war Luther: Die Personengedenkstätte und ihre protestantische Genealogie. Ein Zwischenruf, in: Häuser der Erinnerung, S. 59–70, und Thomas Schauerte, »Das erste Denkmal, welches in Deutschland künstlerischem Verdienst errichtet wird.« Historisch-politische Aspekte von Dürerhaus und Dürerdenkmal, in: Häuser der Erinnerung, S. 93–113.

34 Thomas Kaufmann, Protestantisch-theologische Wurzeln des ›Personenkultes‹ im 19. Jahrhundert?, in: Häuser der Erinnerung, S. 21–40, hier S. 30. Kaufmann erörtert den religionsgeschichtlichen Hintergrund der ersatzreligiösen Verehrung von Künstlern und ihren biografischen Stätten und versucht die Frage zu beantworten, »warum Personengedenkstätten vornehmlich auf protestantischem Boden entstanden«, S. 24. Der Protestantismus hat »keine rituell-liturgischen Memorialakte« und keine Analogien zu Kanonisationsverfahren ausgebildet, Umstände, die die »Adaption fremdkonfessioneller Praktiken oder ›kunstreligiöser‹ Surrogate« begünstigt haben könnten, S. 38. Die Vorstellung, dass »sich das Göttliche in Luthers Wirken manifestiert habe«, stelle »ein zentrales motivisches Analogon zum ›Personenkult‹ des 19. Jahrhunderts dar«, S. 39.

35 Thomas Schauerte, Das erste Denkmal, S. 97.

des Bachhauses in Eisenach, das nachweislich verwechselt wurde[36] – oder doch
bekannt ist, aber anders genutzt wird, so im Fall von Luthers Sterbehaus in Eisleben. Dantes Geburtshaus in Florenz wurde demgegenüber, gewissermaßen einer
Nachfrage folgend, bis 1911 von der Stadt an vermuteter Stelle wieder aufgebaut.[37]
Typologisch verwandt sind auch die wenigen Fälle, die man ›Schauplatzhaus‹
nennen kann, Häuser, die wie ein Dichterhaus aufgesucht werden, tatsächlich
aber einer fiktiven Person oder Personengruppe gewidmet sind, nicht einer Dich-
terpersönlichkeit. Harald Hendrix spricht von »materialized fictions« und nennt
als Beispiele Horace Walpoles Landhaus Strawberry Hill bei London und Alexandre Dumas' Schloss von Monte-Christo bei Paris, »where the author's world of
imagination is being fixed in matter and becomes a kind of parallel expression
to the literary one«.[38] Andere bekannte Fälle sind – in Deutschland – das Lübe-
cker Buddenbrookhaus als ›begehbarer Roman‹[39] und – in Italien – das Haus der
Julia in Verona als (wenn man so sagen will) ›begehbare Tragödie‹.[40] In beiden
Fällen steht eine nicht-fiktive Familiengeschichte im Hintergrund: die Großeltern
Thomas Manns, die das Haus Mengstraße 4 in Lübeck einst tatsächlich bewohnt
haben, und die allerdings nicht nachweisbare Familie Capuleti (Cappelletti) in
Verona. Im Vordergrund stehen aber fiktive Personen, die zur Identifikation ein-
laden, so dass auch ihre räumliche Umgebung eine Erlebnisqualität verspricht.
In Verona hat offenbar gerade die Vagheit der Überlieferung, die verschwim-
mende Mischung zwischen Geschichte und Literatur, das Bedürfnis nach einer
›Wallfahrt‹ befördert, die ihren Höhepunkt in der Kunstreligion der Romantik
hatte – als Massenerscheinung aber bis in die Gegenwart fortbesteht.

Zu einer typologischen Beschreibung gehören schließlich auch die wenigen,
aber aussagekräftigen Fälle der Aufhebung schon bestehender Personengedenkstätten, sei es, um aus einer orthodoxen Haltung heraus einen unangemessenen
Kult zu beenden, oder sogar, um das Andenken insgesamt zu löschen. Beispiel
für das erstere ist die Zerstörung von Luthers Sterbemöbeln in Eisleben durch
Hallenser Theologen im Jahr 1707, aber auch die Entfernung des Sarges der Julia
in Verona durch Geistliche möglicherweise schon im sechzehnten Jahrhundert,
um Personenkult zu unterbinden. Beispiel für das zweite ist das Weimarer Nietz-
sche-Archiv, das 1945 geschlossen wurde. Nietzsches Sterbezimmer verschwand
bei der Einrichtung von Gästewohnungen, sein Sterbebett wurde nicht zerstört,

36   Vgl. Ilse Domizlaff, Das Bachhaus Eisenach. Fakten und Dokumente, Eisenach 1984. Sowie:
     Jörg Hansen, Bachhaus Eisenach, Regensburg ⁷2011.
37   Vgl. Gilberto Coletto und Claudia M. Turco, Case di scrittori.
38   Harald Hendrix, Writers' Houses as Media, S. 3.
39   Vgl. Das Buddenbrookhaus, hg. von Britta Dittmann und Hans Wißkirchen, Lübeck 2008.
40   Vgl. Anna Villari, Verona. Casa e Tomba di Giulietta. Guida alla visita, Mailand 2011.

es hat – eine noch schlimmere ›damnatio memoriae‹ – später einen anderen ›Nutzer‹ gefunden und ist bis heute verschollen.

Der Typus: Die weltliche Personengedenkstätte

Allen Fällen ist gemeinsam: Es geht um die Inszenierung einer Stätte (eines Hauses, einer Wohnung), an der eine Person verehrt wird. Nach verschiedenen Vorstufen, seien sie eher kulturell oder eher religiös, vollzieht sich ein solcher moderner, säkularer Kult der Persönlichkeit im neunzehnten Jahrhundert erstmals unter dem Dach einer bürgerlich-weltlichen Institution. Diese wird vorläufig ›(weltliche) Personengedenkstätte‹ genannt. Das neunzehnte Jahrhundert prägt diesen Typus aus, während im zwanzigsten und im einundzwanzigsten Jahrhundert Hunderte von solchen Häusern gegründet wurden. Dabei bleibt, so Christiane Holm, »das museale Format relativ stabil [...], wie aktuell das 2011 eröffnete Jünger-Haus Wilflingen zeigt«.[41]

Von der Personengedenkstätte zu unterscheiden ist ein anderer Typus, der, zahlenmäßig geringer, ebenfalls im neunzehnten Jahrhundert entsteht: das Personalmuseum, also ein Museum, das einer einzelnen Person gewidmet ist, ihrem Nachlass, ihrem Wirken, nicht aber der Musealisierung einer biografischen Stätte, wenn auch oft in deren Umgebung.[42] Das früheste in Deutschland ist das Schinkel-Museum in Berlin von 1844, das von Friedrich Wilhelm IV. gegründet wurde. Seit etwa 1900 gibt es schließlich Neubauten von Personalmuseen, die jeweils ein historisches Haus, eine Personengedenkstätte ergänzen: Das Goethehaus in Frankfurt wurde 1897 und 1932 durch ein Museumsgebäude erweitert, das Schillerhaus in Marbach 1903, das Weimarer Goethehaus 1914 und erneut 1935, das dortige Schillerhaus 1988, das Bachhaus in Eisenach 2007, so dass Personengedenkstätte und Personenmuseum räumlich oft auf einander bezogen sind und einander erläutern.

---

41 Christiane Holm, Ausstellung / Dichterhaus / Literaturmuseum, in: Handbuch der Medien der Literatur, hg. von Natalie Binczek, Till Dembeck und Jörgen Schäfer, Berlin 2013, S. 569–581, hier S. 570. Vgl. zusammenfassend auch: Constance Breuer, Literarische Museen und Gedenkstätten im deutschsprachigen Bereich, in: Handbuch Kanon und Wertung. Theorien, Instanzen, Geschichte, hg. von Gabriele Rippl und Simone Winko, Stuttgart und Weimar 2013, S. 205–209.

42 Vgl. Franz Rudolf Zankl, Das Personalmuseum. Untersuchung zu einem Museumstypus, in: Museumskunde 41 (1972), S. 1–132. Und (materialreich, aber methodisch und begrifflich ungenau): Manfred F. Fischer, Personalmuseen und Gedenkstätten. Säkularisation und bürgerlicher Denkmalkult, in: Stil und Charakter. Beiträge zu Architekturgeschichte und Denkmalpflege des 19. Jahrhunderts, hg. von Tobias Möllmer, Basel 2015, S. 243–262.

Anders als der Begriff ›Museum‹ erscheint der Begriff ›Gedenkstätte‹ erläute-
rungsbedürftig; er ist im Deutschen erst im neunzehnten Jahrhundert belegt und
stammt aus einem religiösen Bedeutungsfeld: heiliges Land und heilige Stätten,
Totengedenken. Er wurde erst in der Mitte des neunzehnten Jahrhunderts auf kulturelles Gedenken, besonders auf Dichtergedenken, übertragen und vor allem im
Rahmen des Klassikergedenkens gebraucht und auf Goethe- und Schillerorte und
-häuser bezogen.[43] Erst im zwanzigsten Jahrhundert wurde er im Zusammenhang des Gedenkens an die Opfer der totalitären Herrschaften erweitert, nach
1945 zuerst im Blick auf NS-Gedenken (z. B. *Nationale Mahn- und Gedenkstätte
Buchenwald*), nach 1990 auch im Rahmen der Aufarbeitung der SED-Diktatur
(z. B. *Gedenkstätte Berliner Mauer*). Heute spricht man kaum mehr von Dichter-
gedenkstätten. Die Stiftung Weimarer Klassik hat den Begriff 1992 ausdrücklich
abgeschafft, nachdem er zuvor bereits aus ihrem Namen verschwunden war
(*Nationale Forschungs- und Gedenkstätten der klassischen deutschen Literatur*);
wichtigste Ausnahme ist der Sprachgebrauch in Baden-Württemberg, wo es eine
Arbeitsstelle für literarische Museen, Archive und Gedenkstätten gibt. Der Begriff
ist im Wesentlichen auf Einrichtungen zum Gedenken an die Opfer der beiden
Diktaturen übergegangen. Eine allgemein eingebürgerte Begriffsdefinition gibt es
nicht. Das 2010 erschienene Handbuch *Gedächtnis und Erinnerung* bringt die ein-
leuchtende, offene und nur kurze Formel, eine Gedenkstätte sei »eine Institution
am ›authentischen‹ Ort eines vergangenen Geschehens«.[44] Entscheidend ist der
überlieferte Ort in Verbindung mit einer öffentlichen Einrichtung – so wie auch
ein Museum nicht einfach eine Sammlung ist, sondern eine Sammlung in der
Trägerschaft einer öffentlichen Einrichtung.[45]

Ein abschließender Versuch, hieran anschließend eine Personengedenkstätte zu definieren: Diese ist, will man zunächst alltagssprachlich vorgehen, ein
Dichterhaus, ein Künstlerhaus, ein Komponistenhaus, und zwar nicht ein Haus
als solches, sondern eines in der Trägerschaft einer öffentlichen Einrichtung, die
Kriterien aufweist – Öffentlichkeit, Ständigkeit, Zugänglichkeit u. a. –, die denen
öffentlicher Museen im Sinne des Internationalen Museumsrates entsprechen.
Ihr Kern ist, wie der Begriff sagt, eine Stätte – ein Haus oder ein historisch überlie-
ferter Ort (site) –, nicht, wie bei einem Museum, eine Sammlung. Insofern ist eine
Personengedenkstätte ein Gegensatz zu einem Museum, ein Gegenstück, räum-

---

43   Vgl. insgesamt den Band: Häuser der Erinnerung.
44   Cornelia Siebeck, Denkmale und Gedenkstätten, in: Gedächtnis und Erinnerung. Ein inter-
     disziplinäres Handbuch, hg. von Christian Gudehus, Ariane Eichenberg und Harald Welzer,
     Stuttgart und Weimar 2010, S. 177–183, hier S. 177.
45   Vgl. zusammenfassend Paul Kahl und Hendrik Kalvelage, Absatz 5.2.: Personen- und Ereig-
     nis-Gedenkstätten, in: Handbuch Museum. Geschichte – Aufgaben – Perspektiven, hg. von
     Markus Walz, Stuttgart 2016, S. 130–133.

lich nebeneinander und aufeinander bezogen: Das alte Weimarer Goethehaus ist, will man diese Begriffe so gebrauchen, die ›Personengedenkstätte‹; die Erweiterungsgebäude, die im zwanzigsten Jahrhundert hinzu gebaut wurden, umfassen ein ›Museum‹, ein Personalmuseum. Der gescheiterte Versuch, das Weimarer Goethehaus schon 1842 öffentlich zugänglich zu machen, enthält im Kern das erste, breit belegte und in weiten Kreisen erörterte Anliegen einer solchen Personengedenkstätte, nicht eines Personalmuseums: Nicht Goethes Nachlass – und auch nicht seine Kunstsammlung – zogen die Aufmerksamkeit auf sich, sondern seine Wohnräume, die, diesem Konzept entsprechend, emphatisch als ›authentisch‹ gepriesen wurden. Gleichwohl sind auch sie – dies gilt für alle Personengedenkstätten und leitet zum Schlussgedanken über – institutionell überformt.

Das Dichterhaus als erinnerungskulturelle Konstruktion

Die Einsicht, Dichterhäuser als erinnerungskulturelle Konstruktionen zu betrachten, nicht als authentisches Abbild der Lebenswelt ihres ehemaligen Bewohners, ist (natürlich) nicht neu, sie reicht vielmehr schon in die Frühzeit ihrer Entstehung zurück. Die umfassende Auswertung von Dokumenten, besonders solchen zur Geschichte des Weimarer Goethehauses, hat ergeben, dass neben einer Vielzahl der stereotyp-affirmativen Beschwörungen von Authentizität eine kleine Anzahl von Autoren das Konstrukt des Dichterhauses in Frage stellt. Schon 1842 hat die *Leipziger Allgemeine Zeitung* den Wunsch problematisiert, beispielsweise »Mozart's Wohnung in Salzburg mit Stühlen und Tischen, Tassen und Tellern etc. grade noch so zu finden, wie er sie verlassen«.[46] 1913 hat Wolfgang v. Oettingen, damals Museumsdirektor, die Vorstellung, das erste Stockwerk des Weimarer Goethehauses »stelle Goethes Wohnung ziemlich unverändert dar«, als »Fiction« bezeichnet.[47] In der gleichen Zeit hat ein Besucher, erstaunlich hellsichtig, über das Goethe- und das Schillerhaus in Weimar vermerkt, er, der Besucher, bewege sich »nicht in einer Wirklichkeit, sondern innerhalb einer Dekoration. Das mag zum Teil daran liegen, daß, mit Ausnahme von Goethes Schlaf- und Wohnzimmer, alle Einrichtungen nachträglich, zum Teil viele Jahrzehnte später, wieder hergestellt sind.«[48] Diese Einschätzung ist zutreffend. Sie gilt erst recht nach der Teilzerstörung des Hauses beim Bombenangriff vom 9. Februar 1945 (Abb. 1).

46 Leipziger Allgemeine Zeitung, 13. Dezember 1842, Dok. 296.
47 Wolfgang v. Oettingen an das Großherzogliche Staatsministerium, 19. Dezember 1913 (Dok.-Nr. steht noch nicht fest).
48 Geert Seelig, in: Hamburger Nachrichten, Sonntags-Ausgabe, 1. September 1912 (Dok.-Nr. steht noch nicht fest).

Abb. 1: Günther Beyer, Goethes Arbeitszimmer nach der Zerstörung im Februar 1945
(mit freundlicher Genehmigung von Constantin Beyer)

Nach einem ›Re-Authentifizierungsprozess‹ und genauer Rekonstruktion wurde
die Einsicht in den Inszenierungscharakter wirkungsvoll zurückgedrängt.[49]
Anlässlich der Wiedereröffnung im Jahr 1949 erklärte beispielsweise die *Rhein-
Neckar-Zeitung*, das Goethehaus sei »von den Wunden des Krieges genesen«, ja,
es sei »trotz der vielen Restaurierungen dem Original näher gerückt denn je«.[50]
Solche Authentizitätsrhetorik verband sich in der Kulturpolitik der DDR wenig
später mit dem Bedürfnis, sich selbst durch Bezugnahme auf den ›klassischen
Humanismus‹ Legitimität zu verschaffen.[51] Doch auch in der Fachliteratur ist

49 Dieser Vorgang lässt sich anhand der Dokumente nachvollziehen, vgl. Paul Kahl, Goethe-Na-
    tionalmuseum. Ein Beispiel sind die von Johann Heinrich Meyer um 1800 gemalten Wandbil-
    der (Supraporten) im Juno- und im Urbino-Zimmer; drei von insgesamt vier Bildern wurden
    beim Bombenangriff 1945 vernichtet und 1949 aufgrund von Fotografien neu geschaffen,
    und zwar von dem Maler Hugo Gugg, der bereits seit 1930 NSDAP-Mitglied gewesen war;
    gleichwohl werden die Wandbilder heute als Werke Meyers ausgegeben, vgl. Goethes Wohn-
    haus, hg. von Wolfgang Holler und Kristin Knebel, Weimar 2011 und 2014, S. 95 und 101.
50 Rhein-Neckar-Zeitung und Heidelberger Nachrichten, 18. / 19. Juni 1949 (Dok.-Nr. steht
    noch nicht fest).
51 Auch dies lässt sich anhand der Dokumente nachvollziehen, vgl. Paul Kahl, Goethe-Natio-
    nalmuseum.

der Konstruktionscharakter des Weimarer Dichterhauses bisher nicht erörtert worden. Harald Hendrix meint, im Weimarer Goethehaus sei »anders als in Rom oder Frankfurt [...] alles original und authentisch, und von Rekonstruktion kann daher keine Rede sein«.[52] Der »originale Zustand« des Weimarer Goethehauses sei »erhalten geblieben«,[53] das Haus sei »in komplett originalem Zustand überliefert«.[54] Christiane Holm spricht von der »nahezu authentisch[en]« Erhaltung von Goethes Arbeitszimmer.[55] Zuletzt hat Wolfgang Holler betont, es sei »umso beglückender [...], dass Goethes Arbeitszimmer, die Herzkammer des Hauses, genau so erhalten blieb wie zum Zeitpunkt von Goethes Tod«.[56]

Doch all dies erweist sich als toposartige Redeweise. Die Auswertung zahlreicher Dokumente legt die Vermutung nahe, hierbei spreche sich auch der Wunsch aus, die einst markante Ideologisierung und Instrumentalisierung des Goethe-Nationalmuseums in beiden Diktaturen des zwanzigsten Jahrhunderts zurücktreten zu lassen zugunsten eines ins Unpolitische ausweichenden Konzeptes. Trifft diese Vermutung zu, dann erscheint die Ausblendung anderer Zeitschichten als innere Rückseite der Rede vom ›authentischen‹ Dichterhaus, welche kulturhistorisch zu kontextualisieren und zu problematisieren ist. Tatsächlich war das Goethe-Nationalmuseum ebenso Schauplatz und Gegenstand nationalsozialistischer Kulturpolitik wie, wenige Jahre später, Akteur der »sozialistischen Kulturrevolution«.[57] 1933/34 hatte sich Hans Wahl (1885–1949), der langjährige Direktor des Goethe-Nationalmuseums (seit 1918 im Amt), völkisch-antisemitisch und antidemokratisch positioniert und Adolf Hitler als Stifter für einen Museumsneubau gewonnen. Dieser wurde bereits 1935 eröffnet und gilt als erster Museumsneubau des nationalsozialistischen Staates[58] (und ist überdies heute

52 Harald Hendrix, Philologie, materielle Kultur und Authentizität, S. 218.
53 Ebd, S. 219.
54 Ebd, S. 221.
55 Christiane Holm, Ausstellung / Dichterhaus / Literaturmuseum, S. 571.
56 Holler in: Goethes Wohnhaus (2011 u. 2014), S. 7.
57 Manfred Kahler und Gerhard Hendel, Die Betreuung der Besucher in den klassischen Stätten, Weimar 1959 (Dok.-Nr. steht noch nicht fest). Vgl. neben den Dokumenten in Paul Kahl, Goethe-Nationalmuseum, den Sammelband: Museen im Nationalsozialismus. Akteure, Orte, Politik, hg. von Tanja Baensch, Kristina Kratz-Kessemeier und Dorothee Wimmer, Köln, Weimar und Wien 2016. Die Geschichte der Weimarer Kulturstätten zur DDR-Zeit ist noch weitgehend unaufgearbeitet.
58 Vgl. Paul Kahl, Goethe-Nationalmuseum. Zu den vielfältigen Verbindungen der nationalsozialistischen Propaganda mit der Weimarer Kulturtradition vgl. schon: Klassikerstadt und Nationalsozialismus. Kultur und Politik in Weimar 1933 bis 1945, hg. von Justus H. Ulbricht, Weimar 2002, außerdem jüngst: Hans Wahl im Kontext. Weimarer Kultureliten im Nationalsozialismus, hg. von Franziska Bomski, Rüdiger Haufe und W. Daniel Wilson, (Publications of the English Goethe Society 84, H. 3) London 2015 (mit weiterer Literatur). Hervorzuheben

Ort der wichtigsten Dauerausstellung der Klassik Stiftung). Dasselbe Museum
diente der DDR, besonders seit der neuen Dauerausstellung von 1960, der Veranschaulichung einer ihrer Gründungslegenden: der Vorstellung, Vollstreckerin des
›klassischen Humanismus‹ zu sein, der ›bruchlos‹ in den ›sozialistischen Humanismus‹ übergehe. Buchenwald wurde gleichzeitig zum Repräsentationsort des
DDR-Antifaschismus umgedeutet und den Dichterhäusern gegenübergestellt –
als zwei Pole, deren Verbindungen unerörtert blieben.[59]

Allerdings hatte Gerhard Scholz (1903–1989), der Nachfolger Hans Wahls,
schon 1949 den »Graben« zwischen vergangenem und gegenwärtigem Goethe-
bild, »das eigenartige Gefühl eines Abstands«, als bestimmende Erfahrung ausgesprochen und bei der Wiedereröffnung des Goethehauses festgehalten, dieses
sei nicht mehr »in dem alten Sinne unversehrt«.[60] Positionen solcher Art wurden
unter Helmut Holtzhauer (1912–1973), dem Gründungsdirektor der Nationalen
Forschungs- und Gedenkstätten der klassischen deutschen Literatur in Weimar,
zurückgedrängt, der geschichtliche Bruch wurde ausgeblendet zugunsten vermeintlich unmittelbarer Anknüpfbarkeit.[61] Zu deren Veranschaulichung diente
der alte kunstreligiöse Topos vom authentischen Dichterhaus, nun im sozialistischen Gewand. Dass völkische und antidemokratische Strömungen aber in der
kulturellen Tradition selbst verwurzelt waren, ja, dass ein symbolisches Kern-
stück der Weimarer Kulturstätten – das Goethe-Museum – aus einer Allianz von
Bildungsbürgertum und Nationalsozialismus hervorgegangen war, wurde (und
wird) in der musealen Präsentation ausgeblendet.[62]

Die Einsicht in den Konstruktionscharakter eines Erinnerungsortes ist indessen Allgemeingut der Erinnerungskultur-Forschung, auch wenn die Spannung
zwischen Authentizitätsrhetorik und Ausblendung von Geschichte natürlich nicht
überall so eindrücklich ist wie am Weimarer Beispiel. Alle »zu Gedenkstätten und
Museen umgestalteten Erinnerungsorte unterliegen«, wie Aleida Assmann ausgeführt hat, »einem tiefgreifenden Paradox: Die Konservierung dieser Orte im

      sind kulturelle Großveranstaltungen wie die Eröffnung des Goethe-Museums 1935 mit um-
      fangreicher Beteiligung von Staat und Partei, die *Wochen des deutschen Buches*, die in Wei-
      mar (sogar im Goethe-Nationalmuseum) eröffnet wurden, sowie die *Großdeutschen* bzw.
      Europäischen Dichtertreffen (1938 und 1940 bis 1942).

59   Vgl. Lothar Ehrlich, Gedenkstätten in der DDR. Der paradigmatische Erinnerungsort Wei-
      mar, in: Häuser der Erinnerung, S. 293–304.

60   Gerhard Scholz, Ansprache zur Wiedereröffnung des Goethehauses, nach: Unser Weg zu
      Goethe, in: Abendpost, Weimar, 9. Juni 1949 (Dok.-Nr. steht noch nicht fest).

61   Vgl. Paul Kahl, Goethe-Nationalmuseum.

62   Vgl. Henry Bernhard, Aufregung in Weimar. Hitler unterstützte den Bau des Goethe-Natio-
      nalmuseums, Deutschlandradio Kultur, Lesarten, 19. August 2015, http://www.deutsch-
      landradiokultur.de/aufregung-in-weimar-hitler-unterstuetzte-den-bau-des-goethe.1270.
      de.html?dram:article_id=328682 (26. 2. 2017).

Interesse der Authentizität bedeutet unweigerlich einen Verlust an Authentizität. Indem der Ort bewahrt wird, wird er bereits verdeckt und ersetzt.«[63] Anders gesagt: Indem der Ort bewahrt wird, wird er zur Inszenierung.[64] Auch in der Dichterhausforschung setzt sich die Einsicht durch, dass, so jüngst Constanze Breuer, »Dichterhäuser das Ergebnis einer selektiven, dauerhaft stabilisierenden Interpretation von Geschichte sind«.[65] Ähnlich hat Christiane Holm hervorgehoben, Dichterhäuser seien »in der Praxis meist rekonstruierend inszeniert«.[66] Harald Hendrix nennt schon 2008 Dichterhäuser »Artefakte« und fordert »die Kompetenz eines an der materiellen Kultur interessierten Literaturwissenschaftlers«.[67] Hendrix hat damals den Anstoß gegeben, Dichterhäuser als »medium of expression and of remembrance«[68] zu untersuchen. Er hat aber mehr den Autor selbst als Gestalter im Blick, weniger die gestaltende Nachwelt; insofern sieht Hendrix in Dichterhäusern, die von ihren Bewohnern gestaltet wurden, »alternative autobiographies or self-portraits«.[69] So können Dichterhäuser sogar »instruments of self-fashioning« sein.[70]

Ebenso richtig und ebenso wichtig ist aber auch die ebenfalls von Hendrix schon ausgesprochene Einsicht, Dichterhäuser nähmen die verschiedenen Interpretationen und Inbesitznahmen (»the various interpretations and appropriations«) späterer Generationen in sich auf: »As a medium of remembrance, writers' houses not only recall the poets and novelists who dwelt in them, but also the ideologies of those who turned them into memorial sites«.[71] Insofern kann eine kritische, weil quellenorientierte, kulturgeschichtliche Aufarbeitung den geschichtlichen Abstand sichtbar machen, im besonderen Fall, wie in Weimar, sogar Strategien eines selektiven Geschichtsbildes. Es kann gezeigt werden, dass es bei einem Dichterhaus vielmehr um die *Fiktion* von Authentizität geht, die Muster kultureller Praktik bedient. So wie Erlebnislyrik nicht Ausdruck des

63 Aleida Assmann, Erinnerungsräume. Formen und Wandlungen des kulturellen Gedächtnisses, München ³2006, S. 333.
64 Vgl. Thomas Thiemeyer, Inszenierung und Szenografie. Auf den Spuren eines Grundbegriffs des Museums und seines Herausforderers, in: Zeitschrift für Volkskunde (108) 2012, S. 199–214.
65 Constanze Breuer, Dichterhäuser als Literaturgeschichte. Literaturgeschichte und Kanon in der musealen Vermittlungspraxis, am Beispiel Weimars, in: Kanon und Literaturgeschichte. Facetten einer Diskussion (Germanistik, Didaktik, Unterricht, Bd. 12), hg. von Ina Karg und Barbara Jessen, Frankfurt a. M. 2014, S. 73–90, hier 79.
66 Christiane Holm, Ausstellung / Dichterhaus / Literaturmuseum, S. 570.
67 Harald Hendrix, Philologie, materielle Kultur und Authentizität, S. 213.
68 Vgl. Harald Hendrix, Writers' houses as media, S. 2.
69 Ebd., S. 4.
70 Ebd.
71 Ebd., S. 5.

Erlebnisses des Dichters ist – diese Einsicht lässt sich aus der Literaturwissenschaft übertragen –, sondern vielmehr die »Fiktion eines [...] Erlebnisausdrucks
aufbaut«,[72] so baut ein Dichterhaus die Fiktion authentischer Räume auf: Tatsächlich zeigt es eine Inszenierung. Wie bei einem Erlebnisgedicht können Inszenierung und Wirklichkeit verwechselt werden.

Eine Inszenierung in einem ehemaligen Wohnhaus kann auf vergleichsweise
umfassende Überlieferung zurückgreifen – so wie in einem Gedicht ein tatsächliches Erlebnis eines Autors verarbeitet werden kann –, sie kann aber auch auf
wenigen oder gar keinen historisch belegbaren Umständen beruhen – wie im
Fall des Eisenacher Bachhauses oder gar des Hauses der Julia in Verona, in dem
weder die erinnerte Person noch der Ort historisch belegt sind. Der Erfolg des
Typus beruht auf der Fiktion von Authentizität, unabhängig oder teilweise unabhängig von deren historischer Berechtigung. Das ›Dichterhaus‹ – und entsprechend ›Künstlerhaus‹, ›Komponisten-‹ und ›Gelehrtenhaus‹, also das, was 2015
»Häuser der Erinnerung« genannt wurde[73] – ist insofern kein Museum im sonst
gebräuchlichen Sinne. Es beruht nicht auf einer Sammlung, sondern auf einem
als authentisch angenommenen historischen Ort und einer ihn verwaltenden Einrichtung, die mit dem Begriff der ›weltlichen Personengedenkstätte‹ nur vorläufig
beschrieben ist. Das Dichterhaus steht im Spannungsfeld von Authentizitätstopoi
und geschichtlichem Abstand.

Eine weitere geschichtliche Erschließung des Phänomens setzt kulturgeschichtliche Grundlagenforschung zur deutschen wie zur europäischen Tradition
voraus, um eine quellengestützte komparatistische Aufarbeitung zu ermöglichen.
Mit dem ›Dichterhaus‹, oder allgemeiner: mit den ›Häusern der Erinnerung‹,
zeichnet sich ein Typus ab, der in eine umfassende historische Museumsforschung einbezogen werden muss, weil er – dies wird im Einzelnen zu erweisen
sein – für eine gesamteuropäische Erinnerungskultur in der Moderne Bedeutung
hat.[74] Seine Wurzeln liegen, sieht man von noch nicht institutionalisierten Früh-

72 Marianne Wünsch, Erlebnislyrik, in: Reallexikon der deutschen Literaturwissenschaft.
    Neubearbeitung des Reallexikons der deutschen Literaturgeschichte gemeinsam mit Ha-
    rald Fricke, Klaus Grubmüller und Jan Dirk-Müller hg. von Klaus Weimar. Bd. I. A – G. Berlin
    und New York 2007, S. 498–500, hier 498.
73 Vgl. Anm. 4.
74 Vgl. Constanze Breuer, Dichterhäuser im Europa; Breuer weitet die Fragestellung auf die an-
    deren europäischen Länder aus und deutet eine vergleichende Skizze der Entwicklung von
    Personengedenkstätten als ein europäisches Thema an, vgl. besonders die beiden chrono-
    logischen Tabellen zu europäischen Dichterhäusern sowie Nicht-Dichterhäusern bis 1900,
    ebd., S. 90 f. Eine europäische Komparatistik der personenbezogenen Erinnerungskultur
    erfordert allerdings eine weitreichende Dokumentenerschließung, da die meisten Dichter-
    häuser, im In- und Ausland offenbar gleich, noch nicht eingehend unter der Fragestellung
    ihrer institutionellen Geschichte erschlossen worden sind. Gleichwohl gibt es ein wachsen-

formen ab, nicht – wie bei Museen – in der Aufklärung, sondern in der kunst-
religiösen Emphase und den ihr folgenden Institutionalisierungsbemühungen
des neunzehnten Jahrhunderts.[75]

des Bewusstsein für die Geschichtlichkeit der »Häuser der Erinnerung« auch in den anderen europäischen Ländern, ähnliche Wortprägungen sind üblich geworden (»case della
memoria«, http://www.casedellamemoria.it, 26. 2. 2017).

75 Vgl. Heinrich Detering, Was ist Kunstreligion? Systematische und historische Bemerkungen,
in: Kunstreligion. Ein ästhetisches Konzept der Moderne in seiner historischen Entfaltung,
Bd. 1: Der Ursprung des Konzepts um 1800, hg. von Albert Meier, Alessandro Costazza und
Gérard Laudin unter Mitwirkung von Stephanie Düsterhöft und Martina Schwalm. Berlin
und New York 2011, S. 11–27.

BERICHTE

NICOLAI RIEDEL

IN ZUSAMMENARBEIT MIT HERMAN MOENS

MARBACHER SCHILLER-BIBLIOGRAPHIE 2016

Internationales Referenzorgan zur Forschungs-
und Wirkungsgeschichte

Vorwort

Die für das Berichtsjahr 2016 vorlegte »Marbacher Schiller-Bibliographie« zeichnet sich durch eine außerordentliche internationale Dynamik aus, wie sich schon
bei einem ersten Blättern durch die einzelnen Kapitel und Abschnitte zeigt. Die
Bibliographen haben sich, mit Taucheranzügen und Flossen ausgestattet, fast so
wie in Schillers berühmter Ballade beschrieben, in die reißenden Fluten eines
digitalen Ozeans gestürzt. Den legendären Becher und die Königstochter haben
sie zwar nicht im Visier gehabt, wohl aber die gewaltigen Quellströme bibliographischer Informationen. Zum ersten Mal ist dabei auch in den Untiefen asiatischer
Gewässer getaucht worden in Richtung auf das Japanische Meer. Bei diesen sport-
lichen Aktivitäten ist es allerdings nicht geblieben, denn wen die maritimen Tiefen
locken, den zieht es auch in die extremen Höhen, und so ist es zu dem erweiter-
ten Exkursionsplan gekommen, auch verschiedene südamerikanische Highland-
Regionen zu Jagdrevieren zu erklären: Endlose Ritte! Das mag nun sehr metaphorisch und märchenhaft klingen, bedeutet aber forschungsgeschichtlich, dass
retrospektive Recherchen zu einem Klassiker, dessen Spuren sich weltweit wie
ein Myzel durch alle Wissensnetze ziehen, permanent erforderlich sein werden.
  Der größere Umfang der vorliegenden Bibliographie erklärt sich aus der Tatsache, dass in verstärktem Maße zuverlässige digitale Dokumente berücksichtigt
worden sind. In früheren Lieferungen lag der Schwerpunkt fast ausschließlich
auf dem Nachweis gedruckter Quellen; mittlerweile wird eine Vielzahl einschlägiger (philosophischer) Zeitschriften nur noch als e-Journals publiziert, so dass
schmerzliche Defizite entstünden, würde man diese akademischen Multiplika-
toren ausklammern. Zahlreiche internationale Aufsatz-Datenbanken und Repo-
sitorien ermöglichen zudem einen unkomplizierten Zugriff und lösen die traditionellen (gedruckten) Referenzwerke kontinuierlich ab. Dennoch: Die digitale
Welt offeriert zwar Informationen zu Autoren und Themen in kaum vorstellbaren

Mengen, aber mikrostrukturelle Systematiken werden auf Knopfdruck noch nicht generiert, da sie immer eines intellektuellen Impulses bedürfen, und insofern sind Personalbibliographien, wie schon einmal gegenteilig prophezeit, auch in Zukunft für solide philologische Analysen und Interpretationen nicht entbehrlich. Mittelfristig wird aufgrund dieser Erkenntnis daher angestrebt, größere Segmente der älteren Schiller-Bibliographien zu kumulieren und damit arbeitsökonomisch durchsuchbar zu machen.

Betrachtet man die Daten der einzelnen Zeitschriften-Aufsätze und Buchkapitel hinsichtlich ihres Erscheinungsdatums, so ist 2016 kein herausragendes Schiller-Jahr mit Ausstellungen, Konferenzen und Tagungen gewesen, aber auch kein forschungsgeschichtlicher Einbruch gegenüber den Durchschnittszahlen. Erklärungen und Mutmaßungen für bestimmte Entwicklungstendenzen, die bereits in den Vorworten zu früheren Bibliographien abgegeben worden sind, sollen an dieser Stelle nicht wiederholt werden. Stattdessen appelliert das Bibliographen-Team nachdrücklich an Literatur- und Kulturwissenschaftler/-innen aus allen Nationen, ihre Schiller-Studien (Monographien, Aufsätze, Buchkapitel, Übersetzungen) der Jahrbuch-Redaktion zu melden, um der Bibliographie noch mehr Aktualität und Informationsdichte zu verleihen. Das sind Investitionen in ein wachsendes Daten-Mosaik, das nicht nur der internationalen Schiller-Forschung zugute kommt, sondern auch den internationalen Klassik- und Ästhetik-Diskursen.

Redaktionsschluss: 15. Juni 2017

Inhalt

1. Internationale Schiller-Forschung

1.1. Bibliographien und Referenzwerke

1. Riedel, Nicolai (in Zusammenarbeit mit Herman Moens): Marbacher Schiller-Bibliographie 2015. Internationales Referenzorgan zur Forschungs- und Wirkungsgeschichte. In: Jahrbuch der Deutschen Schillergesellschaft. Internationales Organ für Neuere Deutsche Literatur. Berlin. Band 60, 2016, S. 535–623. – ISBN 978-3-11-046543-3.

2. Bibliographie zur deutschen Sprach- und Literaturwissenschaft. Band 55 (2015). Herausgegeben von Volker Michel. Bearbeitet von Michaela Konrad und Susanne Pröger. Frankfurt a. M. Verlag Vittorio Klostermann, 2016, S. 298–301. – ISBN 978-3-465-03917-4.

3. Bibliographie zur deutschen Sprach- und Literaturwissenschaft. Band 56
    (2016). Herausgegeben von Volker Michel. Bearbeitet von Michaela Konrad
    und Susanne Pröger. Frankfurt a. M. Verlag Vittorio Klostermann, 2017,
    S. 371–375. – ISBN 978-3-465-03964-8.

1.2. Forschungs- und Tagungsberichte

4. Brux, Ingoh: Die Affekterregungsmaschine. Die Internationalen Schillertage
    in Mannheim. Ein Werkstattbericht. In: Machen – Erhalten – Verwalten.
    Aspekte einer performativen Literaturgeschichte. Herausgegeben von Burck-
    hard Dücker. Göttingen: Wallstein Verlag, 2016, S. 107–119. – ISBN 978-3-8353-
    1623-2.

1.3. Zeitschriften und Jahrbücher

5. Jahrbuch der Deutschen Schillergesellschaft. Internationales Organ für
    Neuere Deutsche Literatur. Band 60. Herausgegeben von Alexander Honold,
    Christine Lubkoll, Ernst Osterkamp und Ulrich Raulff. Berlin, Boston: Walter
    de Gruyter, 2016, 746 S. – ISBN 978-3-11-046543-3.
    Der Band enthält Beiträge zum Werk Friedrich Schillers von Robert L. Loth
    (Nr. 161) und Jan Borkowski (Nr. 306), die Marbacher Schiller-Rede von Norbert
    Lammert (Nr. 057) sowie die Schiller-Bibliographie von Nicolai Riedel und
    Herman Moens (Nr. 001).

6. Fidelio. Journal of Poetry, Science, and Statecraft. Edited by William F. Wertz
    and Kenneth Kronberg. Washington. 14. Jg., 2005, № 1/2, S. 34–104 [Schiller-
    Dossier]. – ISSN 1059-9126.
    Das Heft enthält Beiträge von Helga Zepp LaRouche (Nr. 068), Marianna Wertz
    (Nr. 245), William Jones (Nr. 071) und Willam F. Wertz, jr. (Nr. 341) sowie ein
    Editorial »The American System or Fascism: A Celebration on the 200th Anni-
    versary of the Death of Friedrich Schiller« (S. 2–3) mit einer Übersetzung des
    Gedichts »Hoffnung« (»Hope«).

1.4. Kongress-Schriften: Colloquien, Symposien, Tagungen

7. Estetica, antropologia, ricezione. Studi su Friedrich Schiller. A cura di
   Francesco Rossi. Pisa: Edizioni ETS, 2016, 228 S. (= Philosophica. 175). – ISBN
   978-88-467-4626-9.
   *Veröffentlichung der Vorträge, die auf der Konferenz »Friedrich Schiller, attua-
   lità di un classico nell'estetica e nella letteratura moderna« am 28. April 2015 in
   Pisa gehalten worden sind. – Der Band enthält eine Einführung von Francesco
   Rossi (S. 7–15) und Beiträge von Jörg Robert (Nr. 178), Matteo Bensi (Nr. 133),
   Francesco Rossi (Nr. 222), Astrid Dröse (Nr. 345), Marta Vero (Nr. 108), Elena
   Romagnoli (Nr. 396), Irene Conti (Nr. 317), Serena Grazzini (Nr. 375), Giovanna
   Cermelli (Nr. 368), Daniele Vecchiato (Nr. 400) und Danilo Manca (Nr. 388).*

8. Friedrich Schiller. Herausgegeben von Astrid Lange-Kirchheim, Joachim
   Pfeiffer und Carl Pietzcker. Würzburg: Verlag Königshausen & Neumann,
   2016, 417 S. (= Freiburger Literaturpsychologische Gespräche. Jahrbuch für
   Literatur und Psychoanalyse. 35). – ISBN 978-3-8260-5909-4.
   *Veröffentlichung der Vorträge, die auf der Psychoanalytisch-literaturwissen-
   schaftlichen Arbeitstagung zum Thema »Friedrich Schiller« am 4. Juni 2015 in
   Freiburg im Breisgau gehalten worden sind. – Der Band enthält Beiträge von
   Joachim Küchenhoff (Nr. 159), Karl Pestalozzi (Nr. 350), Lilli Gast (Nr. 322), Carl
   Pietzcker (Nr. 238), Dominic Angeloch (Nr. 227), Alexandra Pontzen (Nr. 239),
   Tatjana Jesch (Nr. 293), Ulrike Prokop (Nr. 281), Astrid Lange-Kirchheim
   (Nr. 270), Wolf Wucherpfennig (Nr. 291), Stefan Börnchen (Nr. 077) und eine
   Bibliographie.*

9. Schiller, der Spieler. Herausgegeben von Peter-André Alt, Marcel Lepper und
   Ulrich Raulff. Göttingen 2013 [Marbacher Schiller-Bibliographie 2013, Nr. 8].
   *Rezension von David Pugh. In: Lessing Yearbook / Jahrbuch. Edited by Carl
   Niekerk and Monika Fick. Göttingen. Band 63 (2016), S. 208–209. – ISBN 978-
   3-8353-1940-0.*

1.5. Museen, Ausstellungen und Institutionengeschichte

10. Böhm, Roland: Festplatten statt Zettelkästen. Was hätte wohl ein Friedrich
    Schiller heute seiner Nachwelt hinterlassen? Die neuen Medien machen das
    Sammeln fürs Deutsche Literaturarchiv nicht einfacher [...]. In: Ludwigsbur-
    ger Kreiszeitung. Nr. 76 vom 2./3. 04. 2016, S. 28.

11. Böhm, Roland: Gedächtnis der deutschen Literatur. Deutsches Literatur-archiv besteht seit 60 Jahren: Manuskripte, Notizen, aber auch Devotio-nalien gehören zum Bestand. In: Ludwigsburger Kreiszeitung. Nr. 159 vom 14. 07. 2015, S. 7.

12. Dunkhase, Jan Eike: Marbachs gute Geister. Kilian Steiner, Theodor Heuss und ihr schwäbisches Schillermuseum. In: Die Gabe. Schmuckstücke der Marbacher Sammlungen (Katalog zur Ausstellung im Literaturmuseum der Moderne, 10. 11. 2016 bis 12. 03. 2017). Kuratorium: Susanna Brogi und Mag-dalena Schanz. Marbach am Neckar: Deutsche Schillergesellschaft, 2016, S. 25–39. (= Marbacher Magazin. 155/156). – ISBN 978-3-944469-20-1.
    Besprechungen (Auswahl): Volker Breidecker: Kernige Aufmerksamkeit. Wie Äpfel der Verbesserung des Menschenschicksals dienen können, zeigt die Ausstellung »Die Gabe« / »The Gift«, mit der das Deutsche Literaturarchiv in Marbach seinen Spendern dankt. In: Süddeutsche Zeitung. München. Nr. 278 vom 1. 12. 2016, S. 16. – Sandra Kegel: Schöne Bescherung! Die besondere Gabe: Eine Ausstellung im Literaturmuseum der Moderne. In: Frankfurter All-gemeine Zeitung. Nr. 266 vom 14. 11. 2016, S. 11. – Stefan Kister: Blätter und Früchte. Das Deutsche Literaturarchiv Marbach bedankt sich mit der neuen Schau »Die Gabe« / »The Gift« bei seinen Stiftern. In: Stuttgarter Nachrichten. Nr. 263 vom 12./13. 11. 2016, S. 18 auch u.d.T. »Der Ertrag des Apfelbäumchens« in: Stuttgarter Zeitung. Nr. 263 vom 12./13. 11. 2016, S. 35. – Angelika Baumeis-ter: Große Krönung für die Mäzene. Die Ausstellung »Die Gabe« / »The Gift« im Literaturmuseum der Moderne zeigt ab heute 160 Exponate mit Geschichte. In: Ludwigsburger Kreiszeitung. Nr. 261 vom 10. 11. 2016, S. 22.

13. Kister, Stefan (Interview): »Marbach ist ein Brennpunkt der Forschung geworden.« Das Deutsche Literaturarchiv feiert sein 60-jähriges Bestehen. Ein Blick zurück mit dessen Direktor Ulrich Raulff. In: Stuttgarter Zeitung. Nr. 120 vom 28. 05. 2015, S. 25.

14. Knapp, Gottfried: Der Schiller-Funke. Die Marbacher Literatur-Institute in der deutschen Museumslandschaft. In: Die Gabe. Schmuckstücke der Marba-cher Sammlungen, a.a.O., S. 12–24 (siehe № 012).

2. Quelleneditionen (und Nachdrucke in Auswahl)

2.1. Mehrbändige Werk- und Gesamtausgaben

15. Werke in drei Bänden. Herausgegeben von Gerhard Fricke und Herbert Georg
    Göpfert und mit einem Nachwort von Gerhard Fricke. Darmstadt: Verlag
    Lambert Schneider, Sonderausgabe im Schmuckschuber 2016, zus. 2432 S. –
    ISBN 978-3-650-40137-3.
    Textidentischer Nachdruck der Ausgabe aus dem Carl Hanser Verlag, München
    1966 (= Hanser Klassiker Volksausgaben).

2.2. Teilausgaben und kleine Sammlungen
(Keine Nachweise im laufenden Berichtsjahr)

2.3. Literarische Gattungen

2.3.1. Lyrik: Nachdrucke von Balladen und Gedichten

16. An die Freude. In: »Als ich König war und Maurer«. Freimaurerdichtung aus
    vier Jahrhunderten. Eine Anthologie mit 90 Porträts von Oskar Stocker. Her-
    ausgegeben von Heinz Sichrovsky. Innsbruck: Studien Verlag, 2016, S. 80–85.
    (= Quellen und Darstellungen zur europäischen Freimaurerei. 19). – ISBN
    978-3-7065-5583-8.

17. Die Blumen. In: Die Luft ist blau, das Tal ist grün. Dichter über den Frühling.
    Ostfildern: Jan Thorbecke Verlag, 2016, S. 66. – ISBN 978-3-7995-1036-3.

18. Die Entzückung an Laura / Stuck with Laura. – Lebt wohl ihr Berge [Auszug
    aus »Die Jungfrau von Orleans«] (S. 22–24). – Licht und Wärme (S. 34–35). – An
    die Freude / Ode to Joy (S. 72–73). – Der Alpenjäger [Teilabdruck] (S. 88–89).
    In: Proceedings of the First Annual Conference of the Eketahuna German
    Literature Society. A Poetry Collection. Curated and translated by Cordelia
    Black and Robbie Ellis. Auckland: Cordy & Robbie, 2014, 127 S. – ISBN 978-0-
    473-27989-9.

19. Die Freundschaft. In: Literarische Anthropologie. Grundlagentexte zur ›Neu-
    entdeckung des Menschen‹. Herausgegeben von Alexander Košenina. Berlin,
    Boston: Verlag Walter de Gruyter, 2016, S. 172–174. (= De Gruyter Studium). –
    ISBN 978-3-11-040219-3.

20. Die Kindsmörderin (1782). In: Literarische Anthropologie. Grundlagen-
    texte zur ›Neuentdeckung des Menschen‹. Herausgegeben von Alexander
    Košenina. Berlin, Boston: Verlag Walter de Gruyter, 2016, S. 179–183. (= De
    Gruyter Studium). – ISBN 978-3-11-040219-3.

21. Die Worte des Glaubens. In: Mit Kant am Strand. Ein Lesebuch für Nachdenk-
    liche. Herausgegeben von Brigitte Hellmann. München: Deutscher Taschen-
    buch Verlag, 2016, S. 82–83. (= dtv. 34884). – ISBN 978-3-423-34884-3.

22. Hero und Leander. In: Herbst. Berlin: Achilles Verlag, 2015, S. 14–24. (= Der
    kleine Almanach). – ISBN 978-3-941767-59-1.

23. Junge Liebe. – Ehret die Frauen! – Licht und Wärme. In: Für Dich soll's rote
    Rosen geben. Die schönsten deutschen Liebesgedichte. Ausgewählt von
    Wolfgang Mauersberger. Berlin: Sagittarius Verlag, 2015, S. 230–232. – ISBN
    978-3-937746-09-8.

24. Phantasie an Laura. In: Es schlug mein Herz. Deutsche Liebeslyrik. Herausge-
    geben von Hans Wagener. Stuttgart: Verlag Philipp Reclam jun., 2015, S. 178–
    180. (= Reclam Bibliothek. 11008). – ISBN 978-3-15-011008-9.

25. Rätsel. – Lösung. In: Überbrücken. Eine Anthologie über Brücken. Heraus-
    gegeben von Joachim Rönneper. Zeichnungen von Ugo Dossi. Nachwort von
    Manfred Schneckenburger. Gelsenkirchen: Arachne Verlag, 2007, S. 6 und
    S. 93. – ISBN 978-3-932005-30-5.

2.3.2. Dramatische Werke und Fragmente

26. Der Apfelschuss [aus »Wilhelm Tell«]. In: Apfel. Eine kulinarische Antholo-
    gie. Herausgegeben von Jörg Zirfas. Stuttgart: Verlag Philipp Reclam jun.,
    2016, S. 104–112. – ISBN 978-3-15-011060-7.

27. Die Braut von Messina oder Die feindlichen Brüder. Ein Trauerspiel mit
    Chören. Herausgegeben von Matthias Luserke-Jaqui. [Veränderte Ausgabe].
    Stuttgart: Verlag Philipp Reclam jun., 2015, 166 S. (= Reclams Universal-Bib-
    liothek. 60). – ISBN 978-3-15-000060-1.

28. Die Räuber (Monolog des Franz von Moor). – Kabale und Liebe (Monolog von
    Ferdinand). – Maria Stuart (Monolog von Elisabeth). In: Die schönsten Mono-
    loge der Weltliteratur. Von Aischylos bis Juli Zeh. Herausgegeben von Bernd
    Kolf. Leipzig: Henschel Verlag, 2016, S. 65–67, S. 68–69 und S. 70–72. – ISBN
    978-3-89487-793-4.

29. Kabale und Liebe [Auszug]. In: Gerd Schrammen: Leselust. Schönes Deutsch von den Anfängen bis heute. Paderborn: IFB Verlag Deutsche Sprache, 2016, S. 52–58. – ISBN 978-3-942409. – *Mit einer kurzen Einleitung u.d.T. »Luise Millerin« (S. 50–51).*

30. Kabale und Liebe. Ein bürgerliches Trauerspiel. Husum: Hamburger Lesehefte Verlag, 2016, 120 S. (= Hamburger Lesehefte. 61). – ISBN 978-3-87291-060-8.

31. Kabale und Liebe. Ein bürgerliches Trauerspiel. Mit Anmerkungen von Walter Schafarschik. [Veränderter Nachdruck]. Stuttgart: Verlag Philipp Reclam jun., 2015, 141 S. (= Reclams Universal-Bibliothek. 33). – ISBN 978-3-15-000033-5.

2.3.3. Erzählende Prosa und theoretische Schriften

32. Der Verbrecher aus verlorener Ehre. Herausgegeben von Yomb May und Friederike Braun. Stuttgart: Verlag Philipp Reclam jun., 2016, 68 S. (= Reclam XL. 19241). – ISBN 978-3-15-019241-2.

33. Der Verbrecher aus verlorener Ehre. In: Berühmte Erzähler und ihre Geschichten vom Wildern / von Marie von Ebner-Eschenbach, Hermann Löns, Friedrich Schiller und Ludwig Ganghofer. Gehren-Jesuborn: Edition Wilderermuseum, 2016, S. 39–72. (= Wilderer's Taschenbuch. 4). – ISBN 978-3-943630-10-2.

34. Versuch über den Zusammenhang der thierischen Natur des Menschen mit seiner geistigen (1780) [Auszüge]. In: Literarische Anthropologie. Grundlagentexte zur ›Neuentdeckung des Menschen‹. Herausgegeben von Alexander Košenina. Berlin, Boston: Verlag Walter de Gruyter, 2016, S. 28–31 und S. 252–255. (= De Gruyter Studium). – ISBN 978-3-11-040219-3.

35. Vorrede zu Pitavals Merkwürdigen Rechtsfällen. In: Klassiker der Sachliteratur. Eine Anthologie vom späten 18. bis zum frühen 20. Jahrhundert. Herausgegeben von Christian Meierhofer, Michael Schikowski und Ute Schneider. Hannover: Wehrhahn Verlag, 2016, S. 168–170. (= Non Fiktion. Arsenal der anderen Gattungen. 10. Jg., 2015, № 1/2). – ISBN 978-3-86525-497-9.

2.4. Übersetzungen von Schillers Werken

2.4.1. Balladen und lyrische Dichtungen

Das Lied von der Glocke (englisch)
The Song of the Bell, siehe den Beitrag von Marianna Wertz (Nr. 245), der eine Übersetzung des Gedichts von der Verfasserin enthält.

Der Handschuh (englisch)
The Glove, siehe den Beitrag von Rosa Tennenbaum (Nr. 105), der eine Übersetzung des Gedichts von Marianne Wertz enthält.

Der Spaziergang (englisch)
36. The Walk. Translated by Marianna Wertz. In: Fidelio. Journal of Poetry, Science, and Statecraft. Washington. 6. Jg., 1997, № 3, S. 77–81. – ISSN 1059-9126.

Der Taucher (englisch)
The Diver, siehe den Beitrag von Rosa Tennenbaum (Nr. 105), der eine Übersetzung des Gedichts von Sheila Anne Jones enthält.

Die Bürgschaft (englisch)
37. The Pledge. Translated by Marianna Wertz and Paul Gallagher. In: Fidelio. Journal of Poetry, Science, and Statecraft. Washington. 9. Jg., 2000, № 4, S. 85–86. – ISSN 1059-9126.

Die Kraniche des Ibykus (englisch)
The Cranes of Ibycus, siehe den Beitrag von Rosa Tennenbaum (Nr. 105), der eine Übersetzung des Gedichts von William F. Wertz enthält.

Die Künstler (englisch)
38. The Artists. Introduced and translated by Marianna Wertz. In: Fidelio. Journal of Poetry, Science, and Statecraft. Washington. 5. Jg., 1996, № 1, S. 64–65. – ISSN 1059-9126. – *Siehe den Beitrag von Helga Zepp LaRouche, der auch diese Übersetzung von Schillers Gedicht enthält (Nr. 250).*

Shakespears Schatten (englisch)
39. Shakespeare's Shade. Translated by Marianna Wertz. In: Fidelio. Journal of Poetry, Science, and Statecraft. Washington. 7. Jg., 1998, № 1, S. 61–77. – ISSN 1059-9126.

360 NICOLAI RIEDEL

2.4.2. Dramatische Werke

Don Karlos (griechisch)

40. Δον Κάρλος. Μετάφραση Βασίλης Ρώτας. Αθήνα: Εκδόσεις Επικαιρότητα, 2008, 208 σελ. (= Θέατρο/Επικαιρότητα. 12).
Transliteration: Don Karlos. Metaphrasē Basilēs Rōtas. Athēna: Ekdoseis Epikairotēta, 2008, 208 S. (= Theatro Epikairotēta. 12). – ISBN 978-960-205-484-0. – Textausgabe ohne editorische Kommentare, ohne Vorwort und Nachwort des Übersetzers.

Die Räuber (griechisch)

41. Οι ληστές (Οι αναρχικοί). Εισαγωγή-Μετάφραση-Σχόλια Παναγιώτης Σκούφης. Αθήνα: Εκδόσεις Δωδώνη, 2013, 208 σελ. (= Σειρά παγκόσμιο θέατρο. 180).
Transliteration: Oi lēstés (oi anarchikoí). Eisagoge – metaphrasē – scholia Panagiotēs Skouphes. Athēna: Dodone, 2013, 208 S. (= Pankósmio théatro: Mikre theatrike bibliotheke. 180). – ISBN 978-960-558-163-3. – Vorwort des Übersetzers (S. 7–15). – Abbildungen.

Die Räuber (griechisch)

42. Οι ληστές. Μετάφραση Γιώργος Δεπάστας. Αθήνα: Εκδόσεις Νεφέλη, 2014, 254 σελ.
Transliteration: Oi lēstés. Metáphrasē Giōrgos Depastas. Athēna: Nephélē, 2014, 254 S. (= Parástasē). – ISBN 978-960-504-112-0. – Textausgabe ohne editorische Kommentare, ohne Vorwort und Nachwort des Übersetzers.

2.4.3. Literarische Prosa und theoretische Schriften

Sammlung (griechisch)

43. Εγκληματίας για τη χαμένη του τιμή και άλλα διηγήματα. Εισαγωγή και επιμέλεια Αναστασία Αντωνοπούλου. Μετάφραση Βίκυ Απέργη, Μαριάννα Κότζια, Ηρώ Κοζατζανίδη, Ελισάβετ Λιούτα, Μαρία Μπανούση, Σοφία Παραδείση, Άντζη Σαλταμπάση, Μαρία Τατιάνα Τζιώτη, Μαριάννα Χάλαρη. Αθήνα: Εκδοτικός οργανισμός Πάπυρος, 2014, 153 σελ. (= Κλασικοί Συγγραφείς).
Inhalt: [1.] Εισαγωγή. Ο Σίλερ ως διηγηματογράφος (σελ. 9–39). – [2.] Εγκληματίας για τη χαμένη του τιμή μια αληθινή ιστορία (σελ. 41–85). – [3.] Μια μεγαλόψυχη πράξη απο τη νεότερη ιστορία (σελ. 87–94). – [4.] Ο περίπατος υπό τας φιλύρας (σελ. 95–107). – [5.] Παιχνίδι της μοίρας απο μια αληθινή ιστορία (σελ. 109–133). – [6.] Ο Δούκας της Άλμπα σε πρόγευμα στο παλάτι της πόλης Ρούντολστατ. Εν έτει 1547 (σελ. 135–143).
Transliteration: Enklēmatias gia tē chamenē tou time. Kai álla diegemata. Eisagoge epiméleia Anastasia Antonopulu. Metaphrasē Biky Apergē. Athēna:

Ekdotikós Organismós Pápyros, 2014, 153 S. (= Klasikoi syngrapheís). – ISBN 978-960-486-088-3.
Die Prosa-Sammlung enthält: [1]. Vorwort. Schiller als Erzähler (S. 9–39). – [2.] Der Verbrecher aus verlorener Ehre (S. 41–85). – [3.] Eine großmütige Handlung (S. 87–94). – [4.] Der Spaziergang unter den Linden (S. 95–107). – [5.] Spiel des Schicksals (S. 109–133). – [6.] Herzog von Alba bei einem Frühstück auf dem Schlosse zu Rudolstadt. Im Jahre 1547 (S. 135–143). – Anmerkungen (S. 145–153).

Sammlung (griechisch)

44. Επιλογή από το έργο του. Εισαγωγή-επιλογή-μετάφραση Κώστας Ανδρουλιδάκης. Αθήνα: Εκδόσεις Στιγμή, 2015, 141 σελ. (= Στοχασμοί. 34). – ISBN 978-960-269-274-5.
Transliteration: Epilogē apo to ergo tou. Eisagōgē – epilogē – metaphrasē Kōstas Androulidakes. Athēna: Stigmē, 2015, 141 S. (= Stochasmoí. 34).
Die Sammlung enthält eine Auswahl aus Schillers erzählerischem Werk und seinen ästhetischen Schriften sowie ein ausführliches Vorwort des Herausgebers und Übersetzers (S. 11–28). Die Zusammenstellung hat Lesebuch-Charakter; die (gekürzten) Beiträge werden hier deshalb nicht einzeln verzeichnet.

Werkausgabe (rumänisch)

45. Scrieri Istorice. Traducere, prefață și note de Octavian Nicolae. Traducere revizuită de Grigore Marcu. Cuvînt înainte Ulrich Gaier. Notă aspuraediției de Andrei Corbea-Hoișie și Octavian Nicolae. Iași: Editura Universității »Alexandru Ioan Cuza«, 2016, 470 S. (= Friedrich Schiller: Opere Alese. 6). – ISBN 978-606-714-178-8.
Der Band enthält eine Auswahl von Schillers historischen Schriften. – Inhalt: Geleitwort von Ulrich Gaier (S. 7–8). – Anmerkungen zur Ausgabe von Andrei Corbea-Hoișie und Octavian Nicolae (S. 9–11). – Ausführliches Vorwort von Octavian Nicolae (S. 13–25). – Ducele de Alba la un mic dejun în castelul din Rudolstadt în anul 1547 [Herzog von Alba bei einem Frühstück auf dem Schlosse zu Rudolstadt im Jahre 1547] (S. 27–29). – Ce este și cu ce scop se studiază istoria universală. [Was heißt und zu welchem Ende studiert man Universalgeschichte] (S. 31–49). – Istoria desprinderii Țărilor de Jos de stăpînirea spaniolă. Prefața la prima edițe. Introducere [Geschichte des Abfalls der vereinigten Niederlande von der Spanischen Regierung. Vorwort zur ersten Ausgabe. Einführung] (S. 51–67). – Octavian Nicolae: Compendiu istoric (S. 68–69). – Colecție generală de memorii istorice din secolul al XII-lea pînă în cele mai noi timpuri. Cuvînt înainte [Allgemeine Sammlung historischer Memoires vom zwölften Jahrhundert bis auf die neuesten Zeiten. Vorbericht] (S. 71–74). – Privire generală asupra celor mai de seamă națiuni care au participat la cru-

ciade, a formelor de stat, a religiei, tradițiilor, ocupațiilor, opiniilor și obiceiu-
rilor lor [Universalhistorische Übersicht der vornehmsten an den Kreuzzügen
teilnehmenden Nationen, ihrer Staatsverfassung, Religionsbegriffe, Sitten,
Beschäftigungen, Meinungen und Gebräuche] (S. 75–94). – Istoria Războiului
de Treizeci de Ani [Geschichte des dreißigjährigen Krieges] (S. 95–453). – Octa-
vian Nicolae: Compendiu istoric / Personaje (S. 454–470).

Einzelne Schriften (alphabetisch nach Sprachen)

Englisch

46. Kallias or On the Beautiful. Translated by William F. Wertz, Jr. In: Fidelio. Journal of Poetry, Science, and Statecraft. Washington. 1. Jg., 1992, № 4, S. 53–56. – ISSN 1059-9126.
Textquelle: Friedrich Schiller, Poet of Freedom. Washington, D.C.: Schiller Insti-
tute, 1988, Band 2, S. 512–519.

47. Of the Sublime. Towards the Further Realization Of Some Kantian Ideas (1793). Translated by William F. Wertz, Jr. In: Fidelio. Journal of Poetry, Science, and Statecraft. Washington. 13. Jg., 2004, № 1/2, S. 90–99. – ISSN 1059-9126.
On the Aesthetic Education of Man, siehe auch den Beitrag von William F.
Wertz (Nr. 341).

48. On the Aesthetic Education of Man and »Letters to Prince Frederick Christian von Augustenburg«. Translated by Keith Tribe with an Introduction and Notes by Alexander Schmidt. London, New York: Penguin Books Classics, 2016, XLII, 179 (2) S. (= Penguin Classics). – ISBN 978-0-14-139696-5.
Inhalt: Introduction (S. VII–XXXIV). – Further Reading (S. XXXV–XXXVII). –
Note on the Text (S. XLI–XLII). – On the Aesthetic Education of Man (S. 1–112).
– Letters to Prince Frederick Christian von Augustenburg (S. 113–168). – Notes
(S. 169–179).

49. On the Employment of the Chorus in Tragedy (1803). Translation by George Gregory. In: Fidelio. Journal of Poetry, Science, and Statecraft. Washington. 2. Jg., 1993, № 1, S. 60–64. – ISSN 1059-9126.

50. Some Thoughts on the First Human Society Following the Guiding Thread of the Mosaic Documents. Transition of Man to Freedom and Humanity (1789). Translated by Anita Gallagher. In: Fidelio. Journal of Poetry, Science, and Statecraft. Washington. 5. Jg., 1996, № 3, S. 74–81. – ISSN 1059-9126.
Originaltitel von Schillers Traktat: Etwas über die erste Menschengesellschaft
nach dem Leitfaden der mosaischen Urkunde. Übergang des Menschen zur
Freiheit und Humanität.

Italienisch

51. La missione di Mosè. Traduzione di Franca Forla. In: Humanitas. Rivista bimestrale di cultura. Brescia. 57. Jg., 2002, № 4, S. 540–554. – ISSN 018-7461. (Themenheft: Mosè e Gesù. Interpretazioni a confronto).

2.5. Einzelne Briefe und Korrespondenzen

52. Brief an Christian Gottfried Körner (11. Juli 1785). – Brief an Johann Wolfgang von Goethe (1. Januar 1802). In: Bedeutende Briefe. Die außergewöhnlichsten deutschen Schriftstücke. Herausgegeben von Felicia Englmann. München: MGV Verlag, 2016, S. 57–59 und S. 69–70. – ISBN 978-3-86882-627-2. – *Mit Faksimiles und Erläuterungen.*

3. Allgemeine Darstellungen: Porträts, Würdigungen und Reden

53. Aullón de Haro, Pedro / Martí Marco, María-Rosario: Friedrich Schiller y la biografía. In: Cuadernos Dieciochistas. Salamanca. 2005, № 6, S. 251–277. – ISSN 1576-7914 (Print) / ISSN 2341-1902 (Elektronische Ressource).

54. Brandenburger-Schift, Rita: ›Schiller war ein Spielexperte‹. Jürgen Werthei-mer möchte Klischees zurechtrücken. In: Marbacher Zeitung. Nr. 261 vom 11. 11. 2015, S. III. – *Zur Rede anlässlich der Marbacher Schillerwoche.*

55. Craig, Charlotte M.: Schiller's Relevance For Us and For All Times. A Tribute to Friedrich Schiller to Commemorate the 200th Anniversary of His Death. In: Logos. A Journal of Modern Society & Culture. Midland Park / NJ. 4. Jg., 2005, № 2, [o. S.]. – ISSN 1543-0820 (Elektronische Ressource).

56. Koopmann, Helmut: Schiller und die Folgen. Stuttgart: J. B. Metzler Verlag, 2016, 157 S. – ISBN 978-3-476-02650-7.
Inhalt: Friedrich Schiller – Rebell, Weltbürger, Volkslehrer: Das Ende zu Beginn. Schillers Tod und frühe Verklärung (S. 11–13). – Wo Schiller herkam. Und was zunächst aus ihm wurde (S. 13–16). – Freundschaften als Gegenwel-ten. Der junge Schiller übt sich im Schreiben (S. 17–19). – 1781. Weltenbrand in Mannheim: »Die Räuber« (S. 19–24). – Der Flüchtling als Asylant (S. 25–28). – Lobgesang auf die »moralische Anstalt« (S. 28–31). – 1783. Experimentelle Theaterarbeit. Die Verschwörung des »Fiesko zu Genua« (S. 31–34). – 1784. Ein Weltuntergang – im bürgerlichen Wohnzimmer. Mit adeliger Beihilfe: »Kabale und Liebe« (S. 34–39). – Zwischenspiel: Schiller will mit Zeitschrif-

ten Geld verdienen (S. 39–41). – Noch ein Befreiungsversuch – auch er schei-
tert: »Don Karlos« (S. 41–44). – Zwischenbilanz: düster (S. 44–46). – Schiller
deutet die Geschichte. Sie ist ein ›System‹. Doch was war mit dem Sündenfall?
(S. 46–50). – Schönheitsphilologie. Am Ende ein Irrweg? (S. 50–56). – Schil-
ler und Goethe: andauerndes Zwiegespräch, anfangs mit einigem Vorbehalt
(S. 56–58). – 1797. Wie ein Tyrann zum Menschen wird. Schillers »Bürgschaft«
und seine Balladen (S. 59–64). – 1800. Rebellion und Verrat – um des Friedens
willen? Das Riesenwerk des »Wallenstein« (S. 64–68). – Selbstbestimmung,
weiterhin: »Maria Stuart« (S. 68–70). – (Vielleicht) ein Modeerzeugnis? »Die
Jungfrau von Orleans« (S. 70–72). – Altes und Neues: »Die Braut von Messina«
(S. 72–74). – Schillers späte Zweifel – an Natur, Geschichte und Fortschritts-
glauben (S. 74–77). – Aber am Ende doch noch einmal Heldisches: »Wilhelm
Tell« (S. 77–79). – Was hat es mit der Weimarer Klassik denn nun auf sich?
(S. 80–82). – Das Ende der ›Klassik‹: Schillers Tod (S. 82) – – Die Folgen
(S. 85–89): Auch Schillers Leben wurde beschrieben. Schon bald (S. 89–90).
– Ein Genie, gewiß – aber doch eines mit Fehlern. Die Romantiker kritisieren
Schiller (S. 91–94). – Mehr Kritik, auch von der jüngeren liberalen Generation.
(S. 95–97). – ›Von Ihnen dependir‹ ich unüberwindlich‹. Eine unbequeme Schü-
lerschaft: Friedrich Hölderlin (S. 98–100). – Schwierige Gefolgschaft, mit Kor-
rekturen: Heinrich von Kleist (S. 100–102). – Vom Gefolgsmann zum Abtrünni-
gen: Büchner und der sogenannte ›Idealismus‹. Mit (einem mißverstandenen)
Schiller gegen Schiller (S. 102–105). – Aber Schiller lebt weiter. Im Volk und
auch sonst (S. 105–107). – 1859: Alle Welt feiert Schiller. Doch Obrigkeit und
Klerus bleiben mißtrauisch (S. 108–113). – Schiller-Feiern 1905. Jetzt spricht vor
allem die Sozialdemokratie (S. 113–116). – Gegenwind. Schiller-Parodien, schon
sehr früh (S. 117–119). – Der Einspruch Nietzsches. Schillers Moraltrompeterei
(S. 120–123). – Auch die Naturalisten mögen Schiller nicht. Aber Thomas Mann
und die anderen schon (S. 123–126). – Der Dichter als Führer? Eine fragwürdige
Huldigung (S. 126–128). – Bert Brecht kann wenig mit dem Klassiker Schiller
anfangen (S. 128–132). – Schiller – auch in der Musik (fast) allgegenwärtig
(S. 132–135). – Schiller im Ausland: ebenfalls ein Triumphzug (S. 135–139).
– Was die Nazis mit Schiller anstellten – und was er ihnen (vermeintlich) zu
sagen hatte (S. 139–147). – Ein Aus für Schiller nach 1945? (S. 147–151). – Neue
Einsprüche. Gegen die ewigen Werte und den überkommenen Schiller (S. 151–
153). – Und was machte die Bühne mit Schiller – und aus seinen Dramen?
(S. 153–154). – Literatur (S. 155–157).

57. Lammert, Norbert: Alles nur Theater? Über Macht und Ohnmacht. Marbacher
    Schillerrede auf Einladung des Deutschen Literaturarchivs am 6. November
    2015. In: Jahrbuch der Deutschen Schillergesellschaft. Internationales Organ

für Neuere Deutsche Literatur. Berlin. 60. Jg., 2016, S. 627–634. – ISBN 978-3-11-046543-3.
Auszug unter dem Titel ›Macht ist verführerisch und zugleich verdächtig‹. In: Marbacher Zeitung. Nr. 263 vom 13. 11. 2015, S. VIII. – Kommentare von Dorothee Schöpfer: Gegen die Arroganz der Macht. Bundestagspräsident Norbert Lammert hat im Deutschen Literaturarchiv in Marbach die traditionelle Schillerrede zum Geburtstag des Dichters gehalten. In: Stuttgarter Zeitung. Nr. 259 vom 9. 11. 2015, S. 9. – Volker Breidecker: Alles nur Theater? Schönes Selbstzitat: Norbert Lammerts Marbacher Schillerrede. In: Süddeutsche Zeitung. München. Nr. 258 vom 9. 11. 2015, S. 11.

58. Luserke-Jaqui, Matthias: Über die literaturgeschichtlichen Ursprünge des ›Klassikers Schiller‹ In: Deutsche Klassik. Epoche – Autoren – Werke. Herausgegeben von Rolf Selbmann. Darmstadt: Wissenschaftliche Buchgesellschaft, 2016, S. 35–59. – ISBN 978-3-534-26486-5.
Der Beitrag gliedert sich in die Abschnitte: 1. Literaturgeschichtlicher Kontext und Forschungsdiskussion. – 2. Zum Geniebegriff. – 3. Aspekte von Schillers literarischem Sturm-und-Drang-Diskurs.
Sonderausgabe. Die Erstausgabe des Bandes ist 2005 erschienen [Marbacher Schiller-Bibliographie 2005, Nr. 425].

59. Меринг, Франц: Шиллер. Биография для немецких рабочих. Перевод с немецкого. Москва: URSS (Ленанд), 2016, 157 (2) с. (= Биографии Выдающихся Личностей). – ISBN 978-5-9710-3337-0.
Transliteration: Mehring, Franz: Šiller. Biografija dla nemeckich rabočich. Moskva: URSS (Lenand), 2016, 157 (2) S. (= Biografii Vydajuščichsja Ličnostej).
Deutschsprachige Erstausgabe unter dem Titel: Schiller. Ein Lebensbild für deutsche Arbeiter. Leipzig: Verlag der Leipziger Buchdruckerei Aktiengesellschaft, 1905, 119 S. – Weitere Ausgabe: Bearbeitet und herausgegeben von Walter Heist. Berlin: Weiss, 1948, 169 S.

60. Nielsen, Karsten Hvidtfelt: Aktualitet og autonomi. Tanker om Schillers aktualitet. In: Meddelelser fra Gymnasieskolernes Tysklærerforeningen. København. 2005, Nº 182, S. 31–39.

61. Novo, Salvador: Evocación de Schiller. In: La Parabla y el Hombre. Revista de la Universidad Varacruzana. 1997, Nº 101, S. 151–164. – ISSN 0185-5727.

62. Reemtsma, Jan Philipp: Die ›Wohltat, keine Wahl zu haben.‹ Einige Gedanken bei der Lektüre von Schillers »Wallenstein«. Auszüge aus der Schillerrede. In: Marbacher Zeitung. Nr. 262 vom 11. 11. 2016, S. IV.

Kommentar von Marion Blum: Gedanken über den Mut zum Handeln. Jan Philipp Reemtsma hält die Schillerrede mit Gedanken zur Trilogie »Wallenstein«. In: Marbacher Zeitung. Nr. 263 vom 12. 11. 2016, S. 25.

63. Richter, Tina: S comme Schiller, Friedrich (1759–1805). In: Dies., Made in Germany, personnalités allemandes. [...] Les personnages clés de l'histoire allemande: de Luther à Rosa Luxemburg et de Konrad Adenauer à Friedrich Schiller. Saint-Denis: Édilivre, 2014, S. 99–108. – ISBN 978-2-332-82711-1.

64. Safranski, Rüdiger: Friedrich Schiller oder Die Erfindung des Deutschen Idealismus. Frankfurt a. M.: Fischer Taschenbuch Verlag, 2016, 559 S. (= Fischer Taschenbuch. 3360). – ISBN 978-3-596-03360-7.
Die Originalausgabe ist 2004 im Carl Hanser Verlag erschienen [Schiller-Bibliographie 2004, Nr. 106].

65. Uribarri Zenekorta, Ibon: Schiller euskaraz (1805–2005). In: Senez. Itzulpen Aldizkaria. Bilbao, San Sebastián (Universidad del País Vasco), 2005, Nº 28, S. 53–76. – ISSN 1132-2152.

66. Werther, Barbara: »Schlag nach bei Schiller!« Zum 250. Geburtstag von Friedrich Schiller. Biografie – Zitate – Gedichte – Filme. Holm: Kulturverein Holm, 2016, 137 S. mit Illustrationen.

67. Zepp LaRouche, Helga: Friedrich Schiller. The Loftiest Ideal of Man. In: Fidelio. Journal of Poetry, Science, and Statecraft. Washington. 12. Jg., 2003, Nº 2, S. 15–25. – ISSN 1059-9126.

68. Zepp LaRouche, Helga: What Is, and To What End Do We Study, Friedrich Schiller In the Year 2005. In: Fidelio. Journal of Poetry, Science, and Statecraft. Washington. 14. Jg., 2005, Nº 1/2, S. 24–35. – ISSN 1059-9126.

4. Biographische Aspekte

69. Almai, Frank: ›Können Sie mir wieder 200 Reichsthaler schicken, so erweisen Sie mir eine Gefälligkeit.‹ Friedrich Schiller, seine Förderer und das Geld. In: Literatur als Interdiskurs. Realismus und Normalismus, Interkulturalität und Intermedialität von der Moderne bis zur Gegenwart. Eine Festschrift für Rolf Parr zum 60. Geburtstag. Herausgegeben von Thomas Ernst und Georg Mein. München, Paderborn: Wilhelm Fink Verlag, 2016, S. 135–160. – ISBN 978-3-7705-6155-1.

70. Carstens, Renate: Durch Asien im Horizont des Goethekreises. Neue Facetten im Wirken Goethes. Hamburg: Verlag Kovač, 2008, 723 S. (= Schriften zur Kulturwissenschaft. 71). – ISBN 978-3-8300-3656-2.
Darin die Kapitel 7, 9, 10 und 11 zu Schiller. – 7. Schiller und »Eine großmütige Handlung, Aus der neuesten Geschichte«: 7.1. Schillers Schriftstellerei von der Militärakademie bis Bauerbach. – 7.2. Schillers unerwartete Beziehungen zu seinen literarischen Figuren (S. 83–87). – 9. Schillers Verhältnis zum Regiment »Württemberg« (Kapregiment): 9.1. Schubarts Kaplied, Einkerkerung und Besuche im Verlies. – 9.2. Schillers Studienfreunde im Regiment Württemberg. – 9.3. Marginalien zur Chronik der Kapkolonie und Lektüre Goethes. – 9.4. Karl von Wolzogens Tätigkeit im Regiment Württemberg. – 9.5. Wolzogen in holländischen Diensten und sein Brief an Schiller (S. 103–112). – 10. Schiller in Jena-Weimar und Rudolstadt (1787–1794): 10.1. Schillers Ankunft in Weimar und Anbahnung zur Familie Lengefeld. – 10.2. Schillers erste Begegnung mit Goethe. – 10.3. Schillers Berufung in Jena. – 10.4. Schillers Antrittsvorlesung unter Beachtung von Vasco da Gama. – 10.5. Marginalien zu Vasco da Gama und dem Seeweg nach Indien. – 10.6. Schillers familiäre Bindung an die Familien von Lengefeld und von Wurmb (S. 113–122). – 11.2. Wurmb und seine Bitten an Schiller. – 11.3. Marginalien zu Schiller und die Nachkommen des Ludwig von Wurmb (S. 124–126).

71. Jones, William: Friedrich Schiller and His Friends. A brief biography through letters and reminiscences of the ›Poet of Freedom‹, who championed the sublime goodness of man in the turbulent years of revolutionary upheaval in Europe and America. In: Fidelio. Journal of Poetry, Science, and Statecraft. Washington. 14. Jg., 2005, № 1/2, S. 54–79. – ISSN 1059-9126.

72. Wilkes, Johannes: Schiller und der Andere: Schädelweh. In: Ders., Nichts als Streit und Ärger. Deutsche Literaturgeschichte in Skandalen und Tragödien. Bonn: Kid Verlag, 2016, S. 35–52. – ISBN 978-3-929386-61-5.

5. Kontexte: Kontakte – Einflüsse – Vergleiche

5.1. Beziehungen zu Orten, Landschaften und Ländern

73. Benn, Sheila Margaret: Friedrich Schiller and the English Garden. In: Garden History. Journal of the Garden History Society. Oxford. 19. Jg., 1991, № 1, S. 28–46. – ISSN 0307-1243. – *Thematisch ähnliche Beiträge der Verfasserin sind in den früheren Schiller-Bibliographien verzeichnet.*

5.2. Schillers Zeitgenossen und Vergleiche mit anderen Personen im historisch-politischen, bildungs- und ideengeschichtlichen Kontext

74. Acosta, Emiliano: Acerca da relação entre Schiller e Fichte. In: Ágora Filosófica (Universidade Católica de Pernambuco), 1. Jg., 2012, Nº 2, S. 67–100. – ISSN 1679-5385 (Print) / ISSN 1982-999X (Elektronische Ressorce).
 Siehe auch die Monographie des Verfassers [Marbacher Schiller-Bibliographie 2011, Nr. 121].

75. Bernhardt, Oliver: Lenau, Lessing und Schiller als ›literarische Anspielungshorizonte‹ eines Studenten in Ernst Hammers Schauspiel »Savonarola« (1899). In: Ders., Gestalt und Geschichte Savonarolas in der deutschsprachigen Literatur. Von der Frühen Neuzeit bis zur Gegenwart. Würzburg: Verlag Königshausen & Neumann, 2016, S. 267–276. – ISBN 978-3-8260-5903-2.

76. Billings, Joshua: The Tragic Sublime. Schiller and Schelling. In: Ders., Genealogy of the Tragic. Greek Tragedy and German Philosophy. Princeton, Oxford: Princeton University Press, 2014, S. 80–88. – ISBN 978-0-691-15923-2.

77. Börnchen, Stefan: Psyche im Farbenfluss. Friedrich Schillers Körner-Aquarell in den »Aventuren des neuen Telemach«. In: Friedrich Schiller. Herausgegeben von Astrid Lange-Kirchheim, Joachim Pfeiffer und Carl Pietzcker. Würzburg: Verlag Königshausen & Neumann, 2016, S. 291–312. (= Freiburger Literaturpsychologische Gespräche. Jahrbuch für Literatur und Psychoanalyse. 35). – ISBN 978-3-8260-5909-4.
 Der Beitrag gliedert sich in die Abschnitte: Geheime Anspielung, mystischer Sinn? Schiller aquarelliert Körner. – Verschwimmende Linien. Geist und Körper, Schiller und Freud. – Justinus Kerners Klecksografien. – Nervengeisterseherei. Schiller klecksografiert Körner.

78. Brandtner, Andreas: Der schöpferische Prozess. Exkurs: Moritz & Schiller. In: Ders., Signatur des Menschlichen. Karl Philipp Moritz und die ›Bildende Nachahmung des Schönen‹. Hemmingen: Ganymed Edition, 2., überarbeitete Ausgabe 2016, S. 79–88. – ISBN 978-3-946223-40-5.
 Die 1. Auflage ist 2015 im Verlag Monsenstein und Vannerdat, Münster, erschienen. – ISBN 978-3-95902-057-2.

79. Brüning, Gerrit: Ungleiche Gleichgesinnte. Die Beziehung zwischen Goethe und Schiller 1794–1798. Göttingen 2015 *[Marbacher Schiller-Bibliographie 2015, Nr. 61].*
 Rezension von Gabrielle Bersier. In: Monatshefte für deutschsprachige Literatur und Kultur. Madison. 108. Jg., 2016, Nº 2, S. 294–296. – ISSN 0026-9271. –

Terence James Reed. In: Goethe-Jahrbuch. Band 132 (2015). Göttingen: Wallstein Verlag, 2016, S. 219–221. – ISSN 0323-4207.

80. Cecchinato, Giorgia: Fichte em debate com Schiller acerca da herança da »Crítica do Juízo« [Kant]. In: Estudos Kantianos. Marília. 4. Jg., 2016, Nº 1, S. 105–115. – ISSN 2318-0501 (Elektronische Ressource).

81. Chicharro, Dámaso: Un inédito crítico-literario de [Manuel] García Morente sobre Goethe y Schiller. Edición y estudio. In: Boletín del Instituto des Estudios Giennenses (Universidad de Jaén), 2000, Nº 176/1, S. 425–462. – ISSN 0561-3590.

82. Fernández Frías, Iván: Schiller y Goethe frente a los dioses. Del Olimpo al Hades. In: Espéculo. Revista de Estudios Literarios. Madrid (Universidad Complutense), 2011, Nº 48, [o. S.]. – ISSN 1139-3637.

83. Foley, Peter: Reciprocity in Schiller's Free Play. In: Ders., Friedrich Schleiermacher's »Essay on a Theory of Social Behaviour« (1799). A Contextual Interpretation. Lewiston, NY.: Mellen Press, 2006, S. 118–124. – ISBN 0-7734-5623-6.

84. Fürnkäs, Josef: Anschauen als Erkennen. Goethes ›klassische‹ Betrachtungen über Natur und Symbol im Briefwechsel mit Friedrich Schiller (1794–1805). In: Geibun-Kenkyu. Journal of Arts and Letters (Keio Gijuko Daigaku Geibun Gakkai), 91. Jg., 2006, Nº 2, S. 352–378. – ISSN 0435-1630.

85. Glaser, Thomas: Ästhetische Erziehung und die Politik der Allegorie. Rousseau – Schiller – Rancière. In: Allegorie. DFG-Symposion 2014. Herausgegeben von Ulla Haselstein in Zusammenarbeit mit Friedrich Teja Bach, Bettine Menke und Daniel Selden. Berlin: Verlag Walter de Gruyter, 2016, S. 469–498. – ISBN 978-3-11-033355-8.

86. Gralle, Jonas: Fichte und seine Rezeption bei Schiller, Friedrich Schlegel und Hölderlin (1795). In: Fichte und seine Zeit. Kontext, Konfrontationen, Rezeptionen. Herausgegeben von Matteo V. d'Alfonso, Carla De Pascale, Erich Fuchs und Marco Ivaldo. Leiden, Boston: Brill Rodopi, 2016, S. 257–276. (= Fichte-Studien. 43). – ISBN 978-90-04-31981-3.

87. Gregori Giralt, Eva: El reposo en agitación y el impulso de juego. Algunas reflexiones sobre las teorías de Blaise Pascal y Friedrich Schiller acerca del fracaso del proyecto humano. In: Observar. Revista electrónica de didáctica de las artes (Universidad del País Vasco), 2011, Nº 5, S. 95–116. – ISSN 1988-5105 (Elektronische Ressource).

88. Leghissa, Giovanni: Goethe e Schiller a Weimar ovvero la via tedesca alla classicità. In: Ders., Incorporare l'antico. Filologia classica e invenzione della modernità. Milano: Mimesis Edizioni, 2008, S. 49–76. – ISBN 978-88-8483-634-2.

89. Llorente Cardo, Jaime: Entre lo órganico y lo aórganico. Figuras de la reconciliación en las teorías estéticas de Schiller y Hölderlin. In: Contrastes. Revista Internacional de Filosofía. Málaga. 2012, Nº 17, S. 179–196. – ISSN 1136-4076.

90. Maesschalck, Marc: Esthétique et psycho-analyse. La réponse du jeune Fichte à Schiller concernant l'éducation. In: Revue Roumaine de Philosophie. Bucureşti. 56. Jg., 2012, Nº 1, S. 5–22. – ISSN 1220-5400.

91. Manger, Klaus: Die Ernestiner im Klassischen Weimar und ihre großen Autoren. Wieland, Goethe, Herder, Schiller. In: Die Ernestiner. Politik, Kultur und gesellschaftlicher Wandel. Herausgegeben von Werner Greiling, Gerhard Müller, Uwe Schirmer und Helmut G. Walther. Köln: Böhlau Verlag, 2016, S. 349–376. (= Veröffentlichungen der Historischen Kommission für Thüringen. Kleine Reihe. 50). – ISBN 978-3-412-50402-1.

92. Meier, Lars: Konzepte Ästhetischer Erziehung bei Schiller und Hölderlin. Bielefeld 2015 [Marbacher Schiller-Bibliographie 2015, Nr. 72].
    Rezension von Koji Ota. In: Waseda Blätter. Herausgegeben von der Germanistischen Gesellschaft Waseda. Tokyo. 2016, Nº 23, S. 83–88. – ISSN 1340-3710.

93. Mix, York-Gothart: Denis Diderots »Jacques le Fataliste et son maître« als ästhetisches und philosophisches Paradigma. Die Rezeption des Romans im Werk Friedrich Schillers, Volker Brauns und Hans Magnus Enzensbergers. In: Gallotropismus und Zivilisationsmodelle im deutschsprachigen Raum (1660–1789). Band 2: Gallotropismus im Spannungsfeld von Attraktion und Abweisung. Herausgegeben von Wolfgang Adam, York-Gothart Mix und Jean Mondot. Heidelberg: Universitätsverlag Winter, 2016, S. 347–361. (= Beihefte zum Euphorion. 94). – ISBN 978-3-8253-6580-6.

94. Neuhaus, Dietrich: Der Sohn des Buckelapothekers. Friedrich Schiller in den Erinnerungen seines treuen Dieners, Sekretärs und Vertrauten Georg Gottfried Rudolph. Norderstedt: Books on Demand, 2012, 148 S. – ISBN 978-3-8482-1450-1.

95. Potthast, Barbara: Auf dem glatten Grunde der Fürstengruft gestrauchelt. Schubarts Glückswechsel im Lichte von Schillers Erzählung »Spiel des Schicksals«. In: Christian Friedrich Daniel Schubart – Das Werk. Herausgegeben von Barbara Potthast. Heidelberg: Universitätsverlag Winter, 2016, S. 149–170. (= Beihefte zum Euphorion. 92).– ISBN 978-3-8253-6553-0.

96. Root, Christina: Natural and Nurtured Affinities. The Importance of Goethe's Friendship with Schiller to the Development of his Science. In: Papers on Language & Literature (Edwardsville: Southern Illinois University, Midwest Modern Language Association), 52. Jg., 2016, Nº 1, S. 3–33. – ISSN 0031-1294 (Elektronische Ressource).

97. Roy, Manuel: Fichte et Schiller. La fonction de l'art dans la pensée de Fichte à la lumière de la querelle des Heures. In: Fichte und seine Zeit. Kontext, Konfrontationen, Rezeptionen. Herausgegeben von Matteo V. d'Alfonso, Carla De Pascale, Erich Fuchs und Marco Ivaldo. Leiden, Boston: Brill Rodopi, 2016, S. 186–203. (= Fichte-Studien. 43). – ISBN 978-90-04-31981-3.

98. Schaller, Philipp: Die Wiederaneignung der menschlichen Natur. Zum Verhältnis von Philosophie und Dichtung bei Kant, Schiller und Dostojewskij. In: Ausgehend von Kant. Wegmarken der klassischen deutschen Philosophie. Herausgegeben von Violetta L. Waibel, Max Brinnich, Christian Danz u. a. Würzburg: Ergon Verlag, 2016, S. 287–304. (= Studien zur Phänomenologie und praktischen Philosophie. 38). – ISBN 978-3-95650-232-3.

99. Schmidt, Beate Agnes: Caroline Jagemann (1777–1848), Frau von Heygendorff. Sängerschauspielerin neben Goethe und Schiller. In: Bühnenrollen und Identitätskonzepte. Karrierestrategien von Künstlerinnen im Theater des 19. Jahrhunderts. Herausgegeben von Nicole K. Strohmann und Antje Tumat unter Mitarbeit von Lukas Kurz und Juana Zimmermann. Hannover: Wehrhahn Verlag, 2016, S. 111–138. (= Beiträge aus dem Forschungszentrum für Musik und Gender. 5). – ISBN 978-3-86525-534-1.

100. Schmidt, Ricarda: Macht und Ohnmacht der Erziehung. Kleist im Kontext von Wieland und Schiller. In: Publications of the English Goethe Society. Oxford. 85. Jg., 2016, Nº 1, S. 40–53. – ISSN 0959-3683.

101. Silva, Carina Zanelato: Sobre graça, dignidade e beleza em Friedrich Schiller e Heinrich von Kleist. São Paulo (Universidade Estadual Paulista Júlio de Mesquita Filho, Faculdade de Ciencias e Letras), Dissertação de Mestrado, 2015, 169 S. (Elektronische Ressource).

102. Steiner, Rudolf: Osnove spoznavne teorije Goethejevega pogleda na svet s posebnim ozirom na Schillerja. Prevod Jani Urbanc. Ljubljana: Garbo Unique, 2012, 160 S. – ISBN 978-961-92654-7-5.
    Slowenische Übersetzung der Schrift: Grundlinien einer Erkenntnistheorie der Goetheschen Weltanschauung mit besonderer Rücksicht auf Schiller [s. Marbacher Schiller-Bibliographie 2011, Nr. 135].

103. Takahashi, Katsumi / 高橋，克己：›Wiederkehr zum Lichte‹ — Schillers ›reinere Dämonen‹ und Hölderlins ›seelige Götter‹ [「光明への復帰」 — シラーの「より純粋な諸ダイモーン」とヘルダーリンの「至福なる神々」]. In: 高知大学学術研究報告　人文科学編 [Research Reports of Koshi University, Humanities Series], 1992, № 41, S. 13–24. – ISSN 0389-0457.

104. Takahashi, Katsumi / 高橋，克己：Schillers ›heiliger Barbar‹ und Hölderlins ›stiller Genius‹ [シラーの「神聖なる野蛮人」とヘルダーリンの「静かな霊」]. In: 高知大学学術研究報告　人文科学編 [Research Reports of Koshi University, Humanities Series], 1988, № 37, S. 35–50. – ISSN 0389-0457.

105. Tennenbaum, Rosa: 1797, The ›Year of the Ballad‹ – In the Poet's Work Shop. Translated by Gabriele and Peter Chaitkin. In: Fidelio. Journal of Poetry, Science, and Statecraft. Washington. 7. Jg., 1998, № 1, S. 61–77. – ISSN 1059-9126.
Über die Beziehung zwischen Goethe und Schiller in Weimar. Der Beitrag enthält Gedichte von Schiller in englischer Übersetzung: »The Diver« (»Der Taucher«). Translated by Sheila Anne Jones. – »The Glove« (»Der Handschuh«). Translated by Marianna Wertz. – »The Cranes of Ibycus« (»Die Kraniche des Ibykus«). Translated by William F. Wertz Jr.

106. Tenorth, Heinz-Elmar: Die Antinomien des Bildungsprozesses. Humboldt und Schiller. In: Ders., Geschichte der Erziehung. Einführung in die Grundzüge ihrer neuzeitlichen Entwicklung. Weinheim, Basel: Juventa-Verlag, 4., erweiterte Auflage 2008, S. 124–130. (= Grundlagentexte Pädagogik). – ISBN 978-3-7799-1517-1.

107. Vaccari, Ulisses Razzante: A disputa das Horas. Fichte e Schiller sobre arte e filosofia. In: Revista de Estud(i)os sobre Fichte. 2012, № 5, [o. S.]. – ISSN 2258-014X (Elektronische Ressource).

108. Vero, Marta: Natura, ragione e azione nelle filosofie di Schiller e Hölderlin (1794/95). Linee guida per un confronto. In: Estetica, antropologia, ricezione. Studi su Friedrich Schiller. A cura di Francesco Rossi. Pisa: Edizioni ETS, 2016, S. 107–119. (= Philosophica. 175). – ISBN 978-88-467-4626-9.

109. Voß, Ernestine: Begegnungen mit Schiller in Jena (September 1802 – Juli 1805). In: Axel E. Walter, Ernestine Voß. Eine Dichterfrau und Schriftstellerin der Spätaufklärung. Mit einer Edition ausgewählter Schriften. Eutin: Johann-Heinrich-Voß-Gesellschaft, 2016, S. 250–276. (= Voß-Materialien. 2). – ISBN 978-3-940211-01-9.

5.3. Die Familie Schiller: Genealogie, Generationen und Verwandtschaften

110. Pailer, Gaby / Kage, Melanie: »Im Traum sah ich ein dickes schönes gedrucktes und gebundenes Buch ...« Zur Edition von Charlotte Schillers »Literarischen Schriften« mit besonderem Blick auf ihr historisches Schauspiel (»Elisabeth«). In: Scholarly Editing and German Literature. Revision, Revaluation, Edition. Edited by Lydia Jones, Bodo Plachta, Gaby Pailer and Catherine Karen Roy. Leiden, Boston: Brill Rodopi, 2016, S. 213–228. (= Amsterdamer Beiträge zur neueren Germanistik. 86). – ISBN 978-90-04-30544-1.

111. Schiller, Charlotte: Literarische Schriften. Herausgegeben und kommentiert von Gaby Pailer, Andrea Dahlmann-Resing und Melanie Kage unter Mitarbeit von Ursula Bär, Florian Gassner, Laura Isakov, Joshua Kroeker, Rebecca Reed, Karen Roy und Zifeng Zhao. Darmstadt: Wissenschaftliche Buchgesellschaft, 2016, 1024 S. mit Illustrationen. – ISBN 978-3-534-23912-2.

112. Schiller, Charlotte: Meine Sehnsucht gab mir diese Sprache. Briefe und Literatur von Schillers Gattin. Herausgegeben von Nikolas Immer. Wiesbaden: Weimarer Verlagsgesellschaft, 2016, 144 S. mit Illustrationen. – ISBN 978-3-7374-0242-2.

6. Intellektuelle Vernetzungen

6.1. Geschichte – Kulturkritik – Politik

113. Catani, Stephanie: Friedrich Schiller. Vordenker der modernen Geschichtswissenschaft. In: Dies., Geschichte im Text. Geschichtsbegriff und Historisierungsverfahren in der deutschsprachigen Gegenwartsliteratur. Tübingen: Narr Francke Attempto, 2016, S. 69–76. – ISBN 978-3-7720-8568-0.

114. Jakovljević, Alexander: Schillers Geschichtsdenken. Die Unbegreiflichkeit der Weltgeschichte. Berlin 2015 *[Marbacher Schiller-Bibliographie 2015, Nr. 100]*.
Rezension von Jelena Spreicer: Telos und Kontingenz in Schillers Werken. In: Zagreber germanistische Beiträge. Jahrbuch für Literatur- und Sprachwissenschaft. Band 25 (2016), S. 331–336. – ISSN 1330-0946.

115. Mahlmann-Bauer, Barbara: Friedrich Schillers Prinzipien der Geschichtsschreibung und die Geschichte der französischen Unruhen. In: Literatur

und praktische Vernunft. Herausgegeben von Frieder von Ammon, Cornelia Rémi und Gideon Stiening. Berlin: Verlag Walter de Gruyter, 2016, S. 413–463. – ISBN 978-3-11-041030-3.
Der Beitrag gliedert sich in die Abschnitte: Einleitung. Lessing und Schiller. – 1. Schillers Historiographie und ihr Fragmentcharakter: 1.1. Die Geschichte des Abfalls der vereinigten Niederlande von der spanischen Regierung. – 1.2. Die Geschichte des Dreißigjährigen Krieges. – 1.3. Das letzte historiographische Projekt, eine vielbändige Quellenedition mit Einleitungen Schillers. – 2. Anforderungen an den Universalhistoriker in Schillers Antrittsvorlesung. – 3. Schillers »Geschichte der Unruhen in Frankreich« und das Scheitern psychologischer Erklärungen. – 4. Das Massaker im August 1572 und das radikale Böse. – 5. Nähe der Historiographie zur Dramaturgie: typische Plots und [Heinrich Eberhard Gottlob] Paulus' Fortsetzung von Schillers »Geschichte der französischen Unruhen«.

116. Matsui, Toshio / 松井，利夫: シラーの世界観 [Schillers Weltanschauung]. In: 東京外国語大学論集 / Area and Culture Studies (Tokyo University of Foreign Studies), 1995, № 51, S. 153–169. – ISSN 0493-4342.

117. Mestmäcker, Ernst-Joachim: Friedrich Schiller über Freiheit in der europäischen politischen Gesellschaft. In: Ordo. Jahrbuch für die Ordnung von Wirtschaft und Gesellschaft. Band 67. Berlin: De Gruyter Oldenbourg, 2016, S. 471–480. – ISSN 0048-2129.
Gleichzeitige Veröffentlichung des Beitrags in der Aufsatzsammlung des Verfassers: Europäische Prüfsteine der Herrschaft und des Rechts. Beiträge zu Recht, Wirtschaft und Gesellschaft in der EU. Baden-Baden: Nomos Verlagsgesellschaft, 2016, S. 563–575. (= Wirtschaftsrecht und Wirtschaftspolitik. 287). – ISBN 978-3-8487-3422-1.

118. Moggach, Douglas: Die Kultur der Zerrissenheit und ihre Überwindung. Friedrich Schiller, Bruno Bauer und der ästhetische Republikanismus. Aus dem Englischen übersetzt von Markus Hardtmann. In: Die Philosophie des Marktes / The Philosophy of the Market. Herausgegeben von Hans-Christoph Schmidt am Busch und Claudia Wirsing. Hamburg: Felix Meiner Verlag, 2016, S. 71–97. (= Deutsches Jahrbuch Philosophie. 7). – ISBN 978-3-7873-3012-6.
Vergleiche auch eine abweichende englischsprachige Fassung dieses Beitrags unter dem Titel: Unity in Multiplicity. The Aesthetics of German Republicanism. In: On Civic Republicanism. Ancient Lessons for Global Politics. Edited by Geoffrey Kellow and Neven Leddy. Toronto: Toronto University Press, 2016, S. 305–329. – ISBN 978-1-4875-1139-5.

Siehe auch den umfangreichen Handbuch-Artikel des Verfassers: Aesthe-
tics and Politics. In: The Cambridge History of Nineteenth-Century Political
Thought. Edited by Gareth Stedman Jones and Gregory Claeys. Cambridge:
Cambridge University Press, 2011, S. 479–520. – ISBN 978-0-521-43056-2.

119. Pieniążek, Pawel: Schiller i historiozofia nowoczesności. In: Orbis Lingu-
     arum. Herausgegeben von Edward Białek, Grzegorz Kowal und Jaroslaw
     Luposchanskyj. Dresden. 2015, № 43, S. 359–372. – ISSN 1426-7241 / ISBN
     978-3-86276-181-4.

120. Rocks, Carolin: ›Nur Frankreich konnte Frankreich überwinden.‹ Zur Ana-
     lytik politischer Gegensätze bei Kant und Schiller. In: Figurationen des
     Politischen. Band 2: Die zwei Körper der Nation. Herausgegeben von Martin
     Doll und Oliver Kohns. Paderborn: Wilhelm Fink Verlag, 2016, S. 357–387.
     (= Texte zur politischen Ästhetik. 3). – ISBN 978-3-7705-5788-2.

121. Rocks, Carolin: Feldgeschrey. Zur politischen Funktion des Chors bei Sulzer
     und Schiller. In: Chor-Figuren. Herausgegeben von Julia Bodenburg, Katha-
     rina Grabbe und Nicole Haitzinger. Freiburg im Breisgau, Berlin, Wien:
     Rombach Verlag, 2016, S. 193–212. (= Rombach Wissenschaft: Reihe Para-
     deigmata. 30). – ISBN 978-3-7930-9837-9.

122. Serra, Teresa: Agire politico e creazione del bello. Considerazioni su Schil-
     ler e Arendt. In: Hannah Arendt. Percorsi di ricerca tra passato e futuro,
     1975–2005. A cura di Margarete Durst e Aldo Meccariello. Firenze: Giuntina
     Editore, 2006, S. 45–56. – ISBN 88-8057-247-4.

123. Vecchiato, Daniele: Verhandlungen mit Schiller. Historische Reflexion
     und literarische Verarbeitung des Dreißigjährigen Kriegs im ausgehenden
     18. Jahrhundert. Hannover 2015 *[Marbacher Schiller-Bibliographie 2015,*
     Nr. 101].
     Rezension von Timothy Attanucci. In: Jahrbuch für internationale Germanis-
     tik. Bern. 48. Jg., 2016, № 2, S. 160–163. – ISSN 0449-5233. – David T. Barry.
     In: The Modern Language Review. London. 111. Jg., 2016, № 3, S. 901–902. –
     ISSN 0026-7937.

124. Wogawa, Stefan: Schiller als Historiker. In: Ders., Thüringer Kaleidoskop.
     Menschen, Orte, Ereignisse. Erfurt: Eobanus Verlag, 2016, S. 15–18. – ISBN
     978-3-9814241-8-8.

6.2. Philosophie, Ästhetik, Anthropologie, Bildung und Erziehung
(auch zur Auseinandersetzung mit der Philosophie Kants)

125. Andrijauskas, Alfredas: Sintezės tendencija F. Šilerio estetikoje [A Tendency of Synthesis in Schiller's Aesthetics]. In: Problemos. Vilnius. 1986, № 35, S. 81–84. – ISSN 1392-1126.

126. Aoki, Atsuko / 青木, 敦子: 崇高な対象：シラーにおける表象不可能なもの [Der erhabene Gegenstand: Das Unvorstellbare bei Schiller]. In: 研究年報 / 学習院大学文学部 [Research Annual Report / Faculty of Letters Gakushuin University], 1993, № 39, S. 207–222. – ISSN 0433-1117.

127. Aytaç, Gürsel: Schiller'in Edebiyat Görüşü [Zur Dichtungsauffassung von Schiller]. In: Diyalog. Interkulturelle Zeitschrift für Germanistik. Organ des türkischen Germanistenverbandes. Meram. 2014, № 1, S. 30–44. – ISSN 2148-1482.
Siehe auch die Monographie des Verfassers [Marbacher Schiller-Bibliographie 2008, Nr. 238].

128. Bär, Andreas: Schillers Pädagogik im Horizont von Leibniz und Kant. Zur historisch-systematischen Entwicklung des Bildungsgedankens vom frühen bis zum späten Schiller. Duisburg: Universitätsverlag Rhein-Ruhr, 2016, 305 S. (= Ess-Kultur. Essener Schriften zur Sprach-, Kultur- und Literaturwissenschaft. 8). – ISBN 978-3-95605-014-5.
Inhalt (Auszug): 1. Schiller als Pädagoge – zum Theoriestatus seines Bildungsideals. 1.1. Problemstellungsperspektiven und Verortung der Untersuchung im bildungstheoretischen Forschungsbereich historisch-systematischer Pädagogik (S. 17–25). – 1.2. Einordnung des vorliegenden Beitrages in die Landschaft der erziehungs- und bildungstheoretisch orientierten Schiller-Forschung: von nationalpädagogischen bis zu postmodernen pädagogischen Lesarten (S. 25–56). – 1.3. Begründung der methodischen Vorgehensweise der vorliegenden Untersuchung und der Orientierung am problemgeschichtlichen Forschungsansatz in der Historischen Pädagogik (S. 57–72). – 2. Die Bildungstheorie des frühen Schiller im Horizont seiner Leibniz-Rezeption (1772–1787). 2.1. ›Nie wird dieser Bund vergehn, / Keine Zeit ihn mindern, / Schöner wird er auferstehn / In geliebten Kindern‹: Bildungstheorie der Freundschaft und Liebe als ›Widerschein dieser einzigen Urkraft‹. Schillers Grundlegung seiner Bildungskonzeption in allen bildungshistorischen Schaffensphasen (S. 73–96). – 2.2. ›Das Gleichgewicht zwischen beiden Lehrmeinungen: zum Integrationsversuch idealistischer und materialistischer Kernmotive und Grundgedanken in Schillers früher Bildungskonzeption (S. 96–103). – 2.2.1. ›Alle Moralität des

*Menschen hat ihren Grund in der Aufmerksamkeit‹: Bildung im Horizont der
»Philosophie der Physiologie« (1779). Schillers Bildungsmodell der Informa-
tionsverarbeitung und der Aufmerksamkeitssteuerung (S. 103–118). – 2.2.2.
›Alle Sorgen und Lasten der Geschöpfe begräbt der Schlaf, sezt alles ins
Gleichgewicht‹: Schillers Grundbedürfnistheorie im Zeichen des prästabilier-
ten Ordnungszusammenhangs von Leib und Geist und der Kritik der Aufmerk-
samkeitssteuerungstheorie in seiner dritten Dissertation »Ueber den Zusam-
menhang der thierischen Natur des Menschen mit seiner geistigen« (1780).
Mit einem Exkurs zur Grundbedürfniskonzeption und zur Humanistischen
Psychologie bei Maslow und Rogers (S. 119–126). – 2.2.3. ›Durch den Mund
der Liebe an das Herz seines Freundes reden‹: Schillers bildungstheoretische
Begründung der Antinomie von Zwang und Freiheit in seiner vorkantischen
Schaffensphase. Kritik der Bildungskonzeption der Freundschaft und Liebe
in den »Briefen über Don Karlos«, 1788 (S. 127–136). – 2.2.4. ›In der ganzen
Geschichte des Menschen ist kein Kapitel unterrichtender für Herz und Geist
als die Annalen seiner Verirrungen: zur kriminalsoziologischen Dimension
des Bildungsgedankens beim frühen Schiller als Teil des Integrationsversuchs
idealistischer und materialistischer Kerngedanken. Umwege und Abwege
menschlicher Bildung im Teufelskreislauf einer delinquenten Entwicklung
(S. 137–153). – 3. ›Ausflüsse eines wahrhaft empfindenden Herzens‹: Poetisches Schreiben als Bildungsmedium: zum Stellenwert und zur Bedeutung
von Schillers Leibniz-Rezeption in ihrem biographisch begründeten und ideengeschichtlichen Zusammenhang mit Humboldts Sprach- und Bildungsphi-
losophie und der frühschillerschen Herzensausflusspoetik (S. 155–158). – 3.1.
Freundschaft und Liebe als ›Wirkung der Dichtungskraft‹: Vergleich der bildungstheoretischen Perspektiven der Leibniz-Rezeption Humboldts und Schillers und ihrer Konsequenzen für ihre Bildungskonzeptionen (S. 158–167). – 3.2.
›Horch der hohen Harfe, / Dann Gott entzittert ihr‹: Dichten und Poetisches
Schreiben als konstitutive Möglichkeitsbedingungen des Zugangs des Menschen zur Welt der Stoffe. Schillers bildungstheoretische Begründung seiner
Herzensausgusspoetik im Horizont seiner Leibniz-Rezeption (S. 167–180). –
3.3. Exkurs zur bildungstheoretischen Fundierung und Legitimation der Kre-
ativen Schreibdidaktik von Kaspar Spinner (S. 181–195). – 4. ›Fruchtbar und
weit umfassend ist das Gebiet der Geschichte; in ihrem Kreise liegt die ganze
moralische Welt‹: die Bildungstheorie der historischen Schriften des Philo-
sophieprofessors Schiller, 1787–1792 (S. 197–203). – 4.1. ›Durch immer neue
und immer schönere Gedanken-Formen schreitet der philosophische Geist zu
höherer Vortrefflichkeit fort‹: zum Zusammenhang von materialer und forma-
ler Bildung im autopoietischen Vorgang der ästhetischen Formung der Stoffe
im Studium der Universalgeschichte (S. 203–210). – 4.2. ›Wahrheit und Schön-*

heit, als zwo versöhnte Geschwister umarmen‹: zu Schillers Auffassung des
Verhältnisses und des Zusammenhangs von Wissenschaft und Kunst gemäß
seiner Theorie der historischen Bildung (S. 211–232). – 5. ›Das Uebergewicht
der herrschenden Kraft unterscheiden wir von dem Uebergewicht der subordi-
nierten Kräfte, und nennen jenes Schönheit, Vollkommenheit‹: Schillers späte
Pädagogik und sein bildungstheoretisch motiviertes Interesse an der Philoso-
phie Kants – zum Versuch Schillers, sie auf dem Hintergrund seiner Rezeption
von Leibnizschen und materialistischen Motiven, Ideen und Gedanken in einer
Bildungstheorie des Schönen und Erhabenen zu integrieren (S. 233–267). – 6.
Zusammenfassung und Ausblick (S. 269–283). – 7. Bibliographie (S. 285–305).

129. Barbosa, Ricardo: Educação estética, educação »sentimental«. Um estudo
     sobre Schiller. In: ArteFilosofia. Ouro Preto (Brasil), 2014, Nº 17, S. 146–169.

130. Barbosa, Ricardo: Limites do belo. Escritos sobre a estética de Friedrich
     Schiller. São Paulo: Editora Relicário, 2015, 191 (2) S. – ISBN 978-85-66786-
     27-9.
     [Interimistische Titelaufnahme, s. Marbacher Schiller-Bibliographie 2015,
     Nr. 105].
     Inhalt: Apresentação (S. 9–12). – Schiller e o problema do fundamento obje-
     tivo do belo. As »Preleções sobre estética do semestre de inverno de 1792–
     93« e »Kallias ou sobre a beleza« (S. 13–40). – A três naturezas. Schiller e
     a criação artística (S. 41–54). – Sobre o sublime teórico em Schiller e o
     espírito trágico do idealismo transcendental (S. 55–76). – Verdade e beleza.
     Schiller e o problema da escrita filosófica (S. 77–117). – A especificidade do
     estético e a razão prática em Schiller (S. 119–134). – O »idealismo estético« e
     o ›factum‹ da beleza. Schiller como filósofo: I. A prerrogativa do estético e a
     analítica antropológia: a posição do problema das cartas »Sobre a educação
     estética do homem«. – II. O conceito racional puro da humanidade: a natu-
     reza humana como uma natureza pulsional. – III. O problema da unidade
     de natureza humana. – IV. Dedução do conceito racional puro da beleza a
     partir do conceito racional puro da humanidade. – V. Dialética da beleza
     (S. 135–184). – Bibliografia (S. 185–191).

131. Barbosa, Ricardo: Sobre o sublime teórico en Schiller e o espirito tran-
     scendental. In: Analytica. Revista de Filosofia. Rio de Janeiro. 18. Jg., 2014,
     Nº 2, S. 85–108.

132. Baumann, Fred: Schiller on Aesthetic Education. Radicalization by Return.
     In: Recovering Reason. Essays in Honor of Thomas L. Pangle. Edited by
     Timothy Burns. Lanham: Lexington Books, 2010, S. 325–344. – ISBN 978-0-
     7391-4631-6.

133. Bensi, Matteo: ›Mondo bello, dove sei? Ritorna.‹ Il ritorno come destinazione dell'uomo. In: Estetica, antropologia, ricezione. Studi su Friedrich Schiller. A cura di Francesco Rossi. Pisa: Edizioni ETS, 2016, S. 45–60. (= Philosophica. 175). – ISBN 978-88-467-4626-9.
Der Beitrag gliedert sich in die Abschnitte: 1. Destinazione, perfezionamento e scissione. – 2. Lettere filosofiche. – 3. Dall'antropologia alla storia universale. – 4. L'educazione estetica. – 5. ›Gute Nacht, du falsche Welt!‹

134. Bidmon, Agnes: Hoffnung als Übel oder Gabe bis ins 19. Jahrhundert. Zwischentöne: erste Brüche mit vereindeutigenden Lesarten (Kant, Schiller, Herder). In: Dies., Denkmodelle der Hoffnung in Philosophie und Literatur. Eine typologische Annäherung. Berlin: Verlag Walter de Gruyter, 2016, S. 138–159. (= Hermaea. Germanistische Forschungen. Neue Folge. 140). – ISBN 978-3-11-044158-1.

135. Billings, Joshua: Schiller's System of Tragic Freedom. In: Ders., Genealogy of the Tragic. Greek Tragedy and German Philosophy. Princeton, Oxford: Princeton University Press, 2014, S. 88–97. – ISBN 978-0-691-15923-2.

136. Bonomo, Daniel: Schiller e a continuidade idealista na teoria do realismo burguês alemão. In: Literatura e Sociedade. São Paulo (Departamento de Teoria Literária e Literatura Comparada de Universidade São Paulo), 2014, Nº 14, S. 57–66. – ISSN 1413-2982 (Print) / ISSN 2237-1184 (Elektronische Ressource).

137. Boos, Stephen: Rethinking the Aesthetic. Kant, Schiller and Hegel. In: Between Ethics and Aesthetics. Crossing the Boundaries. Edited by Dorota Glowacka and Stephen Boos. New York, NY: State University of New York Press, 2002, S. 15–27. (= Suny Series in Aesthetics and the Philosophy of Art). – ISBN 0-7914-5196-8.

138. Bürger, Peter: Autonomie umění v estetice Kanta a Schillera. In: Ders., Teorie avantgardy. Stárnutí moderny: Stati o výtvarném umění. Přeložili Tomáš Dimter a Martin Pokorný. Přeložil a předmluvu napsal Václav Magid. Praha: Akademie Výtvarných Umění v Praze, 2015, S. 99–105. (= Vědecko-Výzkumné Pracoviště. Edice VVP AVU. 5). – ISBN 978-80-87108-59-8.
Deutschsprachige Erstveröffentlichung (1974) und weitere Übersetzungen des Bandes [s. Marbacher Schiller-Bibliographie 2013, Nr. 142].

139. Cecchinato, Giorgia: Sobre o interesse sentimental para o ingênuo em Schiller a partir de uma nota sobre Kant. In: Viso. Cadernos de Estética Aplicada. Rio de Janeiro (Universidade Federal Fluminense), 8. Jg., 2015, Nº 15, S. 209–229. – ISSN 1981-4062 (Elektronische Ressource).

140. Conti, Romina: La desalineación estética en Schiller y Marcuse. Un retorno
     sobre el problema de la racionalidad mutilada. In: Tópicos. Revista de
     Filosofía de Santa Fe. 2011, Nº 21, [o. S.]. – ISSN 1666-485X (Print) / ISSN
     1668-723X (Elektronische Ressource).

141. Dartsch, Michael: Spiel und Menschsein. Zur Aktualität des Schillerschen
     Diktums. In: Katholische Bildung. Verbandsorgan des Vereins Katholischer
     Deutscher Lehrerinnen. Essen. 114. Jg., 2013, Nº 4, S. 176–185. – ISSN 0343-
     4605.

142. Daubitz, Ursula: Anthropologie und Geschichtsphilosophie beim jungen
     Friedrich Schiller. Berlin: Humboldt Universität zu Berlin, Philosophische
     Fakultät I, 2016, 212 S.
     *Die Untersuchung wurde 2014 als Dissertation angenommen. – Inhalt
     (Auszug): Einleitung (S. 7ff.). – 1. Die anthropologische Prämisse und zu
     einigen Akzenten des Unterrichts an der Hohen Karlsschule: 1.1. Zum Anthro-
     pologie- und Naturverständnis der zweiten Hälfte des 18. Jahrhunderts. Ein
     Problemaufriss (S. 17ff.). – 1.2. Der Philosophieunterricht an der Stuttgarter
     Akademie (S. 69ff.). – 2. Lösungsversuche zur anthropologischen Fragestel-
     lung innerhalb der Stuttgarter Akademiejahre: 2.1. Vorbedingung zum Anthro-
     pologieverständnis des jungen Schiller. – 2.2. Das Leib-Seele-Problem. –
     2.3. Das Erkenntnisproblem (S. 89ff.). – 3. Erste geschichtsphilosophische
     Reflexionen beim jungen Schiller: 3.1. Zum Verhältnis von Anthropologie und
     Geschichte im 18. Jahrhundert. – 3.2. Die Bestimmung des Menschen: Die
     Wendung von der Anthropologie zur Geschichtsphilosophie. – 3.3. Die anthro-
     pologische Geschichtsschreibung beim jungen Friedrich Schiller. – 3.4. Fort-
     schrittsgedanke versus kulturelle Verfallsgeschichte: Schillers Konzept einer
     Universalgeschichte des Fortschritts (S. 153–188). – 4. Fazit (S. 189–192). –
     Literaturverzeichnis (S. 194–212).*

143. Denison, Jaime: Between the Moment and Eternity. How Schillerian Play
     can Establish Animals as Moral Agents. In: Between the Species. Online
     Journal für the Study of Philosophy and Animals. San Francisco (Philoso-
     phy Department and Digital Commons at the California Polytechnic State
     University), 13. Jg., 2011, Nº 10, S. 60–72. – ISSN 1945-8487.

144. Dias Rabelo, Marcelo: O lúcido como pressuposto para a formação homem
     pleno em Schiller. In: Revista Pandora Brasil. Revista de humanidades e
     de civilidade filosófica e literária. São Paulo. 2016, Nº 71, S. 2–14. – ISSN
     2175-3318.

145. Eki, Toshiro: Zur politischen Ambivalenz der Ästhetik Friedrich Schillers. Mit einer Überlegung zu ihrer Bedeutung zur ›poetic justice‹. In: Neue Beiträge zur Germanistik. Tokyo. 14. Jg., 2015, Nº 2, S. 57–73. – ISSN 0387-2831. – *Text in japanischer Sprache mit deutscher Zusammenfassung.*

146. Feldhaus, Charles: Dever e inclinação em Kant e Schiller. In: Ethic@. Revista Internacional de Filosofía da Moral. Florianópolis (Universidade Federal de Santa Catarina), 14. Jg., 2015, Nº 3, S. 395–414. – ISSN 1677-2954 (Elektronische Ressource).

147. Freitas, Verlaine: Schiller e a insuficiência constitutiva do ingênuo. In: Viso. Cadernos de Estética Aplicada. Rio de Janeiro (Universidade Federal Fluminense), 8. Jg., 2015, Nº 15, S. 230–235. – ISSN 1981-4062 (Elektronische Ressource).

148. Friedauer, Denise: Schillers Theorie der individuellen Entwicklung. In: Kritische Pädagogik. Zeitschrift für allgemeine Pädagogik und ihre Grenzgebiete. Kirchvers. 21. Jg., 2016, Nº 1/3, S. 3–14.– ISSN 0949-9857.

149. Giordanetti, Piero Emilio: Friedrich Schiller. L'armonia tra bello e sublime. In: I luoghi del sublime moderno. A cura di Piero Emilio Giordanetti e Maddalena Mazzocut-Mis. Milano: LED (Edizioni Universitarie di Lettere Economia Diritto), 2005, S. 187–193. – ISBN 88-7916-289-6.

150. Gregori, Eva: Individuo y naturaleza em Schiller. La noción de juego. In: Matèria. Revista Internacional d'Art. Barcelona. 2002, Nº 2, S. 33–55. – ISSN 1579-2641 (Print) / ISSN 2385-3387 (Elektronische Ressource).

151. Hernández Pérez, Luis Miguel: Hacia orígines de la ›Bildung‹ estética de Friedrich Schiller: alma bella, gracia y dignidad. In: Revista Fermentario. Montevideo (Universidad de República Uruguay), 2. Jg., 2016, Nº 10, S. 105–128. – ISSN 1688-6151 (Online-Ressource).

152. Hohr, Hansjörg: Education for Life, Dignity and Happiness. On Friedrich Schiller's Theory of ›Literature‹ and its Educational Implications. In: Progress in Education. Volume 9. Edited by Robert Nata. Hauppauge, New York: Nova Science Publishers, 2002, S. 29–45. – ISBN 1-59033-539-2. *Die Studie gliedert sich in die Abschnitte: I. Modern Experience and Literature: Discord, Exile and Longing. – The Social Characters of Modernity: The Realist and the Idealist. – Reconciliation and Unity. – The Reflective World View. – II. Educational Implications: Paradoxial Ground. – A Theory of Action. – Education between Realism and Idealism. – Education for Happiness: The Possibility of Action, Criticism, Hope and Imagination.*

Siehe auch die Monographie des Verfassers: Friedrich Schiller über Erzie-hung: Der schöne Schein. Bad Heilbrunn 2006 [Marbacher Schiller-Bibliographie 2006, Nr. 172].

153. Hohr, Hansjörg: Schiller. Danning som forsoning mellom følelse og for-nunft. In: Danningens filosofihistorie. Red. Ingerid S. Straume. Oslo: Gyl-dendal Norsk Forlag / Gyldendal Akademisk, 2013, S. 160–170. – ISBN 978-82-05-44421-8.

154. Ishizawa, Masato: 「芸術による教育」か「芸術への教育」か：シラーの美的教育の理念について [›Erziehung durch Kunst‹ oder ›Erziehung zur Kunst‹? Über Schillers Idee der ästhetischen Erziehung]. In: 社会システム研究 [Socialsystems: Political, Legal and Economic Studies]. Kyoto. 2014, № 17, S. 15–29. – ISSN 1343-4497.

155. Ito, Gen / 井藤、元：『崇高論』によるシラー美的教育論再考：シラー美的教育論再構築への布石 [Reconsidering Schiller's Theory of Aesthetic Edu-cation Based on the Theory of the Sublime: Toward a Reconstruction]. In: 京都大学大学院教育学研究科紀要 / Kyoto University Research Studies in Education. 2009, № 55, S. 173–187. – ISSN 1345-2142.

156. Jeppesen, Morten Haugaard: Den æstetiske revolution. Skønhed og frihed hos Kant og Schiller. Århus: Forlag Modtryk, 2005, 250 S. – ISBN 87-7394-898-5.
Inhalt (Auszug): Kap. 2.: En uimodtagelig slægt. Schiller og frihedens problem: I. Schillers reaktion på Den franske Revolution – Politik som kunstværk – Frihedens forhekselse i Schillers tidlige dramatik – Den dobbelte opgave (S. 43–51). – II. Schillers samtidsdiagnose – Frihedens manglende forudsæt-ninger – Behovet for en tredje karakter – Politik som moralens forlængelse (S. 51–56). – V. Schillers modernitetskritik: vildskab og barbari – Græciteten som forbillede – Inspirationen fra Winckelmann – Fragmentation og fremmed-gørelse i det moderne (S. 74–81). – Kap. 4: Gennem skønhed til frihet. Schiller og den æstetiske opdragelse: I. At komme videre med filosofen – Schillers lange tilløb til Kant – Mod et objektivt skønhedsbegreb: Kallias-projektet – Skønhed som frihed i fremtrædelsen (S. 155–165). – II. Tilbage til Kant – Person tilstand, stofdrift og formdrift – Vekselvirkning hos Schiller og Fichte – Legedrift og skønhed – Smeltende og energisk skønhed (S. 165–181). – Frihedens former – Sanselighedens rettigheder – Æstetisk opdragelse som opdragelse via æstetik – Den æstetiske stat (S. 181–190). – Æstetisering af det politiske? (S. 190–197). Rezension von Mads Nygaard Folkmann unter dem Titel: Revolutionær æstetik. In: Kritik. Tidsskrift for litteratur, forskning, undervisning. København. 2006, № 39, S. 129–132. – ISSN 0454-5354.

157. Jüdt, Norbert: Ästhetische Erziehung als Erziehung schlechthin? Schiller
     umdeuten: Ansätze zu einer Pädagogischen Ästhetik. Baltmannsweiler:
     Schneider Verlag Hohengehren, 2016, 239 S. – ISBN 978-3-8340-1651-5.
     *Darin besonders die Kapitel: 4. Anknüpfungspunkte bei Schiller & Co.
     (S. 38–71) und in 5.1. Gestaltbildung und Schillers ›Formtrieb‹ (S. 76–80).*

158. Khurana, Thomas: Die Kunst der zweiten Natur. Zu einem modernen Kul-
     turbegriff nach Kant, Schiller und Hegel. In: WestEnd. Neue Zeitschrift für
     Sozialforschung. Frankfurt a. M. 13. Jg., 2016, № 1, S. 35–55. – ISSN 1860-
     2177.

159. Küchenhoff, Joachim: Spielräume. Das Spiel bei Schiller und in der Psycho-
     analyse. In: Friedrich Schiller. Herausgegeben von Astrid Lange-Kirchheim,
     Joachim Pfeiffer und Carl Pietzcker. Würzburg: Verlag Königshausen &
     Neumann, 2016, S. 21–43. (= Freiburger Literaturpsychologische Gespräche.
     Jahrbuch für Literatur und Psychoanalyse. 35). – ISBN 978-3-8260-5909-4.
     *Der Beitrag gliedert sich in die Abschnitte: Einleitung. – 1. Der Text. – 2. Form-
     analyse des Textes. – 3. Das Spiel von der Differenz her denken. – 4. Psycho-
     analytische Spieltheorien bei Schiller.*

160. Lischewski, Andreas: ›Auch das Schöne muß sterben!‹ Die Überwindung
     der *schönen Seele* in der dramatischen Bildungstheorie von Schillers Spät-
     werk. In: Negativität als Bildungsimpuls? Über die pädagogische Bedeu-
     tung von Krisen, Konflikten und Katastrophen. Herausgegeben von Andreas
     Lischewski. Paderborn: Verlag Ferdinand Schöningh, 2016, S. 23–58. – ISBN
     978-3-506-78478-0.
     *Der Beitrag gliedert sich in die Abschnitte: 1. Schillers Schaffensphasen: ein
     heuristischer Überblick über zentrale Zäsuren. – 2. Die ästhetische Bildungs-
     theorie der schönen Seele: zur begrifflichen Systematik der Jenaer Schriften. –
     3. Intermezzo: Vom ›Begriff‹ zum ›Werden‹ der schönen Seele. – 4. Die drama-
     tische Bildungstheorie der geschichtlichen Seele: zur realen Konflikthaftigkeit
     der Weimarer Helden.*

161. Loth, Robert: Das Problem der Freiheit. Über die Schönheit in Schillers *Kal-
     lias*-Briefen. In: Jahrbuch der Deutschen Schillergesellschaft. Internationa-
     les Organ für Neuere Deutsche Literatur. Berlin. 60. Jg., 2016, S. 189–215. –
     ISBN 978-3-11-046543-3.

162. Lüthe, Rudolf: Durch das Land der Wilden und Barbaren. Mit Schiller (und
     Humboldt) von »Bologna« zu den gebildeten Menschen. In: Auf dem Weg
     zur Bildung. Individuelle Bildungsreisen als Horizonterweiterung. Heraus-
     gegeben von Silke Allmann und Denise Dazert. Weinheim, Basel: Juventa

Verlag, 2016, S. 39–50. (= Koblenzer Schriften zur Pädagogik). – ISBN 978-3-7799-2287-2.

163. Macor, Laura Anna: Astrazione e violenza. La non-critica di Schiller alla morale kantiana. In: Philosophical Readings. Online Journal of Philosophy. 8. Jg., 2016, № 2, S. 107–112. – ISSN 2036-4989.
Der Beitrag gliedert sich in die Abschnitte: La semantica dell'astrazione. – La semantica della violenza. – 3. La semantica del ›come se‹.

164. Marggraff, Ute: Immanuel Kant und Friedrich Schiller zur Humanisierung des Menschen nach einem verborgenen Plan der Natur in der ästhetischen Auseinandersetzung M. A. Bulgakovs mit der Utopie des neuen Menschen. In: Anuari de Filologia. Llengües i literatures modernes. Barcelona. 2015, № 5, S. 71–87. – ISSN 2014-1394 (Elektronische Ressource).

165. Massara Rocha, Guilherme: Cultura estética e psicanálise. Schiller e Freud. In: Scripta. Linguística e Filologia (Pontificia Universidade de Minas Gerais), 16. Jg., 2012, № 31, S. 195–212. – ISSN 1516-4039 (Print) / ISSN 2358-3428 (Elektronische Ressource).

166. Méchoulan, Éric: La culture de la valeur. Économie et esthétique chez Kant et Schiller. In: Transmédiations. Traversées culturelles de la modernité tardive. Sous la direction de Jean-François Vallée, Jean Klucinskas et Gilles Dupuis. Montréal: Les Presses de l'Université de Montréal, 2012, S. 150–171. – ISBN 978-2-7606-2288-3.

167. Meyer, Ursula I.: Kunst braucht ein System – Idealismus und Romantik. Der ästhetische Staat – Friedrich Schiller. In: Dies., Der philosophische Blick auf die Kunst. Aachen: ein-Fach-Verlag, 2016, S. 160–167. – ISBN 978-3-928089-68-5.

168. Milenkaya, Galina: Theatre as a Factor of Harmonious Development of the Person and the Society in the Theatrical Aesthetics of Friedrich Schiller. In: GISAP. Culturology, Sports and Art History. London. 2015, № 6, [o. S.]. – ISSN 1313-2547 (Elektronische Ressource).

169. Moshammer, Gerald: On Schiller's Aesthetic and Social Elevation of Moral Perception. In: Prajñā Vihāra. Journal of Philosophy and Religion. Bangkok (Assumption University of Thailand), 15. Jg., 2014, № 1, [o. S.]. – ISSN 1513-6442.

170. Nakamura, Michitaro / 中村, 美智太郎 ：初期シラーにおける「二重の美学」. 合目的性と自由の果たす役割 [›Die doppelte Ästhetik‹ im Frühwerk Schillers. Über die Rolle der Zweckmäßigkeit und der Freiheit]. In: 橋研究

[Hitotsubashi Journal of Social Sciences], 31. Jg., 2006, № 2, S. 55–72. – ISSN 0286-861X.

171. Nakamura, Michitaro / 中村，美智太郎. 遊戲と崇高. シラーにおける媒介と移行の論理 [Das Spiel und das Erhabene. Schillers Logik der Vermittlung und des Übergangs]. In: 橋論叢 [The Hitotsubashi Review], 135. Jg., 2006, № 3, S. 438–456. – ISSN 0018-2818.

172. Nunes, Ana Raquel: A educação estética de Schiller na contemporaneidade. O uso da arte para uma educação moral. Lisboa: Tese de Mestrado em Filosofia, Faculdade de Letras da Universidade de Lisboa, 2014.
Zusammenfassung der Untersuchung in: Philosophica. Revista do Departamento de Filosofia da Faculdade de Letras da Universidade de Lisboa. 2015, № 45, S. 155–159. – ISSN 0872-4784.

173. Pankow, Marcin: Zwischen Schiller und Hegel. Zur neuen Theorie der Intersubjektivität. In: Transzendentalphilosophie und Person. Leiblichkeit – Interpersonalität – Anerkennung. Herausgegeben von Christoph Asmuth. Bielefeld: Transcript Verlag, 2007, S. 189–198. (= Edition panta rei). – ISBN 978-3-89942-691-5.

174. Poltrum, Martin: Das Spiel mit der Schönheit. Schiller und Kant. In: Ders., Philosophische Psychotherapie. Das Schöne als Therapeutikum. Berlin: Parodos Verlag, 2016, S. 203–209. – ISBN 978-3-938880-82-1.

175[1]. Posada Ramírez, Jorge Gregorio: Impulso formal e impulso sensible, algunas consideraciones sobre la educación estética desde Friedrich Schiller. In: Sophia. Revista de Investigaciones (Universidad La Gran Colombia), 12. Jg., 2016, № 2, S. 279–289. – ISSN 1794-8932 (Print) / ISSN 2346-0806 (Elektronische Ressource).

175[2]. Prill, Meinhard: Friedrich Schiller. In: Kindler Kompakt. Philosophie 18. Jahrhundert. Ausgewählt von Johannes Rohbeck. Stuttgart: J. B. Metzler Verlag, 2016, S. 180–189. – ISBN 978-3-476-05540-8.

176. Quiroz Ospina, Daniel: El diagnóstico del hombre. El problema de la ›enajenación‹ en Friedrich Schiller y Karl Marx. In: Versiones. Revista de Estudiantes de Filosofia. Medellín (Universidad de Antioquia: Instituto de Filosofía), 2. Jg., 2016, № 9, S. 80–100. – ISSN 2464-8026 (Elektronische Ressource).

177. Rigoti dos Anjos, Vitor Luiz: Um retorno a Schiller. »A beleza é a liberdade na aparência« – Estética como desafio para o modo moderno de pensar. In: Problemata. International Journal of Philosophy (Universidade Federal de

Paraíba), 5. Jg., 2014, № 2, S. 388–404. – ISSN 1516-9219 (Print) / ISSN 2236-8612 (Elektronische Ressource).

178. Robert, Jörg: ›La porta d'Oriente della bellezza.‹ Antropologia e autonomia estetica nell'opera di Friedrich Schiller. Traduzione di Chiara Conterno. In: Estetica, antropologia, ricezione. Studi su Friedrich Schiller. A cura di Francesco Rossi. Pisa: Edizioni ETS, 2016, S. 19–44. (= Philosophica. 175). – ISBN 978-88-467-4626-9.

179. Rothman, Roger: Schiller Upside Down Cake. Recipe for a Materialist Ateleological Aesthetic. In: The Art of the Real. Visual Studies and New Materialisms. Edited by Roger Rothman and Ian Verstegen. Newcastle upon Tyne: Cambridge Scholars Publishing, 2015, S. 63–83. – ISBN 978-1-4438-7653-7. *Das Kapitel gliedert sich in die Abschnitte: Autonomy after critique. – The aesthetic without a telos. – Ateleology and the Aesthetics of John Cage. – Referenzwerk in dieser Studie ist Schillers Schrift »Die ästhetische Erziehung des Menschen in einer Reihe von Briefen«.*

180. Sakamoto, Takashi / 坂本, 貴志: Schiller und die hermetische Tradition [フリードリヒ・シラーとヘルメス的伝統]. In: 山口大學文學會志 [Journal of the Literary Society of Yamaguchi University]. 2010, № 60, S. 117–138. – ISSN 551-133X.

181. Sakamoto, Takashi / 坂本, 貴志: Über die neuplatonisch-gnostische Bildung des Menschen. Zur Neuorientierung des Schillerschen Begriffs der Freiheit. In: 山口大学独仏文学 (山口大学独仏文学研究会) [Yamaguchi-Daigaku Dokufutsu-Bungaku), 2009, № 31, S. 29–42. – ISSN 0387-6918.

182. Santos Neto, Artur Bispo dos: A analítica kantiana do sublime em Friedrich Schiller. In: Aufklärung. Revista de filosofía. João Pessoa (Universidade de Paralba), 3. Jg., 2016, № 2, S. 151–162. – ISSN 2358-8470 (Print) / ISSN 2318-9428 (Elektronische Ressource).

183. Sasnauskienè, Jadvyga: J. F. Šileris apie socialinį grožio vaidmenį [Friedrich Schiller on the Role of Beauty in Social Life]. In: Problemos. Vilnius. 1980, № 25, S. 29–33. – ISSN 1392-1126.

184. Schäfer, Martin Jörg: ›Bildung‹ als Kehrseite einer ästhetischen Erziehung nach Schiller. In: Ders., Das Theater der Erziehung. Goethes ›pädagogische Provinz‹ und die Vorgeschichten der Theatralisierung von Bildung. Bielefeld: Transcript Verlag, 2016, S. 216–226. (= Theater. 86). – ISBN 978-3-8376-3488-4.

185. Shaw, Devin Zane: Schiller's Aesthetic Freedom. In: Ders., Egalitarian Moments. From Descartes to Rancière. London, Oxford, New York: Bloomsbury Academic, 2016, S. 153–158. (= Bloomsbury Studies in Continental Philosophy). – ISBN 978-1-4725-0544-6.

186. Silva Júnior, Clecio Luiz: O sublime e o trágico no projeto de educação estética de Schiller. Ouro Preto (Brasil): Universidade Federal de Ouro Preto, Instituto de Filosofia, Artes e Cultura, Dissertação Mestrado, 2016, 122 S. (Elektronische Ressource).

187. Sousa, Elisabete M. de: Kierkegaard e Schiller em temor e tremor. In: Interações (Pontificia Univerdidade Católica de Minas Gerais, Departamento de Ciências da Religião), 6. Jg., 2011, Nº 10, S. 83–94. – ISSN 1983-2478 (Print) / 1809-8479 (Elektronische Ressource).

188. Strohmeyer, Ingeborg: Musik und Spiel. Im Lichte der Kant-Schillerschen Ästhetik. Würzburg: Verlag Königshausen & Neumann, 2016, 205 S. – ISBN 3-8260-6039-3
   Für die Schiller-Forschung von besonderem Interesse Kap. I: Die Kant-Schillersche Ästhetik. Darin die Abschnitte: 1. Kants Lehre vom Schönen. – 2. Schillers ästhetischer Humanismus. – 3. Vergleich der ästhetischen Lehren von Kant und Schiller. – 4. Ästhetisches Spiel und andere Arten des Spiels (S. 11–39). – Kap. IV: Spiel aus ästhetischer Sicht (S. 167–192).

189. Trinidade de Araújo, Ana Karênina: O sublime e a arte segundo Schiller. In: Revista do Edicc (Universidade Estadual de Campinas), 2. Jg., 2014, Nº 2, [o. S.]. – ISSN 2317-3815 (Elektronische Ressource).

190. Trinidade de Araújo, Ana Karênina: Os caminhos do sublime. Longino, Burke, Kant e Schiller. In: Saberes. Revista interdisciplinar de filosofia e educação (Universidade Federal do Rio Grande do Norte), 2015, Número especial (»Encontro Nacional de Filosofia e Arte e na XXIV Semana de Filosofia«), [o. S.]. – ISSN 1984-3879 (Elektronische Ressource).

191. Tuda, Yasuo / 津田，保夫：シラーにおける魂の不死の問題 [Das Problem der Unsterblichkeit der Seele bei Schiller]. In: 言語文化研究 （大阪大学大学院言語文化研究科）[Studies in Language and Literature / Osaka University], 2011, Nº 37, S. 77–97. – ISSN 0387-4478.

192. Volkening, Heide: Arbeit am Charakter. Schillers ästhetisches Spiel. In: Sich selbst aufs Spiel setzen. Spiel als Technik und Medium von Subjektivierung. Herausgegeben von Christian Moser und Regine Strätling. Paderborn: Wilhelm Fink Verlag, 2016, S. 67–78. – ISBN 978-3-7705-5791-2.

193. Waibel, Violetta L.: Friedrich Schiller, a Congenial Reader of Kant. Translated by Peter Waugh. In: Detours. Approaches to Immanuel Kant in Vienna,
in Austria, and in Eastern Europe. Edited by Violetta L. Waibel in collabora-
tion with Max Brinnich, Sophie Gerber und Philipp Schaller. Göttingen: V
& R Unipress / Vienna University Press, 2015, S. 268–291. – ISBN 978-3-8471-
0481-0.
*Deutschsprachige Buchausgabe im selben Jahr [Marbacher Schiller-Biblio-
graphie 2015, Nr. 087b].*

194. Weiß, Gabriele: Spieltrieb. Spiel zwischen ›Treiben lassen‹ und ›strategi-
schem Antrieb‹. Differenzen bei Friedrich Schiller und Juli Zeh. In: ›... was
den Menschen antreibt...‹ Studien zu Subjektbildung, Regierungspraktiken
und Pädagogisierungsformen. Herausgegeben von Carsten Heinze, Egbert
Witte und Markus Rieger-Ladich. Oberhausen: Athena Verlag, 2016, S. 103–
116. (= Pädagogik: Perspektiven und Theorien. 28). – ISBN 978-3-89896-596-
5.

195. Welsch, Wolfgang: ›Schönheit ist Freiheit in der Erscheinung‹. Schillers
Ästhetik als Herausforderung der modernen Denkweise. In: Ders., Ästhe-
tische Welterfahrung. Zeitgenössische Kunst zwischen Natur und Kultur.
Paderborn: Wilhelm Fink Verlag, 2016, S. 49–62. – ISBN 978-3-7705-6134-6.

196. Wiersing, Erhard: Schiller. Der Weg der Menschheit von der Natur über die
Kunst zur Vernunft. In: Ders., Geschichte des historischen Denkens. Zugleich
eine Einführung in die Theorie der Geschichte. Paderborn, München: Ferdinand Schöningh Verlag, 2007, S. 300–312. – ISBN 978-3-506-75654-1.

197. Yamakawa, Junjiro / / 山川, 淳次郎 ：シラー美学における『美』と『優
美』[On Beauty and Grace in Schiller's Aesthetics]. In: 跡見学園女子大学
紀要 ［Journal of Atomi Gakuen Women's College], 1989, № 22, S. 65–75. –
ISSN 0389-9543.

198. Zepp LaRouche, Helga: The Relevance of Schiller's Aesthetical Education
for Today's Students. In: Fidelio. Journal of Poetry, Science, and Statecraft.
Washington. 8. Jg., 1999, № 1, S. 5–13. – ISSN 1059-9126.

199. Zhang, Yuneng / 张玉能 ：席勒的崇高论 — 崇高与艺术 [Schillers Theorie
des Erhabenen – Das Erhabene und die Kunst]. In: 青岛科技大学学报:
社会科学版 [Qingdao Keji Daxue Xuebao: Shehul Kexue Ban]. Journal of
Qingdao University of Science and Technology. 31. Jg., 2015, № 1, S. 61–68. –
ISSN 1671-8372 (Elektronische Ressource).

6.3. Literatur, Sprache, Poetologie, Kunst und Theater

200. Alpers, Paul: Schiller's Naive and Sentimental Poetry and the Modern Idea of Pastoral. In: Cabinet of the Muses. Essays on Classical and Comparative Literature in Honor of Thomas G. Rosenmeyer. Edited by Mark Griffith and Donald Mastronarde. Atlanta: Scholars Press, 1990, S. 319–331. (= Scholars Press Homage Series). – ISBN 1-55540-409-X

201. Altmann, Werner: Schiller y Cervantes / Schiller und Cervantes. In: Hispanorama. Zeitschrift des deutschen Spanischlehrerverbandes. Nürnberg. 2009, Nº 123, S. 37–39. – ISSN 0720-1168.

202. Aullón de Haro, Pedro: Friedrich Schiller y la biografía. In: Ders., Idea de la literatura y teoría de los géneros literarios. Edición y prólogo de Maria Rosario Martí Marco. Salamanca: Universidad de Salamanca, 2016, S. 249–271. (= Biblioteca de pensamiento y sociedad. 100). – ISBN 978-84-9012-565-6.

203. Benthien, Claudia: Friedrich Schillers großes Welttheater. Affektrhetorik und Dramaturgie um 1800. In: Handbuch Literatur & Emotionen. Herausgegeben von Martin von Koppenfels und Cornelia Zumbusch. Berlin: Verlag Walter de Gruyter, 2016, S. 445–460. (= Handbücher zur kulturwissenschaftlichen Philologie. 4). – ISBN 978-3-11-030314-8.

204. Billings, Joshua: Schiller: »The Limits of Ancient and Modern Tragedy«. In: Ders., Genealogy of the Tragic. Greek Tragedy and German Philosophy. Princeton, Oxford: Princeton University Press, 2014, S. 113–123. – ISBN 978-0-691-15923-2.

205. Boenisch, Peter M.: Theatre as Dialectic Institution. Friedrich Schiller and the Liberty of Play. In: Ders., Directing Scenes and Senses. The Thinking of Regie. Manchester: Manchester University Press, 2015, S. 54–72. – ISBN 978-0-7190-9719-5.

206. Boyken, Thomas: Zwischen Kommentar und Affekt. Schillers Konzept des Chors und seine Realisation. In: Chor-Figuren. Herausgegeben von Julia Bodenburg, Katharina Grabbe und Nicole Haitzinger. Freiburg im Breisgau, Berlin, Wien: Rombach Verlag, 2016, S. 51–66. (= Rombach Wissenschaft: Reihe Paradeigmata. 30). – ISBN 978-3-7930-9837-9.

207. Fellows, Theo Machado: Brecht, Schiller e o teatro como instituição moral. In: Paralaxe. Revista de Estética e Filosofia da Arte. São Paulo (PUC SP), 3. Jg., 2015, Nº 1, S. 75–90. – ISSN 2318-9215.

208. Felten, Agnès: Fins héroïques et fins d'époques dans le théâtre de Byron, Musset et Schiller. In: Studii şi Cercetări Filologice. Seria Limbi Romanice. Piteşti. 2015, № 17, S. 39–55. – ISSN 1843-3979 (Print) / ISSN 2344-4851 (Elektronische Ressource).

209. Keppler, Stefan: Friedrich Schiller. In: Poetiken. Autoren – Texte – Begriffe. Herausgegeben von Monika Schmitz-Emans, Uwe Lindemann und Manfred Schmeling. Berlin, New York: Walter de Gruyter, 2009, S. 362–364. – ISBN 978-3-11-018223-1.

210. Lühr, Rosemarie: Wortbildung und Syntax von Abstrakta bei Friedrich Schiller. In: Wortbildung im Deutschen. Aktuelle Perspektiven. Herausgegeben von Elke Hentschel. Tübingen: Narr Francke Attempto, 2016, S. 111–134. – ISBN 978-3-8233-8019-1.

211. Mao, Mingchao: Theater als ein erhabenes Objekt. Zu Schillers erzieherischer Forderung nach der Freiheit des Zuschauers. In: Literaturstraße. Chinesisches-deutsches Jahrbuch für Sprache, Literatur und Kultur. Würzburg. Band 17 (2016), S. 243–254. – ISSN 1616-4016.

212. Meyer-Sickendiek, Burkhard: Jenseits der Zärtlichkeit. Zum Tugendrigorismus des Bürgerlichen Trauerspiels seit Schiller. In: Ders., Zärtlichkeit. Höfische Galanterie als Ursprung der bürgerlichen Empfindsamkeit. Paderborn: Wilhelm Fink Verlag, 2016, S. 425–452. – ISBN 978-3-7705-5942-8.
     Das Kapitel gliedert sich in die Abschnitte: »Kabale und Liebe« als Entdeckung der romantischen Liebe. – Schillers Ausgangspunkt: Die Kritik der Zärtlichkeitsmode in Gotters »Mariane« (1776) und Gemmingens »Der deutsche Hausvater« (1780). – »Kabale und Liebe« als Satire: Schillers Bekenntnis zur poetischen Gerechtigkeit. – Jenseits von Rührung und Mitleid: Schillers Rückkehr zur Dramaturgie der Bewunderung. – Jenseits der Zärtlichkeit: Zum Bürgerlichen Trauerspiel im 19. und 20. Jahrhundert. – Das Theater der Zärtlichkeit: Historisches Intermezzo oder Vorform des Melodramas?

213. Moser-Verrey, Monique: Gestes admirables ou le language saisissant du corps dans la poétique de Friedrich Schiller. In: Théologiques. Montréal. 17. Jg., 2009, № 1, S. 51–77. – ISSN 1188-7109 (Print) / ISSN 1492-1413 (Elektronische Ressource).

214. Niikura, Shigemi / 新倉，重美 ：シラーの「詩的悲劇」 ：当時の舞台芸術が置かれていた状況との関連で [Schillers ›poetische Tragödie‹ und die Situation der zeitgenössischen Bühne]. In: 研究年報 （慶應義塾大学独文学研究室）[Keio-Germanistik Jahresschrift], 1991, № 8, S. 48– 70. – ISSN 0917-4281.

215. Vieira, Vladimir: Watteau, Schiller e modernidade. In: Viso. Cadernos de
Estética Aplicada. Rio de Janeiro (Universidade Federal Fluminense), 10. Jg.,
2016, Nº 19, S. 208–216. – ISSN 1981-4062 (Elektronische Ressource). – *Siehe
auch die philosophische Dissertation des Verfassers: Entre a Razão e a Sensi-
bilidade. 2009 [Marbacher Schiller-Bibliographie 2012, Nr. 287]*.

216. Winkler, Daniel: Alfieri im Kontext. Schillers idealistische Schaubühne. In:
Ders., Körper, Revolution, Nation. Vittorio Alfieri und das republikanische
Tragödienprojekt der Sattelzeit. Paderborn: Wilhelm Fink Verlag, 2016,
S. 220–226. (= Laboratorium, Aufklärung. 29). – ISBN 978-3-7705-6129-2.

6.4. Musik und Tanz

217. Martin, Dieter: Schillers Lyrik für die Musik. In: Freiburger Universitätsblät-
ter. Freiburg im Breisgau. 55. Jg., 2016, Nº 211, S. 65–81. – ISSN 0016-0717.

6.5. Bibel, Religion(en) und Theologie

218. Darras, Gilles: Friedrich Schiller. In: La Bible dans les littératures du monde.
Sous la direction de Sylvie Parizet. Paris: Les Éditions du Cerf, 2016, Tome 2
(J–Z), S. 2007–2008. – ISBN 978-2-204-11388-5.

219. Dieckmann, Friedrich: Luther bei Schiller, Hegel, Schopenhauer. In: Ders.,
Luther im Spiegel. Von Lessing bis Thomas Mann. Berlin: Quintus Verlag,
2016, S. 102–136. – ISBN 978-3-945256-76-3.

220. Marzolf, Hedwig: Le Christ et la question schillérienne de la grâce. La cri-
tique de Schiller. In: Dies., Libéralisme et religion. Réflexions autour de
Habermas et Kant. Paris: Éditions du Cerf, 2013, S. 124 ff. (= Humanités). –
ISBN 978-2-204-10032-8.

221. Regensteiner, Henry: Moses in the Light in Schiller. In: Judaism. Quarterly
Journal of Jewish Life and Thought. New York. 43. Jg., 1994, Nº 1, S. 61–65. –
ISSN 0022-5762.

222. Rossi, Francesco: Schiller e il cattolicesimo estetico. In: Estetica, antropologia, ricezione. Studi su Friedrich Schiller. A cura di Francesco Rossi.
Pisa: Edizioni ETS, 2016, S. 61–82. (= Philosophica. 175). – ISBN 978-88-467-
4626-9.

Der Beitrag gliedert sich in die Abschnitte: 1. Il cattolicesimo in scena. »Don Carlos«, »Il visionario«, »Maria Stuarda«. –2. Estetica confessionale e teoria climatica. – 3. Religione, estetica, poetica. – 4. Conclusioni.

6.6. Naturwissenschaften, Medizin, Recht(sgeschichte) und Kriminologie (Keine Beiträge im laufenden Berichtsjahr)

6.7. Griechische und römische Antike (Mythologie)

223. Auhagen, Ulrike: Vergilischer als Vergil? Zu Schillers Nachdichtung des vierten Buches der »Aeneis«. In: Würzburger Jahrbücher für die Altertumswissenschaft. Herausgegeben von Erika Simon, Ludwig Braun und Michael Erler. Neue Folge. Band 34 (2010). Würzburg: Kommissionsverlag Ferdinand Schöningh, S. 209–230. – ISBN 978-3-87717-635-1.

224. Sturm, Johannes: Schiller und das Stuttgarter Theater. Zur allegorischen Deutung der griechischen Mythologie in Schillers Umfeld. In: Weimarer Beiträge. Zeitschrift für Literaturwissenschaft, Ästhetik und Kulturwissenschaften. Wien. 62. Jg., 2016, № 3, S. 442–463. – ISSN 0043-2199.

7. Schillers literarische Werke und theoretische Schriften

7.1. Allgemeine gattungsübergreifende Darstellungen

225. Vazsonyi, Nicholas: The Play's the Thing. Schiller, Wagner, and ›Gesamtkunstwerk‹. In: The Total Work of Art. Edited by David Imhoof, Margaret Eleanor Menninger and Anthony J. Steinhoff. New York: Berghahn Books, 2016, S. 21–38. (= Spektrum: Publications of the German Studies Association. 12). – ISBN 978-1-78533-184-8.

226. Zhang, Gong: [戏剧美学思想；戏剧；席勒] / [Über ästhetische Gedanken in Schillers Dichtungen]. In: 武汉大学学报（人文科学版）/ Wuhan University Journal. Humanity Sciences [Wuhan Daxue Xuebao: Renwen Shehui]. 67. Jg., 2014, S. 143–149. – ISSN 1671-881X.
    Abstract: 席勒认为, 诗歌是最重要的艺术类型, 也是审美教育的最重要手段；诗歌是最有效的使人性完整的艺术类型、塑造人性完整的人的最好审美形式, 也是使人全面发展的最重要的工具, 还是使人达到自由境界的最便

捷的途径；诗人是最接近上帝的人，是自然的守护者和复仇者，是使世界和
谐发展的创造者。

7.2. Lyrik: Untersuchungen zu Schillers Balladen und Gedichten

227. Angeloch, Dominic: Reißende Mutter Natur. Zur Dialektik des Unheim-
     lichen: Schillers »Der Taucher« und »Der Handschuh«. In: Friedrich Schil-
     ler. Herausgegeben von Astrid Lange-Kirchheim, Joachim Pfeiffer und Carl
     Pietzcker. Würzburg: Verlag Königshausen & Neumann, 2016, S. 111–147.
     (= Freiburger Literaturpsychologische Gespräche. Jahrbuch für Literatur
     und Psychoanalyse. 35). – ISBN 978-3-8260-5909-4.

228. Balbuena Torezano, María del Carmen: Traducir a Friedrich Schiller. A
     propósito de »Die Götter Griechenlands«. In: Futhark. Revista de Investiga-
     ción y Cultura. Sevilla (Editorial Bienza), 2010, Nº 5, S. 75–94. – ISSN 1886-
     9300 (Elektronische Ressource).
     Späterer Abdruck unter dem Titel: La traducción de la parabla y su entorno
     [s. Marbacher Schiller-Bibliographie 2012, Nr. 334].

229. Biała, Alina: O romantycznej idei korespondencji sztuk na podstawie
     »Tańca« Fryderyke Schillera. In: Ruch Literacki. Warszawa (Polska Akade-
     mia Nauk Oddział w Krakowie Komisja Historycznoliteracka, Uniwersytet
     Jagielloński Wydział Polonistyki), 56. Jg., 2015, Nº 5 (332), S. 462–477. – ISSN
     0035-9602 (Print) / ISSN 2300-1968 (Elektronische Ressource).
     Zu dem Gedicht »Der Tanz«.

230. Bühler, Benjamin: Naturkonzepte der Aufklärung. Schillers Gedicht »Der
     Spaziergang«. In: Ders., Ecocriticism. Eine Einführung (Grundlagen – Theo-
     rien – Interpretationen). Stuttgart: J. B. Metzler Verlag, 2016, S. 103–107. –
     ISBN 978-3-476-02567-8.

231. Dicke, Klaus: Drache und Kreuz. Friedrich Schillers Ballade »Der Kampf mit
     dem Drachen«. Herausgegeben von Helmut Hühn. Jena: Garamond Wissen-
     schaftsverlag, 2016, 59 S. (= Lichtblicke. Jenaer Vorträge und Schriften. 4).
     – ISBN 978-3-944830-81-0.

232. Görner, Rüdiger: Dichten aus dem Geist der Historie. Das Europäische in
     Schillers Lyrik. In: Ders., Wortspuren ins Offene. Lyrische Selbstbestim-
     mungen. Heidelberg: Universitätsverlag Winter, 2016, S. 23–36. (= Beiträge
     zur neueren Literaturgeschichte. 352). – ISBN 978-3-8253-6600-1.

233. Hamanaka, Haru / 濱中，春: ・シラーの『逍遥』における風景をめぐ
つて ： 風景の補償モデルとその矛盾 [Über die Landschaft in Schillers
»Der Spaziergang«: Das Kompensationsmodell der Landschaft und dessen
Widerspruch]. In: 研究報告 (京都大学大学院独文研究室研究報告刊行会).
[Kenkyu Hokoku. Bulletin des Germanistischen Seminars der Universität
Kyoto], 1997, № 10, S. 1–20.

234. Hahn, Hans J.: Schiller's »Das Lied von der Glocke« – ein Lied um von den
Stühlen zu fallen? In: German Life and Letters. Oxford. 69. Jg., 2016, № 1,
S. 22–36. – ISSN 0016-8777.

235. Kunitoshi, Ishibashi: / 石橋 邦俊 : 九州工業大学大学院情報工学研究院
紀要. 人間科学篇 [Schillers Ballade »Die Bürgschaft« und ihre japanische
Übersetzung von Takanori Oguri]. In: 九州工業大学大学院情報工学研究
院 [Kyūshū Kōgyō / Daigakuin Jōhō Kōgaku Kenkyūin kiyō]. 2013, № 26,
S. 15–44. – ISSN 2185-3878.

236. Kunitoshi, Ishibashi: / 石橋 邦俊 : 九州工業大学大学院情報工学研究院
紀要. 人間科学篇 [Die Erzählung »Lauf, Möros« von Osamu Dazai und die
Ballade »Die Bürgschaft« von Schiller]. In: 九州工業大学大学院情報工学研
究院 [Kyūshū Kōgyō / Daigakuin Jōhō Kōgaku Kenkyūin kiyō]. 2014, № 27,
S. 55–77. – ISSN 2185-3878.

237. Miklós, Tamás: Die Zauberer der Schattenwelt. Dichtung und Geschichtsphilosophie in Schillers Gedicht »Die Künstler«. In: Ders., Der kalte Dämon.
Versuche der Domestizierung des Wissens. Übersetzt von Eva Zádor.
München: Verlag C. H. Beck, 2016, S. 122–128. – ISBN 978-3-406-68833-1.
*Der Beitrag ist in der ungarischen Originalausgabe der Aufsatzsammlung nicht
enthalten: Hideg Démon. Kísérletek a tudás domesztikálására. Pozsony [Bra-
tislava]: Kalligram Könyv és Lapkiadó, 2011, 459 S. – ISBN 978-80-8101-442-0.*

238. Pietzcker, Carl: »Das Lied von der Glocke«. Ein psychoanalytischer Versuch.
In: Friedrich Schiller. Herausgegeben von Astrid Lange-Kirchheim, Joachim
Pfeiffer und Carl Pietzcker. Würzburg: Verlag Königshausen & Neumann,
2016, S. 87–110. (= Freiburger Literaturpsychologische Gespräche. Jahrbuch
für Literatur und Psychoanalyse. 35). – ISBN 978-3-8260-5909-4.

239. Pontzen, Alexandra: Psychoanalytischer Blick auf die Balladen »Der Taucher« und »Der Handschuh« – eine Miniatur. In: Friedrich Schiller. Herausgegeben von Astrid Lange-Kirchheim, Joachim Pfeiffer und Carl Pietzcker.
Würzburg: Verlag Königshausen & Neumann, 2016, S. 149–170. (= Freiburger Literaturpsychologische Gespräche. Jahrbuch für Literatur und Psychoanalyse. 35). – ISBN 978-3-8260-5909-4.

240. Raposo Fernández, Berta: Tradición petrarquista y metafísica del amor. Las »Odas a Laura« de Schiller y su entorno. In: Quaderns de Filologia. Estudis Literaris. València. 2005, № 10, S. 285–292. – ISSN 1135-4178.

241. Robert, Jörg: ›Die Kunst, o Mensch, hast du allein‹. Kunstreligion und Autonomie in Schillers Gedicht »Die Künstler«. In: Literatur und praktische Vernunft. Herausgegeben von Frieder von Ammon, Cornelia Rémi und Gideon Stiening. Berlin: Verlag Walter de Gruyter, 2016, S. 393–412. – ISBN 978-3-11-041030-3.

242. Sausner-Dobe, Wiebke: Balladen als Medium der ästhetischen Erziehung? Analyse ausgewählter Werke Friedrich Schillers. München: Grin Verlag, 72 S. – ISBN 978-3-668-33308-6 (e-book).
Masterarbeit, Carl von Ossietzky Universität Oldenburg (2012). Das Werk wird laut Auskunft des Verlags nur als Online-Ressource angeboten. – Die Verfasserin behandelt die Schriften »Briefe über die ästhetische Erziehung des Menschen« und »Über naive und sentimentalische Dichtung« sowie die Balladen »Die Bürgschaft«, »Pegasus im Joche« und »Der Kampf mit dem Drachen«.

243. Vaderna, Gábor: Die Schuld der Zeiten. Die ungarischen Übersetzungen des Gedichts »Die Ideale« von Friedrich Schiller am Anfang des 19. Jahrhunderts. In: Berliner Beiträge zur Hungarologie. Schriftenreihe des Fachgebiets Ungarische Literatur und Kultur an der Humboldt-Universität zu Berlin. Herausgegeben von Csongor Lőrincz, György Eisemann, Rita Hegedűs u. a. Band 19 (2016), S. 75–104. – ISSN 0238-2156.

244. Vértesi, Niklaus: Friedrich Schillers »Der Ring des Polykrates« oder das Kreuz mit dem Ring. Verfluchtes Glück oder zum Glück verflucht. München: Grin Verlag, 2016, 28 S. – ISBN 978-3-668-12722-7.

245. Wertz, Marianna: Friedrich Schiller's »The Song of the Bell«. In: Fidelio. Journal of Poetry, Science, and Statecraft. Washington. 14. Jg., 2005, № 1/2, S. 36–41. – ISSN 1059-9126.
Der Beitrag, zuerst veröffentlicht in der amerikanischen Zeitschrift »The New Federalist« im Dezember 1987, schließt mit einer vollständigen Übersetzung von Schillers »Lied von der Glocke« von der Verfasserin (S. 41–45).

246. Wißmiller, Katja: Schillers »Glocke« und die Suche nach der tüchtigen Hausfrau. Eine verheerende Erfolgsgeschichte jenseits der Frau in Spr 31,10–31. In: Bibel und Kirche. Zeitschrift zur Bibel in Forschung und Praxis. Organ der Katholischen Bibel-Werke in Deutschland, Österreich und der Schweiz. Stuttgart. 71. Jg., 2016, № 3, S. 173–175. – ISSN 0006-0623.

247. Takahashi, Katsumi / 高橋，克己: Schillers »Spaziergang« und Hölderlins »Archipelagus« — Gründung einer bürgerlichen Gesellschaft [シラーの『散策』とヘルダーリンの『多島海』— 市民社会の樹立]. In: 高知大学学術研究報告 人文科学編 [Research Reports of Koshi University, Humanities Series], 1989, № 38, S. 47–72. – ISSN 0389-0457.

248. Yamakawa, Junjiro / 山川，淳次郎 ：シラーの哀歌『逍遙』(Der Spaziergang) [Die Landschaft in Schillers Elegie »Der Spaziergang«]. In: 跡見学園女子大学紀要 [Journal of Atomi Gakuen Women's College], 1993, № 26, S. 71–81. – ISSN 0389-9543.

249. Zepp LaRouche, Helga: The Question of Motivic Through-Composition in Schiller's Poetry. In: Fidelio. Journal of Poetry, Science, and Statecraft. Washington. 4. Jg., 1995, № 4, S. 40–47. – ISSN 1059-9126.

250. Zepp LaRouche, Helga: Schiller's Thought-Poety: »The Artists«. In: Fidelio. Journal of Poetry, Science, and Statecraft. Washington. 14. Jg., 2005, № 1/2, S. 46–48. – ISSN 1059-9126.
    Der Beiträgt schließt mit einer vollständigen Übersetzung von Schillers Gedicht »Die Künstler« von Marianna Wertz (S. 49–53).

251. Zepp-LaRouche, Helga: Remarks on the Poem »Nänie« by Schiller. In: EIR. Executive Intelligence Review. Washington. 41. Jg., 2014, № 26, S. 55–58. – ISSN 0273-6314 (Elektronische Ressource).

7.3. Untersuchungen zum dramatischen Werk

7.3.1. Allgemeine Darstellungen und Werkvergleiche

252. Fanta, Karl: Der Revolutionär im Theater bei Schiller und Brecht. Wien: Universität Wien, Philologisch-Kulturwissenschaftliche Fakultät, Dissertation, 2012, 255 S., 4°.
    Inhalt (Auszug): 4. Friedrich Schiller (S. 72ff.): 4.1. Schillers Einstellung zu dem Begriff ›Der Revolutionär‹ unter Berücksichtigung des derzeitigen Forschungsstandes. – 4.2. Die Militärakademie. – 4.3. »Die Räuber« (1791): Motivationen und philosophische Prinzipien. – Dramaturgische Grundlagen und Vorbilder. – Entstehungsgeschichte und Kritik. – Die erste Aufführung und ihr Erfolg. – Dramentheoretische Analyse (S. 81ff.). – 4.4. Schillers Flucht aus Stuttgart (S. 92ff.). – 4.5. »Die Verschwörung des Fiesco zu Genua« (1782): Die politische Intrige in Genua. – Fiescos Beeinflussung durch die von Niccolo Machiavelli verbreitete Lehre. – Verrinas Beziehung zur Lehre Montesquieus.

*– Die Problematik des Dramenendes (S. 95ff.). – 4.6. »Kabale und Liebe«
(1784): Das Kopfgeld zur Konsolidierung der Staatsfinanzen. – Das Sittenbild
eines deutschen Duodezfürstentums im 18. Jahrhundert. – Ferdinands Unfähigkeit die Intrige zu durchschauen (S. 101ff.). – 4.7. »Don Carlos« (1787):
Die Auswertung historischer Grundlagen. – Die Einführung der Versform. –
Die Ideenkonzentration. – Die Strategie des Marquis Posa (S. 105ff.). – 4.8.
»Wallenstein«-Trilogie (1800): Entstehungsgeschichte. – Die These von Wallensteins Verrat. – Die kompositorischen Prinzipien. – Die Stempelung Wallensteins zum ›Revolutionär‹. – Wallenstein vertraut auf sein Glück (S. 113ff.).
– 4.9. »Die Jungfrau von Orleans« (1801): Johannas übernatürliche Sendung. –
Johannas Begegnungen mit dem Schwarzen Ritter und mit Lionel. – Johannas
revolutionärer Drang (S. 119ff.). – 4.10. »Wilhelm Tell« (1804): Die Landvögte
in der Schweiz. – Der Apfelschuss. – Tells Gefangennahme und Selbstbefrei-
ung. – Die hohle Gasse nach Küssnacht (S. 123ff.). – 6. Gegenüberstellung
der Epochen und Revolutionäre bei Schiller und Brecht: 6.1. Übersicht der
Epochen in welchen Schiller bzw. Brecht lebten (S. 161ff.). – 6.2. Gegenüberstellung und Vergleich der Epochen in Hinblick auf das Theater bei Schiller
und Brecht (S. 207ff.). – 6.3. Gegenüberstellung von Franz Moor aus »Die
Räuber« und »Baal« (S. 217ff.). – Gegenüberstellung von Johanna aus »Die
Jungfrau von Orleans« und Johanna aus »Die heilige Johanna der Schlachthöfe« (S. 220ff.). – Gegenüberstellung von Ferdinand aus »Kabale und Liebe«
und Der Junge Genosse aus »Die Maßnahme« (S. 223ff.). – Gegenüberstellung von Wallenstein aus der »Wallenstein«-Trilogie und Galileo Galilei aus
»Leben des Galilei« (S. 226ff.). – Gegenüberstellung von Wilhelm Tell und
Arturo Uo aus dem Parabelstück »Der aufhaltsame Aufstieg des Arturo Ui«
(S. 229ff.). – Schlussbemerkung (S. 236–245).*

253. Geisenhanslüke, Achim: Peinliche Reste. Ehrkonflikte in Schillers Tragödien. In: Würdelos. Ehrkonflikte von der Antike bis in die Gegenwart. Herausgegeben von Achim Geisenhanslüke. Regensburg: Schnell & Steiner,
2016, S. 131–150. (= Regensburger Klassikstudien. 1). – ISBN 978-3-7954-
3129-7 / ISSN 2511-9443.

254. Häußler, Christina: Die Intrige in Schillers frühen Dramen. »Die Räuber«,
»Die Verschwörung des Fiesko zu Genua« und »Kabale und Liebe«.
München: Grin Verlag, 2016, 90 S. – ISBN 978-3-668-23868-8.
*Masterarbeit, Ludwig-Maximilians-Universität München, Fakultät für
Sprach- und Literaturwissenschaften. – Inhalt (Auszug): A. Einleitung: Intri-
gentheorie. – Machiavellis Lehre der politischen Klugheit (S. 3–13). – B.
Dramenanalysen. I. »Die Räuber«: Ausführung der Intrige. – Scheitern der
Intrige (S. 13–33). – II. »Die Verschwörung des Fiesko zu Genua«: Machiavel-*

lis Theorie der Verschwörungen. – Vor der Verschwörung. – Während der Ver-
schwörung. – Nach der Verschwörung (S. 33–60). – III. »Kabale und Liebe«:
Vor der Intrige. – Beginn der Briefintrige. – Scheitern der Intrige (S. 60–79).
– C. Fazit (S. 80–84).

255. Hsin-Fa, Wu: ›Father, don't you see I'm burning?‹ The (Un)Staged Terrors
in Schiller's »The Maid of Orleans«, Shaw's »Saint Joan«, and Anouilh's
»The Lark«. In: Asian Journal of Art and Sciences. Taiwan. 2. Jg., 2011, № 1,
S. 93–114. – ISSN 2393-9532.

256. Krapp, Reinhard: Zur Semiotik des Gefühlsausbruchs in Schillers Dramen.
In: Deutsche Sprache in linguistischen Ausprägungen. Herausgegeben
von Zenon Weigt, Dorota Kaczmarek, Jacek Makowski und Marcin Michoń.
Łódź: Wydawnichtwo Uniwersytetu Łódźkiego, 2014, S. 153–163. (= Felder
der Sprache, Felder der Forschung: Lodzer Germanistikbeiträge). – ISBN
978-83-7969-656-7.

257. Lehmann, Hans-Thies: Crisis of dramatic tragedy. Schiller, Hölderlin, Kleist.
In: Ders., Tragedy and Dramatic Theatre. Translated by Erik Butler. London,
New York: Routledge, 2016, S. 299–358. – ISBN 978-1-138-85261-7.
Die deutschsprachige Originalausgabe ist 2013 erschienen [Marbacher Schil-
ler-Bibliographie 2013, Nr. 268].

258. Niikura, Shigemi / 新倉，重美 ： モノローグ小論 ： シラーの後期ドラマ
を中心に [Der Monolog in Schillers dramatischen Spätwerken]. In: 藝文研
究 (慶應義塾大学藝文学会) ／ Geibun-Kenkyu. Journal of Arts and Letters.
1990, № 56, S. 63–82. – ISSN 0435-1630.

259. Tekin, Habib: Brüderkonflikte in den Dramen des Sturm und Drang. »Die
Räuber« von Friedrich Schiller und »Die Zwillinge« von Friedrich Maximilian Klinger. München: Grin Verlag, 2016, 72 S. – ISBN 978-3-668-25127-4.
Staatsexamensarbeit, Universität Mannheim. – Inhalt (Auszug): 1. Grund-
lagen und methodologisches Vorangehen (S. 1–18). – 3. »Die Räuber«:
3.1. Vergleich mit verschiedenen Bibelstellen. – 3.2. Vater-Sohn-Beziehung.
– 3.3. Das Verhältnis der Brüder Karl und Franz Moor: Die Intellektualität
des Materialisten Franz Moor. – Die Naivität des Idealisten Karl Moor. – Der
moralische Wandel von Karl Moor: Ein Charakter zwischen den Polen des ›Es‹
und des ›Über-Ich‹. – Parallelität zwischen dem ›hölzerne[n] Alltagsmensch‹
und ›feurige[n] Geist‹ (S. 38–52). – 4. Abschließender Vergleich und Resümee
der Bruderzwistmotivik in beiden Sturm und Drang Werken (S. 53–54). – Lite-
raturverzeichnis und Anhang (S. 55–72).

260. Thomä, Dieter: Unzärtliches Kind, böser Sohn, starker Retter: Friedrich Schiller. In: Ders., Puer robustus. Eine Philosophie des Störenfrieds. Berlin: Suhrkamp Verlag, 2016, S. 167–193. – ISBN 978-3-518-58690-7.
Das Kapitel gliedert sich in die Abschnitte: 1. Der puer robustus als ›Freigelassener der Schöpfung‹. – 2. Franz und Karl Moor: Alle Macht für mich – oder eine andere Macht für alle? – 3. Wilhelm Tells Weg vom Einzelgänger zum Stifter des Bundes.

261. Zhang, Yuneng / 张玉能/ : 席勒的戏剧美学思想 – 戏剧与人性 [Ästhetisches Denken in Schillers Dramen – Drama und Humanität] . In: 武汉大学学报（人文科学版）/ Wuhan University Journal. Humanity Sciences [Wuhan Daxue Xuebao: Renwen Shehui]. 67. Jg., 2014, S. 131–142. – ISSN 1671-881X.
Abstract: 席勒的美学思想最早就是从戏剧美学的论述开始的，他的几篇关于戏剧的专论主要探讨了戏剧的社会地位、审美本质、审美功能，并最终把戏剧与人性的内在本质联系起来，把戏剧作为改造社会、传播知识、完整人性的最重要的社会机构，把戏剧视为人类精神的最高产物。席勒特别强调了戏剧的"教育人和教育民族"的特殊使命，为德国启蒙主义要求形成"德意志民族"的历史使命进行了戏剧美学的论证。

7.3.2. »Die Braut von Messina«

262. Lamport, Francis: ›... Alles Stoffartige vertilgt‹. »Die Braut von Messina« und »Die natürliche Tochter« [von Johann Wolfgang Goethe]. In: Oxford German Studies. Philadelphia. 45. Jg., 2016, № 4, S. 393–404. – ISSN 0078-7191.

263. Tonger-Erk, Lily: Den Chor lesen. Medialität der Vielstimmigkeit in Schillers »Die Braut von Messina«. In: Chor-Figuren. Herausgegeben von Julia Bodenburg, Katharina Grabbe und Nicole Haitzinger. Freiburg im Breisgau, Berlin, Wien: Rombach Verlag, 2016, S. 213–230. (= Rombach Wissenschaft: Reihe Paradeigmata. 30). – ISBN 978-3-7930-9837-9.

7.3.3. »Don Karlos«

264. Bachmayer, René zusammen mit Anna Hager und Simone Hofer: Friedrich Schiller, »Don Karlos«. In: Politische Bildung im Theater. Herausgegeben von Ingo Juchler und Alexandra Lechner-Amante. Wiesbaden: Springer VS, 2016, S. 73–94. – ISBN 978-3-658-09977-0.

265. Ballesteros Dorado, Ana Isabel: Cuando la traducción está prohibida. »Don
     Carlos« de Schiller en la España Decimonónica. In: 1611. Revista de Historia
     de la Traducción. Barcelona. 2012, № 6, S. 1–9. – ISSN 1988-2963 (Elektroni-
     sche Ressource).

266. Brodie, Geraldine: Schiller's »Don Carlos« in a Version by Mike Poulton,
     Directed by Michael Grandage. The Multiple Names and Voices of Trans-
     lation. In: Authorial and Editorial Voices in Translation. Vol. 1: Collabora-
     tive Relationships between Authors, Translators, and Performers. Edited
     by Hanne Jansen and Anna Wagener. Montréal: Éditions Québécoises de
     l'Œuvre, 2013, S. 119–142. (= Collection Vita traductiva. 2). – ISBN 978-2-
     9801702-5-6.

267. İnan, Siraç: Friedrich Schiller'in »Don Carlos« yapıtı üzerine bir çalişma.
     In: Elektronik Sosyal Bilimler Dergisi / Electronic Journal of Social Sciences.
     2005, № 11, [o. S.]. – ISSN 1304-0278.

268. Krammer, Stefan: Das letzte Wort haben. Machtvolle Abgänge in Schil-
     lers »Don Carlos« und Bernhards »Der Präsident«. In: Ein starker Abgang.
     Inszenierungen des Abtretens in Drama und Theater. Herausgegeben von
     Franziska Bergmann und Lily Tonger-Erk. Würzburg: Verlag Königshausen
     & Neumann, 2016, S. 229–247. – ISBN 978-3-8260-5773-1.

269. Kühlmann, Wilhelm: Don Carlos in der deutschen Literatur des Spätbarock.
     Zu geistlichen und galanten Texttraditionen im Vorfeld von Schillers Drama.
     In: Ders., Gelehrtenkultur und Spiritualismus. Studien zu Texten, Autoren
     und Diskursen der Frühen Neuzeit. Herausgegeben von Jost Eickmeyer und
     Ladislaus Ludescher in Zusammenarbeit mit Björn Spiekermann. Band 3.
     Heidelberg: Mattes Verlag, 2016, S. 537–560. – ISBN 978-3-86809-100-7.

270. Lange-Kirchheim, Astrid: ›Meines Vaters zahmer Pavian.‹ Inzest – Trauma –
     Geschlecht. Psychoanalytische und genderbezogene Überlegungen zu
     Schillers »Don Karlos«. In: Friedrich Schiller. Herausgegeben von Astrid
     Lange-Kirchheim, Joachim Pfeiffer und Carl Pietzcker. Würzburg: Verlag
     Königshausen & Neumann, 2016, S. 217–255. (= Freiburger Literaturpsycho-
     logische Gespräche. Jahrbuch für Literatur und Psychoanalyse. 35). – ISBN
     978-3-8260-5909-4.

271. Rupp, Irene: Charakterisierung durch brieflich vermittelte Gruppenbildung.
     Macht und Empörung: Friedrich Schillers »Don Karlos«. In: Dies., Der Brief
     im deutschen Drama des 18. und 19. Jahrhunderts. Frankfurt a. M., Bern,
     Wien: Peter Lang Edition, 2016, S. 84–87. (= Historisch-kritische Arbeiten
     zur deutschen Literatur. 56). – ISBN 978-3-631-67669-1.

272. Shimizu, Sumio / 清水, 純夫：シラーの「ドン・カルロス」について [Über »Don Karlos« von Schiller«]. In: 名古屋大学文学部研究論集. 文学. [Journal of the Faculty of Letters, Nagoya University], 1996, № 42, S. 147–164. – ISSN 0469-4716.

7.3.4. »Die Jungfrau von Orleans«

273. Bernhardt, Rüdiger: Textanalyse und Interpretation zu Friedrich Schiller »Die Jungfrau von Orleans«. Alle erforderlichen Infos für Abitur, Matura, Klausur und Referat plus Musteraufgaben mit Lösungsansätzen. Hollfeld: C. Bange Verlag, 2016, 132 S. (= Königs Erläuterungen. 2). – ISBN 978-3-8044-6024-9.

274. Braungart, Wolfgang: Sinn – sozial, kulturell, ästhetisch. Mit einem Kapitel zu Schillers »Jungfrau von Orleans«. In: Ders., Literatur und Religion in der Moderne. Studien. Paderborn: Wilhelm Fink Verlag, 2016, S. 105–142. – 978-3-7705-5949-7.

275. Gamper, Michael: Charismas in extremis. Schillers »Jungfrau von Orleans«. In: Ders., Der große Mann. Geschichte eines politischen Phantasmas. Göttingen: Wallstein Verlag, 2016, S. 141–148. – ISBN 978-3-8353-1796-3.

276. Martin, Ariane: Klassikrezeption im modernen Roman. Schillers »Jungfrau von Orleans« in Heinrich Manns »Professor Unrat«. In: Heinrich e Thomas Mann. Un confronto con il romanzo moderno. A cura di Elisabeth Galvan. Roma: Istituto Italiano di Studi Germanici, 2012, S. 93–115. – ISBN 978-88-95868-06-6.
     Siehe auch den früheren, thematisch identischen Beitrag der Verfasserin [Marbacher Schiller-Bibliographie 2006, Nr. 336].

277. Port, Ulrich: Gegenrevolutionäres Theater aus dem Schlagbilderarsenal des gegenreformatorischen Katholizismus. Schillers »Jungfrau von Orleans« und die politische Ästhetik der Revolutionskriege. In: Perspektiven der politischen Ästhetik. Herausgegeben von Oliver Kohns. Paderborn: Wilhelm Fink Verlag, 2016, S. 17–68. (= Texte zur politischen Ästhetik. 2). – ISBN 978-3-7705-5674-8.

278. Rendemir, Selim: Friedrich Schiller, »Die Jungfrau von Orleans«. In: Das vergessene Wort in Heilbronn. Vom Reichtum der deutschen Sprache. Sprachforschung am Robert-Mayer-Gymnasium in Heilbronn. Herausgegeben von Angelika Humann. Teil 2. Mainz: Hans-Joachim-Lenz-Stiftung, 2016, S. 38–41. (= Edition Erneuerung geistiger Werte. 41). – ISBN 978-3-938088-44-9.

279. Schaffer da Rosa, Alice: Imagens de Joana d'Arc na obra de Schiller: »Die Jungfrau von Orleans«. In: Aedos. Revista do Corpo Discente do Programa de Pós-Graduação em História da UFRGS. Rio Grande do Sul. 2. Jg., 2009, Nº 2, S. 478–485. – ISSN 1984-5634.

280. Tonger-Erk, Lily: Aufwärts/Abwärts. Zur räumlichen Inszenierung wunderbarer Abgänge in Schillers »Jungfrau von Orleans«. In: Ein starker Abgang. Inszenierungen des Abtretens in Drama und Theater. Herausgegeben von Franziska Bergmann und Lily Tonger-Erk. Würzburg: Verlag Königshausen & Neumann, 2016, S. 81–99. – ISBN 978-3-8260-5773-1.

7.3.5. »Kabale und Liebe«

281. Prokop, Ulrike: Gift in der Limonade – zu Schillers »Kabale und Liebe«. In: Friedrich Schiller. Herausgegeben von Astrid Lange-Kirchheim, Joachim Pfeiffer und Carl Pietzcker. Würzburg: Verlag Königshausen & Neumann, 2016, S. 195–216. (= Freiburger Literaturpsychologische Gespräche. Jahrbuch für Literatur und Psychoanalyse. 35). – ISBN 978-3-8260-5909-4.
Der Beitrag gliedert sich in Abschnitte: Was soll dabei die Frau? – Gut gegen Böse – oder die politische Dimension. – Die Dynamik des Terrors. – Das Theater der Grausamkeit. – Unauflösliche Bildung – ewige Schuld. – Tagtraum oder: Das Erfinden eines Familienromans. – Individuelles Schicksal und kollektive Phantasie.

282. Rupp, Irene: Die Briefintrige bei Friedrich Schiller, Erpresstes Geständnis: »Kabale und Liebe«. In: Dies., Der Brief im deutschen Drama des 18. und 19. Jahrhunderts. Frankfurt a. M., Bern, Wien: Peter Lang Edition, 2016, S. 201–214. (= Historisch-kritische Arbeiten zur deutschen Literatur. 56). – ISBN 978-3-631-67669-1.

283. Shimizu, Sumio / 清水，純夫 ：シラーの戯曲『たくらみと恋』について – 自滅する主人公たち [Schillers Drama »Kabale und Liebe«. Die sich selbst zugrunde richtenden Hauptpersonen]. In: 名古屋大学文学部研究論集. 文学. [Journal of the Faculty of Letters, Nagoya University], 2006, Nº 52, S. 9–20. – ISSN 0469-4716.

284. Springer, Mirjam: Moschus, Schlüssel und Perücke. Mode in Schillers »Kabale und Liebe«. In: LiTheS. Zeitschrift für Literatur- und Theatersoziologie (Institut für Germanistik der Universität Graz), 2016, Nº 14, S. 32–42. – ISSN 2071-6346.

7.3.6. »Maria Stuart«

285. Bariroh, Khuzzaimatul: Analyses tindak tutur ilokusi tokoh Maria Stuart dalam naskah drama »Maria Stuart« karya Friedrich Schiller. In: Identität. Jurnal Bahasa Dan Sastra Jerman (Universitas Negeri Surabaya), 3. Jg., 2014, № 2, [o. S.]. – ISSN 2302-2841 (Elektronische Ressource).

286. Gamper, Michael: Eine Bühne für die große Königin. Schillers »Maria Stuart«. In: Ders., Der große Mann. Geschichte eines politischen Phantasmas. Göttingen: Wallstein Verlag, 2016, S. 132–141. – ISBN 978-3-8353-1796-3.

287. Hamanaka, Haru / 濱中，春：シラーの『マリア・ストゥアルト』 ： 二人の女王のドラマ [Schillers »Maria Stuart«. Das Drama von zwei Königinnen]. In: 研究報告 (京都大学大学院独文研究室研究報告刊行会). [Kenkyu Hokoku. Bulletin des Germanistischen Seminars der Universität Kyoto], 1995, № 8, S. 1–37.

288. Immer, Nikolas: Fish and Queens. The New Edition of Friedrich Schiller's Tragedy »Maria Stuart«. In: Scholarly Editing and German Literature. Revision, Revaluation, Edition. Edited by Lydia Jones, Bodo Plachta, Gaby Pailer and Catherine Karen Roy. Leiden, Boston: Brill Rodopi, 2016, S. 189–199. (= Amsterdamer Beiträge zur neueren Germanistik. 86). – ISBN 978-90-04-30544-1.

289. Sieg, Christian: »Klar wie der Tag!« Evidenz und Recht in Friedrich Schillers »Maria Stuart«. In: Zeitschrift für deutsche Philologie. Berlin. 135. Jg., 2016, № 4, S. 481–506. – ISSN 0044-2496.

290. Vallacañas Berlanga, José: El animal soberano. »Maria Estuarda« de Schiller. In: Análisis. Revista de investigación filosófica. Zaragoza. 2. Jg., 2015, № 2, S. 335–360. – ISSN 2386-8066 (Elektronische Ressource).

291. Wucherpfennig, Wolf: »Maria Stuart« oder Die Kunst des Sterbens. In: Friedrich Schiller. Herausgegeben von Astrid Lange-Kirchheim, Joachim Pfeiffer und Carl Pietzcker. Würzburg: Verlag Königshausen & Neumann, 2016, S. 257–289. (= Freiburger Literaturpsychologische Gespräche. Jahrbuch für Literatur und Psychoanalyse. 35). – ISBN 978-3-8260-5909-4.
Der Beitrag gliedert sich in die Abschnitte: 1.1. Harmoniewunsch, Todesfaszination und künstlerische Darstellung. – 1.2. Narzissmus und christliches Elternhaus. – 1.3. Narzissmus und ödipale Konflikte in der politischen Welt. – 2.1. Die beiden Königinnen. – 2.2. ars moriendi. – 2.3. Der politische Konflikt und die Kunst des Sterbens. – 3. Bedeutung für die Nachwelt.

7.3.7. »Die Räuber«

292. Champlin, Jeffrey: The Law of the Death Drive. Swearing on Corpses in »The Robbers«. In: Ders., The Making of a Terrorist. On Classic German Rogues. Preface by Avital Ronell. Evanston, Illinois: Northwestern University Press, 2015, S. 67–96. – ISBN 978-0-8101-3010-4.
Siehe auch die 2011 erschienene Buchausgabe dieser Untersuchung [Marbacher Schiller-Bibliographie 2012, Nr. 434]. – Das Kapitel gliedert sich in die Abschnitte: ›By This Manly Right‹: Swearing Obliquely. – ›Fort/Da? The Structure of the Death Drive. – Exposing the Oath. – The Ghost of Roller and Amalia's Corpse. – Reparation for the Invincible Law.

293. Jesch, Tatjana: Schillers »Räuber« – ein Drama der Anerkennung? In: Friedrich Schiller. Herausgegeben von Astrid Lange-Kirchheim, Joachim Pfeiffer und Carl Pietzcker. Würzburg: Verlag Königshausen & Neumann, 2016, S. 171–194. (= Freiburger Literaturpsychologische Gespräche. Jahrbuch für Literatur und Psychoanalyse. 35). – ISBN 978-3-8260-5909-4.
Der Beitrag gliedert sich in die Abschnitte: 1. Auf der Suche nach dem Warum des dramatischen Konflikts. – 2. Begriffe von Anerkennung: 2a. Zu einem Versuch philosophischer Systematisierung und Kritik psychoanalytischer Anerkennungsbegriffe. – 2b. Der Anerkennungs-Begriff im Sinne der intersubjektiven Psychoanalyse Jessica Benjamins. – 3. Aus dem Gleichgewicht: Selbstbehauptung und Anerkennung der Dramatis Personae.

294. Rupp, Irene: Nachgeholte Vorgeschichte und briefliche Exposition. Feindliche Brüder: Friedrich Schillers »Die Räuber«. In: Dies., Der Brief im deutschen Drama des 18. und 19. Jahrhunderts. Frankfurt a. M., Bern, Wien: Peter Lang Edition, 2016, S. 124–130. (= Historisch-kritische Arbeiten zur deutschen Literatur. 56). – ISBN 978-3-631-67669-1.

295. Susteck, Sebastian: Landnahme. Naturprogramme und Bildlichkeit in Friedrich Schillers Drama »Die Räuber«; mit einem Blick auf Peter Jacksons Verfilmung von J. R. R. Tolkiens »Der Herr der Ringe«. In: Kulturökologie und Literaturdidaktik. Beiträge zur ökologischen Herausforderung in Literatur und Unterricht. Herausgegeben von Sieglinde Grimm und Berbeli Wanning. Göttingen: V & R Unipress, 2016, S. 243–258. (= Themenorientierte Literaturdidaktik. 1). – ISBN 978-3-8471-0271-7.

7.3.8. »Wilhelm Tell«

296. Arrizabalaga, Bakartxo: Friedrich Schiller, »Wilhelm Tell«. In: Senez. Itzul-
pen Aldizkaria. Bilbao, San Sebastián (Universidad del País Vasco), 2010,
Nº 39, S. 187–214. – ISSN 1132-2152. – *Detailreicher Kommentar in baskischer
Sprache mit einem hohen Anteil von Textpassagen aus Schillers Drama und
Übersetzungen.*

297. Hamanaka, Haru / 濱中, 春: シラーの『ヴィルヘルム・テル』における
スイスの風景 [Die Landschaft der Schweiz in Schillers »Wilhelm Tell«]. In:
研究報告 (京都大学大学院独文研究室研究報告刊行会). [Kenkyu Hokoku.
Bulletin des Germanistischen Seminars der Universität Kyoto], 1996, Nº 9,
S. 45–75.

298. Kimpel, Dieter: Schillers geschichtsphilosophische Vision. »Wilhelm Tell«
in der Spannung von Naturrecht, Freiheitsgebrauch und Friedensordnung.
In: Ders., Freiheitsaufbruch und Friedensverlangen. Eine deutsche Diskussion über praktische Vernunft um 1800. Frankfurt a. M., Bern, Wien: Peter
Lang Edition, 2016, S. 95–106. – ISBN 978-3-631-67705-6.

299. Maihold, Harald: ›Ein rechter Schütze hilft sich selbst.‹ Nothilfe, Freiheit
und Solidarität in Schillers »Wilhelm Tell«. In: Ius.full. Forum für juristi-
sche Bildung. Zürich. 6. Jg., 2008, Nº 3/4, S. 106–116. – ISSN 1660-3427.

300. Ruppelt, Georg: Vom »Starken«, der am »mächtigsten allein« ist, zum
»Schweizer Heckenschützen«. Vor 75 Jahren verbot Hitler Schillers »Wilhelm
Tell«. In: b.i.t.online. Bibliothek. Information. Technologie. Wiesbaden.
19. Jg., 2016, Nº 2, S. 178–179. – ISSN 1435-7607.

301. Schätz, Benedikt: Die Zyklen der Geschichte. Passagen durch Schillers
»Wilhelm Tell«. In: Künstliches Licht. Kulturwissenschaftliche Interventionen. Wien. 1. Jg., 2011, Nº 1, S. 24–35. – ISSN 2225-4854.

302. Shimizu, Sumio / 清水, 純夫 : シラーの戯曲『ヴィルヘルム・テル』につ
いて – 真の主人公メルヒタール [Schillers Drama »Wilhelm Tell« – Melchtal
statt Tell als Hauptperson]. In: 名古屋大学文学部研究論集. 文学. [Journal
of the Faculty of Letters, Nagoya University], 2007, Nº 53, S. 37–58. – ISSN
0469-4716.

303. Wagner, Helen: »Reisst die Mauern ein! Kein Stein bleib' auf dem anderen!«
Schillers »Wilhelm Tell« als Zeitstück zur Friedlichen Revolution 1989. In:
Von der Bühne auf die Straße. Theater und friedliche Revolution in der
DDR. Herausgegeben von Jutta Braun und Michael Schäbitz. Berlin: Verlag
Vorwerk 8, 2016, S. 153–161. – ISBN 978-3-940384-74-4.

7.3.9. »Die Verschwörung des Fiesko zu Genua«

304. El Hissy, Maha: Die Geburt der Republik aus dem Geiste des Genies. Politische Souveränität und Genieästhetik in Schillers »Die Verschwörung des Fiesco zu Genua«. In: In (Ge)schlechter Gesellschaft? Politische Konstruktionen von Männlichkeit in Texten und Filmen der Romania. Herausgegeben von Julia Brühne und Karin Peters. Bielefeld: Transcript Verlag, 2016, S. 137–154. (= Mainzer historische Kulturwissenschaften. 27). – ISBN 978-3-8376-3174-6.

305. Philonenko, Alexis: Schiller et la Conjuration de Fiesque. In: Le Philosophoire. Laboratoire de philosophie. Paris. 2008, Nº 30, S. 231–250. – ISSN 1283-7091.

7.3.10. »Wallenstein«-Trilogie

306. Borkowski, Jan: Ein neuer Zugang zur Geschichtskonzeption von Schillers »Wallenstein« und ihrer Funktion. In: Jahrbuch der Deutschen Schillergesellschaft. Internationales Organ für Neuere Deutsche Literatur. Berlin. 60. Jg., 2016, S. 217–242. – ISBN 978-3-11-046543-3.
Der Beitrag gliedert sich in die Abschnitte: Schicksal, Astrologie und Religion. – ›Geschichte‹ um 1800. – Das ›Historische‹ im Drama und der Bezug zur zeitgenössischen Erfahrung. – Freiheit oder Notwendigkeit? Die Motivierung des Handelns. – Darstellungsleistung und Funktion.

307. Ebisawa, Kimio / 海老澤 君夫: シラーの「ヴァレンシュタイン」におけ る三十年戦争の描写について [Die Darstellung des Dreißigjährigen Kriegs in Schillers »Wallenstein«]. In: 岩手大学人文社会科学部 (Artes Liberales, Wate University), 1991, Nº 48, S. 111–132.

308. Graber, Darin: Wallenstein's Rhetoric and the Development of Hegel's Modern Hero. In: Studies in Romanticism. Boston. 55. Jg., 2016, Nº 2, S. 51–68. – ISSN 0039-3762.

309. Schnyder, Peter: »Tragödien(-)Oeconomie«. Zeit und Form in Schillers »Wallenstein«. In: Zeiten der Form – Formen der Zeit. Herausgegeben von Michael Gamper, Eva Geulen, Johannes Grave, Andreas Langenohl, Ralf Simon und Sabine Zubarik. Hannover: Wehrhahn Verlag, 2016, S. 299–316. (= Ästhetische Eigenzeiten. 2). – ISBN 978-3-86525-535-8.

7.3.11. Dramatische Fragmente: »Demetrius«

310. Ebisawa, Kimio / 海老澤　君夫：シラーの「デメートリウス」におけるポ
ーランド国王 [Der polnische Krieg in Schillers »Demetrius«]. In: 岩手大学
人文社会科学部 (Artes Liberales, Wate University), 1992, № 51, S. 41–57.

311. Ebisawa, Kimio / 海老澤　君夫：シラーの「デメートリウス」2幕2場に
寄せて [Zur Bedeutung der zweiten Szene im zweiten Aufzug von Schillers
»Demetrius«]. In: 岩手大学人文社会科学部 (Artes Liberales, Wate University), 1993, № 53, S. 87–107.

7.4. Untersuchungen zur literarischen Prosa, zu den ästhetischen Schriften und den historischen Abhandlungen

7.4.1. Allgemeine Darstellungen und vergleichende Studien

312. Biesdorf, Markus: ›Der andere Schiller‹. Auf der Suche nach neuen Textfor-
men und Erzählstrukturen für eine Darstellung ›menschlicher Irrungen‹.
In: Ders., Geheimnis und Aufklärung. Die Darstellung von Verbrechen in
deutschsprachigen Texten 1782–1855. Tübingen: Narr Francke Attempto,
2016, S. 264–327. – ISBN 978-3-7720-8594-9.
*Das Kapitel gliedert sich in die Abschnitte: 6.1. Aus der Perspektive einer
Täterin: »Die Kindsmörderin«. – 6.2. Weg des Verbrechens: »Verbrecher aus
Infamie. Eine wahre Geschichte (1786)« / »Der Verbrecher aus verlorener
Ehre«. – 6.3. Geheimnis ohne Aufklärung: »Der Geisterseher«. – 6.4. Eine
literarische Ausgestaltung: Schillers »Pitaval«. – 6.4.1. Konzepte der Ver-
brechensliteratur: Vorrede. – 6.4.2. Aus der Perspektive eines Opfers: »Das
ungleiche Ehepaar« (1795). – 6.5. Schillers Konzeption eines Krimi-Theaters:
Die Fragmente »Die Polizei« und »Die Kinder des Hauses« (postum 1805). –
6.6. Zweiter Ausblick.*

313. Kenklies, Karsten: Ästhetik und Lebenskunst. Schillers »Briefe über die
ästhetische Erziehung« und die Teezeremonie bei Sen no Rikyū. In: Auf-
klärungen. Modernisierung in Europa und Ostasien. Herausgegeben von
Karsten Kenklies und Kenji Imanishi. München: Iudicium Verlag, 2016,
S. 99–136. – ISBN 978-3-86205-448-0.

314. Panizzo, Paolo: Schiller e la storia come soggetto sublime. Convergenze
e divergenze tra la »Antrittsvorlesung« e il saggio »Über das Erhabene«.

In: Prospero. Rivista di letterature e culture straniere. Trieste. 2016, № 21, S. 35–55. – ISSN 1123-2684 (Print) / ISSN 2283-6438 (Elektronische Ressource).

7.4.2. Analysen und Interpretationen
zu einzelnen Werken und Schriften

315. Avezzù, Guido / Halliwell, Stephen: Friedrich Schiller, »Über den Gebrauch des Chors in der Tragödie« / »On the Use of the Chorus in Tragedy«. In: Skenè. Journal of Theatre and Drama Studies. Verona. 1. Jg., 2015, № 1, [o. S.]. – ISSN 2421-4353 (Elektronische Ressource).

316. Bernhardt, Rüdiger: Textanalyse und Interpretation zu Friedrich Schiller »Der Verbrecher aus verlorener Ehre«. Alle erforderlichen Infos für Abitur, Matura, Klausur und Referat plus Musteraufgaben mit Lösungsansätzen. Hollfeld: C. Bange Verlag, 2016, 136 S. (= Königs Erläuterungen. 469). – ISBN 978-3-8044-1913-1.

317. Conti, Irene: L'anima bella come ideale o como sogno. »Grazia e dignità« e »Il terremoto in Cile« di Heinrich von Kleist. In: Estetica, antropologia, ricezione. Studi su Friedrich Schiller. A cura di Francesco Rossi. Pisa: Edizioni ETS, 2016, S. 139–150. (= Philosophica. 175). – ISBN 978-88-467-4626-9.

318. Δημητρακόπουλος, Μιχαήλ Φ.: Αισθητική πολιτική και φιλοσοφία της ιστορίας. Τεύχος δεύτερο: O Fr. Schiller, Για την αισθητική αγωγή του ανθρώπου. Αθήναι 2007, 188 σελ.
Inhalt (Auszug): 1. Ιστορικοαισθητικά Προλεγόμενα (σελ. 11–36). – 2. Οι αισθητικές αντιλήψεις των »Επιστολών« του Schiller (σελ. 37–96). – 3. Αισθητική φιλοσοφία της Ιστορίας (σελ. 97–132). – 4. Αισθητική πολιτική (σελ. 133–181).
Transliteration: Dimitrakopoulos, Michail Ph.: Aisthētikē politikē kai philosophia tēs istorias: teuchos deutero: O Fr. Schiller, Gia tin aisthetikē agogi tou anthropou. Athēna: Idiotikē, 2007, 188 S. – Über die Abhandlung »Die ästhetische Erziehung des Menschen in einer Reihe von Briefen«.

319. Escoubas, Éliane: L'éthique est-elle ›un art supérieur‹. Schiller et les »Lettres sur l'éducation esthétique de l'homme«. In: Le Beau & Le Bien. Perspectives historiques. De Platon à la philosophie américaine contemporaine. Préface de Pierre Destrée et Carole Talon-Hugon. Nice: Les Éditions Ovadia, 2012, S. 215–225. – ISBN 978-2-915741-83-4.

320. Faul, Isabelle: Indirekte Adressaten. Erlösung durch ›Spielerei, die man jetzt schöne Kunst nennt‹. Friedrich Schillers »Über die ästhetische Erziehung des Menschen in einer Reihe von Briefen« als Impuls für Schlegels Ideen. In: Dies., Friedrich Schlegels Ideen. Ein Beitrag zur Intellektuellengeschichte. Paderborn: Ferdinand Schöningh Verlag, 2016, S. 252–270. (= Schlegel-Studien. 10). – ISBN 978-3-506-78375-2.

321. Frank, Gustav: Was der Fall ist. Zur Funktion von Literatur in ›kleinen Archiven‹ am Beispiel von Schillers »Geisterseher«. In: Sprache und Literatur. Paderborn. 45. Jg., 2014, Nº 2, S. 39–56. – ISSN 0724-9713.

322. Gast, Lilli: »Versuch über den Zusammenhang der thierischen Natur des Menschen mit seiner geistigen« (1780). Schiller / Freud. Eine Lektüre. In: Friedrich Schiller. Herausgegeben von Astrid Lange-Kirchheim, Joachim Pfeiffer und Carl Pietzcker. Würzburg: Verlag Königshausen & Neumann, 2016, S. 67–85. (= Freiburger Literaturpsychologische Gespräche. Jahrbuch für Literatur und Psychoanalyse. 35). – ISBN 978-3-8260-5909-4.

323. Gonçalves Nobre, Jaderson: A educação estética de Schiller. Da fragmentação à integralidade antropológica. In: Lampejo. Revista electrônica de filosofia e cultura. Fortaleza/Chile. 2016, Nº 9, S. 1–11. – ISSN 2238-5274.
Der Beitrag behandelt schwerpunktmäßig die Abhandlung »Über die ästhetische Erziehung des Menschen in einer Reihe von Briefen« und gliedert sich in die Abschnitte: 1. Modernidade e fragmentação nas »Cartas«. – 2. Sobre a urgência de uma educação estética. – 3. Beleza e Liberdade nas »Cartas«. – 4. O sentido do estético na recuperação da integralidade antropológica nas »Cartas«.

324. Ilbrig, Cornelia: Skepsis und Dialog. Friedrich Schiller: Philosophische Briefe. In: Dies., Aufklärung im Zeichen eines ›glücklichen Skepticismus‹. Johann Karl Wezels Werk als Modellfall für literarische Skepsis in der späten Aufklärung. Hannover: Wehrhahn Verlag, 2007, S. 124–128. – ISBN 978-3-86525-046-9.

325. Kimpel, Dieter: Schillers geschichtsphilosophische Vision. Die »Ästhetische Erziehung des Menschen« – eine Freiheits- und Friedenslehre wider den zeitgenössischen Teufelskreis von Gewalt und Gegengewalt. In: Ders., Freiheitsaufbruch und Friedensverlangen. Eine deutsche Diskussion über praktische Vernunft um 1800. Frankfurt a. M., Bern, Wien: Peter Lang Edition, 2016, S. 83–95. – ISBN 978-3-631-67705-6.

326. Kittstein, Ulrich: Lehrreiche Verirrungen. Friedrich Schiller: »Der Verbrecher aus verlorener Ehre«. In: Ders., Gestörte Ordnung. Erzählungen vom

Verbrechen in der deutschen Literatur. Heidelberg: Universitätsverlag Winter, 2016, S. 17–34. (= Beiträge zur neueren Literaturgeschichte. 359). – ISBN 978-3-8253-6649-0.

327. Kobayashi, Hikari / 小林 日花里: A Study of the Moral Motivation in Schiller's »Über Anmut und Würde« – Focusing on his Dispute with Kant's Ethics. In: 筑波大学倫理学原論研究会 [Tsukuba Daigaku Rinrigaku Genron Kenkyūkai]. 2016, № 32, S. 85–97. – ISSN 0289-0666.

328. Miklós, Tamás: Bilder des Chaos. Schiller »Über das Erhabene«. In: Ders., Der kalte Dämon. Versuche der Domestizierung des Wissens. Übersetzt von Eva Zádor. München: Verlag C. H. Beck, 2016, S. 129–137. – ISBN 978-3-406-68833-1.
Originalbeitrag in ungarischer Sprache unter dem Titel: A zürzavar képei. Schiller: »A fenségesről«. In: T.M., Hideg Démon. Kísérletek a tudás domesztikálására. Pozsony [Bratislava]: Kalligram Könyv és Lapkiadó, 2011, S. 181–194. – ISBN 978-80-8101-442-0.

329. Miklós, Tamás: Der Himmel über Germanien. Zu Schillers Jenaer Antrittsrede. In: Ders., Der kalte Dämon. Versuche der Domestizierung des Wissens. Übersetzt von Eva Zádor. München: Verlag C. H. Beck, 2016, S. 114–121. – ISBN 978-3-406-68833-1.
Originalbeitrag in ungarischer Sprache unter dem Titel: Germánia fölött az ég. Schiller Jénai székfoglaló elöadásáról. In: T.M., Hideg Démon. Kísérletek a tudás domesztikálására. Pozsony [Bratislava]: Kalligram Könyv és Lapkiadó, 2011, S. 169–180. – ISBN 978-80-8101-442-0.

330. Mor, Lucia: Il ›progetto‹ di Mosè. »Die Sendung Moses« di Friedrich Schiller fra misteri massonici e deismo. In: Humanitas. Rivista bimestrale di cultura. Brescia. 57. Jg., 2002, № 4, S. 527–539. – ISSN 0018-7461. (Themenheft: Mosè e Gesù. Interpretazioni a confronto).
Der Beitrag gliedert sich in die Abschnitte: 1. La quadratura del cerchio: il Mosè di [Karl Leonhard] Reinhold e i fondamenti religiosi della massoniera. – 2. Il ›progetto‹ di Mosè e il concetto schilleriano di ›Universalgeschichte‹.

331. Mührel, Eric: Individuum – Person – Mensch. Die zweite Schöpfung des Menschen in Schillers »Briefen über die ästhetische Erziehung des Menschen«. In: Zum Personenverständnis in der Sozialen Arbeit und der Pädagogik. Herausgegeben von Eric Mührel. Essen: Verlag Die Blaue Eule, 2009, S. 97–106. (= Sozialpädagogik in der Blauen Eule. 12). – ISBN 978-3-89924-221-8.

332. Nakamura, Michitaro / 中村 美智太郎：シラーにおける「美しき魂」理念
     について：『優美と尊厳について』(1793)を中心に [Die Idee der ›Schönen
     Seele‹ bei Schiller, unter besonderer Berücksichtigung der Schrift »Über
     Anmut und Würde« (1793)]. In: 静岡大学教育学部 [Bulletin of the Faculty
     of Education, Shizuoka University. Social and Natural Sciences and Liberal
     Arts]. 2015, № 65, S. 101–113. – ISSN 1884-3492.

333. Panizzo, Paolo: Paradigmi dell'antico e libertà moderna. »La legislazione di
     Licurgo e Solone« di Friedrich Schiller. In: Diritto e letterature a confronto.
     Paradigmi, processi, transizioni. A cura di Maria Carolina Foi. Trieste: Edi-
     zioni Università di Trieste, 2016, S. 39–52. – ISBN 978-88-8303-740-5.

334, Rosario Acosta López, María del: The Resistance of Beauty. On Schiller's
     Kallias Briefe in Response to Kant's Aesthetics. In: Epoché. Journal for the
     History of Philosophy. Charlottesville. 21. Jg., 2016, № 1, S. 235–249. – ISSN
     1085-1968 (Print) / ISSN 2153-8603 (Elektronische Ressource).

335. Rosario Martí Marco, María: Conceptualización estética y traducción.
     Anmut y Würde en Friedrich Schiller. In: Translatio y cultura. (Eds.) Pedro
     Aullón de Haro y Alfonso Silván. Madrid: Editorial Dykinson, 2015, S. 55–62.
     – ISBN 978-84-9085-578-2.

336. Sakamoto, Takashi / 坂本、貴志：視霊者の閾：「魂の不死性」を巡るシラ
     ー、カントの問い [Der ›Kreis‹ in Schillers »Geisterseher«]. In: 山口大学独
     仏文学 [Yamaguchi Daigaku dokufutsu bungaku], 2008, № 29, S. 45–78. –
     ISSN 0387-6918.

337. Schober, Angelika: Schillers Briefe über die ästhetische Erziehung des Men-
     schen als Antwort auf die Französische Revolution und ihre Folgen. In:
     Wenden und Kontinuität. 3. Internationaler Germanistik-Kongress (Kairo,
     27.–29. März 2012). Herausgegeben von Dalia Aboul Fatouh Salama, Nadia
     Metwally, Nahed El Dib u. a. Kairo 2012/2013, S. 213–233. (= Kairoer Germa-
     nistische Studien. Jahrbuch für Sprach-, Literatur- und Übersetzungswis-
     senschaft. 20). – ISSN 1110-6042.
     Der Beitrag gliedert sich in die Abschnitte: 1. Schillers Wende vom Revolu-
     tionär zum Erzieher. – 2. Kerngedanken der Ästhetischen Briefe. – 3. Auswir-
     kungen der »Ästhetischen Briefe« auf die deutsche Bildungslandschaft und
     politische Kultur. – 4. Die Bedeutung der »Ästhetischen Briefe« heute.

338. Sommer, Niklas: Beauty, Grace and Morality in Schiller's »On Grace and
     Dignity«. In: Proceedings of the European Society for Aesthetics. Edited by
     Fabian Dorsch and Dan-Eugen Ratiu. Volume 8 (2016). Fribourg (ESA) 2016,
     S. 432–442. – ISSN 1664-5278 (Elektronische Ressource).

339. Spedicato, Eugenio: Kunst als Ausgleich zu Wirklichkeit und Historie in
     Friedrich Schillers philosophisch-ästhetischen Schriften. In: Ders., Kom-
     pensation und Kontingenz in deutschsprachiger Literatur. Heidelberg: Uni-
     versitätsverlag Winter, 2016, S. 61–72. (= Beiträge zur Literaturtheorie und
     Wissenspoetik. 8). – ISBN 978-3-8253-6637-7.
     Das Kapitel gliedert sich in die Abschnitte: Friedrich Schillers Glücksverspre-
     chen in den Briefen »Über die ästhetische Erziehung des Menschen«. – ›Zwei
     Genien‹ gegen ›die traurige Abhängigkeit von dem Zufall‹.

340. Van de Lücht, Lutz: Durch die Schönheit zur Freiheit. Schillers »Briefe über
     die ästhetische Erziehung des Menschen«. In: Die Wiedergewinnung des
     Pädagogischen. Pädagogik und Politik. Herausgegeben von Matthias Rieß-
     land. Baltmannsweiler: Schneider Verlag Hohengehren, 2010, S. 184–202. –
     ISBN 978-3-8340-0796-4.

341. Wertz, William F., Jr.: A Reader's Guide to Schiller's »Letters on the Aesthe-
     tical Education of Man«. In: Fidelio. Journal of Poetry, Science, and State-
     craft. Washington. 14. Jg., 2005, № 1/2, S. 80–83. – ISSN 1059-9126.
     Der Beitrag schließt mit einer vollständigen Übersetzung von Schillers Schrift
     »Über die ästhetische Erziehung des Menschen in einer Reihe von Briefen«
     (S. 83–104).

7.5. Schiller als Herausgeber, Übersetzer,
(Bühnen-)Bearbeiter und Literaturkritiker

342. Balbuena Torezano, María del Carmen: »Turandot« en la dramaturgia de
     Friedrich Schiller y Bertolt Brecht. In: Revista de Filología Alemana. Madrid.
     Band 24 (2016), S. 23–34. – ISSN 1133-0406.

343. Brüning, Gerrit: Glückliches Ereignis im Zeichen der Kunst. Die »Propyläen«
     als Frucht der Zusammenarbeit Goethes und Schillers. In: Klassizismus in
     Aktion. Goethes »Propypläen« und das Weimarer Kunstprogramm. Heraus-
     gegeben von Daniel Ehrmann und Norbert Christian Wolf. Wien: Böhlau
     Verlag, 2016, S. 371–385. (= Literaturgeschichte in Studien und Quellen. 24).
     – ISBN 978-3-205-20089-5.

344. Deutsch-Schreiner, Evelyn: Friedrich Schiller als Dramaturg. In: Dies.,
     Theaterdramaturgien von der Aufklärung bis zur Gegenwart. Köln: Böhlau
     Verlag, 2016, S. 55–83. (= Böhlau Studien Bücher). – ISBN 978-3-205-20260-8.

345. Dröse, Astrid: La »Turandot« di Schiller. Una tragicommedia romantica?
Traduzione di Chiara Bonetti. In: Estetica, antropologia, ricezione. Studi
su Friedrich Schiller. A cura di Francesco Rossi. Pisa: Edizioni ETS, 2016,
S. 83–105. (= Philosophica. 175). – ISBN 978-88-467-4626-9.
Der Beitrag gliedert sich in die Abschnitte: 1. Puccini legge Schiller. – 2. La
rielaborazione del mito di Turandot. – 3. L'adattamento di Schiller: aspetti,
analisi e confronto.

346. Henzel, Katrin: Veranschaulichung versus Imagination. Tod- und Jenseits-
darstellungen in Schillers Bühnenbearbeitungen »Egmont« und »Macbeth«.
In: »Sei wie du willt namenloses Jenseits«. Neue interdisziplinäre Ansätze
zur Erforschung des Unerklärlichen. Herausgegeben von Christa Agnes
Tuczay, Ester Saletta und Barbara Hindinger. Wien: Praesens Verlag, 2016,
S. 39–50. – ISBN 978-3-7069-0895-5.

347. Lemmel, Monika: Zeitschriftenedition mit Kommentar. Schillers »Thalia«
(1785–1791). In: Scholarly Editing and German Literature. Revision, Revaluation, Edition. Edited by Lydia Jones, Bodo Plachta, Gaby Pailer and Catherine Karen Roy. Leiden, Boston: Brill Rodopi, 2016, S. 200–212. (= Amsterdamer Beiträge zur neueren Germanistik. 86). – ISBN 978-90-04-30544-1.

348. Takahata, Tokiko / 高畑, 時子: シラー『ティレニア海の嵐』解説と試訳お
よび注釈 : ウェルギリウス『アエネーイス』1.34-156 との比較研究 [Über
»Der Sturm auf dem Tyrrhener Meer« Schillers. Vergleichende Analyse der
»Aeneis« Vergils (1.34–156)]. In: 西洋古典論集 [Classical Studies Kyoto Uni-
versity], 2010, № 22, S. 279–305. – ISSN 0289-7113.
Der Beitrag enthält auch eine japanische Übersetzung von Schillers »Aeneis«-
Bearbeitung.

7.6. Schiller in Briefen und Korrespondenzen

349[1]. Abraham, Benedicte: Die langsame Entstehung eines wissenschaftlichen
Diskurses über Kunst und Literatur um 1800 im Licht des Briefwechsels
zwischen Goethe und Schiller (1798–1805). In: Ansätze – Begründungen
– Maßstäbe. Herausgegeben von Iwona Bartoszewicz, Marek Hałub und
Tomasz Małyszek. Wrocław: Wydawnictwo Uniwersytetu Wrocławskiego,
2016, S. 31–44. (= Germanica Wratislaviensia. 141; Acta Universitatis Wrati-
slaviensis. 3715). – ISBN 978-83-229-3536-1.
Siehe auch den Beitrag der Verfasserin: Johann Christian Polycarp Erxleben
(1744–1777) et de la correspondance entre Johann Wolfgang Goethe et Fried-

rich Schiller. In: Dies., Au commencement était l'action. Les idées de force et d'énergie en Allemagne autour de 1800. Villeneuve d'Ascq: Presses Universitaires du Septentrion, 2016, S. 112–118. (= Collection Dialoges entre Cultures). – ISBN 978-2-7574-1274-9.

349². Fink, Wolfgang: »Blitze, die plötzlich ins Innere der Sachen schießen.« Anmerkungen zum Briefwechsel zwischen Wilhelm von Humboldt und Friedrich Schiller. In: L'art épistolaire entre civilité et civisme. Études réunies par Françoise Knopper et Wolfgang Fink. Aix-en-Provence: Aix-Marseille Université, 2016, S. 267–292. (= Cahiers d'Études Germaniques. 70). – ISBN 979-10-320-0067-0.

7.7. Einzelne Aspekte, Motive, Stoffe, Themen und Begriffe (werkübergreifend)

350. Pestalozzi, Karl: Kind und Kindheit bei Schiller. In: Friedrich Schiller. Herausgegeben von Astrid Lange-Kirchheim, Joachim Pfeiffer und Carl Pietzcker. Würzburg: Verlag Königshausen & Neumann, 2016, S. 45–66. (= Freiburger Literaturpsychologische Gespräche. Jahrbuch für Literatur und Psychoanalyse. 35). – ISBN 978-3-8260-5909-4.

351. Pieniążek, Pawel: Die Mythologie der Rückkehr bei Schiller. In: Denkerische und dichterische Heimatsuche. Herausgegeben von Tomasz Drewniak und Alina Dittmann. Görlitz: Viadukt-Verlag, 2012, S. 37–47. – ISBN 978-3-929872-62-0. – Parallelausgabe: Nysa (Oficyna Wydawnicza PWSZ). – ISBN 978-83-60081-74-8.

8. Nationale und internationale Wirkungsgeschichte

8.1. Studien zu literarästhetischen Rezeptionsformen

8.1.1. Allgemeine Untersuchungen und spezielle Aspekte

352. Ächtler, Norman: Schulprogramme Höherer Lehranstalten. Ein bislang unbeachtetes Quellenkorpus zur Schiller-Rezeption im 19. Jahrhundert. In: Jahrbuch des Freien Deutschen Hochstifts. Herausgegeben von Anne Bohnenkamp. 2016. Göttingen: Wallstein Verlag, 2016, S. 298–346. – ISSN 0071-9463 / ISBN 978-3-8353-1934-9.

Der Beitrag gliedert sich in die Abschnitte: I. Schiller als Nationaldichter: Deutungstrends zur Wirkungsgeschichte im 19. Jahrhundert. – II. Schiller-Rezeption an den Höheren Lehranstalten des 19. Jahrhunderts: Ein Desiderat der Wirkungsgeschichte. – III. Das Schulprogramm: Eine schulspezifische Textsorte des 19. Jahrhunderts. – IV. Die Programmabhandlungen: Kommunikationsmedium der ›kleinen Akademien‹. – V. Programmabhandlungen zu Schiller: Problematische Bestandserschließung. – VI. Schiller als Gegenstand von Programmabhandlungen: Erste empirische Befunde (1. Zeitlichräumliche Verbreitung der Programmabhandlungen zu Friedrich Schiller. – 2. Inhaltlich-thematische Schwerpunkte der Programmanhandlungen zu Friedrich Schiller). – VII. Ausblick: Friedrich Schiller im Deutschunterricht.

353. Bachmann, Jördis: Jena muss mehr schillern. Am 10. November wird in Jena Friedrich Schillers 257. Geburtstag begangen. Helmut Hühn, Leiter des Schillerhauses, wünscht sich, dass der Geist des Dichters verstärkt in die Stadt getragen wird. In: Ostthüringer Zeitung. Jena. Ausgabe vom 19. 10. 2016, [o. S.].

354. Bausinger, Hermann: Schillerfeiern im Südwesten. Dichterjubiläen – würdig, merkwürdig, fragwürdig. In: Ders., Eine schwäbische Literaturgeschichte. Tübingen: Klöpfer & Meyer, 2016, S. 196–209. – ISBN 978-3-86351-424-2.

355. Britsche, Frank: Schillererinnerung / Schillerfeier. In: Ders., Historische Feiern im 19. Jahrhundert. Eine Studie zur Geschichtskultur Leipzigs. Leipzig: Leipziger Universitätsverlag, 2016, S. 112–164. – ISBN 978-3-96023-039-7.
Einschlägige Kapitel und Abschnitte der Untersuchung: 1.2. Die Anfänge der Leipziger Schillererinnerung: Inspirationen und Ideengeber für die ersten Schillerfeiern. – Das Schillerhaus in Gohlis als regionaler Erinnerungsort. – 1.3. Die Leipziger Schillerfeiern von 1840 bis 1859. – – 2. Die Schillerfeiern 1859 im deutschsprachigen Gebiet: 2.1. Das geschichtskulturelle Groß- und Medienereignis. – 2.2. Initiatoren und soziale Struktur der Festteilnehmer. – 2.3. Auswirkungen des ereignispolitischen Zeitkontextes auf die Feiern. – 2.4. Die öffentliche Ausrichtung und praktische Umsetzung der Feiern. – – 3. Die Leipziger Schillerfeier: 3.1. Vorbereitungen der Leipziger Schillerfeier. – 3.2. Das stadtöffentliche Feiern als sozialintegratives Moment identitätsstiftender Erinnerungsarbeit. – 3.3. Im Wettstreit der Erinnerung: konkurrierende Schillernarrative und Angebote historischer Sinnbildung. – 3.4. Historisches Lernen im schulischen Kontext. – 3.5. Aspekte außerschulischen historischen Lernens und Medien der Vermittlung. – 3.6. Imprägnierung des nationalen

Bewusstseins in das kollektive Gedächtnis. – 3.7. Nach der Erinnerungsfeier: Ausblick auf das zukünftige Gedenken.

356. Bungert, Heike: Die Schiller-Feste. In: Dies., Festkultur und Gedächtnis. Die Konstruktion einer deutschamerikanischen Ethnizität 1848–1914. Paderborn: Ferdinand Schöningh Verlag, 2016, S. 86–92. (= Studien zur historischen Migrationsforschung. 32). – ISBN 978-3-506-78185-7.

357. Fink, Nele Maresa: Die nationalsozialistische Weltanschauung in der inner- und außerschulischen Bildung. Eine Untersuchung am Beispiel Friedrich Schillers. München: Grin Verlag, 2016, 103 S. – ISBN 978-3-668-25405-3.
Wissenschaftliche Hausarbeit (Erste Staatsprüfung), Justus-Liebig-Universität Gießen, Fachbereich Sprache, Literatur, Kultur. – Darin besonders Kap. 5: Die propagandistische Adaption von Friedrich Schiller. 5.1. Der literaturwissenschaftliche Umgang mit Schillers Werken im Dritten Reich. – 5.2. Schiller als ›Dichter des deutschen Volkes‹. – 5.3. Der Versuch einer dogmatischen Auslegung von Schillers Person und Werk hinsichtlich der nationalsozialistischen Ideologie. – 5.4. Der Feierkult und die Sonnwendfeier im Schillerjahr 1934. – 5.5. Schiller in der Kriegspropaganda: Die Ambivalenz hinsichtlich Schillers Nationalgesinnung. – Das Aufführverbot von »Wilhelm Tell«. – 5.6. Schiller im nationalsozialistischen Deutschunterricht: Die schulische Interpretation der Texte Schillers unter ideologischem Gesichtspunkt am Beispiel von »Die Bürgschaft« (S. 64–92). – Schlussbetrachtung (S. 93–100).

358. Hühn, Helmut: Schiller-Gedenken in Jena von 1805 bis 1910. Erinnerungsobjekte und Vermittlungspraxen. In: Häuser der Erinnerung. Zur Geschichte der Personengedenkstätte in Deutschland. Herausgegeben von Anne Bohnenkamp-Renken, Constanze Breuer, Paul Kahl und Christian Philipsen. Berlin: Evangelische Verlagsanstalt, 2015, S. 115–131. (= Schriften der Stiftung Luthergedenkstätten in Sachsen-Anhalt. 18). – ISBN 978-3-374-04056-8.

359. Lacheny, Marc: Les auteurs du théâtre populaire viennois et les classiques allemands: entre distance et proximité? [La réception de] Schiller. In: Ders., Littérature ›d'en haut‹, littérature ›d'en bas‹? La dramaturgie canonique allemande et le théâtre populaire viennois de Stranitzky à Nestroy. Berlin: Verlag Frank & Timme, 2016, S. 127–139. (= Forum Österreich. Herausgeben von Jacques Lajarrige und Helga Mitterbauer. 2). – ISBN 978-3-7329-0197-5.

360. Müller-Tamm, Jutta: Goethe und Schiller ausgezählt. Farbstatistik in der Philologie um 1900. In: Die Farben der Klassik. Wissenschaft – Ästhetik –

Literatur. Herausgegeben von Martin Dönike, Jutta Müller-Tamm und Friedrich Steinle. Göttingen: Wallstein Verlag, 2016, S. 313–324. (= Schriftenreihe des Zentrums für Klassikforschung. 3). – ISBN 978-3-8353-1820-5.

361. Sepp, Arvi: Nationale Identität und Literatur: Goethe und Schiller. – Literarische Ikonographie: Goethe und Schiller als nationale Erinnerungsorte. In: Ders., Topographie des Alltags. Eine kulturwissenschaftliche Lektüre von Victor Klemperers Tagebüchern. Paderborn: Wilhelm Fink Verlag, 2016, S. 424–434. – ISBN 978-3-7705-5437-9.

8.1.2. Wirkung auf Personen in Literatur, Kultur und Wissenschaft

362. Adamo, Maria Gabriella: [Gérard de] Nerval traduttore di Schiller. La fiaba morale, la scrittura e il destino. In: L'Analisi Linguistica e Letteraria. Milano (Università Cattolica del Sacro Cuore), 14. Jg., 2006, № 2, S. 295–323. – ISSN 1122-1917.

363. Askay, Richard / Farquhar, Jensen: Freuds Romanticistic Overtures. Goethe, Schiller, Schelling. In: Dies., Apprehending the Inaccessible. Freudian Psychoanalysis and Existential Phenomenology. Evanston, Ill.: Northwestern University Press, 2006, S. 72–88. (= Northwestern University Studies in Phenomenology and Existential Philosophy). – ISBN 0-8101-1900-5.

364. Barrena, Sara: Primeras lecturas. Las cartas estéticas de Friedrich Schiller. In: Dies., La belleza en Charles S. Peirce. Origen y alcance de sus ideas estéticas. Pamplona: EUNSA (Ediciones Universidad de Navarra), 2015, S. 85–102. – 978-84-313-2996-9.

365. Bartl, Carmen: Schiller und Freud. Vom Erhabenen zur Sublimierung. Eine Wissensgeschichte intellektueller Leidbewältigung. New York: University of New York, Diss. 2015, 485 S.
Quelle: Dissertation Abstracts International 2016 = DA Nr. 3740817.

366. Береснев, Б. С. / Береснев, С. Д.: Лексика поэтических произведений и художественный мир автора (на материале баллады Ф. Шиллера »Der Taucher« и ее перевода В. А. Жуковским). В: Филологические Науки (Научные Доклады Высшей Школы / Государственный Комитет СССР по Народному Образованию, Москва). 1989, № 6, с. 72–76. – ISSN 0130-9730.
Transliteration: Beresnev, B. S. / Beresnev, S. D.: Leksika poëtičeskich proizvedenij i chudožestvennyj mir avtora (na materiale ballady F. Šillera »Der Taucher« i ee perevoda V. A. Žukovskim). V: Filologičeskie Nauki. Naučnye

*Doklady Vysšej Školy, Gosudarstvennyj Komitet SSSR po Narodnomu Obrazo-
vaniju, Moskva), 1989, № 6, s. 72–76.*
*Sinngemäße Übersetzung: Der Wortschatz der dichterischen Werke und
die Gestaltungswelt in Schillers »Der Taucher« und die Übersetzung von
V. A. Žukovskij (eine Fallstudie).*

367[1]. Bishop, Paul: Schillers Ästhetik in biozentrischer Sicht. Ludwig Klages und
der ästhetische Vitalismus. In: Hestia. Jahrbuch der Klages-Gesellschaft.
Herausgegeben von Dietrich Jäger. Band 22 (2004–2007). Würzburg: Verlag
Königshausen & Neumann, 2008, S. 79–108. – ISBN 978-3-8260-3855-6.
*Der Beitrag gliedert sich in Abschnitte: 1. Die Schillerrezeption von Ludwig
Klages. – 2. Hans Eggert Schröder und Schiller: 2.1. ›Schiller und das morali-
sche Ideal‹. – 2.2. Die Wiederentdeckung der Leib-Seele-Polarität durch Schil-
ler‹. – 2.3. ›Schiller als dramatischer Dichter‹. – 3. ›Anmut‹ und ›Würde‹ – in
biozentrischer Sicht. – 4. ›Biozentrische Ästhetik‹.*
*Siehe auch eine englischsprachige Fassung mit ähnlichem Titel [Marbacher
Schiller-Bibliographie 2006, Nr. 484].*

367[2]. Cabré Monné, Rosa: L'estudio sobre Schiller de Josep Yxart. Notes per a la
recepció a Catalunya de l'obra de Frederic Schiller fins al 1895. In: Anuari
Verdaguer. Revista d'Estudis Literaris del Segle XIX. Vic (Universitat Central
de Catalunya), 2001, № 10, S. 89–153. – ISSN 1130-202X (Print).

368. Cermelli, Giovanna: La morte di Wallenstein nella messa in scena di Gustavo
Modena. In: Estetica, antropologia, ricezione. Studi su Friedrich Schiller. A
cura di Francesco Rossi. Pisa: Edizioni ETS, 2016, S. 165–179. (= Philosophica. 175). – ISBN 978-88-467-4626-9.

369. Crisman, William: Coleridge's »Wallenstein« Translations as a Guide to his
Dejection Ode. In: The Wordsworth Circle. Philadelphia. 18. Jg., 1987, № 3,
S. 132–136. – ISSN 0043-8006.

370. De Caro, Eugenio: Fantasia e libertà. Jung, Schiller e l'estetica dell'inconscio.
In: Immaginazione e linguaggio fra teoria e storia. A cura di Giovanna
Barlusconi. Roma: Bulzoni Editore, 2005, S. 25–50. – ISBN 88-7870-
047-9.

371. Dilworth, David A.: Intellectual Gravity and Elective Attractions. The Provenance of [Charles Sanders] Peirce's Categories in Friedrich von Schiller. In:
Cognitio. Revista de Filosofia. São Paulo. 15. Jg., 2014, № 1, S. 37–72. – ISSN
2316-5278.
*Der Beitrag gliedert sich in die Abschnitte: Methodological Prolegomenon. –
1. Schiller's original text, Letters 1–11 and 24–27 as Provenance of Peirce's*

First Categories of I, IT, and THOU. – 2. The Second Sequence: Letters 12–23: Schiller's Anticipation of Peirce's Prioritizing of Esthetic Normativity. – 3. Brief recapitulation.

372. Dörr, Volker C.: Vom ›Organ der Tradition‹ zur Sprache der nationalen Einheit. Friedrich Schillers Sprachreflexion und ihre Rezeption bei Jacob Grimm. In: Germanistische Mitteilungen. Zeitschrift für Deutsche Sprache, Literatur und Kultur. Heidelberg. 42. Jg., 2016, № 2, S. 9–24. – ISSN 0771-3703.

373. Eki, Toshiro / 益, 敏郎: 客観性をめぐるヘルダーリンとシラーの近代芸術思想 -アドルノの『パラタクシス』を導入として- [Gedanken. Über moderne Kunst und ihre Objektivität bei Hölderlin und Schiller – Aus Adornos Parataxis]. In: 研究報告 (京都大学大学院独文研究室研究報告刊行会). [Kenkyu Hokoku. Bulletin des Germanistischen Seminars der Universität Kyoto]. 2016, № 29, S. 21–43.

374. Fung, Paul: The Egoism of Suffering. Schiller with Sade. In: Ders., Dostoevsky and the Epileptic Mode of Being. London: Legenda, 2015, S. 27–47. – ISBN 978-1-909662-08-7.

375. Grazzini, Serena: ›In una parola, io tengo in gran conto Goethe o Shakespeare, ma ben poco Schiller‹. Il giudizio di Büchner su Schiller e le sue implicazioni ermeneutiche. In: Estetica, antropologia, ricezione. Studi su Friedrich Schiller. A cura di Francesco Rossi. Pisa: Edizioni ETS, 2016, S. 151–163. (= Philosophica. 175). – ISBN 978-88-467-4626-9.
Der Beitrag gliedert sich in die Abschnitte: 1. Per un'interrogazione critica del giudizio di Büchner su Schiller. – 2. Dall'avvicinamento alla contrapposizione. – 3. La lettera di Büchner ai genitori. – 4. ›Topoi‹ argomentativi. – 5. Ripugnanza, ammirazione e lo scorto tra ›topos‹ argomentativo e teatro. – 6. Sul punto di vista di Büchner: una proposta interpretativa.

376. Guth, Deborah: George Eliot and Schiller. Intertextuality and Cross-Cultural Discourse. Milton, London: Routledge / Taylor & Francis Group, 2016, 189 S. – ISBN 978-1-138-66885-0 (Printausgabe).
Die Untersuchung ist zuerst 2003 erschienen [s. Schiller-Bibliographie 2003, Nr. 255; dort formale Titelaufnahme ohne Inhaltsverzeichnis].
Inhalt: 1. Intertextuality and Cross-Cultural Discourse (S. 1–22). – 2. ›Our divine Schiller‹: Contexts (S. 23–48). – 3. The Heroism of the Common Man: »Adam Bede« and Schiller's »Wilhelm Tell« (S. 49–78). – 4. Passionate Morality and »The Mill on the Floss« (S. 79–104). – 5. The Idealist and the Realist: »Romola« (S. 108–126). – 6. Narrative Ambivalence in »Middlemarch«

and »Felix Holt, the Radical« (S. 127–144). – 7. The Aesthetics of Sympathy
(S. 145–170). – Bibliography (S. 171–183).

377. Hamada, Yosuke: Kant, Schiller und Goethe – Nach Cassirers Verständnis. In: Ders., Symbol und Gefühl. Ernst Cassirers kulturphilosophische Gefühlstheorie. Hamburg: Felix Meiner Verlag, 2016, S. 123–133 (= Cassirer-Forschungen. 17). – ISBN 978-3-7873-2883-3.
Das Kapitel gliedert sich in die Abschnitte: 2.1. Goethe und Cassirer. – 2.2. Goethes Kunst und Schillers Ästhetik. – 2.3. Kants und Schillers Ästhetik: Ästhetische Welt als Welt des Scheins und des Spiels.

378. Hartung, Günter: Faschistische Tragiker im Verhältnis zu Schiller und Paul Ernst. In: Ders., Über Dichtungen von Paul Ernst (1866–1933). Neue analytische Studien. Leipzig: Leipziger Universitätsverlag, 2016, S. 17–30. – ISBN 978-3-96023-074-8.

379. Henry, Richard: Charles Williams and the Aesthetic Ideal of Friedrich Schiller. In: Extrapolation. A Journal of Science Fiction and Fantasy. Liverpool, Kent/Ohio. 35. Jg., 1994, № 4, S. 271–280. – ISSN 0014-5483.
Zum Einfluß Schillers auf den britischen Schriftsteller und Mystiker Charles Walter Stansby Williams (1886–1945), der als Begründer der ›Urban Fantasy‹ gilt.

380. Immer, Nikolas: Held und Heiliger. Rudolf Borchardts Schiller-Bild. In: Rudolf Borchardt und die Klassik. Herausgegeben von Dieter Burdorf und Thorsten Valk. Berlin: Verlag Walter de Gruyter, 2016, S. 139–158. (= Klassik und Moderne. 6). – ISBN 978-3-11-044863-4.
Im Mittelpunkt steht die »Rede über Friedrich von Schiller« aus dem Jahr 1920. Wieder abgedruckt in: Neue Deutsche Hefte. Beiträge zur europäischen Gegenwart. Gütersloh. 2. Jg., 1955/56, № 14 (Mai 1955), S. 92–111. – Aufgenommen in: Reden. Herausgegeben von Marie Luise Borchardt unter Mitarbeit von Rudolf Alexander Schröder und Silvio Rizzi. Stuttgart: Ernst Klett Verlag, [1955], S. 140–174. (= Gesammelte Werke in Einzelbänden).

381. Jessen, Mads Sohl: Det naive og sentimentale geni. Om Schillers og Goethes betydning for Oehlenschlägers og Baggensens satiriske konflikt, 1802–1807. In: Danske Studier (Aalborg Universitet), 2014, S. 144–167. – ISSN 0106-4525 (Print) / ISSN 0105-449X (Elektronische Ressource).

382. Jiménez Coodrero, Andrés: Máquina versus Organismo. Resonancias de un motivo schilleriano en los escritos de juventud de G. W. F. Hegel. In: Páginas de Filosofía (Universidad Nacional del Comahue), 11. Jg., 2010, № 13, S. 21–34. – ISSN 0327-5108 (Print) / ISSN 1853-7960 (Elektronische Ressource).

383. Kibalnik, Serguei A.: Dialéctica de la liberdad y de la alegría en la »Leyenda sobre el Gran Inquisidor« (»Los Hermanos Karamazov« de Dostoevski i »Don Carlos« de Schiller). In: Cuadernos de Rusística Española. Granada. 2013, № 9, S. 45–57. – ISSN 1698-322X (Print) / ISSN 2340-8146 (Elektronische Ressource).

384. Koopmann, Helmut: Thomas Manns Schiller-Bilder. Lebenslange Mißverständnisse? In: Ders., Thomas Mann. Studien, statt einer Biographie. Würzburg: Verlag Königshausen & Neumann, 2016, S. 465–483. – ISBN 978-3-8260-5727-4.

385. Krakar, Lojze: Prešeren in Schiller. In: Dialogi. Revija za kulturo in druzba. Maribor. 28. Jg., 1992, № 2, S. 46–52. – ISSN 0012-2068.
Zum Einfluss Schillers auf den slowenischen Schriftsteller France Prešeren, eingedeutscht auch als Franz Preschern (1800–1849) bekannt.

386. Lu, Shengzhou: Dekonstruktion von Schillers Kulturansicht. In: Ders., Hat Heinrich von Kleist Unterhaltungsliteratur geschrieben? Würzburg: Verlag Königshausen & Neumann, 2016, S. 55–60. (= Film – Medium – Diskurs). – ISBN 978-3-8260-5894-3. – *Es handelt sich um einen Abschnitt aus dem Kapitel »Über das Marionettentheater«.*

387. Лысенкова, Елена Иванова: Аспекты проблемы Шиллера в творчестве Ф. М. Достоевского (»Бедны Люди«, »Униженные и Оскорбленные«). In: Studia Culturae. Санкт-Петербург. 2014, № 21, с. 147–154. – ISSN 2225-3211 (Print) / ISSN 2310-1245 (Elektronische Ressource).
Transliteration: Elena Ivanova Lysenkova: Aspekty problemy Šillera v tvorčestve F. M. Dostoevskogo (»Belny Ljudi«, »Unižennye i Oskorbennye«). In: Studia Culturae. Sankt-Peterburg. 2014, № 21, S. 147–154. – Zur Schiller-Rezeption bei Dostoevskij.

388. Manca, Danilo: Lo stile del filosofo. Il metodo di Schiller a partire da uno studio di Cassirer. In: Estetica, antropologia, ricezione. Studi su Friedrich Schiller. A cura di Francesco Rossi. Pisa: Edizioni ETS, 2016, S. 199–215. (= Philosophica. 175). – ISBN 978-88-467-4626-9.

389. Moretti Falcão Mendes, Bruno: O caráter especifico do romance em »Theoria do Romance« de György Lukács e a liberdade em Schiller. In: Revista Limiar. São Paulo (Universidade Federal), 3. Jg., 2016, № 5, S. 173–192. – ISSN 2318-423X.

390. Müller, Olaf: Franco Fortini und das Tragische nach Schiller. In: Das Tragische. Dichten als Denken: Literarische Modellierungen eines *pensiero*

tragico. Herausgegeben von Marco Menicacci. Heidelberg: Universitätsverlag Winter, 2016, S. 139–152. (= Studia Romanica. 199). – ISBN 978-3-8253-6508-0.

391. Parr, Rolf: Schiller. In: Raabe-Handbuch. Leben – Werk – Wirkung. Herausgegeben von Dirk Göttsche, Florian Krobb und Rolf Parr. Stuttgart: J. B. Metzler Verlag, 2016, S. 338–343. – ISBN 978-3-476-02547-0.

392. Paulus, Dagmar: Politik und Poetik in Gutzkows »Der Königsleutnant« und Laubes »Die Karlsschüler«. Zum vormärzlichen Bild von Goethe und Schiller. In: Goethe als Literatur-Figur. Herausgegeben von Alexander Honold, Edith Anna Kunz und Hans-Jürgen Schrader. Göttingen: Wallstein Verlag, 2016, S. 57–77. – ISBN 978-3-8353-1932-9.

393. Pilipowicz, Andrzej: Judas und Barrabas. Die biblischen Transfigurationen von Wilhelm Tell in »Wir wollen Barrabas« von Max Geilinger und in »Barrabas« von Albert Steffen in Anlehnung an »Wilhelm Tell« von Friedrich Schiller. In: Studia Niemcoznawcze. Warszawa. Band 58 (2016), S. 321–337. – ISSN 0208-4597.

394. Pizer, John: Aesthetic Consciousness and Aesthetic Non-Difference: Gadamer, Schiller, and Lukács. In: Philosophy Today. An International Journal of Contemporary Philosophy. Chicago. 33. Jg., 1989, № 1, S. 63–72. – ISSN 0031-8256.

395. Rodrigues do Espírito Santo, Erickson: A relação do aprendizado entre supergo [sic] de Freud e o impulso lúdico de Schiller. In: Anuário Pesquisa e Extensão Unoesc Joaçaba (Universidade do Oeste de Santa Catarina), 2016, № 1, [o. S.]. – ISSN 2525-4669 (Elektronische Ressource).

396. Romagnoli, Elena: Hegel interprete di Schiller. In: Estetica, antropologia, ricezione. Studi su Friedrich Schiller. A cura di Francesco Rossi. Pisa: Edizioni ETS, 2016, S. 121–137. (= Philosophica. 175). – ISBN 978-88-467-4626-9.

397. Szabó, László V.: Der ›konfuzianische‹ Schiller. In: Ders., Renascimentum europaeum. Studien zu Rudolf Pannwitz. Berlin: Frank & Timme, Verlag für wissenschaftliche Literatur, 2016, S. 107–118. (= Literaturwissenschaft. 53). – ISBN 978-3-7329-0185-2.
Über die Schiller-Rezeption im Werk von Rudolf Pannwitz, unter besonderem Hinweis auf das Gedicht »Das Reich der Schatten« und dessen zweite Fassung »Das Ideal und das Leben«.

398. Тарасова, Ю. Г.: Е. П. Люценко в рецептивной истории »Раздела земли« Ф. Шиллера. В: Известия Саратовского Университета. Научный журнал (Серия филология, журналистика). Саратов. Т. 10, 2010, № 2, с. 58–65. – ISSN 1814-733X / ISSN 1817-7115.
Transliteration: Tarasova, Ju. G.: E[fim] P[etrovič] Ljucenko v receptivnoj istorii »Razdela zemli« F. Schillera. In: Izvestija Saratovskogo Universiteta. Naučny žurnal (Serija filologija, žurnalistika). Saratov. 10. Jg., 2010, № 2, S. 58–65. – Übersetzung: Zur Rezeption von Schillers »Die Teilung der Erde« bei Efim Petrovič Ljucenko.

399. Ullrich, Heiko: Friedrich Schillers und Walter Scotts Einfluss auf die Form historischen Erzählens im späten 19. Jahrhundert. Zu Wilhelm Raabes »Die schwarze Galeere« und C. F. Meyers »Jürg Jenatsch«. In: Variations. Literaturzeitschrift der Universität Zürich. Bern. 2016, № 24, S. 79–90. – ISSN 1424-7631.

400. Vecchiato, Daniele: ›Vivi con il tuo secolo, ma non essere la sua creatura‹. Schiller e Nietzsche fisiologi della cultura. In: Estetica, antropologia, ricezione. Studi su Friedrich Schiller. A cura di Francesco Rossi. Pisa: Edizioni ETS, 2016, S. 181–197. (= Philosophica. 175). – ISBN 978-88-467-4626-9.
Der Beitrag gliedert sich in die Abschnitte: 1. Nietzsche lettore di Schiller. – 2. Godimento o militanza? La critica di Schiller al mercato delle forme. – 3. Critica della cultura e dello storicismo nel primo Nietzsche. – 4. Estetizzazione della storiografia come recupero della sensibilità in Schiller e Nietzsche.

401. Vigus, James: ›Conscience is God‹. Macbeth and Coleridge's Translation of the »Wallenstein« Plays of Friedrich Schiller. In: Coleridge Bulletin. Journal of the Friends of Coleridge. Bristol. 2015, № 46, S. 17–36. – ISSN 0968-0551.

402. Warnke, Lorenz: Schillers Konzept der Triebe. Versuch eines Brückenschlags zu Freud. In: e-Journal Philosophie der Psychologie. Wien. 2015, № 1, S. 1–12. – ISSN 1813-7784.

403. Weichelt, Matthias: Das ästhetische Spiel. Die Reden über Schiller. In: Ders., Gewaltsame Horizontbildungen. Max Kommerells lyriktheoretischer Ansatz und die Krisen der Moderne. Heidelberg: Universitätsverlag Winter, 2006, S. 48–60. (= Beiträge zur neueren Literaturgeschichte. 232). – ISBN 3-8253-5177-7.
Siehe hierzu auch die Nachweise der Veröffentlichungen von Kommerells Schiller-Reden [Marbacher Schiller-Bibliographie 2009, Nr. 160, Nr. 378, aber auch Nr. 583].

404. Wetzel, Dietmar J. / Claviez, Thomas: Friedrich Schiller und die ›Juno Ludovisi‹. In: Dies., Zur Aktualität von Jacques Rancière. Einleitung in sein Werk. Wiesbaden: Springer Verlag, 2016, S. 70–76. (= Aktuelle und klassische Sozial- und Kulturwissenschaftler/innen). – ISBN 978-3-531-16700-8.
Siehe in diesem Kontext auch den Beitrag von Jacques Rancière: Schiller et la promesse esthétique. In: Europe. Revue littéraire mensuelle. Paris. 82. Jg., 2004, Nº 900, S. 6–22. – ISBN 0014-2751. – Siehe auch die deutschsprachige Fassung [Marbacher Schiller-Bibliographie 2006, Nº 240].

405. Wilding, Adrian: Max Weber and the »faustian universality of man« (Goethe, Schiller, Windelband). In: Journal of Classical Sociology. London. 8. Jg., 2008, Nº 1, S. 67–89. – ISSN 1468-795X.

406. Zepp LaRouche, Helga: Pushkin and Schiller. Introduction to: Alexander Pushkin, Russia's Poet of Universal Genius. A Celebration on the 200th Anniversary of the Poet's Birth. Translated from the German by Rick Sanders. In: Fidelio. Journal of Poetry, Science, and Statecraft. Washington. 8. Jg., 1999, Nº 3, S. 29–35. – ISSN 1059-9126.

407. Zorin, Andrei: Schiller, gonorrhoea and original sin in the emotional life of a Russian nobleman. In: Representing Private Lives of the Enlightenment. Edited by Andrew Kahn. Oxford: Voltaire Foundation, 2010, S. 285–301. (= SVEC: Studies on Voltaire & the Eighteenth Century. 11). – ISBN 978-0-7294-1003-8.

8.1.3. Rezeption im fremdsprachigen Ausland

408. Filippi, Paola Maria: Quale lingua per Schiller in Italia. Tradurre fra traduzione e innovatività. In: Comunicare Letteratura. Rovereto (Edizioni Osiride), 2011, Nº 4, S. 169–184. – ISBN 978-88-7498-173-1 / ISSN 2035-1232.

409. Galán, Ilia: Análisis bibliográfico de la influencia de la poesía de J. C. F. Schiller en España a través de traducciones al castellano. In: Revista General de Información y Documentación. Madrid (Universidad Complutense), 10. Jg., 2000, Nº 1, S. 225–232. – ISSN 1132-1873 (Print) / ISSN 1988-2858 (Elektronische Ressource).

410. Graf, Harald: Den Flug des Denkers hemme ferner keine Schranke. Schiller in Schweden zwischen Aufklärung und Romantik 1790–1809. Göttingen 2014 *[Marbacher Schiller-Bibliographie 2014, Nr. 269].*
Rezension von Roland Lysell. In: Samlaren. Tidskrift för svensk litteraturvetenskaplik forskning. Uppsala. 2015, Nº 136, S. 309–313. – ISSN 0348-6133.

411. Helbing, Antje: Schillerrezeption in Dänemark. Würzburg: Verlag Königshausen & Neumann, 2016, 342 S. (= Epistemata: Würzburger wissenschaftliche Schriften. Reihe Literaturwissenschaft. 809). – ISBN 978-3-8260-5435-8.
Titelaufnahme für die Göttinger Dissertation [Marbacher Schiller-Bibliogra-
phie 2013, Nr. 421]. – Inhalt (Auszug): I. Einleitung: Schiller und der Norden. –
Schiller und Schweden. – Schiller und Norwegen. – Schiller und Dänemark. –
Fragestellung und Forschungsgegenstand (S. 11–33). – II. Theoretische und
methodische Vorüberlegungen: Interkulturelle Rezeption. – Kultur und
Kontext. – Kulturtransfer und Kulturvermittler. – Literarische Übersetzung als
Dramenübersetzung. – Theaterhistoriographie (S. 35–45). – III. Literaturhisto-
rische Epochen in Deutschland und Dänemark: Klassik / Romantik. – Schiller
und die Deutsche Klassik. – Schillers philosophische Abhandlungen. – Schil-
lers klassische Dramenkonzeption. – Epochenabgrenzungen in der dänischen
Literaturgeschichtsschreibung (S. 47–71). – IV. Vermittlungsinstanzen kul-
tureller Normen: Knud Lyne Rahbek. – Adam Oehlenschläger: ›Schiller des
Nordens‹.– Johan Ludvig Heiberg. – Georg Brandes. – Resümee (S. 73–171).
– V. Bestandsaufnahme. Schiller auf der dänischen Bühne: Dramenüberset-
zungen. – Aufführungen von Schillers Dramen. – Auswertung der Bestände:
Erste Aufführungsphase. – Die zweite Aufführungsphase: Hintergründe und
Voraussetzungen. – Resümee (S. 173–237). – VI. Schillers Lyrik in Dänemark:
Schack Staffeldts Lyrik. – Adam Oehlenschlägers Lyrik (S. 239–261). – VII.
Stationen der Schillerrezeption im 20. Jahrhundert: Kaj Munk. – Munk und
die Deutsche Klassik. – Aufführungen und Übersetzungen bis zum Zweiten
Weltkrieg. – Das Gastspiel des Königlichen Schauspiels in Berlin 1939. –
Übersetzungen und Aufführungen nach dem Zweiten Weltkrieg. – Resümee
(S. 263–289). – VIII. Schluss (S. 291–298). – Anhang. Verzeichnis der Schiller-
aufführungen in Kopenhagen (S. 299–308). – Literatur (S. 311–342).

412. Kostka, Edmund Karl: Schiller in Russian Literature. Philadelphia, PA.:
University of Pennsylvania Press, 2016, 314 S. (= University of Pennsylvania
Studies in Germanic Languages and Literatures). – ISBN 978-1-5128-0338-9
(Printausgabe).
Die Untersuchung ist zuerst 1965 erschienen. Ein Teil der Beiträge ist schon
in Zeitschriften veröffentlicht worden. – Neuausgabe als elektronische
Ressource und als Buch. Formale Titelaufnahme ohne Inhaltsverzeichnis
[s. Schiller-Bibliographie 1962–1965, Nr. 388].
Inhalt: Introduction (S. 13–23). – Nikolay Vladimirovich Stankevich (S. 24–48).
– Mikhail Yurevich Lermontov (S. 49–80). – Vissarion Grigoryvich Belinsky
(S. 81–115). – Mikhail Aleksandrovich Bakunin (S. 116–134). – Alexander
Ivanovich Herzen (S. 135–181). – Nikolay Platonovich Ogarev (S. 182–213). –

Fyodor M. Dostoyevsky (S. 214–250). – Vjatcheslav Ivanovich Ivanov (S. 251–279). – Conclusion: Retrospect and Prospect (S. 280–288). – Bibliography (S. 289–301). – Index (S. 303–314).

413. Melai, Maurizio: Comment assagir des dénouements sortis ›de l'enfer ou d'une loge de fou‹. Schiller adapté par les auteurs tragiques français sous la Restauration. In: Revoir la fin. Dénouements remaniés au théâtre (XVIIIe-XIXe siècles). Sous la direction de Sylviane Robardey-Eppstein et Florence Naugrette. Paris: Classiques Garnier, 2016, S. 467–476. (= Rencontres. 152; Études théâtrales. 2). – ISBN 978-2-8124-5103-4.

414. Pala, Mauro: Censure e politica. Sulla ricezione de »I Masnadieri« di Schiller in Gran Bretagna. In: Forme della censura. A cura di Massimiliano Morini e Romana Zacchi. Napoli: Liguori Editore, 2006, S. 97–118. (= Critica e letteratura. 74). – ISBN 978-88-207-4012-2.

415. Preljević, Vahidin: Konstrukcija herojskog tiranoubistva funkcionaliziranje djela Friedricha Schillera u narativima o Sarajevskom atentatu. In: Sarajevski Filološki Susreti. Uredili Sanjin Kodrić, Munir Mujić i Vahidin Preljević. Sarajevo (Bosansko Filološko Društvo), 2016, III/2, S. 29–44. – ISSN 2233-1018. – *Schiller-Adaptionen und die Rolle Wilhelm Tells in (bosnischen) Erzählungen über das Attentat von Sarajevo.*

416. Sakalli, Cemal: Schillers Rezeption in der Türkei. In: Çukurova Üniversitesi Eğitim Fakültesi Dergisi / Çukurova University Faculty of Education Journal. 41. Jg., 2012, № 2, S. 103–112. – ISSN 1302-9967 (Print) / ISSN 2149-116X (Elektronische Ressorce).

8.2. Schillers Werke auf der Bühne

8.2.1. Rückblicke auf historische Aufführungen

417. Heinrich, Anselm: Franz Arnold or Friedrich Schiller? The dramatic and musical contribution from German-speaking countries to the programme of the Theatre Royal in York, 1914–1945. In: Im Spiegel der Theatergeschichte. Herausgegeben von Paul S. Ulrich, Gunilla Dahlberg und Horst Fassel. Münster, Berlin: LIT Verlag, 2015, S. 283–294. (= Thalia Germanica. 15). – ISBN 978-3-643-13274-1.

418. Kaschub, Anja: Theater. Signatur der Zeit. Spiegel der Gesellschaft? Eine kulturgeschichtliche Untersuchung anhand ausgewählter Klassikerinsze-

nierungen des Deutschen Nationaltheaters Weimar und des Deutschen Theaters und Staatstheaters Berlin. Berlin: Humboldt-Universität, Dissertation, 2016, 781 S. mit Illustrationen.

Inhalt (Auszug): Über »Don Carlos« – Vom Lesedrama zur ersten Aufführung in Berlin 1788 und in Weimar 1792 (S. 52 ff.). – Goethe, Schiller und die Bühne ihrer Zeit (S. 67 ff.). – Ein Hohelied der Freundschaft: Wachtels »Don Carlos«, 1889 (S. 132 ff.). – ›Le mystère d'une même pensée‹: Max Reinhardts »Don Carlos«, 1909 (S. 139 ff.). – Das Weltpolitische als Dominante. Leopold Jessners »Don Carlos«, 1922 (S. 256 ff.). – Haupt- und Staatsaktion. Eine »Don Carlos«-Fassung der frühen 20er Jahre (S. 275 ff.). – Beispielinszenierungen der NS-Zeit: Das unliebsame Freiheitsdrama »Don Carlos« (S. 375 ff.). – Heinz Hilperts »Don Carlos« 1937 am Deutschen Theater Berlin (S. 381 ff.). – Walter Grüntzigs »Don Carlos« 1941 am Deutschen Nationaltheater Weimar (S. 394 ff.). – ›Zeittreue‹ versus ›Werktreue‹ – Fritz Kortners Intermezzo am (West-)Berliner Hebbeltheater: »Don Carlos«, 1950 (S. 410 ff.). – Höhepunkt und Ende einer Ära – Gustaf Gründgens' Klassikerinszenierungen am Deutschen Schauspielhaus Hamburg: »Faust«, 1957, und »Don Carlos«, 1962 (S. 415 ff.). – Hansgünther Heymes »Don Carlos«, 1979 (S. 433 ff.). – Beispielinszenierungen aus DDR-Zeiten: ›Ein Bürger derer, welche kommen‹ – Otto Langs »Don Carlos«, 1959 (S. 491 ff.). – ›Das kühne Traumbild eines neuen Staates‹– Fritz Langhoffs »Don Carlos«, 1952 (S. 499 ff.). – ›Solange der Fasching währt ...‹ – Peter Schroths »Don Carlos«, 1983 (S. 574 ff.). – Beispielinszenierungen der Nachwendezeit bis heute: Der Wille zur Macht – Wolfgang Maria Bauers »Don Carlos«, 1999 (S. 624 ff.). – Schiller am Ende der großen Erzählungen? Nicolas Stemanns »Don Carlos«, 2007 (S. 636 ff.).

419. Patterson, Michael: Schiller at Mannheim: »The Robbers«. In: Ders., The First German Theatre. Schiller, Goethe, Kleist and Büchner in Performance. Abingdon, Oxon; New York, NY: Routledge, Taylor and Francis Group, 2016, S. 21–52. (= Routledge Revivals). – ISBN 978-1-138-63964-5.
Das Kapitel gliedert sich in die Abschnitte: Acting style at Mannheim. – The première of »The Robbers«. – Iffland's performance of Franz Moor. – Conclusion: Some ideas of Schiller on the theatre.
Die Untersuchung ist zuerst 1990 in der Reihe »Theatre Production Series« erschienen. – ISBN 0-415-03274-1 [Schiller-Bibliographie 1991–1994, Nr. 559].

420. Wertz, William F. Jr.: Schiller's »Don Carlos«: The Concept of the Sublime. Opera and Theater Productions Grace Washington, D.C. In: Fidelio. Journal of Poetry, Science, and Statecraft. Washington. 10. Jg., 2001, Nº 2, S. 74–78. – ISSN 1059-9126.

8.2.2. Aktuelle Inszenierungen im Spiegel der Presse (Auswahl)

a) Don Karlos

421. Achilles, Stephan: Intrigantes Spiel um Macht, Geld und Liebe. Das Kleine Theater Falkensee präsentiert mit »Don Karlos« erneut ein anspruchsvolles Stück. In: Brawo Sonntag. Falkensee/Nauen. Ausgabe vom 20.11.2016, S. 2. – *Zur Inszenierung von Sebastian Maihs.*

422. Berger, Jürgen: Dem Ideal nicht reif. Uwe Eric Laufenberg inszeniert Schillers »Don Karlos« in Wiesbaden. In: Süddeutsche Zeitung. München. Nr. 237 vom 13.10.2016, S. 13. – Auch unter dem Titel »Seufzer der Verzweiflung«. In: Die Rheinpfalz. Ludwigshafen. Ausgabe vom 10.10.2016, o. S. [Feuilleton].

423. Biesemeier, Astrid: Die Macht verlangt ein schmerzhaftes Opfer. Am Staatstheater Wiesbaden lotet Intendant Uwe Eric Laufenberg in der Inszenierung von Friedrich Schillers »Don Karlos« die vielschichtigen Charaktere des Stücks fein aus. In: Frankfurter Neue Presse. Ausgabe vom 11.10.2016, S. KuS 2.

424. Bolduan, Viola: Viel Kunst in Versen und Bildern. Friedrich Schillers »Don Karlos« in der Inszenierung von Uwe Eric Laufenberg im Wiesbadener Kleinen Haus. In: Darmstädter Echo. Ausgabe vom 10.10.2016, S. 8.

425. Friesenegger, Frederik: Das Korsett der Macht. Gesellschaftskritischer »Don Carlos« im Salzburger Landestheater. In: Trostberger Tagblatt. Ausgabe vom 10.10.2016, S. 5.

426. Hanke, Rainald: Alles im Kasten. Schillers »Don Carlos« am Schlosstheater Celle. In: Hannoversche Allgemeine. Ausgabe vom 7.09.2016, S. 7. – *Zur Inszenierung von Andreas Döring.*

427. Lawrenz, Ute: Drama mit vielen Verlierern. Sehenswert: Schillers »Don Karlos« feierte am Deutschen Theater in Göttingen Premiere. In: Waldeckische Landeszeitung. Ausgabe vom 21.11.2016, o. S. [Feuilleton]. – *Zur Inszenierung von Maik Priebe.*

428. Meisner, Judith: Glamurös, schneidig und leidenschaftlich. Das Kleine Theater Falkensee spielt »Don Karlos« mit Bravour. In: Märkische Allgemeine. Der Havelländer. Ausgabe vom 14.11.2016, S. 21. – *Zur Inszenierung von Sebastian Maihs.*

429. Sternburg, Judith von: Der König im Museum. Puristisch und ausführlich
ist die neue »Don Karlos«-Inszenierung am Staatstheater Wiesbaden. In:
Frankfurter Rundschau. Nr. 237 vom 11. 10. 2016, S. 34. – *Zur Inszenierung
von Uwe Eric Laufenberg.*

b) Die Jungfrau von Orleans

430. Miehle, Ralf: Hexe oder Heilige? – Rettender Engel oder tötender Teufel?
Schillers Tragödie »Die Jungfrau von Orleans« jetzt auf der Bühne des
Landestheaters [Altenburg-Gera]. In: Osterland Sonntag. Ausgabe vom
1. 05. 2016, S. 10. – *Zur Inszenierung von Christian Schmidt.*

431. Starke, Kerstin: Schiller heute – schön und schrecklich. Das Theater Hof
zeigt »Die Jungfrau von Orleans«. Sapir Heller erzählt von einer radikalen
Frau, einem gleichgültigen Herrscher und von entpersonifizierten Mitläu-
fern. In: Frankenpost. Hof. Ausgabe vom 31. 03. 2016, S. 11.

c) Kabale und Liebe

432. Bail, Petra: Mythos Liebe. Premiere von Schillers Trauerspiel »Kabale und
Liebe« im Schauspiel Nord in Stuttgart. In: Eßlinger Zeitung. Ausgabe vom
22. 11. 2016, S. 26. – *Zur Inszenierung von Wolfgang Michalek.*

433. Bauer, Arnim: Entstaubung misslingt. Die Inszenierung »Kabale und Liebe«
in der Studiobühne Nord des Schauspiels Stuttgart wird durch zeitgenössischen Stil nicht aktueller. In: Ludwigsburger Kreiszeitung. Nr. 270 vom
21. 11. 2016, S. 17. – *Zur Inszenierung von Wolfgang Michalek.*

434. Oehmsen, Heinrich: Im Gefängnis der Gefühle. Am Ernst Deutsch Theater
feierte Wolf-Dietrich Sprengers Inszenierung von Friedrich Schillers »Kabale
und Liebe« eine gelungene Premiere. In: Hamburger Abendblatt. Ausgabe
vom 30. 04. 2016, S. 21.

435. Pavlovic, Tomo: Die Liebe, ein tödliches Spiel. Wolfgang Michalek bringt im
Nord Schillers »Kabale und Liebe« zur Aufführung – Seziert wird eine empa-
thielose Gesellschaft. In: Stuttgarter Nachrichten. Ausgabe vom 21. 11. 2016,
S. 12. – Gleichzeitig in: Stuttgarter Zeitung. Nr. 270 vom 21. 11. 2016, S. 11.

436. Ulandowski, Friederike: Liebesdrama auf der Bühne. Elftklässler des Alex-
ander-von-Humboldt-Gymnasiums zeigen »Kabale und Liebe« von Friedrich
Schiller. In: Märkische Oderzeitung. Eberswalde. Ausgabe vom 25. 06. 2016,
S. 19.

d) Maria Stuart

437. Christiani, Sabine: Überdrehte »Maria Stuart«-Inszenierung beleuchtet Spielarten der Macht. In: Flensburger Tageblatt. Ausgabe vom 18.01.2016, o. S. [Kultur].

438. Claussen, Catharina / Hans, Rebekka: Über die Zerrissenheit einer Königin. Higa-Schülerinnen überzeugen mit ihrer Interpretation von Schillers »Maria Stuart«. In: Allgemeine Zeitung. Mainz. Ausgabe vom 4.03.2016, S. 18.

439. Hansen, Hannes: Geschichte als Wiederkehr des Immergleichen. Bildmächtige, von übergeordneter Phantasie geprägte Inszenierung: »Maria Stuart« am Schleswig-Holsteinischen Landestheater. In: Kieler Nachrichten. Ausgabe vom 18.01.2016, S. 33. – Zur Inszenierung von Maria Bues.

440. Herrmann, Andreas: Schönheitsfanal und Alterswahnsinn. Die Neue Bühne Senftenberg beweist Mut mit Schillers »Maria Stuart« und Pelliers »Wir waren«. In: Dresdner Neueste Nachrichten. Ausgabe vom 27.02.2016, S. 10.

441. Jüttner, Andreas: Packender Polit-Thriller. Wolf E. Rahlfs inszeniert Schillers Drama »Maria Stuart« in Bruchsal. In: Badische Neueste Nachrichten. Karlsruhe. Ausgabe vom 20.02.2016, S. 15.

442. Krumbholz, Martin: Tee mit Beleidigung. Anna Bergmann inszeniert Schillers »Maria Stuart« am Schauspiel Essen. In: Süddeutsche Zeitung. München. Nr. 148 vom 29.06.2016, S. 10.

443. Lange, Joachim: Ein Triumph für Schiller und die deutsche Sprache. Im Goethe-Theater Bad Lauchstädt wird es beim 10. Festspiel der deutschen Sprache königlich. Hanna Schygulla und Sibylle Canonica halten Hof und Friedrich Schiller liefert den Text dazu. In: Freies Wort. Suhl. Ausgabe vom 29.09.2016, S. 18.

444. Matysiak, Günter: So nah und pathoslos an Schillers Sprache. Bremer Shakespeare Company spielt »Maria Stuart« auf Einladung des Kulturkreises Wildeshausen. In: Weser-Kurier. Delmenhorster Kurier. Ausgabe vom 31.10.2016, S. 5.

445. Muggenthaler, Christian: Was im Verborgenen haust. Hansgünther Heyme inszeniert »Maria Stuart« in Ingolstadt streng puristisch. In: Bayerische Staatszeitung. München. Nr. 49 vom 9.12.2016, S. 30.

446. Rakow, Christian: Im Untergang wächst Dulderin Maria zu wahrer Größe. Schillers »Maria Stuart« feiert Premiere in Senftenberg – eine dramatische Begegnung, die sich lohnt. In: Märkische Allgemeine. Potsdamer Tageszeitung. Ausgabe vom 23. 02. 2016, S. 13.

447. Schulze-Reimpell, Jesko: Nichts als die Schönheit der Sprache. Hansgünther Heyme inszeniert am Stadttheater Ingolstadt eine radikal reduzierte Version von Schillers »Maria Stuart«. In: Donaukurier. Ingolstadt. Ausgabe vom 5. 12. 2016, S. 13.

448. Thomas, Gina: Ein Münzwurf entscheidet über ihr Leben. Auf den Londoner Bühnen schlüpfen immer öfter Frauen in Männerrollen. Am Almeida Theatre wagen sich die Hauptdarstellerinnen in »Maria Stuart« an ein ganz anderes Experiment. In: Frankfurter Allgemeine Zeitung. Nr. 299 vom 22. 12. 2016, S. 11.

449. Von der Gönna, Lars: Hinrichten mit Schiller. Zerfledderter Text plus Performance-Krümel: Eine platte »Maria Stuart« in Essen. In: Westdeutsche Allgemeine Zeitung. Essen. Ausgabe vom 27. 06. 2016, o. S. [Kultur].

450. Weser, Jürgen: Klassisches Königinnendrama will Spiegelfolie für die Gegenwart sein. Friedrich Schillers »Maria Stuart« an der Neuen Bühne Senftenberg – auf den Schlachtfeldern von Machtpolitik, Erotik und Religion. In: Lausitzer Rundschau. Cottbuser Rundschau. Ausgabe vom 22. 02. 2016, S. 5.

e) Die Räuber

451. Adler, Steffen: Eigenwillige Inszenierung. Eine große Sympathie für Neues war zur Aufführung von Friedrich Schillers »Die Räuber« in einer Inszenierung des Neuen Globe Theaters aus Berlin im König Albert Theater gefragt. In: Vogtland-Anzeiger. Plauen. Ausgabe vom 7. 06. 2016, S. 10. – *Zur Inszenierung von Andreas Erfurth.*

452. Bahners, Patrick: Da rollt etwas auf uns zu. »Die Räuber« und »Die schmutzigen Hände«: Ulrich Rasche und Intendant Martin Kušej drehen zur Spielzeiteröffnung des Münchner Residenztheaters am ganz großen Rad der politischen Dramatik. In: Frankfurter Allgemeine Zeitung. Nr. 225 vom 26. 09. 2016, S. 9.

453. Claus, Peter: Leander Haußmann hört auf – vorerst. Sag zum Abschied ganz laut Servus. Der Regisseur inszeniert »Die Räuber« am BE und ist sauer auf die Berliner Kulturpolitik. In: Abendzeitung. München. Ausgabe vom 30. 05. 2016, S. 26.

454. Dössel, Christine: Im Räderwerk der Macht. In München eröffnet eine bombastische Inszenierung von Schillers »Räubern« die Saison am Residenztheater – und der Intendant zieht sich mit einem Sartre-Stück auf die Nebenbühne zurück. In: Süddeutsche Zeitung. München. Nr. 223 vom 26. 09. 2016, S. 9. – *Zur Inszenierung von Ulrich Rasche.*

455. Eidenberger, Peter: Sie marschieren wieder. Ein Abend wie ein Magenschwinger: »Die Räuber« im Residenztheater. In: In München. Nr. 20 (6.10–19. 10. 2016), S. 32. – *Zur Inszenierung von Ulrich Rasche.*

456. Franzen, K. Erik: Männer in Ausnahmezuständen. Das Münchner Residenztheater startet mit Schillers »Räubern« und Sartres »Schmutzigen Händen«. In: Frankfurter Rundschau. Nr. 225 vom 26. 09. 2016, S. 20–21. – *Zur Inszenierung von Ulrich Rasche.*

457. Fraschke, Bettina: Radikalisiert durch innere Not. Am Kasseler Staatstheater erscheint Schillers von zwei Regisseuren inszeniertes Drama »Die Räuber« aktuell. In: Hessische Allgemeine. Kassel. Ausgabe vom 4. 10. 2016, o. S. [Feuilleton]. – *Zur Inszenierung von Philipp Rosendahl und Mayke Heggers.*

458. Gallisch, André: Räuberinnen erobern die Bühne. Blomberger Gymnasiasten überzeugen mit einer brandaktuellen Fassung des Schiller-Stoffes. In: Lippische Landeszeitung. Ausgabe vom 18. 06. 2016, S. 19.

459. Hejny, Mathias: Die Erde ist ein Kriegspanzer. Das Residenztheater eröffnet heute die neue Spielzeit mit einem Klassiker: Schillers »Die Räuber« ist Ulrich Rasches erste Regiearbeit in München. In: Abendzeitung. München. Ausgabe vom 23. 09. 2016, S. 26.

460. Hildebrand, Katrin: ›Keiner weiß, wohin die Reise geht.‹ Ulrich Rasche inszeniert zur Spielzeiteröffnung am Münchner Residenztheater Friedrich Schillers »Räuber«. In: Münchner Merkur. Ausgabe vom 21. 09. 2016, S. 18.

461. Karweik, Hans: Zwei Brüder in zwei Welten. Matthias Hartmann inszeniert »Die Räuber« zugleich auf der Bühne [des Wolfsburger Theaters] und als Film. In: Goslarsche Zeitung. Ausgabe vom 17. 09. 2016, S. 10.

462. Kern, Ulrike: Hoher Preis für die Freiheit. Friedrich Schillers erstes Drama »Die Räuber« feiert in der Regie von Ulrike Müller im Rudolstadter Theater seine Premiere. In: Ostthüringer Zeitung. Gera. Ausgabe vom 21. 03. 2016, o. S. [Kultur]. – Dazu das Interview mit Ulrike Merkel: ›Schillers zusammengerauschtes Stück‹. In: a.a.O., Ausgabe vom 18. 03. 2016, o. S. [Feuilleton].

463. Kurz, Tania: Sturm auf Nonnenklöster und Notunterkünfte. Saisoneröffnung auf der Großen Treppe: Schillers »Räuber« bei den Haller Freilichtspielen. In: Stuttgarter Nachrichten. Ausgabe vom 14.06.2016, S. 13. – Unter dem Titel »Wenn Schillers Sprachgewalt hervorbricht« auch in: Stuttgarter Zeitung. Nr. 135 vom 14.06.2016, S. 31. – *Zur Inszenierung von Thomas Goritzki.*

464. Lindenthal, Nadine: »Freiheit oder Tod« auf der Bühne. In: Cannstatter Zeitung. Stuttgart. Ausgabe vom 27.07.2016, S. 4. – *Zu einer »Räuber«-Aufführung in der Jörg-Ratgeb-Schule.*

465. Macher, Hannes S.: Auf dem Laufband in den Untergang. »Die Räuber« am Münchner Residenztheater: Ulrich Rasche macht aus Schillers Sturm-und-Drang-Drama ein Ereignis. In: Donaukurier. Ingolstadt. Ausgabe vom 28.09.2016, S. 18.

466. Meiborg, Mounia: Helden wie wir. Leander Haußmann inszeniert Schillers »Die Räuber« am Berliner Ensemble als wilde Effekttheater-Party. In: Süddeutsche Zeitung. München. Nr. 124 vom 1.06.2016, S. 10.

467. Meierhenrich, Doris: Fanatiker in einer Wendejacke. Die Parkaue spielt Schillers »Die Räuber« im Prater. In: Berliner Zeitung. Nr. 17 vom 21.01.2016, S. 22. – *Zur Inszenierung von Kay Wuschek.*

468. Meierhenrich, Doris: Effekthungriges Trickbudentheater. Da bleibt keine Frisur in Form: Leander Haußmann inszeniert Schillers »Die Räuber« am Berliner Ensemble. In: Berliner Zeitung. Nr. 124 vom 30.05.2016, S. 23.

469. Meyer-Arlt, Ronald: In die Röhren geguckt. Klassiker 2: Schillers »Räuber« am Staatstheater Braunschweig. In: Hannoversche Allgemeine. Ausgabe vom 29.09.2016, S. 7. – *Zur Inszenierung von Juliane Kann.*

470. Nölker, Sabine: Liebe, Eifersucht, Mord. 12. Jahrgang des Twistringer Gymnasiums führt Schillers »Räuber« auf. In: Syker Kreiszeitung. Ausgabe vom 9.03.2016, o. S. [Lokales].

471. Pawlu, Erich: Ein Lehrstück für unsere Zeit. Das Landestheater Tübingen gastierte auf Einladung des Kulturrings in Dillingen und zeigte Schillers »Räuber«. In: Donau Zeitung. Ausgabe vom 14.10.2016, S. 35. – *Zur Inszenierung von Christoph Roos.*

472. Petsch, Barbara: Schillers »Räuber« als großes Gefühlskino. Salzburger Landestheater: Das Publikum feierte Ex-Burg-Chef Matthias Hartmanns glamouröse Inszenierung. Den Wettstreit Theater/Film gewann indes der Film. In: Die Presse. Wien. Nr. 20974 vom 5.09.2016, S. 19.

473. Pörksen, Kai: Intrigenspiel im Glitteranzug. Das Neue Globe Theater Potsdam gastierte mit »Die Räuber« in der Stadthalle. In: Eckernförder Nachrichten. Ausgabe vom 23. 09. 2016, S. 30. – *Zur Inszenierung von Andreas Erfurth.*

474. Schleicher, Michael: Sportfreunde Schiller. Ulrich Rasche inszenierte »Die Räuber« zum Spielzeitauftakt am Münchner Residenztheater. In: Münchner Merkur. Ausgabe vom 26. 09. 2016, S. 15.

475. Schmidt, Thomas E.: Die üblichen Schweinchen. Leander Haußmann inszeniert ein letztes Mal am Berliner Ensemble. In: Die Zeit. Hamburg. Nr. 24 vom 2. 06. 2016, S. 44.

476. Schütt, Hans-Dieter: Cowboys im Indianerspiel. Schillers »Die Räuber« am Berliner Ensemble. Regie: Leander Haußmann. In: Neues Deutschland. Berlin. Nr. 124 vom 30. 05. 2016, S. 15.

477. Schütt, Hans-Dieter: Wucht am laufenden Band. »Die Räuber« von Friedrich Schiller am Residenztheater München. In: Neues Deutschland. Berlin. Nr. 250 vom 25. 10. 2016, S. 15. – *Zur Inszenierung von Ulrich Rasche.*

478. Stadler, Michael: Verbrechen am laufenden Band. Saisoneröffnung im Resi: Ulrich Rasche inszeniert Friedrich Schillers »Die Räuber« als monumentales Ereignis. In: Abendzeitung. München. Ausgabe vom 26. 09. 2016, S. 31.

479. Sturm, Helmut: »Die Räuber« im modernen Gewand. Die Theatergruppe des OG hat den Klassiker überarbeitet und mit Poetry Slam ergänzt. In: Neumarkter Tagblatt. Ausgabe vom 1. 07. 2016, S. 32. – *Zur Inszenierung von Tobias Krischke und Peter Weis.*

480. Tausendfreund, Judith: Den Finger in die Wunde gelegt. Das Theaterensemble Lunatics führte Schillers »Die Räuber« auf. In: Kölnische Rundschau. Ausgabe vom 14. 01. 2016, S. 37. – *Zur Inszenierung von Heike Werntgen.*

481. Wahl, Christine: Bandenwerbung. Ewige Jugend: Leander Haußmann lässt »Die Räuber« am Berliner Ensemble los. In: Der Tagesspiegel. Berlin. Nr. 22771 vom 29. 05. 2016, S. 26.

482. Wessels, Ute: Marschierende Mörderbande. »Die Räuber« am Residenztheater [München]. In: Hanauer Anzeiger. Ausgabe vom 26. 09. 2016, S. 8. – *Zur Inszenierung von Ulrich Rasche.*

f) Wilhelm Tell

483. Aschwanden, Erich: ›Tell hinterfragt sich selber.‹ Bei den Altdorfer Tell-spielen steht diesmal die Gemeinschaft im Mittelpunkt. In: Neue Zürcher Zeitung. Internationale Ausgabe. Nr. 195 vom 23. 08. 2016, S. 18. – *Interview mit dem Regisseur Philipp Becker.*

484. Braun, Melanie: Der Apfelschuss in neuer Form. Eine Kooperation der Kunstschule Labyrinth und der Jungen Bühne führt eine ganz eigene Version des Schiller-Dramas »Wilhelm Tell« auf. In: Stuttgarter Zeitung. Nr. 28 vom 4. 02. 2016, S. VII. – *Zur Inszenierung von Gabriele Sponner.*

485. Friesenegger, Frederik: Der Glaube an das Gute. Premiere von Schillers »Wilhelm Tell« in einer Inszenierung von Agnessa Nefjodov am Landes-theater Salzburg. In: Reichenhaller Tagblatt. Ausgabe vom 28. 04. 2016, S. 17.

486. Klein, Frank: Apfelschuss vor der Turbinenhalle. Theater unter der Dauseck bringt den »Wilhelm Tell« in den Marbacher Energiepark. In: Ludwigsbur-ger Kreiszeitung. Nr. 152 vom 4. 07. 2016, S. 11. – *Zur Inszenierung von Chris-tine Gnann.*

487. Süess, Martina: Singend und tanzend das Fest der Freiheit feiern. Die Alt-dorfer Tellspiele sind ein bildgewaltiges Spektakel. Leider fällt in der Insze-nierung alles politische Potenzial den oberflächlichen Effekten zum Opfer. In: Die Wochenzeitung. Zürich. Nr. 35 vom 1. 09. 2016, S. 19. – *Zur Inszenie-rung von Philipp Becker.*

488. Thewes, Dominik: Bergler, Welter und Seeler am Kraftwerk. Das Theater unter der Dauseck hat am Freitag Premiere von »Tell« nach Friedrich Schil-ler gefeiert. In: Marbacher Zeitung. Nr. 152 vom 4. 07. 2016, S. IV. – *Zur Insze-nierung von Christine Gnann.*

g) Wallenstein-Trilogie

489. Bazinger, Irene: Als hätte die Erde die Sonne verschluckt. Totentanz, Blut-rausch, nirgends ein Halt: Michael Thalheimers grandiose Inszenierung von Friedrich Schillers »Wallenstein« an der Berliner Schaubühne. In: Frankfurter Allgemeine Zeitung. Nr. 106 vom 7. 05. 2016, S. 12.

490. Dössel, Christine: Nichts für Luschen. Schillers »Wallenstein« an der Berliner Schaubühne. In: Süddeutsche Zeitung. München. Nr. 106 vom 9. 05. 2016, S. 12. – *Zur Inszenierung von Michael Thalheimer.*

491. Pilz, Dirk: Was darf man wollen? Schaubühne: Michael Thalheimer inszeniert Schillers »Wallenstein«. In: Berliner Zeitung. Nr. 104 vom 4.05.2016,
»Kulturkalender«, S. 1.

492. Schaper, Rüdiger: Daheim in Pappenheim. Michael Thalheimer stemmt
an der Schaubühne Schillers »Wallenstein«. In: Der Tagesspiegel. Berlin.
Nr. 22750 vom 7.05.2016, S. 23.

493. Schütt, Hans-Dieter: Im Nebel des Grauens. Schillers »Wallenstein« an
Berlins Schaubühne. Regie: Michael Thalheimer. In: Neues Deutschland.
Berlin. Nr. 106 vom 7./8.05.2016, S. 10.

494. Seidler, Ulrich: Ein Pferd wird geräuchert. Michael Thalheimer vollstreckt
in Berlin Schillers »Wallenstein« als finsteren Dreistünder. In: Frankfurter
Rundschau. Nr. 106 vom 7./8.05.2016, S. 35. – Dasselbe auch in: Berliner
Zeitung. Nr. 106 vom 7./8.05.2016, S. 23.

8.2.3. Aktuelle Aufführungen von musikalischen Adaptionen / Opern (Auswahl)

a) Don Karlos

495. Kansteiner, Armin: Musikalischer Hochgenuss, verfehlte Regie. »Don
Carlo«: Grandiose Darsteller singen gegen die Inszenierung an. In: West-
falen-Blatt. Bielefeld. Ausgabe vom 3.10.2016, o.S. [Feuilleton]. – *Zu einer
Inszenierung von Jochen Biganzoli.*

496. Mirkovic, Nikola: Die ultimative Intrige. Robert Carsen inszeniert Verdis
»Don Carlo« an der Opéra national du Rhin [Strasbourg] mit psychologi-
schem Spürsinn und radikaler Konsequenz. In: Badische Zeitung. Freiburg
im Breisgau. Nr. 141 vom 21.06.2016, S. 20.

497. Roux, Marie-Aude: Robert Carsen dessine un »Don Carlo« en noir et blanc.
L'œuvre de Verdi, mise en scène par le Canadien, clôt de manière décevante
la saison de l'Opéra national du Rhin [Strasbourg]. In: Le Monde. Paris.
Nr. 22224 vom 28.06.2016, S. 17.

b) Die Jungfrau von Orleans

498. Wildhagen, Christian: Am Ende rufen die Engel. Anna Netrebko in der Titelrolle von Giuseppe Verdis »Giovanna d'Arco« an der Mailänder Scala. In: Neue Zürcher Zeitung. Internationale Ausgabe. Nr. 284 vom 10.12.2015, S. 20. – *Zu einer Inszenierung von Riccardo Chailly.*

c) Kabale und Liebe / Luisa Miller

499. Coletti, Vittorio: Da »Simon Boccanegra« senza mare a »Luise Miller« sulle orme di Schiller. In: L'Indice dei Libri nel mese. 2015, N° 1, S. 41.

500. Stäbler, Marcus: Menschen in Zeiten des Umbruchs. Verdis »Luisa Miller« mit Andreas Homoki in der Oper Hamburg. In: Neue Zürcher Zeitung. Internationale Ausgabe. Nr. 271 vom 21.11.2014, S. 26.

501. Wildhagen, Christian: Ab unters Fallbeil mit euch. Die Musik erblüht, das Elend wächst. Giuseppe Verdis »Luisa Miller« in Hamburg. In: Frankfurter Allgemeine Zeitung. Nr. 270 vom 20.11.2014, S. 13. – *Zur Inszenierung von Andreas Homoki.*

d) Maria Stuart

502. Helmig, Martina: Als Ausländer unsere Nationaldichter vertonen. Eine italienische Sicht auf Schiller, ein französischer Blick auf Goethe: »Maria Stuarda« [...]. In: Berliner Morgenpost / Live Berlin. Ausgabe vom 29.05.–4.06.2014, S. 2–3. – *Zur Oper von Gaetano Donizetti.*

503. Wilkening, Martin: Belcanto-Zauber. Nah an höchster Kunst: Joyce DiDonato sang die Maria Stuarda in der Deutschen Oper. In: Berliner Zeitung. Nr. 130 vom 6.06.2014, S. 24. – *Zur Oper von Gaetano Donizetti.*

e) Die Räuber

504. Bachmann, Jan: Wer einmal schnupft, dem glaubt man nicht. Geschürte Angstlust: Volker Lösch instrumentalisiert Giuseppe Verdis »I Masnadieri« in Weimar für plattes Sprechblasentheater. In: Frankfurter Allgemeine Zeitung. Nr. 29 vom 4.02.2015, S. 12.

505. Bender, Ruth: Sturm und Rock. Neue Sommerproduktion: Theater Kiel und Kettcar machen Schillers »Räuber« zur Indie-Oper. In: Kieler Nachrichten. Ausgabe vom 12. 01. 2016, S. 33.

506. Lange, Joachim: Wirr sind die Räuber, wo ist das Volk? Volker Lösch erfindet Verdis »I Masnadieri« am Nationaltheater Weimar als brandaktuelle und hochpolitische Comicoper neu. In: taz. die tageszeitung. Berlin. Nr. 10630 vom 3. 02. 2015, S. 16.

507. Tholl, Egbert: Sie haben es wirklich gesagt. Schiller in Weimar: »Die Räuber« als Demonstration und »Wallenstein« als Sprechexerzitium. In: Süddeutsche Zeitung. München. Nr. 29 vom 5. 02. 2015, S. 19.

f) Wilhelm Tell

508. Benda, Susanne: Pflicht oder Neigung? Opernfestspiele München: Rossinis »Guillaume Tell«, dirigiert vom künftigen Stuttgarter-Philharmoniker-Chef Dan Ettinger. Das Operndebüt des Schauspielregisseurs Antú Romero Nunes ist an der Bayerischen Staatsoper zum Rampentheater verkommen. In: Stuttgarter Nachrichten. Nr. 151 vom 4. 07. 2014, S. 14.

509. Brembeck, Reinhard J.: Bis der Apfel zerplatzt. Eröffnung der Münchner Opernfestspiele: Antú Romero Nunes inszeniert Rossinis »Guillaume Tell« mit Ironie und Sängerglanz. In: Süddeutsche Zeitung. München. Nr. 147 vom 30. 06. 2014, S. 10. – *Zur Aufführung in der Bayerischen Staatsoper.*

510. Brug, Manuel: Rossini schaut in die Röhre. Der tolle Regisseur Antú Romero Nunes verhebt sich in München am Riesenschinken »Guillaume Tell«. In: Die Welt. Berlin. Nr. 149 vom 30. 06. 2014, S. 23. – *Zur Aufführung in der Bayerischen Staatsoper.*

511. Brünig, Eleonore: Vier Zylinder im Dreivierteltakt. Was wäre aus der Schweiz geworden, hätte Wilhelm Tell danebengeschossen? Auf der Münchener Opernbühne sucht Antú Romero Nunes eine Antwort. In: Frankfurter Allgemeine Zeitung. Nr. 158 vom 11. 07. 2014, S. 12.

512. Brünig, Eleonore: Der Apfel fällt nicht weit vom Schuss. Ohne Berge, aber mit Belcanto: Roger Vontobel inszeniert in Hamburg »Guillaume Tell« von Gioachino Rossini. In: Frankfurter Allgemeine Zeitung. Nr. 58 vom 9. 03. 2016, S. 14.

513. Dobner, Walter: München: Tell im grauen Säulenwald. Opernfestspiele: Beifall, aber auch kräftige Buhrufe für die enttäuschende Eröffnungspremiere: Rossinis »Guillaume Tell«, unschlüssig inszeniert von Antú Romero Nunes, uninspiriert dirigiert von Dan Ettinger. In: Die Presse. Wien. Nr. 20202 vom 1. 07. 2014, S. 19. – *Zur Aufführung in der Bayerischen Staatsoper.*

514. Frei, Marco: Der Mensch in der Revolte. Gioachino Rossinis »Guillaume Tell« in München. In: Neue Zürcher Zeitung. Nr. 148 vom 30. 06. 2014, S. 22. – *Zur Inszenierung von Antú Romero Nunes an der Bayerischen Staatsoper.*

515. Haslmayr, Harald: Alpin aufgeputschtes Politdrama. Oper Graz: Ihre letzte Spielzeit eröffnete Intendantin Elisabeth Sobotka mit Rossinis »Wilhelm Tell«. Das exzellente Ensemble reüssierte mit der heiklen Aufgabe. In: Die Presse. Wien. Nr. 20296 vom 4. 10. 2014, S. 28.

516. Stäbler, Marcus: Wenn Bilder Geschichte schreiben. Roger Vontobel erkundet in seiner Deutung von Rossinis Oper »Guglielmo Tell« die Macht nationaler Mythen und Symbole. In: Neue Zürcher Zeitung. Internationale Ausgabe. Nr. 58 vom 10. 03. 2016, S. 24.

517. Strohal, Ursula: Umjubelte Opern-Premiere in Erl. In: Die Furche. Wien. Nr. 28 vom 14. 07. 2016, S. 16. – *Zur Aufführung von Rossinis »Guglielmo Tell« bei den Tiroler Festspielen. Inszenierung von Gustav Kuhn.*

518. Weber, Mirko: Wo die wilden Kerle wohnen. Und Action: Antú Romero Nunes legt sich zur Eröffnung der Münchner Opernfestspiele »Guillaume Tell« von Gioachino Rossini als Pistolero zwischen Maurice Sendak und Mel Gibson zurecht. In: Stuttgarter Zeitung. Nr. 147 vom 30. 06. 2014, S. 10. – *Zur Aufführung in der Bayerischen Staatsoper.*

519. Weidringer, Walter: Ein Rossini in Wagner-Länge. »Guglielmo Tell« in Erl bietet orchestrale Brillanz und Sopran-Glanzlichter. Leider hat Dirigent Gustav Kuhn auch inszeniert. In: Die Presse. Wien. Nr. 20934 vom 26. 07. 2016, S. 21. – *Zur Aufführung bei den Tiroler Festspielen.*

8.3. Untersuchungen zu Bearbeitungen und Vertonungen

520. Balázs, István: ›Olaszol vagyunk, az isten szerelmére!‹ Verdi találkozása Schiller drámáival a ›gályarabság éveiben‹. In: Muzsike. Budapest. 56. Jg., 2013, № 10, S. 11–16. – ISSN 1588-1415.

521. Boresch, Hans-Werner: Festgesang an die Künstler nach Schillers Gedicht op. 68 für Soli, Männerchor und Blech-Blasorchester. In: Felix Mendelssohn Bartholdy. Interpretationen seiner Werke in 2 Bänden. Herausgegeben von Matthias Geuting unter Mitarbeit von Michaela Grochulski. Laaber: Laaber Verlag, 2016, Band 2, S. 400–405. – ISBN 978-3-89007-505-1.

522. Garbe, Michala: Lieder Franz Schuberts nach Texten von Friedrich Schiller. Vergleichende Analysen anhand ausgewählter Beispiele. München: Grin Verlag, 2006, 67 S. – ISBN 978-3-638-06935-9 (Elektronische Ressource).
Wissenschaftschaftliche Hausarbeit zur Ersten Staatsprüfung für das Lehramt an Gymnasien, Hochschule für Musik »Franz Liszt«, Weimar. – Kein Nachweis in der Deutschen Nationalbibliographie.

523. Gerhard, Anselm: Verdi, [Ferdinand] Hiller und Schiller in Köln. Ein unbeachtetes Albumblatt und die Frage möglicher Beziehungen zwischen »Die Verschwörung des Fiesko zu Genua« und »Simon Boccanegra«. In: Verdiperspektiven. Herausgegeben von Anselm Gerhard und Vincenzina C. Ottomano. Band 1 (2016). Würzburg: Verlag Königshausen & Neumann, 2016, S. 67–92. – ISBN 978-3-8260-5957-5.

524. Hamerman, Nora: Two Early Song Settings of Schiller's »The Maiden's Lament«. In: Fidelio. Journal of Poetry, Science, and Statecraft. Washington. 1. Jg., 1992, № 3, S. 56–60. – ISSN 1059-9126.
Zur Vertonung des Gedichts »Des Mädchens Klage« durch Johann Friedrich Reichardt und »Thekla« durch Johann Rudolf Zumsteg. Der Beitrag enthält auch eine englische Übersetzung von »Des Mädchens Klage« von Marianna Wertz.

525. Linder, Jutta: Affinità come ostacolo. Beethoven di fronte a Schiller. In: Atti del 3. Convegno Internazionale Interdisciplinare su Testo, Metodo, Eleborazione Elettronica (Messina-Savoca, 12–14 novembre 2003). A cura di Domenico Antonio Cusato, Domenica Iaria e Rosa Maria Palermo. Messina: A. Lippolis Editore, 2004, S. 345–359. – ISBN 88-86897-28-6.

526. Longyear, Rey M.: Liszt's Philosophical Symphonic Poems: Their Intellectual History. In: JALS. Journal of the American Liszt Society. Louisville. 1992, № 32, S. 42–51. – ISSN 0147-4413.
Zu den Gedichten »Ce qu'on entend sur la montagne« von Victor Hugo (1829) und »Die Ideale« von Friedrich Schiller (1795).

527. Luhning, Helga: »Don Karlos« di Schiller secondo Verdi e Du Locle. Traduzione dal tedesco di Elisabetta Fava. In: Verdi e le letterature europee. A cura di Giorgio Pestelli. Torino: Accademia delle Scienze di Torino, 2016,

S. 152–171. (= Quaderni. Accademia delle Scienze di Torino. 25). – ISBN 978-88-99471-04-0.
Siehe in diesem Kontext auch die Monographie von Ethery Inasaridse: Schiller und die italienische Oper. Das Schillerdrama als Libretto des Belcanto. Frankfurt a.M., Bern: Peter Lang Verlag, 1989, 222 S. (= Europäische Hochschulschriften. I/1130). – ISBN 3-631-41848-5.

528. Lund, Tobias: Frihet och fångenskap i Franz Schuberts deklamation av Schillers »Die Bürgschaft«. In: Vetenskapenssocieteten i Lund. Årsbok 2007. (Eds.) Valéria Molnár, Göte Paulsson och Greger Andersson. Lund: Vetenskapenssocieteten, 2007, S. 92–107. – ISBN 978-91-974863-5-4.
Siehe auch die Monographie des Verfassers aus dem Jahre 2009 [Marbacher Schiller-Bibliographie 2013, Nr. 547].

529. Mancuso, Vito: »Giovanna d'Arco«, ovvero il conflitto guerra-sanità. In: »Giovanna d'Arco« di Verdi. Dramma lirico in quattro atti. Musica di Giuseppe Verdi. Libretto di Temistocle Solera. Nuova produzione Teatro della Scala. A cura di Marinella Guatterini. Milano: Edizioni del Teatro della Scala, 2015, S. 84–99.

530. Meloni, Ilaria: »I Masnadieri« – Andrea Maffei mediatore tra Schiller e Verdi. In: Atti della Accademia Roveretana degli Agiati. Classe di Scienze Umane, Lettere ed Arti. Rovereto. 2007, Serie VIII, Volume VII (A), S. 417–437. – ISSN 1122-6064.

531. Morello, Riccardo: ›S'apre il ciel ...‹. Dalla »Jungfrau von Orléans« di Schiller alla »Giovanna d'Arco« di Verdi. In: »Giovanna d'Arco« di Verdi. Dramma lirico in quattro atti. Musica di Giuseppe Verdi. Libretto di Temistocle Solera. Nuova produzione Teatro della Scala. A cura di Marinella Guatterini. Milano: Edizioni del Teatro della Scala, 2015, S. 67–83.

532. Rega, Lorenza: Le opere di Giuseppe Verdi da Friedrich Schiller. In: Le parole della musica. I libretti delle opere verdiane. Atti del Convegno in Onore del Primo Centenario della Morte di Giuseppe Verdi, tenutosi presso la Gutenberg Universität Mainz, Germersheim il 28 e 29 giugno 2001. A cura di Daria von Bubnoff. Perugia: Guerra Edizioni, 2003, S. 33–44. – ISBN 88-7715-697-X.

533. Richardson, Cloret: Johannes Brahms and Friedrich Schiller Instruct Us in Today's Civilizational Crisis. ›Dem dunklen Schoß der heilgen Erde‹ from Schiller's »The Song of the Bell«. In: Fidelio. Journal of Poetry, Science, and Statecraft. Washington. 9. Jg., 2000, № 1, S. 33–47 mit zahlreichen Notenbeispielen im Text. – ISSN 1059-9126.

534. Roccatagliati, Alessandro: Da »Kabale und Liebe« a »Luisa Miller«. Quanto di Schiller nel dramma in musica verdiano? In: Musicus Discologus 2. Musiche e scritti per l'80. anno di Carlo Marinelli. A cura di Maria Emanuela Marinelli e Anna Grazia Petaccia. Pisa: ETS, 2007, S. 627–640. – ISBN 978-88-467-1938-6.

8.4. Studien zu Illustrationen und Ikonographie

535. Rosenbaum, Alexander: ›Die Gewohnheit fodert dergleichen Verzierungen‹. Zur bildlichen Ausstattung von Schillers Musenalmanachen (1796–1800). In: Kupferstich und Letternkunst. Buchgestaltung im 18. Jahrhundert. Herausgegeben von Peter-Henning Haischer, Charlotte Kurbjuhn, Steffen Martus und Hans-Peter Nowitzki. Heidelberg: Universitätsverlag Winter, 2016, S. 571–603. (= Wieland im Kontext. 2). – ISBN 978-3-8253-6543-1.

8.5. Produktive Rezeption: Fiktionalisierungsformen

536. Annuß, Evelyn: Schiller offshore. Über den Gebrauch von gebundener Sprache und Chor in Elfriede Jelineks »Ulrike Maria Stuart«. In: Elfriede Jelinek. Stücke für oder gegen das Theater. Herausgegeben von Inge Arteel und Heidy Margrit Müller. Brüssel: Koninklijke Vlaamse Academie van België voor Wetenschappen en Kunsten, 2008, S. 29–42. (= Contactforum).

537. Blatter, Michael / Groebner, Valentin: Wilhelm Tell. Import – Export: Ein Held unterwegs. Baden: Verlag Hier und Jetzt, 2016, 149 S. mit Illustrationen. – ISBN 978-3-03919-387-5.

538. Faust, Armin Peter: Im Schiller-Haus in Weimar. In: Ders., Auf der Suche nach der blauen Blume: oder: Was bleibt, das stiften die Dichter. 52 Widmungsgedichte. Simmern: Pandion Verlag, 2015, S. 58–59. – ISBN 978-3-86911-067-7.

539. Greter, Heinz: Das verschleierte Bildnis. Eine philosophische Suche. Roman. Zürich: Elster Verlagsbuchhandlung, 2016, 157 S. – ISBN 978-3-906065-45-8. – *Mit einem vollständigen Abdruck von Schillers Ballade »Das verschleierte Bild zu Sais« (S. 7–10).*

540[1]. Herwegh, Georg: Die Schillerfeier in Zürich. Prolog für die Fest-Vorstellung im Theater am 10. November 1859. In: Ders., Werke und Briefe. Kritische und kommentierte Gesamtausgabe. Band 2: Gedichte 1849–1875. Nachlass. Bearbeitet von Ingrid und Heinz Pepperle unter Mitarbeit von Hendrik

Stein. Bielefeld: Aisthesis Verlag, 2016, S. 25–30. – ISBN 978-3-8494-1195-2.
– *Hinweise auf zeitgenössische Quellen und Abdrucke dieses Gedichts in Zeitungen sowie Erläuterungen (S. 324–326).*

540². Hochhuth, Rolf: Kann Schiller. In: Ders., Das Grundbuch. 365 Sieben- bis Zwölfzeiler. Reinbek bei Hamburg: Rowohlt Verlag, 2016, S. 30. – ISBN 978-3-498-03027-8.

541. Horus: Schiller. Eine Comic-Novelle. Neustadt an der Weinstraße: Boiselle & Ellert, 2015, 79 S., überwiegend Illustrationen. – ISBN 978-3-939233-97-8.

542. Jöst, Erhard: Schiller. – Schillers Götterfunken. In: Ders., Blauer Trost. Gedichte. Reutlingen: Verlag Freiheitsbaum (Edition Spinoza), 2015, S. 15 und S. 16. – ISBN 978-3-922589-60-0.
[s. auch Marbacher Schiller-Bibliographie 2012, Nr. 848].

543. Rinnebach, Wolfgang: Klage einer Mutter (frei nach Friedrich Schiller). In: Ders., Trost der Lyrik. Gedichte. Band 2. Frankfurt a. M., Weimar, London, New York: August-von-Goethe-Literaturverlag, 2015, S. 58–62. – ISBN 978-3-8372-1654-7.

544. Schäfers, Eduard: Schiller. In: Ders., Gedichte zur Poesie der Liebe. Göttingen: Cuvillier Verlag, 2016, S. 77. – ISBN 978-3-7369-9395-2.

545. Schütt, Hans-Dieter: [Unmögliches Interview mit] Friedrich Schiller. In: Ders., Besuchen Sie mich, bin im Himmel. Elf unmögliche Interviews. Berlin: Eulenspiegel Verlag, 2016, S. 45–64. – ISBN 978-3-359-01700-4.

8.6. Schiller im Deutschunterricht (Auswahl)

546. Blecken, Gudrun: Friedrich Schiller. In: Dies., Textanalyse und Interpretation zu Lyrik der Klassik. Hollfeld: Bange Verlag, 2016, S. 117–178. (= Königs Erläuterungen Spezial). – ISBN 978-3-8044-3037-2.
In dem Kapitel werden folgende Gedichte behandelt (mit Abdruck der vollständigen Quellentexte): »Die Götter Griechenlands« (S. 120–131), »Die Worte des Glaubens« (S. 132–134), »Die Worte des Wahns« (S. 134–137), »Hoffnung« (S. 137–138), »Der Ring des Polykrates« (S. 138–146), »Die Bürgschaft« (S. 146–155), »Nänie« (S. 155–157), »Das Lied von der Glocke« (S. 157–178).

547. Friedl, Gerhard: Friedrich Schiller: »Don Carlos, Infant von Spanien« ... verstehen. Herausgegeben von Johannes Diekhans und Michael Völkl. Paderborn: Ferdinand Schöningh Verlag, 2016, 169 S. – ISBN 978-3-14-022615-8.

Inhalt (Auszug): An die Leserin und den Leser (S. 5–8). – Der Inhalt im Über-
blick (S. 9–11). – Die Personenkonstellation (S. 12–13). – Inhalt, Aufbau und
Deutungsansätze (S. 14–102). – Hintergründe: Lebensstationen Schillers
(S. 103–105). – Themen und Konflikte im Drama »Don Carlos« (S. 105–109).
– Geschichte und Dichtung (S. 110–112). – Entstehung und Rezeption des
Dramas (S. 113–116). – Das Drama »Don Carlos« in der Schule: Der Blick auf
die Figuren. – Der Blick auf den Text: Die Szenenanalyse. – Der Blick auf die
Prüfung (S. 117–165). – Internetadressen und Literatur (S. 166–169).

548. Hofmann, Fritz L.: Interpretation einer Ballade. Friedrich Schiller: »Die
Bürgschaft«. In: Ders., Gedichte analysieren und interpretieren. Mit Lern-
videos. Hallbergmoos: Stark Verlagsgesellschaft, 2016, S. 51–60. – ISBN
978-3-8490-2149-8. – *Mit Abdruck des Textes der Ballade.*

549. Madsen, Hendrik / Madsen, Rainer: Friedrich Schiller, »Der Verbrecher aus
verlorener Ehre«. Neubearbeitung. Herausgegeben von Johannes Diekhans.
Paderborn: Schöningh Verlag im Westermann Schulbuchverlag, 2016, 165
S., 4° mit Abbildungen. – ISBN 978-3-14-022663-9.
Inhalt (Auszug): Die Figuren (S. 10–11). – Der Inhalt der Erzählung (S. 12–13).
– Vorüberlegungen zum Einsatz des Buches im Unterricht (S. 14–15). – Kon-
zeption des Unterrichtsmodells (S. 16–19). – Die thematischen Bausteine des
Unterrichtsmodells. Baustein 1: Die Frage des Einstiegs (S. 20–24). – Bau-
stein 2: ›In der ganzen Geschichte der Menschheit ist kein Kapitel unterrich-
tender ...‹ – Schillers theoretische Einleitung (S. 25–29). – Baustein 3: Chris-
tian Wolfs Weg in die Kriminalität – Die Genese eines Verbrechers (S. 30–39).
– Baustein 4: Christan Wolfs Integrationsversuche nach dem Mord (S. 40–59).
– Baustein 5: Die Erzählstruktur (S. 60–68). – Baustein 6: Kriminalität und
Strafe – damals und heute (S. 69–87). – Baustein 7: Das Werk im historischen
Zusammenhang (S. 88–93). – Baustein 8: Kriminelle in Schillers Frühwerken
(S. 94–106). – Baustein 9: Vergleichstexte aus dem 18. Jahrhundert bis in die
Gegenwart: Richard Schmid, Karl Philipp Moritz, Ferdinand von Schirach
u. a. (S. 107–151). – Klausurvorschläge (S. 152–162). – Literaturhinweise
(S. 163–165).

550. Rausch, Anna / Stefan, Simone: Unterrichtsskizze »Der Handschuh« von
Friedrich Schiller. In: Sehnsuchtsort Mittelalter. Herausgegeben von Sabine
Seelbach und Gerhild Zaminer. Innsbruck: StudienVerlag, 2016, S. 90–95.
(= Informationen zur Deutschdidaktik. 2016/3). – ISSN 0721-9954

551. Wacker, Gabriela: Friedrich Schiller, »Die Räuber«. Module und Materialien
für den Literaturunterricht. Braunschweig: Schroedel Schulbuchverlag,
2016, 99 S. (= Schroedel Lektüren). – ISBN 978-3-507-69988-5.

Inhalt (Auszug): Fachliche Orientierung (S. 9–13). – Literaturverzeichnis (S. 14–15). – Darstellung des Unterrichts in acht Modulen: Modul 1: Annäherungen an das Drama (S. 16–17). – Modul 2: Charakterisierung der ›außerordentliche[n] Menschen‹ (»Vorrede«) in Schillers Schauspiel (S. 18–29). – Modul 3: Die Räuber (S. 30–34). – Modul 4: Intertextualität in den »Räubern« (S. 35–44). – Modul 5: Medizinisches Wissen: Schiller als Arzt (S. 45–48).– Modul 6: Liebesphilosophie auf dem Prüfstand (S. 49–54). – Modul 7: Lebensgefühl und Geniekonzept des Sturm und Drang (S. 55–59). – Modul 8: Inszenierungen der »Räuber« (S. 60–61). – Arbeitsblätter / Kopiervorlagen zu den Modulen (S. 62–95). – Klausurvorschläge mit Erwartungshorizonten (S. 96–99).

9. Audiovisuelle Medien in Auswahl

552. An Emma. Komposition: Johann Rufinatscha. In: Johann Rufinatscha: Lieder. Interpreten: Maria Erlacher (Sopran), Andreas Lebeda (Bassbariton), Annette Seiler (Hammerflügel). Produktion: Franz Gratl. Innsbruck: Tiroler Landesmuseum, 2016, 1 CD, Track 11 (3:36 Min.). (= Musikmuseum. 25).
    Das Begleitheft enthält Schillers Gedicht in deutscher und englischer Sprache (S. 29–30).

553. Des Mädchens Klage. Komposition: Johann Friedrich Reichardt. Interpreten: Reinaldo Dopp (Tenor). Albrecht Hartmann (Fortepiano). In: Johann Friedrich Reichardt, Gelebte Lieder / Living Songs. Produced by Frank Hallmann. Leipzig: Rondeau Production GmbH., 2014, 1 CD, Track 9 (2:11 Min.).
    Das Booklet enthält den vollständigen Text von Schillers Gedicht [S. 13].

554. Des Mädchens Klage. Komposition: Felix Mendelssohn. Interpretin: Mary Bevan. Piano: Malcolm Martineau. In: Mendelssohn. Complete Songs. Vol. 1. Champs Hill Records, 2015, Track 15 (2:14 Min.).
    Das Textheft enthält einen Beitrag von Susan Youens sowie Schillers Gedicht in deutscher und englischer Sprache. Übersetzung von Richard Stokes.

555. Die Räuber. Sehr frei nach Schiller. Ein Film von Frank Hoffmann und Pol Cruchten. Drehbuch: Érick Malabry und Frank Hoffmann. Darsteller: Eric Caravaca, Maximilian Schell, Isild Le Besco, Tchéky Karyo u. a. Berlin: Farbfilm Home Entertainment, 2015, 1 DVD (80 Min.).

556. Don Carlo. Opera in Five Acts by Giuseppe Verdi. Konzertvereinigung Wiener Staatsopernchor und Wiener Philharmoniker. Dirigent: Antonio Pappano. Staged by Peter Stein. Libretto: Joseph Méry and Camille Du Locle

after Friedrich Schiller's Play »Don Karlos, Infant von Spanien«. Darsteller: Matti Salminen, Jonas Kaufmann, Thomas Hampson, Anja Harteros, Ekaterina Semenchuk u. a. Recorded live at the Salzburg Festival (2013). Sony Music Entertainment, 2014, 2 DVDs (237 Min.) und 1 Textheft (15 S.).

557. Don Carlo. Opera in Four Acts. 1884 Italian Version by Giuseppe Verdi. Orchestra and Chorus Teatro Regio Torino conducted by Gianandrea Noseda. Regie/Director: Hugo de Ana. Libretto: François-Joseph Méry and Camille du Locle after Friedrich Schiller's Dramatic Poem »Don Karlos, Infant von Spanien«. Interpreten: Ramón Vargas, Svetlana Kasyan, Ildar Abdrazákov, Ludovic Tézier, Daniela Barcellona, Marco Spotti u. a. Recorded at the Teatro Regio, Torino, 19. April 2013. Waldron: Opus Arte, 2015, 2 DVDs (217 Min.) und 1 Textheft (19 S.).

558. Don Carlos. Dreistündiges Fernsehspiel des Dramas von Friedrich Schiller. Regie: Franz Peter Wirth. Drehbuch: Franz Peter Wirth und Bernt Rhotert. Interpreten: Rolf Boysen, Jacques Breuer, Marita Marschall, Robert Atzorn u. a. Walluf: Filmverlag Fernsehjuwelen, 2015, 1 DVD (176 Min.) und 1 Textheft (16 S.). (= Juwelen der Filmgeschichte).

559. Don Carlos. Hörspiel nach Friedrich Schiller. Hörspielbearbeitung und Regie: Leopold Lindtberg. Komposition: Rolf Unkel. Sprecherinnen und Sprecher: Ewald Balser, Eva Zilcher, Wolfgang Stendar, Gerd Brüdern, Heinz Moog u. a. Produktion: Süddeutscher Rundfunk (1959). Berlin: Audio-Verlag, Neuauflage 2014, 2 CDs (141 Min.). – ISBN 978-3-86231-425-6.

560. Giovanna d'Arco. Dramma lirico in un prologo e tre atti di Giuseppe Verdi. Libretto: Temistocle Solera after Friedrich Schiller's Drama »Die Jungfrau von Orleans«. Philharmonia Chor Wien. Chorus Master: Walter Zeh. Münchner Rundfunkorchester. Dirigent: Paolo Carignani. Darsteller: Anna Netrebko, Francesco Meli, Plácido Domingo, Johannes Dunz, Roberto Tagliavini u. a. Recorded live at the Salzburg Festival, Felsenreitschule (2013). Berlin: Deutsche Grammophon, 2014, 2 CDs (109 Min.) und 1 Textheft (84 S.).
Das Booklet, herausgegeben von Manuela Amadei und Eva Reisinger, enthält einen Beitrag von Roger Parker und den Operntext in französicher, deutscher, italienischer und englischer Sprache, übersetzt von Jean-Claude Poyet, Gudrun Meier und Gwyn Morris (S. 22–83).

561. Guillaume Tell. Opéra by Gioachino Rossini. Orchestra e coro del Teatro Comunale di Bologna. Libretto by Étienne de Jouy and Hippolyte Bis after »Wilhelm Tell« by Friedrich Schiller. Conducted by Michele Mariotti. Staged by Graham Vick. Interpreten: Nicola Alaimo, Marina Rebeka, Juan

Diego Flórez, Amanda Forsythe u. a. Recorded at the Rossini Opéra Festival in Pesaro, August 2013. London: Decca Music Group Ltd., 2015, 2 DVDs (247 Min.) und 1 Textheft (30 S.).

562. Guillaume Tell. Opéra in Four Acts. First Recording of the Complete Opéra by Gioachino Rossini. Libretto by Étienne de Jouy and Hippolyte Florent Bis after Schiller's »Wilhelm Tell« and Claris de Florian's »Guillaume Tell«. Camerata Bach Choir, Poznań, Chorus Master: Ania Michalak. Virtuosi Brunensis, Artistic Director: Karel Mitáš. Conducted by Antonio Fogliani. Interpreten: Andrew Foster-Williams, Michael Spyres, Judith Howarth u. a. Recorded live at the Trinkhalle, Bad Wildbad, July 2013. Münster: Naxos, 2015, 4 CDs (4:12 Std.) und 1 Textheft (23 S.).

563. Kabale und Liebe. Hörspiel nach Friedrich Schiller. Hörspielbearbeitung und Regie: Paul Hoffmann. Komposition: Peter Zwetkoff. Sprecherinnen und Sprecher: Gert Westphal, Jürgen Goslar, Ludwig Cremer u. a. Produktion: SWR (1955). Berlin: Audio-Verlag, Neuauflage 2014, 2 CDs (88 Min.). – ISBN 978-3-86231-423-2.

564. Maria Stuarda. Opera in Two Acts by Gaetano Donizetti. Libretto by Giuseppe Bardari, based on the Play by Friedrich Schiller. The Metropolitan Opera Orchestra and Chorus. Chorus Master: Donald Palumbo. Conductor: Maurizio Benini. Director: Gary Halvorson. Darsteller: Elza van den Heever, Matthew Rose, Joshua Hopkins, Matthew Polenzani u. a. Erato / Warner Classics [2014], 1 DVD (142 Min.).

565. Maria Stuart. Hörspiel nach Friedrich Schiller. Hörspielbearbeitung und Regie: Gert Westphal. Regieassistenz: Timmy Haberger. Sprecherinnen und Sprecher: Sonja Sutter, Christiane Hörbiger, Karl Michael Vogler, Will Quadflieg u. a. Produktion: Österreichischer Rundfunk (1981). Berlin: Audio-Verlag, Neuauflage 2014, 2 CDs (99 Min.). – ISBN 978-3-86231-424-9.

566. Nevěsta Messinská. The Bride of Messina [Die Braut von Messina]. Tragische Oper in drei Akten von Zdeněk Fibich. Libretto von Otokar Hostinský nach Friedrich Schiller. Opernchor des Theaters Magdeburg. Magdeburgische Philharmonie unter Leitung von Kimbo Ishii. Interpreten: Lucia Cervoni, Thomas Florio, Richard Samek, Noa Danon, Johannes Stermann u. a. Georgsmarienhütte: cpo / Deutschlandradio Kultur, 2016, 2 CDs (120 Min.) und 1 Textheft (113 S.).
Das Booklet enthält den tschechischen Originaltext sowie Übersetzungen ins Deutsche von Klára Boková und ins Englische von Susan Marie Praeder.

567. Spruch des Confucius I / Spruch des Confucius II. Interpreten: Hans Christoph Begemann (Bariton), Thomas Seyboldt (Piano). In: Wolfgang Rihm,
Goethe-Lieder 2. Produktion: SWR. Bastille Musique, 2016, 1 CD mit Begleit-
heft, Track 14 (3:52 Min.) und Track 15 (3:04 Min.).
*Das Booklet enthält den vollständigen Text der beiden Gedichte und eine Ein-
führung von Thomas Seyboldt in englischer und deutscher Sprache.*

568. Wallenstein-Trilogie: Wallensteins Lager – Die Piccolomini – Wallensteins
Tod. Inszenierung: Friedo Solter. Regie: Margot Thyret. Darsteller: Eberhard
Esche, Rolf Ludwig, Frank Lienert, Dieter Mann u. a. Produktion: Deutscher
Fernsehfunk (1987). Hamburg: Studio Hamburg Enterprises, 2015, 2 DVDs
(266 Min.) und 1 Textheft mit einem Beitrag von Hans-Dieter Schütt (8 S.).
(= Großes Berliner Theater. 2).

569. Wilhelm Tell. Hörspiel nach Friedrich Schiller. Hörspielbearbeitung:
Gerhard W. Menzel. Regie: Carl Nagel. Sprecherinnen und Sprecher: Wolf
Kaiser, Ludwig Anschütz, Walter Stickan u. a. Produktion: Rundfunk der
DDR (1950). Berlin: Audio-Verlag, 2014, 1 CD (79 Min.). – ISBN 978-3-86231-
422-5.

10. Personenregister

Verzeichnet werden alle Personen (Verfasser, Herausgeber, Übersetzer, Rezensenten, Komponisten, Illustratoren, Regisseure, Interpreten), die literarischen
Autoren, Philosophen und historischen Persönlichkeiten, die in den Zeitschrif-
tenaufsätzen und Buchbeiträgen im Zusammenhang mit Schillers Werk und
Wirkung behandelt und erwähnt werden. Nicht berücksichtigt sind dagegen die
mythologischen Figuren, die biblischen Gestalten und die »gefeierten Personen« aus Wissenschaft und Forschung (Festschriften). Auf die Herausgeber von
Tagungsbänden und Kongress-Schriften zu Schillers Werken wird nur einmal an
der entsprechenden Systemstelle (unter Kap. 1.4.) verwiesen.

MARBACHER VORTRÄGE

JAN PHILIPP REEMTSMA

DIE »WOHLTAT, KEINE WAHL ZU HABEN«

Einige Gedanken bei der Lektüre von Schillers *Wallenstein*

Sehr geehrte Damen und Herren –
schwere Stunde – wenn man gefragt wird, ob man die Marbacher Schillerrede
halten wolle, ist schlecht Nein sagen. Aber was sagen? Zumal wenn einem das
Thema freigestellt ist. Über Schiller müsse die Rede gar nicht gehen – aber hier
steht, was mich betrifft, der Zunftstolz doch dagegen. Wie schön, wenn einem
ein Thema vorgegeben wäre, so à la über die *Jungfrau von Orleans* hatten wir
noch nichts, das wäre jetzt mal dran. Nein, so war es nicht, aber ich dachte mir:
Wie wäre es mit *Wallenstein*? Aber warum? Ich könnte eine unernste und eine
bedrückende Begründung geben. Zunächst die unernste: Wallenstein war – ein
sympathischer, wenn auch für einen Schlachtenlenker eher befremdlicher Zug –
ausgesprochen lärmempfindlich. Seltsam, wenn man ein Leben führt voll Kano-
nendonner, Musketengeknatter, Pferdegewieher, Geschrei angreifender und
Gebrüll verwundeter Soldaten. Aber um sein Zelt ließ er Wachen aufmarschie-
ren, die Hunde und Hähne fernhalten sollten. Noch die Mörder Wallensteins wird
ein Kammerdiener um Ruhe bitten, weil sie die Treppe so heraufpoltern, aber sie
fertigen ihn mit einem: »Freund [...] jetzt ist es Zeit zu lärmen«[1] ab, wie Schiller
in der *Geschichte des Dreißigjährigen Krieges* schreibt (im Stück: »Wer darf hier
lärmen? Still der Herzog schläft! Freund! Jetzt ist's Zeit zu lärmen!«)[2] – und treten
die Tür zu Wallensteins Schlafzimmer ein. Da habe ich während der Niederschrift
neidvoll seufzen müssen (wegen der Zeltwachen, versteht sich), denn die nötige
Lektüre und anschließende Schreiberei war nicht nur von einem augenscheinlich
wahnsinnigen Hahn in der Nachbarschaft begleitet worden, sondern auch von
morgens bis abends von drei verschiedenen Kettensägen, die ein Waldstück von
Unterholz befreiten. Nein also, deshalb nicht.

1   Friedrich Schiller, Geschichte des Dreißigjährigen Krieges, in: ders., Historische Schriften
     und Erzählungen II, hg. von Otto Dann, Frankfurt a. M. 2002, S. 379.
2   Friedrich Schiller, Wallenstein, ein dramatisches Gedicht. Erster Teil: Wallensteins Lager.
     Die Piccolomini; Zweiter Teil: Wallensteins Tod, in: ders., Wallenstein, hg. von Frithjof
     Stock, Frankfurt a. M. 2000, S. 287.

Die zweite, die bedrückende Begründung: Vor einiger Zeit wurde das Grab meines ältesten Halbbruders, Uwe Reemtsma, in der Ukraine ausfindig gemacht und die Überführung in die Familiengrabstätte, wo mein Vater, meine Mutter, meine Schwester und die anderen Brüder liegen, in die Wege geleitet. Ich habe mir außerdem das, was im Familienarchiv zu finden war, angesehen. Uwe war, der Nachruf des Internats, in dem er die letzte Zeit vor seiner Einberufung zur Wehrmacht verbrachte, sagt es ziemlich unverblümt, depressiv, fühlte sich von der ihm zugedachten familiären Rolle überfordert – das Internat habe ihm da nicht helfen können. Soldat sei er – vielleicht stimmt's, vielleicht ist's zeitgeistgebundenes Gerede – gern geworden. Zunächst Dänemark, dann Sowjetunion. Dort wurde er in den ersten Wochen bei einem Angriff auf eine noch gut verteidigte Kaserne in den Arm und den Bauch geschossen, lag eine Stunde lang auf der Straße und starb in der Nacht in einem Lazarett. All das berichtet der Nachruf – und dass er in einer Schüleraufführung des *Wallenstein* einen großartigen Max Piccolomini, der, man erinnert sich, eine Art verzweifelten Heldentod stirbt und mit Lorbeer bekränzt aufgebahrt wird, gegeben habe. Man möchte den Verfasser des Nachrufs ohrfeigen: Ist es Gedanken- oder Herzlosigkeit oder beides?

Nein, auch das ist nicht der Grund. Aber diese Koinzidenz ging mir doch sehr im Kopfe herum, verlässt mich nicht ganz, darum erwähne ich sie. Nein – ich wollte mich an einer Re-Lektüre des großen Monologs aus *Wallensteins Tod*, Erster Aufzug, Vierter Auftritt versuchen – Sie kennen ihn alle oder werden sich zumindest an ihn erinnern; Goethe nannte ihn die »Achse des Stücks«.[3]

Wär's möglich? Könnt ich nicht mehr, wie ich wollte?
Nicht mehr zurück, wie's mir beliebt? Ich müßte
Die Tat vollbringen, weil ich sie gedacht,
Nicht die Versuchung von mir wies – das Herz
Genährt mit diesem Traum, auf ungewisse
Erfüllung hin die Mittel mir gespart,
Die Wege bloß mir offen hab' gehalten? –
Beim großen Gott des Himmels! Es war nicht
Mein Ernst, beschloßne Sache war es nie.[4]

So weit zunächst. Die Szenerie, in die diese Worte gestellt sind, ist diese: Zuvor wurde Wallenstein gewarnt, seine Geheimverhandlungen mit den Schweden seien aufgeflogen, er werde sich nicht mehr herausreden können, vielmehr

---

3 Johann Wolfgang Goethe, Die Piccolomini, in: ders., Ästhetische Schriften 1771–1805, hg. von Friedmar Apel, Frankfurt a. M. 1998, S. 627.
4 Schiller, Wallensteins Tod, S. 160.

müsse er die Flucht nach vorn wagen. Während Wallenstein, wie zitiert, mit sich selbst spricht, wartet ein schwedischer Gesandter, Oberst Wrangel, vor der Tür. Er wird ihm die Krone Böhmens für den Verrat am Kaiser anbieten.

Hier setzt Goethes Interpretation ein. Zunächst bezieht sie sich auf die Dramaturgie: Ein Charakter eindimensional und geradeheraus sei nicht theaterwirksam. Zweitens stimme Schillers Bühnen-Wallenstein mit dem, was wir – nicht zuletzt durch Schillers *Geschichte des Dreißigjährigen Krieges* – wüssten, mit dem historischen Wallenstein überein. Goethe fährt fort:

> Solange er seiner Pflicht gemäß handelte, reizt ihn der Gedanke, daß er allenfalls mächtig genug sei, sie übertreten zu können. Und in dieser Aussicht auf Willkür glaubt er sich eine Art von Freiheit vorzubereiten; jetzt aber, in dem Augenblick, da er die Pflicht übertritt, fühlt er, daß er einen Schritt zur Knechtschaft tue; denn der Feind, an den er sich anschließen muß, wird ihm ein weit gestrengerer Herr als ihm sonst der rechtmäßige war, ehe er dessen Vertrauen verlor.[5]

Das steht so nicht im Text, jedenfalls nicht zentral. Zwar zeigt sich in der dem Monolog sich anschließenden Verhandlung der schwedische Wrangel als harter Verhandler, der Bedingungen zu stellen weiß – weiß er doch, dass Wallenstein nicht allein um eine Krone verhandelt, sondern auch um den Kopf darunter. Aber diese Verhandlung findet nach dem Monolog statt. Zwar hat er die Option, König von Böhmen zu werden, bei den ersten Gesprächen von sich aus ins Spiel gebracht – Verhandlungsgegenstand wird sie erst in der Verhandlung mit Wrangel.

> ... – das Herz
> Genährt mit diesem Traum, auf ungewisse
> Erfüllung hin die Mittel mir gespart,
> Die Wege bloß mir offen hab' gehalten? –
> Beim großen Gott des Himmels! Es war nicht
> Mein Ernst, beschloßne Sache war es nie.
> In dem Gedanken bloß gefiel ich mir;
> Die Freiheit reizte mich und das Vermögen.
> War's unrecht, an dem Gaukelbilde mich
> Der königlichen Hoffnung zu ergötzen?
> Blieb in der Brust mir nicht der Wille frei,
> Und sah ich nicht den guten Weg zur Seite,

---

5 Goethe, Die Piccolomini, S. 627 f.

Der mir die Rückkehr offen stets bewahrte?
Bahnlos liegt's hinter mir und eine Mauer
Aus meinen eignen Werken baut sich auf,
Die mir die Umkehr türmend hemmt.[6]

Die aber ist nicht die Hand der Schweden, in die er sich möglicherweise unbe-
dacht begeben hat, sondern die Lage gegenüber Wien und Kaiser Ferdinand. In
der Geschichte des *Dreißigjährigen Krieges* beschreibt Schiller Wallenstein als
einen Spieler, der sich, man verzeihe das Wort, verzockt hat. Es ist zu viel von
seinen Gesprächen mit Schweden durchgesickert – nicht zuletzt auf Grund kai-
serlicher Spione und am Ende durch einfachen Verrat derjenigen seiner Offiziere,
die Verrat am Kaiser nicht dulden wollen. Mit seiner Begründung dem Kaiser
gegenüber, er wolle doch nur Friedensmöglichkeiten sondieren, kommt er nicht
mehr durch.[7] Zudem führte Wallenstein nicht mehr Krieg – »Ganz Deutschland
seufzte unter Kriegslast / Doch Friede war's im Wallensteinischen Lager«[8] –,
er demonstrierte seine Macht, aber setzte sie nicht ein, außerdem hielt er Lager
in kaiserlichen bzw. verbündeten Landen, was zu jener Zeit hieß, sie mehr oder
weniger zu verwüsten – er »bezieht sein Winterlager, drückt / Des Kaisers Länder
mit des Kaisers Heer« – »Wenn es nicht bloß ein Elend mit dem andern / Vertauscht soll haben, muß das arme Land / Von Freund und Feindes Geißel gleich
befreit sein«, sagt im Stück der kaiserliche Diplomat Questenberg.[9] Wallenstein
war von einer merkwürdigen Sorglosigkeit, was mögliche Reaktionen Wiens
anging. Er vertraute auf die Menge und Kraft seiner Truppen – und auf ihre Loyalität. Die Reaktion des Kaisers bestand in dem Versuch, die Wallenstein'sche
Macht zu schwächen. Er befahl ihm, einen Teil seiner Truppen einem anderen
Kommandeur zu unterstellen. Das war eine indirekte Kriegserklärung, doch eine
Weigerung wäre offene Rebellion gewesen.

Wallensteins Vertrauen in die Loyalität seiner Truppen – im Stück: »Daran
erkenn' ich meine Pappenheimer« (schon gleich nach den ersten Aufführungen
war einigen aufgefallen, wie ausgeprägt Schillers Neigung war, den Text immer
ins Sentenzenhafte zu kehren, und ein Rezensent sagte die Eignung seiner Texte,
künftig als schale Würze für Tischreden herzuhalten, voraus, à la »Spät kommt
ihr – Doch ihr kommt!«,[10] »Vor Tische las man's anders«,[11] und das eben Zitierte

6   Schiller, Wallensteins Tod, S. 160.
7   Schiller, Geschichte des Dreißigjährigen Krieges, S. 355.
8   Schiller, Die Piccolomini, S. 95.
9   Ebd., S. 94, 61.
10   Schiller, Die Piccolomini, S. 57.
11   Ebd., S. 136.

wird dabei zu »Ich kenne meine Pappenheimer«, wenn der Lehrer einen Schüler beim Mogeln ertappt – ach, tempi passati) – Wallensteins Vertrauen in die Loyalität seiner Truppen gründete, so Schiller, in einem Denkfehler, genauer: in einem Nicht-Verstehen eines grundsätzlichen Mechanismus der Machtausübung. Wallenstein habe nur die instrumentelle Seite der Macht gesehen: die Zahl und die – noch – vorhandene Kommandogewalt, nicht, was letztere jenseits der bloßen Gewohnheit eigentlich ausmachte. Man könnte mit Max Weber sagen, Wallenstein habe nur auf den charismatischen Anteil seiner Machtposition gesehen und den Anteil der traditionalen Legitimität, auf den jener aufbaute, übersehen. Mit Schillers Worten:

> Berauscht von dem Ansehen, das er über so meisterlose Scharen behauptete, schrieb er alles auf Rechnung seiner persönlichen Größe, ohne zu unterscheiden, wie viel er sich selbst, und wie viel er der *Würde* dankte, die er bekleidete. Alles zitterte vor ihm, weil er eine rechtmäßige Gewalt ausübte, weil der Gehorsam gegen ihn Pflicht, weil sein Ansehen an die Majestät des Thrones befestigt war. Größe für sich allein kann wohl Bewunderung und Schrecken, aber nur die *legale* Größe Ehrfurcht und Unterwerfung erzwingen.[12]

Im Stück lässt Schiller Wrangel sagen: »Euer Gnaden sind / Bekannt für einen hohen Kriegesfürsten, / Für einen zweiten Attila und Pyrrhus. / Noch mit Erstaunen redet man davon, / Wie sie vor Jahren, gegen Menschendenken / Ein Heer wie aus dem Nichts hervorgerufen. / Jedennoch –« Wallenstein unterbricht: »Dennoch?« Wrangel: »Seine Würden meint, / Ein leichter Ding doch möcht' es sein, mit Nichts / In's Feld zu stellen sechzigtausend Krieger, / Als nur ein Sechzigteil davon –« Wallenstein: »Nun, was? / Nur frei heraus!« »Zum Treubruch zu verleiten.« Worauf Wallenstein antwortet, so möge das bei den Schweden sein, die seien Protestanten und Patrioten, aber sein Heer sei weltanschaulich nicht gebunden, und: »Das ist der Auswurf fremder Länder.«[13] Der Wallenstein des Monologs redet zu sich selbst bemerkenswert anders:

> Und was ist dein Beginnen? Hast du dir's
> Auch redlich selbst bekannt? Du willst die Macht,
> Die ruhig, sicher thronende erschüttern,
> Die in verjährt geheiligtem Besitz,
> In der Gewohnheit festgegründet ruht,
> Die an der Völker frommem Kinderglauben

---

12 Schiller, Geschichte des Dreißigjährigen Krieges, S. 365.
13 Schiller, Wallensteins Tod, S. 164 f.

Mit tausend zähen Wurzeln sich befestigt.
Das wird kein Kampf der Kraft sein mit der Kraft,
Den fürcht' ich nicht. Mit jedem Gegner wag ich's,
Den ich kann sehen und in's Auge fassen,
Der, selbst voll Mut, auch mir den Mut entflammt.
Ein unsichtbarer Feind ist's, den ich fürchte,
Der in der Menschen Brust mir widersteht,
Durch feige Furcht allein mir fürchterlich –
Nicht, was lebendig, kraftvoll sich verkündigt,
Ist das gefährlich Furchtbare. Das ganz
Gemeine ist's, das ewig Gestrige,

(daher also diese Phrase)

Was immer war und immer wiederkehrt,
Und morgen gilt, weil's heute hat gegolten!
Denn aus Gemeinem ist der Mensch gemacht,
Und die Gewohnheit nennt er seine Amme.
Weh' dem, der an den würdig alten Hausrat
Ihm rührt, das teure Erbstück seiner Ahnen!
Das Jahr übt eine heiligende Kraft,
Was grau für Alter ist, das ist ihm göttlich.
Sei im Besitze und du wohnst im Recht,
Und heilig wird's die Menge dir bewahren.[14]

»Sich förderst in Besitz zu setzen / Das Recht folgt hinten nach« hieß es ein paar Jahre zuvor in Christoph Martin Wielands *Schach Lolo oder das göttliche Recht der Obrigkeit* – und sinngemäß so natürlich schon bei einigen griechischen Sophisten. Aber Wallenstein als Anti-Traditionalist und politischer Philosoph anstatt als Hasardeur und Wirklichkeitsverkenner wie in der *Geschichte des Dreißigjährigen Krieges* und bereits im nächsten Auftritt Wrangel gegenüber?

In der *Geschichte* geht es Schiller letztlich um Politik – so, wie Goethe auch auf das Politische achtete und das Motiv von Ehrgeiz und Unabhängigkeit. Der Monolog streift alles dies, erinnert uns daran, weil wir darum wissen, aber ist doch von anderem Schlag.

14   Ebd., S. 161 f.

Bahnlos liegt's hinter mir und eine Mauer
Aus meinen eignen Werken baut sich auf,
Die mir die Umkehr türmend hemmt.[15]

Merkwürdig, wie Goethe darauf besteht, Wallensteins Handlungen »rückwärts
planvoll«[16] zu nennen und den Widerspruch zum »Bahnlos liegt's hinter mir«
und zum – ich werde es gleich zitieren – »was planlos ist geschehen« zu übergehen oder gar nicht zu bemerken, als habe er zu sehr auf seinen Mephistopheles gehört: »Das erste steht uns frei / bei'm zweiten sind wir Knechte.«[17] Nun,
wie auch immer. Goethe imputiert der Rede praktische Zweifel, die sich auf
nicht bedachte Handlungsfolgen beziehen – und das entspricht, wie dargelegt,
im Großen und Ganzen der historischen Darstellung, die Schiller gibt. Aber der
Monolog ist doch von ganz anderen Selbstzweifeln durchwirkt. Auch hier gab
dramaturgisches Räsonnement den Ausschlag, vielleicht so, wie Thomas Mann
es in seiner Erzählung *Schwere Stunde* beschreibt, die Schiller nachts am Schreibtisch über dem *Wallenstein*-Manuskript brüten sieht, kurz davor, es aufzugeben:
»Der Held war kein Held, er war unedel und kalt! Die Anlage war falsch.«[18]

So wäre es wohl gewesen, hätte das Stück am Ende den Self-made-Militär
gezeigt, den der Größenwahn schließlich in die politische Misskalkulation treibt.
Er sieht, soweit der (wiedergewonnene) politische Realitätssinn, dass er gegenüber Wien das Odium des Verräters nicht wieder loswird:

Strafbar erschein' ich, und ich kann die Schuld,
Wie ich's versuchen mag! Nicht von mir wälzen.

So weit dies – doch dann so weiter:

Denn mich verklagt der Doppelsinn des Lebens,
Und – selbst der frommen Quelle reine Tat
Wird der Verdacht, der schlimme, mir vergiften.
Wär ich, wofür ich gelte, der Verräter,
Ich hätte mir den guten Schein gespart,
Die Hülle hätt' ich dicht um mich gezogen,
Dem Unmut Stimme nicht geliehen.

---

15 Ebd., S. 160.
16 Goethe, Die Piccolomini, S. 627.
17 Johann Wolfgang Goethe, Faust, Eine Tragödie, in: ders., Faust, Texte, Bd. 7,1, hg. von Alb-
    recht Schöne, Frankfurt a. M. 1994, S. 67.
18 Thomas Mann, Schwere Stunde, in: ders., Frühe Erzählungen, Frankfurt a. M. 1981, S. 378.

Der Kritik am Kaiser nämlich

> Der Unschuld,
> Des unverführten Willens mir bewußt,
> Gab ich der Laune Raum, der Leidenschaft.

Das klingt noch wie einer vor Gericht mag sprechen: Wenn ich das gewollt hätte, hätte ich's doch schlauer angestellt! Nur steht er nicht vor Gericht, allenfalls metaphorisch, denn er ist mit sich allein.

> Gab ich der Laune Raum, der Leidenschaft –
> Kühn war das Wort, weil es die Tat nicht war.
> Jetzt werden sie, was planlos ist geschehen,
> Weitsehend, planvoll mir zusammen knüpfen,
> Und was der Zorn, und was der frohe Mut
> Mich sprechen ließ im Überfluß des Herzens,
> Zu künstlichem Gewebe mir vereinen,
> Und eine Klage furchtbar draus bereiten,
> Dagegen ich verstummen muß. So hab ich
> Mit eignem Netz verderblich mich umstrickt,
> Und nur Gewalttat kann es reißend lösen.
> Wie anders! da des Mutes freier Trieb
> Zur kühnen Tat mich zog, die rauh gebietend
> Die Not jetzt, die Erhaltung von mir heischt.
> Ernst ist der Anblick der Notwendigkeit.

(Sentenz:)

> Nicht ohne Schauder greift des Menschen Hand
> In des Geschicks geheimnisvolle Urne.

(dito)

In meiner Brust war meine Tat noch mein.
Einmal entlassen aus dem sichern Winkel
Des Herzens, ihrem mütterlichen Boden,
Hinausgegeben in des Lebens Fremde,
gehört sie jenen tück'schen Mächten an,
Die keines Menschen Gunst vertraulich macht.[19]

Seltsam, was Schiller seinem Wallenstein hier zudichtet. Freiheit bestünde, so der, darin, nicht zu handeln und über mögliches Handeln fein stille zu schweigen. Wer redet, gar handelt, verliert die Freiheit und begibt sich in die Hand der Notwendigkeit. Merkwürdiges Räsonnement für einen Feldherrn. Jedenfalls dann, wenn er es beklagt. Beklagt man's nicht, ist's ja plausibel und in gewissem Sinne denk- und moralisch notwendig: Sich zu entscheiden bedeutet, sich zu engagieren, die Offenheit der Situation zu überwinden und in der neugeschaffenen Lage neue Möglichkeiten des Engagements zu entdecken. Sartre hätte zudem Wallensteins Vorstellung, man könne das Engagement aufschieben, »mauvaise foi« genannt: Verleugnung des faktisch immer vorhandenen Engagements, in diesem Falle jenes, eine Wahl nicht zu treffen. Wallenstein ist dann plötzlich mit den Folgen seiner Weigerung zu wählen konfrontiert. Seine betonte Abneigung dagegen, etwas schriftlich zu geben (»Sie haben Dokumente gegen uns / In Händen, die unwidersprechlich sagen – / Von meiner Handschrift nichts«[20] – »Ich geb nichts Schriftliches von mir, du weißt's«),[21] sein immerneues Vertrösten, noch sei der rechte Zeitpunkt nicht (»Die Zeit ist noch nicht da. So sagst du immer. / Wann aber wird es Zeit sein?«),[22] schließlich sein ewiges Die-Sterne-Konsultieren und Sich-mit-seinem-Astrologen-Besprechen zeigen den zutiefst Handlungsabgeneigten (noch einmal: merkwürdig für einen erfolgreichen Feldherrn), zeigen einen, der ein zutiefst pessimistischer Determinist ist: Als die Gräfin Terzky ihn fragt, ob er nicht an eine Warnungsstimme glaube, »die in Träumen vorbedeutend zu uns spricht«[23] (»Warnungsstimme«, das zitiert Sokrates, der immer davon sprach, er habe eine innere Warnungsstimme, die ihn davon abhalte, Fehler zu begehen), antwortet Wallenstein: »Dergleichen Stimmen gibt's – Es ist kein Zweifel! / Doch Warnungsstimmen möcht' ich sie nicht nennen, / Die nur das Unvermeidliche

19   Schiller, Wallensteins Tod, S. 160 f.
20   Ebd., S. 157.
21   Ebd., S. 86.
22   Ebd., S. 89.
23   Ebd., S. 277.

verkünden.«[24] So habe Heinrich IV. den Mordanschlag Ravaillacs vorausgeahnt –
und auf sich zukommen lassen.

So zeigt uns Schiller im Stück einen Wallenstein, der an die Freiheit des
Handelns nicht glaubt, einmal weil er sich frei nur fühlt, wenn er nicht handelt,
und damit zweitens – paradox genug – einen, der die Freiheit seines Wollens
nur dann empfindet, wenn sie zu nichts führt. Wenn er erfahren muss, dass das
Sich-alle-Möglichkeiten-Offenhalten auch ein Handeln ist, das Konsequenzen
zeitigt, erwischt es ihn auf einem Fuße, auf dem er gar nicht zu stehen meinte:

> Wär's möglich? Könnt ich nicht mehr, wie ich wollte?
> Nicht mehr zurück, wie's mir beliebt?

Mit diesem gerade durch den Kontrast zu den notwendigen Eigenschaften eines
Feldherrn entworfenen Charakterzug des Zauderlichen, der Unvertrautheit mit
dem Selbstvertrauen – eine antike Anekdote berichtet von einem römischen
Admiral, dem der Augur vor der Schlacht warnend-sorgenvoll berichtet, die Ora-
kelhühner hätten nicht gefressen, der daraufhin die Hühner über Bord wirft mit
den Worten: Dann sollen sie eben saufen! –, mit der Zudichtung des Nichtverste-
hens der Tatsache, dass in sehr vielen Lagen das Nicht-mehr-Zurückkönnen eine
Folge des Nicht-mehr-Zurückwollens ist, berührt Schiller in seiner Theaterfigur
Wallenstein den Zug des Menschen überhaupt, immer wieder an seiner Handlungsfreiheit zu zweifeln und diesen Zweifel in die Frage nach der Willensfreiheit
zu kleiden. Auch hierfür gibt es eine alte Anekdote, diesmal griechisch. Ein über-
führter Dieb sagt zu seiner Verteidigung, das Schicksal habe ihm bestimmt, zu
stehlen, worauf ihm allerdings zur Antwort wird: Wohl möglich, aber dann auch,
dafür Prügel zu beziehen. Das hätte von Schopenhauer stammen können – vielleicht zitiert er es ja irgendwo.

Dergleichen kommt und geht, individuell und kollektiv. Individuell ist es,
glaube ich, auch ein Adoleszenzphänomen. Jene Zeit, in der besonders viel
Unklarheit darüber besteht, wer man eigentlich ist und was aus einem wird, ist
sehr anfällig für pathetisch vorgetragene Determinismusvorstellungen. Ähnlich
die scheinbare Abgeklärtheit des Alters. Und es gibt immer wieder die, die plötzlich entdecken, dass es keine Willensfreiheit gibt, und sich dabei wie Geistes-
helden vorkommen. Es können die Besten darunter sein, siehe Schopenhauer.
Obwohl der einen Trick erfinden musste, denn wie kann einer dem Menschen
schlechthin gram sein, wenn der gar nicht frei ist, anders zu wollen und zu
handeln, als er eben will und handelt? Schopenhauer verlegt die Freiheit in eine
andere Seinsregion. Frei ist der Mensch darin, was er ist, nicht in dem, was er will

---

24　Ebd., S. 278.

und tut, das nämlich hängt ab von dem, was er ist. Für das, was er ist, ist er aber verantwortlich und kann dafür verantwortlich gemacht werden. (Das ist keine bloß krude Schreibtischgeburt wie sie klingt, wenn in dieser Verkürzung dargestellt.) – Aber darum soll es hier nicht gehen.

Wir alle sind Zeugen einer Debatte über Willensfreiheit geworden, die vor nicht allzu langer Zeit die Feuilletons in ihren Bann zog. Treibende Kraft war die Ambition der Neurobiologie, eine Leitwissenschaft zu werden. Solche Ambitionen gibt es, seit die Theologie im achtzehnten Jahrhundert (für Deutschland vielleicht das entscheidende Datum: Lessings Streit mit Goeze über Historiographie und Philologie als selbständige Disziplinen, die sich die Einreden der Theologie verbitten dürfen) – seit die Theologie im achtzehnten Jahrhundert die Rolle als Leitdisziplin eingebüßt hat. Es folgte die Philosophie als Erkenntnistheorie (was aber außerhalb der philosophischen Seminare niemand ernst nahm), im Nachgang zu Hegel die Proklamation der Historiographie durch Marx, versuchsweise abgelöst durch die Ökonomie (was aber jenseits der Marxisten niemand ernst nahm), im zwanzigsten Jahrhundert die Physik (was wegen der frappierenden Nachrichten über Relativität von Raum und Zeit viele ernst nahmen, auch wenn sie kaum verstanden, worum es eigentlich ging), dann wegen der spektakulären technischen Anwendung (Hiroshima), schließlich eben die Neurobiologie; die letzteren beiden Disziplinen in der Öffentlichkeit gestützt vornehmlich nicht durch Hinweise auf ihre tatsächlichen, unbestreitbaren Erfolge, sondern auf haltlose Versprechungen. Diese Versprechungen bestanden nicht nur in Behauptungen wie: in wenigen Jahren (so um 1970) gibt es keine Energieversorgungsprobleme mehr, und es wird 2010 keine Erbkrankheiten mehr geben, sondern auch darin, die großen philosophischen Probleme, die die Menschen umgetrieben haben, wären nunmehr auf wissenschaftlicher Basis im Handumdrehen zu klären. So tönte es denn lautstark: Es gibt keinen freien Willen, weil das, was wir wollen, durch unsere Hirnvorgänge determiniert ist.

Ich will mich nicht damit aufhalten, dass die Teilnehmer an dieser Diskussion, die aus den Neurowissenschaften stammten, eine erstaunliche Unbildung, was die philosophische Debatte anging, aufwiesen (erstaunlich übrigens nur hinsichtlich der Ambition). Ähnliches galt (was die Feuilletons anging) auch für ihre Opponenten. So hat sich (in den Beiträgen, die mir untergekommen sind) niemand mit dem Argument Voltaires beschäftigt, Diskussionen dieser Art seien per se ein aufgelegter Unsinn. Freiheit bedeute, tun zu können, was man wolle (und nicht mehr oder weniger gewaltsam daran gehindert zu werden). ›Willensfreiheit‹ suggeriere, dass man sich aussuchen könne, was man wolle, dass man gewissermaßen wollen wolle. Das sei (so würden wir heute sagen) sprachlicher Unfug. Man ›will‹ ebenso, wie man denkt – ohne etwas dahinter. Man tut es. Man denkt sich nicht vorher aus, was man als nächstes denkt, und man lässt nicht

Revue passieren, was man alles wollen könne, und sucht sich das aus, was man dann wirklich will. Die Freiheit des Gedankens besteht darin, aussprechen zu können, was man für richtig hält – ist also Redefreiheit –; die Freiheit des Willens darin, tun zu können, was man will, ist also Handlungsfreiheit. Ende der Debatte.

Dazu kommt ein Weiteres (auch dieses Argument habe ich nicht diskutiert gefunden): Naturwissenschaftler, die sich mit Denken und Wollen (Vorstellen, Phantasieren etc.) beschäftigen, sind in der Regel – vernünftigerweise – Monisten. Das heißt, sie gehen davon aus, dass Gedanken, Vorsätze, Handlungsimpulse etc. prinzipiell als Hirnvorgänge beschreibbar sein müssten,[25] auch wenn die Hirnforschung noch ungeheuer weit davon entfernt ist, das tun zu können und es vielleicht nie wird tun können. Letzteres Defizit ist aber kein Einwand. Das Argument lautet nur: Warum sollten wir jenseits unseres Hirnes eine weitere Instanz annehmen, die ›eigentlich‹ denkt, will etc. – wozu sollte es gut sein, so etwas anzunehmen? Was gewinnen wir, wenn wir Dualisten sein möchten (Occam lässt grüßen)? Was solche vernünftigen Monisten übersehen ist, dass damit der Leugnung eines freien Willens der Boden entzogen ist.

Immer wenn ich von »determinieren« spreche, muss ich Auskunft geben können, was was determiniert. Und das heißt, ich muss eine dualistische Position voraussetzen. Nur eben nicht, dass eine ominöse Instanz ›hinter‹ meinen Hirnvorgängen die eigentliche Arbeit tut (bzw. diese zu ihrer Arbeit anhält), sondern dass die Hirnvorgänge eine ebenso ominöse Instanz determinieren, die mein ›Wollen‹ ist. Oft gelesene Formulierung: »Nicht ich will, sondern mein Hirn will.« Wo soll dieses ›Ich‹ denn stecken und was in aller Welt soll es sein? Sollte es so sein, dass Hirnforscher mit ihrem eigenen Hirn fremdeln, dass sie es als eine fremde Instanz, als etwas wie ein Implantat, das uns tun macht, was wir eben tun, empfinden? Aber dass solche befremdlichen Sätze à la »Nicht ich, sondern mein Hirn« so viel Aufmerksamkeit und Aufregung auslösen, zeigt, dass hier eine Grundbeunruhigung angesprochen wird. Wie ist diese zu verstehen?

Warum akzeptiert man nicht einfach den Voltaire'schen Gedanken, mit dem Wollen sei es wie mit dem Denken, es geschehe eben, es sei nichts dahinter, kein Denken hinter dem Denken, kein Wollen hinter dem Wollen, und also sei das Gerede von der vorhandenen oder nicht vorhandenen Freiheit entweder Unfug oder meine im Grunde etwas anderes? Ich glaube, man muss es so verstehen: Wir ›denken‹ gar nicht im Sinne eines geordneten Vorgangs (das gilt fürs Wollen ebenso); das Denken ist ein unbewusster, man ist versucht zu sagen: bewusst-

---

25 Es sei denn, wir nennten diejenigen Dua- oder Pluralisten, die darauf hinweisen, dass es stets mehrere, prinzipiell gleichwertige Beschreibungssprachen gibt. Aber normalerweise nennt man die »Monisten«, denen es darum geht, dass die verschiedenen Beschreibungssprachen sich auf *dasselbe* beziehen.

loser Vorgang. Erst wenn wir Gedachtes artikulieren, sind wir zu kommunika-
tionsermöglichender Ordnung genötigt – und da gibt es eine Zwischenstufe. Wir
durchlaufen ein Stadium der (stummen) Probeformulierung – das ist es, was auf
dem Theater als Gedankenmonolog erscheint.

> Wär's möglich? Könnt ich nicht mehr, wie ich wollte?
> Nicht mehr zurück, wie's mir beliebt?

Das ist ja nicht ›gedacht‹, das ist aus dem Chaos der Gedanken (die ja nie von
Empfindungen und Affekten zu trennen sind) Destilliertes, das einer vor sich hin
spricht oder stumm in sich reden lässt. Wird es laut, und zwar zu einem anderen,
so mag der nachfragen, vielleicht sogar mit der Formulierung: Warum denkst
du so etwas? Gemeint ist aber: Warum hältst du das für richtig? Befragt werden
niemals Gedanken, denn die »fliehen vorbei wie flüchtige Schatten«, sondern
Äußerungen oder Behauptungen und die damit verbundenen Ansprüche auf
Triftigkeit und Geltung.

Mit dem Wollen ist es im Grunde das Nämliche. Wollen befragt man nicht,
sondern seine Transformation in einen Wunsch, ein Begehren, eine Aufforderung, einen Befehl. Nicht: Warum willst du das? (darüber ist gar keine Auskunft
zu geben), sondern: Warum sollen wir deinem Wunsch entgegenkommen (oder
ihn auch nur tolerieren)? Und da liegt der Unterschied: Im ersteren Falle geht es
(nur) um Plausibilität, im ärgsten Fall um Wahrheit, im zweiten Fall betrifft es
praktische Dimensionen des Lebens anderer, geht also um Legitimationen. Das
muss gelernt werden. Fragt man ein Kind in einem bestimmten Alter, das sagt:
»Ich will dies-und-das!«, mit: »Warum willst du das?«, antwortet es vollkommen
plausibel und korrekt: »Weil ich das eben will!« Später lernt es, dass solche Auskunft nicht das ist, was man von sozialer Kommunikation erwartet, und es lernt,
dass man einen legitimatorischen Sprechakt erwartet. Dies lernt es so gründlich, dass es mit der Zeit sein chaotisches Wollen mit diesen Sprechakten verwechselt.

Diese Verwechslung geht bis in die Psychologie, die Historiographie, die
Wahrheitsfindung vor Gericht hinein. Man spricht dort von ›Motiven‹. Als ob es
dergleichen gebe: etwas Innerseelisches, nach dem man nur ausdauernd und
methodisch ausgefuchst forschen müsse, damit es endlich an den Tag komme.
Dabei sind ›Motive‹ nichts als die in bestimmten sozialen Kontexten akzeptier-
ten Legitimationen – oder das Bestreiten ihrer. Wenn Sie mich fragen, warum ich
hier spreche, würden Sie es nicht akzeptieren (oder allenfalls als Kokettiererei),
wenn ich sagte: purer Narzissmus. Sie wollen etwas zur Sache hören. Wenn ich
auf der Couch eines Psychoanalytikers meine Antwort an Sie wiederhole, wird er
das Thema der psychischen Rationalisierung anschlagen.

»Dies lernt es (das Kind) so gründlich, dass es mit der Zeit sein chaotisches Wollen mit diesen Sprechakten verwechselt«, habe ich eben gesagt, und ich muss ergänzen: Diese Verwechslung kann die Form annehmen, dass jenes diese determiniere – in der neurobiologischen Feuilleton-Terminologie: dass mein Hirn (oder meine Motive) meine Äußerungen determiniere(n). Die Verwirrung ist beträchtlich, aber letztlich nur ein Beleg dafür, dass der Mensch sich mit sich nicht auskennt, dieses Sich-mit-sich-nicht-Auskennen allerlei sprachliche, darunter akademische Formen annimmt und es wiederum ziemlich viel Mühe kostet, das aufgeregte Chaos ein wenig aufzuräumen.

Schiller, wie gesagt, lässt seinen Wallenstein sein Problem, nicht beliebig handeln zu können – nicht beliebig jedenfalls in Hinsicht auf die Erfolgschancen – einmal beantworten mit ostentativem Nicht-Handeln (»Der Zeitpunkt ist noch nicht da«), was seine Offiziere – wenn aber doch gehandelt werden muss – an den Rand der Verzweiflung führt, ohne Darlegung von Gründen (es sei denn, er will, was immer wieder vorkommt, jemanden umgarnen, wie gegen Ende des Stücks die Pappenheimer, die aber das Gerede abschütteln und das Feuer eröffnen), aber mit dem steten Rekurs auf die Determiniertheit von Willen und Handeln. Es ist ein permanenter Revisionsprozess gegen das Zur-Freiheit-verurteilt-Sein. Und: Weil die Begründungsrhetorik immer wieder als beliebige Propaganda entlarvt wird – überhaupt gibt es wenige Stücke, in denen so ausdauernd gelogen und geheuchelt wird wie im *Wallenstein* (von der Titelfigur und fast allen anderen, Ausnahme: die Frauen, die, wenn sie nicht verliebt sind, sich im Zustande andauernden Schreckens befinden, und Max Piccolomini, die Gegen- und Komplementärfigur zu Wallenstein) –, wird auch die kindlich denn doch zumeist gelernte Lektion, dass für ein soziales Zusammenleben das Ernstnehmen von Debatten um Legitimationen unabdingbar ist, mit stets erneutem Fleiß dementiert.

> Ich geb' nichts Schriftliches von mir, du weißt's.
> Woran erkennt man aber deinen Ernst [...]
> Was du bisher verhandelt mit dem Feind,
> Hätt' alles auch recht gut geschehn sein können,
> Wenn du nichts mehr damit gewollt, als ihn
> Zum Besten haben.
> Und woher weißt du, daß ich ihn nicht wirklich
> Zum Besten habe? Daß ich nicht euch alle
> Zum Besten habe? Kennst du mich so gut?
> Ich wüßte nicht, daß ich mein Innerstes
> Dir aufgetan –[26]

26 Schiller, Die Piccolomini, S. 86.

Das ist mit der Wahrheit lügen und dort etwas versteckt halten, wo nichts ist. Ob
mit Absicht oder unter der Hand – Schiller gerät sein Wallenstein, der Gefürch-
tete, Geliebte, der stets bedrohte Sieger zu einer Seele in Not, die sich sogar lieber
lächerlich macht, als die Sphinxrolle zu verlassen. Als der schwedische Gesandte
Wrangel gegangen ist, fragt man ihn:

> Ist's richtig?
>   Seid ihr einig?
>   Dieser Schwede
> Ging ganz zufrieden fort. Ja, ihr seid einig.
> Hört! Noch ist nichts geschehn, und – wohl erwogen,
> Ich will es lieber doch nicht tun.[27]

> Der Herzog will nicht.
>   Will nicht, was er muß?[28]

Aber dieses Müssen muss für den Wallenstein des Dichters – dem Historiker ist ja
geraten, was solche Interpretationen angeht, abstinent zu bleiben – von anderm
Schlage sein als ein Wollen aus Einsicht in unterschiedliche plausible Hand-
lungsoptionen.

> Recht stets behält das Schicksal, denn das Herz
> In uns ist sein gebietrischer Vollzieher.[29]

Gar von der

> Wohltat, keine Wahl zu haben,[30]

spricht er,

> Es gibt keinen Zufall;[31]

die

---

27 Schiller, Wallensteins Tod, S. 169.
28 Ebd., S. 170.
29 Ebd., S. 176.
30 Ebd., S. 178.
31 Ebd., S. 185.

innre Welt

sei

notwendig, wie des Baumes Frucht,
Sie kann der Zufall gaukelnd nicht verwandeln.[32]

Dergleichen springt sogar auf seinen Mörder, den in seiner Ehre gekränkten und um seinen Lohn (den Grafentitel) betrogenen Buttler, über:

nicht mein Haß macht mich zu seinem Mörder,
Sein böses Schicksal ist's [...]
Es denkt der Mensch die freie Tat zu tun,
Umsonst! Er ist das Spielwerk nur der blinden
Gewalt, die aus der eignen Wahl ihm schnell
Die furchtbare Notwendigkeit erschafft.[33]

Da war, notabene, der Killer von München noch ehrlicher: »Wegen euch wurde ich gemobbt, sieben Jahre lang. Und jetzt mußte ich 'ne Waffe kaufen, um euch alle abzuknallen.«[34] Aber auch er: »mußte«. Es ist in den letzten Jahren an einigen wenigen Orten angemerkt worden, dass das Bemühen, bestimmte Gewalttaten zu, wie man sagt, »erklären«, dem Versuch gleichkommt, in unsere Versuche, die Welt (und damit auch solche Taten) zu verstehen, etwas wie einen Second-hand-Platonismus einzuführen, hinter der Tat eine eigentliche (eigentlich gemeinte) Tat zu suchen. »Wer sich«, schreibt der Psychoanalytiker Martin Altmeyer,

auf diese Suche begibt, hat sich dafür entschieden, das Gewaltphänomen selbst zu ignorieren und dem wirklichen Akteur die Zurechenbarkeit seiner Tat zu bestreiten. Unter der Hand wird er zu einer Marionette gemacht, an der andere ziehen, nur er selbst nicht. Wir gewähren damit dem Gewalttäter jenen Bonus an Unverantwortlichkeit, den er sich selbst längst zugeschrieben hat. Er fühlt sich als Opfer von anderen, die als die wahren Täter auf die Anklagebank gehören.[35]

---

32   Ebd., S. 186.
33   Ebd., S. 255.
34   Zitiert aus: Martin Altmeyer, Morden im Rampenlicht. Über die öffentliche Inszenierung von Allmacht und Größenwahn, in: Der Spiegel, 30. 7. 2016, S. 122.
35   Ebd.

Die Verführungskraft eingebildeter Unfreiheit ist groß – bei denen, die sie für sich reklamieren, und bei denen, die nach irgendwelchen Erklärungen suchen. In Schillers *Wallenstein* hat man irgendwann das Gefühl, von Somnambulen umgeben zu sein. Gefährlichen allerdings. Wie zuweilen in der Wirklichkeit. Schiller hat seinen Stoff, den er in Form der historiographischen Abhandlung durchaus nüchtern hielt, aus – einsichtigen – dramaturgischen Gründen psychologisiert und anhand des Bühnenpersonals mit anthropologischen Hinweisen durchschossen. Niemand ist wohl gänzlich gefeit gegen die Versuchungen, sich in die Idee der Determiniertheit zu vergaffen und dumme Redensarten wie »Werde, der du bist!« mit heroischem Unterton zu sprechen oder zuweilen an dem, wie es – ich glaube – Odo Marquard irgendwo genannt hat, »Schrumpftelos« der Authentizität etwas zu finden, weil man doch bei den größten Dummheiten immer noch sagen kann, man sei »wenigstens authentisch« gewesen. Und damit – ist man doch, wie man meint, nicht frei, zu sein, der man ist – weist man alle Verantwortung von sich. Variante: Nicht ich war's – mein Hirn ist's gewesen.

Kurz bevor Wallenstein ins Bett geht – »Ich denke einen langen Schlaf zu tun«[36] (aus dem er dann gewaltsam geweckt wird) –, hört er – Lärm. »Ich höre rauschende Musik, das Schloß ist / Von Lichtern hell. Wer sind die Fröhlichen? / Dem Grafen Terzky und dem Feldmarschall / Wird ein Bankett gegeben auf dem Schloß.« Und es folgt meine Lieblingssentenz, um derer willen Sie mir den Ausflug an den Anfang dieses Vortrags verzeihen mögen: »Dies Geschlecht / Kann sich nicht anders freuen, als bei Tisch.«[37]

Max Piccolomini, habe ich vorhin gesagt, ist die Gegen- und Komplementärfigur zu Wallenstein. Gegenfigur ist er übrigens fast zu dem gesamten männlichen Personal. Er ist weder von Grund auf verlogen und/oder voll Ressentiment oder engstirnig. Hin-und-her-gerissen ist er zwischen dem Vater und dem väterlichen Freund – beide sind Verräter, der Freund am Kaiser, der Vater am Freund. Als Held ist er frühreif, den Vater haut er schon raus vor der ersten Rasur,[38] als Jungerwachsener ist er der Einzige, dem am Frieden etwas liegt (»Den blut'gen Lorbeer geb' ich hin in Frieden«),[39] fromm ist er, zumindest kann er religiös schwärmen[40] (sonst interessiert sich mitten in diesem durch maligne Religiosität legitimierten Krieg für Religion kaum einer – ohne dass allerdings – zu diesem Zeitpunkt – Nutzen daraus gezogen würde). Komplementärfigur ist er durch dieses Anderssein. Backte man aus ihm und Wallenstein nach Art der aristopha-

---

36 Schiller, Wallensteins Tod, S. 284.
37 Ebd., S. 279.
38 Schiller, Die Piccolomini, S. 58.
39 Ebd., S. 72.
40 Ebd., S. 106.

nischen Kugelmenschen, von denen man in Platons *Symposion* lesen kann, einen kompletten Menschen – es wäre weder ein so zweifelhafter, interessanter Charakter wie Wallenstein noch ein so langweiliges Oblatenbildchen wie Max. Max ist natürlich Kavallerist. Eine fatale Waffengattung vom Mittelalter bis Waterloo: Sie war dazu da, von oben auf die Köpfe der Infanteristen einzuschlagen, eine Tätigkeit, die sich hebend auf das Standesbewusstsein auswirkte. Ihm übrigens wird von der geliebten Frau im Augenblick der Ratlosigkeit (zu wem soll er halten?) Authentizität angesonnen: Er möge doch ganz er selbst sein. Er folgt dann seiner Bühnenbestimmung (»Oh Max, ich seh dich niemals wiederkehren«)[41] und galoppiert in den Tod.

Dass mein Bruder, bevor er zur Wehrmacht eingezogen wurde, den Max Piccolomini auf der Internatsbühne spielte, ist Zufall. Selbstverständlich gibt es Zufälle, sie machen die Summe des Lebens und Sterbens aus. Dass ihn in der Ukraine eine Kugel traf, war Zufall, auch wenn gezielt geschossen wurde. Kein Zufall war die Geschmacklosigkeit des Nachrufs im Internatsblatt. Der Verfasser hätte sie sich nämlich schenken können. Ich vermute, er war von der eigenen Schreiberei ergriffen. Oder war er verführt durch den Satz des Octavio Piccolomini, der seinem Sohn versichert, er sei bei der nächsten militärischen Aktion in guter Gemeinschaft: Sie »sind dem Eide treu, / Und werden lieber tapfer streitend fallen, / Als von dem Führer weichen und der Ehre«?[42]

Ich danke Ihnen.

41 Ebd., S. 197.
42 Schiller, Wallensteins Tod, S. 197.

DEUTSCHE SCHILLERGESELLSCHAFT

ULRICH OTT

NACHRUF AUF REINHARD TGAHRT

4. Juli 1936 – 1. April 2017

Gesprochen bei der Bestattung in Marbach

Wieder nehmen wir hier, auf dem Marbacher Friedhof, Abschied von einem der Unsren. Volke, Zeller, Scheffler, und jetzt Reinhard Tgahrt, ihre Gräber umgeben von jenen Freunden des Literaturarchivs, die hier ihre letzte Ruhestätte gefunden haben. Dieser Friedhof ist zu einem Stück unserer Geschichte geworden.

Sie, die Geschichte des Schiller-Nationalmuseums und des Deutschen Literaturarchivs, ist auch von Reinhard Tgahrt geprägt worden. Vor 53 Jahren, 1964, wurde er mit einem Werkvertrag engagiert. Es galt, die Jahresausstellung zum achtzigsten Geburtstag von Oskar Loerke vorzubereiten. Im Anschluss daran widmete er sich der Edition dieses, seines Dichters. 1967 wurde Tgahrt Ludwig Greves Wissenschaftlicher Mitarbeiter und sein Stellvertreter in der Leitung der Bibliotheksabteilung, bis ihm selbst 1989 deren Leitung übertragen wurde. Das mag für Manchen unerwartet gewesen sein, denn es war damals eigentlich die Stunde, den Katalogen elektronische Gestalt zu geben – seine Sache war das nicht. Aber mir erschienen sein Geist, seine Bildung und Kennerschaft gerade an dieser Bibliothek unersetzlich, die technische Seite des Bibliothekarischen würde man ersetzen können – und konnte es.

Die Reihe der Ausstellungen, Kataloge, Magazine und Publikationen, mit denen sich Reinhard Tgahrt in die Welt der Literatur eingeschrieben hat, ist lang. Fast immer war es Ungewöhnliches, waren es Themen außerhalb der breiten Straße der Mode, die es auch in Wissenschaft und Literatur gibt. Ja, gegen den Strich zu bürsten, dazu hatte er Lust, er tat es, wie er zu sagen pflegte, mit Fleiß. Oskar Loerke verdankt ihm, außer Ausstellung, Katalog und Edition, zwei vielbeachtete Tagungen und eine große Interpretation der *Pansmusik*, jenes großen Gedichtes, das die Weichsellandschaft Westpreußens beschwört, die Heimat Loerkes und Tgahrts; von »Ebenen der Schwermut langer Steige / Und Ewigkeitsarom« ist dort die Rede.

Reinhard Tgahrts und Werner Volkes Katalog *Borchardt, Schröder, Heymel* ist bis heute als biographisches Handbuch unersetzt; bei der Eröffnung dieser

Ausstellung, 1978, bin ich ihm zum ersten Mal begegnet. Seine Ausstellung *Weltliteratur. Die Lust am Übersetzen im Jahrhundert Goethes* ist in den 35 Jahren seither ein Schulbeispiel Marbacher Themenfindung und Darstellung geblieben, nämlich etwas von der Wissenschaft bis dahin links liegen Gelassenes ins Licht zu rücken; in diesem Sinn tritt sie Ludwig Greves Ausstellung über den Stummfilm *Hätte ich das Kino* an die Seite. Zur Ausstellung über Johannes Bobrowski 1983 meldete sich sogar der Bundespräsident Weizsäcker an und ließ sich von Reinhard Tgahrt, ihrem Kurator, führen. Und unzählige Male habe ich am Schluss von Marbacher Dichterlesungen einen der drei Bände von *Dichter lesen* als Dankesgabe überreicht, die Anthologie, mit der Tgahrt den Nachweis führte, dass die Mündlichkeit, in der alle Literatur ihren Ursprung hat, auch heute noch nicht ganz ausgestorben ist. Viele andere Namen der Literatur, denen er sich gewidmet hat, könnten noch genannt werden, Hermann Kasack oder Eugen Claassen, Wilhelm Lehmann – und vor allem eben Ludwig Greve, dessen nachgelassene Autobiographie er, ein Dienst der Freundschaft, herausgegeben hat.

Kurz bevor er in den Ruhestand trat, richtete er zusammen mit Helmuth Mojem und Ulrike Weiß die sechste und letzte Ausstellung der Reihe aus, in der wir Phänomene des Schreibens zeigten, vom *weißen Blatt* des Anfangens bis zum Schicksal des fertigen Buches, das mit der Ausstellung *Aus der Hand oder Was mit den Büchern geschieht* und einem *Marbacher Magazin* von nicht weniger als 400 Seiten dargestellt wurde, zu sehen 1999 im Goethe-Nationalmuseum in Weimar und im Schiller-Nationalmuseum in Marbach.

Es gereicht der Freiburger Philosophischen Fakultät zur Ehre, dass sie den großen Beitrag, den dieser *Homme de Lettres* zur Literaturwissenschaft geleistet hat, mit der Verleihung der Ehrendoktorwürde anerkannte.

Aber was von Reinhard Tgahrt bleibt, ist nicht nur sein wissenschaftliches Werk. Es bleibt auch unsere Erinnerung an ihn. Sein kritischer Feinsinn, meist liebenswürdig vorgetragen, manchmal auch zornig, hat mir und Anderen oft geholfen. Ein beträchtlicher Teil davon wurde von seiner sprachlichen Sensibilität eingenommen. Bewerber hatten sich bei ihm in Vorstellungsgesprächen vor allem sprachlich zu bewähren. In den Nachbesprechungen durften Wörter wie »dynamisch« oder »speditiv« beileibe nicht fallen, ohne dass er aufbrauste. Worthülsen hasste er, und diese beiden passten ganz gewiss nicht zu ihm – ihr Gegenteil aber nur, wenn es nicht bedächtig ist; bedächtig war er nicht, aber bedachtsam, das war er, bedachtsam und sorgfältig, beides sehr schöne deutsche Wörter. Und, wie gesagt, aufbrausender Zorn konnte einen treffen, wenn man sich dessen am wenigsten gewärtig war.

Für uns, meine Frau und mich und unsere Kinder, ist das heute auch ein Abschied von einem langjährigen Hausgenossen, denn wir wohnten zehn Jahre lang unter einem Dach. Wie schön war es, wenn Gäste angesagt waren, meist

Benutzer des Archivs aus aller Herren Länder, und man ging zu ihm hinunter und fragte, ob er nicht dazu heraufkommen wolle – oder wir riefen ihn in den Familienkreis um den Steintisch Ottilie Wildermuths im Garten. Und wie mochte ich den Duft seiner Pfeife im Treppenhaus – »Veilchen- und Resedaschmack, auch ein Rüchlein Rauchtabak« heißt es bei Mörike. Es gibt eine Poesie der Nase.

Oft sah man ihn, den Ruheständler, mit seiner fahrbaren großen Einkaufstasche, weit vorgebeugt, die Haffnerstraße vom Markt heraufkommen, ein wenig kauzig, wie es die Marbacher eben den Leuten vom Archiv generell anzumerken glauben, aber doch mehr in Wilhelm Raabes Art für uns, die wir ihn kannten und liebten.

Ich will ihm, der eines der Hölderlinkapitel für *Klassiker in finsteren Zeiten* bearbeitet hat, dieselbe Strophe Hölderlins nachrufen, mit der ich mich vor einem Vierteljahrhundert von Werner Volke verabschiedet habe. Denn wieder passt sie, in der Jahreszeit und im Bild des Stromes, der, vom Eis befreit, dem Ozean zufließt:

> Der Frühling kommt; es dämmert das neue Grün;
> Er aber wandelt hin zu Unsterblichen;
> Denn nirgend darf er bleiben, als wo
> Ihn in die Arme der Vater aufnimmt.

ULRICH RAULFF

JAHRESBERICHT DER DEUTSCHEN SCHILLERGESELLSCHAFT

2016 / 2017

Das Jahr 2016 stand im Zeichen des Geburtstags *10 Jahre Literaturmuseum der Moderne*, das Jubiläum übte eine starke Anziehungskraft aus und erfuhr in den Medien begeisterte Resonanz. Literarische Veranstaltungen mit Autorinnen und Autoren wie Nora Gomringer, Peter von Matt, Albert Ostermaier, Rüdiger Safranski, Denis Scheck und die Ausstellung *Im Labyrinth der Kreise. Aus einer Dante-Roman-Werkstatt* (fluxus 35) mit künstlerischen Arbeiten der Büchner-Preisträgerin Sibylle Lewitscharoff verliehen diesem dem Museum gewidmeten Jahr besonderen Glanz. Über 60 Ausstellungen waren seit der Eröffnung am 6. Juni 2006 dort zu sehen, mehr als eine halbe Million Besucher haben das Museum seither besucht. Die beiden großen Ausstellungen *Das bewegte Buch* (6. November 2015 bis 9. Oktober 2016), kuratiert von Heike Gfrereis, in der der Raum des Lesens im Mittelpunkt stand, und *Die Gabe / The Gift* (10. November 2016 bis 12. März 2017), kuratiert von Susanna Brogi und Magdalena Schanz, prägten das Jubiläumsjahr. *Die Gabe / The Gift* zeigte erstmals das große Spektrum von Mäzenen, Förderern und Spendern, ohne die eine Institution wie das DLA nicht denkbar wäre: Manch eine ›Gabe‹ wurde zum ersten Stück einer bedeutenden Sammlung. Zur Eröffnung sprachen die Staatssekretärin Petra Olschowski, die Generalsekretärin der Kulturstiftung der Länder, Isabel Pfeiffer-Poensgen, und der Kunsthistoriker Andreas Beyer über Stiftungspolitik, Mäzenatentum und die Kultur des Schenkens. Am selben Abend hielt Jan Philipp Reemtsma die Schillerrede, in seinen Überlegungen widmete er sich Schillers *Wallenstein*.

»Wie arm ein Literaturarchiv wie Marbach ohne das Wirken, die Leidenschaften und Obsessionen seiner Schenker wäre, zeigen die Vitrinen eindrucksvoll«, schreibt Sandra Kegel in der *Frankfurter Allgemeinen Zeitung* über *Die Gabe / The Gift*. Die manchmal verschlungenen Wege der Ausstellungspraxis und ihre Förderer diskutierten Marion Ackermann, die neue Generaldirektorin der Dresdner Kunstsammlungen, und die Direktorin des Frankfurter Freien Deutschen Hochstifts, Anne Bohnenkamp-Renken, zur Finissage und bescherten diesem für Marbach besonders wichtigen Thema ein würdiges Finale.

Ein glücklicher Tag in der Geschichte der deutschen Literatur und von größter Bedeutung für die Erforschung der Emigration nach Amerika war der Kauf der Thomas-Mann-Villa mit Mitteln des Bundes, an dessen literarischen Programm sich das DLA auf Einladung des Auswärtigen Amts und des BKM beratend beteiligen wird. Die Vorbereitungen dazu sind bereits angelaufen.

Ein besonderes Großprojekt warf schon 2016 seine Schatten voraus: Die internationale Ausstellung *Rilke und Russland* (Künstlerischer Leiter: Thomas Schmidt) wurde über mehr als zwei Jahre mit den Partnern aus der Schweiz und Russland vorbereitet und mit Exponaten von 20 Leihgebern am 3. Mai 2017 eröffnet. Selten löste eine Ausstellung eine solche Begeisterung aus: »Spektakulär« sei die Schau, schrieb der *Spiegel*, »Ikonen aller Art in einer sensationellen Ausstellung« die *Frankfurter Allgemeinen Zeitung*. Allein im ersten Monat hat sich die Besucherzahl der Museen verdoppelt, das Begleitprogramm reichte von der Tagung *Rilke und die russische Philosophie* (gefördert von der Wüstenrot Stiftung), über ein Konzert mit Salome Kammer und Rudi Spring im Kooperation mit der Internationalen Hugo-Wolf-Akademie bis hin zur großen Publikumsveranstaltung *Rilke und die Frauen* in Kooperation mit dem SWR2. Die Ausstellung wurde von SWR2 als Kulturpartner mit zahlreichen Sendungen begleitet und von www.antiquariat.de beworben und hatte ein außerordentliches Medienecho. Am 3. Juli 2017 beehrte Bundespräsident Frank-Walter Steinmeier mit seiner Frau Elke Büdenbender zusammen mit dem Ministerpräsidenten Winfried Kretschmann und dessen Frau Gerlinde die Ausstellung im Rahmen seines Antrittsbesuchs in Baden-Württemberg: »Wenn man Literatur liebt, ist das einer der schönsten Orte der Republik.« In der Geschichte des Hauses ist die Ausstellung *Rilke und Russland* früh zur Legende geworden.

Werfen wir einen Blick auf die Erwerbungen: Im vergangenen Jahr konnten wieder Bestände von namhaften Autorinnen und Autoren erworben werden, die Marbachs Sammlungen auf ebenso vielfältige wie zum Teil völlig unerwartete Weise bereichern. Genannt seien u.a. die Archive von Horst Bredekamp, Christa und Peter Bürger, Walter Burkert, Dieter Kühn, Ruth Landshoff-York, Benno Reifenberg (Teilnachlass), Karlheinz Stierle, Peter Urban, Martin Warnke, Eugen Gottlob Winkler und Eva Zeller. Bemerkenswert sind außerdem die Sammlungen Fritz Heidegger, die Sammlung Reichenberger (Aufzeichnungen, Dokumente und Bilder von Erich Kästner) und eine Sammlung zu Eugen Gottlob Winkler. Zu den zahlreichen erworbenen Einzelautographen gehören Briefe, Dokumente und Archivalien von Ilse Aichinger, Johannes Bobrowksi, Albrecht Goes, Käte Hamburger, Hermann Hesse, Karl Jaspers, Ernst Jünger, Erich Kästner, u.a. das Manuskript *Der Geiger* von Marie-Luise Kaschnitz, Siegfried Lenz, Eduard Mörike, Fritz J. Raddatz, Rainer Maria Rilke, Carl Schmitt, Bernhard Zeller und Briefe zur Geschichte des Schwäbischen Schillervereins. Anfang des Jahres 2017 wurde bekannt, dass eine Ludwigsburgerin 2015 eine wertvolle Autographen-Sammlung geerbt hat. Sie umfasst neben unveröffentlichten kürzeren Briefen von Thomas Mann, Albert Schweitzer, Paul Hindemith und Stefan Zweig ein Empfehlungs-schreiben von Albert Einstein. Das wertvollste Stück der Sammlung, die auf das Ehepaar Hohenberger zurückgeht, ist allerdings ein handschriftlicher, seit Jahr-zehnten verschollener Brief von Franz Kafka an seinen Freund Felix Weltsch; der Brief befindet sich inzwischen ebenfalls im DLA. Für den Bestand der ›Bilder und Objekte‹ ist beispielhaft das Gemälde *Gespräch in der Bibliothek* aus dem Jahr 1950 zu erwähnen, das der Marie-Louise von Motesiczky Charitable Trust stif-tete. Es zeigt die Autoren Elias Canetti (1905–1994) und Franz Baermann Steiner (1909–1952) im Atelier der Künstlerin, in dem zu dieser Zeit die Bibliothek Canet-tis aufgestellt war.

In der Bibliothek ist das von der DFG (Wilflinger Bestand) sowie das von der Stiftung Kulturgut Baden-Württemberg (Marbacher Bestand) geförderte Projekt zur Erschließung der Bibliothek Ernst Jünger zu nennen; der Marbacher Bestand ist vollständig erfasst, die Wilflinger Bibliothek wird im Mai 2018 nachgewiesen sein. Im Rahmen des seit 2014 laufenden Projekts *Quellenrepertorium der Exil-Bibliotheken im Deutschen Literaturarchiv Marbach – Modul 1: Alfred Döblin* konnten für die Personalbibliographie des Autors 6.800 Datensätze erreicht werden. Das bis August 2018 laufende Pilotprojekt wird ebenfalls von der DFG gefördert und ist ein effektives Instrument für die umfassende Recherche nach bio-bibliographischen Informationen. Bewilligt von der DFG wurde im Frühjahr 2017 die zweite Projektphase der Erschließung des Siegfried Unseld Archivs, im Zentrum stehen in der auf vier Jahre angelegten Projektphase neben den Lekto-raten alle Unterlagen zu den besonders einflussreichen Buchreihen (Bibliothek Suhrkamp, edition suhrkamp, suhrkamp taschenbücher) sowie den internatio-nalen und wissenschaftlichen Programmen.

Am 12. Mai 2017 wurde der Bernhard-Zeller-Saal feierlich eingeweiht. Der His-toriker Jan Eike Dunkhase hielt den Festvortrag: *Gründer in dürftiger Zeit. Bern-hard Zeller und die Anfänge des Deutschen Literaturarchivs*, außerdem sprach die Bibliotheksleiterin Jutta Bendt zur Geschichte des Lesesaals. Im Mittelpunkt dieses Abends standen die persönlichen Erfahrungen des langjährigen Direktors Bernhard Zeller (1919–2008) und die ersten Jahre seiner wegweisenden Tätigkeit auf der Schillerhöhe.

Neben den bereits genannten großen Wechselausstellungen gab es in der Reihe ›fluxus‹ Ausstellungen mit dem Schauspieler und Essayisten Hanns Zisch-ler, *Errata. Fehler aus zweiter Hand* (fluxus 34), und mit dem früheren Hanser-Verleger Michael Krüger über Postkarten aus einem reichen Verlegerleben (fluxus 36). Im Frühjahr wurde die Ausstellung *Christoph Ransmayr – Geht los. Erzählt.* (fluxus 37) in Zusammenarbeit mit dem Germanistischen Seminar in Heidelberg entwickelt. In der Reihe ›Zeitkapsel‹ sind die Abende mit Thomas Meinecke und Jan Bürger über den in New York bislang in Privatbesitz befindlichen Teilnach-lass von Ruth Landshoff-York (mit zahlreichen Fotos u. a. von Josephine Baker) und *Wege zur Deutschstunde* mit Günter Berg, dem Vorstand der Siegfried Lenz Stiftung, hervorzuheben. Berg sprach im April 2017 mit Ulrich von Bülow anhand von Originaldokumenten aus dem Nachlass des Autors über die Entstehungs-geschichte der *Deutschstunde*.

Mehr als 100 Jahre nach seiner Entstehung wird das gesamte Manuskript des berühmten Romans von Franz Kafka *Der Prozess* im Martin-Gropius-Bau in Berlin gezeigt. Die Berliner Präsentation geht auf die Ausstellung *Der ganze Prozess* aus dem Jahr 2013/14 im Literaturmuseum der Moderne in Marbach zurück und findet unweit des Askanischen Hofs statt: Hier ereignete sich am 12. Juli 1914 jene Zusammenkunft Kafkas mit Felice Bauer, ihrer Schwester Erna und Felices Freun-din Grete Bloch, nach der die Verlobung von Kafka mit Felice Bauer wieder gelöst wurde; Kafka empfand das Treffen »wie einen Gerichtshof im Hotel«, so schrieb er später in seinem Tagebuch. Die Ausstellung erzielte ein enormes Presseecho.

Ein neues Projekt im wissenschaftlichen Programm hat unlängst seinen Anfang genommen: Seit März 2017 fördert die VolkswagenStiftung das For-schungsprojekt *1968. Ideenkonflikte in globalen Archiven* des DLA mit einer Summe von 690.000 Euro für einen Zeitraum von drei Jahren. Die Vernetzung der relevanten Bestände im DLA und der entsprechenden globalen Archivbestände werden in diesem großen wissenschaftlichen Projekt in den Blick genommen, Phänomene und Praktiken des internationalen Kulturtransfers untersucht. Auf internationaler Ebene im Rahmen der *Global Archives* werden sowohl die großen Projektvorhaben zur Erschließung und Erforschung deutsch-jüdischer Gelehr-tennachlässe in Israel (seit vier Jahren) und ein Projekt in Brasilien, das sich der Erschließung von Exilbeständen deutschsprachiger Emigranten widmet, bereits im dritten Jahr erfolgreich durchgeführt. Die Erschließung des in Porto Alegre liegenden Nachlasses des Übersetzers Herbert Caro wurde abgeschlos-sen. Außerdem wurden erstmals *Global Archives*-Stipendien für die Türkei ver-geben, die Forschungsarbeiten untersuchen auf Basis türkischer Archive die deutsch-türkischen Literatur- und Wissenschaftsbeziehungen. Im Rahmen des Verbunds Marbach-Weimar-Wolfenbüttel wurde die erste Ausstellung *Luther-mania – Ansichten einer Kultfigur* (15. Januar bis 18. Juni 2017) in Wolfenbüttel mit großem Erfolg eröffnet. Die Marbacher Ausstellung *Die Familie. Ein Archiv* im Rahmen des Verbunds folgt im September 2017 mit einer Eröffnungsrede von Peter von Matt.

Caroline Jessen und Dietrich Hakelberg erkundeten im September 2016 verstreute Bücher aus der Bibliothek von Karl Wolfskehl, der diese im Zuge seiner Emigration im Jahr 1937 veräußert hatte. Über *Bildpolitik. Theorie und*

Geschichte visueller Überzeugungskraft wurde im Rahmen eines Weimarer Workshops des Marbacher Forschungsprojekts *Bildpolitik* diskutiert. Das internationale, von der VolkswagenStiftung geförderte Suhrkamp-Forschungskolleg (seit September 2012) wurde mit der Tagung *Die Zeitschrift. Sinn, Form, Konjunktur* (17./18. November 2017) beendet, die in diesem Zuge entstandenen Dissertationsprojekte sind erfolgreich abgeschlossen. Die Verbindung von Erschließung und Erforschung, die in den Suhrkamp und Insel Archiven erstmals gleichzeitig erfolgte, hat die Erprobungsphase sehr erfolgreich bestanden und kann als Modell für kommende Projekte gelten.

Bei den Tagungen seien aufgrund ihres großen Medienechos noch genannt: Der *Historikerstreit im Archiv* und *A Tale of 100 Cities. Ideas, Conflicts and Revolt in the 1960s*. Ende Juni 2017 fand die zweite von drei großen, internationalen Schiller-Konferenzen der Deutschen Schillergesellschaft statt: *Schillers Theaterpraxis*. Das Tagungsprogramm zeigt wie gewohnt starke Verbindungslinien in die Sammlungen hinein.

Eine neue Kooperation mit *Deutschlandradio Kultur* wurde im Bereich der literarischen Veranstaltungen eingeführt: *Lyrik lesen – Gedichte im Gespräch*. Auf dem Podium diskutieren dreimal im Jahr Gregor Dotzauer (*Der Tagesspiegel*), Insa Wilke und Jan Bürger über Neuerscheinungen der Lyrik, es moderiert Barbara Wahlster (*DLF Kultur*). Mittlerweile hat die fünfte Veranstaltung in dieser Reihe stattgefunden, das Publikum zeigt sich begeistert von diesem neuen Format. Neu eingeführt wurde 2016 ebenfalls eine neue Kolumne auf der Homepage, zweimal monatlich kommentierte der prominente Kritiker Gerhard Stadelmaier das kulturelle Geschehen der Republik. Neu ist auch die Zusammenarbeit mit dem Frankfurter Kunstgewerbeverein: »Marbach am Main« mit Vorträgen u. a. von Jan Bürger und Thomas Schmidt.

Im September 2016 wurde mit einer grundlegenden Renovierung des Collegienhauses begonnen. Neben Brandschutzmaßnahmen, wie der Installation von Rauchmeldern mit direkter Aufschaltung zur Feuerwehr, werden unter anderem die Versorgungsleitungen erneuert, die Appartements und Bäder renoviert, WLAN Access Points und eine moderne Hotelschließanlage eingerichtet. Die Arbeiten werden voraussichtlich im Oktober 2017 abgeschlossen sein. Finanziert wird die Renovierung aus einer sehr beachtlichen Zuwendung der Max Kade Foundation und aus Rücklagen des Collegienhauses. Die auf dem Campus durchgeführte Netzwerkmodernisierung wurde erfolgreich abgeschlossen, die Netzwerkinfrastruktur des DLA für viele Jahre gesichert. In dieser Zeit stand der Humboldtsaal für Ausweicharbeitsplätze zur Verfügung und konnte als Veranstaltungsraum nicht genutzt werden.

Viele Autorinnen und Autoren waren 2016/2017 zu Gast, darunter Peter-André Alt, Marica Bodrožić, Karl Heinz Bohrer, Matthias Göritz, Nora Gomringer, Thomas

Hettche, Lorenz Jäger, Michael Krüger, Sibylle Lewitscharoff, Olga Martynova, Thomas Meinecke, Emine Sevgi Özdamar, Christoph Ransmayr, Thomas Rosenlöcher, Silke Scheuermann, Deniz Utlu, Feridun Zaimoglu und Hanns Zischler. Unter den prominenten Gästen aus Kultur, Politik und Wirtschaft befanden sich u. a. Professor Dmitriÿ Petrowitsch Bak, Uta-Micaela Dürig, Heike Friesel, Dieter Hoffmann, Landrat Dr. Rainer Haas, Dr. Axel Nawrath, Staatssekretärin Petra Olschowski, Jelena Pasternak, der Landesbischof Frank Otfried July, Sylvia und Ulrich Ströher, Bettina und Clara Sieber-Rilke sowie Professor Klaus Mangold mit dem Botschafter der russischen Föderation, Wladimir Michailowitsch Grinin, die Holtzbrinck Publishing Group, Mitglieder der Nationalbibliothek Korea sowie Mitglieder des Rotary Clubs Avallon (Frankreich), Sarnico (Italien), Esslingen und Stuttgart-Rosenstein.

Neben der großen trinationalen Ausstellung *Rilke und Russland*, die zum größten Teil in der Verantwortung ihres Leiters Thomas Schmidt lag, hat die Arbeitsstelle für literarische Museen in Baden-Württemberg (alim) auch nach insgesamt sieben Jahren die Neugestaltung des einstigen Wohnhauses von Ernst Jünger in Wilflingen abschließen können. Im Juni 2016 erhielt das Haus mit der Eröffnung der begleitenden Dauerausstellung *Waldgang* in Wilflingen (Kuratierung: Thomas Schmidt und Jens Kloster) seine endgültige Gestalt. Zudem kuratierte der Leiter der alim gemeinsam mit Helmuth Mojem die neue Dauerausstellung *Unter Freunden. Literarische Momente in Buoch-Remshalden* (Eröffnung September 2016).

Die neu eröffneten Scheffelräume im Schloss Bad Säckingen (Dauerausstellung zum *Trompeter von Säckingen*), die literarische Ausstellung im Stadtmuseum Stuttgart-Bad Cannstatt sowie die Ausstellung *Schwanitz, Shakespeare und der Salmen* in Hartheim wurden von der alim über längere Zeiträume beratend und aus Landesmitteln mitfinanziert. Im Arbeitsprozess befindet sich derzeit zudem u. a. die Kuratierung des Hölderlinturms in Tübingen sowie die Transformation der erfolgreichen Wanderausstellung *Der schreibende Präsident – Theodor Heuss und die Literatur* in die Dauerausstellung im Theodor Heuss Museum Brackenheim.

Am 1. April verstarb der ehemalige Leiter der Bibliothek im DLA, Reinhard Tgahrt. Eine Würdigung von Ulrich Ott lesen Sie in diesem Band auf S. 485.

ARCHIV

1 Erwerbungen

1.1 Handschriftensammlung

1.1.1 Vorlässe, Nachlässe, Teilnachlässe und Sammlungen

Beda Allemann: Nachtrag zum Nachlass. Manuskripte und Typoskripte zu *Heinrich von Kleist. Ein dramaturgisches Modell*.

 Erich Auerbach: Nachtrag zum Nachlass. Notizen; Briefe an Süheyla Bayrav; Briefe von Marie Auerbach und Leo Spitzer an Süheyla Bayrav; Drucksachen, Fotografien.

 Hans Blumenberg: Nachtrag zum Nachlass. Dissertation, Habilitation, Manuskripte, Ausweise und Dokumente aus der Jugend- und Studienzeit; Familienbriefe und -dokumente, Materialien zu eigenen Büchern u. a.

 Johannes Bobrowski: Sammlung Haufe. 35 frühe Gedichte (veröffentlicht in *Das Innere Reich*), Einzelgedichte: *Pruzzische Elegie* und *Winter*; Briefe an Winfried Dierske, Edith Klatt, Hans Ricke, Ina Seidel u. a.; Notizen von Edith Klatt zu Johannes Bobrowski.

 Paul Böckmann: Nachtrag zum Nachlass. Gedichte; Berichte von Tagungen und Reisen; autobiographische Texte; Briefe an und von Richard Benz, Walter A. Berendsohn, Arnold Bergstraesser, Hans Carossa, Hans-Georg Gadamer, Elisabeth Gundolf, Friedrich Gundolf, Gustav Friedrich Hartlaub, Martin Heidegger, Hermann Hesse, Ninon Hesse, Theodor Heuss, Victor Lange, Thomas Mann, Fritz Martini, Walter Müller-Seidel u. a.; Tagungsunterlagen, Urkunde; Briefe von Martin Heidegger und Walter Müller-Seidel an andere u. a.

 Rudolf Borchardt: Nachtrag zum Nachlass. Briefe an Marie Luise Borchardt zur Werkausgabe.

 Horst Bredekamp: Vorlass. Vorlesungen über Botticelli, Michelangelo, Piranesi, über die Themen Gartenkunst, Geschichte der Kunstgeschichte, Kunst und Technik, Romanik, Skulptur, Wallfahrt u. a.

 Christa und Peter Bürger: Nachtrag zum Vorlass. Christa Bürger: Schulhefte, Seminararbeiten; Schriften und Aufsätze. Peter Bürger: Schulhefte, Kollegmitschriften der Universität München; Erzählungen aus der Jugend, frühe Veröffentlichungen; Manuskripte und Unveröffentlichtes; Übersetzungen; Karteikarten, beginnend mit der Studienzeit; Briefwechsel, darunter Familienbriefe.

 Walter Burkert: Nachlass. Vorträge, Seminar- und Vorlesungsunterlagen, Materialsammlungen, Notizen und Exzerpte, Bibliographien, Karteien zur Begriffswelt der Antike; Briefwechsel; Lebensdokumente aus der Gymnasial-, Studien- und Universitätszeit; Konvolute: Unterlagen zur Berlin-Brandenburgischen Akademie der Wissenschaften; Unterlagen zu Tagungen (Einladungen, Briefe u. a.).

Paul Celan: Sammlung Eisenreich. Übersetzungen von Gedichten Boris Pasternaks, William Shakespeares und Fedor I. Tjutčevs mit Anmerkungen von Celan; Manuskripte anderer: Britta Eisenreich, *Stundenspur*; Widmungsexemplare und Bücher mit Korrekturen oder Anstreichungen von Celan; Schallplatten.

Curtius/Picht: Nachtrag zum Familienarchiv. Briefe verschiedener Familienmitglieder. Nachlass Max Picht: Manuskripte und Lebensdokumente. Nachlass Stefan Picht: Manuskripte, Briefe des Vaters Werner Picht und Lebensdokumente. Nachtrag zum Nachlass Werner Picht: Manuskripte, Briefe Greda Pichts, Manuskripte anderer. Zum Nachtrag gehören Bücher, Fotografien und Zeitungsausschnitte.

Karlheinz Deschner: Nachtrag zum Nachlass. Briefe an und von Konkret-Verlag, Jürgen Manthey, Rolf Michaelis, Nelly Moia, Paul-List-Verlag, Stahlberg-Verlag, Bernward Vesper u. a.

Wilhelm Emrich: Nachtrag zum Nachlass. Vorlesungsmanuskripte zum Expressionismus, zu Goethe, zum Roman des 20. Jahrhunderts, Vorträge und Aufsätze zur Romantik u. a.

Gerd Gaiser: Nachtrag zum Nachlass. *Die Pfennigbrücke. Aus einer Kindheit, Eine Stimme hebt an, Flug über Schwarzwald und Schwabenland, Schlussball, Zwischenland*; Erzählungen, Reden, Essays; Briefe von Inge Aicher-Scholl, Alfred Baeumler, Gertrud Fussenegger, Herbert G. Göpfert, Albrecht Goes, Joachim Günther, Hans-Jürgen Heise, Bernt von Heiseler, Walter Höllerer, Curt Hohoff, Rudolf Krämer-Badoni, August Lämmle, Klaus Mehnert, Joachim Moras, Helmut Paulus, Eugen Roth, Karl Schwedhelm, W.E. Süskind, Kurt Wolff u. a.

Durs Grünbein: Nachtrag zum Vorlass. Sammlungen *Cyrano oder Die Rückkehr vom Mond, Una Storia Vera, Vom Schnee oder Descartes in Deutschland*, Einzelgedichte, Konvolute mit Gedichtentwürfen; Dramatisches: *Moloch. Nach Hebbel, The Fairy Queen*; Essays; Übersetzungen von Gedichten von Ausonius, Catull, T. S. Eliot, Juvenal, Ossip Mandelstam, Czesław Miłosz, Wallace Stevens; Briefe von Ralf Kerbach, Sebastian Kleinschmidt, Barbara Klemm, Via Lewandowsky, Martin Mosebach, Bernd Neumann, Marie-Luise Scherer, Peter Schneider, Uwe Tellkamp, Ulla Berkéwicz; Kompositionen nach Texten von Grünbein von Georg Kratzer, Wolfgang Rihm, Johannes Maria Staud u. a.; Fotografien, Erinnerungsstücke, Bücher.

Joachim Günther: Nachtrag zum Nachlass. Artikel für die *Neuen Deutschen Hefte*; Notiz- und Tagebücher; Briefe von Theodor W. Adorno, Arnfried Astel, Margret Boveri, Christine Brückner, Hilde Domin, Ingeborg Drewitz, Helmut Walter Fritz, Hans-Georg Gadamer, Arnold Gehlen, Oskar Maria Graf, Günter Grass, Martin Gregor-Dellin, Werner Heisenberg, Hermann Hesse, Uwe Johnson, Ernst Jünger, Hermann Kasack, Marie-Luise Kaschnitz, Martin Kessel, Siegfried Kracauer, Werner Kraft, Ernst Kreuder, Karl Krolow, Heinz Piontek, Friedrich Sieburg, Dolf Sternberger, Georg van der Vring u. a.; Lebensdokumente.

Martin Heidegger: Sammlung Fritz Heidegger. Schulhefte, Exzerpte und Notizen zu Werken von Martin Heidegger, Bücher von und über Martin Heidegger mit Widmungen des Verfassers und Anstreichungen und Kommentaren von Fritz Heidegger.

Erich Kästner: Sammlung Reichenberger. Aufzeichnungen aus Kästners Schul- und Studienzeit, u. a. zur Französischen Aufklärung, zu William Shakespeare in Deutschland im 18. Jahrhundert, zur Geschichte der deutschen Literatur im 19. Jahrhundert, zu Bismarck und Brandenburg, Vokabelheft Französisch; Briefe an seine Eltern Emil und Ida Kästner u. a., Briefe von Ilse Julius, Emil und Ida Kästner, Schulklassen; Fotografien, Röntgenaufnahme, Haarbüschel.

Fritz Kauffmann: Nachtrag zur Sammlung. Gedichte von Justinus Kerner und Ottilie Wildermuth; Gelegenheitsgedichte von Verschiedenen; Brief von Ludwig Uhland; Korrespondenz mit Mitgliedern der Familien Kauffmann und Lohbauer.

Kilian Kerst: Nachlass. Einzelgedichte; Prosa: *Frieda und der Knabe, Gottlob, Jugenderzählung, Steinheimer Roman* u. a.; Autobiographisches: Konvolut *Hanau*, Traumtagebuch; Rezensionen; Briefe an und von Anna Christa Bruder, Ursula Comann, *Frankfurter Zeitung*, Frieda Hansen, *Das Innere Reich*, Margarete und Franz Klein, Walter Schmiele u. a.; Lebensdokumente: Abstammungsnachweis, Arbeitsbescheinigung des Military Government Hanau, Ausmusterungsschein, Zeugnisse u. a.; Manuskripte anderer.

Sarah Kirsch: Nachtrag zum Nachlass. Gedichte; Dramatisches: *Der Schmied von Kosewalk;* Übersetzungen von Gedichten von Alexander Blok, Olga Fokina, Michail Gorbunow, Hô-chí-Minh, Marina Zwetajewa; Adressbücher, Notizhefte, Reisetaschenbücher, Tagebücher; Briefe an und von Christoph Wilhelm Aigner, Gerhard Steidl, Verlage und Institutionen; Ausweise, Petition für Wolf Biermann, Horoskope, auch für Christoph Meckel, u. a.; Aquarelle, Fotoalben, Einzelfotografien, u. a. von Isolde Ohlbaum, Renate von Mangoldt, Helga Paris, Stefan Moses; Zeitungsausschnitte, Videokassetten; Erinnerungsstücke: Füllfederhalter, Glaskugeln.

Wulf Kirsten: Nachtrag zum Vorlass. Briefwechsel mit und Materialien zu Hanns Cibulka, Claudia Dathe, Christoph Fricker, Harald Gerlach, Jean Giono, Gusto Gräser, Gotthard Grünbart, Jürgen K. Hultenreich, Wilhelm Klemm, Rudolf A. Leinert, Christoph Meckel, Horst Peter Meyer, Gundula Sell, Walter Steiner, Wolfgang Tramps, Georg Tschöpe, Olaf Velte, Walter Weiße, Michael Wüstenfeld.

Raymond Klibansky: Nachtrag zum Nachlass. Notizbücher, Zettelkasten; Briefe von John Langshaw Austin, Gertrud Bing, Léon Brunschvicg, Ernst Cassirer, Benedetto Croce, Kurt Flasch, Étienne Gilson, Ernst Hoffmann, Johann Huizinga, Leszek Kołakowski, Alexandre Koyré, Lotte Labowsky, Jean d'Ormesson, Heinrich Rickert, Friedrich Saxl, Marianne Weber, Heinrich Zimmer; Lebensdokumente; Manuskript von José Ortega y Gasset; Brief von Ferdinand Tönnies an Aby Warburg; Fotografien; Zeitungsausschnitte, Tonbänder.

Dieter Kühn: Nachlass. Hörspiele, Dramatisches: *Eine Reise nach Surinam, Ein Tanz mit Mata Hari* u. a.; Prosa: *Clara Schumann, Klavier, Ich Wolkenstein, Die Kammer des schwarzen Lichts, Die Präsidentin* u. a.; Übersetzung: *Dante: Divina Comedia* (Fragment); Tagebuch; Materialsammlungen zu *Gertrud Kolmar, Ich Wolkenstein, Luftkrieg als Abenteuer, Das magische Auge* u. a.; Briefe an und von Herbert Achternbusch, Horst Bienek, Heinrich Böll, Elisabeth Borchers, Nicolas Born, Peter O. Chotjewitz, Friedrich Christian Delius, Max Frisch, Peter Handke, Ludwig Harig, Manfred Hausmann, Hans Werner Henze, Günter Herburger, Wolfgang Hildesheimer, Hans Egon Holthusen, Uwe Johnson, Ernst Jünger, Michael Krüger, Hans Mayer, Marcel Reich-Ranicki, Peter Rühmkorf, Carola Stern, Ror Wolf sowie Verlagskorrespondenz; Lebensdokumente.

Eberhard Lämmert: Nachtrag zum Nachlass. Materialien im Zusammenhang mit seiner Funktion als Vorsitzender der Deutschen Schillergesellschaft; Brief und E-Mails an Chetana Nagavajara.

Ruth Landshoff-Yorck: Teilnachlass. Gedichte, Dramatisches, Prosa; Briefe an und von Alfred Andersch, Brigitte Bermann Fischer, Alice Bernoulli, Paul Bowles, Truman Capote, Albert Einstein, Claire und Yvan Goll, Walter Maria Guggenheimer, Annette Kolb, Julie Dorothea Kollsman (von Bodenhausen), Klaus Mann, Carson McCullers, Eleonora und Francesco von Mendelssohn, Ernst Schnabel, Berthold und Salka Viertel, Karl Gustav Vollmoeller, Thornton Wilder, Joseph Caspar Witsch u. a.; Notizbücher; Taschenkalender; Fotografien.

Siegfried Lenz: Nachtrag zum Nachlass. Manuskripte; Briefe; Dokumente; Fotografien.

Helmut Lethen: Nachtrag zum Vorlass. Texte und Materialien zu *Kältemaschinen der Intelligenz, Das Lächeln der Höflichkeit, Der Schatten des Fotografen* u. a.; Briefe an und von Klaus-Michael Bogdal, Alexander von Bormann, Egon Flaig, Bernhard Jussen, Gerhard Neumann, Wolfgang Häusler, Ulrich Stadler, Peter-Paul Zahl u. a.; Materialien zu Tagungen.

Gert Mattenklott: Nachtrag zum Nachlass. Materialien zu Lehrveranstaltungen.

Christian Meier: Nachtrag zum Vorlass. Dissertation, Reden (u. a. Schiller-Rede), Vorträge, Rezensionen; Briefe.

Benno Reifenberg: Teilnachlass seiner Mitarbeiterin Helga Hummerich. Manuskripte, Briefe von Margret Boveri (mit Manuskript), Wilhelm Hausenstein, Friedrich Sieburg, Karl Zimmermann u. a.

Henning Ritter: Nachtrag zum Nachlass. Prosa. Sammlungen: *Über Kunst und Künstler, Zeit des Museums*, Essays über Walter Benjamin, Marie-Henri Beyle, Hans Blumenberg, Walter Benjamin, Jean-Jacques Rousseau, Stendhal; Reiseberichte; Briefe von Patrick Bahners, Michael Krüger, Wolf Lepenies, Martin Mosebach u. a.

S. Fischer Verlagsarchiv: Nachtrag zum Teilnachlass von Samuel und Hedwig Fischer innerhalb des Verlagsarchivs. Briefe von Moritz Heimann und Oskar Loerke an Samuel und Hedwig Fischer.

Karlheinz Stierle: Vorlass. Briefwechsel mit Hugo Friedrich; Briefwechsel zwischen Gerhard Hess und Fritz Schalk.

Thaddäus Troll: Nachtrag zum Nachlass. Briefe an Isabell Beyer, Susanne Ulrici-Bayer; Notiz-, Tage- und Gästebücher, Vorlesungsmitschriften; Lebensdokumente.

Peter Urban: Nachlass. Übersetzungen: Vorarbeiten, Manuskripte und Materialsammlungen zu Ausgaben der Werke von Anton Čechov, Daniil Charms, Welimir Chlebnikow, Aleksander Puschkin, Wladimir Sorokin u. a.; Briefe an und von Walter Boehlich, Karl Heinz Bohrer, Bora Ćosić, Tankred Dorst, Gerd Haffmans, Helmut Heißenbüttel, Ernst Jandl, Daniel Keel, Danilo Kiš, Michael Krüger, Friederike Mayröcker, Peter Michalzik, Oskar Pastior, Friederike Roth, Siegfried Unseld, Hasko Weber, Norbert Wehr, Ror Wolf u. a.; Fotografien.

Martin Warnke: Vorlass. Vorlesungsmitschriften zur Geschichte der europäischen Kunstsammlungen und der altdeutschen Malerei u. a.; Vorträge und Aufsätze; Briefe an und von Horst Bredekamp, Wolfgang Kaiser, Reinhart Koselleck, Titus Heydenreich, Willibald Sauerländer u. a.; kunsthistorische Postkarten- und Bildersammlung; Dia-Sammlung; Fotografien.

Eugen Gottlob Winkler: Sammlung. Dialog: *Die Erkundung der Linie, Die Werbung* u. a.; Gedichtsammlung: *Tangenten*; Einzelgedichte; Prosa: *Im Gewächshaus, Missetat*; Briefe an und von Hans Rathschlag, Ruth Sieber-Rilke; eine Radierung; Fotografien; Zeitungsausschnitte; Bücher.

Georg Wolff: Nachtrag zum Teilnachlass. Briefe an und von Arnold Gehlen und Caroline von Lieven, Materialien zu Arnold Gehlen.

Karl Wolfskehl: Nachtrag zum Nachlass. Ca. 50 Notizhefte mit eigenhändigen Aufzeichnungen: Mitschriften zu Vorlesungen in Gießen, Entwürfe zu Gedichten, Exzerpte, Briefabschriften u. a.; Briefe von Georg Fuchs; Manuskripte von Georg Fuchs: *Die Freude des Lebens. Roman* u. a.

Karl Wolfskehl: Teilnachlass Margot Ruben. Gedichte: Zyklus *Flöten im Sturm. Liebeslieder für Margot*; Konvolut Gedichte; zwei Tagebücher von Margot Ruben; Briefe anderer an Karl Wolfskehl und Margot Ruben.

Eva Zeller: Vorlass. Gedichte; Prosa: *Dreißig Worte für Liebe, Nein und Amen, Solange ich denken kann, Das versiegelte Manuskript* u. a.; Essays und Reden; Lebensdokumente; Briefe an und von Jean Améry, Elisabeth Borchers, Christine Busta, Elias Canetti, Hans Carossa, Hilde Domin, Hans-Georg Gadamer, Albrecht Goes, HAP Grieshaber, Hermann Hesse, Marie-Luise Kaschnitz, Sarah Kirsch,

Karl Krolow, Hermann Lenz, Ernst Meister, Marcel Reich-Ranicki, Ina Seidel, Dolf Sternberger, Eva Strittmatter, Christa Wolf, Ernst Zinn u. a.; Materialien aus dem Nachlass von Reimar Zeller.

1.1.2 *Kleinere Sammlungen und Einzelautographen (Auswahl)*

Ilse Aichinger: Brief von Ilse Aichinger an Helga Michie. – Johannes Alt: Dokumente und Autobiographisches. – Alfred Andersch: Briefe an Peter Marxer. – Erwin von Bendemann: *Deutscher Engländer, Jude allzumal zugleich. Erinnerungen eines Weltbürgers*. – Felix Berner: Briefe an und von Lale Andersen, Peter Baum, Herbert Gericke, Sarah Kirsch, Valérie von Martens-Goetz, Richard Mayne, Marcel Reich-Ranicki, Ina Seidel. – Hans Bethge: Briefe an Ernst Rathenau. – Johannes Bobrowski: zwei Gedichte. – Rudolf Borchardt: Briefe an Girolamo Roncioni. – Hans Carossa: Briefe an Christian Müller-Papst. – Carl-Winter-Universitätsverlag Heidelberg: 3 Kopierbücher. – Paul Celan: Briefe an Gisèle Celan-Lestrange; Briefe von Johannes Bobrowski u. a. – Werner Dürrson: 3 Tagebücher. – Günter Eich: Briefwechsel mit Gisela Schmoeckel. – Wilhelm Emrich: 3 Gedichte. – Günter Figal: Notizbücher. – Ludwig Finckh: Brief an die Kinder der Grundschule Neckargröningen. – Gustav Freytag: Brief an eine Unbekannte. – Zsuzsanna Gahse: Gedicht, Romantyposkript. – Peter Gan: Gedicht *Per amica sil. lunae*, Brief an Martin Hürlimann. – Albrecht Goes: Briefe an Kurt Hessenberg und an Christel Koch.– Albrecht und Elisabeth Goes: Briefe an Albert Rabus. – Ernst-Wilhelm Händler: Brief an Andreas Dorschel. – Rudolf Hagelstange: Briefe an Marianne und Heinrich Kramer und an Frederick Fliegner. – Käte Hamburger: Notizbücher. – Wilhelm Hausenstein: *Geschichte meiner Jugend, Französische Lyrik*, Briefe an und von Benno Reifenberg. – Martin Heidegger: 29 Postkarten an Karl Löwith; Briefe von Hans-Georg Gadamer und Fritz Heidegger. – Wilhelm Hennis: Briefe an und von Albrecht Kiel. – Hermann Hesse: Brief an Christian Müller-Papst. – Dieter Hoffmann: Briefe an Jürgen Brodwolf. – Walter Hofmann: zwei autobiographische Manuskripte. – Ricarda Huch: zwei Bücher mit Gedichten und Gedichtentwürfen. – Oskar Jancke: Manuskripte. – Karl Jaspers: Briefe an Heinrich Zimmer und Charlotte Spitz, Briefe von Hannah Arendt und Eduard Baumgarten. – Ernst Jünger: Briefe an Albrecht Kiel. – Erich Kästner: acht Postkarten an seine Mutter Ida Kästner. – Marie-Luise Kaschnitz: Manuskript *Der Geiger*, Notizkalender von 1918, Tagebuchblatt. – Edith Landmann: Vorlesungsmitschrift. – Johann Kaspar Lavater: Abschrift (2 Bl.) aus *Freymüthige Briefe über das Deportationswesen*. – Siegfried Lenz: Briefwechsel mit Dieter Hartwig zu *Ein Kriegsende*, Brief an Karel Hemmerechts und Peter Marxer. – Gert Mattenklott: Brief an Eberhard Geisler. – Christian Meier: Brief an Karl Szymecki. – Jochen Missfeldt: Briefwechsel mit Dr. Dieter Hartwig zu *Steilküste*. – Eduard Mörike:

Brief an Christian Friedrich August Kolb, Brief an Forstmeister Paulus, Briefe von
Margarete und Clara Mörike. – Josef Pieper: Briefe an Marga und Paul Hartung
und Beate Schmeichel-Falkenberg. – Fritz J. Raddatz: Manuskripte und Briefe
an Peter Bermbach; Fotografien. – Rainer Maria Rilke: Brief an Karl Wolfskehl. –
Luise Rinser: Karte an Edeltraud Hebestreit. – Joseph Roth: Materialien und Akten
über ihn (Kopien). – Peter Rühmkorf: Materialien zur Entstehung des Bandes
Mein lieber Freund und Kompanjung, Briefe an Walter Siebern. – Ruth Schau-
mann: Briefe an Leny Geraetz. – Renata von Scheliha: Briefe an Marianne von
Heeremann. – Arno Schirokauer: Manuskripte. – Carl Schmitt: Vorlesungskon-
zepte, Tagebuchfragment, Notizen, Postkarten u. a. – Gustav Schwab: Gedicht
Die Achalm. – Schwäbischer Schillerverein: Briefe und Dokumente zur Vereins-
geschichte. – W.G. Sebald: Brief an Franz Meier. – Kilian Steiner: Ehrenbürger-
urkunde der Stadt Marbach. – Suhrkamp-Verlagsarchiv: Lektoratsunterlangen
von Vera Hauschild zu Rainer Maria Rilke, Sigrid Damm u. a. – Margarete Susman:
Briefe an Clara Möller und Susanne Bloch-Ehmke. – Guntram Vesper: Briefe an
Rudolf Wiedmer. – Stephan Wackwitz: Manuskript *Das Bild meiner Mutter*, Brief
von Günter Herburger. – Christian Wagner: Brief an einen Musiklehrer. – Gert
Westphal: Briefe von Max Ophüls und Carl Zuckmayer. – Ottilie Wildermuth:
Schreibkalender mit Haushaltsbuch 1844/46. – Karl Alfred Wolken: Briefe an
Holmar Attila Mück. – Bernhard Zeller: Urkunden und Lebensdokumente. – Carl
Zuckmayer: Brief an Elsa Küntzel.

1.1.3 Für Stiftungen ist zu danken

Matthias M. Baltz, Manuela Bayer, Dr. Irene Below, Rotraud Susanne Berner,
Sabine Bloch, Dr. Barbara Böckmann, Lotte Böckmann, Dr. Andreas Böhm, Peter
Böhm, Angelika Brauchle, Ulrike Brendlin, Helga Brinkmann, Prof. Jürgen Brod-
wolf, Das Bücherhaus Bargfeld/Celle, Prof. Dr. Christa Bürger, Prof. Dr. Peter
Bürger, Cornelius Burkert, Reinhard Burkert, Kenneth Croose Parry, Barbara und
Katja Deschner, Erco von Dietze, Prof. Dr. Andreas Dorschel, Kenward Elmslie,
Elke Emrich, Prof. Dr. Hinderk Emrich, Fatma Erkman, Hartmut Erlemann, Ingrid
Faber, Prof. Dr. Günter Figal, Verena Förster-Gaiser, Barbara Fritsch, Zsuzsanna
Gahse, Wolfgang Geiger, Prof. Dr. Eberhard Geisler, Dr. Dagmar von Gersdorff,
Salome Hächler-Rüsch, Dr. Dieter Hartwig, Dr. Vera Hauschild, Arnulf Heideg-
ger, Dr. Hermann Heidegger, Heimatverein Buoch, Jutta Hercher, Rainer Hes-
senberg, Hessische Bank, Michael Hilt, Dr. med. Renate Jahn-Lutz, Dr. Thomas
Jancke, Sabine Kauffmann, Prof. Dr. Albrecht Kiel, Dr. Elisa Klapheck, Christel
Koch-Kühnle, Josef Köllhofer und Geschwister, Astrid Kramer-Fezer, Adelheid
Krautter, Michael Krüger, Christiane Kuby, Constanze Lämmert, Mechthild Land-
beck, Wulfhild Lenz, Norwin Leutrum von Ertingen, Prof. Dr. Gundel Mattenklott,

Rolf Mautz, Prof. Dr. Christian Meier, Franz Meier, Anna Mohr, Holmar Attila Mück, Prof. Dr. Eckart Oehlenschläger, Vera von Planta, Marguerite Preugschas, Hans-Frieder Rabus, Brigitta Rupp-Eisenreich, Hans Saner, Elisabeth Schiffer, Beate Schmeichel-Falkenberg, Gisela Schmoeckel, Prof. Dr. Dieter Schnebel, Iris Schnebel-Kaschnitz, Monika Schoeller, Khei Schultz, Walter Siebern, Elisabeth Stader, Prof. Dr. Karlheinz Stierle, Hans-Jürgen Stoik, Antony Strauß, Dr. Thomas Szabó, Karl Szymecki, Reinhard Tgahrt, Gudrun Tschöpe, Robert-und-Helene-Uhland-Stiftung, Universitätsbibliothek Oldenburg, Dr. Walter Van Helmendonck, Dr. Stephan Wackwitz, Wilfried Weber, Prof. Dr. Klaus-Peter Wegera, Dr. Carl Winter, Eva und Dr. Joachim Zeller, Margrit Zeller, Gisela Zoch-Westphal und Dr. Olga Zoller.

1.2 Bilder und Objekte
1.2.1 Zugänge aus Vorlässen, Nachlässen und Sammlungen (Auswahl)
1.2.1.1 Gemälde, Scherenschnitte und Totenmasken

Fritz Kauffmann von Max Bauer, Ölgemälde, 1929 (Sammlung Fritz Kauffmann). – Karl Philipp Lohbauer von Philipp Gottfried Lohbauer, Ölgemälde, vor 1816 (Sammlung Fritz Kauffmann). – Scherenschnitt-Sammlung von Hedwig Goller, Teilnachlass mit Entwürfen und Schnitten aus den Jahren 1946 bis 2009. – Totenmaske Wilhelm Löwith (Nachlass Karl Löwith).

1.2.1.2 Grafiken

Porträt Kuno Fischer von Karl Jaspers, Bleistift auf Papier, 1901 (Nachlass Reiner Wiehl). – Porträt einer jungen Frau (Clara Schumann?) von Franz Seidel, Aquarell über Bleistift, 1837, (Graphik-Sammlung Dieter Kühn). – Eugen Gottlob Winkler: Jazzband (1928), Radierung 2007 (Graphikkonvolut E. G. Winkler).

1.2.1.3 Fotografien und Diapositive

Manuel R. Goldschmidt (Nachlass Percy Gothein). – Fotokonvolut Familie Kauffmann (Nachtrag zur Sammlung Fritz Kauffmann). – Paul Böckmann. – Hans Magnus Enzensberger. – Uwe Friesel. – Durs Grünbein. – Joachim Günther. – Dieter Hoffmann. – Dieter Kühn. – Eberhard Lämmert. – Clara Menck (Depositum). – Klaus Oehler. – Kurt-Tucholsky-Stiftung. – Martin Warnke. – Reiner Wiehl.
　　Nachträge: Ludvik Aškenazy. – Familie Curtius-Picht. – Friedhelm Kemp. – Otto Rombach. – Rudolf Alexander Schröder. – Suhrkamp-Verlag. – Kasimir Geza Werner. – Gert Westphal.

1.2.1.4 Postkarten- und Bildersammlungen

Otto Rombach. – Alexandre Rossmann. – Postkarten- und Bildersammlung Martin Warnke.

1.2.1.5 Erinnerungsstücke

Zwei Scheren und eine Brille der Scherenschneiderin Hedwig Goller. – Eine Brille und eine Fahne der Ukrainischen Sozialistischen Sowjetrepublik aus dem Besitz von Durs Grünbein. – Ein Herbarium aus dem Besitz von Ernst Jünger. – Zwei Brillen aus dem Besitz von Dieter Kühn. – Nähtischchen, Tischstanduhr und Gänsefeder aus dem Besitz Eduard Mörikes (Nachtrag zur Sammlung Fritz Kauffmann). – Zahlreiche Gegenstände, darunter diverse Schreibgeräte aus dem Besitz von Peter Rühmkorf. – Brieföffner und Zinnbecher aus dem Besitz von Carl Schmitt. – Zahlreiche Medaillen aus dem Besitz von Bernhard Zeller.

1.2.2 Einzelzugänge

1.2.2.1 Gemälde, Scherenschnitte und Skulpturen

Doppelporträt Elias Canetti und Franz Baermann Steiner von Marie-Louise von Motesiczky, Ölgemälde, 1950. – Porträt Franz Carl Hiemer von Johann Baptist Seele, Öl auf Leinwand, 1807; Porträtminiatur Franz Carl Hiemer, Kopie nach Johann Baptist Seele, Gouache auf Elfenbein, nach 1807. – Fünf Scherenschnitte von Hedwig Goller zu Texten von Eduard Mörike, 1947–2007.

1.2.2.2 Grafiken

Zwei Entwurfszeichnungen zum Doppelporträt Elias Canetti und Franz Baermann Steiner von Marie-Louise von Motesiczky, Tinte auf Papier und Kugelschreiber auf Papier, vor 1950. – Vier surreale Abstraktionen von Günter Horlbeck, Lithographien, 1973. – Doppelporträt Charlotte und Friedrich von Schiller, Gedenkblatt zum 100. Geburtstag 1859, Lithographie, Piloty und Löhle, München. – Holzschnitt zu Karl Kraus' *Die Raben* von Christian Thanhäuser, 2016. – Abstraktionen zu Adalbert Stifters Totenmaske von Christian Thanhäuser, Holzschnitt-Zyklus, 2004.

1.2.2.3 Fotografien (Auswahl)

Ernst Robert Curtius von Theo Schafgans, um 1940. – Peter Handke von Chris Korner, 2016. – Fotokonvolut Wieland Herzfelde. – Reinhard Jirgl von Chris Korner, 2016. – Werner Kraft von Georg Heusch, 1982. – Schiller-Museum und -Archiv im Bau, 1903. – Leo Spitzer, 1930er Jahre. – Tina Stroheker (Photo Planet), 2015. – Jan Wagner von Chris Korner, 2016. – Hanns Zischler von Chris Korner, 2016.

1.2.2.4 Erinnerungsstücke

Pfeife aus dem Besitz von Wolfgang Hildesheimer. – Essbesteck mit Futteral aus dem GULAG von Angela Rohr. – Haarbrosche aus dem Besitz von Ludwig Uhland.

1.2.3 Für Stiftungen ist zu danken

Dr. Gesine Bey, Gertrud Fiege, Dr. Gerd Giesler, Chris Korner, Erich Meyer, Friedrich Pfäfflin, Barbara Stamer, Tina Stroheker, Christian Thanhäuser, Dr. Stephan Wackwitz, Klaus Wieser und Dr. Olga Zoller.

2 Erschließung

2.1 Handschriftensammlung

An folgenden Beständen wurden detaillierte Ordnungs- und Verzeichnungsarbeiten durchgeführt: Ilse Aichinger, Erich Auerbach, Schalom Ben-Chorin, Paul Böckmann, Rudolf Borchardt, Cotta-Briefbestand und -Copierbücher, Rainer Gruenter, Peter Hacks, Martin Heidegger, Paul Hoffmann, Insel Verlag, Karl Jaspers, Harry Graf Kessler, Friedrich Kittler, Ludwig Klages, Gert Mattenklott, Josef Pieper, Moses Rosenkranz, Rowohlt Verlag, Peter Rühmkorf, S. Fischer Verlag, Hans Sahl, Rudolf A. Schröder, Walter Sokel, Peter Suhrkamp und Suhrkamp Verlag, Ottilie Wildermuth. – Hinzu kam die laufende Verzeichnung von kleinen Neuzugängen.

Vorgeordnet wurden ganz oder teilweise unter anderem die Bestände zu Max Bense, Albrecht Goes, Durs Grünbein, Joachim Günther, Iring Fetscher, Kilian Kerst, Sarah Kirsch, Wulf Kirsten, Dieter Kühn, Ruth Landshoff-Yorck, Siegfried Lenz, Karl Löwith, Rolf Michaelis, Henning Ritter, Richard Salis, Eva Zeller sowie zur Deutschen Schillergesellschaft e. V.

2.2 Bilder und Objekte

Neben der Erstellung von Einzelkatalogisaten wurden mehr als 20 Bildkonvolute erschlossen, darunter Elisabeth Borchers, F. C. Delius, Günter Figal, Fritz Rudolf Fries, Ralph Giordano, Hanns Grössel, Durs Grünbein, Rudolf Hagelstange (Graphik-Sammlung), Käte Hamburger, Matthias Holstwurde (künstlerischer Teilnachlass), Dieter Hoffmann (Graphik-Sammlung und Fotokonvolut), Ludwig Klages, Sarah Kirsch, Dieter Kühn, Eberhard Lämmert, Walter Müller-Seidel, Clara Menck (Depositum), Rolf Nörtemann-Sammlung Peter Salomon, Helga M. Novak, Charlotte Schiller (künstlerischer Teilnachlass), Peter Szondi, Reiner Wiehl, Gabriele Wohmann, Franz Wurm und Kurt Tucholsky (Erinnerungsstücke). Die Erschließung der Buchumschlagsammlung Curt Tillmann wurde ehrenamtlich von Roland Stark fortgesetzt.

2.3 Statistik: Neue Datensätze

Der größte Teil der neuen Datensätze resultiert im vergangenen Jahr aus dem von der DFG geförderten Projekt der *Inventargestützten Altbestandserschließung*. Doch auch die Zahl der unabhängig davon neu angelegten Datensätze im Bereich der Handschriften ist erfreulicherweise merklich gestiegen, obwohl viele Bibliothekarinnen wie in den Vorjahren mit der Bearbeitung von Problemfällen bei der Retrokonversion beschäftigt waren.

	2012	2013	2014	2015	2016
insgesamt	88.519	101.380	105.038	77.714	86.861
Handschriften Neuaufnahmen	25.731	33.314	41.374	18.536	35.506
Handschriften Retrokonversion	62.117	67.594	63.089	58.476	50.780
Bilder und Objekte	671	472	575	702	575

Neue Datensätze: Archiv

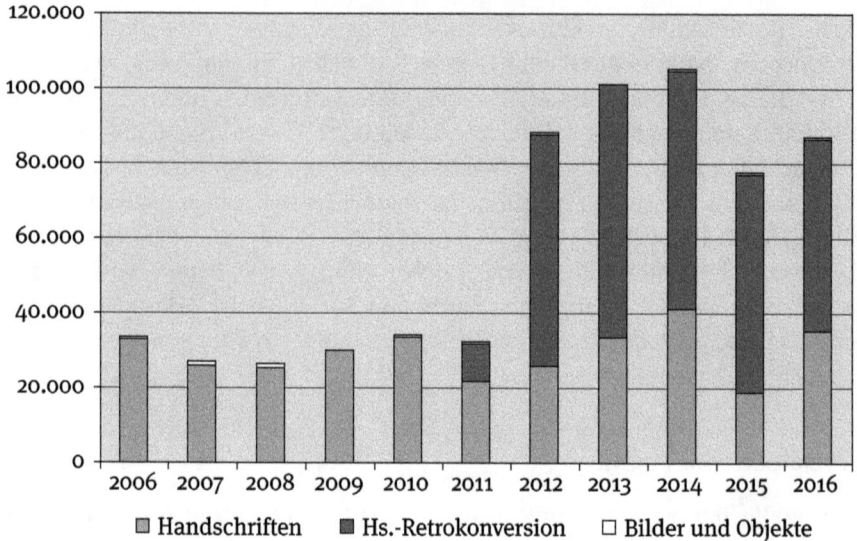

Handschriften   Hs.-Retrokonversion   Bilder und Objekte

3 Benutzung

Die statistischen Zahlen im Bereich der Benutzung liegen im Durchschnitt der letzten Jahre, zeigen aber insbesondere bei den Tagespräsenzen und den Datenbank-Zugriffen leicht fallende Werte. Diese sind vermutlich vor allem auf die Tatsache zurückzuführen, dass wir unseren Benutzern wegen der Netzwerk-Modernisierung und der damit verbundenen Verlegung des Lesesaals raten mussten, Marbach-Besuche zu verschieben. Weitere mögliche Faktoren sind die Umstellung unserer Homepage oder auch das Auslaufen des Suhrkamp-Stipendien-Programms. Nach den Rekordwerten von 2015 haben sich die Zahlen der Tagespräsenzen und der Entleihungen auf einen Mittelwert der vergangenen Jahre eingependelt. Die Anzahl der beantworteten Anfragen dagegen hat sich leicht erhöht.

3.1 Anwesenheiten

	2012	2013	2014	2015	2016
Tagespräsenzen Archiv insgesamt	4.714	4.862	5.039	5.575	4.232
Tagespräsenzen Handschriften	4.410	4.401	4.463	4.830	3.577
Tagespräsenzen Bilder und Objekte	304	461	576	723	655
Anmeldungen Archiv insgesamt	1.299	1.129	1.276	1.346	1.191
Anmeldungen Handschriften	1.176	1.079	1.196	1.237	1.092
Anmeldungen Bilder und Objekte	123	50	80	109	99

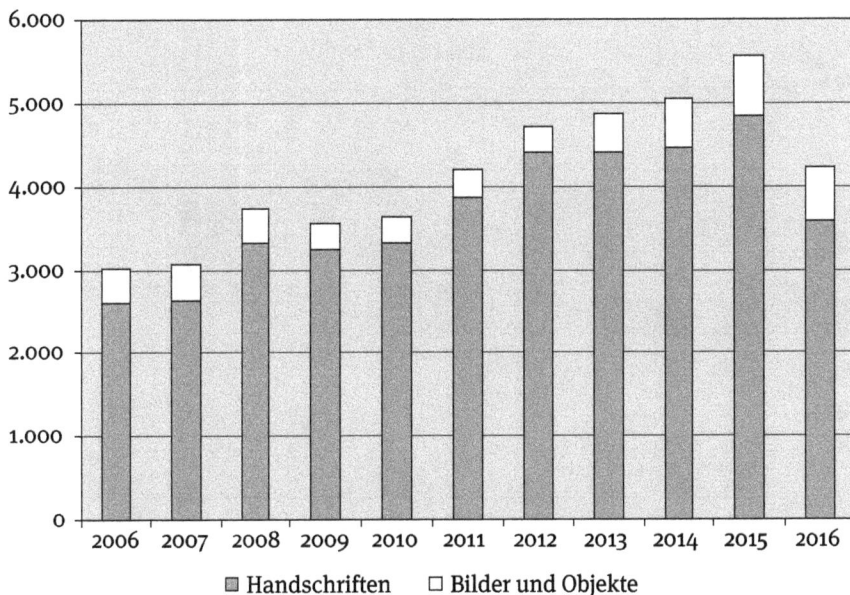

Tagespräsenzen Archiv

3.2 Entleihungen

	2012	2013	2014	2015	2016
Handschriften (Leihscheine)	19.565	17.314	18.236	20.849	18.561
Externer Leihverkehr. Handschriften: Verträge	27	30	25	17	25
Externer Leihverkehr. Handschriften: Einheiten	296	364	235	269	201
Externer Leihverkehr. Bilder und Objekte: Verträge	19	17	25	15	10
Externer Leihverkehr. Bilder und Objekte: Einheiten	281	67	49	102	28

Leihscheine Handschriften

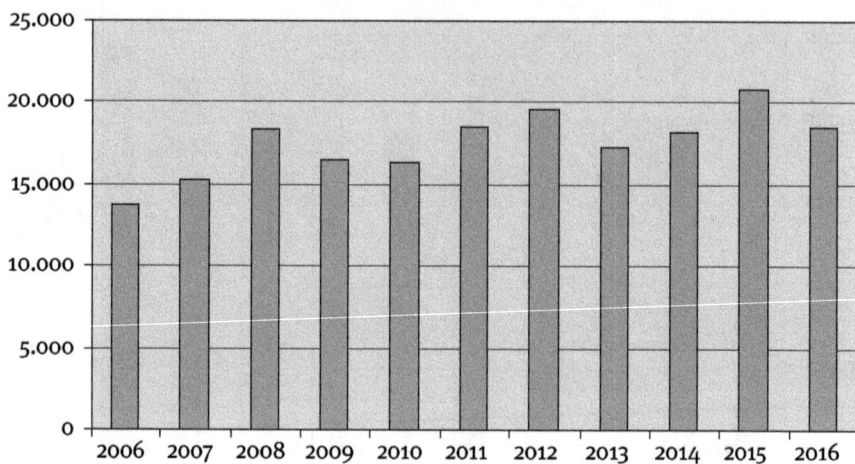

3.3 Anfragen mit Rechercheaufwand

	2012	2013	2014	2015	2016
Anfragen mit Rechercheaufwand gesamt	1.340	1.618	1.380	1.224	1.304
Anfragen mit Rechercheaufwand Handschriften	1.179	1.473	1.246	1.009	1.107
Anfragen mit Rechercheaufwand Bilder und Objekte	161	145	134	215	197

Anfragen mit Rechercheaufwand

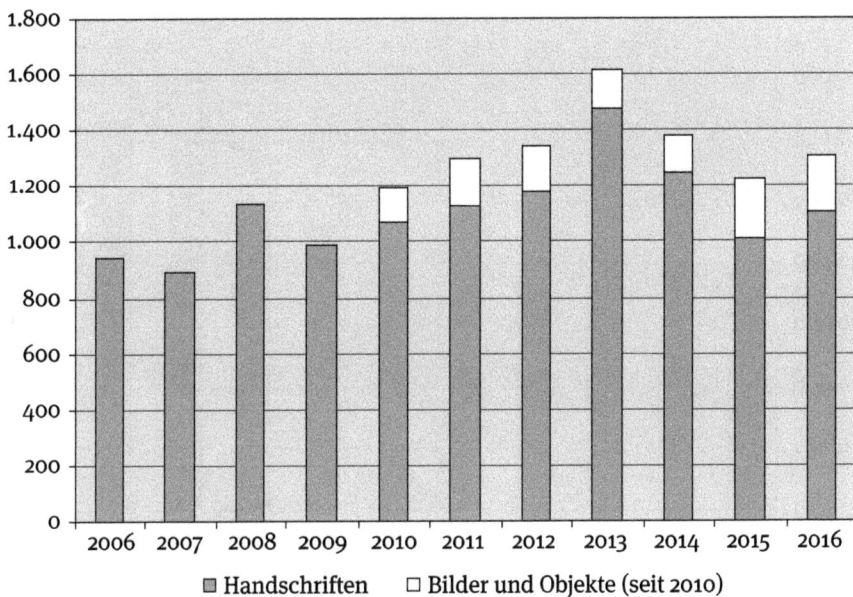

▦ Handschriften   ▢ Bilder und Objekte (seit 2010)

3.4 Datenbank-Recherchen

	2012	2013	2014	2015	2016
insgesamt	51.149	52.945	67.703	69.299	54.438
im Modul Handschriften	46.084	47.509	61.082	62.889	49.186
im Modul Bilder und Objekte	5.065	5.436	6.621	6.410	5.252
im Modul Bestandsführung	49.806	27.486	36.428	34.718	40.328

Datenbank-Recherchen Archiv

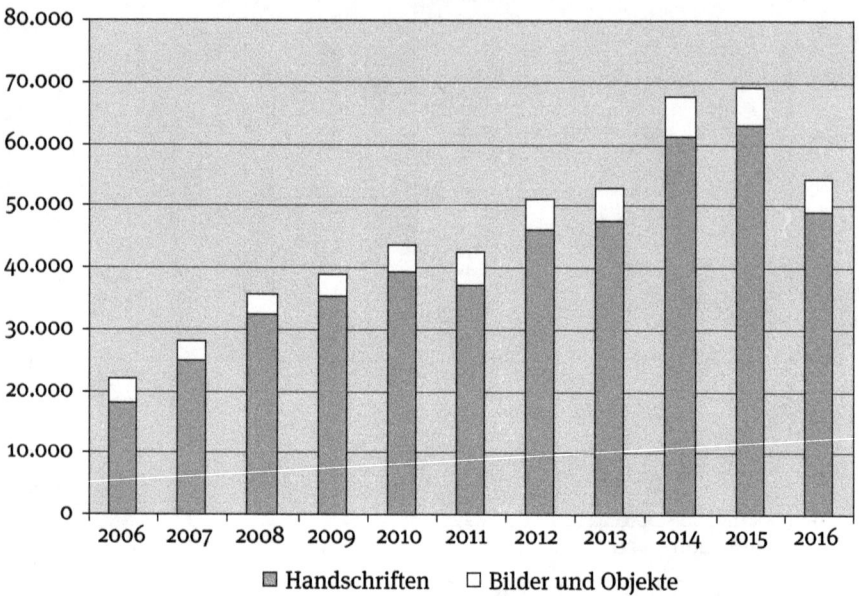

Handschriften   Bilder und Objekte

3.5 Kopien von Handschriften

	2012	2013	2014	2015	2016
Kopien	58.991	53.152	36.974	40.626	38.712
Kopieraufträge	2.025	1.857	1.758	1.872	1.830

4 Projekte und Sonstiges

Besondere Erwähnung verdient das DFG-Projekt zur *Inventargestützten Altbestandserschließung,* das im November 2015 begonnen wurde und auf 18 Monate
angelegt ist. Ziel ist die Katalogisierung von 39 Nachlässen und Teilnachlässen,
darunter die von Stefan Andres, Friedrich Beißner, Yvan und Claire Goll, Ernst
Hardt, Käte Hamburger, Ninon Hesse, Hermann Kasack, Walter Kolbenhoff,
Benno Reifenberg, Thaddäus Troll, Franz Tumler und Max Zweig. Zu diesen
Beständen wurden in den Jahren bis 1998 detaillierte Inventarlisten angelegt,
die jedoch bisher wegen der Papierform und fehlender Register nur sehr eingeschränkt benutzbar waren. Die Neukatalogisierung in diesem Projekt umfasst
etwa 63.800 Nachweise zu Einzelstücken, kleineren und größeren Konvoluten,
die sich in 1.087 Archivkästen befinden. Ergänzend sollen mit Eigenmitteln alle
seit 1904 geführten Inventarbücher sukzessive mit der Datenbank *Kallías* abgeglichen und gegebenenfalls konvertiert werden. Dank unseren Projektmitar-
beitern Thomas Parschik und Christian Tillinger konnten im vergangenen Jahr
mehr als 50.000 Datensätze angelegt und im Online-Katalog zugänglich gemacht
werden.

Auch im Jahr 2016 konnte ein großer Teil der Erschließungsarbeit dankens-
werterweise durch Projekte auf der Basis von Drittmitteln geleistet werden. Die
Deutsche Forschungsgemeinschaft förderte die Erschließung des Siegfried
Unseld Archivs (sechs Mitarbeiterinnen) und des Insel Archivs (ein Mitarbeiter),
die S. Fischer Stiftung die des S. Fischer Verlagsarchivs (zwei Mitarbeiterinnen),
die Arno Schmidt Stiftung die des Nachlasses von Peter Rühmkorf (ein Mitarbeiter), die Karl Wolfskehl Stiftung die des Nachlasses von Paul Hoffmann, die
Brougier-Seisser-Cleve-Werhahn-Stiftung die des neu erworbenen Teilnachlas-
ses Harry Graf Kessler und die Karl Jaspers Stiftung die des Nachlasses von Karl
Jaspers. Zu begleiten waren im Berichtsjahr außerdem wieder die beiden Projekte
im Rahmen des Forschungsverbundes Marbach Weimar Wolfenbüttel: *Bildpolitik.
Das Autorenporträt als ikonische Autorisierung* (eine Mitarbeiterin und ein Mitarbeiter) und *Text und Rahmen. Präsentationsmodi kanonischer Werke* (ein Mitarbeiter). Im Lauf des Jahres wurden 16 Praktikantinnen und Praktikanten betreut.
Außerdem halfen ein Stipendiat und eine externe Mitarbeiterin bei der Voord-
nung von Beständen.

Miriam Häfele und Jan Bürger vertraten die Abteilung in einer von der Deutschen Nationalbibliothek organisierten Arbeitsgruppe, deren Aufgabe es ist, die
überregionalen *Regeln zur Erschließung von Nachlässen und Autographen* (RNA)
mit dem internationalen Regelwerk *Resource Description and Access* (RDA) zu
harmonisieren. Normierungsfragen waren auch Gegenstand der hausinternen
Arbeitsgruppe *Werke,* an der sich Miriam Häfele, Stefanie Höpfner und Elke

Schwandner beteiligten. Für Besuchergruppen fanden nicht weniger als 77 Führungen durch die Abteilung und ihre Sammlungen statt.

Eine Arbeitsgruppe beteiligte sich an den hausübergreifenden Planungen für einen neuen OPAC und organisierte einen Workshop zu diesem Thema, auf dem die Mitarbeiterinnen der Abteilung viele neue und nützliche Ideen entwickelten. Zu Zwecken der Weiterbildung nahmen Sabine Brtnik und Miriam Häfele am 27.–29. April 2016 an der Tagung der KOOP-LITERA Österreich in Salzburg teil, Sabine Fischer besuchte das Jahrestreffen der Graphischen Sammlungen Deutschlands, Österreichs und der Schweiz. Und wie in den vergangenen Jahren nutzte die Abteilung Archiv die Möglichkeit der innerbetrieblichen Fortbildung im Rahmen der Reihe *Auf dem Laufenden*.

Ein besonderer Höhepunkt war eine Weiterbildungsveranstaltung für die gesamte Abteilung im S. Fischer Verlag in Frankfurt am Main am 23. November 2016. Die Verlagsmitarbeiter führten anschaulich und engagiert in die verschiedenen Arbeitsbereiche des Verlags ein. Dank der Gastfreundschaft des Verlags und der S. Fischer Stiftung war die Reise für alle Mitarbeiterinnen und Mitarbeiter nicht nur lehrreich, sondern auch ein großes Erlebnis.

BIBLIOTHEK

1 Erwerbung

Die erstmals 2016 gewährten Fördermittel der Carl Friedrich von Siemens Stiftung haben den Buchetat spürbar entlastet. Von den für wissenschaftliche Monographien zweckbestimmten € 50.000 konnten 1.365 Bücher angeschafft und zahlreiche zurückgestellte Desiderate abgebaut werden. Die bis 2018 gewährte Förderung würde weiterhin gezahlt werden, sofern die Zuwendungsgeber den Bibliotheksetat um dieselbe Summe erhöhen, worum sich das Haus bemühen wird. Aus dem Bibliotheksetat konnten neben der aktuellen Quellenliteratur dieses Mal 796 Bücher sowie 279 Zeitschriftenhefte antiquarisch erworben werden; 150 literarisch relevante, zum Teil unikale Künstlerbücher und Pressendrucke kamen hinzu. Unter den Sammlungs- und Konvolutzugängen sind zu nennen: die 750 Bände zählende Teilbibliothek von Friedrich Georg Jünger, ein Konvolut mit 22 ungewöhnlichen, persönlichen Widmungsexemplaren, die Fritz J. Raddatz seinem langjährigen Freund Peter Bermbach zuschickte, sodann 25, überwiegend im frühen neunzehnten Jahrhundert erschienene Bücher mit bedeutenden schwäbischen Familienprovenienzen wie Planck und Uhland. Mit dem Vorlass von Horst Bredekamp wurden ca. 300 Bände aus dessen Bibliothek übernommen. Die hier seit 2003 aufbewahrte philosophisch-literarische Teilbibliothek von Hans Blumenberg konnte durch ca. 500 wichtige Sonderdrucke ergänzt

werden. Als weiteres Beispiel für eine Übersetzer-Bibliothek steht die umfangreiche Sammlung mit Arbeits- und Belegexemplaren von Peter Urban, der sich
besonders als Vermittler russischer und serbischer Literatur Verdienste erworben
hat. Unter den dokumentarischen Bestandteilen des Nachlasses von Dieter Kühn
sind besonders die 71 Bild- und Tonträger mit Hörspielaufnahmen zu erwähnen.
Mit der Übernahme von Zeitungsausschnitten aus dem Archiv des Kritischen
Lexikons zur deutschsprachigen Gegenwartsliteratur (KLG), herausgegeben von
der *edition text+kritik*, ergänzt die Mediendokumentation erneut ihre Zeitungs-
ausschnittsammlung. Bereits in den letzten Jahren sind verschiedene Sammlungen (u. a. der Stadt- und Landesbibliothek Dortmund, der Stadtbücherei Stuttgart
und der Universität Göttingen) erworben worden, welche die Lücken in der Pres-
sedokumentation schließen. Mit diesen Maßnahmen stärkt das DLA seine Position als Standort der größten öffentlich zugänglichen Zeitungsausschnittsamm-
lung zum Thema Literatur und Literaturwissenschaft in Deutschland.

Für Buch- und Zeitschriftenstiftungen danken wir:

Ortrun Auer, Ricardo Barbosa, Dr. Arno Barnert, Andreas Bastian, Brigitte Bee,
Sigfrid Bein, Dr. Ingrid Belke, Sabine Belz, Dr. Irene Below, Lucia Bernhard,
Michael Bienert, Klaus Birkefeld, Ulrich Blode, Dr. Hartmut Brie, Ingolf Brökel,
Katja Buchholz, Gunda Cannon, Prof. Dr. Dr. Andrei Corbea-Hoisie, Mario Derra,
Ingeborg Deuse, Ulrike Edschmid, Oswald Egger, Herbert W. Franke, Felix
Martin Furtwängler, Dr. Gerd Giesler, Daniel Graf, Thomas Günther, Wolfgang
Hacks, Ernst Haiger, Elisabeth Heinemann, Dr. Wolfgang Georg Herbolzhei-
mer, Dr. Friedrich Hübner, Erhard Jöst, Henner Junk, Maria Keßler, Dr. Albrecht
Kiel, Angelika Klüssendorf, Prof. Dr. Eberhard Kolb, Karl Krüll, Stephanie Kuch,
Walburg Kummer, Michael Ladwein, Prof. Dr. Françoise Lartillot, Christiane Frfr.
von Ledebur, PD Dr. Marcel Lepper, Oberstud. i. R. Wilhelm Marquardt, Dr. Klaus
Matthes, Liesel Metten, Herman Moens, Stefan Monhardt, Egbert-Hans Müller,
Dr. Claudio Naranjo, Stephen Nicholls, Hans-Christian Oeser, Stephan Opitz,
Dr. Friedrich Pfäfflin, Renate Prasse, Volker Probst, Prof. Dr. Ulrich Raulff, Birgit
Reichert, Dieter Reihl, Anne von Reumont, Helmut Rödner, Erich Scherer, Dieter
Schiller, Peter Schnetz, Dr. Siegfried Schödel, Stefan Schütz, Dr. Gerhard Schus-
ter, Wolfram Setz, Prof. Dr. Richard Sheppard, Julie Shoults, Günther Speco-
vius, Katherina Starnes, Michael Stübbe, Prof. Dr. Peter Suitner, Arno Surmin-
ski, Susanne Tiarks, Dr. Ruth Vogel-Klein, Prof. Dr. Manfred Voigts, Dr. Friedrich
Voith, Christine Wacker, Manfred Walz, Cleo A. Wiertz, Wolfgang Windhausen,
Uljana Wolf, Ivan Zmatlik – Altstädter e. V. Brandenburg an der Havel, Antiquariat J. J. Heckenhauer Tübingen, Antiquariat R. W. Mytze London, ARW München,
ASKI Bonn, Berliner Festspiele Berlin, BrechtWeigeltHaus Buckow, Buchhand-

lung Reuffel Koblenz, Bundesministerium für europäische und internationale Angelegenheiten Wien, Carl-Schmitt-Gesellschaft e. V. Berlin, Christian-Wagner-Gesellschaft e. V. Warmbronn, Claudius-Buchhandlung Mainz, Edition Monhardt Berlin, Forum Stadtpark Graz, Fritz Reuter Gesellschaft Neubrandenburg, Galerie Druck & Buch Wien, Goethe-Gesellschaft Augsburg, Goethe-Gesellschaft München, Goethe-Institut Dänemark Kopenhagen, Heimatkundlicher Verein Hüttenberg, Heinrich-Heine-Club Offenbach, Hessische Landeszentrale für politische Bildung Wiesbaden, Hessisches Ministerium für Wissenschaft und Kunst Wiesbaden, Hochschule der Medien Stuttgart, Instituto Martius-Staden São Paulo, Kulturreferat Nürnberg, Literaturhaus München, Motorhalle Dresden, Museum der Deutschen Sprachinselorte bei Brünn Erbach, Papierfabrik Zerkall Hürtgenwald, Paul-Ernst-Gesellschaft Mönchengladbach, Regierungspräsidium Darmstadt, Schillerstadt Rudolfstadt, Schweizerisches Jugendschriftwerk Zürich, Soziokulturelles Zentrum KuHstall e. V. Großpösna, Sparkasse Pforzheim Calw, Sparkassenstiftung Schleswig-Holstein Kiel, Staatskanzlei Rheinland-Pfalz Mainz, Stadt Rottweil, Städtisches Gymnasium Selm, Stadtverwaltung Rumburk, Starfruit publicatons Fürth, Stiftung Ettersberg Weimar, Stiftung Genshagen Genshagen, Uwe-Johnson-Gesellschaft Rostock, Ver.di – Bundesverwaltung Berlin, Wallraf-Richartz-Museum Köln, Wilhelm Busch – Deutsches Museum für Karikatur und Zeichenkunst Hannover.

Außerdem den Verlagen und Buchhandlungen:

Asclepios Edition Homburg, Athena-Verlag Oberhausen, Dielmann Verlag, Deutsche Verlags-Anstalt, Deutscher Taschenbuch Verlag, Deutscher Theaterverlag, Diogenes Verlag, Edition Isele, Edition Text und Kritik, Edition Thanhäuser, Editon Tiamat (Verlag Klaus Bittermann), Peter Engstler, Frank & Timme, Frankfurter Verlagsanstalt, Gemeinsame Verlagsauslieferung Göttingen GmbH, Goldmann, Gonzo-Verlag, Goettingerverlag, Hans Boldt Literaturverlag, Hethither Verlag, Hogrefe, Insel Verlag, Knaus, Konkursbuch Verlag Claudia Gehrke, Kunstanstifterverlag, KUUUK Verlag mit 3 U, Lilienfeld, Peter Ludewig, Luchterhand, Mylinfalklaem Asperg, Piper, Reclam, Rodenberg, S. Fischer, Stieglitz Verlag, Suhrkamp, Textem, Wortstämme Literaturproduktionen.

Zugangsstatistik

Erwerbung	*2012*	*2013*	*2014*	*2015*	*2016*
Gesamt (physische Einheiten)	25.214	28.682	32.598	36.690	20.021
Monographienerwerbung	9.297	9.977	8.497	7.603	7.888
Nachlasskonvolute und Sammlungen	2.645	8.158	13.256	16.779	2.565
Zeitschriftenerwerbung	4.748	4.154	4.126	4.158	2.970
Mediendokumentation und Spezial-sammlungen	8.524	6.393	6.719	8.150	6.598
Zeitungsausschnittsammlung (Kästen, Ordner, Konvolute)	778	498	1.075	833	949
Theaterprogrammsammlung	3.379	1.551	1.385	2.689	2.317
Rundfunkmanuskripte	922	1.039	701	1.021	594
AV-Materialien	1.663	1.433	1.908	2.161	1.415
Buchumschläge	1.782	1.872	1.650	1.446	1.323
Geschlossene Sammlungen (Bibliothek)	4	6	7	4	8
Nachlasskonvolute und Sammlungen (Mediendokumentation)	16	19	24	31	30
Zeitschriftenerwerbung (laufende Abonnements)	966	1.026	1.021	1.015	956
Gesamtbestand Bibliothek (Bücher und Zeitschriften)	928.711	950.351	973.138	999.393	1.010.761
Gesamtbestand andere Materialien (AV-Materialien, Theaterprogramm-, Zeitungsausschnitt-, Buchumschlag-Sammlung u. a.)	375.445	381.838	388.557	396.709	383.282
Gesamtbestand Digitale Bibliothek (Literatur im Netz, lizenzierte Periodica)	6.839	6.853	7.391	7.626	7.648

Erwerbung Bibliothek (physische Einheiten)

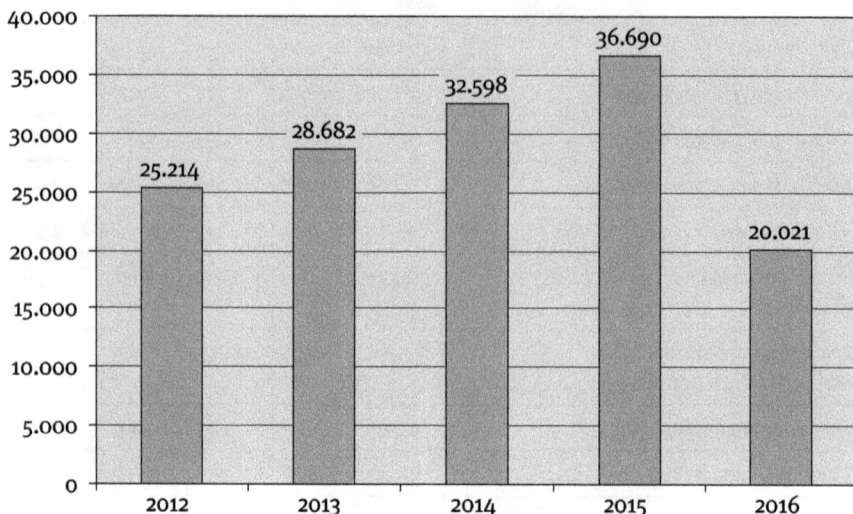

2 Erschließung

Im Berichtszeitraum wurden insgesamt 72.071 Titelaufnahmen neu angelegt und 12.642 (2015: 14.362) Monographien für die Benutzung freigebucht. Die Zahl der Titelaufnahmen ist im Vergleich zu den Vorjahren (2015: 57.385, 2014: 43.710) auch deshalb wieder so erheblich angestiegen, da 9.802 Zeitschriftenbände und 34.835 Zeitschriftenhefte, die bisher nicht einzeln über den OPAC bestellt werden konnten, in einem speziellen Projekt zur retrospektiven Band- und Heftaufführung von Zeitschriften-Jahrgängen erschlossen wurden. Das für die Benutzbarkeit der Zeitschriftenbestände in der Bibliothek des DLA so außerordentlich wichtige infrastrukturelle Projekt musste im Februar 2017 aufgrund fehlender Mittel abgebrochen werden. Die 2011 erhobenen Kennzahlen im Erschließungsbereich weisen nach wie vor einen Bedarf an 3 Stellen (davon 0,4 in der Mediendokumentation) aus, der sich im täglichen Betrieb und in den Rückständen schmerzlich bemerkbar macht.

Im systematischen Auswertungsprogramm für unselbständig erschienene Publikationen befinden sich unverändert 38 Tages- und Wochenzeitungen, davon 18 ausländische, sowie 40 literarische und 56 wissenschaftliche Zeitschriften.

Der Nachweis historischer Vorbesitzer liefert echte Alleinstellungsmerkmale für die Buchbestände des DLA, besonders wenn es sich bei den Provenienzen um literarische Autoren im Sinne der Bibliothek oder um Bestandsbildner des Archivs handelt. Der abteilungsübergreifende Geschäftsgang zur Erschließung von Buchprovenienzen wurde revidiert und vereinfacht. Die Bibliothek des DLA, deren besonderes Merkmal die modernen Bestände des zwanzigsten Jahrhunderts sind, ist mit einem ständigen Gast in der Ende 2016 eingerichteten Kommission *Provenienzforschung und Provenienzerschließung* des Deutschen Bibliotheksverbandes vertreten.

Seit Oktober 2016 wird anhand des neuen internationalen Regelwerks *Resource Description and Access* (RDA) katalogisiert, das die digitale Benutzbarkeit bibliographischer Information verbessern soll. Mit der Einführung von RDA hat die übergeordnete Entität ›Werk‹ für die Erschließung stark an Bedeutung gewonnen. Dieser materialübergreifende Erschließungsaspekt ist gerade für die mediale Vielfalt in den Sammlungen des DLA besonders interessant. Bibliothek und Archiv des DLA haben daher begonnen, hochwertige Normdaten für Werktitel (Werke der Literatur und Werke der Musik) zu erfassen, sofern für die inhaltliche Erschließung im Haus benötigt, und diese an die Gemeinsame Normdatei (GND) der Deutschen Nationalbibliothek (DNB) zu melden. Dort können die Normdaten auch von anderen Bibliotheken für Erschließungszwecke nachgenutzt werden. Die Normdaten für Werktitel werden von der DNB auch als Linked Open Data bereitgestellt und erlauben es, nach und nach komplexe literarische Werkstrukturen (wie z. B. Werk-zu-Werk- und Teil-Ganzes-Beziehungen, Übersetzungen sowie Vertonungen, Verfilmungen und Hörspiele aufgrund literarischer Vorlagen) abzubilden und für den Nutzer recherchierbar zu machen. Bis Februar 2017 wurden rund 800 teilweise mehrfach relationierte Werktitelnormsätze in der GND angelegt und rediert. In einem gemeinsamen Projekt mit der Herzogin Anna Amalia Bibliothek in Weimar und in Abstimmung mit der Deutschen Nationalbibliothek ist unter dem Titel *Werktitel als Wissensraum: Die Erschließung zentraler Werkbeziehungen nach RDA* ein DFG-Antrag entwickelt und im Januar 2017 eingereicht worden.

Der sukzessive Abgleich der lokalen Normdaten im Bibliothekssystem Kallías mit der GND ist für die Erschließungsarbeit unabdingbar. Letztendlich ist aus Gründen der Effizienz ein vollständiger Abgleich anzustreben. Hierfür ist eine aufwendige Individualisierung der noch nicht in der GND vorhandenen Normsätze erforderlich. Im Berichtszeitraum hat die Normdatenredaktion rund 13.500 individualisierte Datensätze für Personen, Körperschaften und Kongresse neu angelegt und abgeglichen.

Neben den laufenden Erschließungsprojekten betreute das Referat die Rekonstruktion einer Sammlung von Autographen- und Auktionskatalogen aus dem Besitz von Stefan Zweig, die schon 1962 ins Haus gekommen und in den allgemeinen Bestand eingeordnet worden war. Mithilfe von zwei Praktikantinnen wurden 2.964 Exemplare mit der Provenienz ›Stefan Zweig‹ herausgefiltert. Sie wurden in säurefreie Mappen verpackt und geschlossen aufgestellt. Damit ist die außergewöhnliche Teilbibliothek eines Autors von Weltrang wieder sichtbar geworden. Die rekonstruierte und geschlossen aufgestellte Sammlung ist als

Bestand beschrieben und durch ein tabellarisches Verzeichnis der Firmen dokumentiert.

Katalogisierung, Zuwachs	2012	2013	2014	2015	2016
Titelaufnahmen (Katalog Gesamt)	40.157	34.105	43.710	57.385	72.071
selbständige Publikationen	24.450	21.809	18.543	16.350	17.996
unselbständige Publikationen	8.248	7.259	7.254	5.328	7.517
Zeitschriftenbände und -hefte	7.459	5.037	16.533	33.395	44.655
Bibliographie-Einträge	0	0	1.380	2.312	1.903
Titelaufnahmen Retro-Projekte	21.112	18.248	392	abge-schlossen	abge-schlossen
Pauschale Bestandsbeschreibungen (»Bestände«)	738	622	628	1.481	918

Gesamtnachweis Kallías	2012	2013	2014	2015	2016
Katalogsätze	1.297.410	1.343.303	1.387.259	1.443.685	1.508.340
Exemplarsätze	507.647	542.755	571.765	600.534	646.228
Bestandssätze	24.868	25.485	26.100	27.535	28.439

Erschließung Bibliothek (Titelaufnahmen)

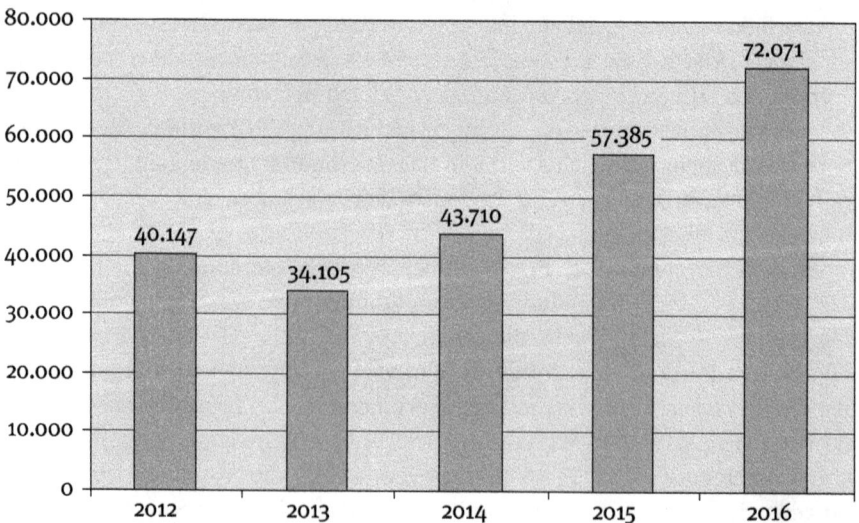

3 Bestand und Benutzung

Benutzung	2012	2013	2014	2015	2016
Wöchentliche Öffnungsstunden	64,5	64,5	64,5	64,5	64,5
Benutzungsanträge	912	860	927	968	796
Lesesaal-Eintragungen	9.690	7.383	6.993	7.010	5.442
Ausleihe (physische Einheiten)	44.487	42.495	41.344	43.656	38.385
OPAC Abfragen Extern	119.181	124.845	104.015	85.556	71.515
OPAC Abfragen Lokal	56.351	55.622	58.571	62.510	47.543
Fernleihe (gebend)	1.252	1.244	1.223	1.071	1.430
Fernleihe (nehmend)	645	957	1.013	1.244	926
Direktlieferdienst (Kopien von Beiträgen und Zeitungsartikeln)	2.025	486	399	1.013	719
Leihgaben	181	102	77	40	27
Auskünfte und Recherchen	846	745	739	834	722

2016 war in der Geschichte der Bibliothek ein Jahr einschneidender Veränderungen: Der 1999 eingestellte Marbacher Zettelkatalog, ein einzigartiger literaturwissenschaftlicher Spezialkatalog mit mehr als 1,3 Mio. Katalogkarten, ist nach abgeschlossener Retrokonvertierung und digitaler Sicherung bis auf wenige musealisierte Beispiel-Schränke demontiert worden. Der zentrale Katalogsaal wurde neu möbliert und mit einem neuartigen Beleuchtungskonzept versehen; neue Angebote wie eine Lese-Ecke und Zeitschriftenauslage sind von den Nutzern rasch angenommen worden. Im Zuge der Neuausstattung wurde ein umfangreicher, nicht mehr relevanter Bestand an Mikroformen makuliert.

Eine im Berichtszeitraum auf dem gesamten Campus durchgeführte Netzwerkmodernisierung und die im selben Zeitraum vorgenommene und noch nicht abgeschlossene Renovierung des stets stark frequentierten Collegienhauses haben zwangsläufig zu sinkenden Zahlen in der Benutzung geführt. Hierin zeigt sich die zentrale Bedeutung des Collegienhauses für die im Schwerpunkt externe oder ausländische Benutzerschaft.

Die Anzahl der geschlossen aufgestellten Autorenbibliotheken, Spezialsammlungen und Verlagsarchive ist auf 197 gestiegen. Von diesen Beständen waren 14 (Vorjahr: 18) wieder Gegenstand intensiver Recherchen am Standort nach Provenienzen und anderen philologisch verwertbaren Lesespuren. Im Zuge dieser Nutzung wurden 913 physische Einheiten autopsiert (Vorjahr: 2.179). Der

Rückgang resultiert aus dem modifizierten Verfahren, dass nun auch größere Konvolute zur Sichtung im Lesesaal bereit gestellt wurden. Im Mittelpunkt des Interesses standen die Bibliotheken von Oskar Pastior, Hans Blumenberg, Helga M. Novak und das Tucholsky-Archiv. Ein Freiburger Seminar interessierte sich vor allem für die eher selten benutzten Bibliotheken von Hans Grimm, Isolde Kurz, Walter Hasenclever und Christa Reinig. Zum ersten Mal wurde gezielt nach den Marbacher Sonderdruck-Sammlungen gefragt, die mit einem Volumen von derzeit knapp 25.000 Separata ein einzigartiges Forschungsfeld für die Wissenschaftsgeschichte darstellen. Mit der Übernahme der Sonderdruck-Sammlung von Hans Blumenberg erfuhr dieses Genre eine maßgebliche Erweiterung.

Die im Berichtsjahr angemeldeten Wissenschaftlerinnen, Wissenschaftler und Studierenden hatten ihren Forschungsschwerpunkt überwiegend bei Autorinnen und Autoren des zwanzigsten Jahrhunderts. Zu den meistgefragten gehörten Gottfried Benn, Paul Celan, Erich Kästner, Georg Büchner, Hermann Hesse, Martin Heidegger, Max Frisch, Peter Stamm und Rainer Maria Rilke, doch sagt diese Statistik wenig über die Vielfalt der Themen und Personen, über die in Marbach gearbeitet wird. In der Ausleihe des regulären Magazinbestands gehört die epochenspezifisch aufgestellte Primärliteratur seit 1880 mit Gewicht auf der Gegenwartsliteratur wieder zu den »Spitzenreitern«. Zu Forschungszwecken kamen 796 Benutzerinnen und Benutzer aus 38 Herkunftsländern in die Bibliothek des DLA. Wie in den Vorjahren sind sie auf Einzeltitel mit besonderen Provenienzen, Konvolute und thematische Schwerpunkte im Normalbestand sowie in den noch nicht fein geordneten Spezialsammlungen hingewiesen und sachkundig beraten worden.

Die tiefgreifenden Einrichtungs- und Umbauarbeiten im Magazin Sindelfingen konnten abgeschlossen und die dringendsten Auslagerungen von geschlossenen Beständen vorgenommen werden. Im Zuge der Auslagerung des DVA-Produktionsarchivs in das Magazin Sindelfingen sind die darin enthaltenen Bestände des einstmals inkorporierten Stuttgarter Engelhorn-Verlags (2.585 Bände) separiert und im Marbacher Magazin aufgestellt worden; allein 1.035 Bände gehören zum Bestand der markanten roten Reihe *Engelhorn's Allgemeine Roman-Bibliothek*.

Tagespräzenz Bibliotheks-Lesesaal

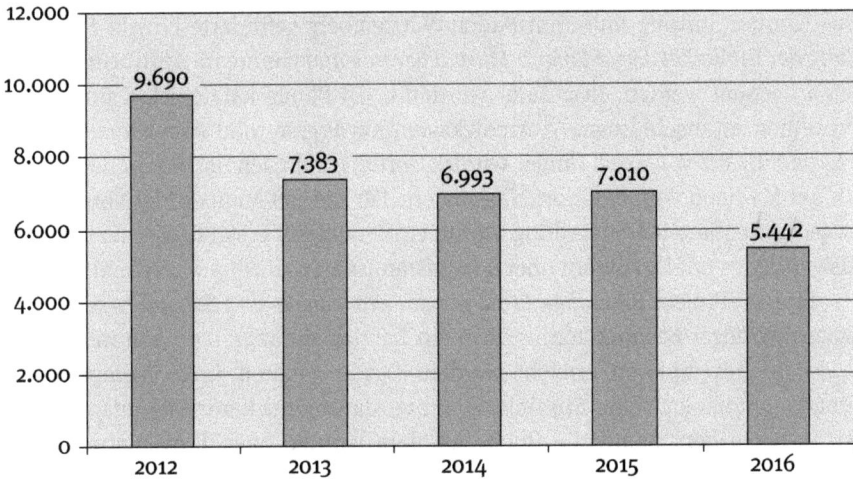

Jahr	Wert
2012	9.690
2013	7.383
2014	6.993
2015	7.010
2016	5.442

Ausleihe Bibliothek

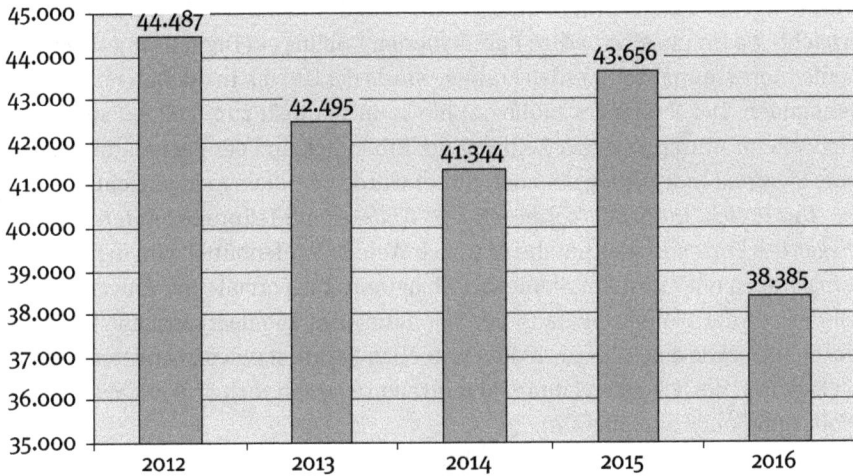

Jahr	Wert
2012	44.487
2013	42.495
2014	41.344
2015	43.656
2016	38.385

4 Projekte und Sonstiges

Das von der Stiftung Kulturgut Baden-Württemberg geförderte Projekt *Erschließung der Bibliothek Ernst Jünger: Marbacher Bestand* konnte im April 2016 erfolgreich beendet werden. Insgesamt wurden 4.385 Bände katalogisiert und nach Provenienzen erschlossen. 63 Archivkästen mit Presse- und Arbeitsmaterialien aus dem Besitz von Ernst Jünger wurden sortiert und nach der Autorensystematik der Mediendokumentation klassifiziert. Für die 158 Mappen der von Jünger angelegten Miszellen-Sammlung wurde ein Findmittel erstellt, das dem Nutzer als verlinktes pdf-Dokument über den Bestandsdatensatz digital zugänglich ist.

Im DFG-Projekt *Bibliothek Ernst Jünger: Provenienz- und Sammlungserschließung: Wilflinger Bestand* konnte 2016 ein Katalogisierungsstand von insgesamt 6.260 Buchexemplaren erreicht werden. Davon gehören 1.787 Exemplare zu Jüngers entomologischer Spezialsammlung, darunter seltenste fremdsprachige Fachzeitschriften. Sämtliche Buchexemplare wurden nach Provenienzen und Provenienzmerkmalen erschlossen.

Im ebenfalls von der DFG geförderten Erschließungsprojekt *Quellenrepertorium der Exil-Bibliotheken im Deutschen Literaturarchiv Marbach: Alfred Döblin* wurde für die Personalbibliographie ein Stand von rund 6.800 Datensätzen erreicht. Wo für unselbständige Publikationen Döblins ein Digitalisat mit permanenter Adresse ermittelt werden konnte, wurde der URI mit in die Datenbank aufgenommen. Der Nutzer der Bibliographie kann so direkt zum Volltext springen. Ein weiterer Antrag in dieser Reihe ist der Bibliothek und der Personalbibliographie Siegfried Kracauers gewidmet, dieser wurde im Oktober eingereicht.

Das Projekt *Die Bibliotheken von Karl Wolfskehl* im Teilprojekt *Autorenbibliotheken* des Forschungsverbundes Marbach Weimar Wolfenbüttel wird in Erschließungsfragen umfassend bibliothekarisch betreut. Die Formal- und Provenienzerschließung der Wolfskehliana in der Sammlung des Tübinger Germanisten Paul Hoffmann sowie eines ausgewählten virtuellen Kernbestandes in anderen Bibliotheken, u. a. der Schocken Library in Jerusalem, werden 2017/2018 mit Mitteln des Wolfskehl-Fonds durchgeführt.

Im Januar konnte das erfolgreich durchgeführte DFG-Projekt *Aufbau eines Quellencorpus für die seit den 1990er Jahren im deutschsprachigen Raum entstehende Literaturgattung >Netzliteratur<* beendet werden. Der Tagungsband *Netzliteratur im Archiv. Erfahrungen und Perspektiven* konnte im Februar 2017 erscheinen. In der Nachfolge dieses Projekts wurde im Dezember 2016 bei der DFG ein Antrag auf *Archivierung von deutschsprachigen literarischen Twitter-Accounts und Twitter-Literatur* eingereicht.

Im September bewarb sich die Mediendokumentation mit der Projektskizze *Dokumentaraufnahmen deutschsprachiger Autorenlesungen. Digitale Archivie-*

rung – Erschließung – Präsentation an einer Ausschreibung des BMBF im Bereich des eHeritage-Programms. Im Rahmen des Kooperationsprojekts *Dichterlesen. net* haben zwei wissenschaftliche Hilfskräfte den zweiten audiovisuellen Projektraum *Unterhaltungen deutscher Eingewanderten* mit Digitalisaten und Beschreibungen ausgewählter Marbacher Tonquellen bestückt.

Das abteilungsübergreifende Projekt zur Entwicklung eines neuen Online-Katalogs startete im April 2016: In enger Zusammenarbeit der lokalen Arbeitsgruppe mit der Beraterfirma Open Culture Consulting (OCC) wurde bis Ende des Jahres auf der Basis von Open Source Technologie ein Prototyp entwickelt.

Mitarbeiterinnen und Mitarbeiter der Bibliothek haben für etwa 220 Personen Fachführungen zu Beständen, Arbeitsweisen und Nachweissystemen durchgeführt, an der hausinternen Fortbildungsreihe *Auf dem Laufenden* konzeptionell und moderierend oder im Betriebsrat mitgewirkt. Aufgrund der Netzwerkmodernisierung und den damit verbundenen Umbaumaßnahmen und Ausquartierungen konnten nur 2 Berufspraktikantinnen betreut werden, während die Betreuung von 8 Projektmitarbeiterinnen und -mitarbeitern weiterlief.

MUSEUM

1 Ausstellung

1.1 Ausstellungen im Literaturmuseum der Moderne (LiMo)

1.1.1 Dauerausstellung

Die Seele. Ausstellung: Heike Gfrereis, Gestaltung: Diethard Keppler und Demirag Architekten. Seit 7. Juni 2015. – Dazu Intervention: *Freud-Spur*, Heike Gfrereis und Richard Schumm. Seit 3. November 2016.

1.1.2 Wechselausstellungen

Das bewegte Buch. 6. November 2015 bis 9. Oktober 2016. Ausstellung: Heike Gfrereis und Dietmar Jaegle, Beratung: Claus Pias, Recherchen: Johannes Kempf, Sandra Potsch, Richard Schumm. Gestaltung: Diethard Keppler und Demirag Architekten. Dazu zwei Interventionen: 1. *Luftzuglichterlesen.* 29. Januar bis 9. Oktober 2016. Konzept und Umsetzung: Dieter Zimmermann, Inge Elsässer und Philipp Contag-Lada. 2. *Marbacher Poesiekubus.* 28. April bis 9. Oktober 2016. Konzept: Richard Schwarz, Sounds: Hans Platzgumer. Text: Albert Ostermaier. – *Die Gabe / The Gift.* 10. November 2016 bis 12. März 2017. Ausstellung: Susanna Brogi und Magdalena Schanz, Gestaltung: HG Merz und Sophie Merz von mm+.

1.1.3 Reihe ›fluxus‹

33: *Péter Nádas: Düsteres Idyll. Trost der deutschen Romantik.* 6. Oktober 2015 bis
21. Februar 2016. Ausstellung und Gestaltung: Heike Gfrereis und Péter Nádas
mit Dietmar Jaegle und Diethard Keppler. – 34: *Errata. Fehler aus zweiter Hand.*
29. Februar bis 3. Juli 2016. Ausstellung und Gestaltung: Heike Gfrereis mit
Dietmar Jaegle, Richard Schumm und Hanns Zischler. Film: Thomas H. Schmidt
und Richard Schumm. – 35: Sibylle Lewitscharoff: *Im Labyrinth der Kreise. Aus
einer Dante-Roman-Werkstatt.* 7. Juli bis 27. November 2016. Ausstellung und
Gestaltung: Heike Gfrereis, Film: Johannes Kempf. – 36: *Michael Krüger: Unverhofftes Wiedersehen. Karten lesen.* 6. Dezember 2016 bis 2. April 2017. Ausstellung
und Gestaltung: Heike Gfrereis.

1.2 Ausstellung im SNM

Dauerausstellung im Schiller-Nationalmuseum. Ausstellung: Heike Gfrereis mit
Stephanie Käthow, Katharina Schneider, Ellen Strittmatter, Aneka Viering und
Martina Wolff. Gestaltung: space4 (Architektur), Diethard Keppler und Stefan
Schmid (Grafik). Seit 10. November 2009.

1.3 Marbacher Passage (Vitrinenausstellungen im Vestibül des Archivs)

Felix Hartlaub. 1. Dezember 2015 bis 18. Januar 2016. – *Neue literarische Zeitschriften in der Bibliothek.* 13. Januar bis 12. Februar 2016. – *Exil.* 15. Februar bis
11. März 2016. – *Klaus-Peter Dencker.* 14. März bis 8. April 2016. – *Lyrik 1046.*
11. April bis 6. Mai 2016. – *Juri Brězan.* 6. Juni bis 15. Juli 2016. – *Dieter Hoffmann.*
18. Juli bis 12. September 2016. – *Susanne Nickel.* 16. September bis 30. September
2016. – *Dieter Kühn.* 5. Oktober bis 21. Oktober 2016. – *Peter und Christa Bürger.*
24. Oktober bis 18. November 2016. – *Hilde Domin und Nelly Sachs.* 21. November
bis 16. Dezember. *Moses Rosenkranz.* 19. Dezember bis 27. Januar 2017.

Die Ausstellungen in der ›Passage‹ wurden 2016 kuratiert von Jutta Bendt,
Ulrich von Bülow, Ruth Doersing, Nikola Herweg, Sandy Krüger, Tanja Angela
Kunz, Heiko Kusiek, Catherine Marten, Julia Maas, Hermann Moens, Mirko Nott-
scheid, Nicolai Riedel, Eva Schippert, Tom Tearney.

1.4 Auswärtige Ausstellungen

*New Types. Three Pioneers of Hebrew Graphic Design. Moshe Spitzer, Franzisca
Baruch, Henri Friedlaender.* Israel Museum, Jerusalem. 22. Oktober 2015 bis
17. Juni 2016. Ausstellung in Zusammenarbeit mit dem Israel Museum und dem

Goethe-Institut, im Rahmen der Forschungskooperation mit dem Franz Rosenzweig Minerva Research Center, The Hebrew University of Jerusalem. Ausstellung: Ada Wardi. Forschungskoordination: Caroline Jessen. – *Geistesgegenwärtig. Johann-Heinrich-Merck-Preis und Sigmund-Freud-Preis 1964–2014: Szenen einer deutschen Kulturgeschichte*. 30. Oktober 2015 bis 10. Januar 2016, Hessisches Landesmuseum Darmstadt. Ausstellung in Zusammenarbeit mit der Deutschen Akademie für Sprache und Dichtung Darmstadt. Ausstellungskonzept und -gestaltung: Bernd Busch und Heike Gfrereis mit Diethard Keppler, Andreas Jung und Franziska Schmidt. – *Harry Graf Kessler – Flaneur durch die Moderne*. 21. Mai bis 25. September 2016, Stiftung Brandenburger Tor, Berlin. Kooperation mit der Stiftung Brandenburger Tor und der Klassik Stiftung Weimar. Ausstellungskonzept und -gestaltung: Christoph Stölzl mit Heike Gfrereis und Cornelia Vossen, Janet Alvarado, Annette Schryen und Wolfgang Matzat.

2 Besucherzahlen

2.1 Museen

2006	2007	2008	2009	2010	2011	2012	2013	2014	2015	2016
52.759	35.500	34.105	48.153	87.315	86.850	67.092	61.110	63.788	63.338	59.923

Im Juni 2006 wurde das Literaturmuseum der Moderne eröffnet. Von Ende März 2007 bis zum 10. November 2009 war das Schiller-Nationalmuseum wegen Innensanierung geschlossen.

2.2 Auswärtige Ausstellungen

Harry Graf Kessler – Flaneur durch die Moderne. 18.000 Besucher. *Geistesgegenwärtig. Johann-Heinrich-Merck-Preis und Sigmund-Freud-Preis 1964–2014: Szenen einer deutschen Kulturgeschichte*: Gesamtzahl der Besucher des Hessischen Landesmuseums im Jahr 2016: 100.000 Besucher.

2.3 Soziale Medien

2016 hatte die Facebook-Seite der Literaturmuseen Marbach 2.611 *Gefällt mir*-Angaben und damit einen Zuwachs um 1.227 *Gefällt mir*-Angaben im Vergleich zum Vorjahr. Die Reichweite, d. h. die Anzahl der Personen, welche die Facebook-Seite besucht oder einen der Posts gesehen haben, beträgt 904.312. Die Gesamtzahl der Aufrufe des YouTube-Kanals der Literaturmuseen Marbach betrug 40.752. Die App der Marbacher Literaturmuseen wurde 475-mal heruntergeladen.

3 Publikationen
3.1 Zu den Ausstellungen

Marbacher Magazin 153. Hanns Zischler: *Errata. Fehler aus zweiter Hand. Ein Gespräch in x Stichworten.* – Marbacher Magazin 154. Sybille Lewitscharoff: *Im Labyrinth der Kreise. Aus einer Dante-Roman-Werkstatt.* – Marbacher Magazin 155/156. *Die Gabe / The Gift. Schmuckstücke der Marbacher Sammlungen.* – Marbacher Magazin 157. Michael Krüger: *Unverhofftes Wiedersehen. Karten lesen.*

3.2 Weitere

Aus dem Archiv 9. *Hilde Domin / Nelly Sachs: Briefwechsel.* Hg. von Nikola Herweg und Christoph Willmitzer. – Spuren 109. Hans Burkhard Schlichting: *Alfred Döblin in Baden-Baden.* – Spuren 110. Helmut Böttiger: *Gottlob Haag in Wildentierbach.* – Spuren 111. Wolfgang Menzel: *Huchel und Joachim auf dem Sulzburger Friedhof.* – Spuren 112. Joachim Kersten: *Friedrich Sieburg in Gärtringen.* – *Jahrbuch der Deutschen Schillergesellschaft.* Jg. 60. Im Auftrag des Vorstands hg. von Alexander Honold, Christine Lubkoll, Ernst Osterkamp und Ulrich Raulff.

3.3 Sonstiges

Programmplakat 2016. Nr. 1 bis 4. Text- und Bildredaktion: Heike Gfrereis und Dietmar Jaegle. – *Zeitschrift für Ideengeschichte.* Heft X/1, XI/2, XII/3, XIII/4. Hg. von Ulrich Raulff (Deutsches Literaturarchiv Marbach), Helwig Schmidt-Glintzer (Herzog August Bibliothek Wolfenbüttel), Hellmut Th. Seemann (Klassik Stiftung Weimar) und Luca Giuliani (Wissenschaftskolleg zu Berlin).

4 Literaturvermittlung / Museumspädagogik
4.1 Museumsführungen 2016

2006	2007	2008	2009	2010	2011	2012	2013	2014	2015	2016
1038	753	730	628	836	1098	1044	582	549	537	527

4.1.1 Themen der Führungen

LiMo Dauerausstellung *Die Seele* (dt., engl., frz.). – SNM Dauerausstellung *Unterm Parnass* (dt., engl., frz.). – SNM Schiller Rundgang. – Rundgang durchs LiMo und SNM mit Diskussion zum Ausstellungskonzept. – Architektur für Literatur: Die beiden Marbacher Museen (dt., engl.). – Mit Schülern ins LiMo und SNM. Angebot für Lehrer. – Wechselausstellung: *Das bewegte Buch*. – Wechselausstellung: *Die Gabe*. – fluxus: Péter Nádas. – fluxus: Hanns Zischler. – fluxus: Sybille Lewitscharoff. – fluxus: Michael Krüger. –LiMo: Franz Kafka. – LiMo: Schreiben im Exil. – LiMo: Max Frisch. – LiMo: Peter Stamms *Agnes*. – LiMo: Vom Axtbuch zur Geheimschrift. – LiMo: Erich Kästner. – LiMo: Michael Ende. – LiMo: Collage. – LiMo: Essay. – LiMo: Der Vorleser. – SNM: Schiller. – SNM: Eduard Mörike. – SNM: Schillers Dramen. – SNM: Schiller von Kopf bis Fuß. – SNM: Der Zauber der Dinge. – Kurzprosa durch LiMo und/oder SNM. – Liebeslyrik durch LiMo und/oder SNM. – Naturlyrik durch LiMo und/oder SNM. – LiMo/SNM: Lyrik. – LiMo: Freuds Spuren.

4.1.2 Aktionstage mit freiem Eintritt, freien Führungen und Veranstaltungen

Wein-Lese-Tage. 30./31. Januar 2016. – Welttag des Buches *Bücherverrückt*. 23. April 2016. – Internationaler Museumstag *Teilchen-Poesie*. 22. Mai 2016. – 10 Jahre LiMo *Bücher für den Eimer, Bücher für die Insel*. 5. Juni 2016. – Literatursommer *Wandern zwischen Stein und Pflanzen*. 25./26. Juni 2016. – Finissage *Das bewegte Buch*. 9. Oktober 2016. – Tag der offenen Tür *Zehn Jahre LiMo, mit allen Fingern begriffen*. 13. November 2015. – Bundesweiter Vorlesetag 18. November 2016.

4.2 Schul- und Kinderprogramm des Museums 2016
4.2.1 Zahl der Veranstaltungen

Führungen/Veranstaltungen im Schul- und Kinderprogramm insgesamt	159
Besucher im Schul- und Kinderprogramm insgesamt	3260
Seminare, Workshops und Lesungen im Schul- und Kinderprogramm	72
Spezielle Aktionstage für Kinder, Schulen und Familien	8
Einwöchige Ferienworkshops	5

4.2.2 Themen der Kinder- und Schülerführungen

LiMo Dauerausstellung *Die Seele*. – SNM Dauerausstellung *Unterm Parnass*. – SNM Schillerrundgang. – LiMo: *Das bewegte Buch*. – LiMo: Franz Kafka. – LiMo: Schreiben im Exil. – LiMo: Max Frisch. – LiMo: Peter Stamms *Agnes*. – LiMo: Vom Axtbuch zur Geheimschrift. – LiMo: Erich Kästner. – LiMo: Collage. – LiMo: Essay. – LiMo: *Der Vorleser*. – LiMo: Schreiben im Exil. – LiMo: *Der Prozess* unter der Lupe. – SNM: Schiller in der Schule. – SNM: Mörikes Dinge. – SNM: Schillers

Dramen. – SNM: Schiller von Kopf bis Fuß. – Liebeslyrik durch LiMo und/oder
SNM. – Naturlyrik durch LiMo und/oder SNM. – Kurzprosa durch Limo und/oder
SNM.

4.2.3 Themen der Seminare und Workshops

Vom Axtbuch zur Geheimschrift, Schiller von Kopf bis Fuß, *Emil und die Detektive*,
Der Zauber der Dinge, Michael Ende, Collagetechnik, Essay, *Der Vorleser*, Schrei-
ben im Exil, *Der Prozess* unter der Lupe, Kreativwerkstatt mit Eduard Mörike
(in Zusammenarbeit mit dem Staatlichen Museum für Naturkunde, Stuttgart),
Unhintergehbar. Schreibworkshop mit der Schriftstellerin Charlotte Warsen (im
Rahmen des Bundeswettbewerbs für junge Literatur: lyrix), Schreiben szenischer
Essays zur Wechselausstellung *Die Gabe*.

   Die Schul-Führungen, -Seminare und -Workshops 2016 wurden durchgeführt von Vanessa Greiff, Johannes Kempf, Claudia Konzmann, Fabian Neid-
hardt, Ursula Parr, Sandra Potsch, Thomas H. Schmidt, Richard Schumm, Verena
Staack, Veronika Weixler, Elke Wenzel und Johanna Wurth.

5. Projekte
5.1 LINA. Die Literaturschule im LiMo

Seit September 2008 können Schüler im LiMo ein bundesweit einmaliges Pilotprojekt besuchen: die Literaturschule LINA (Literatur am Nachmittag), in der sie
nachmittags betreut werden und durch Originale aus dem Archiv und die Mitwirkung an der Vermittlungsarbeit des Museums einen ungewöhnlichen Zugang zur
Literatur kennenlernen.

   Betreuung: Sandra Potsch und Verena Staack.

5.2 LINA in den Ferien

Seit August 2009 findet die Literaturschule LINA auch in den Ferien statt. LINA
in den Ferien wendet sich an besonders interessierte Kinder und Jugendliche, die
die Ferien nutzen möchten, ihre sprachlichen Talente und ihr literarisches Interesse weiterzuentwickeln und in kreativer Weise auszudrücken. 2016 fanden drei
Ferienworkshops statt: *Ist das ein Buch* (Osterferien), *Bücherwelten. Eine Pop-Up-
Bücherwerkstatt* (Sommerferien) und *Schattentheater* (Herbstferien).

   Alle Ferienworkshops wurden von Sandra Potsch, Verena Staack und Veronika Weixler durchgeführt.

5.3 Kulturakademie der Stiftung Kinderland des Landes Baden-Württemberg

Die Kulturakademie richtet sich seit 2010 mit einem bundesweit einmaligen Angebot an alle Schülerinnen und Schüler der Klassenstufen sechs bis acht (in den Sparten Bildende Kunst, Literatur, MINT und Musik). In den Faschings- und Sommerferien fanden in den Marbacher Museen zwei einwöchige Schreibseminare mit Silke Scheuermann und Matthias Göritz und den Gästen Judith Schalansky und Pauline Altmann sowie eine Projektklasse in den Stuttgarter Staatstheatern statt. Neben freien Texten wurde eine Ausstellung mit veränderten und umgeschriebenen Büchern gestaltet (siehe 5.4) bzw. Kreativaufgaben im Rahmen der Dauerausstellungen im Literaturmuseum der Moderne und im Schiller-Nationalmuseum (Sommerferien) bearbeitet.

5.4 Museums-, Ausstellungs- und Literaturlabor

In dem seit Januar 2016 öffentlich zugänglichen Werkstattraum der Museen werden Kinder, Jugendliche, Studierende, Besucher und Volontäre in wichtige kuratorische Fragen des Literaturausstellens einbezogen und erarbeiten selbst kleine Ausstellungen.

Zum 10. LiMo-Jubiläum standen die Verfahren im Mittelpunkt, mit denen Ausstellungen Bedeutungen erzeugen und Exponate ›sprechend‹ werden (*Hängen, Stellen, Legen*, gemeinsam mit Studierenden der Universität Stuttgart). Zur Ausstellung *Das bewegte Buch* gab es vier Interventionen, die den Buchraum, den Umgang mit Büchern und deren besondere Möglichkeiten als Wissensspeicher und Textträger weiter ausgelotet haben (im Rahmen von zwei Seminaren der Universität Tübingen bzw. Stuttgart sowie der Kulturakademie und eines Ferienworkshops). Zur Ausstellung *Die Gabe* ist die von Christian Kracht und Eckhart Nickel 2015 dem Deutschen Literaturarchiv Marbach geschenkte *Kathmandu Library* so aufgestellt worden, dass die Besucher selbst die Nachbarschaften eines Archivs herstellen, erkunden und auch verändern können. Darüber hinaus wurden mit Studierenden der Universität Stuttgart Rainer Maria Rilkes Marbacher Gedichtmanuskripte (allesamt Geschenke an seine Freunde und Mäzene) auf ihre Besonderheiten und Funktionen hin analysiert und ihr genuines Verhältnis von Thema, Struktur, Schrift und Papier ausgestellt.

Das Museums-, Ausstellungs- und Literaturlabor wurde 2016 betreut von Heike Gfrereis, Dietmar Jaegle, Johannes Kempf, Sandra Potsch, Richard Schumm, Verena Staack und Veronika Weixler.

5.5 Jubiläumsveranstaltungen ›10 Jahre Literaturmuseum der Moderne‹

Ecken und Kanten, Schrift und Raum. 29. Januar 2016. Mit Günter Figal, Alexander Schwarz. – *Zauber der Bücher.* 9. Februar 2016. Mit Judith Schalansky, Pauline Altmann. – *Wenn die Buchstaben tanzen gehen.* 29. Februar 2016. Mit Hanns Zischler. – *Das Buch als Form.* 21. April 2016. Mit Michael Hagner, Carlos Spoerhase. – *Buchverrückt.* 23. April 2016. – *Gedicht hoch drei.* 28. April 2016. Mit Albert Ostermaier, Hans Platzgumer, Richard Schwarz. – *Teilchen-Poesie.* 22. Mai 2016. Mit Clemens J. Setz. – *Bücher für den Eimer, Bücher für die Insel.* 5. Juni 2016. Mit Denis Scheck, Karla Paul. – *Wandern zwischen Stein und Pflanzen.* 25. Juni bis 26. Juni 2016. Mit Michael Köhlmeier, Peter von Matt. – *Literaturbesessen.* 7. Juli 2016. Mit Sibylle Lewitscharoff und Karlheinz Stierle. – *Von der Seele schreiben.* 7. September 2016. Mit Silke Scheuermann und Matthias Göritz. – *Aus der Seele lesen.* 29. September 2016. Mit Sybille Krämer. – *Die Zeit und das Museum.* 6. Oktober 2016. Mit Rüdiger Safranski. – *Das letzte Mal: Bücher bewegen.* 9. Oktober 2016. Mit Nora Gomringer, Philipp Scholz. – *Aus der Seele lesen.* 12. Oktober 2016. Mit Wolfram Groddeck. – Eröffnung: *Die Gabe / The Gift.* 10. November 2016. – *Zehn Jahre LiMo, mit allen Fingern begriffen.* 13. November 2016. Mit Thomas Meinecke.

ENTWICKLUNG

1 Allgemein

Zu den allgemeinen Arbeiten der Entwicklung gehörte die Unterstützung des Direktors in vielfältigen Angelegenheiten und die Stellvertretung während dessen Abwesenheiten. Die Vorstands- und Kuratoriumssitzungen wurden vom Leiter der Entwicklung vorbereitet und betreut. Am 13. Mai hat die Mitgliederversammlung der DSG den Präsidenten, den Vize-Präsidenten und acht Kuratoriumsmitglieder 2016–2020 gewählt. Im Anschluss an die Mitgliederversammlung fand die konstituierende Sitzung des neuen Kuratoriums statt. Das Kuratorium hat die zwei noch ausstehenden Vorstandsmitglieder und den Wissenschaftlichen Beirat gewählt.

2 Strukturplanung

Untersuchungen, ob Teile des alten Marbacher Elektrizitätswerkes als Magazin für Archivalien ertüchtigt werden können, haben diese Hoffnung zerschlagen. Die notwendigen klimatischen Bedingungen hätten dort nicht wirtschaftlich vertretbar geschaffen werden können.

Für die Neugestaltung des Lesesaals der Bibliothek wurde ein Raum- und vor allem Lichtkonzept erarbeitet. Der neue Bernhard-Zeller-Saal konnte im Herbst mit neuer Zeitschriftenleseecke, neuem Auskunftsplatz und einem OPAC-Bereich fertiggestellt werden.

Im Rahmen des Programms wissenschaftliche Institute Tauschen (WIT) konnte eine Station mit der Bibliothèque nationale et universitaire de Strasbourg (BNU) gewonnen werden. Der Gegenbesuch steht 2017 an. Erstmals fand der Austausch auf der Ebene der Bestandserhaltung statt.

Beim Forschungsverbund MWW vertritt der Abteilungsleiter das DLA im Verbundausschuss. Er leitet die Aktivitäten zur Entwicklung eines verlässlichen Speichers und unterstützt die bestandsbezogenen Forschungsprojekte im Bereich Digital Humanities Methoden. Herr Kamzelak und Frau Kreh arbeiten als Fachredakteure an der MWW-Verbundzeitschrift mit. Am 6. Dezember hat eine Fachredaktionssitzung stattgefunden, an der Herr Kamzelak teilgenommen hat.

3 Editionen

Von November 2015 bis Anfang Februar 2016 hat das Projekt *Vernetzte Korrespondenzen* eine Ausstellung in der Universitätsbibliothek in Trier gezeigt. Zur Eröffnung sprachen der Präsident der Universität Trier, Prof. Dr. Michael Jäckel, die Bibliothekarsdirektorin, Dr. Hildegard Müller und für das Projekt Dr. Vera Hildenbrandt und Dr. Roland S. Kamzelak. Der Erfolg der Ausstellung wurde durch eine Verlängerung von sechs Wochen belegt. Das Projekt ist formal seit 31. Januar 2016 abgeschlossen.

Im Februar fand wieder die zweijährige Tagung der Arbeitsgemeinschaft für germanistische Edition (AGE) in Graz statt. Herr Kamzelak hat dort die Gründung einer Kommission für Editionswissenschaft und Digital Humanities vorgeschlagen und war anschließend mit den Vorbereitungen der Gründung befasst.

Die Arbeiten am Editionenviewer (*EdView*) gingen stetig voran; der Ingest der XML-Dateien wurde entworfen, das Schema für Briefe und Tagebücher erstellt. Überlegungen zur Dokumentansicht haben begonnen.

Der MWW-DH-Stipendiat Jens Pohlmann war für sechs Monate am DLA. Herr Pohlmann konnte in dieser Zeit das Grobkonzept für ein Projekt zu Unselds Reiseberichten abschließen. Ein DFG-Antrag soll voraussichtlich Mitte 2017 eingereicht werden.

Die BSCW-Stiftung hat nochmals Mittel für die Fertigstellung von Harry Graf Kesslers Tagebuch Band I bereitgestellt. Die gedruckte Ausgabe soll im Mai 2018 erscheinen.

4 Wissenschaftliche Datenverarbeitung

Die Modernisierung des internen Datennetzes hat als Großprojekt das ganze Jahr über nicht nur das WDV-Referat beschäftigt, sondern durch die notwendigen Umzüge, Einschränkungen und Ausweicharbeitsplätze auch Benutzer und Mitarbeiter betroffen. Nachdem im Dezember die Arbeiten fristgerecht und im Kostenrahmen weitgehend abgeschlossen werden konnten, kann rückblickend ein ausgesprochen positives Fazit gezogen werden: Unser Auftrag erging nicht nur an die wirtschaftlichsten Anbieter, sondern alle beteiligten Firmen und Planer haben mit viel Verständnis für die komplexe Gebäudesituation, die empfindlichen Bestände und die betroffenen Personen agiert und umsichtig und mit größter Sachkunde sehr gute Arbeit geleistet.

In technischer Hinsicht sind Ergebnisse erzielt worden, die die Netzwerkinfrastruktur des DLA für viele Jahre ertüchtigt haben: Rund 2,7 Kilometer Glasfaser-Leitungen mit zusammen etwa 384 Fasern wurden verlegt und bilden nun ein Rückgrat im lokalen Netz, das mit 13 neuen 10-Gigabit-Switches bestückt wurde. Dabei ist nicht nur die um eine Größenordnung gestiegene Bandbreite zu erwähnen, sondern auch die erstmals vorhandene Redundanz der Uplinks von den Unterverteilern in den Serverraum. Ca. 67 Kilometer leistungsfähige Kupferleitungen für 1.174 Anschlüsse wurden neu verlegt, die für Telefone, PCs und vernetzte Geräte aller Art multifunktional genutzt werden können. Dazu gehören auch die insgesamt nun 65 modernen WLAN-Access-Points, die kabelloses Internet nicht mehr nur in den Museen und in den Tagungs- und Benutzerbereichen aufspannen, sondern erstmals auch eine Grundversorgung aller Diensträume und Magazine ermöglichen.

Eine besondere Herausforderung waren die Tagungsräume und der Besprechungsraum. Dort wurde neben der eigentlichen Netzwerkmodernisierung auch die Projektionstechnik (Leinwände, Projektoren) und die Lautsprecher-Anlage neu geplant und modernisiert, teils auch mit digitalen Audio-Komponenten. Auch beim Katalogsaal der Bibliothek waren viele komplexe Faktoren zu berücksichtigen, doch ging auch dieser fristgerecht wieder in Betrieb. Bei allen baulichen Maßnahmen sind Betriebserfahrungen der vergangenen Jahre eingeflossen, sodass häufig auch Einbauten, Druckerstandorte und Ausstattungsdetails optimiert werden konnten. Die Projektionstechnik im Schulungsraum in der Haffnerstraße wurde ebenfalls modernisiert.

Der Humboldtsaal wurde während der notwendigen Schließung der Sanierungsbereiche für Ausweicharbeitsplätze vorbereitet und genutzt. Im Zuge der Rückumzüge wurden die PCs der Mitarbeiter durch neue ausgetauscht oder zumindest mit schnellen SSDs ausgestattet, sodass neben einem schnelleren Netz auch die Verarbeitungsleistung insgesamt spürbar zunahm. 33 neue Monitore wurden als Ersatz beschafft und installiert, die Zahl der PC-Arbeitsplätze stieg insgesamt leicht auf 260.

Insbesondere auf Wunsch wissenschaftlicher Mitarbeiter mit umfangreichen internationalen Kontakten wurden 17 hochwertige Webcams beschafft und eine Musterkonfiguration für Skype entwickelt, um entsprechenden Kommunikationsbedarf auch an individuellen Arbeitsplätzen bedienen zu können. Die bestehenden Skype-Installationen in den Tagungs- und Besprechungsräumen wurden aktualisiert.

Im Collegienhaus ist ein eigenes Sanierungsprojekt angelaufen, das auch Netzwerktechnik umfasst und planerisch und praktisch begleitet wurde. Dafür wurden vergleichbare neue Switches und WLAN-Access-Points beschafft und technisch integriert. Auch bei diesen Bauarbeiten waren Provisorien nötig und Umzüge zu bewältigen.

Parallel zur Ertüchtigung des internen Netzes wurde die externe Internet-Anbindung erheblich verbessert: Zunächst wurde zu Beginn des Jahres die bestehende Funk-Anbindung zur PH Ludwigsburg auf das funktechnisch erzielbare Maximum gehoben. Die Kündigung des bestehenden DSL-Anschlusses durch die Telekom wurde genutzt, um mit VDSL 100 eine leistungsfähigere Backup-Linie zu schaffen. Zum Ende des Jahres erfüllte sich ein lang gehegter Wunsch, als das DLA per Lichtwellenleiter redundant an das Glasfasernetz des Landesforschungsnetzes Belwue angeschlossen wurde. Die Finanzierung dieser aufwändigen Tiefbaumaßnahme bis zum Neckarufer erfolgte erfreulicherweise aus zentralen Mitteln des Landes.

Jenseits der besonderen Bauprojekte sind folgende Punkte erwähnenswert:

Die erfolgte Migration der Datensicherung auf LTO-6-Laufwerke machte es notwendig, LTO-3 Bänder, die langfristig zur Verfügung stehen sollten, auf neue Medien umzukopieren, damit die alte LTO-3-Bandbibliothek stillgelegt werden kann. Hierfür wurde die eigentlich stillgelegte HP EVA 4000 als provisorische Disk Backup Staging Area wieder in Betrieb genommen. Die Migration von 137 TB (262.899.945 Dateien) im Laufe des Jahres verlief erfolgreich und mit nur sehr wenigen Lesefehlern.

Zwei neue ESXi-Server wurden in Betrieb genommen, die dadurch frei gewordenen Server der Vorgängergenerationen sachgerecht nachgenutzt. Insgesamt wurde ein deutlicher Performancegewinn erzielt, der vor allem auch von den Web-Redakteuren dringend benötigt wurde.

Nach umfangreichen Vorbereitungen wurde nun auch der Intranet-Auftritt für Benutzer und Mitarbeiter inhaltlich, optisch und funktional modernisiert und somit dem Internet-Auftritt angeglichen. Für Forum und Wiki kommen, anders als früher, keine Typo3-internen Module mehr zum Einsatz, sondern optimierte Speziallösungen. Das von außen zugängliche Stipendiaten-Forum hat seinen Testbetrieb nicht verlassen und wurde mangels Nachfrage wieder stillgelegt.

Insgesamt verzeichnet der öffentliche Internet-Auftritt des Hauses mit durchschnittlich 298.270 Seitenaufrufen pro Monat eine gegenüber dem Vorjahr (344.343) verringerte Nutzung.

Ein Rückgang ist auch zu beobachten bei den Suchen in unserem OPAC, der nur noch ca. 220.000-mal konsultiert wurde (Vorjahr: 285.000). Ein Teil dieses Rückgangs hängt vermutlich mit den Baumaßnahmen zusammen, die die Benutzungsbedingungen vor Ort erschwert und Aufenthalte verhindert oder verkürzt haben werden. Jedoch sinken auch die Zugriffe externer Nutzer im Internet und bekräftigen unser Vorhaben, den Online-Katalog selbst qualitativ und technisch zu modernisieren.

Dazu war zunächst vorgesehen, eine spezielle Projektstelle mit der Bündelung und Weiterentwicklung der Anforderungen und den Vorarbeiten zu betrauen, doch gelang es nicht, die Stelle geeignet zu besetzen. Die gewählte Alternative, den OPAC *Next Generation* mit Hilfe externer Experten (Open Culture Consulting Hamburg) nicht nur theoretisch, sondern entlang eines konkreten Prototypen zu skizzieren, hat sich als außerordentlich ertragreich erwiesen, wenn auch für die Projektumgebung, die notwendigen Datenexporte aus Kallías, technische Dokumentation, Arbeitssitzungen, Telekonferenzen und Workshops viel Arbeitszeit investiert wurde. Im Ergebnis liegt ein gut dokumentierter und weitgehend automatisierbarer Workflow vor, um aus Kallías vollständige Daten zu exportieren, mit dem Werkzeug OpenRefine aufzuarbeiten, in einen Suchmaschinen-Index zu überführen und in einer Weboberfläche suchbar zu machen. Der erfolgreiche Prototyp ist freilich noch nicht der neue OPAC selbst – ein großes Projekt, das alle Abteilungen noch weiter beschäftigen wird.

Für die erleichterte Zusammenarbeit wurden verschiedene von außen erreichbare Instanzen der Software *Redmine* aufgesetzt.

Die Regelung zum dienstlichen Einsatz privater Geräte (insbesondere Smartphones) wurde überarbeitet, erweitert und mit dem Betriebsrat und der Datenschutzbeauftragten abgestimmt.

Kallías selbst wurde nach intensiven Tests Ende Oktober produktiv auf eine ›große‹ neue Version gebracht, die das neue, verbindliche Regelwerk RDA unterstützt und implementiert. Wegen großer Unterschiede in den Datenstrukturen kann der herkömmliche OPAC nicht mit der Live-Umgebung laufen und basiert bis auf weiteres auf einem archivierten Stand alter Struktur. Durch Einrichtung von Datenbank-Links konnte immerhin die bei der letzten Release-Umstellung erforderliche Doppelerfassung im Modul Leser vermieden werden.

Der Südwestdeutsche Bibliotheksverbund hat eine Identnummernkonkordanz zu unserem letztjährigen Offline-Export an ihn geliefert, die per SQL in

Kallías importiert wurde. Bei ca. 118.000 Bibliothekssätzen wurde die vorhandene PPN (Verbundnummer) aktualisiert und in einigen Fällen auch korrigiert, bei ca. 41.000 Sätzen wurde erstmalig eine PPN zugeordnet.

Nach erfolgtem Abschluss der Retrokonversion des Handschriftenkataloges konnten alle unveränderten, nun inhaltlich überholten Handschriften-Aufnahmen der Zentralkartei für Autographen auch aus dem OPAC ausgeblendet werden. (Im Dienstclient waren diese Daten schon im Juni 2009 ausgeblendet worden.) Mit dem Vorliegen von vollständigen, hochwertigen Bestandsdaten des Archivs wurden erstmals alle 736.788 Handschriften-Sätze sowie die damit verknüpften Normdaten an Kalliope geliefert. Das vor längerer Zeit vereinbarte Lieferformat kann dort jedoch offenbar nicht mehr so einfach eingespielt werden, sodass das künftige Liefer- und Austauschverfahren noch in der Diskussion und Entwicklung ist.

Zur Vorbereitung eines DFG-Antrags in Kooperation mit Weimar wurde per SQL ein Export der ca. 33.000 Werktitel in Kallías erstellt und mit 3.300 einschlägigen Werknormsätzen aus Weimar abgeglichen.

Die Bibliothek hat einen DFG-Antrag zur Archivierung und Erschließung von Twitter-basierten Literaturformen erarbeitet, der konzeptionell begleitet wurde. Die dort vorgesehene neue Technologie von Webrecorder.io wurde erfolgreich getestet, um den bisherigen, gewachsenen Facebook-Auftritt der Marbacher Museen zu sichern. Künftig wird der Social-Media-Auftritt von der Pressestelle betreut und neu aufgestellt, was technisch begleitet und vorbereitet wurde.

Eine Nachlieferung von Kittler-Datenträgern, die bereits im Vorjahr bearbeitet und als Sektor-Images gesichert wurde, wurde nun auch in Jürgen Enges Indexer aufgenommen. In diesem Zuge wurde eine Dokumentation der dafür notwendigen Schritte erstellt. Damit sind nun alle geeigneten Datenträger im Indexer recherchierbar, wenn auch mit den bekannten technischen und rechtlichen Einschränkungen.

Im Rahmen einer betreuten Bachelorarbeit wurde ein selbstentwickeltes Tool zur Sicherung von Nachlassdisketten auf eine besser pflegbare Python-Variante umgestellt.

Auf- und Abbau der Medieninstallation *Poesiekubus* im LiMo wurde technisch begleitet und dokumentiert und die verwendeten Softwarekomponenten gesichert.

5 Digitalisierung / Fotostelle

Die Projektstelle zur Koordination von Digitalisierungsprojekten mit Institutionen des Landes Baden-Württemberg wurde mit der IT-Landschaft und den bestehenden Workflows im Haus vertraut gemacht und bei ihren Projekten unterstützt, etwa durch Exporte von Metadaten aus Kallías und deren Weiterverarbeitung zu Auftragslisten und Einlegeblättern, die die Scanprojekte benötigen.

Für die ansprechende Präsentation von hochaufgelösten Digitalisaten wurde der Prototyp eines Kachelviewers als Typo3-Extension implementiert sowie Prozeduren, um aus den Masterscans die Vielzahl der Kachel-Dateien zu erzeugen. Da meist keine Metadaten nach dem DFG-Viewer-Standard vorliegen, zeigt der Kachelviewer dynamisch die Metadaten aus unserem OPAC an.

Die Digitalisierung / Fotostelle hat im Berichtsjahr 785 Aufträge bearbeitet, davon 236 hausinterne und 549 für externe Auftraggeber. Dabei wurden 9.729 Fotos geliefert. Es gingen 103 Belegexemplare ein.

Für die Hauschronik, die Homepage und die Pressestelle wurden etwa 30 Veranstaltungen fotografisch dokumentiert. In die fotografische Porträtsammlung wurden 7 von den Hausfotografen aufgenommene Schriftstellerporträts übernommen.

Vier Marbacher Magazine, zwei Spurenhefte und zahlreiche weitere Publikationen, Flyer, Werbemittel und Plakate wurden mit Aufnahmen oder Scans der Digitalisierung / Fotostelle ausgestattet. Für insgesamt 5 Ausstellungen wurden sämtliche Fotoarbeiten ausgeführt, darunter die Ausstellung *Die Gabe / The Gift* und eine Gemeinschaftsausstellung mit der Stiftung Brandenburger Tor zu Harry Graf Kessler in Berlin. Im vierten Quartal wurde mit den umfangreichen Fotoarbeiten für die Ausstellung *Rilke und Russland* begonnen.

Folgende Konvolute wurden im Berichtszeitraum digitalisiert bzw. bearbeitet: Für die Bestandsgruppe Bilder & Objekte wurden 599 Archivalien verschiedener Gattungen fotografiert bzw. gescannt. Im Rahmen eines Kooperationsprojektes mit der Universität Wuppertal wurden ca. 2.000 Manuskriptseiten von Arthur Schnitzler gescannt. Die Digitalisierung des Negativbestandes Viktor von Weizsäckers wurde abgeschlossen (1.977 Digitalisate).

Für das Fotostudio wurden zwei Blitzgeneratoren angeschafft, welche die beiden vorhandenen, in die Jahre gekommenen Geräte ablösen. Die Fotowerkstatt wurde im Rahmen der Netzwerkmodernisierung renoviert und mit neuer Beleuchtung ausgestattet. Eine der beiden Dunkelkammern wurde zurückgebaut und wird der zukünftige Standort des Zeutschel-Aufsichtsscanners sein.

6 Bestandserhaltung

Das Referat Bestandserhaltung versorgt die drei Abteilungen Archiv, Bibliothek und Museum konservatorisch und restauratorisch.

6.1 Bestandspflege

Ein kleiner Teil der notwendigen Arbeiten in der Bestandspflege (dringende Reinigungsarbeiten) wurde mit kurzfristigen Personaleinsätzen einer Restaurierungsstudentin als Hilfskraft und der Konservierungsassistentin des Projektes Mengenentsäuerung aufgefangen.

Folgende Neuzugänge an Autoren-, Wissenschaftler- und Verlagsarchiven wurden bearbeitet: A:Raddatz, F. J. (9 lfm Ordner); A:Lenz, Siegfried (3 UK), A:Günther, Joachim (7 UK), A:Hoffmann, Paul (Provenienz Wolfskehl) (5 UK) und A:Cotta / Depositum Hipfelhof (1 von 9 lfm).

Im Zuge der internen Netzwerkmodernisierung lagerte sich auf weiten Teilen des Lesesaalbestands der Bibliothek (ca. 15.120 Bde.) und lokal im darunter befindlichen Magazin 1 (ca. 3.780 Bde.) feiner Bausstaub ab. Mit der Buch- und Regalreinigung wurde eine Fachfirma beauftragt.

6.2 Konservierung

Zur Konservierung gehören Schutzmaßnahmen wie Verpackungen, die nicht in die Substanz des Originals eingreifen. Für die Gemäldesammlungen wird bei Leihanfragen seit 2016 durch die Restaurierwerkstatt in einfachen Fällen ein Rückseitenschutz angebracht, ein leicht abnehmbarer Schutz gegen mechanische Verletzungen und Verschmutzung, der auch Klimaschwankungen entgegenwirkt. Für die große Wechselausstellung *Die Gabe / The Gift* wurde bei 7 der insgesamt 9 ausgestellten Porträtgemälden diese Montierung vorgenommen. Im Jahr 2016 wurden außerdem folgende Verpackungsarbeiten umgesetzt:

Bibliothek: Schutzumschläge für 170 Bde. / Signaturengruppe K und KK; Bücher mit leichten Einbandschäden; 213 Broschuren im Magazinbestand K und KK / Wickelboxen incl. Titelausstattung; 26 Bde. aus Magazinbeständen / Einbandsicherung mit Kordel & Stopper; Steckschuber für 128 Bde. / Leihbibliothek Heinrich Moritz Fischer; 32 Blätter zu *Die Glocke* (F. Schiller), Grafikzyklus von J. Hegenbarth zzgl. Mappe / Umbettung und -montierung; 62 Tagebücher zu A:Sternheim / Buchkassetten incl. Titelausstattung; 5 St. zu A:Eggert-Schröder / Sonderverpackungen für Großformate; 22 St. zu A:Hoffmann, mit Provenienz Wolfskehl / individuelle Schutzverpackung bei Einband- und Buchblockschäden und 6 Textrollen von K. Theweleit zu A:Kittler / Montierung und Benutzungshilfen.

Für die Buchumschlagssammlung sind anhand eines Prototyps großformatige Folienschutzhüllen in den gängigen Formaten produziert worden, in die beschädigte Buchumschläge für die Archivierung und Benutzung verpackt werden.

Für die grünen Marbacher Archivkästen wurde extern ein neuer mehrstöckiger, belastbarer Schubeinsatz entwickelt und in Produktion gegeben.

Im Vorfeld der LAN-Modernisierung waren mehrere Bereiche und Sammlungsteile (Gemälde, Büsten und Möbel) im Magazin von Bilder und Objekte zu evakuieren.

6.3 Restaurierung
6.3.1 Interne Bearbeitung

Folgende Einzelstücke wurden in der Restaurierwerkstatt bearbeitet: 12 Bde. Augsburger Allgemeinen Zeitung des Cotta Archivs / Bestandssicherung der Jahrgänge 1855 bis 1857; 12 Hss. / Katalogisate mit Restaurierdatensätzen der höchsten Bearbeitungspriorität; 5 Hss. zu A:Kessler / Papierrestaurierung; 5 St. Rara Plakate zu F. Schiller / Restaurierung von Großformaten; 7 Hss. / diverse kurzfristige Arbeiten; 132 St. der Buchumschlagsammlung / restauratorische Sicherung; 43 Bde. mit aufwändigen Buchrestaurierungen und 1 Mappe des Grafikzyklus zu F. Schillers *Die Glocke* von J. Hegenbarth.

6.3.2 Externe Bearbeitung

Da die Restaurierungswerkstatt des DLA fachlich auf Papier als Trägermaterial ausgerichtet ist, werden Arbeiten, u. a. an Silberwaren, Gemälden oder Möbeln an externe Fachrestauratoren vergeben, in den meisten Fällen vor der Entleihung. Folgende Sammlungsstücke aus dem Archiv / Bilder & Objekte wurden bearbeitet:

6 Exponate für *Die Gabe / The Gift*, Reinigung und Oberflächenbehandlung; 1 Stuhl / Besitz Familie Humboldt, Fixierung einer Armlehne; 1 Silberpokal, A:Uhland, Reinigung und Verdichtung der Oberfläche; Totenmaske H. G. Kesslers, konservatorische Sicherung und Fehlstellenergänzung; 1 Porträt H. E. Blaich; Konservierung und Neurahmung und 1 Porträt von C. G. S. Heun, Restaurierung und Neurahmung.

6.3.3 Erhaltungsplan – Designio Conservationis (DCO)

Das DLA zielt auf einen Überblick über die Bestände des Deutschen Literaturarchivs mit deren jeweiligem Erhaltungszustand. Bis zur Bereitstellung des in der Entwicklung befindlichen Planungstools DCO wird der Schädigungsgrad im Mengenentsäuerungsprojekt oder begleitend zu Reinigungs- oder Verpackungsmaßnahmen erhoben.

Ebenso gehen die Sichtungen zu Deposita des Bundes in den DCO ein, welche für die Zustandsberichte erstellt werden (7 Konvolute).

6.3.4 Ausstellungen

Die Bestandserhaltung begleitete durch Beratung für die Präsentation, das Montieren der Exponate, den Auf- und Abbau von fragilen Stücken und die konservatorische Betreuung von externen Leihgaben die folgenden internen Ausstellungen: die ›Marbacher Passagen‹ und ›Zeitkapseln‹ zu *Hermann Lenz; Zweigs letzte Bibliothek; Literarische Zeitschriften; Exil; 75. Geburtstag von Klaus-Peter Dencker; Lyrik 1946; 100. Geburtstag von Juri Brĕzan; Dieter Hoffmann; Dieter Kühn; Hilde Domin und Nelly Sachs; Peter und Christa Bürger; Susanne Nickel* und *Moritz Rosenkranz*, den ›fluxus 35‹ von Sibylle Lewitscharoff sowie die Wechselausstellungen *Das bewegte Buch* und *Die Gabe / The Gift*.

Die großen Ausstellungen erfordern eine Vielzahl unterschiedlicher Zuarbeiten: Angefangen von der Zustandssichtung bis hin zu erhaltenden Maßnahmen, von der Vitrinenbestückung bis zur Abstimmung der Ausleuchtung. Von insgesamt 121 betreuten Exponaten für *Die Gabe / The Gift* wurden 42 unterschiedlich montiert. Für die gezeigte Porträtgalerie wurde abteilungsübergreifend der interne Gemäldetransport vorbereitet. Insbesondere der Transfer der beiden überformatigen Porträts von F. Cotta und A. von Humboldt konnte nur mit einem mehrköpfigen Team des Hauses und sachkundiger externer Unterstützung in die Wege geleitet werden.

Für die internationale Wanderausstellung *Rilke und Russland* bedarf es regelmäßiger konservatorischer und logistischer Beratungen. Neben einer Beratung zur Vitrinenausstattung wurde u. a. die optimale Präsentation von Verlagsbroschuren aus dem Rilke-Nachlass in Gernsbach erprobt.

Das Museum im Hirsch in Remshalden-Buoch erhielt Unterstützung beim Einrichten der Ausstellung *Dichter und Maler in Buoch* (alim).

In der Dauerausstellung *Die Seele* wurde ab April 2016 eine Materialsichtung und Bestandsaufnahme der durch ›Blindstapel‹ oder Faksimiles zu ersetzenden Manuskripte durchgeführt. Ziel ist es, nicht unmittelbar sichtbare Sammlungsteile wieder zu magazinieren und für die Benutzung verfügbar zu machen. Die Vorarbeiten der Sichtung und Erfassung sind abgeschlossen.

6.3.5 Leihgaben

Um einzelne Bände der Bibliothek und Mappen mit Handschriften des Archivs für den Leihgabentransport adäquat und repräsentativ zu schützen, stehen seit Anfang 2016 stabile Klappkassetten aus Wellkarton mit dem DLA-Logo zur Verfügung.

Die Leihgaben zu folgenden externen Ausstellungen wurden im Einzelnen

durch die Restaurierwerkstatt und ggf. vor Ort mitbetreut: die Kooperationsausstellung zum *Freund-Merck-Preis* im Hessischen Landesmuseum Darmstadt
(14 St.); die Kooperationsausstellung mit der Stiftung Brandenburger Tor Berlin
zu *Graf Kessler – Flaneur durch die Moderne* (45 St.); die Ausstellung *Les écrivains
dans la Grande Guerre* im Museé Historial de la Grande Guerre Péronne (5 St.),
die Baden-Württembergische Landesausstellung 2016/2017 zu *Die Schwaben. Zwischen Mythos und Marke* im Landesmuseum Stuttgart (6 St.) und die Ausstellung
Luthermania in der HAB Wolfenbüttel (1 St.).

6.3.6 Digitalisierung

Bei der Digitalisierung unterstützt das Referat eine bestandsschonende Durchführung, gegebenenfalls auch die Sicherung beschädigter Scanvorlagen. Von 111
Collegeblöcken mit mathematischen und informatischen Aufzeichnungen aus
dem Bestand A:Kittler wurde 2016 bei der Hälfte der Blöcke die Bindung für die
Digitalisierung gerichtet.

6.3.7 Projekt Mengenentsäuerung (ME)

Die Buchentsäuerung der Signaturengruppe K+KK ist seit Anfang Januar 2016
abgeschlossen. Die Probeentsäuerung von 50 Büchern des folgenden Signaturen-
abschnittes L mit LL bei PaperSave in Wimmis (CH) war erfolgreich. Die potenti-
ellen Nebenwirkungen an den Bänden der 1910er bis 1945er Jahre bewegten sich
im tolerablen Bereich der DLA-Qualitätsrichtlinien. Somit konnte die Mengenentsäuerung 2016 kontinuierlich fortgeführt werden.

Im ME-Projekt erfolgten außerdem in Stichproben Zustandserhebungen in
den Spezialsammlungen der Bibliothek. Zunächst zu den Chamissopreisträgern
(Migrantenliteratur) und zur DDR-Literatur (Sammlung Weinholz) sowie in dem
Marbacher Bestand von Ernst Jünger. Aus allen drei Sammlungen wurden im Hinblick auf Nebenwirkungen einige Bände ausgewählt und zur Probeentsäuerung
geschickt.

Alle Ergebnisse wurden positiv bewertet. Die rund 910 Bände zur Migrantenliteratur wurden zum Ende des Jahres entsäuert. Im Gegensatz zu den Magazinbeständen können Bücher in den Sondersammlungen nicht vorab mit Barcode-
zetteln ausgestattet werden. Die Dokumentation der Behandlung anhand einer
Bestandsliste verlängert sich damit um ein Drittel.

Im Vorlauf des für 2017 geplanten Wechsels zum neuen PaperSave Stand-
ort in Aschau a. I. wurde eine Probeentsäuerung mit etwa 100 Bänden aus dem
Dublettenbestand der Bibliothek zusammengestellt. Die Auswertung der ersten
Hälfte lieferte ein zufriedenstellendes Testergebnis.

Der Umfang der Entsäuerungsmaßnahmen in den Signaturengruppen L/LL und K/KK, inklusive des Bestands der Chamissopreisträger stellt sich wie folgt dar:

Chargen-Nr. 17–24	Vertrags-jahr 2016	Chargenzusammensetzung (Anzahl der Bücher)				
		Gesamt	davon entsäuert	in %	davon nicht entsäuert	in %
Chargenumfang gesamt:		10.152	8.811	87 %	1.341	13 %

Übersicht zum Umfang der Buchentsäuerung im Jahr 2016

6.3.8 Fortbildungen, Führungen und Sonstiges

Die Mitarbeiterinnen des Referats nahmen an verschiedenen Tagungen und Fortbildungen teil und boten sowohl interne Führungen als auch Workshops zu den verschiedenen Arbeitsbereichen der Bestandserhaltung an.

VERWALTUNG

1. Mitarbeiterschaft (Stand: 31. Dezember 2016)

Voll- und Teilzeit-stellen	davon Planstellen der DSG	davon Planstellen des Landes	Befristete projekt-gebundene Stellen
105,4	103,4	2	38,2

Die befristeten projektgebundenen Stellen wurden überwiegend aus Sachbeihilfen der Deutschen Forschungsgemeinschaft und aus Stiftungsmitteln von privater Seite finanziert. Auch 2016 waren zahlreiche wissenschaftliche Hilfskräfte, geringfügig Beschäftigte sowie Praktikantinnen und Praktikanten befristet tätig.

2. Personelle Veränderungen im Jahr 2016

a) Neu eingestellt wurden am

01.02.2016	Ingrid Wieland	Besucherbetreuung
01.02.2016	Patrick Will	wissenschaftlicher Mitarbeiter
01.02.2016	Ulrike Schellhammer	Projektassistentin

10.02.2016	Susann Hannemann	wissenschaftliche Mitarbeiterin
12.02.2016	Viktoria Herold	wissenschaftliche Mitarbeiterin
01.03.2016	Volker Knorpp	Hausmeister
07.03.2016	Vera Raschke	wissenschaftliche Mitarbeiterin
14.03.2016	Veronika Weixler	Volontärin
22.03.2016	Catherine Marten	wissenschaftliche Mitarbeiterin
01.04.2016	Gerhild Kölling	Projektassistentin
01.04.2016	Angelika Rüger	Besucherbetreuung
01.04.2016	Elli Unruh	Bibliothekarin
01.04.2016	Julia Woest	Volontärin
01.04.2016	Raphaela Braun	wissenschaftliche Mitarbeiterin
25.04.2016	Julia Maas	wissenschaftliche Mitarbeiterin
16.05.2016	Stephanie Kuch	wissenschaftliche Mitarbeiterin
01.06.2016	Dr. Lydia Schmuck	wissenschaftliche Mitarbeiterin
15.06.2016	Sonja Nothdurft	Magazindienst
10.07.2016	Janina Schindler	Sekretärin
08.08.2016	Anja Jungbluth	wissenschaftliche Mitarbeiterin
17.08.2016	Dr. Mirko Nottscheid	wissenschaftlicher Mitarbeiter
01.09.2016	Alexander Harm	Systemadministrator
16.09.2016	Tanja Yigit	Bibliothekarin
01.10.2016	Janet Dilger	Bibliothekarin
01.11.2016	Katja Kesselheim	Sekretärin
01.12.2016	Corinna Mayer	wissenschaftliche Mitarbeiterin
19.12.2016	Martin Frank	Volontär

b) Ausgeschieden sind am

29.02.2016	Thomas Stopper	Hausmeister
13.03.2016	Stephanie Stokker	wissenschaftliche Mitarbeiterin
22.03.2016	Susann Hannemann	wissenschaftliche Mitarbeiterin
31.03.2016	Maria Keppler	Besucherbetreuung
31.03.2016	Jens Kloster	Volontär
08.04.2016	Viktoria Herold	wissenschaftliche Mitarbeiterin
30.09.2016	Steffen Fritz	wissenschaftlicher Mitarbeiter
31.10.2016	Patricia Schüttler	Sekretärin
31.12.2016	Hendrikje Schauer	wissenschaftliche Mitarbeiterin
31.12.2016	Hildegard Dieke	Bibliothekarin

3. Deutsche Schillergesellschaft e. V.

Jahr	2012	2013	2014	2015	2016
Mitglieder	3.077	2.803	2.643	2.507	2.379
Mitglieder mit Jahrbuch	58%	62%	59%	58%	58%
neue Mitglieder	148	39	47	39	30
ausgetretene oder verstorbene Mitglieder	315	203	163	170	153
ausländische Mitglieder	11%	11%	12%	11%	11%
DSG-Jahresbeitrag (€)	50,–	50,–	50,–	50,–	50,–
DSG-Jahresbeitrag mit Jahrbuch (€)	80,–	80,–	80,–	80,–	80,–
DSG-Jahresbeitrag (€) (Mitgl. in Ausbildung)	20,–	20,–	20,–	20,–	20,–
DSG-Jahresbeitrag (€) (Mitgl. in Ausbildung mit Jahrbuch)	30,–	30,–	30,–	30,–	30,–

Den Bewohnern der neuen Bundesländer und Osteuropas wurden auch 2016 auf Antrag die Mitgliedschaft und das Jahrbuch zur Hälfte des allgemeinen Tarifs angeboten.

ARBEITSSTELLE FÜR LITERARISCHE MUSEEN, ARCHIVE UND GEDENKSTÄTTEN IN BADEN-WÜRTTEMBERG (ALIM)

1 Museen und Dauerausstellungen

Wilflingen: Dauerausstellung *Waldgang in Wilflingen* im Jüngerhaus (Eröffnung 10. Juni 2016). – Bad Säckingen: Dauerausstellung *Der Trompeter von Säckingen. Eine Liebesgeschichte. Ein Buch. Ein Bestseller.* Scheffel-Räume im Hochrheinmuseum Schloss Schönau (Eröffnung 20. Juli 2016). – Remshalden-Buoch: Dauerausstellung *Unter Freunden. Literarische Momente in Buoch* im Museum im Hirsch (Eröffnung 25. September 2016). – Stuttgart-Bad Cannstatt: Literarische Ausstellung im Stadtmuseum (Eröffnung 6. Dezember 2016). – An literarische Museen und Gedenkstätten in Baden-Württemberg gingen im Jahr 2016 *Zuwendungen* in Höhe von rund € 151.800,–. Es wurden außerdem literarische Veranstaltungen in diesen Museen mit € 53.000,– gefördert. Außerhalb von Marbach wurden 93 Ortstermine in 23 Orten wahrgenommen.

2 Abgeschlossene Projekte in Museen

Bad Säckingen, Hochrheinmuseum Schloss Schönau: Begleitbuch zur Daueraus-
stellung *Der Trompeter von Säckingen*. – Bretten, Melanchthonhaus: Beleuch-
tungssystem für Ausstellungswände. – Gaienhofen, Hesse Museum: Ausstellung
*»Mein lieber Brüdi«. Ein Dialog in Briefen zwischen Hermann Hesse und seinem
Sohn Martin.* – Lauffen a. N., Museum im Klosterhof: Wanderausstellung *»Wohl
geh ich täglich andere Pfade«. Friedrich Hölderlin und seine Orte.* – Leonberg-
Gebersheim, Albrecht und Elisabeth Goes-Gedenkstätte im Bauernhausmuseum:
Sockelvitrine für eine Büste des Dichters Albrecht Goes.

3 Publikationen der Arbeitsstelle

Spuren 109 (*Hans Burkhard Schlichting: Alfred Döblin in Baden-Baden*), 110
(*Helmut Böttiger: Gottlob Haag in Wildentierbach*), 111 (*Wolfgang Menzel: Huchel
und Joachim auf dem Sulzburger Friedhof*), 112 (*Joachim Kersten: Friedrich Sieburg
in Gärtringen*), 86 (*Wolfgang Ranke: Schiller, Schubart und der Hohenasperg*,
2. durchges. Auflage). – *Literarische Museen und Gedenkstätten in Baden-Württemberg.* Flyer.

4 Veranstaltungen

Swing that Music. Dix, Hesse und der Jazz in Zusammenarbeit mit dem Hesse Museum Gaienhofen und der Stiftung Kunstmuseum Stuttgart (2.–4. September 2016).

FORSCHUNG

1 Internationale Forschungsbeziehungen: Global Archives

Das vom Auswärtigen Amt geförderte Projekt zur Erschließung und Erforschung
deutsch-jüdischer Gelehrtennachlässe in Israel, das in Kooperation mit dem
Franz Rosenzweig Minerva Research Center in Jerusalem umgesetzt wird, ging
erfolgreich ins fünfte Jahr. 2016 wurde die Zusammenarbeit durch ein Projekt zur
Erforschung und Erschließung der historischen Archive der Hebrew University
1918–1948 erweitert, das von der Gerda Henkel Stiftung gefördert wird. Im April
2016 fand im DLA ein Archivworkshop für israelische Nachwuchswissenschaftler/-
innen statt, der sich mit den Grundlagen der Archivarbeit sowie dem Stand der
aktuellen Forschungs- und Erschließungsprojekte in Israel befasste.

Das Projekt *Global Archives*, Brasilien, ging erfolgreich ins dritte Jahr. Die Neukatalogisierung des in Porto Alegre aufbewahrten Nachlasses von Herbert Caro,

einem bedeutenden Übersetzer deutscher Literatur, der u. a. Texte von Thomas
Mann, Elias Canetti und Hermann Broch ins Portugiesische übertrug, konnte
abgeschlossen werden. Ebenso wurde die Erschließung der Archivbestände des
aus Deutschland nach São Paulo emigrierten Historikers Helmut Andrä zu Ende
geführt. Weitere Projekte konnten angebahnt oder bereits begonnen werden, so
die Erschließung des Archivs von Lasar Segall in São Paulo und des Benno Mentz-
Nachlasses in Porto Alegre. Für die Ausweitung des Projekts auf Argentinien und
Mexiko wurden neue Kooperationen begründet, etwa mit dem Dokumentations-
zentrum der deutschsprachigen Immigration in Argentinien (DIHA) der Universität San Martín, und erste Sondierungen durchgeführt (u. a. im Teatro Colón,
Buenos Aires). Es konnten mehrere Stipendien an Nachwuchswissenschaftler/-
innen vergeben werden. Dadurch wurden Forschungsarbeiten zur Sammlung
Koogan in der Brasilianischen Nationalbibliothek in Rio de Janeiro, sowie zum
brasilianischen Vilém-Flusser-Archiv und den Beständen des Martius-Staden-
Instituts in São Paulo unterstützt.

Zudem wurden erstmals *Global Archives*-Stipendien für die Türkei vergeben
und so Forschungsarbeiten gefördert, die basierend auf Beständen türkischer
Archive (u. a. des Abidin Dino Archivs und des Traugott Fuchs Cultural and His-
torical Archive) den deutsch-türkischen Wissenstransfer aus der Zeit der Emigration untersuchen. Aufgrund der aktuellen politischen Situation ruhen weitere
Türkei-Initiativen im Moment. Die politischen Kontexte werden – in Beratung mit
der Mercator-Stiftung – beobachtet.

Im April 2016 fand im DLA ein sondierender Workshop mit chinesischen Ger-
manistinnen und Germanisten statt, an dem auch die Kolleginnen und Kollegen
der Neueren deutschen Literatur der Universität Stuttgart (Prof. Richter, Prof.
Albrecht, Prof. Zittel) beteiligt waren. Dabei wurden Art und Umfang eines China-
Schwerpunktes im *Global Archives*-Projekt eruiert. Für die Etablierung asienbe-
zogener Projekte wurde eine Kooperationsvereinbarung mit dem Heidelberger
Centrum für Transkulturelle Studien (HCTS) getroffen.

Weitere Sondierungen betrafen Großbritannien und die USA. Der Länder-
schwerpunkt Großbritannien konnte bereits mit einem forschungsgeleiteten
Erschließungskonzept etabliert werden. In den USA wurden Sondierungen zu
den Bibliotheken von Hannah Arendt und Erich Auerbach durchgeführt.

2 Forschungsverbund Marbach Weimar Wolfenbüttel (BMBF)

Den Auftakt des Jahresprogramms im Forschungsverbund bildete der Workshop
Die Präsentation kanonischer Werke um 1900. Semantiken. Praktiken. Materialität
vom 14. bis 16. Januar 2016 in Marbach, der Bestandteil des übergreifenden For-
schungsvorhabens *Text und Rahmen. Präsentationsmodi kanonischer Werke* war.

Über die Geschichte der wissenschaftlichen Edition hinaus wurden Werkausgaben aus jener Zeit als Kristallisationspunkte von allgemeiner und fachspezifischer Semantik, von editorischen und verlegerischen Praktiken und von medialen und materialen Bedingungen erhellt. Es trugen u. a. vor: Rüdiger Nutt-Kofoth (Hamburg, Wuppertal), Irmgard M. Wirtz (Bern), Thomas Wegmann (Innsbruck) und Lynne Tatlock (St. Louis).

Am 27. Januar 2016 fand der Workshop *Bibliophilie und Philologie. Zur Erforschung von Autorenbibliotheken* mit dem Gastwissenschaftler Andreas Kilcher (Zürich) in Marbach statt. Der Workshop stand in Bezug zum Teilprojekt *Autorenbibliotheken*, beteiligte aber auch die anderen beiden Teilprojekte des Verbunds und war der Untersuchung der spannungsreichen Beziehung von Sammlung und Forschung gewidmet. Exemplarisch betrachtet wurden die Büchersammlungen von Thomas Mann und Karl Wolfskehl, nicht allein zur Rekonstruktion von Wissenshorizonten, sondern in Fokussierung auf die Sammlungs- und Ordnungsprinzipien von Autorenbibliotheken.

Am 15. September 2016 präsentierte das Teilprojekt *Autorenbibliotheken* im Rahmen einer Marbacher *Zeitkapsel* Materialien aus dem Nachlass Karl Wolfskehls. Die Präsentation brachte zerstreute Bücher zusammen und erkundete Buch-Beschwörerisches aus Wolfskehls Nachlass.

Vom 29. November bis zum 1. Dezember 2016 fand in Weimar der Workshop *Bildpolitik. Theorie und Geschichte visueller Überzeugungskraft* des von Marbach aus geleiteten Forschungsprojekts *Bildpolitik. Das Autorenporträt als ikonische Autorisierung* statt. Das Anliegen des dritten Workshops der Projektgruppe war es, die verschiedenen Ebenen des Bildpolitik-Begriffs im Kontext der Porträt-Forschung herauszuarbeiten, nach den theoretischen und methodischen Optionen seiner Verwendung zu fragen und die unterschiedlichen Disziplinen, die mit Fragen der Bildpolitik befasst sind, miteinander ins Gespräch zu bringen. So kamen neben Bild- und Textwissenschaftlern, Historikern, Philosophen und Kunsthistorikern auch Spezialisten aus den Archiven zu Wort.

Um die Projektgruppen im Forschungsverbund zu unterstützen und die internationale Sichtbarkeit im Verbund zu verstärken, wurden im Projektjahr 2016 eine Reihe Gastwissenschaftlerinnen und Gastwissenschaftler aus dem Ausland zu Forschungsaufenthalten eingeladen.

Zur internen Strukturierung trug der Verbundtag am 20. September 2016 in Berlin bei, der den Mitarbeiterinnen und Mitarbeiter des Forschungsverbunds die Gelegenheit bot, ihre aktuellen Forschungsvorhaben zu präsentieren.

Das Forschungshospitanten-Programm konnte mit dem Oxford German Network und dem Career Service Oxford erfolgreich fortgeführt werden. Zusätzlich wurden Bewerberinnen und Bewerber im Rahmen des International Internship Program nach Marbach eingeladen. Mit der Ausschreibung des Stipendien-programms für Digital Humanities konnte der entsprechende Schwerpunkt im Verbund gestärkt werden.

3 Internationales Suhrkamp-Forschungskolleg

Die Arbeit des von der VolkswagenStiftung geförderten Suhrkamp-Forschungskollegs (Förderbeginn: 1. September 2012), in dessen Rahmen sechs Doktorandinnen und Doktoranden kooperativ durch das DLA und die Universitäten Konstanz, Stuttgart, Tübingen und die Humboldt-Universität zu Berlin betreut wurden, wurde erfolgreich beendet. Die erste Dissertation ist bereits im Druck erschienen, weitere Arbeiten konnten erfolgreich verteidigt werden. Die Forschungsergebnisse aus den einzelnen Dissertationsprojekten wurden bei einem Abschlussworkshop (25./26. Februar 2016, Literaturwerkstatt Berlin) sowie im Rahmen des Marbacher Tagungsprogramms vorgestellt und diskutiert.

Die Reihe der *Forschungstreffen Suhrkamp/Insel* wurde mit einer in Kooperation mit der Akademie der Künste (Berlin) organisierten Tagung (*Die Zeitschrift. Sinn, Form, Konjunktur*, 17./18. November 2016) zu ihrem Abschluss gebracht.

Die paradigmatische Zusammenarbeit von sammlungsbezogener Forschung und forschungsorientierter Erschließung, wie sie im Rahmen des Kollegs erprobt wurde, konnte Dank der Fortsetzung der Erschließungsförderung durch die DFG erfolgreich fortgeführt werden. Die Ergebnisse der Kollegsarbeit werden über die Homepage des Kollegs (www.suhrkamp-forschungskolleg.de) nachhaltig gesichert.

4 Forschungsbezogene Digitalisierung, MWK

Im August 2016 konnte die auf drei Jahre angelegte und vom MWK geförderte Koordinierungsstelle für digitale Forschungsinfrastruktur ihre Arbeit aufnehmen. Im Vordergrund stand in den ersten Monaten die Vorbereitung forschungsbezogener Digitalisierungsprojekte, d. h. die Anpassung eines Workflows, die Auswahl und Durchsicht passender Materialien und Archivbestände sowie die Koordination der am Digitalisierungsprozess beteiligten Abteilungen (Archiv, Bestandserhaltung, WDV). Als ein erstes eigenes Projekt wurde, anknüpfend an die 2015/2016 durchgeführte Digitalisierung von Collegeblöcken aus dem Nachlass Friedrich Kittlers, die Digitalisierung von 14 Kästen mit Karteikarten aus demselben Nachlass vorbereitet.

Erste Kooperationsprojekte mit nationalen und internationalen Partnern wurden ebenfalls in die Wege geleitet. So wurde mit der Universitätsbibliothek Heidelberg eine Kooperationsvereinbarung zur Digitalisierung des Briefwechsels von Theodor und Marie Mommsen abgeschlossen. Im Rahmen eines internationalen Kooperationsprojekts mit dem *Beckett Digital Manuscript Project* (Antwerpen und Reading) wurden ebenso eine Vereinbarung für die Digitalisierung ausgewählter Typoskripte Samuel Becketts und den dazugehörigen Druckfahnen aus dem Suhrkamp-Archiv getroffen.

Zur Stärkung der Kooperation innerhalb der Forschungseinrichtungen des Landes Baden-Württemberg wurde mit der Planung eines gemeinsamen Workshops begonnen, der 2017 im DLA Marbach stattfinden soll. Im Zentrum der weiteren Planung stehen bedeutende, persönlichkeits- und urheberrechtefreie Bestände des neunzehnten Jahrhunderts. Die Vorbereitungen für die Digitalisierung des schriftlichen Mörike-Nachlasses haben begonnen. Die Finanzierung der ersten Tranche ist gesichert.

5 Arbeitsstelle für die Erforschung der Geschichte der Germanistik

Zentrale Teile des Projektzusammenhangs *Global Archives* (Abs. 1) sind wissenschafts- und gelehrtengeschichtlichen Fragen im internationalen Zusammenhang gewidmet. Zusammen mit dem Centre Marc Bloch, Berlin, und dem Frobenius-Institut, Frankfurt, wurde anlässlich der *Felsbilder*-Ausstellung eine französisch-deutsche Tagung im Berliner Martin-Gropius-Bau vorbereitet, die, gefördert von der DFG, der ANR und weiteren Institutionen, Philologen, Anthropologen, Ethnologen, Archäologen und Kunsthistoriker zusammenführte (3./4. März 2016).

2016 erschien der zusammen mit Stefanie Stockhorst, Universität Potsdam, konzipierte Band *Symphilologie. Formen der Kooperation in den Geisteswissenschaften*. Vorbereitet wurde ein Themenheft der *Mitteilungen des Deutschen Germanistenverbandes* zur *Germanistik in der DDR*, das im Frühjahr 2017 publiziert wurde.

Beteiligt war die Marbacher Arbeitsstelle an der Eröffnung des Heidelberger Zentrums für die Theorie der Philologie, das von Jürgen Paul Schwindt geleitet wird. Kooperativ unterstützte das DLA ein von Jörg Schönert konzipiertes und von der Thyssen-Stiftung gefördertes Forschungsprojekt zum Nachlass von Wilhelm Emrich.

Symposien machten Erschließungsergebnisse aus den Beständen von Walter Müller-Seidel (8./9. Juli 2016) und Christa und Peter Bürger (27./28. Oktober 2016) sichtbar. Die wissenschaftshistorisch relevanten Erwerbungen der Arbeitsstelle gehen in den Bericht der Archivabteilung ein. Details zur Tätigkeit der Arbeitsstelle dokumentiert die jährlich erscheinende Zeitschrift *Geschichte der Germanistik*.

6 Stipendiatinnen und Stipendiaten

Im Jahr 2016 erhielten folgende Wissenschaftlerinnen und Wissenschaftler ein Marbach-Stipendium:

Brazda, Radim (Brno, 2 Monate Vollstipendium, Projektthema: Odo Marquard über Lachen, Humor und Vernunft); Campadieu, Lore (Paris, 1 Monat Graduiertenstipendium, Projektthema: Die Veröffentlichung ausländischer Literatur im Suhrkamp Verlag 1950–1990); Axtner-Borsutzky, Anna (München, 1 Monat Aufenthaltsstipendium, Projektthema: Editorische Aufarbeitung des autobiographischen Manuskripts von Walter Müller-Seidel); Costabile-Heming, Carol Anne (Lantana, 1 Monat Vollstipendium, Projektthema: Friedrich Christian Delius: Witnessing German History); Dzabagina, Anna (Warschau, 2 Monate Graduiertenstipendium, Projektthema: Polish-German works and reception of Eleonore Kalkowska (1883–1937)); Hannemann, Susann (Leipzig, 1,5 Monate Graduiertenstipendium, Projektthema: Der Lehrer Hans Mayer – Kontinuitäten und Brüche in der DDR-Literaturwissenschaft); Hartmann, Eva-Maria (Mannheim, 1 Monat Graduiertenstipendium, Projektthema: Innovation und Wissensdiffusion. Der Verleger Johann Georg von Cotta als Agrarökonom (1833–1863)); Kaus, Johanna (Heidelberg, 1 Monat Graduiertenstipendium, Projektthema: Das System Herwarth Walden); Köhler, Sandra (Gießen, 3 Wochen Aufenthaltsstipendium, Projektthema: »Krisen«-Diskurs in der Literaturkritik der frühen 1980er Jahre); Kölbel, Martin (Berlin, 1 Monat Vollstipendium, Projektthema: Zwischen den Kriegen. Blätter gegen die Zeit. Eine Zeitschrift von Werner Riegel und Peter Rühmkorf, herausgegeben von Martin Kölbel); Konczal, Katarzyna (Posen, 1 Monat Graduiertenstipendium, Projektthema: Sebalds Signaturen: Tiere – Gespenster – Ruinen); Lind, Hans Jochen (New Haven, 1 Monat Postdoktorandenstipendium, Projektthema: Kracauers Analysis of Genesis: Function and Nature of Fascist Propaganda in Manuscripts from the Marbach Archiv translated and annotated by Hans Lind); Lorenz, Carolin (Potsdam, 1 Monat Graduiertenstipendium, Projektthema: »Die Reise zu den Frauen«. Literarisch-soziologisches Projekt zu Sarah Kirschs »Die Pantherfrau« (1973)); Resch, Stephan (Auckland, 1 Monat Vollstipendium, Projektthema: Stefan Zweig: Das Europa eines Unpolitischen); Röhrborn, Anne (Somerville, 1 Monat Graduiertenstipendium, Projektthema: Der Ursprachemythos in der deutschsprachigen Gegenwartsliteratur, Forschung an Chamisso-Preis Papieren); Sarachaga Arregui, Miren Arantzazu (Weimar, 2 Monate Graduiertenstipendium, Projektthema: Die Figur der Mutter im Rahmen der Medientheorie Friedrich Kittlers: Die Mutter Signifikant kulturbildende Technologie der Moderne); Schouten, Steven (Den Haag, 1 Monat Postdoktorandenstipendium, Projektthema: Ernst Toller: Jewish Identity, War and Revolution, 1914–1918); Sestu, Timo (Lichtenfels, 1 Monat Graduiertenstipendium,

Projektthema: Literarische Collagen); Strakhova, Irina (Nabereshnye Tschelny, Buchstipendium, Projektthema: Die Umarbeitung Goethe'scher Motive im Schaffen von S. Nadolny, am Beispiel von den Romanen »Netzkarte« und »Er oder ich«); Thoma, Manuela (Oslo, 1,5 Monate Graduiertenstipendium, Projektthema: Stefan Zweig und die europäische Moderne); Utsch, Lisa (Siegen, 1 Monat Aufenthaltsstipendium, Projektthema: Renate Matthaeis Trivialmythen. Paratexte einer Anthologie. Interpretation und Akteur-Netzwerk-Analyse); Walls, Eoghan (Lancaster, 1 Monat Vollstipendium, Projektthema: Conceptions – a Selection of Heidegger's Poetry translated into English); Zambon, Nicola (München, 2 Monate Postdoktorandenstipendium, Projektthema: Editionsprojekt: Hans Blumenbergs Phänomenologische Schriften).

Für das Jahr 2016 wurden außerdem folgende benannte Stipendien bewilligt:

C.H. Beck-Stipendium für Literatur- und Geisteswissenschaften:

Bonitz, Masetto (Berlin, 2 Monate Graduiertenstipendium, Projektthema: Max Bense – die 50er und frühen 60er Jahre des zwanzigsten Jahrhunderts. Ungeklärte Verhältnisse, klare Positionsbezüge: Kritik und Ordnung einer Zeit zwischen Korrespondenzen, Schriften und Engagement); Morgenthaler, Simon (Basel, 1 Monat Graduiertenstipendium, Projektthema: Vom Bau und Umbau einer Wissenschaft – Die textuelle Konstruktion von Wissenschaftlichkeit in Hans Sedlmayrs Theorieprojekt von 1926–1956); Musch, Sebastian (Kassel, 2 Monate Graduiertenstipendium, Projektthema: Die Aufnahme des Buddhismus im deutsch-jüdischen Denken); Wagner, Jannis (Berlin, 2 Monate Graduiertenstipendium, Projektthema: Psychologie und Geschichtsschreibung. Die historiographische Nutzbarmachung psychologischer Ansätze am Beispiel einer Mentalitätengeschichte des Wilhelminismus).

Digital Humanities Stipendium (Forschungsverbund Marbach Weimar Wolfenbüttel):

Pohlmann, Jens (Menlo Park, 6 Monate Graduiertenstipendium, Projektthema: Mapping the German Public Sphere. Zur Öffentlichkeitsarbeit und Medienstrategie des Suhrkamp Verlages).

Global Archives Stipendium

Genç, Hatice (1 Monat Graduiertenstipendium, Projektthema: Der Freitod in den Werken von Jean Améry); Filkins, Peter (1 Monat Vollstipendium, Projektthema: The Life and Times of H.G. Adler – A Biography).

Hilde-Domin-Stipendium für lateinamerikanisch-deutsche Literaturbeziehungen:

Mársico, Griselda (Buenos Aires, 2 Monate Graduiertenstipendium, Projektthema: Die Reihe *Estudios Alemanes* (Sur, 1965–1974) im internationalen Ideenaustausch); Miranda, Fernando (Rio de Janeiro, 1 Monat Graduiertenstipendium, Projektthema: Die Korrespondenzen Hilde Domins mit den spanischen Dichtern Vicente Aleixandre und Luis Cernuda).

S. Fischer-Stipendium:

Sneis, Jørgen (Stuttgart, 2 Monate Postdoktorandenstipendium, Projektthema: Henrik Ibsen, Christian Morgenstern und der S. Fischer Verlag).

Suhrkamp-Stipendium:

Dzwiza, Erik Norman (Kiel, 1 Monat Graduiertenstipendium, Projektthema: Lebenswelt und Okkasionalität bei Blumenberg und Husserl); Hawkins, Spencer (Ankara, 1 Monat Postdoktorandenstipendium, Projektthema: To Translate the Untranslatable: Translation Problems in German Language Philosophy); Hintze, Lena (Köln, 1 Monat Graduiertenstipendium, Projektthema: Werk ist Weltform. Zur Kompositionsstrategie von Rainald Goetz' Buchkomplex *Heute Morgen*); Jenkins, Jennifer (Lakewood, 1 Monat Vollstipendium, Projektthema: Bilder und visuelle Topoi in den Romanen Hermann Brochs); Nixon, Mark (Reading, 1 Monat Postdoktorandenstipendium, Projektthema: Beckett Trilingual: Reassessing Beckett's Connection with Germany through the Tophoven and Suhrkamp Collections); Seidler, Lisa-Frederike (Berlin, 1 Monat Aufenthaltsstipendium, Projektthema: Suhrkamp macht Theater – Die Jahre 1959 bis 1970); Van Hulle, Dirk (Antwerpen, 1 Monat Graduiertenstipendium, Projektthema: Beckett Trilingual: Reassessing Beckett's Connection with Germany through the Tophoven and Suhrkamp Collections); Waszynski, Alexander (Erfurt, 1 Monat Graduiertenstipendium, Projektthema: Blumenbergs Lektüren); Weber, Christoph (Lakewood, 1 Monat Vollstipendium, Projektthema: Die Darstellung des Bombenkriegs in der deutschsprachigen Nachkriegsliteratur).

Udo-Keller-Stipendium für Gegenwartsforschung: Religion und Moderne:

Löschner, Claudia (Stuttgart, 4 Monate Postdoktorandenstipendium, Projektthema: *Wir oberen Menschen*. Der Schiller-Urenkel Alexander von Gleichen-Rußwurm und sein neuidealistischer Kreis).

VERANSTALTUNGEN UND VORTRÄGE

a) Autorenlesungen und Vorträge

Das Literarische Programm des DLA wurde im Berichtsjahr 2016 von Jan Bürger betreut, das Wissenschaftliche Programm von Marcel Lepper. 2016 fanden folgende Veranstaltungen statt:

14. Januar: Ausstellung. *Luftzuglichterlesen.* Mit Dieter Zimmermann und Philipp Contag-Lada. – 20. Januar: Literarische Veranstaltung zu Ehren von Berthold Leibinger. *Spuren Thomas Manns im DLA.* Mit Heinrich Detering, Ulrich Raulff, Jan Bürger und Anna Kinder. – 29. Januar: Gespräch. *Ecken, Kanten und Schrifterscheinungen in der Architektur.* Mit Günter Figal und Alexander Schwarz von David Chipperfield Architects. – 3. Februar: Lesung mit Jan Wagner: *Selbstportrait mit Bienenschwarm.* Moderation: Vanessa Greiff. – 9. Februar: *Zauber der Bücher.* Mit Judith Schalansky und Pauline Altmann. Im Rahmen der Kulturakademie der Stiftung Kinderland Baden-Württemberg. – 16. Februar: Vortrag. *Enklave auf dem Skopus-Berg 1948–1967.* Mit Yfaat Weiss. – 29. Februar: Ausstellungseröffnung. *fluxus 34: Errata. Fehler aus zweiter Hand.* Mit Hanns Zischler. – 2. März: Vortrag. *Der Fall Jauss.* Mit Ottmar Ette. – 15. März: Zeitkapsel 42. *Der Überläufer. Zum 90. Geburtstag von Siegfried Lenz.* Mit Burghart Klaußner und Günter Berg. Moderation: Jan Bürger. – 17. März: Tagung. *Der Historikerstreit im Archiv.* Mit Micha Brumlik, Nicolas Berg, Paul Nolte, Ernst Piper u.a. – 21. März: Lesung. *Oben das Feuer, unten der Berg.* Mit Reinhard Jirgl. Moderation: Jan Bürger. – 7. April: Tagung. 11. Forschungstreffen Suhrkamp/Insel: *Suhrkamp und Osteuropa.* Mit Natalia Bakshi, Miranda Jakiša, Dirk Kemper, Wiesław Małecki, Katharina Raabe, Susanne Frank, Paweł Zajas u.a. – 7. April: Diskussion. *Das Glück der offenen Grenzen. Zum literarischen und politischen Zusammenspiel von Ost und West.* Mit Olga Grjasnowa, Katja Petrowskaja, Ilma Rakusa und Michail Ryklin. Moderation: Jan Bürger. – 13. April: *Lyrik lesen – Gedichte im Gespräch.* Mit Insa Wilke, Gregor Dotzauer und Jan Bürger sowie Elmar Roloff (Staatstheater Stuttgart). Moderation: Barbara Wahlster. In Kooperation mit Deutschlandradio Kultur (Sendung am 24. April). – 14. April: Vortrag. *Die Genesis der Blumenbergschen Welt.* Mit Kurt Flasch. Moderation: Ulrich Raulff. – 21. April: 10 Jahre LiMo. *Das Buch als Form.* Mit Michael Hagner und Carlos Spoerhase. – 28. April: 10 Jahre LiMo. *Gedicht hoch drei.* Hans Platzgumer und Richard Schwarz sprechen über Texte aus Luft und Räume aus Klang und ihren an diesem Tag eröffneten Poesiekubus. – 13. Mai: Zeitkapsel 43. *Thomas Mann in Marbach.* Mit Tilmann Lahme, Hans Pleschinski und Jan Bürger. – 5. Juni: 10 Jahre LiMo. *Bücher für den Eimer, Bücher für die Insel.* Mit Denis Scheck und Karla Paul. – 9. Juni: Vortrag. *Stimmen der Dichter.* Lothar Müller über die Zeit und die Kultur der Rezitatoren. –

9.–11. Juni: Tagung der American Friends of Marbach. *Text, Bild, Ton.* Mit Paul Michael Lützeler, Walter Hinderer, Martha Helfer, Ellen Strittmatter, Harry Liebersohn, Liliane Weissberg, Kirk Wetters, Hal Rennert, Jacob Haubenreich, Jan Bürger u. a. – 25./26. Juni: 10 Jahre LiMo. *Spazierengehen im und ums LiMo.* Mit Peter von Matt. Moderation: Jan Bürger und Heike Gfrereis. – 7. Juli: Ausstellungseröffnung. *fluxus 35: Im Labyrinth der Kreise. Aus einer Dante-Roman-Werkstatt.* Mit Sibylle Lewitscharoff und Karlheinz Stierle. – 13. Juli: *Lyrik lesen – Gedichte im Gespräch.* Mit Insa Wilke, Gregor Dotzauer, Jan Bürger und der Schauspielerin Barbara Stoll. Moderation: Barbara Wahlster. In Kooperation mit Deutschlandradio Kultur (Sendung am 21. August). – 7. September: 10 Jahre LiMo. *Von der Seele schreiben.* Mit Silke Scheuermann und Matthias Göritz. – 15. September: Zeitkapsel 44. *Die Bibliotheken von Karl Wolfskehl.* Mit Caroline Jessen und Dietrich Hakelberg. – 29. September: 10 Jahre LiMo. *Aus der Seele lesen 1.* Mit Sybille Krämer. In Zusammenarbeit mit dem Stuttgart Research Center for Text Studies. – 6. Oktober: 10 Jahre LiMo. *Zeit zeigen – Die Zeit und das Museum.* Mit Rüdiger Safranski. Moderation: Heike Gfrereis. – 9. Oktober: Finissage. *Das letzte Mal: Bücher bewegen.* Mit Nora Gomringer und Philipp Scholz. – 12. Oktober: 10 Jahre LiMo. *Aus der Seele lesen 2.* Mit Wolfgang Groddeck. In Zusammenarbeit mit dem Stuttgart Research Center for Text Studies. – 27. Oktober: Symposium. *Lebensform Kritik. Unsere leeren Herzen. Über Literatur.* Mit Thomas Hettche. Zu Ehren von Christa Bürger und Peter Bürger. *Gefördert von der VolkswagenStiftung.* – 3. November: Buchvorstellung. *Sigmund Freud. Der Arzt der Moderne.* Mit Peter-André Alt. Moderation: Ulrich Raulff und Jan Bürger. – 10. November: Schillerrede. *Die Wohltat keine Wahl zu haben – Einige Gedanken zu Schillers Wallenstein.* Mit Jan Philipp Reemtsma. – 10. November: Ausstellungseröffnung. *Die Gabe / The Gift.* Mit Petra Olschowski, Isabel Pfeiffer-Poensgen und Andreas Beyer. Moderation: Ulrich Raulff. – 13. November: Tag der offenen Tür. 10 Jahre LiMo. *Mit allen Fingern begriffen.* – 13. November: Neu im Archiv. *Ruth Landshoff-Yorck: Mit Josephine Baker in Berlin, mit Annette Kolb in New York.* Mit Thomas Meinecke, Heike Gfrereis und Jan Bürger. – 17./18. November: Tagung. 12. Forschungstreffen Suhrkamp/Insel. *Die Zeitschrift. Sinn, Form, Konjunktur.* Mit Axel Schildt, Klaus Manger, Astrid Dröse, Christine Pries, Heinrich Geiselberger, Matthias Weichelt, Hanna Klessinger, Eva Geulen, Jan Bürger, Ben Hutchinson, Paweł Marczewski u. a. Gefördert von der Volkswagen Stiftung, in Kooperation mit der Akademie der Künste Berlin. – 22. November: Lesung. *Sonne auf halbem Weg.* Mit Emine Sevgi Özdamar. Moderation: Jan Bürger. – 30. November: *Lyrik lesen – Gedichte im Gespräch.* Mit Insa Wilke, Gregor Dotzauer, Jan Bürger und der Schauspielerin Pia Podgornik. Moderation: Barbara Wahlster. In Kooperation mit Deutschlandradio Kultur (Sendung am 18. Dezember). – 6. Dezember: Ausstellungseröffnung. *fluxus 36: Unverhofftes Wiedersehen. Karten lesen.* Mit Michael Krüger. Modera-

tion: Heike Gfrereis. – 14. Dezember: Zeitkapsel 45. »*Falls Sie einen Millionär mit
Kultursinn antreffen...*«*. Hermann Hesse und Samuel Fischer.* Mit Gunilla Eschenbach und Heike Gfrereis.

PRESSE UND ÖFFENTLICHKEITSARBEIT

Das Jubiläum *10 Jahre Literaturmuseum der Moderne* mit seinem umfangreichen
Veranstaltungsprogramm bildete einen Schwerpunkt im Bereich Presse- und
Öffentlichkeitsarbeit. Die bereits im Jahr 2015 eröffnete große Wechselausstel-
lung *Das bewegte Buch* im Literaturmuseum der Moderne übte auch 2016 eine
starke Anziehungskraft aus und wurde vielfach besprochen. Im Herbst folgte
dann die in den Medien gefeierte Ausstellung *Die Gabe / The Gift* zu Ehren der
Mäzene mit Staatssekretärin Petra Olschowski im Ministerium für Wissenschaft,
Forschung und Kunst Baden-Württemberg, der Generalsekretärin der Kulturstiftung der Länder Isabel Pfeiffer-Poensgen und dem Kunsthistoriker Andreas
Beyer.

Starke Resonanz fand auch die Erwerbung der Thomas-Mann-Villa mit
Mitteln des Bundes, an dessen Gestaltung eines literarisch-kulturellen Pro-
gramms sich das DLA auf Einladung des Auswärtigen Amts und des BKM bera-
tend beteiligen wird. Der Direktor des Deutschen Literaturarchivs Marbach Ulrich
Raulff begrüßte den Kauf in einer Pressemitteilung als »glücklichen Tag in der
Geschichte der deutschen Literatur«, der Erwerb sei »von größter Bedeutung für
die Erforschung der Emigration nach Amerika«. Jan Philipp Reemtsma hielt die
Schillerrede 2017 und erfuhr ein ausnehmend großes Echo in den Medien, in den
Mittelpunkt seiner Betrachtungen stellte er Schillers *Wallenstein.*

Pressearbeit: Im Jahr 2016 informierte die Pressestelle des Deutschen Literaturarchivs Marbach mit 72 Pressemeldungen über die Aktivitäten des DLA, davon
entfielen 27 auf Ankündigungen von Veranstaltungen, acht auf Ausstellungen,
14 auf den Bereich der Literaturvermittlung, sechs auf Tagungen, drei auf Erwerbungen, zwei auf Publikationen, eine auf die Forschung, eine auf die Arbeitsstelle für literarische Museen, Archive und Gedenkstätten in Baden-Württemberg
(alim) und 10 auf institutionelle Meldungen.

Im wissenschaftlichen Programm wurden die Tagungen *Der Historikerstreit
im Archiv* besonders aufmerksam wahrgenommen, u. a. berichtete die *Frankfurter Allgemeine Zeitung.* Große Beachtung erfuhren zudem die Tagungen *A Tale of
100 Cities. Ideas, Conflicts and Revolt in the 1960s* und das *12. Forschungstreffen
Suhrkamp/Insel* zum Thema *Die Zeitschrift. Sinn, Form, Konjunktur;* diese wurde
u. a. in der *Süddeutschen Zeitung* besprochen. Viel Resonanz gab es zudem für
die Meldungen zu wichtigen Erwerbungen, u. a. der Archive von Dieter Hoffmann

und Dieter Kühn. Über eine Veranstaltung in der Reihe ›Zeitkapsel‹ erfuhr die Erwerbung eines Hermann Hesse-Briefkonvoluts, gefördert durch die Stiftung Kulturgut Baden-Württemberg, besonderes Interesse, sie wurde vielfach in den Printmedien und im Hörfunk kommentiert. Drei weitere Veranstaltungen in der Reihe ›Zeitkapsel‹ wurden in den Medien ebenfalls sehr gut wahrgenommen: Der Fund *Der Überläufer* von Siegfried Lenz in den Marbacher Magazinen fand große Aufmerksamkeit, zum 90. Geburtstag von Siegfried Lenz wurde der Fund in einer Marbacher Zeitkapsel vorgestellt und fand u. a. in der Sendung *ZDF Aspekte* sein Echo, Günter Berg und Ulrich von Bülow waren dort im Interview zu sehen. Die ›Zeitkapsel‹ zur Bibliothek von Karl Wolfskehl wurde u. a. in der *Frankfurter Allgemeinen Zeitung* besprochen; das Gespräch von Jan Bürger und Thomas Meinecke über Dokumente von Ruth Landshoff-Yorck erfuhr einen ausführlichen Beitrag in *Deutschlandradio Kultur*.

Pressekonferenzen wurden zu der großen Wechselausstellung *Die Gabe / The Gift* (15 Pressevertreter) anberaumt, außerdem u. a. zu den Ausstellungen in der Reihe ›fluxus‹ *Errata. Fehler aus zweiter Hand* mit Hanns Zischler, *Unverhofftes Wiedersehen. Karten lesen* mit Michael Krüger und *Im Labyrinth der Kreise. Aus einer Dante-Roman-Werkstatt* mit Sibylle Lewitscharoff. Besonderes Interesse galt der Ausstellung *Die Gabe / The Gift* im Literaturmuseum der Moderne, sie wurde u. a. von der *Frankfurter Allgemeinen Zeitung*, der *Süddeutschen Zeitung*, der *Stuttgarter Zeitung*, der *Südwestpresse* und den Kultursendungen des *ARD-Hörfunks* besprochen. Außerdem erschienen große Beiträge im Magazin *5+* und im *Rotary Magazin*. Die ›fluxus‹-Ausstellung von Sibylle Lewitscharoff wurde u. a. von der *Frankfurter Allgemeinen Zeitung*, der *Süddeutschen Zeitung* und der *Stuttgarter Zeitung* besprochen; die *dpa*, *die Süddeutsche Zeitung* und die *Stuttgarter Zeitung* berichteten über den ›fluxus‹ von Hanns Zischler, ebenfalls die *ARD-Hörfunkanstalten*.

Einzelne Ereignisse in Verbindung mit dem Deutschen Literaturarchiv Marbach erfuhren darüber hinaus besondere Beachtung: Viele Beiträge gab es zu der Entscheidung im Gerichtsprozess um den Nachlass Max Brods. Überregional wurde ebenfalls um Rudolf Borchardts Roman aus seinem in Marbach befindlichen Nachlass debattiert. Veranstaltungen wie die Vorstellung der Freud-Biographie des Präsidenten der Deutschen Schillergesellschaft Peter André-Alt und des im DLA präsentierten Buches *Zeit* von Rüdiger Safranski fanden großes Interesse. Nicht zuletzt wurde der zehnjährige Geburtstag der *Zeitschrift für Ideengeschichte* gefeiert, mit einer Podiumsdiskussion in Berlin und vielen überregionalen Beiträgen, Ulrich Raulff gab dazu ein Interview im *Deutschlandfunk*. Das Projekt der Erschließung der Bibliothek Ernst Jüngers wurde medial ebenfalls sehr gut wahrgenommen. In der *Frankfurter Allgemeinen Zeitung* erschien ein großer Artikel zum digitalen Wandel von Nadja Al Khalaf: *1,1 Terabyte wollen aufbereitet sein*; Carlos Spoerhase schrieb in der *Frankfurter Allgemeinen Zeitung* einen Artikel über den Sonderdruck-Bestand im DLA.

Nach dem erfolgreichen Relaunch im Jahr 2015 wurde die neue Website des DLA laufend weiterentwickelt. Neu eingeführt wurde Anfang 2016 die Kolumne auf der »Seite 3«; der Theaterkritiker Gerhard Stadelmaier schrieb zweimal monatlich seine Kolumne *Mein Jahr mit Stadelmaier* mit Stücken aus dem literarischen Leben.

Neu ist die Kooperation mit *Deutschlandradio Kultur, Lyrik lesen. Gedichte im Gespräch*, die viele Besucher und Besucherinnen in das DLA lockte und auf eine breite Wahrnehmung stieß. Jährlich finden drei gemeinsame Veranstaltungen statt, die *DLR Kultur* jeweils im Anschluss sendet. Auf dem Podium diskutieren Jan Bürger, Gregor Dotzauer und Insa Wilke; es moderiert Barbara Wahlster *(DLR Kultur)*.

Die Pressereferentin besuchte die Buchmessen in Frankfurt und Leipzig und stellte dort das Programm des DLA vor; außerdem unternahm sie zwei Pressereisen nach Berlin. Bei den Veranstaltungen waren zahlreiche Journalisten zu Gast, sie wurden durch die Einrichtung geführt und führten Gespräche mit dem Direktor und der Pressereferentin.

Öffentlichkeitsarbeit: Anzeigen wurden u. a. in dem Ausstellungsanzeiger *Mart*, dem Jahresprogramm der Kulturgemeinschaft Stuttgart und in der Zeitschrift *BW Kulturreich* geschaltet. Der Jahresflyer *10 Jahre LiMo* erfuhr eine große Resonanz. In Zusammenarbeit mit der Stadt Marbach gab es u. a. eine Beteiligung am *Freizeitkatalog BW* und *KUMU (Kultur und Museen)* in *Sonntag aktuell* sowie Anzeigen in verschiedenen Tourismusmagazinen. Darüber hinaus gab es diverse Marketingaktionen, wie zum Beispiel die Kooperation mit der Zeitschrift *Brigitte*, dem *SWR Kulturservice* und die Teilnahme an *Freizeitreise mit Gutscheinbuch.de Baden-Württemberg*.

Interne Kommunikation: Über Belegschaftsnachrichten und insgesamt 239 Tickermeldungen wurden die Mitarbeiter und Mitarbeiterinnen über Mitteilungen des Direktors, personelle Veränderungen, Veranstaltungen und wichtige Medientermine laufend informiert.

Personelle Situation: Der Pressereferentin Alexa Hennemann obliegt das Aufgabenfeld Presse- und Öffentlichkeitsarbeit; sie wird von einer Sekretärin unterstützt. Nach dem Ausscheiden von Patricia Schüttler übernahm Katja Kesselheim das Sekretariat (seit 1. November 2016). In der Internet-Redaktion waren stundenweise zusätzlich Claudia Rauen und Lucie Holzwarth tätig.

SCHRIFTEN, VORTRÄGE UND SEMINARE

Schriften

Philip Ajouri: *Zu einigen Sammlungs- und Ausschlussprinzipien beim Publikations-*
typ der ›Gesammelten Werke‹. Gottfried Kellers ›Gesammelten Werke‹ (1889) und
Goethes ›Ausgabe letzter Hand‹ (1827–30), in: Sprachen des Sammelns. Literatur
als Reflexionsform und Medium des Sammelns, hg. von Sarah Schmidt, Paderborn 2016, S. 513–527. – *Chronologische Werkausgaben im 19. Jahrhundert. Die*
Genese einer ›werkpolitischen‹ Praxis im Spannungsfeld von Autorwillen, Archi-
vordnung und Publikumserwartung, in: Archiv/Fiktionen. Verfahren des Archivie-
rens in Literatur und Kultur des langen 19. Jahrhunderts, hg. von Daniela Gretz
und Nicolas Pethes, Freiburg 2016, S. 85–105. – *Notizzettel von Harry Graf Kessler*,
in: Die Gabe / The Gift. Schmuckstücke der Marbacher Sammlungen (Marbacher Magazin 155/156), S. 174 f. – *Sonett I,7* und *Sonett II,7*, in: Über *Die Sonette*
an Orpheus von Rilke. Lektüren, hg. von Christoph König und Kai Bremer, Göttingen 2016, S. 46–49 und 178–181. – *Ökonomische Semantik in Texten der Ala-*
modekritik von ca. 1628–1675, in: ›Eigennutz‹ und ›gute Ordnung‹. Ökonomisierungen der Welt im 17. Jahrhundert, hg. von Sandra Richter und Guillaume Garner,
Wiesbaden 2016, S. 187–205. – *Ordnung und Regellosigkeit in der barockzeitlichen*
Literatur, in: Nur schöner Schein? Katalog zur Ausstellung der Reiss-Engelhorn-
Museen Mannheim (11. 9. 2016–19.2.2017), hg. von Alfried Wieczoreck, Christoph
Lind und Uta Coburger, Regensburg 2016, S. 170 f. – [zus. mit Christiane Arndt]
Realismus, Naturalismus, in: Handbuch Literatur und Religion, hg. von Daniel
Weidner, Stuttgart 2016, S. 170–174. – *Wissenschaftsgeschichte*, in: Raabe-Hand-
buch. Leben – Werk – Wirkung, hg. von Dirk Göttsche, Florian Krobb und Rolf
Parr, Stuttgart 2016, S. 310–315. – *Der Erstdruck von Goethes* Wilhelm Meisters
theatralische Sendung. *Ökonomisches und symbolisches Kapital in einem Verle-*
gerwettstreit um 1900, in: Jahrbuch der Deutschen Schillergesellschaft, 60, 2016,
S. 383–398. – *Die Präsentation kanonischer Werke um 1900. Semantiken, Prakti-*
ken, Materialität. Workshop im Deutschen Literaturarchiv Marbach, 14.–16. Januar
2016, in: Editio, 30, 2016, S. 229–233.

   Lina Barouch: *Between German and Hebrew. The Counterlanguages of*
Gershom Scholem, Werner Kraft und Ludwig Strauss, Berlin, Boston und Jerusalem
2016. – [hebr.] *Ha-roked 'al ha-hevel, ha-holekh 'al ha-gvul. The Tightrope Dancer,*
The Border Walker. Paradoxical Language and Modernist Images in Gershom
Scholem's »On Lament and Lamentation« *(1918)*, in: Gershom Shalom: Kina ve-
hagut (Lamentations: Poetry and Thought in Gershom Scholem's World), hg. von
Ilit Ferber and Galili Shahar, Jerusalem 2016.

   Jutta Bendt: *Friedrich Schiller, Maria Stuart, 1802*, in: Die Gabe / The Gift.
Schmuckstücke der Marbacher Sammlungen (Marbacher Magazin 155/156),

S. 64. – *Der Rote Eine-Mark-Roman*, in: ebd., S. 87 f. – *Märchen von Hermynia zur Mühlen, Es war einmal ... und es wird sein, 1930*, in: ebd., S. 189 f.

Susanna Brogi: [Hg. mit Magdalena Schanz] *Die Gabe / The Gift. Schmuckstücke der Marbacher Sammlungen*, Marbach a. N. 2016 (Marbacher Magazin 155/156). – [zus. mit Magdalena Schanz] *Marbacher Schmuckstücke. Gaben im Deutschen Literaturarchiv Marbach*, in: ebd., S. 7–11. – *Zur Konzeption der ›Marbacher Pomologie‹*, in: ebd., S. 41–49.

Ulrich von Bülow: *Nachlässe*, in: Handbuch Archiv. Geschichte, Aufgaben, Perspektiven, hg. von Marcel Lepper und Ulrich Raulff, Stuttgart 2016, S. 143–152. – *L'éclipse d'un auteur en son œuvre. Quelques remarques sur les archives de W. G. Sebald*, in: Politique de la mélancolie. À propos de W. G. Sebald, hg. von Muriel Pic, Dijon 2016, S. 163–176. – *Ikone auf Reisen. Tolstoi, Rilke, der Glaube und die Kunst*, in: Zeitschrift für Ideengeschichte, Jg. 10, H. 3, S. 83–96. – *Georg Trakl, Afra, 1913*, in: Die Gabe / The Gift. Schmuckstücke der Marbacher Sammlungen (Marbacher Magazin 155/156), S. 85 f. – *Joseph Roth, Die Legende vom heiligen Trinker*, in: ebd., S. 92 f. – *Peter Handkes Notizbuch vom 24. Dezember 1979 bis März 1980*, in: ebd., S. 164 f. – *Denktagebuch von Hannah Arendt, 1955*, in: ebd., S. 175 f. – *Annandale-on-Hudson, New York: Hannah Arendts Bibliothek im Bard College*, 2016, http://www.global-archives.de/forschung.

Jan Bürger: *Kleine Scherbenkunde* [über Peter Rühmkorf], in: Altgier, München 2016 (Zeitschrift für Ideengeschichte X/1), S. 52–54. – *Benn, nach 60 Jahren* und *Editionsgeschichte und Nachlass*, in: Benn-Handbuch: Leben – Werk – Wirkung, hg. von Christian M. Hanna und Friederike Reents, Stuttgart 2016, S. 404–409.

Jan Eike Dunkhase: *Marbachs gute Geister. Kilian von Steiner, Theodor Heuss und ihr schwäbisches Schillermuseum*, in: Die Gabe / The Gift. Schmuckstücke der Marbacher Sammlungen (Marbacher Magazin 155/156), S. 25–39. – *Friedrich Hölderlin, Maulbronner Quartheft*, in: ebd., S. 68 f. – *Schenkungsvertrag über das Cotta-Archiv (1961)*, in: ebd., S. 137. – *Kaufvertrag zwischen Amalie Krieger und der Stadtgemeinde Marbach (1892)*, in: ebd., S. 139 – [Rez.] Jürgen Elvert (Hg.), *Geschichte jenseits der Universität. Netzwerke und Organisationen in der frühen Bundesrepublik, (Stuttgart 2016)*, in: H-Soz-Kult, 29. 9. 2016.

Gunilla Eschenbach: *LaienprophetInnen*, in: Barock. Nur schöner Schein? Eine Ausstellung der Reiss-Engelhorn-Museen Mannheim, hg. von Alfried Wieczorek, Christoph Lind und Uta Coburger, Regensburg 2016, S. 166. – *Günter Eich: Äpfel*, in: Die Gabe / The Gift. Schmuckstücke der Marbacher Sammlungen (Marbacher Magazin 155/156), S. 102 f. – *Brief von Hermann Hesse an Hedwig Fischer, 17. Juni 1918*, in: ebd., S. 153 f.

Sabine Fischer: *In neuem Licht. Charlotte Schiller zum 250. Geburtstag*, in: Literaturblatt für Baden-Württemberg 6, 2016, S. 9–11. – *Homers Apotheose von Johann Heinrich Wilhelm Tischbein, um 1800*, in: Die Gabe / The Gift. Schmuckstü-

cke der Marbacher Sammlungen (Marbacher Magazin 155/156), S. 67 f. – *Friedrich Schiller. Kopie des 19. Jahrhunderts nach dem 1808/08 entstandenen Original von Gerhard von Kügelgen*, in: ebd., S. 110–112.

Steffen Fritz: *Rewriting History*, in: 2600, Jg. 32, H. 4, 2016, S. 54–57.

Heike Gfrereis: *Die ersten Dinge kommen später. Dada im Museum*, in: Dada: Performance & Programm, hg. von Ursula Amrein und Christa Baumberger, Zürich 2016, S. 165–173. – *Papierplätze. Über materielle Formen der Inspiration*, in: Die Raumzeitlichkeit der Muße, hg. von Günter Figal, Hans Hubert und Thomas Klinkert, Tübingen 2016, S. 309–337. – *Clockwork Orange. Friedrich Kittlers Mond-Farben-Kartei*, in: Altgier, München 2016 (Zeitschrift für Ideengeschichte X/1), S. 97–106. – *Ausstellung*, in: Handbuch Archiv, hg. von Marcel Lepper und Ulrich Raulff, Stuttgart 2016, S. 225–235. – [zus. mit Ulrich von Bülow] *Sebalds Nachlass*, in: Sebald-Handbuch, hg. von Michael Niehaus und Claudia Öhlschläger, Stuttgart 2016, S. 73–77. – *Ohne Punkt und Komma? Bilder einer Poesie im Gehen*, in: *Farbpoesie zwischen Fantasie und Wirklichkeit. Cantastorie der Puppenspielerfamilie Maldera und Parisi aus der Sammlung Würth*, Künzelsau 2016, S. 21–30. – *Die Plakate der Puppenspieler oder Warum Kühlschränke beim Lesen helfen*, in: ebd., S. 45–60. – *Neu sehen. Kesslers Reise um die Welt*, in: Harry Graf Kessler – Flaneur durch die Moderne, Berlin 2016, S. 2–7. – *Weil wir viele Köpfe haben. Ein Plädoyer für das Spielen in einem Literaturmuseum*, in: Faces of Interior 2/2016 (Themenheft »Play«). – [zus. mit Hanns Zischler] *Errata. Fehler aus zweiter Hand*, Marbach a. N. 2016. – *Das ist kein Papier. Die Marbacher Literaturmuseen*, in: Bibliothek. Forschung und Praxis, Berlin 2016. – *Thing*, in: Closeness and Contemporary Culture, hg. von Vincent Barletta, 2016, http://formadevida.org/gfrereisfdv8en.

Vanessa Greiff: *Der Vorleser. Eine Gabe von Bernhard Schlink*, in: Die Gabe / The Gift. Schmuckstücke der Marbacher Sammlungen (Marbacher Magazin 155/156), S. 107 f.

Georg Hartmann: [Hg. mit Brian McNeil] *Karl Jaspers: The educational value of the natural sciences (Vom Bildungswert der Naturwissenschaften)*, in: argumenta philosophica. Revista de la Encyclopedia Herder 2/2016, S. 5–12. – [engl.] *Editorial note on Jaspers' essay on »The educational value of the natural sciences«, edited from his remains*, in: argumenta philosophica. Revista de la Encyclopedia Herder 2/2016, S. 12–14.

Nikola Herweg: [Hg. mit Christoph Willmitzer] *Hilde Domin, Nelly Sachs: Briefwechsel* (ADA 9). – [zus. mit Christoph Willmitzer] *Dissonanter Dialog – das Briefgespräch zwischen Hilde Domin und Nelly Sachs*, in: Hilde Domin, Nelly Sachs: Briefwechsel (ADA 9), S. 117–127. – *Bildpostkarte von Nelly Sachs an Hilde Domin, 19. Juni 1965*, in: Die Gabe / The Gift. Schmuckstücke der Marbacher Sammlungen (Marbacher Magazin 155/156), S. 195 f. – *Literatur in Archiven – Archive in Literatur*, in: Literatur, Sprache und Institution (Stimulus 23/2014), S. 266–277. – *Gegen das Vergessen. Eine Schatzsuche im Helen und Kurt Wolff-Archiv des Deutschen Literaturarchivs Marbach*, in: Das Magazin der 5 plus, 1, 2016, S. 26–30.

Enke Huhsmann: *Bewahren: Peter Handkes Notizbücher. Ein Beispiel für bestandserhaltende Maßnahmen*, in: Die Gabe / The Gift. Schmuckstücke der Marbacher Sammlungen (Marbacher Magazin 155/156), S. 140–142.

Dietmar Jaegle: *Clemens Brentano*, in: Reclams Literaturkalender 2017, Stuttgart 2016, S. 59–61.

Caroline Jessen: *»Alte Bücher in Haifa«. Materielle Zeugnisse und Erinnerungsrhetorik*, in: Deutsche und zentraleuropäische Juden in Palästina und Israel. Kulturtransfers, Lebenswelten, Identitäten. Beispiele aus Haifa, hg. von Anja Siegemund, Berlin 2016, S. 461–482. – *Schwierigkeiten eines zionistischen Schriftstellers. Josef Kastein in Haifa*, in: ebd, S. 316–328. – *Silberne Schale von Karl Wolfskehl für Stefan George*, in: Die Gabe / The Gift. Schmuckstücke der Marbacher Sammlungen (Marbacher Magazin 155/156), S. 89 f. – [Rez.] *Das Kulturerbe deutschsprachiger Juden, hrsg. von Elke-Vera Kotowski. Berlin u. a. 2015*, in: Informationsmittel IFB. Digitales Rezensionsorgan für Bibliothek und Wissenschaft, 2016: http://ifb. bsz-bw.de/bsz424220261rez-1.pdf (10. 1. 2017). – [Rez.] *Handbuch der deutsch-jüdischen Literatur, hg. von Hans Otto Horch. Berlin u. a. 2015*, in: Informationsmittel IFB. Digitales Rezensionsorgan für Bibliothek und Wissenschaft, 2016, http://ifb. bsz-bw.de/bsz417632762rez-1.pdf (10. 1. 2017).

Roland S. Kamzelak: *Editionen im semantic web. Chancen und Grenzen von Normdaten, FRBR und RDF*, in: »Ei, dem alten Herrn zoll' ich Achtung gern'«. Festschrift für Joachim Veit zum 60. Geburtstag, hg. von Kristina Richts und Peter Stadler, München 2016.

Heinz Werner Kramski: *Digitale Dokumente im Archiv*, in: Handbuch Archiv. Geschichte, Aufgaben, Perspektiven, hg. von Marcel Lepper und Ulrich Raulff, Stuttgart 2016, S. 178–197. – [zus. mit Jürgen Enge]: *Exploring Friedrich Kittler's Digital Legacy on Different Levels. Tools to Equip the Future Archivist*, in: Proceedings of the 13th International Conference on Digital Preservation. iPRES 2016, hg. von der Schweizerischen Nationalbibliothek, Bern 2016, S. 229–236.

Stephanie Kuch: *Überprüfung der Spiegelungsfähigkeit von Internetressourcen mit dem Online-Tool ArchiveReady und Bewertung der dabei analysierten Facetten*, 2016, https://wwik-prod.dla-marbach.de/line/images/9/9b/ArchiveReady.pdf (17. 1. 2016)

Marcel Lepper: *Goethes Euphrat. Philologie und Politik im ›West-östlichen Divan‹*, Göttingen 2016 (Kleine Schriften zur literarischen Ästhetik und Hermeneutik 8). – [Hg. mit Ulrich Raulff] *Metzler Handbuch Archiv. Geschichte, Aufgaben, Perspektiven*, Stuttgart, Weimar 2016. – [Hg. mit Stefanie Stockhorst und Vinzenz Hoppe] *Symphilologie. Formen der Kooperation in den Geisteswissenschaften*, Göttingen 2016. – *Big Data. Global Villages*, in: Philological Encounters

1, 2016, S. 131–162. – *Tragisch? Walter Muschg und die Philologie*, in: »Wunderliche Theologie«. Konstellationen von Literatur und Religion im 20. Jahrhundert, hg. von Ulrich Weber und Andreas Mauz, Göttingen 2016, S. 189–198. – *Bücherschatz und Bücherarbeit. Ökonomische Ordnungen des Schriftguts im 17. Jahrhundert*, in: Eigennutz und gute Ordnung. Ökonomisierungen der Welt im 17. Jahrhundert, hg. von Sandra Richter und Guillaume Garner, Wiesbaden 2016, S. 405–427.

Lydia Christine Michel: *Peter Rühmkorf, Drei unnütze Gaben*, in: Die Gabe / The Gift. Schmuckstücke der Marbacher Sammlungen (Marbacher Magazin 155/156), S. 176 f.

Herman Moens: [zus. mit Nicolai Riedel] *Marbacher Schiller-Bibliographie 2015*, in: Jahrbuch der Deutschen Schillergesellschaft 60, 2016, S. 535–623.

Mirko Nottscheid: [Hg. mit Hans-Harald Müller] *Disziplinentwicklung als »community of practice«. Der Briefwechsel Wilhelm Scherers mit August Sauer, Bernhard Seuffert und Richard Maria Werner aus den Jahren 1876 bis 1886*, Stuttgart 2016 (Beiträge zur Geschichte der Germanistik 6). – *Wissenschaft, Verlag, Mäzenatentum. Kooperative Strukturen in der frühen Neugermanistik – am Beispiel von Editionsreihen und Werkausgaben*, in: Symphilologie. Formen der Kooperation in den Geisteswissenschaften, hg. von Stephanie Stockhorst, Marcel Lepper und Vinzenz Hoppe, Göttingen 2016, S. 215–238. – *»Epigramme in Titeln und Zitaten«. Der Bibliograph Alfred Rosenbaum (12.1.1861 Prag – 12.9.1942 Konzentrationslager Theresienstadt)*, in: Auskunft. Zeitschrift für Bibliothek, Archiv und Information in Norddeutschland 36, 2016, S. 47–52. – [Rez.] *Werner Schochow: Geschichten aus der Berliner Staatsbibliothek. 41 Miniaturen*, Berlin 2014, in: ebd., S. 155–158. – [Rez.] *Hartmut Walravens: Rückblick auf ein Leben für die Wissenschaft. Asien – Osteuropa – Bibliographie – Bibliotheken – Geschichte – Kunst und Literatur. Bibliographie zum 65.*, Berlin 2011, in: ebd., S. 444–445. – [Rez.] *Norman Domeier, Rainer Nicolaysen, Maria Borowski, Martin Lücke und Michael Schwartz: Gewinner und Verlierer. Beiträge zur Geschichte der Homosexualität in Deutschland im 20. Jahrhundert*, Göttingen 2015, in: Jahrbuch Sexualitäten 1, 2016, S. 213–217. – *Porträt Erna Lorenz*, in: Andreas Stuhlmann: Vater Courage. Reinhold K. Olszewski und die Deutschen Kammerspiele in Lateinamerika 1949–1974. Mit Beiträgen von Nicola Lange, Andreas Löhrer, Carlo Mor von Weber und Mirko Nottscheid, München 2016, S. 45. – *Porträt Joachim Teege*, in: ebd., S. 117. – *Porträt Elisabeth Wiedemann*, in: ebd., S. 125 f. – *Porträt Ulrich Erfurth*, in: ebd., S. 142 f. – *Porträt Hans-Gerd Kübel*, in: ebd., S. 159 f. – *Porträt Karl Vibach*, in: ebd., S. 166. – *Porträt Raimund Harmstorf*, in: ebd., S. 174 f. – [Hg. zus. mit Bernhard Fetz, Desiree Hebenstreit, Marcel Illetschko und Hans-Harald Müller] *Briefwechsel | Sauer-Seuffert*, 2016, http://sauer-seuffert.onb.ac.at/ (15.1.2016). – [zus. mit Ines Marx] *Personalbibliographie Bernhard Seuffert (1853–1938)*, in: http://sauer-seuffert.onb.ac.at/ projektbeschreibung/briefpartner/bernhard-seuffert/bibliographie (15.1.2016).

Vera Raschke: *Apfelstudie von Christophine Reinwald, um 1800* in: Die Gabe /
The Gift. Schmuckstücke der Marbacher Sammlungen (Marbacher Magazin
155/156), S. 62. – *Eine Haarlocke von Johann Friedrich Dannecker und eine Mar-
morlocke seiner Schillerbüste*, in: ebd., S. 165 f.

Raulff, Ulrich: *Die alte Welt der Pferde.* Jacob Burckhardt-Gespräche auf Cas-
telen, 31. Schwabe Verlag Basel, 2016. – *10 Jahre Zeitschrift für Ideengeschicht*, in:
Altgier, München 2016 (Zeitschrift für Ideengeschichte X/1), S. 4–6. – *Die Kreide*,
in: Altgier, München 2016 (Zeitschrift für Ideengeschichte X/1), S. 87–96.

Nicolai Riedel: *Ernst-Jünger-Bibliographie. Wissenschaftliche und essayisti-
sche Beiträge zu seinem Werk. Fortsetzung (2003–2015)*, Stuttgart 2016, X, 255 S. –
[zus. mit Herman Moens] *Marbacher Schiller-Bibliographie 2015. Internationales
Referenzorgan zur Forschungs- und Wirkungsgeschichte*, in: Jahrbuch der Deutschen Schillergesellschaft 60, 2016, S. 535–623.

Thomas Schmidt: Spuren: [Hg.] *Hans Burkhard Schlichting: Alfred Döblin in
Baden-Baden* (Spuren 109). – [Hg.] *Helmut Böttiger: Gottlob Haag in Wildentierbach* (Spuren 110). – [Hg.] *Wolfgang Menzel: Huchel und Joachim auf dem Sulzburger Friedhof* (Spuren 111). – [Hg.] *Joachim Kersten: Friedrich Sieburg in Gärtringen*
(Spuren 112). – [Hg.] *Wolfgang Ranke: Schiller, Schubart und der Hohenasperg*,
2. durchges. Auflage (Spuren 86).

Lydia Schmuck: [span.] *Cómo se hace una biografía cultural. La dimensión
transatlántica en El espejo enterrado de Carlos Fuentes*, in: Transnacionalidad e
hibridez en el ensayo hispánico. Un género sin orillas, hg. v. Reindert Dhondt,
Dagmar Vandebosch, Amsterdam: Brill 2016 (Foro Hispánico). – *Europa im (Zerr-)
Spiegel Sarajevos. Manifestationen europäischer (Gegen-)Erinnerung in El sitio de
los sitios von Goytisolo*, in: Europa. Eine Fallgeschichte!, hg. von Kerstin Stamm,
Patrick Stoffel, Berlin: Bachmann 2016.

Ellen Strittmatter: *Luthers Totenmaske*, Katalog zur Ausstellung »Luthermania. Ansichten einer Kultfigur«, Wolfenbüttel 2016, S. 144–146. – *Döblins Postkar-
tenalben*, in: Die Gabe / The Gift. Schmuckstücke der Marbacher Sammlungen
(Marbacher Magazin 155/156), S. 172 f. – *Bildpoetik und Bildpolitik. Alfred Döblin
und das Medium Fotografie*, in: Jahrbuch der Deutschen Schillergesellschaft 60,
2016, S. 141–185.

Lorenz Wesemann: *Y – Heine*, Nächtliche Fahrt, in: Jahrbuch der deutschen
Schillergesellschaft 60, 2016, S. 277–291.

Vorträge und Seminare

Philip Ajouri: *Antiqua und Fraktur im Klassikerdruck um 1900*, Vortrag auf der
Tagung ›Die Präsentation kanonischer Werke um 1900‹, 15. 1. 2016. – *»Kategoriale
Objektivität.« Eine Empirisierung des Transzendentalen im poetischen Realismus?*,

Vortrag auf dem Workshop des DFG-Netzwerks ›Empirisierung des Transzendentalen‹, 1.7.2016. – [zus. mit Ursula Kundert und Carsten Rohde] *Rahmungen: Psalmen – Faust – Insel-Verlag*, Vortrag im Arbeitskreis ›Materialität von Schriftlichkeit‹, 8.11.2016. – *»Man kann Hölderlin auch dann nicht in die Tasche stecken, wenn man ihn in die Tasche stecken kann.« Zur Materialität von Klassikerausgaben im 19. und frühen 20. Jahrhundert*, Antrittsvorlesung an der Universität Stuttgart, 30.11.2016. – *Literatur des Realismus*, Universität Stuttgart, Vorlesung, Wintersemester 2016/2017.

Lina Barouch: *In Which Language do You Dream? On the Curiosities of a Bi-Lingual Life*, Moderation der Lesung und des Seminars mit Dichter Zafer Senocak, Franz Rosenzweig Minerva Forschungszentrum, Hebrew University of Jerusalem, 12.12.2016 – *Native Balconies, Foreign Words. On Two Texts by Ilse Aichinger*, Präsentation im Rahmen des international Workshops ›Reading Ilse Aichinger in Israel‹, Hebräische Universität zu Jerusalem, 27/28.11.2016. – *Paul Celan auf Hebräisch. Celans Bibliothek als Quelle zur Erforschung seiner Übersetzbarkeit ins Hebräische*, Vortrag im Rahmen der internationalen Tagung ›Autorschaft und Bibliothek. Sammelungsstrategien und Schreibverfahren‹ (WWM), Weimar 7./8.11.2016. – *What Remains? Barbara Honigmann and Gershom Scholem Recount the Reconvening of Books in Libraries in Short Story and Diary*, Vortrag am internationalen Gentner Symposium ›Contested Jewish Cultural Property after 1945‹, Hebrew University of Jerusalem, 27.–29.9.2016. – *Trans-national and Trans-lational Turns: On Reading Paul Celan in Israel*, Vortrag beim Workshop ›Post-Postmodernism‹, Hebrew University of Jerusalem, 14.6.2016. – *Cropped Dialogues. Tuvia Rübner Translates Himself*, Präsentation am internationalen Workshop ›Museums of What is Still to Happen‹, Hebrew University of Jerusalem, 5.4.2016.

Jutta Bendt: *Über Zsuzsa Bánk*. Vortrag anlässlich der Begrüßung der neuen Stipendiatin der Calwer Hermann Hesse-Stiftung, Calw 2.6 2016. – *Sondersammlungen in der Bibliothek des DLA. Zugang und Konfiguration*. Vortrag im Seminar ›Ethik der Rezeption‹ (Susanna Brogi/Agnes Bidmon). Marbach a. N., 20.1.2016

Susanna Brogi: [zus. mit Agnes Bidmon] *Die Ethik der Rezeption. Autoren lesen Autoren*, Seminar, Kooperation des DLA Marbach mit dem Elitestudiengang ›Ethik der Textkulturen‹ der Universität Erlangen-Nürnberg und der Universität Augsburg, Marbach, 18.–22.1.2016. – *(Teil-)Bibliotheken jüdischer Autorinnen und Autoren im DLA Marbach*, Vortrag im Rahmen des Forschungsseminars des Departments für Germanistik und Komparatistik der Universität Erlangen-Nürnberg, 25.1.2016. – *Zwischen Finkenschlag und Papageienvoliere. Tiergarten-Passagen mit Theodor Fontane*, Vortrag in Berlin bei der Fontane-Gesellschaft, 12.2.2016. – *Transit-Stationen einer ›Exil‹-Bibliothek*, Vortrag im Rahmen der Tagung ›Biographien des Buches‹ vom Forschungsverbund Marbach-Weimar-Wolfenbüttel in der HAB Wolfenbüttel, 5.–8.4.2016. – *Bilder und Texte in den*

Beständen des DLA Marbach, Vortrag und Führung im Rahmen der Tagung ›Text – Bild – Ton‹ der American Friends of Marbach im DLA Marbach, 9.–11. 6. 2016. – *Rückentwicklung zum Negativ: Das Medium Fotografie in Ilse Aichingers ›Film und Verhängnis. Blitzlichter auf ein Leben‹ (2001)*, Vortrag im Rahmen der 40. Tagung der German Studies Association in San Diego, 29.9.–2. 10. 2016.

Ulrich von Bülow: *Rilke und Italien*, Vortrag auf der Tagung ›Rilke e l'Italia‹ in der Fondazione Camillo Caetani Rom, 15. 4. 2016. – *Das Handwerk des Denkens. Der Nachlass von Martin Heidegger*, Vortrag im Rahmen der Tagung der Martin-Heidegger-Gesellschaft in Wien am 8. 5. 2016 und im Goethe-Institut Tblissi am 23. 5. 2016. – *The Handiwork of Thinking. On the ›Nachlass‹ of Martin Heidegger*, Vortrag an der California State University Long Beach am 3. 10. 2016, an der Vanderbilt University Nashville, TN, am 2. 10. 2016 und am Stevens Institute of Technology, Hoboken, NJ, am 17. 11. 2016. – *Die Marbacher Rilke-Bestände*, Vortrag auf dem Rilke Workshop in Gernsbach am 8. 7. 2016. – *Erwerbungen in Marbach*, Vortrag auf dem Jahrestreffen der American Friends of Marbach in San Diego, CA, am 1. 10. 2016. – *What Are Literary Archives For?*, Vortrag an der California State University Long Beach am 4. 10. 2016. – *W.G. Sebald's Literary Remains: On the Disappearance of the Author in his Work and Archive*, Vortrag am Bard College, Annandale-on-Hudson, NY, am 10. 11. 2016. – *Stefan Zweigs ›Ungeduld des Herzens‹. Die Geschichte eines Roman*, Vortrag im Literaturhaus Karlsruhe am 6. 12. 2016. – [zus. mit Prof. Matthias Bormuth] *Karl Löwith*, Seminar an der Universität Oldenburg, Sommersemester 2016. – *Quellenkunde*, Seminar im Rahmen des Israelisch-deutscher Workshops *Archival Basics* am 15. 2. 2016. – *Wozu Literaturarchive?*, Seminar im Rahmen des Notre Dame Berlin Seminars ›German Literary Institutions‹ am 12. 7. 2016. – [zus. mit Prof. Thomas Wild] *Kleist's Works*, Seminar am Bard College, Annandale-on-Hudson, NY, Oktober und November 2016.

Jan Bürger: *Text as Process*, Vortrag auf der Tagung der MLA, 8. 1. 2016, Austin, TX (USA). – [zus. mit George Prochnik] *The Unmendable Self. New Perspectives on Joseph Roth*, 13. 1. 2016, Goethe-Institut, New York City (USA). – [zus. mit Gregor Dotzauer, Insa Wilke und Barbara Wahlster] *Lyrik lesen – Gedichte im Gespräch*, Deutschlandradio Kultur, Sendungen am 24. 4., 21. 8. und 18. 12. 2016. – [zus. mit Annette Korolnik] *Alfred Andersch – Max Frisch: ›Cento passi di distanza‹*, Buchvorstellung, Casa di Goethe, Rom, 25. 5. 2016. – [zus. mit Dorothea Baltzer] *Der Neckar. Eine literarische Reise*, Württemberg-Loge, Fellbach, 23. 6. und 22. 9. 2016. – [zus. mit Sofia Flesch Baldin] *Hermann Hesses Montagnola-Strategie*, Bürgerhaus Gaienhofen, 25. 9. 2016. – *›Titanic‹ und ›Tumult‹: Hans Magnus Enzensbergers autobiografische Spiele*, 40th Annual Conference der GSA, San Diego (CA), 30. 9. 2016. – *»Kann das Buch uns helfen?« Peter Suhrkamp und sein literarisches Credo*, 18. 10. 2016, Universitätsbibliothek Oldenburg. – [zus.

mit Marica Bodrožić, Florian Höllerer und Deniz Utlu] *Dichterlesen.net: Unterhaltungen deutscher Eingewanderten*, Literarisches Colloquium Berlin, 31. 10. 2016. – [zus. mit Sofia Flesch Baldin] *Hermann Hesses Montagnola-Strategie*, Hesse-Museum, Calw, 10. 12. 2016. – *Hans Magnus Enzensberger und das intellektuelle Leben der Jahre 1955 bis 1970*, Seminar, Universität Stuttgart, Wintersemester 2015/2016. – [zus. mit Meike G. Werner] *Hans Magnus Enzensberger*, Workshop mit dem Graduiertenprogramm der Vanderbilt University (Nashville TN) im DLA, 7. und 10. 3. 2016.

Jan Eike Dunkhase: *Sinngebungen des Absurden. Reinhart Koselleck und die Konstellation von 1986*, Vortrag auf der Tagung ›Der Historikerstreit im Archiv‹, DLA Marbach, 17. 3. 2016. – Mit Kittsteiner für Heidegger? Geschichtsdenken in dürftiger Zeit, Vortrag auf der Tagung ›Geschichtsphilosophie nach der Geschichtsphilosophie? Perspektiven der Kulturgeschichte im Ausgang von Heinz Dieter Kittsteiner‹, Europa-Universität Viadrina, Frankfurt (Oder) / Helle Panke e. V. Berlin, 1./2. 12. 2016.

Gunilla Eschenbach: *Zeitschriften der Stunde Null und ihre Autoren*, Seminar, Universität Stuttgart, Sommersemester 2016. – *Wie Rilke zum Klassiker wurde. Zur Durchsetzung eines Autorbilds durch den Insel-Verlag*, Vortrag beim Workshop ›Die Präsentation kanonischer Werke um 1900. Semantiken. Praktiken. Materialität‹, 14. 1. 2016, DLA Marbach. – [zus. mit Helmuth Mojem] *Gefährliche Liebschaft. Friedrich Gundolf-Elisabeth Salomon. Briefwechsel 1914–1931*, Buchpräsentation im Literaturhaus Stuttgart am 4. 2. 2016 und im Literaturhaus Berlin am 24. 6. 2016. – *Thomas Mann, Samuel Fischer und der S. Fischer Verlag*, Vortrag im Rahmen der Jubiläumstagung ›60 Jahre Thomas Mann-Archiv der ETH Zürich‹, 1. 9. 2016. – [zus. mit Heike Gfrereis] *»Falls Sie einen Millionär mit Kultursinn antreffen« Hermann Hesse und Samuel Fischer*, Zeitkapsel 45 am 14. 12. 2016, DLA Marbach.

Sabine Fischer: *Freundin, Braut und Dichtergattin. Charlotte Schiller im Porträt*, Vortrag anlässlich des 250. Geburtstags von Charlotte Schiller im Rahmen der Ausstellung ›»Damit doch jemand im Hause die Feder führt...«. Charlotte von Schiller‹ im Goethe- und Schiller Archiv Weimar, im Schillerverein Marbach sowie für die Goethe-Gesellschaft Mannheim im Rahmen der Charlotte-Schiller-Tage.

Steffen Fritz: *Digital Zusammenwachsen: Forschungsdaten-Management im Forschungsverbund MWW*, Posterpräsentation im Rahmen der Tagung ›DHd 2016‹, 10. 3. 2016 – *Archiving Electronic Literature. A Workflow*, Vortrag im Rahmen der Tagung ›IIPC Web Archiving Conference‹, 14. 4. 2016.

Heike Gfrereis: [zus. mit Gunilla Eschenbach] *Hermann Hesse und Samuel Fischer*, DLA Marbach, Zeitkapsel 45 am 14. 12. 2016. – *Wie wollen wir in einer offenen und transparenten digitalen Welt arbeiten, entscheiden, lernen und leben?*, Podiumsgespräch mit Holger Schmidt, Peter H. Ganten, Daniele Turini und Markus Fellner, OPEN! 2016. Konferenz für digitale Innovation, Stuttgart, 7. 12. 2016 – ebd.: [zus. mit Sophie Metzler, Simon Schütz und Natalie Warszewik] *Das unendliche Museum*, Vorstellung eines digitalen Projekts zur Besucherpartizipation im Rahmen der MFG-Initiative HOLA (Hochschulübergreifendes Labor für kooperatives Arbeiten). – *Karten lesen*, Moderation der Ausstellungseröffnung mit Michael Krüger, DLA Marbach, 6. 12. 2016. – [zus. mit Jan Bürger und Thomas Meinecke] *Ruth Landshoff-Yorck*, DLA Marbach, 13. 11. 2016. – [zus. mit Sandra Potsch und Verena Staack] *Literaturtheorie als Literaturdidaktik*, Tagung ›Außerschulische Aneignungs- und Vermittlungsprozesse von Literatur‹, 12. 11. 2016. – *Mit Sigmund Freud durch die Seele*, DLA Marbach, 3. 11. 2016. – *Weg oder Ziel? Texte zwischen Arabeske und Fragment*, Tagung ›Formen ins Offene. Die Produktivität des Fragmentarischen‹, Fontane-Archiv und Universität Potsdam, Potsdam, 13. 10. 2016. – *Die Zeit und das Museum*, Moderation eines Gesprächs mit Rüdiger Safranski, DLA, 6. 10. 2016. – *Aus der Seele lesen 1: Sybille Krämer*, Moderation, DLA Marbach, 28. 9. 2016. – *Erzählen*, Vortrag in der Masterclass für Wissenschaftsjournalismus der Robert Bosch Stiftung und anschließendes Coaching, Berlin 22. 7. 2016. – [zus. mit Dietmar Jaegle] *Dante. Im Labyrinth der Kreise*, Moderation eines Gesprächs von Sibylle Lewitscharoff und Karlheinz Stierle, DLA Marbach, 7. 7. 2016. – [zus. mit Jan Bürger] *Mythen des 20. Jahrhunderts*, Moderation eines Gesprächs mit Peter von Matt, DLA Marbach, 25. 6. 2016. – *Moderne im Rheinland. Was heißt es, avantgardistsich zu sein?*, Gesprächsrunde Forum WDR 2, mit Michael Köhler, 10. 6. 2016. – *Bücher für den Eimer, Bücher für die Insel*, Moderation der Veranstaltungen mit Denis Scheck und Karla Paul, DLA Marbach, 5. 6. 2016. – Was *ist modern am Literaturmuseum der Moderne*, Tagung ›VerOrtung der Moderne. Begriff, Institutionen, Forschung‹, Fritz Thyssen Stiftung Köln, 2. 6. 2016. – [zus. mit Marcel Lepper] *Dinge und Diskurse. Dada im Archiv*, Dada im Museum, Vorlesungsreihe ›Dada. Performance & Programme‹ an der Universität Zürich, 26. 5. 2016. – *No man is an island, entire of itself*, Rede zur Eröffnung der Ausstellung ›Harry Graf Kessler. Flaneure der Moderne‹, Liebermann-Haus, Stiftung Brandenburger Tor, 20. 5. 2016. – *Gedicht hoch drei*, Moderation des Gesprächs mit Friedrich Ani, Hans Platzgumer und Richard Schwarz, DLA Marbach, 28. 4. 2016 – *Materiell / immateriell. Das Verhältnis von Exponat und Erzählung*, Keynote auf der Tagung ›Das Immaterielle ausstellen. Interdisziplinäre Tagung zur Musealisierung von Literatur und performativer Kunst‹, veranstaltet von der Graduate School Practices of Literature der Westfälischen Wilhelms-Universität Münster, Zentrum für Kulturwissenschaftliche Forschung Lübeck und Buddenbrookhaus, Heinrich-und-Thomas-Mann-Zentrum in Lübeck, 15. 4. 2016. – Ebd.: Öffentliche Podiumsdiskussion im Buddenbrookhaus mit Anna Bandholz, Birte Lipinski, Folker Metzger und Hans Wißkirchen, 16. 4. 2016.

– *Errata. Fehler aus zweiter Hand*, Moderation des Gesprächs mit Hanns Zischler, DLA Marbach, 29.2.2016 – *Auslese. Bücher für die Sammlung*, Vortrag in der Reihe der Kunstsammlungen NRW und der Buchhandlung Müller & Böhm, Düsseldorf, 31.1.2016. – *Ecken und Kanten, Schrift und Raum*, Moderation des Gesprächs mit Alexander Schwarz und Günter Figal, DLA Marbach, 29.1.2016. – [zus. mit Christoph Stölzl und Cornelia Vossen] *Harry Graf Kessler – Flaneur durch die Moderne*, Ausstellung in Kooperation mit der Stiftung Brandenburger Tor (20.5.–25.9.2016). – [zus. mit Bernd Busch, Hessisches Landesmuseum Darmstadt] *Geistesgegenwärtig. 50 Jahre Johann-Heinrich-Merck- und Sigmund-Freud-Preis*, Ausstellung in Kooperation mit der Deutschen Akademie für Sprache und Dichtung (29.10.2015–11.1.2016). – *Rilke. Schreiben, Gehen, Singen*, Seminar, Universität Stuttgart, Wintersemester 2016/2017. – *Hängen, Stellen, Legen: Wie Ausstellungen Exponate machen*, Universität Stuttgart, Sommersemester 2016. – *Lyrik, Bild und Text*, Beratung eines Projekts an der Staatlichen Akademie der Bildenden Künste Stuttgart, Klasse Uli Cluss, Sommersemester 2016. – [zus. mit Dietmar Jaegle] *Museum-Scrabble*, Betreuung eines Projekts der MFG-Initiative HOLA– Hochschulübergreifendes Labor für kooperatives Arbeiten, Sommer bis Winter 2016. – *Christoph Ransmayr*, Beratung eines Ausstellungsprojekts mit Doreen Wohlleben und Studierenden und Promovierenden der Universität Heidelberg, Sommersemester 2016. – [zus. mit Dietmar Jaegle, Sandra Potsch und Richard Schumm] *Wie viel weiß der Autor? Archiv und Text bei Schiller, Sebald und Handke*, Universität Stuttgart, Wintersemester 2015/2016.

Vanessa Greiff: Lesung und Gespräch mit Sudabeh Mohafez, Moderation anlässlich der Jahrestagung der Prüfungskommission der Deutschlehrer der Realschulen Baden-Württemberg, 8.3.2016. – *Was vermag ein gelungenes Gedicht und warum sollten wir alle mehr Lyrik lesen?* Lesung und Diskussion mit Jan Wagner, Veranstaltung im Rahmen des Lehrerclubs, 3.2.2016. – [zus. mit Sabine Fischer] *Kafka in der Kunst. Ein Einblick in die Kunstsammlung des DLA*, Veranstaltung im Rahmen des Lehrerclubs. 28.6.2016. – Moses *Rosenkranz lesen und entdecken*, vierteiliges Schülerseminar, 15.3.–7.6.2016. – Lesung und Schreibwerkstatt mit Silke Scheuermann, Preisträgerseminar des Landeswettbewerbs Deutsche Sprache und Literatur an der Landesakademie für die musizierende Jugend in Ochsenhausen, 6.–8.7.2016. – Autorenseminar mit Sudabeh Mohafez, Berkenkamp Preisträgerseminar des Essay-Landeswettbewerbs NRW, 24.–27.10.2016. – *Selbstportrait mit Bienenschwarm*. Autorenlesung und Gespräch mit Jan Wagner, Moderation, 3.2.2016. – *das zehn zeilen buch*, Autorenlesung für Realschüler/-innen mit Sudabeh Mohafez, Moderation, 8.3.2016. – *Im Jahr des Affen*, Autorenlesung für Schüler/-innen der gymnasialen Oberstufe mit Que Du Luu, Moderation, 4.10.2016. – Kurzprosa, Lesung für Schüler/-innen der gymnasialen Oberstufe mit Peter Stamm, Moderation, 1.12.2016.

Enke Huhsmann: [zus. mit Andrea Pataki-Hundt] *Tintenfraßrestaurierung. Theorie und Praxis zur Wässerung von Handschriften mit Eisengallustinten am Beispiel der Calciumphytat-Calciumhydrogencarbonat-Behandlung*, Seminar, Staatliche Akademie der Bildenden Künste Stuttgart, Studiengang Konservierung und Restaurierung von Kunstwerken auf Papier, Archiv- und Bibliotheksgut, 20.–22. 7. 2016. – [zus. mit Ute Henniges und Cornelia Bandow] *Theorie und Praxis zur wässrigen Tintenfraßbehandlung von geschädigtem Schriftgut*, Seminar, Brandenburgisches Landeshauptarchiv Potsdam-Golm, Referat Bestandserhaltung, 31. 8.–2. 9. 2016.

Dietmar Jaegle: [zus. mit Heike Gfrereis, Sandra Potsch und Richard Schumm] *Wie viel weiß der Autor?* Archiv und Text bei Schiller, Sebald und Handke, Universität Stuttgart, Institut für neuere deutsche Literatur, Wintersemester 2015/2016. – [zus. mit Heike Gfrereis] *Dante. Im Labyrinth der Kreise*, Moderation eines Gesprächs von Sibylle Lewitscharoff und Karlheinz Stierle, DLA 7. 7. 2016. – [zus. mit Heike Gfrereis] *Museum-Scrabble*, Betreuung eines Projekts der MFG-Initiative HOLA – Hochschulübergreifendes Labor für kooperatives Arbeiten, Sommer bis Winter 2016.

Caroline Jessen: *Too Much Presence of the Past: The Dispersal of Book Collections*, Vortrag im Rahmen des Workshops ›Archival Basics‹ am Deutschen Literaturarchiv Marbach, 16. 2. 2016. – *Canon Rhetoric: The Literary Canon as a Trope in (Critical) Speech*, Vortrag im Rahmen der Tagung ›Canon & Critique‹ an der Eidgenössischen Technischen Hochschule Zürich, 9. 3. 2016. – *Bibliotheken jüdischer Schriftsteller im 20. Jahrhundert: Zur Erschließung von Beständen im deutschen Literaturarchiv Marbach*, Vortrag mit Dietrich Hakelberg im Rahmen des Workshops ›Bibliotheken in der Bibliothek‹ an der Klassik Stiftung Weimar, 11. 4. 2016. – *Dealing with books: Émigré collections between Germany and Israel*, Vortrag im Rahmen der Tagung ›Generations and Transfer of Knowledge: German History and Literature between Israel and Germany‹ am Fritz-Bauer-Institut der Goethe-Universität Frankfurt am Main, 19. 7. 2016. – *Die Bibliotheken von Karl Wolfskehl*, Gespräch mit Dietrich Hakelberg in der Reihe ›Zeitkapsel‹ am Deutschen Literaturarchiv Marbach, 15. 9. 2016. – *Affirming Ownership, Obscuring Provenance? Émigré Collections in Israel and Germany after 1945*, Vortrag im Rahmen des Internationalen Symposiums ›Contested German-Jewish Cultural Property after 1945. The Sacred and the Profane‹ an der Hebrew University of Jerusalem, 27. 9. 2016. – *The Hidden Tradition: Karl Wolfskehl's Idea of Collecting*, Vortrag im Rahmen der ›40th Annual Convention of the German Studies Association‹ in San Diego, 1. 10. 2016. – ›*Überlebsel‹. Curiosa und Rara, Forschungsmaterial und Sammelsurium*, Vortrag im Rahmen der Tagung ›Autorschaft und Bibliothek: Sammlungsstrategien und Schreibverfahren‹ an der Klassik Stiftung Weimar, 8. 11. 2016.

Roland S. Kamzelak: *Collaborative Editing*, Vortrag im Rahmen der ESTS-Tagung in Antwerpen, 6.10.2016. – *Kulturen der Intimität*, Beitrag in der Gesprächsrunde der Tagung zum Liebesbriefarchiv an der Universität Koblenz, 29.9.2016. – *Von strukturierten Daten zum Interface*, Seminar an der Universität Würzburg, Sommersemester 2016. – *Digitale Editionen im semantic web. Möglichkeiten und Grenzen von Normdaten, FRBR und RDF*, Gastvortrag im Rahmen des DH-Studiengangs an der Universität Trier, 28.1.2016. – [zus. mit Vera Hildenbrandt] *Das EVA-Prinzip von exilnetz33.de*, Gastvortrag an der Universität Wuppertal (Interdisziplinäres Zentrum für Editions- und Dokumentwissenschaft), 27.1.2016. – *Digitale Editionen im Semantic Web*, Seminar an der Universität Würzburg, Wintersemester 2015/2016. – *Digital Editions in the semantic web. Authority Files, FRBR and RDF*, Vortrag im Rahmen der Tagung ›Digital Editing Now‹, Cambridge University, 7.–9.1.2016.

Kinder, Anna: *Die Novelle im 19. Jahrhundert*, Seminar, Universität Stuttgart, Wintersemester 2015/2016. – *Gelehrtendramen*, Seminar, Universität Stuttgart, Wintersemester 2016/17.

Heinz Werner Kramski: *Workflow Unikale Digitale Objekte (›Born Digitals‹) am DLA Marbach*, Vortrag auf der 20. Arbeitstagung der österreichischen Literaturarchive (KOOP-LITERA) in Salzburg, 28.4.2016. – [zus. mit Jürgen Enge] *Exploring Friedrich Kittler's Digital Legacy on Different Levels. Tools to Equip the Future Archivist*, Vortrag auf der 13th International Conference on Digital Preservation (iPRES 2016) in Bern, 4.10.2016.

Stephanie Kuch: *Netzliteratur authentisch archivieren und verfügbar machen*, Vortrag im Rahmen des Workshops ›Die Archivierung des Web als Mittel des digitalen Bestandsaufbaus. Eine Standortbestimmung‹ an der Bayerischen Staatsbibliothek, 10.3.2016. – [zus. mit Steffen Fritz] *Archiving Electronic Literature. A Workflow*, Vortrag im Rahmen der ›IIPC Web archiving Conference‹ in Reykjavík, 14.4.2016.

Mirko Nottscheid: *Zwischen »Monument« und »Stereotypie«. Semantische und materiale Aspekte wissenschaftlicher Klassiker-Editionen um 1900*, Vortrag beim Workshop ›Die Präsentation kanonischer Werke um 1900. Semantiken. Praktiken. Materialität‹, Deutsches Literaturarchiv, 14.1.2016. – *»Sudetendeutscher Schicksalskampf« und marxistische Literaturwissenschaft. Der Germanist Erich Kühne (1908–1983) im »Dritten Reich« und in der DDR*, Vortrag beim Workshop ›Wilhelm Emrich. Akademischer und beruflicher Lebensverlauf eines Geisteswissenschaftlers vor, in und nach der NS-Zeit. Exemplarische Konstellationen 1929–1959‹, Institut für deutsche Literatur der Humboldt-Universität zu Berlin, 19.2.2016. – *Deutsche Schrift lesen – Übungen zur Entzifferung ungedruckter Quellen*, Seminarübung im Rahmen der XI. Russischen Doktorandenschulung des Instituts für russisch-deutsche Literatur- und Kulturbeziehungen, Deutsches Literaturarchiv,

3. 11. 2016. – *Wie entsteht ein Text? Grundbegriffe und Praktiken der Editionsphilologie*, Seminar, Universität Stuttgart, Wintersemester 2016/2017.

Laura Marie Pohlmann: *Aus einer Quelle schöpfen: Vom Nutzen der elektronischen Bestandsdaten für ein Online-Bibliographie-Projekt* ↔ *und umgekehrt*, Vortrag im Rahmen des Workshops ›Bibliotheken in der Bibliothek‹ an der Klassik Stiftung Weimar, 12. 4. 2016.

Sandra Potsch: [zus. mit Tina Saum und Richard Schumm] *Hinein-lesen, Heraus-lesen, Ver-lesen. Formen des Lesens*, Blockseminar am Deutschen Seminar der Eberhard Karls Universität Tübingen, Sommersemester 2016. – *Literaturvermittlung an den Resten der Literatur*, Vortrag im Rahmen der Tagung ›Das Immaterielle ausstellen‹, veranstaltet und organisiert von der Graduate School *Practices of Literature* der Westfälischen Wilhelms-Universität Münster im Buddenbrookhaus. Heinrich-und-Thomas-Mann-Zentrum und Zentrum für Kulturwissenschaftliche Forschung Lübeck, 15./16. 4. 2016. – *Literaturtheorie als Literaturdidaktik. Literaturvermittlung in den Marbacher Literaturmuseen*, Vortrag im Rahmen der Tagung ›Außerschulische Aneignungs- und Vermittlungsprozesse von Literatur – Perspektiven für die Literaturdidaktik‹ des Lehrstuhls für Didaktik der deutschen Sprache und Literatur der Universität Würzburg, 11./12. 11. 2016.

Ulrich Raulff: *Die weiße Wand. Licht-Kolloquium für Berthold Leibinger*, Stuttgart, 30. 11. 2015. – *Koinzidenz der Gegensätze. Kurt Flasch zur Begrüßung*, anlässlich der Veranstaltung ›Die Genesis der Blumenbergschen Welt‹ im DLA Marbach, 14. 4. 2016. – *Die Handschriften der Dichter*, ›Literarischer Frühling 2016‹, Landhaus Bärenmühle, 16. 4. 2016. – *Einsamkeit und Freiheit*, Stiftsrede Tübingen, 11. 5. 2016. – *Nachleben. A Warburgian Concept and it Origins*, Warburg Lecture London, 15. 6. 2016. – *Passagen, Erzählungen*, zur Eröffnung der Ludwigsburger Schlossfestspiele 2016. – *Das Literaturarchiv und seine Sammlungen. Aus der Vergangenheit in die Zukunft und zurück*, Paul Raabe Lecture Weimar, 2. 7. 2016. – *Nachleben. Herkünfte und Kontexte eines Begriffs*, Warburg Lecture, Warburg Haus Hamburg, 12. 7. 2016. – *Die Dinge und ihre Verwandten. Zur Entwicklung von Sammlungen*, Jahrestagung der Gesellschaft für Universitätssammlungen, Hamburg, 22. 7. 2016. – *The Wanderer and his Shadow. Aby Warburg and his Library*, Warburg Lecture, Gentner Symposium, Jerusalem, 27. 9. 2016. – *Wie schreibt man die Geschichte von Mensch und Pferd? Von blinden Flecken, versunkenen Bibliotheken und der Dialektik von Zahn und Zeit*, Preisrede des Zukunftskollegs Lecture Universität Konstanz, 19. 10. 2016. – *Der Revolver im Archiv*, Wissenschaftskolleg Berlin, 21. 11. 2016. – *Profunde Wissenschaft*, 10 Jahre Historische Bibliothek des Verlages C.H. Beck und der Gerda Henkel Stiftung, München, 4. 12. 2016.

Karin Schmidgall: *Erschließung mit Werknormsätzen am Beispiel der Bestände des Deutschen Literaturarchiv Marbachs*, Mitausrichtung des ›RDA-Workshops‹ im

Rahmen des 105. Bibliothekartags«, 16. 3. 2016. – *Kontext und Schnittmenge: Kann ein Onlinekatalog mehr sein als das Übliche?* Vortrag auf der Tagung ›Bibliotheken in der Bibliothek: Sammlungen Erschließen – Rekonstruieren – Visualisieren‹, 12. 4. 2016.

Thomas Schmidt: [zus. mit Jens Kloster] *Waldgang in Wilflingen,* Vorstellung der neuen Ausstellung im Jünger-Haus Wilflingen im Rahmen des XVII. Jünger-Symposions, Kloster Heiligkreuztal, 19. 3. 2016. – *Die Tücke der Objekte. Insze-nierte Materialität in Literaturausstellungen,* Vortrag im Rahmen des Workshops ›Materie – Material –Materialität‹, Universität Stuttgart, 26. 4. 2016. – *Waldgang in Wilflingen,* Vortrag im Rahmen der Eröffnung der neuen Dauerausstellung im Jünger-Haus Wilflingen, 10. 6. 2016. – *Rebell im Priesterrock. Zum 100. Todestag von Heinrich Hansjakob,* Gespräch mit Werner Witt, Magnus Striet und Thomas M. Bauer, SWR-Studio Freiburg, 23. 6. 2016. – *Die literarischen Gedenkstätten und Literaturmuseen in Baden-Württemberg,* Vortrag im Rahmen des Exkursionsse-minars ›Andere Wege der Erinnerung‹ der Landeszentrale für politische Bildung Baden-Württemberg und dem Fachbereich Gedenkstättenarbeit im Studienhaus Wiesneck, Buchenbach, 29. 7. 2016. – *Rilke und Russland. Ein trinationales Aus-stellungs- und Forschungsprojekt,* Vortrag im Rahmen der hausinternen Fach-information ›Auf dem Laufenden‹, DLA Marbach, 13. 9. 2016. – *Unter Freunden. Literarische Momente in Buoch,* Vortrag im Rahmen der Eröffnung der neuen Dauerausstellung im ›Museum im Hirsch‹, Remshalden-Buoch, 25. 9. 2016 – *Rilke und Russland,* Workshop des Staatlichen Literarischen Museums Moskau (GLM) im Museum Alexej Tolstoi, Moskau, 17. 11. 2016. – Grußwort zur Eröffnung der ScheffelRäume im Hochrheinmuseum Schloss Schönau, Bad Säckingen, 20. 7. 2016. – Grußwort zur Eröffnung der Sonderausstellung ›Papierland. Zeich-nungen von Michael Blümel‹ im Deutschordensmuseum, Bad Mergentheim, 27. 10. 2016. – *Rilke und Russland. Vorarbeiten zu einer internationalen Ausstel-lung,* Übung an der Albert-Ludwigs-Universität Freiburg, Wintersemester 2015/ 2016.

Richard Schumm: [zus. mit Sandra Potsch und Tina Saum] *Formen des Lesens,* Proseminar, Eberhard Karls Universität Tübingen, Sommersemester 2016.

Ellen Strittmatter: *Rilkes Bildpolitik,* Vortrag beim Workshop ›Die Präsenta-tion kanonischer Werke um 1900. Semantiken. Praktiken. Materialität‹, Deut-sches Literaturarchiv Marbach, 16. 1. 2016. – *Wissensordnungen und Denkräume. Zu Siegfried Kracauers Zettelkästen,* Beitrag zum Workshop ›Bibliophilie und Philologie. Zur Erforschung von Autorenbibliotheken‹, Deutsches Literaturar-chiv Marbach, 27. 1. 2016. – *Übungsatlas Postkartenalbum. Die Fotosammlungen von Alfred Döblin,* Vortrag bei der Tagung ›Der kostbare Augenblick. Massenfotos, Ökonomie und das Versprechen der Dauer‹, Universität Luzern, 12./13. 5. 2016. – *Text, Bild und Ton bei Alfred Döblin,* Vortrag auf der Tagung der American Friends

Marbach ›Text, Bild, Ton‹, Deutsches Literaturarchiv Marbach, 9.–11. 6. 2016. – [zus. mit Hole Rößler und Christian Hecht] Leitung des Workshops ›Bildpolitik. Theorie und Geschichte visueller Überzeugungskraft‹, Klassik Stiftung Weimar, 29. 11.–1. 12. 2016.

ANSCHRIFTEN DER JAHRBUCH-MITARBEITER

Dr. CHRISTIAN A. BACHMANN, DFG-Forschergruppe 2288: Journalliteratur, Ruhr-Universität Bochum, Universitätsstraße 105, 44789 Bochum

Dr. SUSANNA BROGI, Deutsches Literaturarchiv, Schillerhöhe 8-10, 71672 Marbach am Neckar

Prof. Dr. ELSBETH DANGEL-PELLOQUIN, Wettsteinallee 23, 4058 Basel, Schweiz

Dr. SABINE FISCHER, Deutsches Literaturarchiv, Schillerhöhe 8-10, 71672 Marbach am Neckar

Dr. PAUL KAHL, Georg-August-Universität Göttingen, Seminar für Deutsche Philologie, Käte-Hamburger-Weg 3, 37073 Göttingen

Dr. des. CLAUDIA KELLER, Klassik Stiftung Weimar, Platz der Demokratie 2, 99423 Weimar

VIKTOR KONITZER, M.A., DFG-Graduiertenkolleg Das Reale in der Kultur der Moderne, Universität Konstanz, Universitätsstraße 10, 78457 Konstanz

Dr. KLAUS-DIETER KRABIEL, Bertha-von-Suttner-Ring 6, 60598 Frankfurt am Main

Dr. DIMITRI LIEBSCH, Ruhr-Universität Bochum, Institut für Philosophie, 44780 Bochum

PD Dr. INGO MEYER, Universität Bielefeld, Fakultät für Linguistik und Literaturwissenschaft, 33501 Bielefeld

Dr. CHRISTOPH ÖHM-KÜHNLE, Musikwissenschaftliches Institut der Eberhard-Karls-Universität Tübingen, Schulberg 2, 72070 Tübingen

Prof. Dr. ULRICH OTT, Westendstraße 11, 78337 Öhningen

VERA PODSKALSKY, DFG-Graduiertenkolleg Faktuales und fiktionales Erzählen, Erbprinzenstraße 13, 79085 Freiburg

Prof. Dr. ULRICH RAULFF, Deutsches Literaturarchiv, Schillerhöhe 8-10, 71672 Marbach am Neckar

Prof. Dr. JAN PHILIPP REEMTSMA, Hamburger Stiftung zur Förderung von Wissenschaft und Kultur, Feldbrunnenstraße 52, 20148 Hamburg

ADRIAN RENNER, M.A., Yale University, Department of German, 100 Wall Street, New Haven, CT 06511, USA

Dr. NICOLAI RIEDEL, Deutsches Literaturarchiv, Schillerhöhe 8-10, 71672 Marbach am Neckar

Prof. Dr. PETER SPRENGEL, Wartburgstraße 20, 10825 Berlin

ZUM FRONTISPIZ

Im Herbst 2016 stiftete der Marie-Louise von Motesiczky Charitable Trust dem Deutschen Literaturarchiv Marbach das Gemälde *Gespräch in der Bibliothek* aus dem Jahr 1950, ein Porträt der Autoren Elias Canetti (1905–1994) und Franz Baermann Steiner (1909–1952).[1] Beide waren sich erstmals 1937 begegnet, bald nachdem H. G. Adler (1910–1988) Elias Canetti zu einer Lesung aus dessen ›Bibliotheksroman‹ *Die Blendung* nach Prag eingeladen hatte. Im Londoner Exil trafen sich Canetti und Steiner wieder. Die Bedeutung ihrer Bekanntschaft ging über ihr geteiltes Schicksal der nationalsozialistischen Verfolgung und Vertreibung weit hinaus: Canettis Respekt gegenüber dem Wissenschaftler Steiner bringt ein Brief vom Mai 1948 an seine langjährige Geliebte, die Malerin Marie-Louise von Motesiczky (1906–1996), zum Ausdruck: »Der einzige wissenschaftlich geschulte Mensch, der die Tragweite meiner Gedanken [zum Phänomen der Masse] schon ganz absehen kann, ist der Steiner, und der wird sich wohl hüten, etwas zu stehlen.«[2] An seiner Wertschätzung hielt Canetti, der Steiner viele internationale Kontakte verdankte, auch Jahrzehnte später noch fest: »Durch Steiner als Anthropologen [...] kam etwas von der *Weite* des englischen Weltreiches in mein Leben«.[3]

Nach dem Einsetzen der deutschen Luftangriffe auf London fanden Elias und seine Ehefrau Veza Canetti im rund 30 Meilen entfernten Amersham Zuflucht. Als eine »Art von Idylle, aber im Zustand des Krieges«,[4] beschrieb Canetti diesen Lebensabschnitt in seinen Erinnerungen *Party im Blitz*. Akuter Platzmangel in der neuen Unterkunft zwang ihn, einen Teil seiner legendären Bibliothek im benachbarten Atelier Marie-Louise von Motesiczkys, einer ehemaligen Schülerin Max Beckmanns, unterzubringen. Hier entstand deren Bild *Gespräch in der Bibliothek*, das den beiden

---

1   Der Dank des DLA Marbach für Marie-Louise von Motesiczkys Gemälde und zwei ihrer dazu gehörenden, ebenfalls gestifteten Studien gilt den Verantwortlichen des Marie-Louise von Motesiczky Charitable Trust, namentlich der Vorsitzenden Frances Carey, aber im Besonderen auch Jeremy Adler für seinen langjährigen Einsatz, die Nachlässe der hier erwähnten Literaten zu bewahren und der Forschung zugänglich zu machen. Gestiftet wurden das Gemälde *Gespräch in der Bibliothek* (Doppelporträt Elias Canetti und Franz Baermann Steiner) von Marie-Louise von Motesiczky, 1950, Öl auf Leinwand, 76,5 × 63,5 cm (Keilrahmen), unbezeichnet, die Entwurfsvariante zu *Gespräch in der Bibliothek* (Porträt Elias Canetti) von Marie-Louise von Motesiczky, spätestens 1950, Tinte, blau, auf Maschinenpapier 28,5 × 21 cm, unbezeichnet und eine weitere Entwurfsvariante zu *Gespräch in der Bibliothek* (Porträt Elias Canetti) von Marie-Louise von Motesiczky, vor 1950, Kugelschreiber, grün, auf Maschinenvelin, 22,9 × 17,8 cm, unbezeichnet.
2   Elias Canetti und Marie-Louise von Motesiczky, Liebhaber ohne Adresse. Briefwechsel 1942–1994, hg. von Ines Schlenker und Christian Wachinger, Zürich 2011, S. 51.
3   Elias Canetti, Party im Blitz. Die englischen Jahre, aus dem Nachlass hg. von Kristian Wachinger. Mit einem Nachwort von Jeremy Adler, München und Wien 2003, S. 15.
4   Ebd., S. 33.

eifrig Diskutierenden, aber auch der Bibliothek des manischen Büchersammlers
Canetti ein Denkmal setzt. Die obsessive Leidenschaft für das Medium Buch bildete
ein weiteres wichtiges Bindeglied zwischen den zwei Porträtierten: »Beide, er oder
ich, überraschten den anderen gern mit einem Buch, das er schon lange gesucht hatte,
aber noch nicht kannte. Das wurde zu einem Wettbewerb, den wir nicht mehr missen
mochten. [...] Unsere Gespräche waren eine aufregende Verquickung von Büchern aus
aller Welt, die wir mit uns trugen, und Menschen aus aller Welt, die uns umgaben.«[5]

Das Gemälde, das ein Spannungsfeld zwischen dem gesprochenen und dem
gedruckten Wort eröffnet, ist das eindrucksvolle Dokument eines Wiedersehens unter
dem Vorzeichen des Exils. Es gründet auf einem tiefen Verständnis der Künstlerin
Motesiczky für diese intensive, von wissenschaftlichem Einvernehmen und geistiger
Konkurrenz, von Bücherlust und Bücherneid stimulierte freundschaftliche Beziehung – in Szene gesetzt durch die dynamische Körpersprache der Porträtierten und
gerahmt von der in leidenschaftlichem Rot gehaltenen Bibliothek.

Beiden Autoren blieben nur wenige Jahre der persönlichen Nähe und des Aus-
tauschs über Gedachtes und Gelesenes: Franz Baermann Steiner erlag keine zwei
Jahre nach dem Entstehen des Bildes einem Herzleiden. Heute sind die umfangreichen
Nachlässe von Elias Canetti, Franz Baermann Steiner, Marie-Louise von Motesiczky
und H. G. Adler auf verschiedene Orte verteilt. Canettis Londoner und Züricher Bibliotheken gehören zu seinem Nachlass in der Zentralbibliothek Zürich. Steiner hatte
den belletristischen Teil seiner Privatbibliothek H. G. Adler zugesprochen, weil der
Buchbesitz des Freundes nach Adlers Deportation durch einen Bekannten veruntreut
worden war. Seine wissenschaftliche Literatur vermachte Steiner der heutigen National Library of Israel. Die Gemälde Marie-Louise von Motesiczkys, die sich nicht in
öffentlichen Sammlungen oder Privatbesitz befinden, ihre persönlichen Dokumente,
Fotografien und Bücher gehören zu den Londoner Tate's Archive and Library Collections. Im DLA Marbach liegen große Teile der Nachlässe von H. G. Adler und Franz
Baermann Steiner. Darin enthaltene Bücherlisten zu Steiners Bibliothek sind einerseits Dokumente der Sorge um ein Bewahren der Bücher und der Erinnerung an ihren
früheren Besitzer und andererseits Ausdruck der Hoffnung auf ihre künftige Nutzung.
Durch aufeinander verweisende Bilder, Manuskripte und Bücher, durch Fotos, Briefe
und persönliche Gegenstände sind diese Bestände in vielfältiger Weise miteinander
verbunden. Somit wird das auf dem Gemälde gezeigte Gespräch in der Autorenbiblio-
thek lesbar als ein Symbol für das Beziehungsnetz, das aufgelistete, bewahrte, gewidmete und erinnerte Bücher zwischen den zerstreuten Beständen stiften, und eröffnet
genau dadurch eine neue Forschungsperspektive.

Susanna Brogi

5   Ebd., S. 133 f.

IMPRESSUM

JAHRBUCH DER DEUTSCHEN SCHILLERGESELLSCHAFT
INTERNATIONALES ORGAN FÜR NEUERE DEUTSCHE LITERATUR

Das *Jahrbuch der Deutschen Schillergesellschaft* ist ein literaturwissenschaftliches Periodikum, das vorwiegend Beiträge zur deutschsprachigen Literatur von der Aufklärung bis zur Gegenwart veröffentlicht. Diese Fokussierung entspricht den Sammelgebieten des Deutschen Literaturarchivs Marbach, das von der Deutschen Schillergesellschaft e. V. getragen wird. Arbeiten zu Schiller sind besonders willkommen, bilden aber nur einen Teil des Spektrums. Neben den literaturgeschichtlichen Schwerpunkten gilt ein verstärktes Interesse der Geschichte der Germanistik (der sich auch eine Marbacher Arbeitsstelle widmet) und dem Verhältnis von Text und Bild. Darüber hinaus ist es ein Anliegen des *Jahrbuchs der Deutschen Schillergesellschaft*, wichtige unveröffentlichte Texte und Dokumente aus den Archiven in einer eigens dafür eingerichteten Rubrik vorzustellen. Außerdem bietet das Jahrbuch jährlich eine aktuelle Bibliographie zu Schiller.

Herausgeber

Prof. Dr. Alexander Honold, Universität Basel, Deutsches Seminar, Nadelberg 4, CH-4051 Basel – Prof. Dr. Christine Lubkoll, Friedrich-Alexander-Universität Erlangen-Nürnberg, Department Germanistik und Komparatistik, Bismarckstraße 1 B, 91054 Erlangen – Prof. Dr. Ernst Osterkamp, Humboldt-Universität zu Berlin, Institut für deutsche Literatur, Unter den Linden 6, 10099 Berlin – Prof. Dr. Ulrich Raulff, Deutsches Literaturarchiv Marbach, Schillerhöhe 8–10, Postfach 1162, 71666 Marbach am Neckar.

Redaktion

Dr. Nikola Herweg und Julia Maas, Deutsches Literaturarchiv Marbach, Schillerhöhe 8–10, 71672 Marbach am Neckar / *Anschrift für Briefpost* Postfach 1162, 71666 Marbach am Neckar / *Tel.* +49 7144 848-410 / *Fax* +49 7144 848-490 / *E-Mail* jahrbuch@dla-marbach.de / *Internet* https://www.dla-marbach.de/ueber-uns/traegerverein-dsg/jahrbuch/.

Allgemeine Hinweise

Redaktionsschluss für Jg. 62/2018: 1. Februar 2018. Das *Jahrbuch* umfasst in der Regel ca. 500 bis 550 Seiten und erscheint jeweils zum 1. Dezember des laufenden Jahres. Das *Jahrbuch* ist zum Preis von € 29,95 über den Buchhandel zu beziehen, für Mitglieder der Deutschen Schillergesellschaft e. V. (Postfach 1162, 71666 Marbach am Neckar) ist – bei entsprechender Mitgliedsvariante – der Bezugspreis im Mitgliedsbeitrag enthalten.

Hinweise für Manuskript-Einsendungen

Auszüge aus dem *Merkblatt* für die Mitarbeiter des *Jahrbuchs der Deutschen Schillergesellschaft* (kann bei der Redaktion angefordert werden): In das *Jahrbuch* werden nur *Originalbeiträge* aufgenommen, die nicht gleichzeitig anderen Organen des In- oder Auslandes angeboten werden. Für unaufgefordert Eingesandtes kann keine Haftung übernommen werden; eine Rücksendung erfolgt nur, wenn Rückporto beilag. Der Abdruck von Dissertationen oder Teilen von solchen ist grundsätzlich ausgeschlossen. Jeder Verfasser erhält 1 *Belegexemplar* kostenlos.

Das Manuskript ist per *E-mail* oder *CD* (Word-Format) einzureichen. Der *Umfang* des ausgedruckten Manuskripts sollte in der Regel bis zu 25 (maximal 30) Seiten (67.000 bis maximal 81.000 Zeichen) umfassen. Sind *Abbildungen* gewünscht, sollten die *reprofähigen, digitalisierten Vorlagen* (300 dpi), die *Quellenangaben* und *Bildunterschriften* sowie die *Abdruckgenehmigungen* bis Ende März in der Redaktion vorliegen (evtl. entstehende Kosten für Sonderwünsche und / oder für Rechte gehen zu Lasten des Beiträgers). *Änderungen*, vor allem bei Rechtschreibung, Interpunktion, Literaturangaben, Lesarten oder Abkürzungen, *behält sich die Redaktion aus Gründen der Einheitlichkeit vor.*

Rechtliche Hinweise

Mit *Übernahme eines Beitrags zur Veröffentlichung* durch die Herausgeber erwirbt der Verlag das ausschließliche Verlagsrecht und das alleinige Recht zur Vervielfältigung. Die Zeitschrift sowie alle in ihr enthaltenen Beiträge sind urheberrechtlich geschützt. Sämtliche Nutzungsrechte, insbesondere das Recht zur Übersetzung in fremde Sprachen, bleiben vorbehalten. Das *Jahrbuch* oder Teile davon dürfen nur mit schriftlicher Genehmigung des Verlags vervielfältigt oder verarbeitet werden.

Internet

Aktuelle Informationen zur Deutschen Schillergesellschaft, zum Schiller-Nationalmuseum, zum Literaturmuseum der Moderne und zum Deutschen Literaturarchiv sind zu finden unter der Adresse *https://www.dla-marbach.de/*.

www.ingramcontent.com/pod-product-compliance
Lightning Source LLC
Chambersburg PA
CBHW070406100426
42812CB00005B/1656